해커스변호사

형사소송법

Criminal Procedure Law

기본서

 해커스변호사

서문

본서는 기본적으로 변호사시험에서의 선택형과 사례형, 기록형 시험을 대비하기 위해서 만들어진 기본서입니다. 수험 법학에서 무엇보다 중요한 것이 출제된 중요 쟁점에 대한 정확한 이해와 암기이며 빈출 쟁점들에 있어서는 그 이해의 깊이는 심화돼 있어야 합니다. 이를 위해서 중요쟁점 및 지문에 선택형 및 사례형으로 분리하여 기출표시를 따로 해두었으며, 2022년 출제된 법전협 모의 문제들, 2023년에 출제된 최근 변호사시험 기출 내용까지 모두 분석하여 기출 표시를 해두었으니, 수험 과정에서 적절히 활용하셔서 효율적으로 수험 생활을 이어갔으면 좋겠습니다.

본서는 2022년 개정된 검찰청법 및 형사소송법의 내용을 담고 있습니다. 형사소송법의 전체적진 이해도를 높이기 위해, 향후 개정이 충분히 예상되거나 입법발의 되어 있는 내용들도 본서에 담고자 했으나, 수험서가 분량이 지나치게 늘어나는 것이 적절하지 않다고 생각이 들어 많은 부분을 덜어내었습니다. 이후 강의로 여러분을 뵐 기회가 있다면, 그 자리를 빌려 내용을 부연하고자 합니다.

올해 출제된 제12회 변호사시험 문제들 역시 지난해와 다르지 않게 불의타 없이 핵심 쟁점들 위주로 출제가 되었습니다. 수험 기간 동안 지엽적인 쟁점을 하나 더 챙긴다는 생각보다는 핵심적이고 중요한 쟁점을 정확히 문제에서 잡아내고 누락없이 핵심 내용을 서술할 수 있는 실력을 제고하는 것이 수험적으로 바람직하다는 점이 다시 한 번 확인이 되었습니다. 본서가 여러분의 형사소송법 실력을 높이는데 훌륭한 역할을 할 수 있기를 기대합니다.

2023. 3.

박성현

목차

제1편

서론

제1장 형사소송법의 기초
제2장 형사소송법의 이념과 구조

제1장 | 형사소송법의 기초

제1절 형사소송법의 의의와 성격

Ⅰ 형사소송법의 의의

형사소송법이란 형사절차 즉, 형벌권을 실현하기 위한 일련의 절차를 규율하는 법률이다. 여기서 형사절차란 공소제기 전 단계인 수사절차, 공소의 제기, 공판절차, 유·무죄의 선고, 형의 집행 등으로 구성된다(광의의 형사소송).

Ⅱ 형사소송법의 성격

1. 공법

형사소송법은 국가형벌권을 실현함으로써 공공질서 유지 등 공익을 도모하려는 공법에 해당하므로 평균적 정의가 아닌 **배분적 정의**의 실현을 목적으로 한다. 따라서 국가에 대한 개인의 인권보장이 형사소송법의 주된 임무가 된다.

2. 사법법

형사소송법은 국가의 사법작용을 규정하고 있으므로 사법법에 해당하므로 합목적성이 강조되는 행정법과 달리 **법적 안정성**의 유지가 중요하다.

3. 절차법

형사소송법은 형법을 적용·실현하는 절차를 규정하는 절차법이다. 따라서 **기술적·정책적인 성격**이 강하게 나타난다.

제2절 형사소송법의 법원과 적용범위

Ⅰ 형사소송법의 법원

1. 헌법

헌법은 형사절차를 지배하는 최고 규범으로서 형사소송법의 법원이 되며 다음과 같은 구체적인 형사절차와 관련된 규정을 두고 있다. **영장주의**(제12조 제3항, 제16조), 변호인의 조력을 받을 권리, 형사피고인의 국선변호인 선정(제12조 제4항), 고문금지와 **불이익진술거부권**(제12조 제5항), **형사절차법정주의와 적법절차의 원칙**(제12조 제1항), 일사부재리의 원칙(제13조 제1항), 가족 등의 구속 사유 등을 통지 받을 권리(제12조 제5항), 국회의원의 불체포특권(제44조), 면책특권(제45조), 군사법원의 재판을 받지 않을 권리(제27조 제2항), 군사법원(제110조), **피고인의 무죄추정**(제27조 제4항), 피의자·피고인의 형사보상청구권(제28조), **자백배제법칙과 자백보강법칙**(제12조 제7항), 헌법소원권(제111조 제1항), 신속한 공개재판을 받을 권리(제27조 제7항), 체포·구속의 이유를 고지받을 권리(제12조 제5항), **피해자의 법정진술권**(제27조 제5항), 재판공개의 원칙(제109조), 법원의 조직과 권한(제101조 내지 제108조) 등이 이에 해당한다.

2. 법률

(1) 형식적 의미의 형사소송법

'형사소송법'이라는 명칭으로 공포·시행된 법률을 말한다. 형사소송법의 가장 중요한 법원이다.

(2) 실질적 의미의 형사소송법

'형사소송법'이라는 명칭과 관계없이 그 내용이 실질적으로 형사절차를 규율하고 있는 법률을 말한다. **조직에 관한 법률**로는 법원조직법, 각급 법원의 설치와 관할구역에 관한 법률, 검찰청법, 변호사법, 경찰관 직무집행법 등이 이에 해당한다. 그리고 **특별절차에 관한 법률**로는 소년법, 즉결심판에 관한 절차법, 군사법원법, 조세범 처벌절차법이 있고, **기타 법률**로서 형사보상법, 행형법, 사면법, 관세법, 형사소송비용 등에 관한 법률 등이 실질적 의미의 형사소송법에 포함된다.

3. 대법원규칙

형사소송에 관한 법원으로 가장 중요한 대법원 규칙은 **형사소송규칙**이다. 이는 헌법 제108조의 "대법원은 법률에 저촉되지 아니하는 범위 안에서 소송에 관한 절차, 법원의 내부규율과 사무처리에 관한 규칙을 제정할 수 있다."에 근거하고 있다.

Ⅱ 형사소송법의 적용범위

1. 장소적 적용범위

형사소송법은 대한민국의 법원에서 심판되는 사건에 대하여만 적용된다. 다만, 대한민국 영역 내라 할지라도 국제법상 치외법권 지역에서는 우리나라의 형사소송법이 적용되지 않는다.

2. 인적 적용범위

형사소송법은 원칙적으로 피고인·피의자의 국적·주거·범죄자와 관계없이 대한민국 영역 내에 있는 모든 사람에게 적용되는 것이 원칙이다. 다만, 다음의 예외가 있다. 대통령은 내란 또는 외환의 죄를 제외하고는 재직 중 형사상의 소추를 받지 아니하며(헌법 제84조), **국회의원**은 국회에서 **직무상 행한 발언과 표결**에 관하여 국회 외에서 책임을 지지 아니하고(헌법 제45조), **현행범인을 제외하고는** 회기 중 국회의 동의 없이 체포 또는 구금되지 아니한다(헌법 제44조). **외국원수, 그 가족 및 대한민국 국민이 아닌 수행자 신임받은 외국의 사절과 그 직원 및 가족 및 승인받고 대한민국 영역 내에 주둔하는 외국의 군인** 등에게는 형사소송법이 적용되지 아니한다.

3. 시간적 적용범위

형사소송법은 시행시부터 폐지될 때까지 효력을 갖는다. 다만, 법률의 변경이 있는 경우에 어떤 법을 적용해야 할 것인가가 문제되나 절차법인 형사소송법에는 **소급효금지의 원칙은 적용되지 않으므로** 신법을 적용할 것인지 또는 구법을 적용할 것인지는 **입법정책의 문제**에 해당한다. 현행 형사소송법 부칙은 공소제기시를 기준시점으로 하여 형사소송법 시행 전에 공소가 제기된 사건에 대하여는 구법을 적용하고, 시행 후에 공소가 제기된 사건에 대하여는 본법에 의하되 **구법에 의하여 행한 소송행위의 효력에는 영향이 없는 것**으로 규정하여 혼합주의를 채택하고 있다.

제2장 | 형사소송법의 이념과 구조

제1절 형사소송법의 지도이념

I 실체적 진실주의

1. 의의

소송의 실체에 관하여 객관적 진실을 발견하여 사안의 진상을 명확히 규명하자는 원칙을 말한다. 실체적 진실주의는 법원이 **당사자의 주장·입증과 관계없이** 실체적 진실을 규명한다는 점에서 법원이 당사자의 주장·입증에 구속되어 이를 기초로 사실을 판단하는 민사소송의 형식적 진실주의와 대비된다.

2. 실체적 진실주의의 내용

범죄사실을 명백히 밝혀 죄 있는 자를 빠짐없이 벌해야 한다는 원칙인 적극적 실체진실주의와 죄 없는 자를 유죄로 하여서는 안 된다는 원칙인 소극적 실체진실주의가 있는데, 현행 형사소송법은 헌법상의 무죄추정의 원칙(제27조 제4항)을 고려할 때 **소극적 실체진실주의를 더 강조하는 입장이다.**

3. 실체적 진실주의의 한계

(1) 이념상의 한계

실체진실주의는 형사소송의 다른 이념에 의해 제한될 수 있다. 즉, 실체진실발견은 **적정절차 및 신속한 재판의 원칙이라는 다른 형사소송법 이념에 의한 제약**을 받는다.

(2) 사실상의 한계

인간이 지닌 인식능력의 한계로 인해 실제적 진실의 발견은 법관의 주관적 판단에 의존할 수밖에 없고, 사실의 인정 역시 합리적 의심 없는 고도의 개연성에 만족할 수밖에 없다.

(3) 초소송법적 한계

실체진실주의는 소송법적 이익에 우월하는 초소송법에 의하여 제한을 받을 수 있다. 군사상·공무상 또는 업무상 비밀에 대한 압수·수색의 제한(제110조 내지 제112조), 증인거부권과 증언거부권(제147조 내지 제149조) 등이 해당한다.

Ⅱ 적정절차의 원칙

1. 의의

적정절차(due process of law)란 공정한 법정절차에 의하여 형벌권이 실현되어야 한다는 원칙을 말하며 헌법 제12조 제1항에 법적 근거를 둔다.

2. 적정절차의 위반의 효과

위법하게 수집된 증거는 헌법상의 적정절차를 위배한 것이므로 **증거능력이 부정**되며(제308조의2), 적정절차에 위반하여 피고인의 방어권이 침해된 경우에는 **상소이유가** 된다(제361조의5, 제383조). 이외에도 적정절차에 위반한 공소제기는 **공소권 남용이론**에 의하여 공소제기가 무효가 된다.

Ⅲ 신속한 재판의 원칙

1. 의의

헌법 제27조 제3항은 신속한 재판을 받을 권리를 형사 피고인의 기본권의 하나로 규정하고 있다. 신속한 재판은 공판절차는 신속하게 진행되어야 하며, 재판을 지연시켜서는 안 된다는 원칙을 말한다. 주로 **피고인의 이익**을 보호하기 위하여 인정된 것이지만 동시에 **실체적 진실발견, 소송경제, 재판에 대한 국민의 신뢰와 형벌목적의 달성과** 같은 공익에도 근거를 두기 때문에 **이중적 성격**을 진다.

2. 신속한 재판의 침해와 구제

(1) 재판지연의 판단기준

재판지연이 신속한 재판의 침해인지에 대하여 형사소송법은 **명문의 규정을 두고 있지 않으므로** 신속한 재판의 침해여부에 대한 명백한 기준이 없다. 재판이란 사건마다 그 심리에 소요되는 기간이 달라지므로 재판지연에 대한 판단은 사건의 성질, 지연의 기간, 신속한 재판의 원칙의 의의와 목적을 고려하여 **개별적 · 구체적으로 판단**하여야 한다.

(2) 재판지연의 구제책

형식재판으로 종결하자는 견해도 있지만 재판지연은 소송조건이 아니므로 형식재판으로 종결할 수 없고 양형에서 고려하는 것이 바람직하다.

제2절 형사소송의 기본구조

Ⅰ 규문주의와 탄핵주의

1. 규문주의

규문주의란 **소추기관과 재판기관이 분리되어 있지 않고**, 재판기관이 소추기관의 소추 없이 스스로 심리를 개시하여 재판을 하는 주의이다. 프랑스 혁명 이후 사라졌다.

2. 탄핵주의

재판기관과 소추기관을 분리하여 소추기관의 소추에 의하여 법원이 절차를 개시하는 주의를 말하며, 이 때 법원은 공소제기된 사건에 대하여만 심판할 수 있다는 **불고불리의 원칙**이 적용되며, 피고인도 소송의 주체로서 절차에 참여하여 형사절차의 소송구조를 이룬다.

Ⅱ 당사자주의와 직권주의

탄핵주의는 소송의 주체 중에서 누가 소송을 주도하는지에 따라 직권주의와 당사자주의로 나뉜다.

1. 당사자주의

(1) 의의

당사자인 검사와 피고인이 소송을 주도하고 당사자 사이의 공격과 방어에 의하여 심리가 진행되고 법원은 당사자의 주장과 입증을 제3자적 입장에서 판단하는 소송구조를 말하며, 변론주의와 당사자처분권주의를 그 내용으로 한다.

(2) 당사자주의의 장·단점

법원이 소송에서 주도적으로 활동하므로 **실체적 진실발견에 효과적**이며, **심리의 능률과 신속**을 도모할 수 있다. 그러나 당사자간의 소송진행에 대한 능력의 차이로 인하여 변호인 없는 피고인에게 오히려 불이익한 결과를 야기할 우려도 있다.

(3) 현행 형사소송법상 당사자주의의 요소

① 공소장일본주의 및 공소사실 기재의 특정 ② 공소장변경제도 ③ 공판준비절차 및 공판절차에 있어서의 피고인의 방어권 보장 ④ 증거조사에 있어서의 당사자 신청주의 및 교호신문제도, 증거동의제도, 증거조사에 대한 이의신청권 ⑤ 당사자의 최후변론 등이 이에 해당한다.

2. 직권주의

(1) 의의 및 장·단점

법원이 소송을 주도하는 소송구조를 말한다. 직권주의는 실체적 진실의 발견 및 피고인 보호에 기여하는 장점이 있지만, 심리가 법원의 독단에 빠질 수 있고, 피고인이 심리의 객체로 전락한다는 위험이 있다.

(2) 현행 형사소송법상 직권주의의 요소

① 직권에 의한 증거조사 ② 법원(재판장)의 증인신문 ③ 공소장변경요구제도 등이 이에 해당한다.

3. 현행 형사소송법의 기본구조

형사소송의 구조를 당사자주의와 직권주의 중 어느 것으로 할 것인가의 문제는 **입법정책의 문제**이나 우리나라 형사소송법은 2007년 개정으로 공판중심주의가 강화되고 국민참여재판을 도입하는 등 소송절차의 전반에 걸쳐 **당사자주의를 바탕**으로 한다고 평가된다.

제2편

소송주체와 소송행위

제1장 | 소송의 주체

제1절 법원

Ⅰ 의의

1. 소송법상 의미의 법원

개개의 구체적인 소송사건에서 재판권을 행사하는 법원으로서, 구성하는 방법에 따라 1명의 법관으로 구성되는 단독제와 2명 이상의 법관으로 구성되는 합의제가 있다.

2. 중요개념

(1) 재판장

법원이 합의제인 경우 그 구성법관 중 최상급자인 1인을 의미한다. 재판장은 **공판절차의 진행에 관한 권한**만을 가질 뿐이고, 피고사건의 심리와 재판에 있어서는 다른 법관의 권한과 동일하다.

(2) 수명법관

합의부 법원으로부터 특정한 소송행위를 하도록 명을 받은 합의제 법원의 구성원을 의미한다.

(3) 수탁판사

수소법원이 다른 법원의 법관에게 일정한 소송행위를 하도록 촉탁한 경우에 그 촉탁을 받은 법관을 의미한다.

(4) 수임판사

수소법원과 별도로 독립하여 소송법상의 권한을 행사할 수 있는 개별 법관을 의미한다. 각종 영장을 발부하는 판사(제201조), 증거보전절차를 행하는 판사(제184조), 수사상의 증인 신문을 행하는 판사(제221조의2) 등이 여기에 해당한다.

판례는 수임판사가 행하는 재판은 수소법원을 구성하는 재판장이나 수명법관으로서의 재판이 아니므로 그 재판에 대해서는 항고 또는 준항고의 방법으로 **불복할 수 없다**는 입장이다.

Ⅱ 관할

1. 관할의 의의

관할이란 특정법원에 대한 재판권의 분배, 즉 특정법원이 특정사건을 재판할 수 있는 권한을 의미한다.

> 🔍 **재판권과의 구별**
>
> 재판권은 전체법원이 특정사건에 대하여 심판을 할 수 있는 **추상적·일반적 권리**로서, 재판권이 없을 때에는 **공소기각의 판결**을 해야 하지만(제327조 제1호), 관할권은 특정법원이 특정사건을 재판할 수 있는 구체적·현실적 권리로서, 관할권이 없는 때에는 **관할위반의 판결**을 선고해야 한다는 점에서 차이가 있다.

2. 관할의 종류

(1) 사건관할과 직무관할

피고사건 자체의 심판에 관한 관할을 사건관할이라 하고 사물관할·토지관할·심급관할이 이에 해당한다. 반면에 피고사건과 관련된 특수절차의 심판에 관한 관할을 직무관할이라 하고 재심·비상상고·재정신청·구속적부심 등에 관한 관할이 이에 해당한다.

(2) 법정관할과 재정관할

법정관할은 법률의 규정에 의하여 정해지는데 고유관할, 관련사건의 관할로 여기에 해당하고 고유관할은 다시 사물관할·토지관할·심급관할을 포함한다. 반면에 재정관할은 법원의 재판에 의하여 정해지고 관할의 지정·이전이 여기에 해당한다.

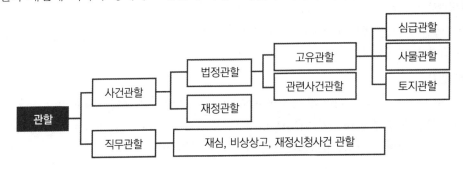

3. 고유의 법정관할 [16.모의]

(1) 사물관할

사물관할이란 사건의 경중이나 성질에 의한 제1심 법원의 관할분배를 말한다. 즉, 1심 재판을 단독판사와 합의부 중 누가 맡을 것인지에 대한 문제이다. 현행 법원조직법상 제1심의 사물관할은 **원칙적으로 단독판사**이지만 예외적으로 합의부가 심판한다(법원조직법 제7조 제4항, 제32조 제1항). (12.모의)

🔍 법원조직법상 관할

제7조【심판권의 행사】

④ 지방법원·가정법원·회생법원과 지방법원 및 가정법원의 지원, 가정지원 및 시·군법원의 심판권은 단독판사가 행사한다.

제32조【합의부의 심판권】

① 지방법원과 그 지원의 합의부는 다음의 사건을 제1심으로 심판한다.

1. 합의부에서 심판할 것으로 합의부가 결정한 사건

3. 사형·무기 또는 **단기 1년 이상의** 징역 또는 금고에 해당하는 사건. 다만, 다음 각 목의 사건을 제외한다.

　가. 「형법」 제258조의2, 제331조, 제332조(제331조의 상습범으로 한정한다)와 그 각 미수죄, 제350조의2와 그 미수죄, 제363조에 해당하는 사건

　나. 「폭력행위 등 처벌에 관한 법률」 제2조 제3항 제2호·제3호, 제6조(제2조 제3항 제2호·제3호의 미수죄로 한정한다) 및 제9조에 해당하는 사건

　다. 「병역법」 위반사건

　라. 「특정범죄 가중처벌 등에 관한 법률」 제5조의3 제1항, 제5조의4 제5항 제1호·제3호 및 제5조의11에 해당하는 사건

　마. 「보건범죄 단속에 관한 특별조치법」 제5조에 해당하는 사건

　바. 「부정수표 단속법」 제5조에 해당하는 사건

　사. 「도로교통법」 제148조의2 제1항·제2항 제1호에 해당하는 사건

　아. 「중대재해 처벌 등에 관한 법률」 제6조 제1항·제3항 및 제10조 제1항에 해당하는 사건

4. 제3호의 사건과 동시에 심판할 공범사건

5. 지방법원 판사에 대한 제척·기피사건

6. 다른 법률에 따라 지방법원 합의부의 권한에 속하는 사건

(2) 토지관할 ❶

동등 법원 간에 있어서 사건의 토지관계에 의한 관할분배를 의미하며, 재판적이라고도 한다. 토지관할은 **범죄지, 피고인의 주소, 거소 또는 현재지**로 한다(제4조 제1항). **범죄지**란 범죄사실, 즉 범죄의 구성요건에 해당하는 사실의 전부 또는 일부가 발생한 장소를 말하며, 실행장소, 결과발생지, 결과발생지의 중간지도 모두 범죄지이다. 토지관할의 기준인 **현재지**는 공소제기 당시 피고인이 현재한 장소로서 **임의에 의한 현재지뿐만 아니라 적법한 강제에 의한 현재지**도 이에 해당한다. 판례에 의하면 지방법원과 지방법원지원 사이의 관할의 분배도 토지관할의 분배에 해당한다. 국외에 있는 대한민국 선박 또는 항공기 내에서 범한 죄에 관하여는 제1항의 기준 이외에 선적지, 범죄 후의 선착지도 토지관할의 기준이 된다(제4조 제2항).

(3) 심급관할

상소관계에 있어서의 관할을 의미하며 제1심법원의 판결에 대하여 불복이 있으면 ① 지방

---

❶ 고위공직자범죄 사건의 관할

수사처검사가 공소를 제기하는 고위공직자범죄 등 사건의 제1심 재판은 '서울중앙지방법원의 관할'로 한다. 다만 범죄지, 증거의 소재지, 피고인의 특별한 사정 등을 고려하여 수사처검사는 형사소송법에 따른 관할법원에 공소를 제기할 수 있다(고위공직자범죄수사처 설치 및 운영에 관한 법률 제31조).

[법률 제16863호, 2020. 1. 14. 제정 시행 2020. 7. 15.]

법원 및 지원의 단독판사가 선고한 것은 지방법원 본원 합의부에 항소하며(다만, 강릉지원 예외) ② 지방법원 합의부가 선고한 것은 고등법원에 항소한다. 그리고 제2심판결에 대하여 불복이 있으면 ①, ② 모두 대법원에 상고한다.

4. 관련사건의 관할

(1) 관련사건의 의의

사건이 인적·또는 물적으로 관련성이 인정되는 사건을 의미하며, 제11조에서 관련사건을 네 가지로 규정하고 있다. 관련사건의 병합을 인정하여 심리의 중복 및 판결의 모순을 피하기 위한 것이다.

(2) 관련사건의 종류

① 1인이 범한 수죄(실체적 경합범) ② 수인이 공동으로 범한 죄(공범) ③ 수인이 동시에 동일장소에서 범한 죄(동시범) ④ 범인은닉·증거인멸·위증·허위감정통역·장물죄와 본범의 죄가 관련사건이다.

(3) 관련사건의 병합관할

관련사건의 일부에 대해서 관할권이 있는 법원이 관할권이 없는 다른 사건의 경우에도 관할권을 가진다.

1) 사물관할의 병합

사물관할을 달리하는 수개의 사건이 관련된 때에는 **합의부**가 병합관할한다(제9조). 제9조는 토지관할과 사물관할이 모두 다른 사건의 병합관할의 경우에도 적용된다.

2) 토지관할의 병합

토지관할을 달리하는 수개의 사건이 관련된 때에는 **1개의 사건에 관하여 관할권 있는 법원**은 다른 사건까지 관할할 수 있다(제5조). 제9조와의 관계상 제5조의 토지관할들은 사물관할이 동일한 것으로 제한된다.

> **판례**
>
> 형사소송법 제5조에 정한 관련 사건의 관할은, 이른바 고유관할사건 및 그 관련 사건이 반드시 병합기소되거나 병합되어 심리될 것을 전제요건으로 하는 것은 아니고, **고유관할사건 계속 중 고유관할법원에 관련 사건이 계속된 이상 그 후 양 사건이 병합되어 심리되지 아니한 채 고유사건에 대한 심리가 먼저 종결되었다 하더라도 관련 사건에 대한 관할권은 여전히 유지된다**(대판 2008.6.12. 2006도8568).

(4) 관련사건의 병합심리

관련사건은 병합관할이 가능하므로 각 사건들이 법원에 계속 중일 때 법원은 심리의 편의를 위하여 심리를 병합·분리할 수 있다.

1) 사물관할의 병합심리(제10조, 규칙 제4조 제1항) [16.모의]

사물관할을 달리하는 수개의 관련사건이 각각 법원 합의부와 단독판사에 계속된 때에는 **합의부는 결정으로 단독판사에 속한 사건을 병합하여 심리할 수 있다(제10조).** (15.모의, 16.모의) **토지관할을 달리**하는 경우에도 사건을 병합하여 심리할 수 있다(**규칙 제4조 제1항**). (변시11회)

2) 토지관할의 병합심리(제6조)

토지관할을 달리하는 여러 개의 관련사건이 **각각 다른 법원**에 계속된 때에는 **공통되는 바로 위의 상급법원**은 검사나 피고인의 신청에 의하여 결정으로 한 개 법원으로 하여금 병합심리하게 할 수 있다(제6조). (13.모의, 15.모의) 여기서 '**각각 다른 법원**'이란 사물관할은 같으나 토지관할은 달리하는 동종, 동등의 법원을 말하며❶, 여기서 '**바로 위의 상급법원**'은 그 성질상 형사 사건의 토지관할 구역을 정해 놓은 각급 법원의 설치와 관할구역에 관한 법률 제4조에 기한 [별표 3]의 관할구역 구분을 기준으로 정하여야 할 것이므로 그 소속 고등법원이 같은 경우에는 그 고등법원이, 그 소속 고등법원이 다른 경우에는 대법원이 위 제1심 법원들의 공통되는 직근 상급법원(=바로 위의 상급법원)이 된다고 할 것이다(대결 2006.12.5. 2006초기335 전합).

(5) 항소심에서 관련사건의 관할(규칙 제4조의2 제1항 1문, 2문, 제6조)

관련사건의 병합심리는 **항소심**에서도 인정된다. 따라서 사물관할을 달리하는 수개의 관련 항소사건이 각각 **고등법원과 지방법원본원 합의부**에 계속된 때에는 고등법원은 결정으로 지방법원본원 합의부에 계속한 사건을 병합하여 심리할 수 있다(규칙 제4조의2 제1항 1문). **사물관할과 토지관할을 달리하는** 수개의 관련 항소사건의 경우에도 **고등법원의 결정으로** 병합하여 심리할 수 있다(규칙 제4조의2 제1항 2문). 그러나 토지관할을 달리하는 동종, 동등의 법원의 항소심의 경우에는 공통되는 **바로 위 상급법원의 결정**에 따라 병합심리 할 수 있다(제6조).

5. 재정관할

(1) 의의

법원의 재판에 의하여 정해지는 관할을 말한다. 이에는 관할의 지정·이전이 있다.

(2) 관할의 지정

관할법원이 없거나 명확하지 아니한 경우에 상급법원이 사건을 심판할 법원을 지정하는 것을 말하며, 관할 지정의 신청은 **검사가 관계있는 제1심법원에 공통되는 바로 위의 상급법원**에 하여야 한다(제14조).

(3) 관할의 이전

관할법원이 재판권을 행사할 수 없거나 재판의 공평을 유지하기 어려운 경우에 관할권 없는 다른 법원으로 옮기는 것을 말한다. 관할이전은 **검사 또는 피고인이 바로 위의 상급법원에 신청**한다(제15조). (변시3회) 관할권 있는 법원에 대한 사건이송과 구별된다.

6. 관할의 경합

(1) 의의

법원의 관할이 여러 가지 기준에 의하여 결정되는 결과 **동일사건에 대하여 2개 이상의 법원이 관할권을 갖게 되는 경우**를 말한다.

---

❶ 대판 1990.5.23. 90초56

(2) 관할 경합의 해결

1) 사물관할의 경합

같은 사건이 사물관할이 같은 여러 개의 법원에 계속된 때에는 **법원합의부가 심판**한다(제 12조). 합의부 우선의 원칙이 적용된다.

2) 토지관할의 경합

같은 사건이 사물관할이 같은 여러 개의 법원에 계속된 때에는 **먼저 공소를 받은 법원이 심판**한다(제13조 본문). 선착순 우선의 원칙이 적용된다. 다만, 각 법원에 공통되는 바로 위의 상급법원은 검사나 피고인의 신청에 의하여 결정으로 뒤에 공소를 받은 법원으로 하여금 심판하게 할 수 있다(동조 단서).

7. 사건의 이송

(1) 의의

사건의 이송이란 법원이 소송계속 중인 사건을 결정으로 다른 법원이나 군사법원으로 소송계속을 이전하는 것을 의미한다.

(2) 사건의 직권이송

1) 현재지 관할법원에의 이송

법원은 **피고인이 그 관할구역 내에 현재하지 아니한 경우**에 특별한 사정이 있으면 결정으로 피고인의 현재지를 관할하는 동급법원에 이송할 수 있다(제8조). 이는 심리의 편의와 피고인의 이익을 위하여 인정된 것으로 **이송여부는 법원의 재량사항**이다.

⚖ 판례

형사소송법 제8조는 법원이 피고인에 대하여 관할권은 있으나 피고인이 그 관할구역 내에 현재하지 아니한 경우 심리의 편의와 피고인의 이익을 위하여 **피고인의 현재지를 관할하는 동급법원에 이송할 수 있음을 규정한 것 뿐이고** 피고인에 대하여 관할권이 없는 경우에도 필요적으로 이송하여야 한다는 뜻은 아니다(대판 1978.10.10. 78도2225).

---

2) 공소장변경과 합의부 이송

① 단독판사의 관할사건이 **공소장변경에 의하여 합의부 관할사건으로 변경**된 경우 단독판사는 관할위반의 판결을 선고하지 않고 결정으로 관할권이 있는 법원에 이송한다(제8조제2항). 반대로 합의부 사건이 공소장변경으로 단독판사의 관할로 된 경우에는 이송하지 않고 합의부가 재판하여야 한다는 것이 판례의 입장이다(대판 2013.4.25. 2013도1658). (변시7회)
② 항소심에서 공소장변경에 의하여 단독판사의 관할사건이 합의부 관할 사건으로 된 경우 법원의 조치에 대하여 논의가 있다. 판례는 **관할권이 있는 고등법원에 이송**하여야 한다는 입장이다. (변시11회)

검사는 甲을 상습사기로 광주지방법원에 공소제기 하였다. 광주지방법원 형사단독판사는 甲에게 징역 1년을 선고하였고, 甲은 원심판결에 불복하면서 항소하였다. 현재 사건이 광주지방법원 항소부에 계류 중인데 항소심절차에서 공판 검사는 甲에 대한 공소사실을 특정경제범죄가중처벌 등에 관한 법률 위반죄(사기)로 변경하는 신청을 하였다. 광주지방법원 항소부는 어떤 조치를 취해야 하는가?

1. 항소심에서의 공소장변경 허부

1) 문제점

공소장변경의 허부는 항소심의 구조와 관련된다.

2) 견해의 대립

소극설(사후심) v 적극설(속심설)

3) 판례의 태도

현행법상 항소심은 기본적으로 실체적 진실을 추구하는 면에서 속심적 기능이 강조되고 있다. 다만, 사후심적 요소를 도입한 조문들이 남상소의 폐단을 억제하고 항소법원의 부담을 감소시킨다는 소송경제상의 필요에서 항소심의 속심적 성격에 제한을 가하고 있음에 불과하다(82도2829).

4) 검토

진실발견의 요청상 적극설(속심설)이 타당하다.

2. 공소장변경의 허부

1) 공소사실의 동일성 여부

2) 소결

3. 항소심에서 사물관할이 변경된 경우 제8조 제2항의 적용여부

1) 문제제기

형사소송법은 제1심에서 단독사건이 합의부사건으로 공소장이 변경된 경우에는 제8조 제2항을 두어 이를 해결하고 있다. 그러나 항소심에서 단독사건이 합의부사건으로 변경된 경우에 대해서는 아무런 규정이 없으므로 이에 대하여 논의가 있다.

2) 견해의 대립

제8조 제2항은 제1심에서만 적용하여야하므로, 지방법원 항소부는 관할위반의 판결을 선고하여야 한다는 **관할위반설**, 367조 단서를 적용하여 지방법원항소부가 원심을 파기하고, 변경된 합의부 관할사건에 대하여 직접 제1심으로서 심판하여야 한다고보는 **지방법원 항소부 제1심 관할설**, 지방법원 항소부가 직접 항소심으로서 심판할 수 있다는 **지방법원 항소부 항소심 관할설**, 변경된 합의부 사건에 대하여 고등법원이 항소심으로서 관할권을 가지므로, 지방법원 항소부는 제8조 제2항을 적용하여 사건을 고등법원에 이송하여야 한다는 **고등법원 항소심 관할설(이송설)**이 대립한다.

3) 판례의 태도

항소심에서 공소장변경에 의하여 단독판사의 관할사건이 합의부 관할사건으로 된 경우에도 법원은 사건을 관할권이 있는 법원에 이송하여야 한다고 할 것이고, 항소심에서 변경된 위 합의부 관할사건에 대한 관할권이 있는 법원은 고등법원이라고 봄이 상당하다고 하여 **고등법원 항소심 관할설**의 입장이다(대판 1997.12.12. 97도2463).

4) 검토 및 소결

재판을 받을 권리 및 신속한 재판을 받을 권리 고려하면 이송설 타당하다.

4. 사안의 해결

(3) 군사법원에의 이송

법원은 공소가 제기된 사건에 대하여 군사법원이 **재판권을 가지게 되었거나 재판권을 가졌음이 판명**된 때에는 결정으로 사건을 재판권이 있는 같은 심급의 군사법원으로 이송하여야 한다(제16조의2 1문). 재판권이 없으면 공소기각의 판결을 함이 원칙이나 소송경제를 위하여 이송의 특칙을 인정한 것이다. 다만, 이송 전에 일반법원에 의해서 행하여진 소송행위는 이송 후에도 그 효력에 영향이 없다(동조 제2문).

(4) 사건의 소년부 송치

법원은 소년에 대한 피고사건을 심리한 결과 **보호처분에 해당할 사유가 있다고 인정하면** 결정으로써 사건을 관할 소년부에 송치하여야 한다(소년법 제50조). _(변시3회)

8. 관할권부존재의 효과

(1) 관할위반의 판결

관할은 소송조건이기 때문에 법원은 **직권으로 관할유무를 조사**하여야 하고(제1조), 관할권이 없음이 명백한 때에는 관할위반의 판결을 선고해야 한다(제319조 본문). 그러나 **소송행위는 관할위반인 경우에도 그 효력에 영향이 없다**(제2조).

(2) 예외

토지관할에 관하여 법원은 **피고인의 신청이 없으면** 관할위반 선고를 하지 못하며, 피고인의 관할위반신청은 피고사건에 대한 진술 전에 해야 한다(제320조). 따라서 진술 이후에는 관할위반의 하자는 치유된다.

Ⅲ 제척 · 기피 · 회피

1. 공평한 법원을 구성하기 위한 제도

구체적 사건에서 그 불공정한 재판을 할 염려가 있는 법관을 법원의 구성에서 배제시켜 공정한 재판을 구현하기 위한 제도로서 제척 · 기피 · 회피 제도가 있다.

2. 제척

(1) 의의

구체적 사건의 심판에 있어서 법관이 **불공평한 재판을 할 우려가 현저한 경우**를 유형적으로 규정해 놓고 그 사유에 해당하는 법관을 **직무집행에서 배제**시키는 제도이다.

(2) 제척사유(제17조)

제척사유는 유형적 · 제한적 열거로서 이에 해당하지 않을 때에는 제척원인이 되지 않는다.

1) 법관이 피해자인 때

범죄의 **직접 피해자**에 한정된다.

2) 이해관계인

① 법관이 피고인 또는 피해자의 **친족 또는 친족관계가 있었던 자인 때**(제2호) ② 법관이 피고인 또는 피해자의 법정대리인, 후견감독인인 때(제3호) ③ 법관이 사건에 관하여 피고인의 대리인, 변호인, 보조인으로 된 때(제5호)

> **⚖ 판례**
>
> 사실혼 관계에 있는 사람은 민법에서 정한 친족이라고 할 수 없어 형사소송법 제17조 제2호에서 말하는 친족에 해당하지 않으므로, 통역인이 피해자의 사실혼 배우자라고 하여도 통역인에게 형사소송법 제25조 제1항, 제17조 제2호에서 정한 제척사유가 있다고 할 수 없다(대판 2011.4.14. 2010도13583).

3) 이미 사건에 관여한 경우

① 법관이 사건에 관하여 **증인, 감정인, 피해자의 대리인으로 된 때**(제4호) ② 법관이 사건에 관하여 **검사 또는 사법경찰관의 직무를 행한 때**(제6호) ③ 법관이 사건에 관하여 **전심재판 또는 그 기초되는 조사 · 심리에 관여**한 때(제7호)

> **⚖ 판례**
>
> 선거관리위원장으로서 공직선거 및 선거부정방지법위반 혐의사실에 대하여 수사기관에 수사의뢰를 한 법관이 당해 형사피고사건의 재판을 하는 경우 그것이 적절하다고는 볼 수 없으나 형사소송법 제17조 제6호의 제척원인인 '법관이 사건에 관하여 사법경찰관의 직무를 행한 때'에 해당한다고 할 수 없다(대판 1994.4.13. 99도155). (14.모의)

4) 후관예우 관련

① 법관이 사건에 관하여 피고인의 변호인이거나 피고인 · 피해자의 대리인인 법무법인, 법무법인(유한), 법무조합, 법률사무소, 외국법자문사법 제2조 제9호에 따른 합작법무법인에서 퇴직한 날부터 2년이 지나지 아니한 때(제8호) ② 법관이 피고인인 법인 · 기관 · 단체에서 임원 또는 직원으로 퇴직한 날부터 2년이 지나지 아니한 때

(3) 제7호 사유에 대한 해석

1) 전심재판 관여

① '전심'이란 심급에서의 전심을 말하는 것으로 심급의 이익, 즉 예단 방지를 위한 것으로 구체적으로 2심에 대한 1심, 3심에 대한 2심 또는 1심을 말한다. '**재판**'은 **종국재판에 한정**되며, 종국재판이면 **판결이든 결정이든 불문**한다. 그리고 전심재판은 당해 형사사건의 전심재판을 의미한다.

약식명령을 한 판사가 **정식재판의 항소심에 관여한 경우**는 전심재판 관여에 해당하지만❶, (13모의, 14.모의) **정식재판의 1심에 관여한 경우**에도 이에 해당하는지 문제된다. 약식명령을 행한 판사는 사건의 실체에 관여하였으므로 예단·편견의 가능성이 있어 제척사유가 된다는 **적극설**과 약식명령은 정식재판과 심급을 같이하는 재판이므로 전심이 아니라고 보는 **소극설**이 대립한다. 판례는 **동일한 심급 내에서 서로 절차만 달리할 뿐이므로 약식명령이 제1심 공판절차의 전심재판에 해당하지 않는다**는 소극설의 입장이다(대판 2002.4.12. 2002도944). 생각건대 약식명령은 서면심리에 의한 재판에 불과하다는 점에서 전심재판으로 보기 어려우므로 **소극설**이 타당하다.

⚖ 참고 판례

1 **파기환송판결 전의 원심에 관여한** 재판관이 **환송 후의 원심재판관으로 관여**하였다 하여 군법회의법 제48조나 형사소송법 제17조에 위배된다고 볼 수 없다(대판 1979.2.27. 78도3204). (11.모의)

2 약식절차와 피고인 또는 검사의 정식재판청구에 의하여 개시된 제1심공판절차는 동일한 심급 내에서 서로 절차만 달리할 뿐이므로, 약식명령이 제1심공판절차의 전심재판에 해당하는 것은 아니고, 따라서 **약식명령을 발부한 법관이 정식재판절차의 제1심판결에 관여**하였다고 하여 형사소송법 제17조 제7호에 정한 '법관이 사건에 관하여 전심재판 또는 그 기초되는 조사, 심리에 관여한 때'에 해당하여 **제척의 원인이 된다고 볼 수는 없다**(대판 2002.4.12. 2002도944). (변시10회, 14.모의)

3 **재심청구사건에 있어서 재심대상이 되는 사건은 이에 해당하지 않으므로** 원심재판장 판사가 재심대상판결의 제1심에 관여했다 하더라도 이 사건 재심청구사건에서 제척 또는 기피의 원인이 되는 것이 아니다(대결 1982.11.15. 82모11). (14.모의)

② '관여'란 전심재판의 **내부적 성립에 실질적으로 관여**한 때를 의미하므로 재판의 선고에만 관여하거나 공판기일을 연기하는 재판에만 관여한 경우는 '관여'에 해당하지 않는다.

2) 전심재판의 기초되는 조사·심리에 관여한 때

전심재판의 내용 형성에 사용될 자료의 수집·조사에 관여하여 그 결과가 전심재판의 사실인정 자료로 쓰여진 경우를 말한다. 제1심판결에서 유죄로 인정된 **증거를 조사한 경우**❷, (14.모의) 기소강제절차에서 공소제기결정을 한 법관은 이에 해당한다. 그러나 **보석허가결정에 관여한 경우, 구속영장을 발부한 경우**❸, **구속적부심사에 관여한 경우,** (변시5회) **선거관리위원장으로서 수사기관에 수사의뢰를 한 경우**❹ 등은 이에 해당하지 않는다.

---

❶ 대판 1985.4.23. 85도281
❷ 대판 1999.4.13. 99도155
❸ 대판 1989.9.12. 89도612
❹ 대판 1999.4.13. 99도155

증거보전절차에 관여한 법관이 항소심에 관여한 경우 [16.모의]

1. 논점

수사과정에서 증거보전절차에 참여한 판사가 항소심 재판에 관여한 경우에 제17조 제7호의 '전심재판의 기초가 되는 조사·심리에 관여한 때'에 해당하여 제척사유가 되는지 논의가 있다.

2. 견해의 대립

실체재판의 내용형성에 관여했으므로 그 기초되는 조사·심리에 관여한 경우에 해당한다는 **적극설**, 증거보전은 사건 전체에 대한 판단을 하는 것이 아니므로 제척사유가 아니라는 **소극설**이 대립한다.

3. 판례의 태도

증거보전절차에서 증인신문을 한 법관은 전심재판 또는 그 기초되는 조사심리에 관여한 법관이라고 할 수 없다고 하여 소극설의 입장이다(대판 1971.7.6. 71도974).

4. 검토

증거보전절차는 1심 재판의 실체형성과 밀접한 관련을 갖는다는 점에서 **적극설**이 타당하다.

(4) 제척의 효과

제척사유에 해당하는 법관은 당사자의 신청이나 재판 등의 **특별한 절차 없이 당연히** 당해 사건의 직무집행으로부터 배제된다. 제척사유 있는 법관이 재판에 관여한 판결은 **절대적 항소이유**(제361조의5 제7호)와 **상대적 상고이유**(제383조 제1호)에 해당한다. (변시3회)

3. 기피

(1) 의의

제척사유가 있음에도 불구하고 법관이 재판에 관여하거나 기타 불공평한 재판을 할 염려가 있는 때 **당사자의 신청에 의하여 법원의 결정**으로 그 법관을 직무집행에서 물러나게 하는 제도를 말한다.

(2) 기피사유(제18조 제1항)

1) 법관이 제척사유에 해당하는 때

제척사유는 모두 기피사유가 될 수 있다.

2) 기타 법관이 불공평한 재판을 할 염려가 있는 때

당사자가 불공평한 재판이 될지도 모른다고 추측할 만한 **주관적인 사정이 있는 때**를 말하는 것이 아니라, 통상인의 판단으로서 법관과 사건과의 관계로 보아 불공평한 재판을 할 염려가 있다고 의혹을 갖는 것이 합리적이라고 인정할 만한 객관적 사정이 있는 경우를 말한다(대결 2001.3.21. 2001모2). 법관이 심리 중에 피고인에 대하여 심히 모욕적인 말을 한 경우, 법관이 피고인의 진술을 강요한 경우, 법관이 심리 도중에 유죄의 예단을 나타내는 말을 한 경우가 이에 해당한다. 그러나 법관이 피고인에게 공판기일에 **어김없이 출석하라고 촉구**한 경우(대결 1969.1.6. 68모57)나 법관이 **당사자의 증거신청을 채택하지 않거나 이미 한 증거결정을 취소**한 경우(대결 1995.4.3. 95모10)는 이에 해당하지 않는다. (변시5회)

(3) 기피신청의 절차

1) 신청권자

검사와 피고인이다(제18조 제1항). 변호인도 피고인의 명시한 의사에 반하지 않는 한 기피신청을 할 수 있다(동조 제2항).

2) 기피의 대상

법관이므로 재판부 자체에 대한 기피신청은 인정되지 않는다. 다만, 합의부 구성법관 전원에 대한 기피신청은 가능하다.

3) 신청방법

합의법원의 법관에 대한 기피는 그 법관의 소속법원에 신청하고 수명법관·수탁판사 또는 단독판사에 대한 기피는 당해법관에게 신청해야 한다(제19조 제1항). 기피신청은 서면 또는 구두로 할 수 있으며, 기피신청을 할 때는 기피원인이 되는 사실을 구체적으로 명시하여야 하고, 기피사유는 신청한 날로부터 3일 이내에 서면으로 소명하여야 한다(제19조 제2항).

4) 신청시기

형사소송법은 기피신청의 시기에 대하여 별도의 제한을 두고 있지 않으므로 신청시기에 관하여 논의가 있다. 기피신청권의 남용 방지를 위해 **변론종결시**까지만 가능하다고 보는 **변론종결시설**과 시기의 제한규정이 없기 때문에 판결선고시까지 가능하다고 보는 **판결선고시설**이 대립한다. 판례는 **이미 종국판결이 선고되어 버리면 그 담당재판부를 사건 심리에서 배제하고자 하는 기피신청은 그 목적의 소멸로 재판을 할 이익이 상실되어 부적법하게 된다**고 하여 판결이 선고된 이후에는 불가능하다는 **판결선고시설**의 입장이다(대결 1985.1.9. 94모77).

5) 기피신청을 받은 법원의 처리

① 간이기각 결정

기피신청이 **소송의 지연을 목적으로 함이 명백**하거나 제19조(기피신청 관할, 기피사유 서면 소명)에 **위배된 때**에는 신청을 받은 법원 또는 법관은 결정으로 이를 기각한다(제20조 제1항). 간이기각 결정에 대하여는 **즉시항고** 할 수 있다. 그러나 통상의 즉시항고와는 달리 **재판의 집행을 정지하는 효력은 없다**(제23조 제2항).

② 소송진행의 정지

기피신청이 있는 경우는 **간이기각 결정의 경우와 급속을 요하는 경우**(구속기간 만료일의 임박 등)를 제외하고 **소송진행을 정지해야** 한다(제22조). 이 때 정지하여야 할 소송의 범위에 대해서 **본안소송절차 정지설**과 **전소송절차 정지설**이 대립하나, 판례는 **형사소송법 제22조에 규정된 정지하여야 할 소송절차란 실체재판에의 도달을 직접의 목적으로 하는 본안의 소송절차를 말한다**라고 하면서 **구속기간의 갱신절차나 판결의 선고는 이에 포함되지 않는다**고 하여 **본안소송절차 정지설**의 입장이다(대결 1987.2.3. 86모57, 대결 1987.5.28. 87모10).

③ 소송진행 정지를 간과한 경우

기피신청을 받은 법관이 형사소송법 제22조에 위반하여 본안의 소송절차를 정지하지 않은 채 그대로 소송을 진행하여서 한 소송행위는 그 효력이 없고, 이는 그 후 그 기피신청에 대한 기각결정이 확정되었다고 하더라도 마찬가지이다(대판 2012.10.11. 2012도8544).

(4) 기피신청에 대한 재판

1) 기피신청 사건의 관할

기피신청 사건에 대한 재판은 **기피당한 법관의 소속법원 합의부**에서 결정으로 행한다. 기피당한 법관은 그 결정에 관여하지 못한다. 다만, 기피당한 판사의 소속법원이 합의부를 구성하지 못하는 때에는 직근 상급법원이 결정하여야 한다(제21조).

2) 기피신청에 대한 재판

기피신청이 이유 없다고 인정한 때에는 기피신청을 기각하여야 한다. 기각결정에 대하여 **즉시항고할 수 있다**(제23조 제1항). (변시5회) 그리고 기피신청이 이유 있다고 인정한 때에는 기피당한 법관을 당해 사건의 절차에서 배제하는 결정을 해야 하고, 인용결정에 대하여는 **항고하지 못한다.**

(5) 기피의 효과

기피신청이 이유 있다는 결정이 있을 때에는 그 법관은 당해 사건의 **직무집행으로부터 배제**된다. 기피당한 법관이 **사건의 심판에 관여한 때에는 절대적 항소이유**(제361조의5 제7호)와 **상대적 상고이유**(제383조 제1호)가 된다.

4. 회피

회피란 법관이 스스로 기피원인이 있다고 판단한 때 자발적으로 직무집행에서 탈퇴하는 제도이다(제24조 제1항). (변시5회) 회피신청에 대한 법원의 결정에 대하여는 항고할 수 없고, 당해 법관이 회피하지 아니하고 재판에 관여하였더라도 상소이유가 되는 것은 아니다.

5. 법원사무관 등에 대한 제척 · 기피 · 회피

법관의 제척 · 기피 · 회피에 관한 규정은 원칙적으로 **법원사무관 등과 통역인에게 준용**된다(제25조 제1항). 법원사무관 등과 통역인에 대한 기피신청재판은 그 소속법원이 결정으로 하여야 한다. 단, 제20조 제1항의 결정은 기피당한 자의 소속법관이 한다(동조 제2항).

I 검사의 의의 및 성격

1. 검사의 의의

검사는 범죄수사로부터 재판의 집행에 이르기까지 형사절차의 전 과정에 관여하는 등 검찰권을 행사하는 국가기관이다.

2. 검사의 성격

(1) 준사법기관

검사는 법무부 소속의 공무원이지만 동시에 사법권의 행사 및 운용에 중대한 영향을 미치는 준사법기관이다.

(2) 단독제의 관청

검사는 검찰사무를 단독으로 처리하는 단독제의 관청이며, 검찰총장이나 검사장의 보조기관이 아니다. 따라서 검사의 외부적 의사표시는 검찰내부의 결재 등이 없더라도 검사의 고유한 독자적인 권한에 기한 것으로 대외적 효력을 갖는다.

II 검사동일체의 원칙

1. 의의

검사동일체의 원칙이란 검사가 검찰총장을 정점으로 하는 피라미드형의 계층적 조직체를 구성하고 유기적 통일체로서 활동하는 것을 말한다. 국가의 공평한 검찰권 행사와 전국적으로 통일된 수사망의 확보에 그 취지가 있다.

2. 검사동일체의 원칙의 내용

(1) 검사의 지휘·감독관계 및 이의제기권

검사는 **검찰사무에 관하여 소속 상급자의 지휘·감독에 따른다**(검찰청법 제7조 제1항). 그러나 단독제 관청이며 준사법기관인 검사는 진실과 정의에 구속되어야 하며, 이는 지휘감독관계에 대한 한계가 된다. 따라서 검사의 지휘감독관계는 적법하고 정당한 상사의 명령에만 따라야 한다는 것을 의미한다. 검사의 지휘감독관계는 **내부적 효력만을 가지므로** 상사의 명령에 위반하거나 상사의 결재를 받지 않은 검사의 처분도 대외적으로는 유효하다. 나아가 검사는 구체적 사건과 관련된 상급자의 지휘·감독의 적법성 또는 정당성에 대하여 **이견이 있을 때에는 이의를 제기할 수 있다고 규정하여 이의제기권을 명문화 하고 있다**(검찰청법 제7조 제2항).

(2) 직무승계와 이전의 권한

검찰총장과 검사장 또는 지청장은 소속 검사의 직무를 자신이 처리하거나(직무승계), 소속 검사의 직무를 다른 검사로 하여금 처리하게(직무이전) 할 수 있다(검찰청법 제7조의2 제2항).

(3) 직무위임권과 직무대리권

검찰총장과 검사장 및 지청장은 소속 검사로 하여금 그 권한에 속하는 직무의 일부를 처리하게 할 수 있으며(검찰청법 제7조의2 제1항), 각급 검찰청의 차장검사는 소속 검사장이 부득이한 사유로 직무를 수행할 수 없을 때에는 특별한 수권 없이 그 직무를 대리하는 권한을 가진다(검찰청법 제18조 제2항, 제23조 제2항).

3. 효과

(1) 검사 교체의 효과

검사동일체의 원칙의 결과 검사가 검찰사무를 취급하는 도중에 교체되어도 소송법상 효과에는 영향을 미치지 아니하므로 검사가 교체되었다고 하여 수사절차나 공판절차를 갱신할 필요는 없다. 이는 판사의 경질로 공판절차의 갱신이 요구되는 것과 다른 점이다.

(2) 검사에 대한 제척·기피

검사동일체의 원칙의 결과 특정 검사를 배제하는 것이 무의미하므로 제척·기피를 인정할 수 없다(부정설). 판례도 **범죄의 피해자인 검사가 그 사건의 수사에 관여하거나, 압수·수색영장의 집행에 참여한 검사가 다시 수사에 관여**하였다는 이유만으로 바로 그 수사가 위법하다거나 그에 따른 참고인이나 피의자의 진술에 임의성이 없다고 볼 수는 없다고 하여 **부정설**의 입장이다(대판 2013.9.12. 2011도12918). (14.모의)

Ⅲ 법무부장관의 지휘·감독

법무부장관은 검찰사무의 최고 감독자로서 **일반적으로 검사를 지휘·감독**하고, **구체적 사건에 대하여는 검찰총장만을 지휘·감독**한다(검찰청법 제8조). 이는 검찰총장을 완충으로 하여 정치권력으로부터 부당한 외압을 막는데 그 취지가 있다.

Ⅳ 검사의 소송법상 지위

1. 수사권의 주체

(1) 수사권

2020년에 개정된 형사소송법 제196조에서 검사는 범죄의 혐의가 있다고 사료하는 때에는 범인, 범죄사실과 증거를 수사한다고 밝히면서도, 검사와 사법경찰관은 수사, 공소제기 및 공소유지에 관하여 서로 협력하여야 한다고 하여 개정 전 검사와 사법경찰관의 관계를 상명하복관계로 보는 입장에서 벗어나 상호 협력 관계에 있음을 천명하고 있다(제195조).❶

---

❶ 수사기관이란 법률상 수사의 권한이 인정되는 국가기관으로서, 현행법상 사법경찰관과 검사 및 수사처검사가 이에 해당한다. 그리고 사법경찰관의 수사보조자로서 사법경찰리가 있으며, 검사의 수사보조자로서 검찰청 직원과 특별사법경찰관리가 있다.

인권침해의 소지가 가장 많은 수사 분야에서 국민의 인권과 자유를 보호하기 위하여 우리 헌법과 법률은 검사 제도를 두어 검사에게 준사법기관으로서의 지위를 부여하고 철저한 신분보장과 공익의 대변자로서 객관의무를 지워 사법경찰관리의 수사에 대한 지휘와 감독을 맡게 함과 동시에 전속적 영장청구권(헌법 제12조 제3항), 수사주재자로서 사법경찰관리에 대한 수사지휘(형사소송법 제196조), 체포·구속 장소 감찰(형사소송법 제198조의2) 등의 권한을 부여하여 절차법적 차원에서 인권보호의 기능을 수행하게 하고 있다. 이러한 측면에서 검사의 수사에 관한 지휘는 수사과정에서의 인권침해를 방지하는 '인권옹호'를 당연히 포함한다. 따라서 형법 제139조의 입법 취지 및 보호법익, 그 적용대상의 특수성 등을 고려하면 여기서 말하는 '인권'은 범죄수사 과정에서 사법경찰관리에 의하여 침해되기 쉬운 인권으로서, 주로 헌법 제12조에 의한 국민의 신체의 자유 등을 그 내용으로 한다. 인권의 내용을 이렇게 볼 때 형법 제139조에 규정된 '인권옹호에 관한 검사의 명령'은 사법경찰관리의 직무수행에 의하여 침해될 수 있는 인신 구속 및 체포와 압수수색 등 강제수사를 둘러싼 피의자, 참고인, 기타 관계인에 대하여 헌법이 보장하는 인권 가운데 주로 그들의 신체적 인권에 대한 침해를 방지하고 이를 위해 필요하고도 밀접 불가분의 관련성 있는 검사의 명령 중 '그에 위반할 경우 사법경찰관리를 형사처벌까지 함으로써 준수되도록 해야 할 정도로 인권옹호를 위해 꼭 필요한 검사의 명령'으로 보아야 하고 나아가 법적 근거를 가진 적법한 명령이어야 한다.

한편 사법경찰관이 검사에게 긴급체포된 피의자에 대한 긴급체포 승인 건의와 함께 구속영장을 신청한 경우, 검사는 긴급체포의 승인 및 구속영장의 청구가 피의자의 인권에 대한 부당한 침해를 초래하지 않도록 긴급체포의 적법성 여부를 심사하면서 수사서류 뿐만 아니라 피의자를 검찰청으로 출석시켜 직접 대면조사할 수 있는 권한을 가진다고 보아야 한다. 따라서 이와 같은 목적과 절차의 일환으로 검사가 구속영장 청구 전에 피의자를 대면조사하기 위하여 사법경찰관리에게 피의자를 검찰청으로 인치할 것을 명하는 것은 적법하고 타당한 수사지휘 활동에 해당하고, 수사지휘를 전달받은 사법경찰관리는 이를 준수할 의무를 부담한다. 다만, 체포된 피의자의 구금 장소가 임의적으로 변경되는 점, 법원에 의한 영장실질심사 제도를 도입하고 있는 현행 형사소송법하에서 체포된 피의자의 신속한 법관 대면권 보장이 지연될 우려가 있는 점 등을 고려하면, 위와 같은 검사의 구속영장 청구 전 피의자 대면조사는 긴급체포의 적법성을 의심할 만한 사유가 기록 기타 객관적 자료에 나타나고 피의자의 대면조사를 통해 그 여부의 판단이 가능할 것으로 보이는 예외적인 경우에 한하여 허용될 뿐, 긴급체포의 합당성이나 구속영장 청구에 필요한 사유를 보강하기 위한 목적으로 실시되어서는 아니 된다. 나아가 검사의 구속영장 청구 전 피의자 대면조사는 강제수사가 아니므로 피의자는 검사의 출석요구에 응할 의무가 없고, 피의자가 검사의 출석요구에 동의한 때에 한하여 사법경찰관리는 피의자를 검찰청으로 호송하여야 한다(대판 2010.10.28. 2008도11999).

나아가 검사가 수사를 개시할 수 있는 범죄는 ① 부패범죄, 경제범죄 등 대통령령으로 정하는 중요 범죄,❶ ② 경찰공무원이 범한 범죄와 공수처 소속 공무원의 범죄❷ ③ 위의

---

❶ 개정 검찰청법에 따르면, 종전 6대 범죄(부패범죄, 경제범죄, 공직자범죄, 선거범죄, 방위사업범죄, 대형참사범죄)에서 2대 범죄(부패범죄, 경제범죄)로 축소시키되, 선거범죄는 2022. 6. 1. 제8회 지방선거를 고려하여, 2022. 12. 31.까지 한시적으로 종전과 같이 수사를 개시할 수 있도록 하였다. ① 부패범죄의 범위는 '주요공직자'의 뇌물, 특가법상 뇌물·알선수재, 의료·약품 관련 리베이트, 외국공무원에 대한 뇌물, 정치자금 부정수수, 변호사법위반, 금융기관 임직원·감사인·회계사·회사발기인의 배임수재 등 ② 경제범죄의 범위는 이득액 5억원 이상의 사기·횡령·배임, 3,000만원 이상 밀수출입, 5,000만원 이상 관세포탈 등 관세법위반, 환급 세액 5억원 이상 조세범처벌법위반, 시세조종 등 금융증권범죄, 산업기술 및 영업비밀의 외국유출, 부당공동행위, 불공정거래행위, 부당 하도급대금 강요, 거짓·과장·비방 광고 행위, 재산국외도피, 대외무역법위반, 마약류 수출입 등이 검사의 수사개시가 가능한 부패범죄와 경제범죄의 구체적 범위에 속한다.
❷ 개정 법률에 따르면 경찰공무원의 범죄 부분 중 경찰공무원에 특별사법경찰관이 추가되었다.

①, ②의 검사가 수사를 개시한 범죄 및 사법경찰관이 송치한 범죄와 관련하여 인지한 각 해당 범죄와 '직접 관련성이 있는 범죄'로 한정된다. 그리고 검사는 사법경찰관으로부터 송치받은 사건에 대해 특별히 직접 보완수사를 할 필요가 있다고 인정되는 경우에 한해 보완수사를 할 수 있다. 다만 2022. 5. 3. 공포된 개정 형사소송법 제196조 제2항에 따르면, 검사가 사법경찰관에게 특정 사건에 대한 시정조치 요구 후 시정조치가 이행되지 않는다고 판단하여 송치를 요구한 사건(제197조의3 제6항), 검사의 관할 수사관서 체포·구속장소 감찰과정에서 송치를 명한 사건(제198조의2 제2항), 고소인 등의 이의신청으로 송치된 사건(제245조의7 제2항)에 대하여는 '동일성을 해치지 아니하는 범위'내에서만 수사할 수 있도록 일부 송치사건의 보완수사 범위를 제한하는 규정이 마련되었다.

또한 개정 형사소송법 제198조 제4항에 따르면 수사기관이 수사 중인 사건의 범죄 혐의를 밝히기 위한 목적으로 합리적인 근거 없이 별개의 사건을 부당하게 수사하여는 아니 되고, 다른 사건의 수사를 통해 확보된 증거 또는 자료를 내세워 관련 없는 사건에 대한 자백이나 진술을 강요하여서도 아니 된다.

(2) 수사감독권과 수사지휘권

1) 보완수사요구

검사는 ① 송치사건의 공소제기 여부 결정 또는 공소유지에 관해 필요한 경우와 ② 사법경찰관이 신청한 영장의 청구 여부 결정에 관해 필요한 경우에 사법경찰관에게 보완수사를 요구할 수 있으며(제197조의2 제1항), 사법경찰관은 위 요구가 있는 때에는 정당한 이유가 없는 한 지체 없이 이를 이행하고, 그 결과를 검사에게 통보해야 한다(동조 제2항).❸ 검찰총장 또는 각급 검찰청 검사장은 사법경찰관이 정당한 이유없이 보완수사요구에 따르지 않는 때에는 권한 있는 사람에게 해당 사법경찰관의 직무배제 또는 징계를 요구할 수 있고, 그 징계절차는 공무원징계령 또는 경찰공무원징계령에 따른다(동조 제3항).

2) 사건기록등본 송부요구, 시정조치요구와 사건송치요구

검사는 사법경찰관리의 수사과정에서 ① 법령위반, ② 인권침해, ③ 현저한 수사권남용이 의심되는 사실의 신고가 있거나 그러한 사실을 인식하게 된 경우에는 사법경찰관에게 사건기록등본의 송부를 요구할 수 있고, 위 송부요구를 받은 사법경찰관은 지체 없이 검사에게 사건기록등본을 송부해야 한다(제197조의3 제1항, 제2항). 송부를 받은 검사는 필요하다고 인정되는 경우에는 사법경찰관에게 시정조치를 요구할 수 있고(동조 제3항), 사법경찰관은 시정조치요구가 있는 때에는 정당한 이유가 없으면 지체 없이 이를 이행하고, 그 결과를 검사에게 통보해야 한다(동조 제4항). 통보를 받은 검사는 시정요구가 정당한 이유없이 이행되지 않았다고 인정되는 경우에는 사법경찰관에게 사건송치를 요구할 수 있고(동조 제5항), 송치요구를 받은 사법경찰관은 검사에게 사건을 송치해야 한다(동조 제6항).

---

❸ 수사준칙에 따르면 검사는 사법경찰관으로부터 송치받은 사건에 대해 보완수사가 필요하다고 인정하는 경우에 특별히 직접 보완수사를 할 필요가 있다고 인정되는 경우를 제외하고는 사법경찰관에게 보완수사를 요구하는 것을 원칙으로 하고 있어서, 송치사건에서는 검사의 보완수사가 예외적으로 행해질 수 밖에 없으며, 보완수사를 요구할 때에는 그 이유와 내용 등을 구체적으로 적은 서면과 관계서류 및 증거물을 사법경찰관에게 함께 송부하는 것이 원칙으로 되어 있다. 그리고 사법경찰관은 송치사건에 대해 보완수사를 이행한 결과 범죄혐의가 있다고 인정되지 않는다고 판단한 경우에는 사건을 불송치하거나 수사중지할 수 있다.

3) 수사경합된 때의 사건송치요구

검사는 사법경찰관과 동일한 범죄사실을 수사하게 된 때에는 사법경찰관에게 사건송치를 요구할 수 있고, 위 요구를 받은 사법경찰관은 지체 없이 검사에게 사건을 송치해야 한다. 다만, 검사가 영장을 청구하기 전에 동일한 범죄사실에 관해 사법경찰관이 영장을 신청한 경우에는 해당 영장에 기재된 범죄사실을 계속 수사할 수 있다(제197조의4).

4) 재수사요청

검사는 사법경찰관이 범죄를 수사한 후 사건을 송치하지 않은 것이 위법 또는 부당한 때에는 그 이유를 문서로 명시하여 사법경찰관에게 재수사를 요청할 수 있고, 사법경찰관은 재수사요청이 있는 때에는 사건을 재수사해야 한다(제245조의8). 재수사요청은 기록을 송부받은 날로부터 90일 이내에 해야 하나, 예외적인 경우에는 90일 이후에도 재수사요청을 할 수 있다. 다만, 재수사요청은 1회에 한정한다.

이때 사법경찰관은 ① 범죄의 혐의가 있다고 인정되는 경우에는 지체 없이 검사에게 사건을 송치하고, 관계서류와 증거물을 송부하며, ② 기존의 불송치 결정을 유지하는 경우에는 재수사결과서에 그 내용과 이유를 구체적으로 적시하여 검사에게 통보한다.

(3) 수사종결권

최근 검·경수사권 조정에 사법경찰관이 범죄혐의가 인정되지 않는다고 판단되는 사건에 대하여 검사에게 송치하지 않는 불송치결정을 할 수 있는 권한이 인정되었고, 이는 1차 수사종결권이 사법경찰관에게도 부여된 것으로 평가된다.

1) 범죄혐의 인정과 사건송치

사법경찰관은 '범죄의 혐의가 있다고 인정되는 경우'에는 지체 없이 검사에게 사건을 '송치'하고, 관계서류와 증거물을 검사에게 송부해야 한다(제245조의5).

2) 범죄혐의 불인정과 기록송부

사법경찰관은 범죄를 수사한 후 범죄의 혐의가 있다고 인정되지 않는 경우에는 검사에게 사건을 송치하지 않는다. 사건불송치의 경우에 사법경찰관은 그 이유를 명시한 서면과 함께 '관계서류와 증거물'을 지체 없이 검사에게 '송부'하여야 한다. 이 경우 검사는 송부받은 날부터 90일 이내에 사법경찰관에게 '반환'하여야 한다(제245조의5).

3) 사건불송치 통지와 이의신청

사법경찰관은 사건불송치의 경우에는 사건기록을 송부한 날로부터 7일 이내에 서면으로 고소인·고발인·피해자 또는 그 법정대리인(피해자가 사망한 경우에는 그 배우자·직계친족·형제자매를 포함)에게 사건을 검사에게 송치하지 아니하는 취지와 그 이유를 '통지'해야 한다(제245조의6). 그 통지를 받은 사람(고발인을 제외한다❶)은 해당 사법경찰관의 소속 관서의 장에게 '이의를 신청'할 수 있다(제245조의7 제1항). 이때 사법경찰관은 지체 없이 검사에게 '사건을 송치'하고 관계서류와 증거물을 송부해야 하며, 처리결과와 그 이유를 제1항의 신청인에게 통지해야 한다(동조 제2항).

---

❶ 개정 형사소송법은 위와 같은 이의신청을 할 수 있는 사건관계인의 범위에서 '고발인'을 제외시켜 더 이상 고발인은 자신이 고발한 사건의 수사를 담당한 사법경찰관이 사건을 불기소처분하더라도 이의신청을 할 수 없게 되었다.

🔍 사법경찰관의 검사의 영장청구권에 대한 규제

종래 사법경찰관의 영장신청에 대하여 검사가 영장을 청구하지 아니한 때에는 이에 대한 통제책이 없었으나, 2020년 개정된 형사소송법에 따르면 사법경찰관은 검사가 정당한 이유 없이 영장을 청구하지 아니한 경우, 영장심의위원회에 영장 청구 여부에 대한 심의를 신청할 수 있도록 하여 검사의 영장청구권의 독점을 일정 부분 해소하였다.

제221조의5 【사법경찰관이 신청한 영장의 청구 여부에 대한 심의】
 ① 검사가 사법경찰관이 신청한 영장을 정당한 이유 없이 판사에게 청구하지 아니한 경우 사법경찰관은 그 검사 소속의 지방검찰청 소재지를 관할하는 고등검찰청에 영장 청구 여부에 대한 심의를 신청할 수 있다.
 ② 제1항에 관한 사항을 심의하기 위하여 각 고등검찰청에 영장심의위원회(이하 이 조에서 "심의위원회"라 한다)를 둔다.
 ③ 심의위원회는 위원장 1명을 포함한 10명 이내의 외부 위원으로 구성하고, 위원은 각 고등검찰청 검사장이 위촉한다.
 ④ 사법경찰관은 심의위원회에 출석하여 의견을 개진할 수 있다.
 ⑤ 심의위원회의 구성 및 운영 등 그 밖에 필요한 사항은 법무부령으로 정한다.

2. 공소권의 주체

(1) 공소제기권자

공소는 검사가 제기한다(제246조). 공소제기의 권한은 원칙적으로 검사에게 있으며 이를 기소독점주의라고 한다. 다만 개정 검찰청법은 검사가 직접 수사개시를 한 범죄에 대하여는 공소제기를 할 수 없도록 하였다.❷ 또한 2020년 신설된 고위공직자범죄수사처 설치 및 운영에 관한 법률 제3조 제1항 제2호(이하 공수처법)에 의하여 수사처검사도 검사와 판사 및 고위 경찰관에 대하여 공소를 제기할 수 있게 되었다.

(2) 공소수행의 담당자

검사는 공판절차에서 공익의 대표자로서 공소사실을 입증하고 공소를 유지하는 공소수행의 담당자가 된다.

(3) 검사의 객관의무

검사는 피고인에 대립되는 당사자이면서 동시에 공익의 대표자로서 피고인의 정당한 이익을 옹호해야할 의무가 있는데, 이를 검사의 '객관의무'라 한다. 검사의 객관의무를 긍정하는 판례에 따르면, 검사는 피고인에게 유리한 증거도 수집해야 하고, 피고인의 무죄를 구하는 변론을 하거나 피고인의 이익을 위한 상소 및 재심청구를 할 수 있다.

---

❷ 즉 사법경찰관이 송치한 범죄가 아닌 검사 자신이 수사개시한 범죄에 대하여는 공소를 제기할 수 없도록 하였다. 이는 검사가 직접 수사를 개시한 범죄에 대하여는 중립적인 지위에서 수사를 진행하기 보다는 기소의 예단을 갖고 수사를 할 가능성이 있기 때문에 이러한 예단에 기초한 기소를 차단하기 위한 조치로 평가된다.

🔍 검사의 객관의무의 인정여부

현행법상 검사의 객관의무를 인정할 것인지에 대하여 견해가 대립한다. 당사자주의적 소송구조를 취하고 있는 현행법을 이유로 하는 **부정설**과 적정절차의 실현을 위해 검사는 준사법기관이어야 하므로 객관의무를 인정하여야 한다는 **긍정설**이 대립한다. 판례는 강도강간의 피해자가 제출한 팬티에 대한 국립과학수사연구소의 유전자검사결과 그 팬티에서 범인으로 지목되어 기소된 원고나 피해자의 남편과 다른 남자의 유전자형이 검출되었다는 감정결과를 검사가 공판과정에서 입수한 경우 그 감정서는 원고의 무죄를 입증할 수 있는 결정적인 증거에 해당하는데도 검사가 그 감정서를 법원에 제출하지 아니하고 은폐하였다면 검사의 그와 같은 행위는 위법하다고 보아 국가배상책임을 인정하여 긍정설의 입장이다(대판 2002.2.22. 2001다23447). 생각건대, 실질적인 당사자주의를 실현하기 위해서는 검사에게 **객관의무를 인정**하는 것이 타당하다.

3. 재판의 집행기관

재판의 집행은 그 재판을 한 법원에 대응한 검찰청 검사가 지휘한다. 단, 재판의 성질상 법원, 법관이 지휘할 경우에는 예외로 한다(제460조 제1항).

🔍 수사처 검사의 직무와 권한

공수처법 제2조 【정의】 이 법에서 사용하는 용어의 정의는 다음과 같다. <개정 2020. 12. 15.>

1. "고위공직자"란 다음 각 목의 어느 하나의 직(職)에 재직 중인 사람 또는 그 직에서 퇴직한 사람을 말한다. 다만, 장성급 장교는 현역을 면한 이후도 포함된다.
   가. 대통령
   나. 국회의장 및 국회의원
   다. 대법원장 및 대법관
   라. 헌법재판소장 및 헌법재판관
   마. 국무총리와 국무총리비서실 소속의 정무직공무원
   바. 중앙선거관리위원회의 정무직공무원
   사. 「공공감사에 관한 법률」제2조 제2호에 따른 중앙행정기관의 정무직공무원
   아. 대통령비서실 · 국가안보실 · 대통령경호처 · 국가정보원 소속의 3급 이상 공무원
   자. 국회사무처, 국회도서관, 국회예산정책처, 국회입법조사처의 정무직공무원
   차. 대법원장비서실, 사법정책연구원, 법원공무원교육원, 헌법재판소사무처의 정무직공무원
   카. 검찰총장
   타. 특별시장 · 광역시장 · 특별자치시장 · 도지사 · 특별자치도지사 및 교육감
   파. 판사 및 검사
   하. 경무관 이상 경찰공무원
   거. 장성급 장교
   너. 금융감독원 원장·부원장·감사
   더. 감사원 · 국세청 · 공정거래위원회 · 금융위원회 소속의 3급 이상 공무원
2. "가족"이란 배우자, 직계존비속을 말한다. 다만, 대통령의 경우에는 배우자와 4촌 이내의 친족을 말한다.
3. "고위공직자범죄"란 고위공직자로 재직 중에 본인 또는 본인의 가족이 범한 다음 각 목의 어느 하나에 해당하는 죄를 말한다. 다만, 가족의 경우에는 고위공직자의 직무와 관련하여 범한

죄에 한정한다.

가. 「형법」 제122조부터 제133조까지의 죄(다른 법률에 따라 가중처벌되는 경우를 포함한다)

나. 직무와 관련되는 「형법」 제141조, 제225조, 제227조, 제227조의2, 제229조(제225조, 제227조 및 제227조의2의 행사죄에 한정한다), 제355조부터 제357조까지 및 제359조의 죄(다른 법률에 따라 가중처벌되는 경우를 포함한다)

다. 「특정범죄 가중처벌 등에 관한 법률」 제3조의 죄

라. 「변호사법」 제111조의 죄

마. 「정치자금법」 제45조의 죄

바. 「국가정보원법」 제21조 및 제22조의 죄

사. 「국회에서의 증언·감정 등에 관한 법률」 제14조 제1항의 죄

아. 가목부터 마목까지의 죄에 해당하는 범죄행위로 인한 「범죄수익은닉의 규제 및 처벌 등에 관한 법률」 제2조 제4호의 범죄수익등과 관련된 같은 법 제3조 및 제4조의 죄

4. "관련범죄"란 다음 각 목의 어느 하나에 해당하는 죄를 말한다.

가. 고위공직자와 「형법」 제30조부터 제32조까지의 관계에 있는 자가 범한 제3호 각 목의 어느 하나에 해당하는 죄

나. 고위공직자를 상대로 한 자의 「형법」 제133조, 제357조제2항의 죄

다. 고위공직자범죄와 관련된 「형법」 제151조 제1항, 제152조, 제154조부터 제156조까지의 죄 및 「국회에서의 증언·감정 등에 관한 법률」 제14조제1항의 죄

라. 고위공직자범죄 수사 과정에서 인지한 그 고위공직자범죄와 직접 관련성이 있는 죄로서 해당 고위공직자가 범한 죄

5. "고위공직자범죄등"이란 제3호와 제4호의 죄를 말한다.

제17조【처장의 직무와 권한】

① 처장은 수사처의 사무를 통할하고 소속 직원을 지휘·감독한다.

④ 처장은 그 직무를 수행함에 있어서 필요한 경우 대검찰청, 경찰청 등 관계 기관의 장에게 고위공직자범죄 등과 관련된 사건의 수사기록 및 증거 등 자료의 제출과 수사활동의 지원 등 수사협조를 요청할 수 있다.

⑤ 처장은 제8조에 따른 수사처검사의 직을 겸한다.

제19조【수사처검사 직무의 위임·이전 및 승계】

① 처장은 수사처검사로 하여금 그 권한에 속하는 직무의 일부를 처리하게 할 수 있다.

② 처장은 수사처검사의 직무를 자신이 처리하거나 다른 수사처검사로 하여금 처리하게 할 수 있다.

제20조【수사처검사의 직무와 권한】

① 수사처검사는 제3조 제1항 각 호❶에 따른 수사와 공소의 제기 및 유지에 필요한 행위를 한다.

② 수사처검사는 처장의 지휘·감독에 따르며, 수사처수사관을 지휘·감독한다.

③ 수사처검사는 구체적 사건과 관련된 제2항에 따른 지휘·감독의 적법성 또는 정당성에 대하여 이견이 있을 때에는 이의를 제기할 수 있다.

---

❶ 제3조【고위공직자범죄수사처의 설치와 독립성】① 고위공직자범죄 등에 관하여 다음 각 호에 필요한 직무를 수행하기 위하여 고위공직자범죄수사처(이하 "수사처"라 한다)를 둔다.

1. 고위공직자범죄등에 관한 수사

2. 제2조 제1호 다목, 카목, 파목, 하목에 해당하는 고위공직자로 재직 중에 본인 또는 본인의 가족이 범한 고위공직자범죄 및 관련범죄의 공소제기와 그 유지

제21조【수사처수사관의 직무】

① 수사처수사관은 수사처검사의 지휘·감독을 받아 직무를 수행한다.

② 수사처수사관은 고위공직자범죄 등에 대한 수사에 관하여 「형사소송법」 제197조 제1항에 따른 사법경찰관의 직무를 수행한다. <개정 2020. 2. 4.>

제23조【수사처검사의 수사】 수사처검사는 고위공직자범죄의 혐의가 있다고 사료하는 때에는 범인, 범죄사실과 증거를 수사하여야 한다.❶

제24조【다른 수사기관과의 관계】

① 수사처의 범죄수사와 중복되는 다른 수사기관의 범죄수사에 대하여 처장이 수사의 진행 정도 및 공정성 논란 등에 비추어 수사처에서 수사하는 것이 적절하다고 판단하여 이첩을 요청하는 경우 해당 수사기관은 이에 응하여야 한다.

② 다른 수사기관이 범죄를 수사하는 과정에서 고위공직자범죄 등을 인지한 경우 그 사실을 즉시 수사처에 통보하여야 한다.

③ 처장은 피의자, 피해자, 사건의 내용과 규모 등에 비추어 다른 수사기관이 고위공직자범죄 등을 수사하는 것이 적절하다고 판단될 때에는 해당 수사기관에 사건을 이첩할 수 있다.

④ 제2항에 따라 고위공직자범죄 등 사실의 통보를 받은 처장은 통보를 한 다른 수사기관의 장에게 수사처규칙으로 정한 기간과 방법으로 수사개시 여부를 회신하여야 한다.

제25조【수사처검사 및 검사 범죄에 대한 수사】

① 처장은 수사처검사의 범죄 혐의를 발견한 경우에 관련 자료와 함께 이를 대검찰청에 통보하여야 한다.

② 수사처 외의 다른 수사기관이 검사의 고위공직자범죄 혐의를 발견한 경우 그 수사기관의 장은 사건을 수사처에 이첩하여야 한다.

제26조【수사처검사의 관계서류와 증거물 송부 등】

① 수사처검사는 제3조 제1항 제2호에서 정하는 사건을 제외한 고위공직자범죄 등에 관한 수사를 한 때에는 관계서류와 증거물을 지체 없이 서울중앙지방검찰청 소속 검사에게 송부하여야 한다.

② 제1항에 따라 관계서류와 증거물을 송부받아 사건을 처리하는 검사는 처장에게 해당 사건의 공소제기 여부를 신속하게 통보하여야 한다.

---

❶ 수사처검사는 임의수사는 물론, 체포·구속, 압수·수색 등 강제수사도 할 수 있다. 검사의 영장청구권을 규정한 헌법 제12조 제3항의 '검사'를 반드시 검찰청법상의 검사로 한정해석할 이유가 없기 때문이다. 헌법재판소의 결정도 같은 취지이다(헌재 2008.1.10. 2007헌마1468; 헌재 2019.2.28. 2017헌바196 등).

제3절 피고인

I 의의 및 특정

1. 피고인의 의의

검사에 의해 **공소제기되거나 공소제기된 것으로 취급되어 있는 자**를 말한다. 따라서 공소가 제기되지 않았음에도 피고인으로 출석하여 재판을 받고 있는 자도 형식적 피고인이 될 수 있다.

2. 피고인의 특정

공소장에는 피고인의 성명 기타 피고인을 특정할 수 있는 사항을 기재해야 하며, 공소제기의 효력은 **검사가 피고인으로 지정한 자에게만 미친다**(제248조). 그러나 **성명모용소송**과 **위장출석**의 경우처럼 공소장에 기재된 피고인과 현실적으로 심판을 받는 사람이 일치하지 않을 때 누가 피고인이 될 것인지에 대하여 논의가 있으므로 이하 살펴본다.

3. 성명모용

(1) 의의

피의자가 수사단계에서 타인의 성명, 주소, 주민등록번호 등을 모용하여 공소장에 피모용자의 성명 등이 기재된 경우를 말한다. 예를 들면 甲이 음주운전 현행범으로 체포되자 쌍둥이 형인 乙의 성명과 주민등록번호를 대신 진술한 경우 등이 이에 해당한다.

(2) 성명모용소송의 피고인 특정

성명모용은 공소장에 기재된 피고인과 현실적으로 심판을 받는 사람이 일치하지 않을 때 누가 피고인이 될 것인지 논의가 있다. 검사의 의사를 기준으로 하는 **의사설**과 실제 피고인으로 행위하거나 취급된 자를 피고인으로 보는 **행위설**, 공소장에 피고인으로 표시된 자를 피고인으로 보는 **표시설**, 표시설과 행위설을 결합한 **절충설**, 표시설을 중심으로 하면서 행위설과 의사설을 함께 고려하는 **실질적 표시설** 등이 대립한다. 판례는 **성명모용의 경우 타인의 성명을 사칭하여 기소된 경우 그 공소의 효력은 명의를 사칭한 자에 대해서만 미치고 명의를 모용당한 자에게는 미치지 아니한다**고 하여 **실질적 표시설**의 입장이다(대판 1984.9.25. 84도1610). 생각건대 절차의 확실성 유지를 위해 표시설을 중심으로 하면서도 의사설과 행위설을 함께 고려하여 피고인을 결정하는 **실질적 표시설**이 타당하다.

(3) 정식재판 중 모용사실이 판명된 경우의 조치 [변시6회, 13.모의]

피고인은 모용자이므로 검사는 공소장변경이 아닌 공소장정정절차에 따라서 피고인의 표시를 피모용자에서 모용자로 정정하여야 한다. 판례도 피고인표시의 정정은 당사자의 표시상의 착오일 뿐이므로 공소장정정으로 족하다는 입장이며 법원의 허가는 필요하지 않다(대판 1993.1.19. 92도2554).

1) 공소장을 정정한 경우

피모용자는 피고인이 아니므로 공소제기의 효과가 미치지 않아서 별도의 판단을 할 필요가 없이 단순히 절차에서 배제시키면 된다.

2) 공소장을 정정하지 않은 경우

실질적 표시설의 입장에서 모용자가 피고인이므로 모용자에 대하여 심리를 진행하면 된다는 **심리진행설**이 있으나, 공소제기의 방식이 법률에 위반하여 무효인 때에 해당하여 제327조 제2호에 의한 공소기각판결을 선고하여야 한다는 **공소기각판결설**이 타당하다(다수설, 판례). (13.모의)

(4) 약식명령절차에서 모용사실이 판명된 경우의 조치 [22.모의]

1) 약식명령절차 진행 중에 성명모용사실이 판명된 경우

정식재판 중 모용사실이 판명된 경우의 논의와 동일하다.

2) 피모용자가 정식재판을 청구한 후에 모용사실이 판명된 경우

① 모용자에 대한 조치

피모용자와 모용자 모두 정식재판절차로 이행하여야 한다는 **정식재판절차설**과 피고인이 모용자로 정정되면 법원은 본래의 약식명령 정본과 함께 정정결정을 모용자에게 송달해야 한다는 **약식절차설**이 대립한다. 판례는 **검사의 피고인 표시정정이 있으면 약식명령의 피고인 표시를 경정하여 본래의 약식명령과 함께 이 경정결정을 모용자인 피고인에게 송달하면 이때야 비로소 위 약식명령은 적법한 송달이 있다**고 하여 **약식절차설**의 입장이다(대판 1997.11.28. 97도2215). 생각건대 모용자에게 약식명령이 송달되지 아니한 상태이므로 **약식절차설**이 타당하다.

② 피모용자에 대한 조치

피모용자는 피고인이 아니므로 정식재판청구를 기각하면 된다는 **정식재판청구기각설**과 피모용자가 형식상 피고인의 지위를 갖게 되므로 제327조 제2호를 유추적용하여 **공소기각판결설**이 대립한다. 판례는 **피모용자가 형식상 또는 외관상 피고인의 지위를 갖게 된 경우에 법원으로서는 피모용자에게 적법한 공소의 제기가 없었음을 밝혀주는 의미에서 형사소송법 제327조 제2호를 유추적용하여 공소기각의 판결을 함으로써 피모용자의 불안정한 지위를 명확히 해소해 주어야 한다**고 하여 **공소기각판결설**의 입장(대판 1993.1.19. 92도2554)으로 타당한 결론이다.

(5) 판결확정 후 판명된 경우

확정판결의 효력은 피모용자(乙)에게는 미치지 아니하고 **모용자(甲)에게만 미친다.**

1) 모용자에 대한 조치

피모용자 명의의 확정판결에 기재된 인적사항은 재판서에 오기 기타 이에 유사한 오류가 있는 경우에 해당하므로 **판결경정결정**을 통하여 모용자에게 집행할 수 있다(규칙 제25조 제1항).

2) 피모용자에 대한 조치

법원이 성명모용사실을 간과하여 피모용자에 대하여 유죄판결이 선고되어 확정된 경우라도 판결의 효력은 모용자에게만 미친다. 다만, 수형 명의자가 피모용자로 되어 있으므로 피모용자가 형집행을 받을 위험이 있으므로 피모용자를 어떻게 구제할 것인지에 대한 논의가 있다. 이에 유죄판결이 확정되었으므로 재심절차를 통해 무죄판결을 해야 된다는 **재심설**, 심판이 법령에 위반한 것으로 비상상고의 이유가 된다는 **비상상고설**, 검사에게 전과말소 신청을 하여 수형인 명부의 전과기재를 말소할 수 있다는 **전과말소설**이 대립한다. 생각건대, 재심설은 확정판결의 효력이 피모용자에게 미치지 않으므로 재심 대상이 되지 않는다는 점을 간과하고 있고, 비상상고설은 검찰 총장만이 청구할 수 있다는 점에게 부적절하므로 **전과말소설**이 타당하다.

4. 위장출석

(1) 의의

위장출석이란 검사가 甲을 피고인으로 지정하여 공소를 제기하였으나, **乙이 甲인 것처럼 공판정에 출석하여 법원의 재판**을 받고 있는 것을 말한다. 예를 들면 조폭 두목인 甲에 대한 살인죄를 다루는 공판에 부하인 乙이 대신 출석한 경우 등이 이에 해당한다.

(2) 위장출석의 피고인 특정

실질적 표시설에 의하면 **공소장에 피고인으로 표시된 甲이 실질적 피고인**이 되고, 위장출석자 乙은 형식적 피고인이 된다.

(3) 형식적 피고인(乙)을 절차에서 배제시키는 방법

1) 인정신문 단계에서 판명된 경우

인정신문단계에서는 사건에 대한 사실상 소송계속이 이루어지지 않았으므로 **위장출석자 乙은 퇴정**시키고. 甲은 실질적 피고인이므로 **소환하여 1심 공판절차를 진행**하면 된다.

2) 사실심리의 단계에서 판명된 경우

사실심리에 들어간 후에는 형식적 피고인에 대해서도 사실상 소송계속이 발생하였으므로 **위장출석자 乙에 대해서는 제327조 2호를 유추적용하여 공소기각판결**을 하고, 甲은 실질적 피고인이므로 **소환하여 1심 공판절차를 진행**하면 된다.

3) 판결확정 후 판명된 경우

판결확정 후 위장출석이 밝혀진 경우 진범인에게 미친다고 보는 견해도 있지만, **판결의 효력은 위장출석자에게 미친다**고 보는 것이 통설이다. 이 경우 **위장출석자에 대한 구제 방법**에 대하여 논의가 있다. 형식적 피고인에 대해 유죄판결이 확정된 경우는 사실오인의 하자가 있는 경우이므로 재심에 의하여야 한다는 **재심설**이 있으나, 위장출석은 소송 절차의 법령위반에 해당하므로 **비상상고설**이 타당하다. 그리고 甲은 실질적 피고인이므로 **소환하여 1심 공판절차를 진행**하면 된다.

5. 위장자수의 경우 [15.모의, 16.모의]

(1) 의의

위장자수란 범인이 아니면서도 범인임을 위장하여 수사기관에 자수한 경우를 말한다.

(2) 위장자수의 피고인 특정

수사와 공소 모두 위장자수자에 대하여 행하여졌으므로 피고인 특정에 관한 견해 대립과 무관하게 위장자수자가 피고인이고 공소제기의 효력이 미친다.

(3) 심리 중 위장자수임이 판명된 경우

검사는 위장자수자에 대하여 무죄변론을 하거나(제325조) 공소를 취소하는 절차를 밟아야 한다 (제255조 제1항). 그리고 위장자수자에 대하여 범인도피죄로의 공소장변경이 가능한지 문제되나 기본적 사실관계의 동일성이 인정된다고 보기 어려우므로 공소장변경이 허용되지 않는다.

Ⅱ 피고인의 소송법상 지위

1. 소송구조와 피고인의 지위

탄핵주의 소송구조에서는 피고인은 소송주체로서의 지위가 인정된다. 다만, 당사자주의 소송구조에서는 피고인이 당사자 지위를 가지지만, 직권주의 소송구조에서는 소송의 주체가 될 수는 있어도 당사자가 될 수는 없다. 이하에서는 당사자주의를 전제로 서술하기로 한다.

2. 당사자로서의 지위

(1) 수동적 당사자

피고인은 검사의 공격에 대하여 자기를 방어하는 수동적 당사자로서 공격·방어를 할 수 있는 방어권과 소송절차참여권을 가진다.

(2) 증거방법으로서의 지위

피고인은 소송의 주체로서 당사자의 지위를 가지지만 동시에 증거방법으로서의 지위도 갖는다. 따라서 피고인의 진술이 인적 증거방법으로서 피고인에게 이익이 되거나 불이익한 증거가 될 수도 있고, 피고인의 신체도 물적 증거방법으로서 검증의 대상이 될 수 있다.

(3) 절차의 대상으로서의 지위

피고인은 구속·압수·수색·소환 등 강제처분의 객체가 되기 때문에 피고인에게는 적법한 강제처분에 대해서는 수인할 의무가 있다.

Ⅲ 무죄추정의 원칙

헌법 제27조
④ 형사피고인은 유죄의 판결이 확정될 때까지는 무죄로 추정된다.

형사소송법 제275조의2
피고인은 유죄의 판결이 확정될 때까지는 무죄로 추정된다.

1. 의의

형사절차에서 피고인 또는 피의자는 유죄판결이 확정될 때까지는 무죄가 된다는 원칙이다. 헌법 제27조 제4항과 형사소송법 제275조의2를 근거로 한다.

2. 적용범위

(1) 인적범위

헌법과 형사소송법은 피고인에 대하여만 무죄추정을 규정하고 있지만, 피고인의 전 단계에 있는 피의자에게도 무죄추정의 원칙이 적용된다.

(2) 시적 범위

피고인은 유죄판결 확정시까지 무죄의 추정을 받으므로 제1심, 제2심에서 유죄판결이 **선고되었다 하더라도 확정되기 전까지는** 무죄의 추정을 받는다. 여기서 유죄판결이란 **형선고판결, 형면제판결과 선고유예판결**을 의미하므로 **면소, 공소기각 또는 관할위반판결**이 확정되어도 무죄의 추정은 유지된다.

3. 무죄추정의 원칙의 내용

(1) 인신구속의 제한

무죄의 추정은 인신구속에 대한 제한원리가 된다. 즉, 불구속 수사·재판이 원칙의 근거가 된다.

(2) 의심스러울 때는 피고인의 이익으로(In dubio pro reo)

1) 거증책임

피고인은 무죄로 추정되므로 범죄의 성립과 형벌권의 발생에 영향을 미치는 모든 사실은 검사에게 거증 책임이 있다.

2) 유죄 확신의 요구

무죄추정의 원칙은 증명의 단계에서 의심스러운 때는 피고인의 이익으로 원칙이 작용한다. 따라서 유죄판결을 위해서는 합리적 의심이 없을 정도의 증명을 통한 확신이 요구된다.

(3) 부당한 처우의 금지

고문 등 부당한 대우 금지, 진술거부권 보장, 예단배제의 원칙 등도 무죄추정의 원칙을 근거로 한다.

Ⅳ 진술거부권

1. 의의

(1) 의의 및 근거

피고인 또는 피의자가 공판 또는 수사절차에서 법원 또는 수사기관의 신문에 대하여 진술을 거부할 수 있는 권리로서 영미의 자기부죄거부특권에서 유래했다. 피의자, 피고인의 인권을 보장하고 무기평등 원칙을 실질적으로 실현하기 위하여 인정된다. 헌법 제12조 제2항에서 "모든 국민은 고문을 받지 아니하며, 형사상 자기에게 불리한 진술을 강요당하지 아니한다."라고 규정하여 진술거부권을 기본적 인권으로 보장하고 있으며, 이에 따라 형사소송법은 피고인(제283조의2)과 피의자(제244조의3)의 진술거부권을 규정하고 있다.

(2) 자백배제법칙과의 관계

진술거부권과 자백배제법칙은 형성 연원을 달리 하나, 자백배제법칙의 근거가 허위배제설에서 위법배제설로 발전해 나가면서 진술거부권과 자백배제법칙은 공통의 원리에 의해 일체화되었다(비구별설).

2. 진술거부권의 내용

(1) 주체

헌법 제12조 제2항은 모든 국민에게 진술거부권을 보장하고 있으므로 진술거부권의 주체에는 제한이 없다. 따라서 피고인·피의자 이외에 의사무능력자인 피의자·피고인의 대리인, 피고인인 법인의 대표자, 외국인도 진술거부권을 갖는다. (15.모의)

(2) 진술거부권의 범위

1) 진술강요의 금지

강요당하지 않는 것은 진술(구두진술 뿐만 아니라 서면에 대하여도 적용)에 한한다. 진술이란 생각이나 지식, 경험사실을 정신작용의 일환인 언어를 통하여 표출하는 것을 의미한다. 따라서 음주측정, 지문과 족형의 채취, 신체의 측정, 사진촬영이나 신체검사에 대하여는 진술이 아니므로 진술거부권이 미치지 않는다. 거짓말탐지기에 의한 검사에 대해서는 견해의 대립이 있으나, 생리적 변화는 질문과의 대응관계에서 비로소 의미를 가지므로 진술거부권의 범위에 속한다고 해석해야 할 것이다.

2) 진술의 범위

강요가 금지되는 것은 형사책임에 관한 진술이다. 따라서 민사책임, 행정책임에 관한 진술은 진술거부권의 대상에 포함되지 않는다. 형사책임에 관한 것이면 범죄성립요건에 직접 해당하는 사실 지체뿐만 아니라 간접사실 또는 범죄사실 발견의 단서가 되는 사실도 포함된다. 형사소송법은 진술거부권의 진술의 내용을 이익·불이익을 불문하고 인정하여 헌법상의 진술거부권의 범위를 확장하고 있다(제283조의2).

3) 인정신문에 대한 진술거부권

진술거부권의 대상이 되는 진술에는 제한이 없으므로 인정신문에 대해서도 진술거부권을 행사할 수 있다. 종례 인정신문에 대해 진술거부권을 행사할 수 있는가에 대해 견해가 대립하였으나, 개정 형사소송법에서 인정신문 앞에 진술거부권을 규정(제283조의2)함으로써 긍정설을 입법화하였다고 볼 수 있다.

(3) 진술거부권의 포기

진술거부권의 포기를 인정할 수 있는지에 대하여 견해의 대립이 있다. 제244조의3 제1항 제3호가 진술거부권을 포기할 수 있다는 내용을 규정하고는 있으나, 진술거부권은 헌법상의 권리로서 포기할 수는 없고, 해당 규정은 진술거부권을 불행사한다는 의미로 해석함이 타당하다. 따라서 피의자나 피고인이 진술거부권을 행사하지 않고 진술을 시작한 경우에도 언제든지 개별의 신문에 대해 진술을 거부할 수 있는 것이다. 이는 피고인의 증인적격과도 관련이 있는데, 영미에서는 진술거부권의 포기를 인정하여 증인적격을 인정하고 있으나, 우리 형사소송법에 있어서는 피고인은 당해 소송에서 제3자가 아니므로 이를 인정할 때에는 피고인의 진술거부권이 무의미하게 된다는 점에서 피고인의 증인적격은 원칙적으로 인정되지 않는다는 입장이다.

(4) 진술거부권의 고지

1) 고지 방법

진술거부권의 고지는 진술거부권의 전제가 되므로 사전에 적극적·명시적으로 고지하여야한다. 고지의 내용은 피의자와 피고인의 경우에 차이가 있다. 피의자신문의 경우 신문시마다 고지할 필요는 없으나, 시간적 간격이 길거나 조사자가 경질된 때에는 다시 고지하여야 한다. 피고인의 경우에 대하여도 진술거부권은 통상 인정신문 전에 1회 고지로 족하고공판기일마다 할 필요는 없지만, 공판절차를 갱신하는 경우에는 다시 고지하여야 한다. (변시1회)그러나 참고인에 대하여는 진술거부권을 고지할 필요는 없다.

참고 판례

1 피의자에 대한 진술거부권 고지는 피의자의 진술거부권을 실효적으로 보장하여 진술이 강요되는것을 막기 위해 인정되는 것이므로 수사기관에 의한 진술거부권 고지 대상이 되는 피의자 지위는수사기관이 조사대상자에 대한 범죄혐의를 인정하여 수사를 개시하는 행위를 한 때 인정되는 것으로 보아야한다. 따라서 이러한 **피의자 지위에 있지 아니한 자에 대하여는 진술거부권이 고지되지 아니 하였더라도 진술의 증거능력을 부정할 것은 아니다**(대판 2011.11.10. 2011도8125). (변시3회, 11회)

2 수사기관에 의한 진술거부권 고지의 대상이 되는 피의자의 지위는 수사기관이 범죄인지서를 작성하는 등의 형식적인 사건수리 절차를 거치기 전이라도 조사대상자에 대하여 범죄의 혐의가있다고 보아 실질적 수사를 개시하는 행위를 한 때에 인정된다. 특히 조사대상자의 진술 내용이**단순히 제3자의 범죄에 관한 경우가 아니라 자신과 제3자에게 공통으로 관련된 범죄에 관한 것이거나 제3자의 범죄사실뿐만 아니라 자신의 피의사실에 관한 것이기도 하여 실질이 피의자신문조서의 성격을 가지는 경우에 수시가관은 진술을 듣기 전에 미리 진술거부권을 고지하여야한다**(대판 2015.10.29. 2014도5309). (15.모의)

---

2) 고지 내용

피의자신문의 경우에 수사기관은 피의자의 진술을 듣기 전에 미리 진술거부권을 고지하여야 한다(제244조의3). 피고인에 대해서는 재판장은 인정신문에 들어가기 전에 피고인에게진술거부권을 고지하여야 한다(제283조의2, 규칙 제127조).

3) 불고지의 효과

진술거부권을 고지하지 아니하고 얻은 자백은 증거능력이 부정된다.

판례

1 피의자의 진술거부권은 헌법이 보장하는 형사상 자기에 불리한 진술을 강요당하지 않는 자기부죄거부의 권리에 터잡은 것이므로 **수사기관이 피의자를 신문함에 있어 피의자에게 미리 진술거부권을 고지하지 않은 때에는 그 피의자의 진술은 위법하게 수집된 증거로서 진술의 임의성이인정되는 경우라도 증거능력이 부인되어야 한다**(대판 1992.6.26. 92도682). (변시3회, 15.모의)

2 검사가 국가보안법 위반죄로 구속영장을 발부받아 피의자 신문을 한 다음, 구속 기소한 후 다시피의자를 소환하여 공범들과의 조직구성 및 활동 등에 관한 신문을 하면서 피의자신문조서가 아닌 일반적인 진술조서의 형식으로 조서를 작성한 시안에서, **진술조서의 내용이 피의자 신문조서와실질적으로 같고, 진술의 임의성이 인정되는 경우라도 미리 피의자에게 진술거부권을 고지하지 않았다면 위법수집증거에 해당하므로, 유죄인정의 증거로 사용할 수 없다**(대판 2009.8.20. 2008도8213).

---

3. 진술거부권의 효과

(1) 증거능력의 배제

진술거부권을 고지하지 않거나 진술거부권을 침해하여 획득한 증거는 증거능력이 부정된다.

(2) 불이익추정의 금지

진술거부권의 행사를 피고인에게 불이익한 간접증거로 삼거나, 이를 근거로 유죄추정을 하는 것은 허용되지 않는다. 이러한 의미에서 진술거부권의 행사는 **자유심증주의에 대한 예외**가 된다고 할 수 있다.

(3) 양형판단의 문제

진술거부권의 행사를 양형에서 고려할 수 있는지에 대하여 논의가 있다. 범인의 개전이나 회오는 양형에서 고려할 사정으로 개전의 정을 표시한 자와 진술거부권을 행사한 자를 동일하게 처벌하는 것은 합리적이라고 할 수 없으므로 양형에서 고려할 수 있다는 **적극설**과 진술거부권을 실질적으로 보장하기 위해서는 이를 양형에서 고려해서는 안 된다는 **소극설**이 대립한다. **판례**는 원칙적으로 가중적 양형의 조건으로 삼는 것을 허용되지 아니하나, **피고인에게 보장된 방어권행사의 범위를 넘어 객관적이고 명백한 증거가 있음에도 진실의 발견을 적극적으로 숨기거나 법원을 오도하려는 시도에 기인한 경우에는 가중적 양형조건으로 삼을 수 있다**고 하여 **절충설**의 입장이다(대판 2001.7.13. 2001도1929). (변시9회) 생각건대 진술거부권은 헌법상 기본권으로 이를 양형에서 고려한다면 진술거부권이 유명무실하게 할 우려가 있으므로 소극설이 타당하다.

Ⅴ 당사자능력과 소송능력

1. 당사자능력

(1) 의의

소송법상 당사자가 될 수 있는 일반적 · 추상적 능력을 말한다.

(2) 당사자능력이 있는 자

자연인은 연령이나 책임능력의 유무를 불문하고 언제나 당사자능력이 있다. 다만, 태아나 사망한 자는 당사자능력이 없다. 그리고 법인의 경우에는 법인을 처벌하는 규정이 있을 때에는 당사자능력이 인정된다.

⚖ 판례

법인에 대한 청산종결 등기가 되었더라도 청산사무가 종결되지 않는 한 그 범위 내에서는 청산법인으로 존속한다(대판 2003.2.11. 99다66427,73371 등 참조). 법인의 해산 또는 청산종결 등기 이전에 업무나 재산에 관한 위반행위가 있는 경우에는 청산종결 등기가 된 이후 위반행위에 대한 수사가 개시되거나 공소가 제기되더라도 그에 따른 수사나 재판을 받는 일은 법인의 청산사무에 포함되므로, 그 사건이 종결될 때까지 법인의 청산사무는 종료되지 않고 형사소송법상 당사자능력도 그대로 존속한다(대판 2021.6.30. 2018도14261).

---

(3) 당사자능력 흠결의 효과

당사자능력은 소송조건이므로 법원은 직권으로 피고인의 당사자능력의 유무를 조사하여야 하고, 당사자 능력이 없는 때에는 **공소기각결정**을 하여야 한다(제328조 제1항 제2호).

2. 소송능력

(1) 의의

소송능력이란 소송당사자가 유효하게 소송행위를 할 수 있는 능력을 말한다. 즉, 피고인 또는 피의자가 자기의 소송상의 지위와 이해관계를 이해하고 이에 따라 방어행위를 할 수 있는 능력을 의미한다. 소송능력은 소송행위의 유효요건으로 소송능력이 없는 피고인의 소송행위는 무효이다.

> ⚡ **판례**
>
> [1] 반의사불벌죄에서 피해자가 처벌을 희망하지 않는다는 의사를 표시하거나 처벌을 희망하는 의사표시를 철회하는 것은 피해자에게 소송능력이 있어야 그 효과가 인정되고, 의사능력이 있으면 소송능력이 있다는 형사소송절차에 있어서의 소송능력에 관한 일반원칙은 피해자 등 제3자가 소송행위를 하는 경우에도 마찬가지이다.
> [2] 따라서 **반의사불벌죄에 있어서 피해자의 처벌을 희망하지 않는다는 의사표시 또는 처벌을 희망하는 의사표시의 철회는 의사 능력이 있는 피해자가 단독으로 이를 할 수 있고, 거기에 법정대리인의 동의가 있어야 한다거나 법정대리인에 의해 대리되어야만 한다고 볼 것은 아니다.** 나아가 청소년성보호법에 형사소송법과 다른 특별한 규정을 두고 있지 않는 한 청소년성보호법 제 16조 규정된 반의사불벌죄라고 하더라도, 피해자인 청소년에게 의사능력이 있는 이상, 단독으로 피고인 또는 피의자 처벌 희망하지 않는다는 의사표시 또는 처벌희망 의사표시의 철회를 할 수 있고, 거기에 법정대리인의 동의가 있어야 하는 것으로 볼 것은 아니다(대판 2009.11.19. 2009도 6058).

(2) 소송능력 흠결의 효과

피고인이 사물변별 또는 의사능력이 없는 상태에 있는 때에는 법원은 검사와 변호인의 의견을 들어서 결정으로 그 상태가 계속하는 기간 **공판절차를 정지**하여야 한다(제306조 제1항). 다만, 피고사건에 대하여 무죄·면소·형의 면제·공소기각의 재판을 할 것이 명백한 때(동조 제4항), 의사무능력자에게 대리인이 있는 경우(제26조), 피고인이 법인인 경우에는 대표자가 소송행위를 수행하는 경우(제27조)에는 피고인에게 소송능력이 없어도 피고인 출정 없이 재판할 수 있다.

제4절 변호인

I 의의

1. 변호인의 의의

변호인이란 피고인 또는 피의자의 방어력을 보충함을 임무로 하는 보조자를 말한다. 변호인 제도는 검사와 피고인 사이의 무기평등의 원칙을 보장하여 공정한 재판의 이념을 실현하게 한다.

2. 형식적 변호와 실질적 변호

법원이나 검사에 의한 변호를 실질적 변호라고 하며, 변호인에 의한 변호를 형식적 변호라고 한다.

II 변호인의 선임

1. 선임권자

사선변호인이란 피고인·피의자 또는 그와 일정한 관계가 있는 사인이 선임한 변호인을 말한다. **피고인·피의자**는 언제나 변호인을 선임할 수 있으며(제30조 제1항), 피고인·피의자의 **직계친족, 배우자, 형제자매, 법정대리인**은 독립하여 변호인을 선임할 수 있다(제30조 제2항).

2. 피선임자

변호인은 변호사 중에서 선임하는 것이 원칙이다(제31조 본문). 다만, 대법원 이외의 법원은 특별한 사정이 있으면 변호사 아닌 자를 변호인으로 선임함을 허가할 수 있다(특별변호인, 제31조 단서). 다만, 법률심인 상고심에 있어서는 변호사 아닌 자를 변호인으로 선임하지 못한다(제386조). 변호인의 수에는 제한이 없지만, 소송지연을 방지하기 위하여 대표변호인 제도를 두고 있다(제32조의2).

3. 선임방법

변호인의 선임은 심급마다 변호인과 연명 날인한 변호인선임신고서를 공소제기 전에는 수사기관에, 공소제기 후에는 수소법원에 제출하여야 한다(제32조 제1항).

4. 선임효과

(1) 심급대리원칙(제32조)

변호인 선임의 효력은 그 **심급에 한하여** 마미치므로 변호인은 심급마다 선임하여야 한다. 다만, **공소제기 전의 변호인선임**은 제1심에도 그 효력이 있다. (변시4회)

여기서 심급이란 종국판결 선고시를 의미하는 것이 아니라 **상소에 의하여 이심의 효력이 발생할 때까지**를 말한다. 원심법원에서의 변호인선임은 **항소심법원**이 사건을 원심법원에 파기환송(제366조)하거나 관할법원에 이송(제367조)한 후의 형사절차에서도 효력이 있다(규칙 제158조).

상고심에서 파기환송·이송된 경우 항소심에서의 변호인선임의 효력 [변시4회]

1. 논점

항소심의 파기환송·이송시 1심법원에서의 변호인선임의 효력이 부활한다는 규칙은 있지만, 상고심의 파기환송·이송시 항소심에서의 변호인선임이 부활하는지에 대하여는 별도의 규정이 없어 논의가 있다.

2. 견해의 대립

상고에 의하여 선임의 효과가 소멸한 이상 파기환송 내지 이송 판결에 의하여 그 효과가 부활할 수 없다는 **소극설**과 파기환송 내지 이송 판결에 의하여 원심에서는 **판결의 선고가 없는 상태로 돌아가므로** 선임의 효과가 유지된다고 해석하는 **적극설**이 있다.

3. 판례의 태도

형사소송규칙이 제정되기 이전의 판례는 '환송전 원심에서 선임된 변호인의 변호권은 사건이 환송된 뒤에는 항소심에서 다시 생기는 것은 군법회의법 제61조에 비추어 명백하다'고 하여 **적극설**의 입장이다(대판 1968.2.27. 68도64).

4. 검토

항소심에서 파기환송·이송된 경우의 규정인 형사소송규칙 제158조의 취지는 상고심에서 파기환송·이송된 경우에도 유지되어야 할 것이므로 적극설이 타당하다.

---

(2) 사건단위

변호인은 **사건을 단위**로 선임하는 것이므로 선임의 효력은 **공소사실의 동일성이 인정되는 사건의 전부에 미친다.** (변시4회) 하나의 사건에 관하여 한 변호인 선임은 동일법원의 동일 피고인에 대하여 **병합된 다른 사건에 관하여도** 그 효력이 있다. 다만, 피고인 또는 변호인이 이와 다른 의사표시를 한 때에는 그러하지 아니하다(규칙 제13조).

Ⅲ 국선변호인 선정

1. 국선변호인의 의의

국선변호인제도는 사선변호인제도를 보충하여 법원에 의하여 선정된 변호인을 말한다. 다만, 국선변호인과 사선변호인의 권한 차이는 없다. (13.모의) 국선변호인은 피고인 또는 피의자마다 1인을 선정하지만 사건의 특수성에 비추어 필요하다고 인정할 때에는 1인의 피고인 또는 피의자에게 수인의 국선변호인을 선정할 수 있다(규칙 제15조 제1항).

나아가 **이해가 상반되는 피고인들 또는 피의자들에 대하여 동일한 국선변호인을 선정**하는 것은 **국선변호인의 조력을 받을 권리를 침해하여 위법**하다는 것이 판례의 입장이다(대판 2015.12.23. 2015도9951).

1 피고인에 대한 공소사실 범행의 피해자가 공동피고인이고 범행동기도 공동피고인에 대한 공소사실 범행에 있어 피고인에 대한 유리한 변론은 공동피고인의 정상에 대하여 불리한 결과를 초래하므로 공소사실들 자체로 피고인과 공동피고인은 이해가 상반되는 관계에 있으며, 이러한 이해가 상반되는 공동피고인들에 대하여 선정된 동일한 국선변호인들이 공동피고인들을 함께 변론한 경우에는 형사소송 규칙 제15조 제2항에 위반된다(대판 2000.11.24. 2000도4398).

2 [1] 헌법상 보장되는 '변호인의 조력을 받을 권리'는 변호인의 '충분한 조력'을 받을 권리를 의미하므로, 피고인에게 국선변호인의 조력을 받을 권리를 보장하여야 할 국가의 의무에는 피고인이 국선변호인의 실질적 조력을 받을 수 있도록 할 의무가 포함된다.

[2] 공소사실 기재 자체로 보아 어느 피고인에 대한 유리한 변론이 다른 피고인에게는 불리한 결과를 초래하는 경우 공동피고인들 사이에 이해가 상반된다. 이해가 상반된 피고인들 중 어느 피고인이 법무법인을 변호인으로 선임하고, 법무법인이 담당변호사를 지정하였을 때, 법원이 담당변호사 중 1인 또는 수인을 다른 피고인을 위한 국선변호인으로 선정한다면, 국선변호인으로 선정된 변호사는 이해가 상반된 피고인들 모두에게 유리한 변론을 하기 어렵다. 결국 이로 인하여 다른 피고인은 국선변호인의 실질적 조력을 받을 수 없게 되고, 따라서 국선변호인 선정은 국선변호인의 조력을 받을 피고인의 권리를 침해하는 것이다(대판 2015.12.23. 2015도9951). (변시8회)

2. 선정의 사유

(1) 제33조의 선정 사유

1) 직권에 의한 선정

피고인이 다음 각 호의 어느 하나에 해당하는 경우, 즉 ① 구속된 때 ② 미성년자인 때 (변시1회, 13.모의) ③ 70세 이상인 때 (변시1회, 13.모의) ④ 듣거나 말하는 데 모두 장애가 있는 사람인 때 ⑤ 심신장애가 있는 것으로 의심되는 때 ⑥ 사형, 무기 또는 단기 3년 이상의 징역이나 금고에 해당하는 사건으로 기소된 때 변호인이 없는 때에는 법원은 직권으로 변호인을 선정하여야 한다(제1항).

형사소송법 제33조 제1항 제1호의 '피고인이 구속된 때'라고 함은, 원래 구속제도가 형사소송의 진행과 형벌의 집행을 확보하기 위하여 법이 정한 요건과 절차 아래 피고인의 신병을 확보하는 제도라는 점 등에 비추어 볼 때 피고인이 당해 형사사건에서 구속되어 재판을 받고 있는 경우를 의미하고, 피고인이 별건으로 구속되어 있거나 다른 형사사건에서 유죄로 확정되어 수형중인 경우는 이에 해당하지 아니한다(대판 2009.5.28. 2009도579). (변시8회 · 12회)

2) 청구에 의한 선정

법원은 피고인이 빈곤이나 그 밖의 사유로 변호인을 선임할 수 없는 경우에 피고인이 청구하면 변호인을 선정하여야 한다(제2항).

3) 필요에 의한 선정

법원은 피고인의 나이 · 지능 및 교육 정도 등을 참작하여 권리보호를 위하여 필요하다고 인정하면 피고인의 명시적 의사에 반하지 아니하는 범위에서 변호인을 선정하여야 한다(제3항).

♨ 판례

피고인에 대하여 제1심법원이 집행유예를 선고하였으나 검사만이 양형부당을 이유로 항소한 사안에서 항소심이 변호인이 선임되지 않은 피고인에 대하여 검사의 양형부당 항소를 받아들여 형을 선고하는 경우에는 판결 선고 후 피고인을 법정구속한 뒤에 비로소 국선변호인을 선정하는 것보다는, 피고인의 권리보호를 위해 판결 선고 전 공판심리 단계에서부터 형사소송법 제33조 제3항에 따라 피고인의 명시적 의사에 반하지 아니하는 범위 안에서 국선변호인을 선정해 주는 것이 바람직하다(대판 2016.11.10. 2016도7622). (변시8회)

(2) 필요적 변호사건

제33조에 해당하는 사건은 필요적 변호사건이다. 따라서 **제1항에 해당하거나 제2항, 제3항의 규정**에 의해 변호인이 선정된 사건에 관하여는 변호인 없이 개정하지 못하며 변호인이 출석하지 아니한 때에는 법원은 **직권으로** 변호인을 선정하여야 한다(제282조, 제283조). **단, 판결만을 선고할 경우에는 예외로 한다**(제282조). (변시1회, 13.모의)

♨ 판례

1 필요적 변호사건의 공판절차가 사선 변호인과 국선 변호인이 모두 불출석한 채 개정되어 국선변호인 선정 취소 결정이 고지된 후 변호인 없이 피해자에 대한 증인신문 등 심리가 이루어진 경우, 그와 같은 위법한 공판절차에서 이루어진 피해자에 대한 증인신문 등 일체의 소송행위는 모두 무효라고 할 것이고, **다만, 필요적 변호사건에서 변호인이 없거나 출석하지 아니한 채 공판절차가 진행되었기 때문에 그 공판절차가 위법한 것이라 하더라도 그 절차에서의 소송행위 외에 다른 절차에서 적법하게 이루어진 소송행위까지 모두 무효로 된다고 볼 수는 없다**(대판 1999.4.23. 99도915). (변시1회, 14.모의, 15.모의, 16.모의)

2 **비록 필요적 변호사건이라 하더라도** 피고인 및 변호인의 의견진술을 듣는 것 이외의 모든 절차가 종료된 상태에서 피고인이 재판절차의 진행을 저해할 의도로 허가 없이 퇴정하고 변호인들이 이에 동조하는 취지에서 재판장의 여러 차례 걸친 의견진술촉구에도 불구하고 의견을 진술하지 아니한 채 퇴정한 경우에는 변호인이 그 소송절차상 갖고 있는 재정의 이익이 포기 또는 상실되었다고 볼 수밖에 없는 것으로서 형사소송법 제330조의 규정에 의하여 피고인의 진술 없이 판결 할 수 있는 것과 마찬가지로 변호인의 진술 없이 소송 절차를 진행하여 판결을 선고한 것이 위법하다 할 수 없다(대판 1990.6.12. 90도 672). (15.모의)

🔍 국선변호인의 선정이 필요한 기타의 경우

1. 영장실질심사

영장실질심사에서 심문할 피의자에게 변호인이 없는 때에는 지방법원 판사는 **직권으로** 변호인을 선정하여야 한다(제201조의2 제8항) 이 경우 변호인의 선정은 **피의자에 대한 구속영장 청구가 기각되어 효력이 소멸한 경우를 제외하고는 제1심까지도 효력**이 있다. (변시4회, 13.모의)

2. 체포 · 구속적부심

체포 · 구속적부심사를 청구한 피의자에게 변호인이 없는 때에는 제33조의 규정을 준용하여 국선변호인을 선정하여야 한다(제214조의2 제10항).

3. 선정의 법적성질

① 재판설 ② 공법상의 일방행위설 ③ 공법상의 계약설 등 견해의 대립이 있으나, 생각건대 피고인의 인권보장을 위한 국선변호인제도의 취지를 고려하면 국선변호인 선정은 재판(명령)이므로 법원의 선정고지만으로 그 효력이 발생한다는 **재판설**이 타당하다.

4. 선정의 취소와 사임

(1) 선정의 취소

1) 필요적 취소

법원 또는 지방법원 판사는 다음의 경우에 선정을 취소하여야 한다(규칙 제18조 제1항). ① 피고인·피의자에게 변호인이 선임된 때 ② 법원이 국선변호인의 사임을 허가한 때 ③ 국선변호인이 자격을 상실한 때

2) 임의적 취소

법원 또는 지방법원 판사는 다음의 경우에 선정을 취소할 수 있다(규칙 제18조 제2항). ① 국선변호인이 그 직무를 성실히 수행하지 아니하는 때 ② 피고인 또는 피의자의 국선변호인 변경신청이 상당하다고 인정하는 때 ③ 기타 선정결정을 취소할 상당한 이유가 있는 때

(2) 국선변호인의 사임

국선변호인은 다음의 사유가 있을 때 **법원 또는 지방법원 판사의 허가를 얻어** 사임할 수 있다(규칙 제20조). ① 질병·장기여행으로 인하여 국선변호인의 직무를 수행하기 곤란할 때 ② 피고인·피의자로부터 폭행·협박·모욕을 당하여 신뢰관계를 지속할 수 없을 때 ③ 피고인·피의자로부터 부정한 행위를 할 것을 종용 받았을 때 ④ 기타 국선변호인으로서의 직무를 수행할 수 없다고 인정할 만한 상당한 사유가 있을 때

Ⅳ 변호인의 지위

1. 보호자의 지위

변호인은 단순한 대리인이 아니라 피고인 또는 피의자의 이익을 위하여 활동하는 피고인의 보호자로서의 지위를 갖는다. 따라서 피고인의 이익을 위해서라면 피고인의 의사에 반해서도 활동할 수 있다.

2. 공익적 지위

변호인에게는 그 직무를 수행함에 있어서 진실은폐·허위진술 등에 의해서 실체적 진실발견을 부당하게 방해하지 아니할 의무가 있다. 이를 진실의무라고 하고 이러한 변호사의 지위를 공익적 지위라고 한다. 변호인의 보호자적 지위도 이러한 진실의무에 의해 제한되지 않을 수 없다.

3. 공익적 지위와 보호자적 지위의 조화

피고인이 유죄임을 안 경우에도 무죄변론을 하거나, 피고인에게 불이익한 증거의 존재를 알게 된 경우에도 법원에 해당 증거를 제출하지 않아도 이를 위법하다고 볼 수 없다. 그 밖에 변호인의 법적 조언, 진술거부권 행사의 권고❶, 증언거부권 행사의 권고 등도 가능하다. 다만, 허위진술을 하거나 피고인 또는 피의자로 하여금 허위진술을 하도록 한 경우❷, 임의의 자백을 철회하거나 증인에게 위증을 교사하거나 증거인멸을 지사하는 것 등은 허용되지 않는다.

⚖ 판례

변호사인 변호인에게는 변호사법이 정하는 바에 따라서 이른바 진실의무가 인정되는 것이지만, 변호인이 신체구속을 당한 사람에게 법률적 조언을 하는 것은 그 권리이자 의무이므로 변호인이 적극적으로 피고인 또는 피의자로 하여금 허위진술을 하도록 하는 것이 아니라 **단순히 헌법상 권리인 진술거부권이 있음을 알려 주고 그 행사를 권고하는 것을 가리켜 변호사로서의 진실의무에 위배되는 것이라고는 할 수 없다**(대결 2007.1.31. 2006모656). (변시3회, 13.모의)

Ⅴ 변호인의 권한

1. 대리권

변호인은 성질상 대리가 허용되는 소송행위에 관하여 피의자·피고인을 포괄적으로 대리할 수 있는 권리를 말한다. 대리권에는 본인의 의사에 종속하여 하는 **종속대리권**과 본인의 의사에 반하여 행사할 수 있는 **독립대리권**이 있다. 피고인의 당사자로서의 지위에 대해서는 변호인의 대리권이 인정될 수 있지만, 증거방법으로서의 지위에 대하여는 대리권이 인정될 수 없다. (13.모의)

---

❶ 대결 2007.1.31. 2006모656
❷ 대판 2012.8.30. 2012도6027

(1) 종속대리권

① 관할이전의 신청(제15조) ② 관할위반의 신청(제320조) ③ 상소취하(제349조) ④ 정식재판청구의 취하(제458조)

(2) 독립대리권

독립대리권에는 ① 구속취소의 청구(제93조) ② 보석의 청구(제94조) ③ 증거보전의 청구(제184조) ④ 증거조사에 대한 이의신청(제296조 제1항) ⑤ 재판장처분에 대한 이의신청(제304조) ⑥ 공판기일변경신청(제270조 제1항)처럼 본인의 명시적 의사에 반하여 행사할 수 있는 것과 ① 기피신청(제18조 제2항) ② 증거의 동의(제318조, 학설은 종속대리권으로 봄) ③ 상소제기(제341조)처럼 본인의 명시의 의사에는 반할 수 없으나 묵시의 의사에 반하여 행사할 수 있는 것이 있다.

2. 고유권

고유권이란 변호인의 권리로 특별히 규정된 것 중에서 성질상 대리권이라고 볼 수 없는 것을 말한다. 따라서 **고유권은 본인의 권리가 소멸하더라도 변호인의 고유권은 소멸하지 않는다.** (13.모의) 변호인만 가지는 권리와 피고인과 중복하여 갖는 권리가 있다. 변호인의 고유권 중에서 가장 큰 의미를 가지는 것이 ① **변호인의 접견교통권(제34조)** ② **피의자신문참여권(제243조의2)** ③ **소송기록의 열람·등사청구권(제35조)**이다. ①과 ②는 해당 파트에서 상술하기로 한다.

(1) 변호인의 접견교통권

변호인 또는 변호인이 되려는 자는 신체구속을 당한 피고인 또는 피의자와 접견하고 서류 또는 물건을 수수할 수 있으며 의사로 하여금 진료하게 할 수 있는데(제34조), 이를 변호인의 접견교통권이라고 한다. 종래 헌법재판소는 변호인의 접견교통권을 헌법상의 권리가 아니라 형사소송법 제34조에 의하여 보장되는 법률상의 권리로 보았지만, 최근 이른바 변호인의 피의자 후방착석요구 사건에서, 이 사건 후방착석요구행위는 변호인인 청구인의 자유로운 피의자 신문 참여를 제한함으로써 헌법상 변호인의 변호권을 침해한다고 하여 이를 헌법상 권리로 천명한 바 있다(헌재결 2017.11.30. 2016헌마503). 이러한 접견교통권은 구속된 피고인 또는 피의자가 변호인의 조력을 받을 수 있도록 하는 형사절차상 가장 기본적인 권리이며, 변호인의 고유권 가운데 가장 중요한 권리에 해당한다(체포구속 부분 중 변호인과의 접견교통권 참조).

(2) 변호인의 피의자신문참여권

피의자의 변호인의 조력을 받을 권리를 실질적으로 보장하기 위하여, 수사기관이 피의자를 신문하는 과정에서 변호인이 참여할 수 있는 권리이다(임의수사 부분 중 변호인의 피의자신문참여권 참조).

(3) 형사기록 열람·등사권

변호인의 기록열람·등사청구권이란 변호인이 피고인의 방어를 위하여 소송계속 중의 관계서류나 증거물에 대한 열람·등사를 청구할 수 있는 권리를 말한다. 형사절차에서 기록이나 증거물 등은 국가기관인 검사나 법관에 의해 주도적으로 수집 보전되므로, 각종 기록 등에 대한 알권리는 피고인이나 변호인에게 중대한 의미를 가진다.

1) 수사과정에서의 서류 등 [모의.20]

형사소송법 제266조의3, 제35조는 공소제기 후 또는 소송계속 중의 관계서류 · 증거물이 대상이므로 수사절차에 있어서의 관계서류나 증거물은 열람 · 등사의 대상이 되지 않는다. **다만** 수사준칙 제69조에서는 피의자와 변호인 등에게 수사서류 등의 열람 · 등사권을 인정하면서도 '본인의 진술이 기재된 부분 및 본인이 제출한 서류에' 한하여 열람 · 등사를 인정하고 있다. (변시12회) 나아가 **영장실질심사에 참여할 변호인** 및 **체포 · 구속 적부심에 참여할 변호인**은 지방법원 판사 또는 법원에 제출된 구속영장 청구서 및 그에 첨부된 고소 · 고발장, 피의자의 진술을 기재한 서류와 피의자가 제출한 서류를 열람할 수 있다(규칙 제96조의21, 제104조의2).

🔍 수사단계에서의 수사기록 열람 · 등사권에 관한 논의

공소제기 이전의 수사단계에서의 수사기록 열람 · 등사청구권도 원칙적으로 인정하여야 하지만, 수사기록의 열람으로 인하여 수사목적을 위태롭게 하는 예외적인 경우에만 이를 제한할 수 있다는 견해가 타당하다. 향후 신설된 형사소송규칙 제96조의21의 수준을 넘어 수사단계에서의 수사기록 전반에 대하여 열람 · 등사할 수 있는 권리를 보장하는 입법이 조속히 요구된다.

2) 증거보전절차의 경우

판사의 허가를 얻어 증거보전절차에서 작성 · 수집된 서류와 증거물을 열람 또는 등사할 수 있다(제185조).

3) 공소제기 후 검사가 보관하고 있는 서류

종래 열람 · 등사권이 인정되는지 견해의 대립이 있었으나 개정법은 증거개시에 관한 명문의 규정을 두어 이를 인정하고 있다.

① 검사에 대한 열람 · 등사신청

피고인 또는 변호인은 **검사에게** 공소제기된 사건에 관한 서류 또는 물건의 목록과 공소사실의 인정 또는 양형에 영향을 미칠 수 있는 서류, 즉 ㉠ 검사가 증거로 신청할 서류 등 ㉡ 검사가 증인으로 신청할 사람의 성명, 사건과의 관계 등을 기재한 서면 또는 그 사람이 공판기일 전에 행한 진술을 기재한 서류 등 ㉢ 제1호 또는 제2호의 서면 또는 서류 등의 증명력과 관련된 서류 등 ㉣ 피고인 또는 변호인이 행한 법률상 · 사실상 주장과 관련된 서류 등을 **열람 · 등사 또는 서면의 교부를 신청할 수 있다.** 다만, 피고인에게 변호인이 있는 경우에는 피고인은 열람만을 신청할 수 있다(제266조의3 제1항).

② 검사의 거부 및 범위 제한

다만, 검사는 **국가안보, 증인보호의 필요성, 증거인멸의 염려, 관련 사건의 수사에 장애를 가져올 것으로 예상되는 구체적인 사유 등** 열람 · 등사 또는 서면의 교부를 허용하지 아니할 상당한 이유가 있다고 인정하는 때에는 열람 · 등사 또는 서면의 교부를 **거부하거나 그 범위를 제한**할 수 있다(동조 제2항).

③ 검사의 제한에 대한 불복

피고인 또는 변호인은 검사가 서류 등의 열람 · 등사 또는 서면의 교부를 거부하거나 그 범위를 제한한 때에는 **법원에 그 서류 등의 열람 · 등사 또는 서면의 교부를 허용하도록 할 것을 신청**할 수 있다(제266조의4 제1항).

4) 공소제기 후 법원이 보관하고 있는 서류 등

변호인은 소송계속 중의 관계서류·증거물에 대하여 **법원의 허가를 얻어 열람·복사**할 수 있다(제35조 제1항). 다만, 재판장은 피해자, 증인 등 사건관계인의 생명 또는 신체의 안전을 현저히 해칠 우려가 있는 경우에는 열람·복사에 앞서 대법원규칙이 정하는 바에 따라 사건관계인의 성명 등 개인정보가 공개되지 아니하도록 보호조치를 할 수 있다(제35조 제3항).

제2장 | 소송절차의 일반이론

제1절 소송행위

I 소송행위의 종류(목적에 따른 분류)

1. 실체형성행위

실체면의 형성에 직접적인 역할을 하는 소송행위, 즉 **법관의 심증형성에 영향**을 미치는 소송행위를 말한다. 예를 들면 피고인 진술, 변호인의 변론, 증인의 증언 등이 이에 해당한다.

2. 절차형성행위

직접적으로 법관의 심증형성에는 영향을 미치지 아니하고 **절차의 형식적 진행을 도모**하여 행해지는 소송행위를 말한다. 예를 들면 공소제기, 상소제기, 공판기일지정, 증거조사의 신청 등이 이에 해당한다.

II 소송행위의 일반적 요소

1. 소송행위의 적격

소송행위의 주체가 자신의 이름으로 소송행위를 할 수 있는 자격을 말한다. 일반적 행위적격과 특별행위적격으로 나뉜다.

2. 소송행위의 대리

(1) 의의

소송행위의 대리란 본인 의외의 제3자가 본인을 대신하여 소송행위를 하고 그 효과가 본인에게 직접 미치는 것을 말한다. 법원과 검사의 소송행위는 대리를 인정할 여지가 없기 때문에 소송행위의 대리는 피고인(피의자) 또는 제3자의 소송행위에 대하여만 문제된다.

(2) 대리의 허용범위

1) 명문규정이 있는 경우

① 의사무능력자의 법정대리인의 대리(제26조) ② 법인의 대표자의 대리(제27조) ③ 제26조와 제27조에서 규정하는 자가 없을 경우에 선임되는 소송행위의 특별대리인(제28조) ④ 피고인 또는 피의자의 법정대리인, 배우자, 직계친족과 형제자매 등이 소송행위를 할 수 있는 보조인(제29조) ⑤ 고소 또는 그 취소의 대리(제236조) ⑥ 재정신청(제264조) ⑦ 상소(제340조, 제341조) ⑧ 변호인 선임(제30조) 등이 있다.

성폭력범죄의 피해자의 변호사는 형사절차에서 피해자 등의 대리가 허용될 수 있는 모든 소송행위에 대한 포괄적인 대리권을 가진다(성폭력범죄의 처벌 등에 관한 특례법 제27조 제5항). 따라서 피해자의 변호사는 피해자를 대리하여 피고인에 대한 처벌을 희망하는 의사표시를 철회하거나 처벌을 희망하지 않는 의사표시를 할 수 있다(대판 2019.12.13. 2019도10678).

2) 명문규정이 없는 경우

처벌불원의사의 대리(대판 2013.9.26. 2012도568), 채혈동의의 대리(대판 2014.11.13. 2013도1228) 등 명문규정이 없는 경우의 대리 허용여부에 대해 긍정설과 부정설이 대립한다. 소송행위는 형식적 확실성이 요청되고, 일신전속적인 성질이 강하므로 명문이 허용하는 경우를 제외하고는 원칙적으로 대리는 허용되지 않는다는 것이 판례의 입장이며 타당하다.

변호사 甲이 피고인 등의 대리인으로 본 건 재항고를 한 것인바, 그 대리권을 증명할 하등의 자료가 없을 뿐 아니라 **본법상 특별한 규정이 있는 경우에 한하여 대리인에 의하여 소송행위를 할 수 있고** 결정에 대한 재항고는 대리인에 의하여 할 수 있는 소송행위가 아니다(대결 1953.6.9. 4286형항3).

3. 소송행위의 방식

재판장의 인정신문(제284조), 피고인신문(제296조의2), 증인신문(제161조의2), 퇴정명령(제281조), 검사의 모두진술(제285조), 피고인의 모두진술(제286조) 등 **실체형성행위에서의 원칙적 방식은 구두주의**이다. 반면에, 공소제기(제254조), 영장청구 및 발부(제75조), 변호인선임신고(제32조 제1항), 약식명령청구(제449조) 등 **절차형성행위에서의 원칙적 방식은 서면주의**이다. 단, 고소·고발(제237)에서는 구두주의와 서면주의가 병용되고 있다.

4. 소송서류와 송달

(1) 소송서류

1) 의의

특정한 소송에 관하여 작성된 일체의 서류를 소송서류라고 하며, 법원에 제출된 서류를 포함한다. 법원이 소송서류를 소송절차의 진행순서에 따라 편철한 것을 소송기록이라고 한다.

2) 소송서류의 비공개

소송에 관한 서류는 **공판의 개정 전에는 공익상 필요 기타 상당한 이유가 없으면 공개하지 못한다**(제47조). 다만, 형사소송법은 소송서류 비공개의 원칙이 피의자·피고인의 방어권에 대한 제한이 되는 것을 막기 위하여 일정한 경우 소송서류에 대한 열람·등사를 허용하고 있다.

소송서류의 열람 · 등사

피의자 피고인 변호인	법원 보관 서류	① 피고인과 변호인은 **소송계속 중의 관계서류 또는 증거물**을 열람하거나 등사할 수 있다(제35조 제1항). ② 피고인의 법정대리인, 특별대리인(제28조), 보조인(제29조) 또는 피고인의 배우자 · 직계친족 · 형제자매로서 피고인의 위임장 및 신분관계를 증명하는 문서를 제출한 자도 열람·등사할 수 있다(제35조 제2항). ③ 재판장은 **피해자, 증인 등 사건관계인의 생명 또는 신체의 안전을 현저히 해칠 우려가 있는 경우**에는 열람 · 복사에 앞서 대법원규칙이 정하는 바에 따라 **사건관계인의 성명 등 개인정보가 공개되지 아니하도록 보호조치**를 할 수 있다(제35조 제3항, 제4항).
	검사 보관 서류	**공소제기 이후 검사가 보관하고 있는 서류에 대해서는 검사에게 열람 · 등사를 신청할 수 있다. 단, 피고인에게 변호인이 있는 경우에는 피고인은 열람만을 신청할 수 있다**(제266조의3 제1항).
	수사 서류	① 원칙적으로 공소제기 전 **수사서류에 대한 열람 · 등사권은 인정되지 않는다.** ② 구속 전 피의자 심문에 참여할 변호인과 적부심사를 청구한 피의자의 변호인은 지방법원 판사에게 제출된 **구속영장청구서 및 그에 첨부된 고소 · 고발장, 피의자의 진술을 기재한 서류와 피의자가 제출한 서류**를 열람할 수 있다(규칙 제96조의21 제1항, 제104조의2). ③ 피고인, 피의자 또는 변호인은 판사의 허가를 얻어 **증거보전의 처분에 관한 서류와 증거물을 열람 또는 등사**할 수 있다(제185조).
피해자 (제294조4)		① 소송계속 중인 사건의 피해자(피해자가 사망하거나 그 심신에 중대한 장애가 있는 경우에는 그 배우자 · 직계친족 및 형제자매를 포함한다), 피해자 본인의 법정대리인 또는 이들로부터 위임을 받은 피해자 본인의 배우자 · 직계친족 · 형제자매 · 변호사는 **소송기록의 열람 또는 등사를 재판장에게 신청할 수 있다.** ② 재판장의 허가 및 조건 부여에 관한 재판에 대하여는 **불복할 수 없다.**
확정 판결서 등 (제56조의3)		**누구든지 판결이 확정된 사건의 판결서 등**(판결서와 그 등본, 증거목록과 그 등본, 그 밖에 검사나 피고인 또는 변호인이 법원에 제출한 서류 · 물건의 명칭 · 목록 또는 이에 해당하는 정보)을 보관하는 법원에서 해당 판결서 등을 열람 및 복사(인터넷, 그 밖의 전산정보처리시스템을 통한 전자적 방법을 포함)할 수 있다.
재판 확정기록 (제59조의2)		① **누구든지 권리구제 · 학술연구 또는 공익적 목적으로 재판이 확정된 사건의 소송기록을** 보관하고 있는 **검찰청**에 그 소송기록의 열람 · 등사를 신청할 수 있다. ② 소송기록의 열람 또는 등사를 신청한 자는 열람 또는 등사에 관한 검사의 처분에 불복하는 경우에는 당해 기록을 보관하고 있는 **검찰청에 대응한 법원에 그 처분의 취소 또는 변경을 신청할 수 있다. 불복신청에 관하여는 준항고의 방식을 준용한다**(제6항, 제7항).

🔥 판례

[1] 2007. 6. 1. 신설되어 2008. 1. 1.부터 시행된 형사소송법 제59조의2의 내용과 취지 등을 고려하면, 형사소송법 제59조의2는 재판이 확정된 사건의 소송기록, 즉 형사재판확정기록의 공개 여부나 공개 범위, 불복절차 등에 관하여 「공공기관의 정보공개에 관한 법률」(이하 '정보공개법'이라 한다)과 달리 규정하고 있는 것으로 정보공개법 제4조 제1항에서 정한 '정보의 공개에 관하여 다른 법률에 특별한 규정이 있는 경우'에 해당한다. 따라서 형사재판확정기록의 공개에 관하여는 정보공개법에 의한 공개청구가 허용되지 않는다(대판 2016.12.15. 2013두20882, 대판 2017.3.15. 2014두7305 등 참조). 따라서 형사재판확정기록에 관해서는 형사소송법 제59조의 2에 따른 열람 · 등사신청이 허용되고 그 거부나 제한 등에 대한 불복은 준항고에 의하며, 형사재판확정기록이 아닌 불기소처분으로 종결된

기록(이하 '불기소기록'이라 한다)에 관해서는 정보공개법에 따른 정보공개청구가 허용되고 그 거부나 제한 등에 대한 불복은 항고소송절차에 의한다.

[2] 한편, 형사소송법 제59조의2의 '재판이 확정된 사건의 소송기록'이란 특정 형사사건에 관하여 법원이 작성하거나 검사, 피고인 등 소송관계인이 작성하여 법원에 제출한 서류들로서 재판확정 후 담당 기관이 소정의 방식에 따라 보관하고 있는 서면의 총체라 할 수 있고, 위와 같은 방식과 절차에 따라 보관되고 있는 이상 해당 형사사건에서 증거로 채택되지 아니하였거나 그 범죄사실과 직접 관련되지 아니한 서류라고 하여 재판확정기록에 포함되지 않는다고 볼 것은 아니다(대결 2016.7.12. 2015모2747, 대결 2012.3.30. 2008모481 등 참조)(대결 2022.2.11. 2021모3175).

3) 공판조서

① 의의

공판조서란 공판기일에 있어서의 소송절차가 법정의 방식에 따라 적법하게 행하여졌는지 여부를 확인하기 위하여 공판기일의 소송절차에 참여한 법원사무관 등이 작성하는 조서를 말한다(제51조 제1항). 공판기일의 소송절차로서 공판조서에 기재된 것은 그 조서만으로써 증명하며 다른 자료에 의한 반증을 허용하지 않는다(제56조).

② 작성주체 및 서명날인

공판기일의 소송절차에 관하여는 참여한 법원사무관 등이 공판조서를 작성하여야 한다(제51조 제1항). 공판조서에는 제51조 제2항에 규정된 사항과 모든 소송절차를 기재하여야 하며, 재판장과 참여한 법원사무관 등이 기명날인 또는 서명하여야 한다(제53조 제1항).

③ 공판조서의 정리

공판조서는 각 **공판기일 후 신속히 정리**하여야 한다(제54조 제1항). 다음 회 공판기일에 있어서는 전회의 공판심리에 관한 주요사항의 요지를 전회의 **공판조서에 의하여 고지하여야** 한다. 다만, 다음 회의 공판기일까지 전회의 공판조서가 정리되지 아니한 때에는 **조서에 의하지 아니하고 고지할 수 있다**(동조 제2항). 검사, 피고인 또는 변호인은 공판조서의 기재에 대하여 **변경을 청구하거나 이의를 제기**할 수 있다. 청구나 이의가 있는 때에는 그 취지와 이에 대한 재판장의 의견을 기재한 조서를 당해 공판조서에 첨부하여야 한다(동조 제4항).

④ 공판조서의 열람·등사

피고인은 공판조서의 열람 또는 등사를 청구할 수 있다. 피고인이 공판조서를 읽지 못하는 때에는 공판조서의 낭독을 청구할 수 있다. **피고인의 열람 또는 낭독의 청구에 응하지 아니한 때에는 그 공판조서를 유죄의 증거로 할 수 없다**(제55조).

✎ 참고 판례

1 다만, 그러한 증거들 이외에 적법하게 채택하여 조사한 다른 증거들 만에 의하더라도 범죄사실을 인정하기에 충분하고, 또한 당해 공판조서의 내용 등에 비추어 보아 **공판조서의 열람 또는 등사에 응하지 아니한 것이 피고인의 방어권이나 변호인의 변호권을 본질적으로 침해한 정도에 이르지는 않은 경우**에는, 판결에서 공판조서 등을 증거로 사용하였다고 하더라도 그러한 잘못이 판결에 영향을 미친 위법이라고 할 수는 없다(대판 2012.12.27. 2011도15869). (변시8회)

2 피고인이 차회 공판기일 전 등 원하는 시기에 공판조서를 열람·등사하지 못하였다 하더라도 그 **변론종결 이전에 이를 열람·등사한 경우에는** 그 열람·등사가 늦어짐으로 인하여 피고인의 방어권 행사에 지장이 있었다는 등의 특별한 사정이 없는 한 형사소송법 제55조 제1항 소정의 피고인의 공판조서의 열람·등사청구권이 침해되었다고 볼 수 없어, 그 공판조서를 유죄의 증거로 할 수 있다고 보아야 한다(대판 2007.7.26. 2007도3906). (변시8회)

판례

형사소송법 제55조 제1항이 피고인에게 공판조서를 열람 또는 등사청구권을 부여한 이유는 공판조서의 열람 또는 등사를 통하여 피고인으로 하여금 진술자의 진술내용과 그 기재된 조서의 기재내용의 일치 여부를 확인할 수 있도록 기회를 줌으로써 그 조서의 정확성을 담보함과 아울러 피고인의 방어권을 충실하게 보장하려는데 있으므로 피고인의 공판조서에 대한 **열람 또는 등사청구에 법원이 불응하여 피고인의 열람 또는 등사청구권이 침해된 경우에는 그 공판조서를 유죄의 증거로 할 수 없을 뿐만 아니라, 공판조서에 기재된 당해 피고인이나 증인의 진술도 증거로 할 수 없다**(대판 2003.10.10. 2003도3282). (변시8회)

4) 공판기일 외의 절차에 관한 조서

공판기일 외의 절차에 관하여 법원에서 작성된 조서에는 공판기일 외에서의 피고인, 피의자 증인, 감정인, 통역인, 번역인에 대한 신문결과를 기재한 각종 신문조서(제48조), 공판기일 외에서의 검증, 압수·수색의 결과를 기재한 조서(제49조) 등이 있다.

(2) 소송서류의 송달

1) 송달의 의의

송달이란 당사자 기타 소송관계인에 대하여 법률에 정한 방식에 의하여 소송서류의 내용을 알리게 하는 법원 또는 법관의 직권행위를 말한다.

2) 송달 방법

① 교부송달 원칙

서류의 송달에 관하여는 법률에 다른 규정이 없으면 민사소송법을 준용하므로(제65조) 교부송달이 원칙이며, 교부송달이 불가능할 경우에는 보충송달, 유치송달을 하며 일정한 경우에는 우편송달, 공시송달을 할 수 있다.

피고인, 대리인, 대표자, 변호인 또는 보조인이 **법원 소재지에 서류의 송달을 받을 수 있는 주거 또는 사무소를 두지 아니한 때에는** 법원 소재지에 주거 등이 있는 자를 송달영수인으로 선임하여 연명한 서면으로 신고하여야 한다(제60조). 송달영수인에 관한 규정은 신체구속을 당한 자에게 적용되지 않는다. 따라서 피고인이 구속 중인 경우에는 송달영수인 신고의무가 면제된다. 교도소 또는 구치소에 **구속된 자에게 할 송달은 그 소장에게 한다**(제60조 제4항). (16·18모의)

수감자에 대한 약식명령의 송달을 교도소 등의 소장에게 하지 아니하고 수감되기 전의 종전 주·거소에다 하였다면 부적법하여 무효라고 하지 않을 수 없고, 수소법원이 송달을 실시함에 있어 당사자 또는 소송관계인의 **수감사실을 모르고** 종전의 주·거소에 하였다고 하여도 마찬가지로서 송달의 효력은 발생하지 않는다고 할 것이며, 송달 자체가 부적법한 이상 **당사자의 약식명령이 고지된 사실을 다른 방법으로 알았다고** 하더라도 송달의 효력을 여전히 발생하지 아니한다고 할 것이므로, 항고인이 그 주장과 같이 다른 형사사건으로 구속되어 있는 동안에 이 사건 약식명령등본이 항고인의 주소지에서 항고인의 모에게 송달되었다면 그 송달은 부적법하여 무효라고 할 것이고, **그 후에 항고인이 약식명령이 고지된 사실을 다른 방법으로 알았다고 하더라도 송달의 효력은 발생하지 아니하여** 정식재판청구기간이 진행하지 아니하므로 항고인으로서는 언제라도 정식재판청구를 할 수 있으며, 이 경우에는 정식재판청구권회복청구기간의 도과 여부를 따질 필요조차 없다고 할 것이다(대결 1995.6.14. 95모14).

② 우편송달

송달영수인의 선임을 신고하여야 할 자가 그 신고를 하지 아니하는 때에는 법원사무관 등은 서류를 우체에 부치거나 기타 적당한 방법에 의하여 송달할 수 있다. 서류를 우체에 부친 경우에는 **도달된 때에 송달된 것으로** 간주한다(제61조).

③ 공시송달

피고인의 **주거, 사무소와 현재지를 알 수 없는 때** 또는 피고인이 **재판권이 미치지 아니하는 장소에** 있는 경우에 다른 방법으로 송달할 수 없는 때 공시송달을 할 수 있다(제63조). 최초의 공시송달은 공시를 한 날로부터 **2주일을 경과하면 그 효력**이 생긴다. 단, 제2회 이후의 공시송달은 **5일을 경과하면 그 효력**이 생긴다(제64조). (18.모의)

5. 소송행위의 일시

(1) 기일과 기간

기일이란 소송관계인이 소송을 하기 위해 정해진 날짜와 시간을 의미한다. 예컨대 공판기일·증인신문기일이 여기에 해당한다. 기간이란 시기와 종기에 의해 정해진 시간의 길이를 의미한다.

1 공시송달을 명하기에 앞서 피고인이 송달받을 수 있는 장소를 찾아보는 조치들을 다하지 아니한 채 공소장기재의 주거나 주민등록부의 주소로 우송한 공판기일소환장 등이 이사불명·폐문부재 등의 이유로 송달불능되었다는 것만으로는 소송촉진 등에 관한 특례법 시행규칙 제19조 제1항에 정한 **공시송달 요건인 '피고인의 소재가 확인되지 아니한 때'에 해당한다고 보기 어려움에도,** 피고인의 소재를 확인할 수 없다고 단정하여 공시송달을 명하고 피고인의 진술 없이 공판을 진행하여 판결을 선고한 제1심법원의 일련의 소송절차는 위법하다(대결 2006.2.8. 2005모507).
2 피고인에 대한 소송기록접수통지서, 항소이유서 등의 송달이 **폐문부재로 송달불능된 사안**에서, **집행관 송달이나 소재조사촉탁 등의 절차를 거치지 아니한 채 송달불능과 통화불능의 사유만으로** 피고인의 주거를 알 수 없다고 단정하여 곧바로 공판기일소환장 등 소송서류를 공시송달하고 피고인의 진술 없이 판결을 한 원심의 조치는 형사소송법 제63조 제1항, 제365조에 위반되고, 이러한 원심의 잘못은 원심판결에 영향을 미쳤다(대판 2015.2.12. 2014도16822).

3 항소한 피고인이 거주지 변경신고를 하지 아니한 상태에서, **기록에 나타난 피고인의 휴대전화번호와 집전화번호로 연락하여 송달받을 장소를 확인해 보는 등의 조치를 취하지 아니한 채** 곧바로 공시송달을 명하고 피고인의 진술 없이 판결을 한 것은 위법하다(대판 2007.7.12. 2006도3892). (12.모의)

4 피고인이 **구치소나 교도소 등에 수감 중에 있는 경우**는 형사소송법 제 63조 제1항에 규정된 '피고인의 주거, 사무소, 현재지를 알 수 없는 때'나 '소송촉진 등에 관한 특례법' 제23조에 규정된 '피고인의 소재를 확인할 수 없는 경우'에 해당한다고 할 수 없으므로, 법원이 수감 중인 피고인에 대하여 공소장부본과 피고인소환장 등을 종전 주소지 등으로 송달한 경우는 물론 **공시송달의 방법으로 송달하였더라도 이는 위법하다**고 보아야 한다(대판 2013.6.27. 2013도2714).

5 [1] **공시송달 방법에 의한 피고인 소환이 부적법하여 피고인이 공판기일에 출석하지 않은 가운데 진행된** 제1심의 절차가 위법하고 그에 따른 제1심판결이 파기되어야 한다면, **항소심으로서는 다시 적법한 절차에 의하여 소송행위를 새로이 한 후 항소심에서의 진술과 증거조사 등 심리 결과에 기초하여 다시 판결하여야 한다.** (15.모의)

[2] 피고인의 직장 주소로 송달을 실시하여 보거나 피고인 어머니의 전화번호로 연락하여 피고인이 송달받을 장소를 찾아보는 등의 시도를 하지 아니한 채 곧바로 공시송달 방법으로 피고인소환장 등을 송달하고 피고인의 진술 없이 판결을 선고한 제1심의 절차가 위법하다는 이유로 제1심판결을 파기하면서도, 다시 적법한 절차에 의하여 소송행위를 하지 않고 피고인의 참여 없이 실시된 제1심 증거조사 결과에 기초하여 공소사실을 유죄로 인정한 것은 위법하다(대판 2012.4.26. 2012도986).

6 제1심이 위법한 공시송달결정에 터 잡아 피고인에게 공소장 부본과 공판기일 소환장 등을 송달하고 피고인이 2회 이상 출석하지 아니하였다고 보아 피고인의 진술 없이 심리·판단한 이상, 이는 피고인에게 진술의 기회를 주지 아니한 것이 되어 그 소송절차는 위법하고, 이러한 경우 항소심으로서는 **다시 피고인 또는 변호인에게 공소장 부본을 송달한 후 적법한 절차에 의하여 소송행위를 새로이 한 다음** 항소심에서의 진술과 증거조사 등 심리 결과에 기초하여 다시 판결하여야 한다(대판 2014.10.27. 2014도11273).

(2) 기간의 종류

1) 행위기간과 불행위기간

행위기간이란 고소기간, 상소기간 등 일정한 기간 내에만 적법한 소송행위를 할 수 있는 기간을 말하며, **불행위기간**이란 공판기일의 유예기간 등 일정기간 내에 소송행위를 할 수 없도록 정해진 기간을 말한다.

2) 법정기간과 재정기간

법정기간이란 구속기간, 상소제기기간 등 기간의 길이가 법률로 정해져 있는 기간을 말하며, **재정기간**이란 구속기간의 연장 등 재판에 의해 정해지는 기간을 말한다.

3) 불변기간과 훈시기간

불변기간이란 고소기간, 재정신청기간 등 기간경과 후에 행한 소송행위가 무효로 되는 경우로서 연장이 허용되지 않는 기간을 말하고, **훈시기간**이란 검사의 고소사건 처리기간 등 기간 후에 소송행위를 하더라도 그 효력에 영향이 없는 기간을 말한다.

(3) 기간 계산

기간을 시로써 계산하는 것은 즉시부터 기산하고, 일, 월, 연으로써 계산하는 것은 **초일을 산입하지 아니다. 다만, 시효와 구속의 초일**은 시간을 계산함이 없이 1일로 산정한다(제66조 제1항). (14.모의) 연 또는 월로써 정한 기간은 연 또는 월 단위로 계산한다(동조 제2항).

기간의 **말일이 공휴일이거나 토요일에 해당하는 날은 기간에 산입하지 아니하고 그 익일**이 기간의 만료일이 된다. 다만, **시효와 구속기간**에서는 말일이 공휴일이거나 토요일이라도 그 공휴일 또는 토요일에 기간이 만료한다(동조 제3항).

6. 소송행위의 가치판단

(1) 소송행위의 해석

소송행위의 의미와 내용을 합리적으로 판단하여 그 객관적 의의를 명백히 하는 것을 소송행위의 해석이라고 한다.

(2) 소송행위의 성립·불성립

1) 의의

소송행위의 성립·불성립이란 어느 행위가 소송행위의 본질적 요소를 갖추었는가에 대한 가치판단이다. 어느 행위가 소송행위의 **본질적 요소를 구비하여 소송행위의 외관**을 갖추면 소송행위가 성립하는 것이고, 구비하지 않으면 소송행위는 불성립하게 된다.

2) 판단의 실익

법원의 판단	① 불성립 - 무시하거나 방치할 수 있다. ② 성립 - 무효일지라도 방치할 수 없고 소송법적 판단을 요한다.
법적 효과	① 불성립 - 아무런 소송법적 법률효과도 발생하지 않는다. ② 성립 - 무효인 경우라도 일정한 소송법적 법률효과가 발생한다.
무효 치유	① 불성립 - 무효는 성립을 전제로 하므로 무효의 치유가 문제되지 않는다. ② 성립 - 소송행위로서 성립하였으므로 무효의 치유가 문제된다.

> **⚖ 판례**
>
> [1] **법원이 경찰서장의 즉결심판 청구**를 기각하여 경찰서장이 사건을 관할 지방검찰청으로 송치하였으나 검사가 이를 즉결심판에 대한 피고인의 정식재판청구가 있는 사건으로 오인하여 그 사건기록을 법원에 송부한 경우, 공소제기의 본질적 요소라고 할 수 있는 검사에 의한 공소장의 제출이 없는 이상 기록을 법원에 송부한 사실만으로 공소제기가 성립되었다고 볼 수 없다.
> [2] 소송행위로서 요구되는 본질인 개념요소가 결여되어 소송행위로 성립되지 아니한 경우에는 소송행위가 성립되었으나 무효인 경우와는 달리 **하자의 치유문제는 발생하지 않으나, 추후 당해 소송행위가 적법하게 이루어진 경우에는 그 때부터 위 소송행위가 성립**된 것으로 볼 수 있다.
> [3] 원래 공소제기가 없었음에도 피고인의 소환이 이루어지는 등 사실상의 소송계속이 발생한 상태에서 검사가 약식명령을 청구하는 공소장을 제1심법원에 제출하고, 위 공소장에 기하여 공판절차를 진행한 경우 **제1심법원으로서는 이에 기하여 유무죄의 실체판단을 하여야 한다**(대판 2003.11.14. 2003도2735). (변시5회, 14.모의)

(3) 유효와 무효

1) 의의

소송행위의 유효, 무효는 소송행위가 일단 성립한 것을 전제로 하여 그 소송행위의 본래적 효력을 인정할 것이냐에 대한 가치판단을 말한다. 유효란 소송행위가 유효요건을 구비하여 그 본래적 효력이 인정되는 경우를 말한다. 무효란 그 소송행위가 목적하는 **본래의 소송법적 효과가 인정되지 않는 것에 불과하며** 소송법상 어떠한 효과도 발생하지 않는다는 의미가 아니다.

2) 무효의 원인

① 행위주체에 관한 무효의 원인

고소권 없는 자의 고소처럼 소송행위적격 없는 자의 소송행위, 대리권 없는 자의 소송행위, 소송능력 없는 피고인의 증거동의처럼 소송능력이 결여된 자의 소송행위는 무효이다.

② 의사표시의 하자

착오·사기·강박에 의한 하자있는 소송행위의 경우에 실체형성행위에 대해서는 실체에의 합치여부가 중요하므로 착오·사기·강박은 소송행위의 **무효원인이 될 수 없어** 소송행위의 효력이 인정되지만, 절차형성행위에 대해서는 견해가 대립한다.

PLUS+ **착오·사기·강박에 의한 하자있는 절차형성행위의 효력** [변시9회, 16.모의]

수뢰죄로 기소된 甲은 제1심 제3회 공판기일에서 검사의 甲에 대한 피의자신문조서에 대하여 진정성립 및 임의성을 인정하였는데, 그 다음 기일인 제1심 제4회 공판기일에서 이루어진 형사소송법 제293조에서 정한 증거조사 결과에 대한 의견진술절차에서 종전에 진정성립을 인정한 진술을 번복하여 위 조서의 실질적 진정성립을 부인하였다. **甲의 진술번복 주장의 취지는 검사 앞에서 피의자신문을 받을 때 검사가 '이 조서는 아무런 법적 효과가 없다'라는 말을 믿고 법정에서 진정성립을 인정하게 된 것**이라는 점이었다. 이러한 甲의 진술번복은 받아들여질 수 있는가?

---

1. 논점

절차형성행위에 의사표시의 하자가 있는 경우 무효로 될 수 있는지 문제된다.

2. 견해의 대립

소송절차의 형식적 확실성을 위하여 **무효원인이 될 수 없다는 유효설**, 원칙적으로 유효이지만 **예외적으로 착오가 본인의 귀책사유로 인한 것이 아닌 때에는 무효가 된다는 귀책사유설**, 원칙적으로 유효이지만 **예외적으로 소송행위가 적정절차의 원칙에 반하여 이루어진 경우에 무효가 된다는 적정절차설**이 있다.

3. 판례의 태도

판례는 유사 사례에서 피고인이나 그 변호인이 검사 작성의 당해 피고인에 대한 피의자신문조서의 성립의 진정함을 인정하는 진술을 하였다 하더라도, 그 피의자신문조서에 대하여 증거조사가 완료되기 전에는 최초의 진술을 번복함으로써 그 피의자신문조서를 유죄 인정의 자료로 사용할 수 없도록 할 수 있으나, 증거조사가 완료된 뒤에는 그와 같은 번복의 의사표시에 의하여 이미 인정된 조서의 증거능력이 당연히 상실되는 것은 아니며, 다만, 적법절차 보장의 정신에 비추어 성립의 진정함을 인정한 최초의 진술에 그 효력을 그대로 유지하기 어려운 중대한 하자가 있고 그에 관하여 진술인에게 귀책사유가 없는 경우에 한하여 예외적으로 증거조사 절차가 완료된 뒤에도 그 진술을 취소할 수 있고, 그 취소 주장이 이유 있는 것으로 받아들여지게 되면 법원은 증거배제결정을 통하여 그 조서를 유죄 인정의 자료에서 제외하여야 한다는 입장이다(대판 2008.7.10. 2007도7760). (변시8회)

정리하자면 판례는 착오에 의한 소송행위가 무효로 되기 위해서는 **첫째 통상인의 판단을 기준으로 하여 만일 착오가 없었다면 그러한 소송행위를 하지 않았으리라고 인정되는 중요한 점(동기를 포함)에 관하여 착오가 있고, 둘째 착오가 행위자 또는 대리인이 책임질 수 없는 사유로 인하여 발생하였으며, 셋째 그 행위를 유효로 하는 것이 현저히 정의에 반한다고 인정될 것** 등 세 가지 요건을 필요로 한다고 하여 **귀책사유설**의 입장이다(대결 1992.3.13. 92모1).

4. 검토 및 소결

소송절차의 형식적 확실성과 피고인의 이익을 조화하는 관점에서 원칙적으로 유효이지만, 착오가 본인의 귀책사유로 인한 경우가 아닌 때에는 무효로 하는 것이 타당하다. 사안에서 의심없이 검사의 진술을 믿은 甲에게 착오에 대한 귀책사유가 없다고 볼 수 없으므로 착오에 따른 소송행위의 취소를 인정하여 진정성립진술을 번복할 수는 없다.

③ 내용 및 방식의 하자

소송행위의 내용이 법률상·사실상 불능인 경우에는 무효가 되고, 효력요건인 소송행위의 방식이나 절차를 위반한 경우에도 무효가 된다.

(4) 무효의 치유

1) 의의

소송행위 당시에는 무효인 소송행위가 사정변경으로 유효하게 되는 경우를 말한다. 무효의 치유에는 **소송행위의 추완**과 **공격·방어방법의 소멸에 의한 하자의 치유**가 있다.

2) 소송행위의 추완

법정기간이 경과한 후에 이루어진 소송행위에 대하여 그 법정기간 내에 행한 소송행위와 같은 효력을 인정하는 것을 말한다. 소송행위의 추완에는 법정기간 후에 추완되는 소송행위 자체가 유효로 되는 **단순추완**과 법정기간 후의 소송행위의 추완에 의하여 다른 무효인 소송행위의 효력이 보정될 수 있는 **보정적 추완**이 있다.

① 단순추완

상소권회복(제345조), 약식명령에 대한 정식재판청구권의 회복(제458조)에 관하여는 명문으로 단순추완을 인정하고 있다. 명문규정이 없는 경우에도 인정할 것인가에 관하여는 다른 소송관계인의 이익을 위해서 부정하는 **부정설**이 있으나 소송절차의 형식적 확실성과 법적 안정성을 해하지 않는 범위에서는 인정하는 **긍정설**이 타당하다고 본다.

② 보정적 추완

일정한 소송행위의 추완에 의해 선행하는 소송행위의 무효원인을 제거, 보정함으로써 선행하는 소송행위가 유효로 되는 경우를 말한다. 관련쟁점으로 **변호인선임의 추완, 공소사실의 추완, 공소장의 추완** 그리고 **고소의 추완**이 있다.

🔒 변호인선임의 추완 [변시10회, 15.모의]

1 변호인선임 이전에 변호인으로서 한 소송행위가 변호인 선임 신고에 의하여 유효하게 될 수 있는지가 문제되는데, 다수설은 피고인의 이익보호를 위하여 보정적 추완을 긍정하나, 판례는 보정적 추완을 부정하고 있다.

2 변호인선임계를 제출하지 아니한 채 항소이유서만을 제출하고 동 이유서제출기간 경과 후에 동 선임계를 제출하였다면 이는 **적법·유효한 변호인의 항소이유서로 볼 수 없다**(대결 1969.10.4. 69모68).

3 변호인선임신고서를 제출하지 아니한 변호인이 변호인 명의로 정식재판청구서만 제출하고, 형사소송법 제453조 제1항이 정하는 **정식재판청구기간 경과 후에 비로소 변호인선임신고서를 제출한 경우, 변호인 명의로 제출한 위 정식재판청구서는 적법·유효한 정식재판청구로서의 효력이 없다**(대결 2005.1.20. 2003모429). (변시4회, 16.모의)

🔍 공소사실의 추완, 공소장의 추완

1 공소사실이 특정되지 아니하여 무효인 공소제기가 공소장변경에 의하여 공소사실이 특정되면 유효하게 되는가의 문제로 긍정설과 부정설이 대립한다. **판례는 공소장기재가 불명확한 경우에 법원은 석명을 구한 다음 그래도 검사가 보정하지 않은 경우에 공소기각함이 상당하다고 하여 공소사실의 추완을 긍정하는 입장**이다(대판 2006.5.11. 2004도5972). 공소사실이 전혀 특정되지 아니한 경우에는 피고인의 방어권 행사에 불이익하므로 공소장변경에 의한 하자의 치유를 인정할 수 없으나, **어느 정도 공소사실이 기재되고 피고인의 방어권 보장에 특별한 영향이 없는 경우에는 추완을 인정하는 견해가 타당**하다.

2 공소를 제기하려면 공소장을 관할법원에 제출하여야 한다(형사소송법 제254조 제1항). 공무원이 작성하는 서류에는 법률에 다른 규정이 없는 때에는 작성 연월일과 소속공무소를 기재하고 기명날인 또는 서명하여야 한다(형사소송법 제57조 제1항). 여기서 '공무원이 작성하는 서류'에는 검사가 작성하는 공소장이 포함되므로, 검사가 기명날인 또는 서명이 없는 상태로 공소장을 관할법원에 제출하는 것은 형사소송법 제57조 제1항에 위반된다. 이와 같이 법률이 정한 형식을 갖추지 못한 채 공소장을 제출한 경우에는 특별한 사정이 없는 한 공소제기의 절차가 법률의 규정을 위반하여 무효인 때(형사소송법 제327조 제2호)에 해당한다. 다만, 이 경우 공소를 제기한 검사가 공소장에 기명날인 또는 서명을 추후 보완하는 등의 방법으로 공소제기가 유효하게 될 수 있다(대판 2007.10.25. 2007도4961, 대판 2012.9.27. 2010도17052; 동지 대판 2021.12.16. 2019도17150).

3 '간인'은 서류작성자의 간인으로서 1개의 서류가 여러 장으로 되어 있는 경우 그 서류의 각 장 사이에 겹쳐서 날인하는 것이다. 이는 서류 작성 후 그 서류의 일부가 누락되거나 교체되지 않았다는 사실을 담보하기 위한 것이다. 따라서 공소장에 검사의 간인이 없더라도 그 공소장의 형식과 내용이 연속된 것으로 일체성이 인정되고 동일한 검사가 작성하였다고 인정되는 한 그 공소장을 형사소송법 제57조 제2항에 위반되어 효력이 없는 서류라고 할 수 없다. 이러한 공소장 제출에 의한 공소제기는 그 절차가 법률의 규정에 위반하여 무효인 때(형사소송법 제327조 제2호)에 해당한다고 할 수 없다(2021.12.30. 2019도16259).

PLUS+ **친고죄에 있어서 고소의 추완** [16.모의]

甲과 乙은 합동하여 A의 집에서 금품을 절취한 혐의로 공소제기되었다. 제1심 공판이 진행되는 도중에 검사는 피해자인 A가 甲의 동거하지 않는 삼촌이라는 사실을 알고, A로부터 甲에 대한 고소장을 제출받아 법원에 제출하였다. 이 경우 법원은 甲에 대하여 어떤 판단을 하여야 하는가?

1. 논점

친고죄에 있어서 고소가 없음에도 불구하고 공소를 제기한 후에 비로소 고소가 있는 경우에 공소가 적법하게 될 수 있는가의 문제이다.

2. 견해의 대립

소송경제를 고려하여 추완을 인정해야 한다는 **긍정설**, 친고죄의 고소는 공소제기의 적법·유효요건임을 근거로 추완을 부정하는 **부정설**, 공소제기시 친고죄임에도 불구하고 고소가 없는 경우에는 부정하나, 비친고죄로 공소제기된 사건이 심리결과 친고죄로 판명되거나 친고죄가 추가된 때에는 긍정할 수 있다는 **절충설**이 있다.

3. 판례의 태도

세무공무원의 고발 없이 조세범칙사건의 공소가 제기된 후에 세무공무원이 고발한 경우(대판 1981.12.8. 81도2391)는 물론 비친고죄로 기소되었다가 친고죄로 공소장이 변경된 후에 비로소 피해자의 아버지가 고소장을 제출하였다고 하더라도 추완은 인정될 수 없으므로 친고죄의 공소제기절차는 법률의 규정에 위반하여 무효인 경우에 해당한다고 하여 **부정설**의 입장이다(대판 1982.9.14. 82도1504).

4. 검토 및 소결

소송조건은 공소제기의 유효조건이며, 소송경제보다는 피고인을 당해 소송절차에서 조기에 해방시키는 것이 보다 중요한 이익이므로 부정설이 타당하다. 따라서 법원은 공소기각판결(제327조 제2호)을 선고하여야 한다.

3) 공격방어방법의 소멸에 의한 하자 치유

① 소송의 발전에 의한 치유

소송이 어느 단계에 이르면 더 이상 무효를 주장할 수 없게 되는 경우를 말한다. 예컨대, 토지관할에 대한 관할위반의 신청은 피고사건에 대한 진술 후에는 할 수 없는 경우(제320조), 공소장일본주의의 하자도 증거조사절차가 마무리 되어 법관의 심증형성이 이루어진 단계에서는 치유가 인정된다는 최근 전합 판례(대판 2000.9.10.22. 2009도7436)도 이에 속한다.

② 책문권 포기에 의한 치유

당사자가 상당한 시기에 이의를 제기하지 아니한 때에는 책문권의 포기로 인하여 무효가 치유되는 경우가 있다. 예컨대, 공소장부본송달 하자, 공판기일지정 하자, 제1회 공판기일 유예기간 하자, 증인신문순서 하자 등이 이에 속한다. 다만, 공소장의 불제출과 같이 공소제기에 현저한 방식의 위반이 있는 경우에는 책문권의 포기로 인한 하자의 치유는 인정되지 않는다.

> **⚖️ 판례**
>
> 1 [1] 형사소송법 제 297조의 규정에 따라 재판장은 증인이 피고인의 면전에서 충분한 진술을 할 수 없다고 인정한 때에는 **피고인을 퇴정하게 하고 증인신문을 진행**함으로써 피고인의 직접적인 증인대면을 제한할 수 있지만, 이러한 경우에도 **피고인의 반대신문권을 배제하는 것은 허용될 수 없다.**
> [2] 변호인이 없는 피고인을 일시 퇴정하게 하고 증인신문을 한 다음 피고인에게 실질적인 반대신문권의 기회를 부여하지 아니한 채 이루어진 증인의 법정진술은 위법한 증거로서 증거능력이 없다고 볼 여지가 있으나, 다음 공판기일에서 재판장이 증인신문 결과 등을 **공판조서에 의하여 고지하였는데 피고인이 '변경할 점과 이의할 점이 없다'고 진술하여 책문권 포기 의사를 명시**함으로써 실질적인 반대신문의 기회를 부여받지 못한 하자가 치유되었다고 할 수 있으므로 증인의 법정진술이 위법한 증거라고 볼 수 없다(대판 2010.1.14. 2009도9344). (13.모의)
> 2 검사가 제1심 증인신문 과정에서 증인 甲 등에게 **주신문을 하면서 형사소송규칙상 허용되지 않는 유도신문을 하였다고 볼 여지**가 있었는데, 그 다음 공판기일에 **재판장이 증인신문 결과 등을 각 공판조서(증인신문조서)에 의하여 고지하였음에도 피고인과 변호인이 '변경할 점과 이의할 점이 없다'고 진술**하였다면, 피고인이 책문권 포기 의사를 명시함으로써 유도신문에 의하여 이루어진 주신문의 하자가 치유될 수 있다(대판 2012.7.26. 2012도2937).

3 판사가 형사소송법 제184조에 의한 증거보전절차로 증인신문을 하는 경우에는 동법 제163조에 따라 검사, 피의자 또는 변호인에게 증인신문의 시일과 장소를 미리 통지하여 증인신문에 참여할 수 있는 기회를 주어야 하나 **참여의 기회를 주지 아니한 경우라도** 피고인과 변호인이 증인신문조서를 증거로 할 수 있음에 동의하여 별다른 이의 없이 적법하게 증거조사를 거친 경우에는 위 증인신문조서는 증인신문절차가 위법하였는지의 여부에 관계없이 증거능력이 부여된다(대판 1988.11.8. 86도1646).

🔨 참고 판례

1 [1] 형사소송법이 공소의 제기에 관하여 서면주의와 엄격한 요식행위를 채용한 것은 공소의 제기에 의해서 법원의 심판이 개시되므로 심판을 구하는 대상을 명확하게 하고 피고인의 방어권을 보장하기 위한 것이다. 따라서 위와 같은 엄격한 형식과 절차에 따른 공소장의 제출은 공소제기라는 소송행위가 성립하기 위한 본질적 요소이므로, 공소의 제기에 현저한 방식위반이 있는 경우에는 공소제기의 절차가 법률의 규정에 위반하여 무효인 경우에 해당하고, 위와 같은 절차위배의 공소제기에 대하여 피고인과 변호인이 이의를 제기하지 아니하고 변론에 응하였다고 하여 그 하자가 치유되지는 않는다.

   [2] 이 사건 공소제기는 법에 규정된 **형식적 요건을 갖추지 못한 공소장변경신청서에 기하여** 이루어졌을 뿐만 아니라, **공소장부본 송달 등의 절차 없이 공판기일에서 공소장변경신청서로 공소장을 갈음한다는 검사의 구두진술에 의한 것**이라서, 그 공소제기의 절차에는 법률의 규정에 위반하여 무효라고 볼 정도의 현저한 방식위반이 있다고 봄이 상당하고, **피고인과 변호인이 그에 대하여 이의를 제기하지 않았다고 하여 그 하자가 치유된다고 볼 수는 없으므로**, 판결로써 공소기각의 선고를 하여야 한다(대판 2009.2.26. 2008도11813). (15.모의)

2 **필요적 변호사건**에 관하여 변호인 없이 변론을 진행하였다면 그 소송절차는 위법이라 할 것이고 이러한 위법한 소송절차에서 취한 증거절차 또한 위법인 것이므로 이 위법은 **그 후에 변호인이 선임되어 변론이 진행되었다 하더라도 그 사실만으로써 곧 그 위법이 치유될 수는 없다**고 할 것이어서 위법한 증거절차에서 취한 증거를 가지고 그 피고인에 대한 유죄의 증거로 삼을 수 없다(대판 1973.9.15. 73도1895).

(5) 소송행위의 취소와 철회

소송행위는 절차유지의 원칙으로 인하여 소급·소멸시키는 취소는 인정되지 않고 철회는 널리 허용되고 있다. 공소의 취소(제255조), 고소의 취소(제232조), 재심청구의 취하(제429조), 정식재판청구의 취하(제454조), 재정신청의 취소(제264조), 상소의 취하(제349조) 등은 명문으로 인정되고 있는데, 이 경우의 취소는 엄격히 말하면 철회에 해당한다.

제2절 소송조건

1. 소송조건의 의의

소송조건이란 사건의 실체에 대하여 심판할 수 있는 실체심판의 전제조건을 말한다.

2. 소송조건의 종류

(1) 일반적 소송조건과 특별 소송조건

법원의 재판권, 관할권처럼 일반의 사건에 대하여 공통으로 요구되는 소송조건을 일반적 소송조건이라고 하고, 친고죄에 있어서 고소처럼 특수한 사건에 대해서만 요구되는 소송조건을 특별소송조건이라고 한다.

(2) 절대적 소송조건과 상대적 소송조건

절대적 소송조건은 **법원이 직권으로 조사**해야 하는 소송조건을 말하고 소송조건은 원칙적으로 절대적 소송조건이다. 상대적 소송조건은 토지관할(제320조)처럼 **당사자의 신청을 기다려** 법원이 조사하는 소송조건을 말한다.

(3) 형식적 소송조건과 실체적 소송조건

형식적 소송조건은 절차면에 관한 사유를 소송조건으로 하는 것을 말하며, 흠결시 **관할위반, 공소기각의 재판**으로 소송을 종결한다. 실체적 소송조건은 실체면에 관한 사유를 소송조건으로 하는 것을 말하며, 흠결시 **면소판결**로 소송을 종결한다.

(4) 적극적 소송조건과 소극적 소송조건

일정한 사실의 존재가 소송조건이 되는 것을 적극적 소송조건이라 하고, 반의사불벌죄에서 처벌불원의사가 없을 것처럼 일정한 사실의 부존재가 소송조건이 되는 것을 소극적 소송조건이라고 한다.

3. 소송조건의 조사

소송조건의 존부에 대해서는 법원이 **직권으로 조사**하여야 한다. 다만, 상대적 소송조건은 당사자의 신청이 있는 때에 한하여 그 존부를 판단한다. 소송조건은 공소제기의 유효요건인 동시에 실체심판의 전제조건이므로 **공소제기시부터 확정판결시까지 항상 존재**하여야 한다. 다만, 토지관할은 피고사건에 진술하고 나면 이의신청을 할 수 없으므로 공소제기시에만 존재하면 된다.

🔑 판례

1 검사가 사건을 친고죄로 구성하여 공소를 제기하였다면 공소장 변경절차를 거쳐 공소사실이 비친고죄로 변경되지 아니하는 한, 법원으로서는 **친고죄에서 소송조건이 되는 고소가 유효하게 존재하는지를 직권을 조사 · 심리하여야 한다**(대판 2015.11.17. 2013도7987).

2 [1] 이른바 **반의사불벌죄에 있어서 처벌불원의 의사표시의 부존재는 소극적 소송조건으로서 직권조사사항이라 할 것이므로 당사자가 항소이유로 주장하지 아니하였다고 하더라도 원심은 이를 직권으로 조사 · 판단하여야 한다.**

[2] 피고인이 제1심 판결선고 전에 제출한 '합의서'에 피해자가 처벌을 희망하지 않는다는 내용이 기재되어 있고, 원심에 제출한 '합의서 및 처벌불원서'에는 피해자가 제1심에서 피고인을 용서하고 합의서를 작성하여 주었다는 내용이 있으므로, 피해자가 제1심 판결선고 전에 처벌희망 의사표시를 철회하였다고 볼 여지가 있다. 따라서 원심은 제1심 판결선고 전에 피해자의 처벌희망 의사표시가 적법하게 철회되었는지를 직권으로 조사하여 반의사불벌죄의 소극적 소송조건을 명확히 심리 · 판단할 필요가 있었다(대판 2004.6.10. 2002도158; 동지 대판 2021.10.28. 2021도10010).

4. 소송조건 흠결의 효과

(1) 형식재판에 의한 종결

법원은 소송조건의 흠결이 있으면 형식재판에 의하여 소송을 종결해야 하며 실체재판을 할 수 없다. (변시1회) 그러나 최근 판례는 교통사고처리특례법위반 사안에서 예외적으로 피고인의 이익을 위하여 형식재판인 공소기각판결이 아니라 실체재판인 무죄판결을 선고하더라도 위법이 아니라고 판시하였다(대판 2015.5.14. 2012도11431).

✍ 판례

피고인이 신호를 위반하여 차량을 운행함으로써 사람을 상해에 이르게 한 교통사고로서 교통사고처리특례법 제3조 제1항, 제2항 단서 제1호의 사유가 있다고 하여 공소가 제기된 사안에 대하여, **공판절차에서의 심리 결과 피고인이 신호를 위반하여 차량을 운행한 사실이 없다는 점이 밝혀지게 되고, 한편 위 교통사고 당시 피고인이 운행하던 차량은 교통사고처리특례법 제4조 제1항 본문 소정의 자동차종합보험에 가입되어 있었으므로,** 결국 교통사고처리특례법 제4조 제1항 본문에 따라 공소를 제기할 수 없음에도 불구하고 이에 위반하여 공소를 제기한 경우에 해당하고, 따라서 위 공소제기는 **형사소송법 제327조 제2호 소정의 공소제기 절차가 법률의 규정에 위반하여 무효인 때에 해당**하는바, 이러한 경우 법원으로서는 위 교통사고에 대하여 피고인에게 아무런 업무상 주의의무위반이 없다는 점이 증명되었다 하더라도 바로 **무죄를 선고할 것이 아니라, 형사소송법 제327조의 규정에 의하여 소송조건의 흠결을 이유로 공소기각의 판결을 선고하여야** 한다(대판 2004.11.26. 2004도4693). (14.모의)

✍ 참고 판례

교통사고처리 특례법 제3조 제1항, 제2항 단서, 형법 제268조를 적용하여 공소가 제기된 사건에서, **심리 결과 교통사고처리 특례법 제3조 제2항 단서에서 정한 사유가 없고 같은 법 제3조 제2항 본문이나 제4조 제1항 본문의 사유로 공소를 제기할 수 없는 경우에 해당하면 공소기각의 판결을 하는 것이 원칙이다.** 그런데 사건의 실체에 관한 심리가 이미 완료되어 교통사고처리 특례법 제3조 제2항 단서에서 정한 사유가 없는 것으로 판명되고 달리 피고인이 같은 법 제3조 제1항의 죄를 범하였다고 인정되지 않는 경우, 같은 법 제3조 제2항 본문이나 제4조 제1항 본문의 사유가 있더라도, 사실심법원이 피고인의 이익을 위하여 교통사고처리특례법 위반의 공소사실에 대하여 **무죄의 실체판결을 선고하였다면, 이를 위법이라고 볼 수는 없다**(대판 2015.5.14. 2012도11431).

⑵ 소송조건 흠결의 경합

수개의 소송조건이 흠결된 때에는 하자의 정도가 중한 소송조건을 기준으로 형식재판의 종류를 결정해야 한다. 즉 공소기각판결사유와 면소판결사유가 경합하면 **공소기각판결**을, 공소기각판결사유와 공소기각결정사유 경합하면 **공소기각 결정**으로 소송을 종결하여야 한다.

제3편

수사

제1장 수사
제2장 수사의 종결

제1장 │ 수사

제1절 수사의 의의와 구조

I 수사의 의의

1. 수사

수사는 수사기관이 범죄혐의 유무를 명백히 하여 공소제기와 유지여부를 결정하기 위하여 범인을 발견·확보하고 증거를 수집·보전하는 활동을 말한다.

2. 내사

내사는 아직 범죄혐의가 확인되지 않은 단계에서 수사기관이 범죄혐의 유무를 확인하기 위하여 **입건 전의 단계에서 수행하는 조사활동**을 말하며, 수사가 아니라 수사의 전 단계에 해당한다. 내사를 받는 자를 **피내사자**라고 하며 피내사자는 수사 개시에 의하여 피의자로 된다.

3. 수사와 내사의 구별 [변시4회, 14.모의]

수사와 내사의 구별기분에 대해서는 형식설과 실질설이 대립하고 판례는 실질설의 입장이다.

PLUS+ 수사와 내사의 구별

경찰은 청와대 甲수석이 기업체로부터 각종 특혜를 받았다는 첩보를 입수하고 내사에 착수하였다. 상황을 파악하기 위하여 甲이 실질적 소유자로 있는 법인의 자금을 관리하는 직원A를 소환하여 조사한 결과 甲수석이 모 기업체 대표이사 乙로부터 뇌물을 받은 결정적 정황을 확보하여 바로 乙을 소환하여 진술을 받으려 하였다.

乙은 진술거부권을 고지 받지 못한 상태에서 증뢰 사실을 일부 시인하는 진술을 하였고 경찰은 참고인진술조서에 그 내용을 기재하였다.

문. 경찰이 작성한 乙에 대한 참고인진술조서는 증거로 사용할 수 있는가?

---

1. 논점

수사와 내사의 구별에 따른 참고인진술조서의 성격, 진술거부권 불고지 자백의 증거능력

2. 참고인진술조서의 성격

1) 수사와 내사의 구별기준

범죄입건 여부라는 형식적인 절차에 의하여 구별해아 한다는 **형식설**과 실질적인 수사개시 여부에 따라서 판단해야 한다는 **실질설**의 대립이 있다. 판례는 **범죄인지절차를 규정한 검찰사건사무 규칙은 검찰행정의 편의를 위한 사무처리절차 규정에 불과하다는 점**을 근거로 검사가 범죄인지

절차를 거치기 전에 범죄의 혐의가 있다고 보아 수사를 개시하는 행위를 한 때에는 이 때에 범죄를 인지한 것으로 보아야 하고 인지절차가 이루어지기 전에 수사를 하였다는 이유만으로 그 수사가 위법하다고 볼 수는 없고, 따라서 그 수사과정에서 작성된 피의자신문조서나 진술조서 등의 증거능력도 이를 부인할 수 없다고 하여 **실질설**의 입장이다(대판 2001.10.26. 2000도2968). 생각건대 법무부령이 아닌 형사소송법 제195조에 따라 수사기관이 범죄혐의가 있다고 판단하여 **실질적으로 수사를 개시했는지 여부에 따라 판단**해야 한다고 봄이 타당하다.

2) 피의자신문과 참고인조사의 구분

참고인조서라는 형식에도 불구하고 그 실질이 피의자에 대한 신문의 성격을 띤다면 이는 피의자신문조서로서(실질설) 제244조의3에 따라 사전에 진술거부권을 피조사자에게 고지하여야 한다.

3) 소결

경찰의 乙에 대한 진술청취는 내사가 아닌 수사에 해당하고 乙의 진술은 뇌물공여에 대한 자신의 범죄사실과 관련된 것으로 비록 참고인진술조서에 기재돼 있다고 하더라도 이는 실질상 피의자신문조서에 해당하므로 경찰은 乙에 대한 진술을 청취하기 전에 진술거부권을 고지하여야 한다.

3. 진술거부권 불고지 하의 자백

판례는 진술거부권을 고지하지 않은 상태에서 획득한 자백을 위법수집증거로 보고 비록 진술의 임의성이 인정된다고 하더라도 증거능력을 부정한다.

4. 사안의 해결

Ⅱ 수사의 구조

1. 의의

수사과정을 전체로서의 형사절차에서 어디에 위치시키고 수사절차에서 등장하는 검사, 사법경찰관리, 피의자, 법관 등 상호관계를 어떻게 정립시킬 것인가에 대한 이론이다.

2. 규문적 수사관

수사를 수사기관 중심으로 이해하고 수사를 수사기관이 피의자를 조사하기 위한 절차로 이해하는 견해이다. 강제처분은 수사기관의 고유권한이라고 본다.

3. 탄핵적 수사관

수사를 공판준비를 위한 활동으로 이해하고 수사기관과 피의자는 대등한 관계로 보는 견해이다. 강제처분은 법원의 권한이라고 본다.

4. 이원설

임의수사는 규문적 수사관으로, 강제수사는 탄핵적 수사관으로 보는 견해이다.

☲ 수사기관의 청구에 의하여 법원이 발부한 영장의 법적 성질

1. 논점

법관이 직권으로 발부한 영장은 명령장의 성격을 가진다는 점에는 견해가 일치하지만 검사의 청구에 의하여 법관이 발부하는 영장의 법적 성질에 대하여 수사구조론과 관련하여 견해가 대립한다.

2. 견해의 대립

현행법상 체포·구속의 주체는 수사기관이어서 기본적으로 규문적 수사관이 타당하므로 구속영장은 허가장설이라는 **허가장설**과 탄핵적 수사관의 입장에서 수사절차상 강제처분권은 법원의 권한으로 검사의 영장청구는 법관의 재판(명령)을 구하는 소송행위로서의 성질을 가지므로 법관의 영장은 명령장의 성질을 갖는다는 **명령장설**이 대립한다.

3. 판례의 태도

형사소송법 제215조에 의한 압수·수색영장은 수사기관의 압수·수색에 대한 허가장이라고 하여 허가장설을 취하고 있다(대결 1999.12.1. 99모161).

4. 검토

형사소송법 제204조에 의하면 수사기관은 체포영장 또는 구속영장을 발부받은 후에도 체포·구속하지 않을 수 있으므로 강제처분권이 수사기관에 있다고 보아야 하며 따라서 **허가장설**이 타당하다.

Ⅲ 수사의 조건

1. 의의

수사는 인권침해의 소지가 있으므로 이를 제한할 필요가 있고 그 제한의 법리로서 등장한 것이 수사조건론이다. 수사의 조건이란 수사권의 개시와 그 진행·유지에 필요한 조건을 말하며, 수사의 **필요성**과 **상당성**이 문제된다.

2. 수사의 필요성

수사는 임의수사·강제수사를 불문하고 수사의 목적을 달성함에 필요한 경우에 한해서 허용된다. ① 범죄의 혐의가 있고 ② 원칙적으로 소송조건이 구비되었을 것을 그 내용으로 한다.

(1) 범죄혐의

수사기관은 범죄혐의가 있다고 사료되는 때에는 수사하여야 한다(제196조 제1항).
수사개시를 위한 범죄혐의는 수사기관의 **주관적 혐의**를 의미하며 이는 구체적 사실에 근거를 둔 혐의이어야 한다.

(2) 소송조건과 수사 [18.모의, 14.모의]

수사는 **공소제기의 가능성**이 있음을 요건으로 한다. 여기서 소송조건이 결여된 경우에도 수사의 필요성을 인정하여 수사할 수 있는지 특히 친고죄나 즉시고발사건의 경우에 고소나 고발이 없음에도 수사를 할 수 있는지에 대하여 논의가 있다. ① 공소를 제기할 수 없으로 강제수사는 물론 임의수사도 할 수 없다는 **전면부정설** ② 고소는 소송조건일 뿐 수사의 조건은 아니므로 임의수사는 물론 강제수사도 허용된다는 **전면긍정설** ③ 고소의 가능성이 있으면 허용되지만 고소의 가능성이 없으면 허용되지 않거나 제한되어야 한다는 **제한적 허용설**이 대립한다. **판례**는 친고죄에 있어서 **고소는 소추조건에 불과**하고 당해 범죄의 성립요건이나 수사의 조건은 아니므로, **수사가 장차 고소가 있을 가능성이 없는 상태 하에서 행해졌다는 등의 특단 사정이 없는 한**, 고소가 있기 전에 수사를 하였다는 이유만으로 위법하다고 볼 수는 없다고 하여 **제한적 허용설**의 입장이다(대판 1995.2.24. 94도252). 생각건대 고소 전 수사의 필요성과 친고죄의 입법 취지를 고려할 때 **제한적 허용설**이 타당하다. (13.모의, 14.모의, 15.모의)

> 📖 **사례 응용**
> 절대적 친고죄(모욕죄, 비밀침해죄 등)를 범한 자를 체포하는 경우, 상대적 친고죄(친족상도례가 적용되어 피해자의 고소가 필요한 사건)를 범한 자에 대하여 피의자신문을 하는 경우, 출입국관리법 위반사건 · 조세범처벌법위반 사건(즉시고발사건 등)에서 고발 없이 한 수사의 경우 등에서 수사의 적법성을 물어보는 형태로 문제가 출제되므로 해당 쟁점을 누락하지 않도록 주의해야 한다.

3. 수사의 상당성

수사의 필요성이 인정되는 경우에도 수사처분은 목적을 달성하기 위한 최소한도로 그쳐야 하고, 사회통념상 용인되는 방법을 사용해야 한다. 이를 ① 수사비례의 원칙 ② 수사의 신의칙 이라고 한다. **수사비례의 원칙**은 수사처분은 그 목적을 달성하기 위한 최소한도에 그쳐야 한다는 원칙을 의미하고, 특히 강제수사를 위한 요건으로서의 의미를 가지게 된다. **수사의 신의칙**은 수사방법이 사회적으로 용인될 수 있는 적정한 것이어야 한다는 원칙을 의미하고, 수사의 신의칙과 관련하여 문제되는 것이 함정수사이다.

(1) 함정수사

1) 의의

조직범죄나 마약범죄와 같이 은밀히 이루어지는 범죄를 수사하기 위하여 수사기관이 범죄를 교사한 후 그 실행을 기다려 범인을 검거하는 수사방법으로 수사의 신의칙과 관련하여 그 정당성이 문제된다.

2) 유형

기회제공형 함정수사는 이미 범죄의사가 있는 자에게 범죄의 기회를 제공하는 경우를 말하며, 범의유발형 함정수사는 범죄의사가 없는 자에게 범의를 유발하는 경우를 말한다.

3) 함정수사의 적법성 [변시2회]

함정수사는 수사의 기법이지만, 그 방법의 문제점으로 인해 어느 범위까지 함정수사가 적법한지에 대하여 논의가 있다. 이에 ① 피유발자의 내심의 의사를 기준으로 기회제공형 함정수사는 적법하지만 범의유발형 함정수사는 위법하다는 **주관설** ② 수사기관이 사용한 유혹의 방법 자체를 문제 삼아 수사기관의 활동이 사실상 범죄행위 야기의 직접적인 원인이 된 경우에는 위법하다는 **객관설** ③ 함정수사의 적법성의 한계를 주관설과 객관설을 종합하여 위법성을 판단하자는 **절충설**이 대립한다. **판례**는 **기회제공형은 함정수사가 아니지만**,

본래 범의를 가지지 아니한 자에 대하여 **수사기관이 사술이나 계략 등을** 써서 **범의를 유발케** 하여 범죄인을 검거하는 함정수사는 위법함을 면할 수 없다고 하여 주관설과 객관설의 요건을 동시에 요구하는 엄격한 의미에서의 절충설의 입장이다(대판 2007.5.31. 2007도1903). 생각건대 함정수사는 수사기관의 수사가 적정절차에 반할 소지가 많으므로 특히 필요성이 인정되는 예외적인 경우에만 허용되어야 한다는 점에서 범의유발형 함정수사를 위법하다고 보는 것은 물론 기회제공형 함정수사에 있어서도 범죄의 태양, 함정수사의 필요성, 법익의 성질 등을 종합적으로 판단하여 그 위법성 여부를 판단하는 **절충설**이 타당하다.

🔍 함정수사에 관한 판례의 태도

1 범의를 가진 자에 대하여 단순이 범행의 기회를 제공하거나 범행을 용이하게 하는 것에 불과한 수사방법이 경우에 따라 허용될 수 있음은 별론으로 하고, 본래의 범의를 가지지 아니한 자에 대하여 수사기관이 사술이나 계략 등을 써서 범의를 유발케 하여 범죄인을 검거하는 함정수사는 위법함을 면할 수 없고, 이러한 함정수사에 기한 공소제기는 그 절차가 법률의 규정에 위반하여 **무효**인 때에 해당한다(대판 2005.10.28. 2005도1247). (변시1회·2회·3회, 13.모의, 14.모의, 15.모의)

2 경찰관이 취객을 상대로 한 이른바 부축빼기 절도범을 단속하기 위하여, **공원 인도에 쓰러져 있는 취객 근처에서 감시하고 있다가, 마침 피고인이 나타나 취객을 부축하여 10m정도를 끌고 가 지갑을 뒤지자 현장에서 체포**하여 기소한 경우, 위법한 함정수사에 기한 공소제기가 아니다(대판 2007.5.31. 2007도1903). (변시2회, 15.모의)

3 수사기관이 피고인의 범죄사실을 인지하고도 피고인을 **바로 체포하지 않고 추가 범행을 지켜보고 있다가 범죄사실이 많이 늘어난 뒤에야 피고인을 체포**하였다는 사정만으로 피고인에 대한 수사와 공소제기가 위법하다거나 함정 수사에 해당한다고 할 수 없다(대판 2007.6.29. 2007도3164). (15.모의)

4 [1] 구체적인 사건에 있어서 위법한 함정수사에 해당하는지 여부는 해당 범죄의 종류와 성질, 유인자의 지위와 역할, 유인자의 경위와 방법, 유인에 따른 피유인자의 반응, 피유인자의 처벌 전력 및 유인행위 자체의 위법성 등을 종합하여 판단하여야 한다.
[2] **수사기관과 직접 관련이 있는 유인자**가 피유인자와의 개인적인 친밀관계를 이용하여 피유인자의 동정심이나 감정에 호소하거나, 금전적·심리적 압박이나 위협 등을 가하거나, 거절하기 힘든 유혹을 하거나, 범행 방법을 구체적으로 제시하고 범행에 사용할 금전까지 제공하는 등으로 **과도하게 개입함으로써** 피유인자로 하여금 **범의를 일으키게 하는 것은 위법한 함정수사에 해당하여 허용되지 아니하지만,** 유인자가 수사기관과 직접적인 관련을 맺지 아니한 상태에서 피유인자를 상대로 **단순히 수차례 반복적으로 범행을 부탁하였을 뿐 수사기관이 사술이나 계략 등을 사용하였다고 볼 수 없는 경우는,** 설령 그로 인하여 피유인자의 범의가 유발되었다 하더라도 **위법한 함정수사에 해당하지 아니한다**(대판 2007.7.12. 2006도2339). (변시1회·3회)

5 경찰관들이 노래방 단속 실적을 올리기 위하여 평소 손님들에게 도우미 알선 영업을 해 왔다는 자료나 첩보가 없었음에도 **노래방에 손님을 가장하고 들어가 도우미를 불러 줄 것을 요구한 후 이를 단속한 것은 수사기관이 사술이나 계략 등을 써서 피고인의 범의를 유발케 한 것**으로서 위법하고, 이러한 함정수사에 기한 이 사건 공소제기 또한 그 절차가 법률의 규정에 위반하여 무효인 때에 해당한다(대판 2008.10.23. 2008도7362). (15.모의)

6 게임 결과물 환전으로 인한 게임산업법위반 범행은 경찰관의 위법한 함정수사로 인하여 범의가 유발된 때에 해당하므로 이에 관한 공소를 기각한 원심의 판단은 정당하나, 사행행위 조장으로 인한 게임산업법위반 범행은 수사기관이 이미 이루어지고 있던 범행을 적발한 것에 불과할 뿐 이에 관한 공소제기가 함정수사에 기한 것으로 볼 수 없다고 보아 이 부분 공소를 기각한 원심의 판단에 함정수사에 관한 법리를 오해하여 판결에 영향을 미친 잘못이 있다(대판 2021.7.29. 2017도16810).

4) 위법한 함정수사의 효과

① 위법한 함정수사와 체포 · 구속

위법한 함정수사에 의한 체포 · 구속에 대하여 체포 · 구속적부심사나 구속취소의 청구 및 준항고가 가능하다.

② 증거능력 부정

증거수집절차에 중대한 위법이 있으므로 증거능력이 부정된다.

③ 법원의 조치 (변시9회)

위법한 함정수사에 기한 공소제기에 대한 법원의 조치에 관하여 **무죄판결설, 면소판결설, 공소기각 판결설(판례), 유죄판결설**이 대립하나 함정수사에 의한 공소는 적정절차에 위배되는 수사에 의한 공소이므로 공소제기의 절차가 법률의 규정에 위배하여 무효인 때에 해당하여 공소기각의 판결을 선고해야 한다고 보는 공소기각설이 타당하다.

PLUS+ 위법한 함정수사와 법원의 조치 [변시2회]

마약판매 전과가 있는 甲은 교도소를 출감하면서 이제 마약에서 손을 끊고 새로운 인생을 살기로 하였다. 사법경찰관 P는 승진을 앞두고 건수를 올리기 위하여 정보원인 乙에게 甲에게 접근하여 중국에서 마약을 구해올 것을 사주하도록 시켰다. 甲은 절대로 마약과 관련된 일을 하지 않겠다고 맹세하였으나 경제적 생활이 어려워지자 乙의 집요한 회유와 설득에 넘어가게 되었다. 甲은 乙의 부탁대로 중국에서 메스암페타민을 구해오다가 인천공항에서 P에게 체포되었다. 이후 甲이 마약류관리에관한법률위반(향정)혐의로 공소제기된 경우에 법원은 어떠한 조치를 취하여야 하는가?

---

1. 논점

위법한 함정수사에 해당하는지 여부와 그렇다면 법원은 어떠한 조치를 취해야 하는지 문제된다.

2. 위법한 함정수사인지 여부(생략)

3. 법원의 조치

1) 견해의 대립

국가기관이 범죄를 유발시켰다는 수사기관의 염결성을 고려하여 무죄판결을 선고해야 한다는 **무죄판결설**, 위법한 함정수사가 행하여진 경우 국가는 처벌적격을 잃기 때문에 실체적 소송조건을 결하여 면소판결을 선고해야 한다는 **면소판결설**, 함정수사는 적법절차에 위배되는 중대한 위법이 있는 경우이므로 공소제기는 위법 · 무효에 해당하여 공소기각 판결을 해야 한다는 **공소기각판결설** 그리고 범의를 유발당한 자가 자유로운 의사로 범죄를 실행한 이상 가벌성이 인정된다는 **유죄판결설**이 대립한다.

2) 판례의 태도

본래 범의를 가지지 아니한 자에 대하여 수사기관이 사술이나 계략 등을 써서 범의를 유발케하여 범죄인을 검거하는 함정수사는 위법함을 면할 수 없고, 이러한 함정수사에 기한 공소제기는 그 절차가 법률의 규정에 위반하여 무효인 때에 해당한다고 하여 공소기각판결설의 입장이다(대판 2005.10.28. 2005도1247).

4. 검토 및 해결

함정수사에 의한 공소는 적정절차에 위배되는 수사에 의한 공소이므로 공소제기의 절차가 법률의 규정에 위배하여 무효인 때에 해당하여 공소기각의 판결을 선고해야 한다고 보는 공소기각설이 타당하다. 법원은 공소기각판결을 하여야 한다.

제2절 수사의 개시

I 수사의 단서

1. 의의

수사는 수사기관의 주관적 혐의에 의하여 개시되는데, 수사개시의 원인을 수사의 단서라고 한다.

2. 종류

수사의 단서에는 **수사기관 자신의 체험에 의한 경우**가 있다. 예컨대, ① 현행범인의 체포(제211조) ② 범죄첩보 ③ 변사자검시(제222조) ④ 불심검문(경찰관 직무집행법 제3조) ⑤ 다른 사건 수사 중의 범죄발견 · 기사 · 풍설 · 세평 등이 이에 속한다. 그리고 **타인의 체험에 의한 경우**가 있는데, ① 고소 · 고발(제223조, 제234조) ② 자수(제240조) ③ 범죄신고 ④ 진정, 탄원 등이 이에 해당한다.

3. 수사의 개시

고소 · 고발 · 자수가 있는 때에는 즉시 수사가 개시되고 그 이외의 수사단서의 경우에는 범죄 혐의가 있다고 판단하여 수사를 개시하는 범죄인지(입건)에 따라 수사를 개시한다.

II 변사자의 검시

1. 의의

사람의 **사망이 범죄로 인한 것인가를 판단하기 위하여** 수사기관이 오관의 작용에 의하여 변사자의 상황을 조사하는 것을 말한다(제222조). 변사자란 **범죄로 인한 사망의 의심이 있는 사체**를 말하며 익사 또는 천재지변에 의하여 사망한 것이 명백한 사체는 변사체가 아니다.

2. 성질

검시의 결과 범죄혐의가 인정되면 수사가 개시되므로 변사자의 검시는 수사가 아니고 수사 이전의 처분, 즉 **수사의 단서**에 불과하다.

3. 절차

변사자 또는 변사의 의심이 있는 사체가 있는 경우 그 소재지를 관할하는 지방검찰청 검사가 검시하여야 한다(제222조 제1항). 다만, 검사는 사법경찰관에게 검시를 명할 수 있다(동조 제3항). 검시는 수사의 단서에 불과하므로 **법관의 영장을 요하지 않는다**. 그러나 검시 후 사체부검을 위해서는 **압수 · 수색 · 검증영장을 받아 검증**을 하되 **긴급을 요할 때에는 영장 없이 검증**을 할 수 있다(동조 제2항).

Ⅲ 불심검문

1. 의의

불심검문이란 경찰관이 거동이 수상한 자를 발견한 때에 이를 정지시켜 질문하는 것을 말한다(경찰관 직무집행법 제3조 제1항, 이하 경직법). 불심검문은 수사의 단서로서 **정지와 질문** 및 **질문을 위한 동행요구**를 그 내용으로 한다.

2. 대상

수상한 거동 기타 주위의 사정을 합리적으로 판단하여 ① 어떠한 죄를 범하였거나 범하려 하고 있다고 의심할 만한 상당한 이유가 있는 자 또는 ② 이미 행하여진 범죄나 행하여지려고 하는 범죄행위에 관하여 그 사실을 안다고 인정되는 자이다. 이를 거동불심자라고 한다. (14.모의)

🔎 판례

경직법의 목적, 법 제1조 제1항, 제2항, 제3조 제1항, 제2항, 제3항, 제7항의 규정 내용 및 체계 등을 종합하면, 경찰관은 법 제3조 제1항에 규정된 대상자 해당 여부를 판단할 때에는 불심검문 당시의 구체적 상황은 물론 사전에 얻은 정보나 전문적 지식 등에 기초하여 불심검문 대상자인지를 객관적·합리적인 기준에 따라 판단하여야 하나, 반드시 불심검문 대상자에게 형사소송법상 체포나 구속에 이를 정도의 혐의가 있을 것을 요한다고 할 수는 없다(대판 2014.2.27. 2011도13999).

3. 방법 [15·18.모의]

(1) 정지와 질문

정지는 질문을 위한 수단이므로 강제수단에 의하여 정지시키는 것은 허용되지 않는다. 다만, 정지요구에 응하지 않고 지나가거나 질문 도중 떠나는 경우에 실력행사를 인정할 수 있는지 논의가 있는데 다수설은 사태의 긴급성, 혐의의 정도 질문의 필요성과 수단의 상당성을 고려하여 강제에 이르지 아니하는 정도의 유형력의 행사는 허용된다고 본다(예컨대 길을 막거나 추적하거나 몸에 손을 대는 정도, 제한적 허용설).

🔨 판례

검문 중이던 경찰관들이 **자전거를 이용한 날치기 사건 범인과 흡사한 인상착의의 피고인이 자전거를 타고 다가오는 것을 발견하고 정지를 요구**하였으나 멈추지 않아, 앞을 가로막고 소속과 성명을 고지한 후 검문에 협조해 달라는 취지로 말하였음에도 불응하고 그대로 전진하자, 따라가서 재차 앞을 막고 검문에 응하라고 요구하였는데, 이에 피고인이 경찰관들의 멱살을 잡아 밀치거나 욕설을 하는 등 항의하여 공무집행방해 등으로 기소된 사안에서, **범행의 경중, 범행과의 관련성, 상황의 긴박성, 혐의의 정도, 질문의 필요성 등에 비추어 그 목적 달성에 필요한 최소한의 범위 내에서 사회통념상 용인될 수 있는 상당한 방법을 통하여 경직법 제3조 제1항에 규정된 자에 대해 의심되는 사항을 질문하기 위하여 정지시킨 것으로 보아야 한다**(대판 2012.9.13. 2010도6203).

질문은 거동불심자에게 행선지나 용건 또는 인적 사항을 묻고 필요한 때에는 소지품의 내용을 질문하여 수상한 점을 밝히는 방법에 의한다. 질문은 어디까지나 임의수단이므로 질문에 대하여 상대방은 답변을 강요당하지 아니한다(경직법 제3조 제7항). 질문할 경우 경찰관은 자신의 **신분을 표시하는 증표를 제시**하면서 **소속과 성명**을 밝히고 **그 목적과 이유**를 설명하여야 한다. 다만, 경찰관이 정복을 착용한 경우 상대방이 신분증제시를 요구한 바도 없다면 검문하는 사람이 경찰관이고 검문하는 이유가 범죄행위에 관한 것임을 피고인이 알았다면 신분증을 제시하지 않아도 위법하지 않다(대판 2014.12.11. 2014도7976). (변시8회, 14.모의)

(2) 동행의 요구

경찰관이 그 장소에서 질문하는 것이 거동불심자에게 **불리하거나 교통의 방해**가 된다고 인정되는 때 질문을 하기 위하여 부근의 경찰서 등에 **동행을 요구**하는 것을 말하며, 거동불심자는 경찰관의 동행요구를 거절할 수 있다(경직법 제3조 제2항). (16.모의) 동행을 하더라도 거동불심자를 6시간을 초과하여 경찰관서에 머물게 할 수는 없다(동조 제6항).

🔨 판례

임의동행은 상대방의 동의 또는 승낙을 그 요건으로 하는 것이므로 경찰관으로부터 임의동행 요구를 받은 경우 **상대방은 이를 거절할 수 있을 뿐만 아니라 임의동행 후 언제든지 경찰관서에서 퇴거할 자유가 있다 할 것이고**, 경찰관 직무집행법 제3조 제6항이 임의동행한 경우 당해인을 6시간을 초과하여 경찰관서에 머물게 할 수는 없다고 규정하고 있다고 하여 그 규정이 **임의동행한 자를 6시간 동안 경찰관서에 구금하는 것을 허용하는 것은 아니다**(대판 1997.8.22. 97도1240). (13.모의, 14.모의)

---

4. 소지품 검사 [15.모의]

(1) 의의

불심검문을 하는 과정에서 흉기 기타 물건의 소지여부를 밝히기 위하여 거동불심자의 착의 또는 휴대품을 조사하는 것을 말한다. 소지품검사도 경찰관의 불심검문에 수반하는 부수적 처분으로 수사상 강제처분인 수색과 구별되는 **수사의 단서**일 뿐이다.

(2) 소지품검사의 법적근거

경직법은 **흉기소지의 조사만 규정**하고 있기 때문에 흉기 이외의 일반소지품에 대하여 소지품검사가 허용되는지에 대하여 논의가 있다. 근거규정이 없음을 이유로 하는 **부정설**이 있지만, **불심검문의 안전을 확보하고 질문의 실효성**을 유지하기 위한 범위 안에서 허용된다고 보는 **긍정설**이 타당하다.

(3) 소지품검사의 한계 [15.모의]

1) 외표검사(Stop and Frisk)

상대방을 정지시키고(Stop) 의복 또는 휴대품의 외부를 손으로 만져서 확인하는 것으로 (Frisk) 불심검문에 수반되는 행위로서 허용된다.

2) 소지품의 개시요구와 내용조사

소지품의 내용을 개시할 것을 요구하는 것은 강요적인 언동에 의하지 않는 한 허용된다. 다만, 상대방이 이에 응하지 않는 경우에 실력행사가 허용되는지 문제된다. 흉기·폭탄 등을 소지하고 있다고 의심되는 때에는 경찰관 또는 제3자의 생명·신체에 대한 위험을 고려하여 폭력을 사용하지 않는 범위에서 소지품의 내용을 검사하는 것은 허용되지만 흉기 이외의 소지품검사에 있어서는 원칙적으로 실력을 행사하여 소지품의 내용을 검사하는 것은 허용되지 않는다고 보아야 한다.

📖 사례응용

예컨대 **어린이 실종선고가 접수**되자 관악구 일대를 검문하던 중 혹은 **필로폰이 유통되고 있다는 첩보를 입수**하고 강남구 일대를 검문하다가 거동이 수상한 자를 발견하고 소지품검사를 하려 했으나 거동불심자가 이를 거부하자 경찰관이 그 사람이 들고 있던 가방을 열어서 수색한 경우 등에서 문제가 된다.

소지품검사의 적법성을 물어보는 문제라면 우선 흉기 이외의 소지품검사가 허용되는지에 대하여 논의를 한 후 긍정설에 따라 소지품검사의 한계로서 실력행사가 가능한지를 따져주어야 한다. 만약 흉기 이외의 소지품검사를 위법하다고 보는 견해에 따르면 소지품검사의 한계를 논할 필요도 없이 그 자체로 위법한 불심검문에 해당하게 될 것이다.

---

5. 자동차검문

범죄의 예방과 검거를 목적으로 통행 중인 자동차를 정지하여 운전자 또는 동승자에게 질문하는 것을 말한다. 자동차검문에는 교통검문·경계검문·긴급수배검문이 있다. **교통검문**이란 도로교통법 위반행위(무면허, 음주 등)를 단속하기 위한 검문이고, **경계검문**이란 불특정한 일반범죄의 예방과 검거를 위한 검문이며, **긴급수배검문**이란 특정범죄가 발생한 경우 범인검거와 수사정보수집을 위한 검문을 말한다. 이러한 자동차검문은 자동차를 이용하는 중대범죄에 제한되어야 하며, 범죄의 예방과 검거를 위하여 필요하고 적절한 경우에 한하고 자동차이용자에 대한 자유의 제한은 필요한 최소한도에 그쳐야 한다는 한계를 가진다.

Ⅳ 고소

1. 의의

고소란 범죄의 피해자 또는 그와 일정한 관계가 있는 고소권자가 수사기관에 대하여 범죄사실을 신고하여 범인의 처벌을 구하는 의사표시를 말한다. 그 주체가 고소권자라는 점에서 제3자가 주체가 되는 고발과 구별된다.

2. 요건

① 고소는 **수사기관에 대한 의사표시**이다. 따라서 법원에 진정서를 제출하거나 범인의 처벌을 희망한 것은 고소가 아니다. ② 고소는 범죄사실을 특정하여야 한다. 고소는 범죄사실을 신고하는 것이므로 고소의 대상인 **범죄사실은 특정되어야** 하나, 그 정도는 공소사실의 특정과 같은 정도를 요구하는 것은 아니고 고소인의 의사가 **구체적으로 어떤 범죄사실을 지정하여 처벌을 구하고 있는 것인가를 확정할 수 있을 정도**면 족하다. ③ 고소는 **범인의 처벌을 구하는 의사표시**이다. 따라서 피해사실을 신고(도난신고)함에 그치는 것은 고소가 아니다.

> **판례**
>
> 고소의 특정의 정도는 고소인의 의사가 수사기관에 대하여 일정한 범죄사실을 지정신고하여 범인의 소추처벌을 구하는 의사표시가 있었다고 볼 수 있을 정도면 그것으로 충분하고, 고소는 **범인의 성명이 불명이거나 또는 오기가 있었다거나 범행의 일시·장소·방법 등이 명확하지 않거나 틀린 것이 있다고 하더라도 그 효력에는 아무 영향이 없다**(대판 1984.10.23. 84도1704). (변시1회·12회)

> **참고 판례**
>
> 1 비록 고소인이 간통 신고를 받고 **출동한 경찰관에게 고소장을 교부하였다고 하더라도, 경찰서에 도착하여 최종적으로 고소장을 접수시키지 아니하기로 결심하고 고소장을 반환받았다면 고소장이 수사기관에 적법하게 수리되어 고소의 효력이 발생되었다고 할 수 없고**, 나아가 고소인이 당시 피고인들에 대하여 처벌 불원의 의사를 표시하였다고 하더라도, 애초 적법한 고소가 없었던 이상, 그로부터 3개월이 지나 제기된 이 사건 고소가 재고소의 금지를 규정한 형사소송법 제232조 제2항에 위반된다고 볼 수도 없다(대판 2008.11.27. 2007도4977).
> 2 피해자가 경찰청 인터넷 홈페이지에 '피고인을 철저히 조사해 달라'는 민원을 접수한 형태로 피고인에 대한 조사를 촉구하는 의사표시를 한 것은 적법한 고소로 보기 어렵다(대판 2012.2.23. 2010도9524).

3. 성격

비친고죄에서 고소는 수사의 단서에 불과하나, **친고죄인 경우에는 수사의 단서일 뿐만 아니라 소송조건**이다. 고소는 법률행위적 소송행위이므로 행위자에게 고소의 의미를 이해할 수 있는 **사실상의 의사능력인 고소능력이 있어야**한다. 따라서 **민법상의 행위능력이 없는 자라도 위와 같은 능력을 갖춘 자에게는 고소능력이 인정된다**(대판 2011.6.24. 2011도4451). (변시 12회)

소송능력이라 함은 소송당사자가 유효하게 소송행위를 할 수 있는 능력, 즉 **피고인 또는 피의자**가 자기의 소송상의 지위와 이해관계를 이에 따라 방어행위를 할 수 있는 의사능력을 의미한다. 의사능력이 있으면 소송능력이 있다는 원칙은 피해자 등 제3자가 소송행위를 하는 경우에도 마찬가지라고 보아야 한다. 따라서 **반의사불벌죄에 있어서 피해자의 피고인 또는 피의자에 대한 처벌을 희망하지 않는다는 의사표시 또는 처벌을 희망하는 의사표시의 철회는**, 위와 같은 형사소송절차에 있어서의 소송능력에 관한 일반원칙에 따라, **의사능력이 있는 피해자가 단독으로 이를 할 수 있고, 거기에 법정대리인의 동의가 있어야 한다거나 법정대리인에 의해 대리되어야만 한다고 볼 것은 아니다**(대판 2009.11.19. 2009도6058 전합).

4. 절차

(1) 고소권자

1) 피해자

범죄로 인한 피해자는 고소할 수 있다(제223조). 여기서 피해자란 범죄로 인한 직접적 피해자를 의미하므로 간접적 피해자는 포함되지 않는다.

2) 피해자의 법정대리인

피해자의 법정대리인은 **독립하여 고소**할 수 있다(제225조 제1항). 여기서 법정대리인이란 무능력자의 행위에 대한 일반적 대리권을 가진 친권자·후견인을 말한다. 법정대리인의 지위는 고소할 때에 있으면 되고 범죄 당시에 그 지위가 없었거나 고소 후에 그 지위를 상실하더라도 고소의 효력에는 영향이 없다. 법정대리인의 고소권의 법적 성질에 관해서는 **독립대리권설**(다수설)과 **고유권설**(판례)이 대립하고 있다.

[1] 고소권은 일신전속적인 권리로서 피해자가 이를 행사하는 것이 원칙이나, 형사소송법이 예외적으로 법정대리인으로 하여금 독립하여 고소권을 행사할 수 있도록 한 이유는 피해자가 고소권을 행사할 것을 기대하기 어려운 경우 피해자와 독립하여 고소권을 행사할 사람을 정하여 피해자를 보호하려는 데 있다.
[2] 부재자 재산관리제도의 취지는 부재자 재산관리인으로 하여금 부재자의 잔류재산을 본인의 이익과 더불어 사회경제적 이익을 기하고 나아가 잔존배우자와 상속인의 이익을 위하여 관리하게 하고 돌아올 부재자 본인 또는 그 상속인에게 관리해 온 재산 전부를 인계하도록 하는 데 있다. 부재자는 자신의 재산을 침해하는 범죄에 대하여 처벌을 구하는 의사표시를 하기 어려운 상태에 있다. 따라서 부재자 재산관리인에게 법정대리인으로서 관리대상 재산에 관한 범죄행위에 대하여 고소권을 행사할 수 있도록 하는 것이 형사소송법 제225조 제1항과 부재자 재산관리제도의 취지에 부합한다(대판 2022.5.26. 2021도2488).

법정대리인의 고소권의 법적 성질(사례응용)

① 피해자가 범인을 알게 된 날로부터 6개월을 경과하여 친고죄의 고소기간을 도과한 상황에서 그때서야 이 사실을 알게 된 법정대리인이 바로 고소를 한 경우 ② 피해자가 친고죄에 대한 고소를 취소한 이후 법정대리인이 새롭게 고소한 경우에 각 고소의 유효성을 묻는 형태로 문제가 출제되므로 법정대리인의 고소권의 법적 성질에 대한 아래 쟁점을 놓치지 않도록 주의를 요한다.

1. 논점

'독립하여 고소할 수 있다'는 의미와 관련하여 법정대리인의 고소권의 법적성질이 문제된다.

2. 견해의 대립

피해자의 고소권은 피해자의 일신전속적 권리이므로 독립대리권이라는 **독립대리권설**과 법정대리인의 고소권은 무능력자의 보호를 위하여 특별히 주어진 고유권이라는 **고유권설**이 대립한다.

3. 판례의 태도

법정대리인의 고소권은 무능력자의 보호를 위하여 법정대리인에게 주어진 고유권으로 피해자의 고소권 소멸여부와 관계없이 고소할 수 있고 그 고소기간은 법정대리인 자신이 범인을 알게 된 날로부터 진행하며, 이러한 고소권은 **피해자의 명시한 의사에 반하여도 행사할 수 있다**고 하여 **고유권설**을 취하고 있다(대판 1984.9.11. 84도1579, 대판 1999.12.24. 99도3784). (변시10회 · 12회)

4. 검토

제225조의 입법취지는 무능력자 보호에 있기 때문에 **고유권설**이 타당하다.

3) 피해자의 배우자 · 친족 등(제225조 제2항, 제226조, 제227조)

① 피해자가 사망한 때 그 **배우자 · 직계친족 또는 형제자매**가 고소할 수 있다. 다만, **피해자의 명시한 의사에 반하지 못한다**(제225조 제2항).
② 피해자의 법정대리인이 피의자이거나 그의 친족이 피의자인 때 **피해자의 친족**이 독립하여 고소할 수 있다(제226조).
③ 사자의 명예를 훼손한 범죄에 대하여는 그 **친족 또는 자손**이 고소할 수 있다(제227조).

4) 지정고소권자

친고죄에 대하여 고소할 자가 없는 경우에 이해관계인의 신청으로 10일 이내에 **검사가 지정**한다(제228조).

5. 고소의 방법

(1) 고소의 방식

서면 또는 구술로 검사 또는 사법경찰관에게 하여야 한다. 구술에 의한 고소를 받은 때에는 **조서를 작성하여야** 한다(제237조). **고소조서는 반드시 독립된 조서일 필요는 없으며** 수사기관이 고소권자를 증인 또는 피해자로서 신문한 경우에 그 진술에 범인의 처벌을 요구하는 의사표시가 포함되어 있고 그 의사표시가 조서에 기재되면 고소는 적법하다(대판 1985.3.12. 85도190). (13.모의)

(2) 고소의 대리 [22.모의]

고소 또는 고소취소는 **대리인으로 하여금** 하게 할 수 있다(제236조). 대리고소를 할 때

대리권이 정당한 고소권자에 의하여 수여되었음이 실질적으로 증명되면 충분하고, 그 방식에 특별한 제한은 없으므로, 고소를 할 때 반드시 위임장을 제출한다거나 '대리'라는 표시를 하여야 하는 것은 아니다(대판 2001.9.4. 2001도3081).

6. 고소기간

(1) 고소기간의 제한

친고죄에 대하여는 **범인을 알게 된 날로부터 6월**을 경과하면 고소하지 못한다(제230조 제1항). 그러나 비친고죄에 대하여는 고소기간의 제한이 없다.

(2) 고소기간의 시기

고소기간은 **범인을 알게 된 날로부터 기산**한다. 범인을 알게 된다 함은 통상인의 입장에서 보아 고소권자가 **고소를 할 수 있을 정도로 범죄사실과 범인을 아는 것**을 의미하고, 범죄사실을 안다는 것은 고소권자가 친고죄에 해당하는 **범죄의 피해가 있었다는 사실관계에 관하여 확정적인 인식이 있음**을 말한다.❶ **범인의 주소·성명까지 알 필요는 없고 동일성을 식별할 정도면 족하다.** 범죄가 아직 진행 중인 경우에는 범인을 알게 되었을지라도 **범죄종료시로부터 고소기간이 진행**한다. 법정대리인의 고소기간은 **법정대리인 자신이 범인을 알게 된 날로부터** 진행된다.

(3) 예외

단, 고소할 수 없는 불가항력의 사유가 있는 때에는 그 사유가 없어진 날로부터 기산한다(제230조 제1항 단서). 해고될 것이 두려워 고소를 하지 않는 것만으로는 고소를 할 수 없는 불가항력의 사유에 해당하지 않는다(대판 1985.9.10. 85도1273).

🔥 판례

1 고소인이 처와 상간자 간에 성관계가 있었다는 사실을 알게 되었으나 처가 상간자와의 성관계는 강간에 의한 것이라고 주장하며 **상간자를 강간죄로 고소하였고 이에 대하여 검찰에서 무혐의 결정이 나자 이들을 간통죄로 고소한 경우**, 고소인으로서는 그 강간 고소사건에 대한 **검찰의 무혐의결정이 있은 때 비로소 처와 상간자 간의 간통사실을 알았다**고 봄이 상당함으로, 그때로부터 고소기간을 기산하여야 한다(대판 2001.10.9. 2001도3106).

2 강제추행의 피해자가 범인을 안 날로부터 6월이 경과된 후에 고소제기하였더라도, **범행 당시 피해자가 11세의 소년에 불과하여** 고소능력이 없었다가 고소 당시에 비로소 고소 능력이 생겼다면, 그 **고소기간은 고소능력이 생긴 때로부터 기산되어야** 하므로, 고소기간이 경과된 것으로 볼 것이 아니다(대판 1995.5.9. 95도696).

3 형사소송법 제230조 제1항에서 말하는 '범인을 알게 된 날'이랑 **범죄행위가 종료된 후에 범인을 알게 된 날**을 가리키는 것으로서, 고소권자가 **범죄행위가 계속되는 도중에 범인을 알았다** 하여도, 그 날부터 곧바로 위 조항에서 정한 친고죄의 고소기간이 진행된다고는 볼 수 없고, 이러한 경우 고소기간은 범죄행위가 종료된 때부터 계산하여야 하며, **동종행위의 반복이 당연히 예상되는 영업범 등 포괄일죄의 경우에는 최후의 범죄행위가 종료한 때**에 전체 범죄행위가 종료된 것으로 보아야 한다(대판 2004.12.8. 2004도5014). (변시10회)

---

❶ 대판 2001.10.9. 2001도3106

4 대리인에 의한 고소의 경우 고소기간은 대리고소인이 아니라 **정당한 고소권자를 기준으로** 고소 권자가 범인을 알게 된 날부터 기산한다(대판 2001.9.4. 2001도3081). (변시7회)

7. 고소의 취소 및 처벌불원의 의사표시

고소취소는 **제1심판결선고 전까지만 취소할 수 있다**(제232조 제1항). 고소취소의 방법은 고소의 경우와 동일하다. **공소제기 전에는 고소사건을 담당하는 수사기관에, 공소제기 후에는 고소사건의 수소법원에** 대하여 이루어져야 한다(대판 2012.2.23. 2011도17264). (변시 12회, 15.모의) 일단 제기된 고소를 철회하는 수사기관이나 법원에 대한 공법상의 의사표시로서 **조건부 의사표시는 허용되지 않는다.** 고소를 취소하면 고소권은 소멸하며, 고소기간 내일 지라도 **다시 고소할 수 없다**(동조 제2항). (변시1회) 고소의 취소시기와 재고소의 금지의 효력은 반의사불벌죄에 있어서 처벌을 희망하는 의사표시의 철회에 관하여도 마찬가지 로 준용된다(동조 제3항).

📚 판례

1 고소취소의 시한을 획일적으로 제1심판결 선고시까지로 한정한 규정을 현실적 심판의 대상이 된 공소사실이 친고죄로 된 당해 심급의 판결 선고시까지 고소인이 고소를 취소할 수 있다는 의미 로 볼 수는 없다 할 것이어서, **항소심에서 공소장의 변경에 의하여 또는 공소장변경절차를 거치 지 아니하고 법원 직권에 의하여 친고죄가 아닌 범죄를 친고죄로 인정하였더라도** 항소심을 제1 심이라 할 수는 없는 것이므로, **항소심에 이르러 비로소 고소인이 고소를 취소하였다면 이는 친 고죄에 대한 고소취소로서의 효력은 없다**(대판 1999.4.15. 96도1922 전합). (변시3회, 15.모의)
2 친고죄의 공범 중 그 일부에 대하여 제1심판결이 선고된 후에는 제1심판결선고 전의 다른 공범 자에 대하여는 그 고소를 취소할 수 없고 그 고소의 취소가 있다 하더라도 그 효력을 발생할 수 없으며, 이러한 법리는 **필요적 공범이나 임의적 공범이냐를 구별함이 없이 모두 적용**된다(대판 1985.11.12. 85도1940). (변시2회 · 3회, 15.모의)
3 부정수표단속법 제2조 제4항에서 부정수표가 회수된 경우 공소를 제기할 수 없도록 하는 취지 는 부정수표가 회수된 경우에는 수표소지인이 부정수표 발행자 또는 작성자의 처벌을 희망하지 아니하는 것과 마찬가지로 보아 같은 조 제2항 및 제3항의 죄를 **이른바 반의사불벌죄로 규정한 취지로서 부도수표 회수나 수표소지인의 처벌을 희망하지 아니하는 의사의 표시가 제1심판결 선 고 이전까지 이루어지는 경우에는 공소기각의 판결을** 선고하여야 할 것이고, 이는 부정수표가 **공범에 의하여 회수된 경우에도 마찬가지라고** 할 것이다(대판 1995.2.3. 94도3122).
4 제1심 법원이 반의사불벌죄로 기소된 피고인에 대하여 소송촉진 등에 관한 특례법 제23조에 따 라 피고인의 진술 없이 유죄를 선고하여 판결이 확정된 경우, 만일 피고인이 책임을 질 수 없는 사유로 공판절차에 출석할 수 없었음을 이유로 소송촉진법 제23조의2에 따라 제1심 법원에 재심 을 청구하여 재심개시결정이 내려졌다면 피해자는 재심의제1심판결 선고 전까지 처벌을 희망하 는 의사표시를 철회할 수 있다. 그러나 피고인이 제1심 법원에 소송촉진법 제23조의2에 따른 재 심을 청구하는 대신 항소권회복청구를 함으로써 항소심 재판을 받게 되었다면 항소심을 제1심이 라고 할 수 없는 이상 **항소심 절차에서는 처벌을 희망하는 의사표시를 철회할 수 없다**(대판 2016.11.25. 2016도9470).

(1) 합의서의 효력

고소권자가 직접 수사기관이나 법원에 고소를 취소하는 것이 아니라 당사자간의 합의서만 수사기관이나 법원에 제출된 것을 고소의 취소로 볼 수 있는지에 대하여 논의가 있다. 합의서가 국가기관에 접수되는 때로부터 고소취소의 효력이 발생한다는 **적극설**이 있지만, 고소취소는 국가기관에 대한 소송행위이지만 합의는 사적인 계약에 불과하므로 고소취소의 효력을 부정하는 **소극설**이 타당하다. 따라서 합의서가 작성되었다는 점만으로 고소취소라고 인정할 수 없으며 합의서의 기재내용과 제출경위를 살펴 고소취소에 해당하는지를 따져야 할 것이다.

판례는 합의서제출 후에 제1심에서 취소의사가 없다고 증언하였다면 고소취소의 효력이 발생하지 않는다고 본 적이 있으나, 그 후 가해자와 원만히 합의하였으므로 피해자는 가해자를 상대로 이 사건과 관련된 어떠한 민·형사상의 책임도 묻지 아니한다는 취지의 합의서가 제출된 경우에는 고소의 취소로 보기도 하였다(대판 1981.10.6. 81도1968, 대판 2002.7.12. 2001도6777).

🔍 취소 또는 철회를 인정한 판례

1 피해자가 경찰에 강간치상의 범죄사실을 신고한 후 경찰관에게 가해자의 처벌을 원한다는 취지의 진술을 하였다가, 그 다음에 가해자와 합의한 후 "이 사건 전체에 대하여 가해자와 원만히 합의하였으므로 피해자는 가해자를 상대로 이 사건과 관련된 **어떠한 민·형사상의 책임도 묻지 아니한다.**"는 취지의 가해자와 피해자 사이의 합의서가 경찰에 제출되었다면, 위와 같은 합의서의 제출로써 피해자는 가해자에 대하여 처벌을 희망하던 종전의 의사를 철회한 것으로서 공소제기 전에 고소를 취소한 것으로 봄이 상당하다(대판 2002.7.12. 2001도6777). (변시2회)

2 강간미수의 피해자(당시 15세)의 어머니와 피고인의 아버지간에 피해가 변상되었으니 **관대한 처벌을 하여 달라는** 내용의 합의서가 제출되었고 또 피해자의 어머니가 피해자는 물론 자기도 처벌을 원치 않는다고 합의서의 기재를 부연하는 증언을 하였다면 이는 처벌을 희망하는 의사표시의 철회로 볼 것이므로 공소기각 판결을 해야 한다(대판 1974.12.24. 74도3335).

3 강간피해자 명의의 "당사자간에 원만히 합의되어 민·형사상 문제를 일체 거론하지 않기로 화해되었으므로 합의서를 1심 재판장 앞으로 제출한다"는 취지의 합의서 및 피고인들에게 중형을 내리기보다는 법의 온정을 베풀어 사회에 봉사할 수 있도록 **관대한 처분을 바란다**는 취지의 탄원서가 제1심 법원에 제출되었다면 이는 결국 고소취소가 있은 것으로 보아야 한다(대판 1981.11.10. 81도1171).

⚖️ 참고 판례

1 형사소송법 제239조, 제237조의 규정상 **고소인이 합의서를 피고인에게 작성하여 준 것만으로는** 고소가 적법하게 취소된 것으로 볼 수 없다(대판 1983.9.27. 83도516). (14.모의)

2 검사가 작성한 피해자에 대한 진술조서기재 중 "피의자들의 처벌을 원하는 가요?"라는 물음에 대하여 "**법대로 처벌하여 주기 바랍니다**"로 되어 있고 이어서 "더 할말이 있는가요?"라는 물음에 대하여 "**젊은 사람들이니 한번 기회를 주시면 감사하겠습니다**"로 기재되어 있다면 피해자의 진술취지는 **법대로 처벌하되 관대한 처분을 바란다는 취지로 보아야** 하고 처벌의사를 철회한 것으로 볼 것이 아니다(대판 1981.1.13. 80도2210).

3 고소인과 피고인(가해자)사이에 작성된 "**상호간에 원만히 해결되었으므로** 이후에 민·형사간 어떠한 이의도 제기하지 아니할 것을 합의한다"는 취지의 합의서가 제1심 법원에 제출되었으나 고소인이 **제1심에서 고소취소의 의사가 없다고 증언**하였다면 위 합의서의 제출로 고소취소의 효력이 발생하지 아니한다(대판 1981.10.6. 81도1968). (변시2회)

(2) 항소심에서 비로소 친고죄로 변경된 경우의 항소심에서의 고소취소 [변시7회, 13.모의 14.모의, 17.모의]

고소취소는 제1심판결선고 전까지만 할 수 있지만, 비친고죄로 공소제기 된 후 항소심에서 비로소 친고죄로 변경된 경우에 고소취소를 할 수 있는지에 대하여 논의가 있다. 이에 ① 친고죄의 범죄사실은 제1심에서 현실적 심판대상이 되지 않았으므로 항소심을 제1심으로 보고 고소취소를 인정하여 공소기각판결을 선고해야 한다는 **공소기각설** ② 명문규정상 고소의 취소 시기는 제1심판결선고 전까지이므로 항소심에서의 고소취소는 불가하므로 실체판결을 해야 한다는 **실체판결설**이 대립한다. 판례는 **항소심에서 비친고죄를 친고죄로 인정하였더라도 항소심에 이르러 비로소 고소인이 고소를 취소하였다면 이는 친고죄에 대한 고소취소로서의 효력은 없다**고 하여 **실체판결설**의 입장이다(대판 1999.4.15. 96도 1922). 생각건대 명문의 규정과 국가형벌권이 사인에 의하여 지나치게 좌우되는 것을 방지해야 한다는 점 등을 고려하면 **실체판결설**이 타당하다.

(3) 파기환송 후의 1심에서의 고소취소

제232조 제1항은 고소를 제1심판결선고 전까지 취소할 수 있도록 규정하여 친고죄에서 고소취소의 시한을 한정하고 있지만, 상소심에서 법률 위반을 이유로 제1심 공소기각판결을 **파기하고 사건을 제1심법원에 환송함에 따라 다시 제1심 절차가 진행된 경우, 종전의 제1심판결은 이미 파기되어 효력을 상실하였으므로 환송 후의 제1심판결선고 전에는 고소취소의 제한사유가 되는 제1심판결선고가 없는 경우에 해당하여 고소취소가 가능하다**(대판 2011.8.25. 2009도9112).

8. 고소의 포기

친고죄의 고소기간 내에 장차 고소권을 행사하지 아니한다는 의사표시를 하는 것을 말한다. 고소의 포기를 인정할 수 있는 지에 대하여 논의가 있다. 고소취소를 인정하는 이상 포기를 인정해야 한다는 **긍정설**과 고소권은 공법상의 권리이므로 고소권의 포기를 부정하는 **부정설**이 대립한다. 판례는 **피해자의 고소권은 형사소송법상 부여된 공법상의 권리이며, 고소권의 포기에 관하여 명문의 규정이 없으므로** 고소 전에 고소권을 포기할 수는 없다고 하여 **부정설**의 입장이다(대판 1967.5.23. 67도471). 생각건대 고소기간 내에 고소권을 포기하는 것과 고소의 취소는 구별해야 하므로 **소극설**이 타당하다. (15.모의)

⚖ 판례

1 피해자가 고소장을 제출하여 처벌을 희망하는 의사를 분명히 표시한 후 고소를 취소한 바 없다면 비록 **고소 전에 피해자가 처벌을 원치 않았다 하더라도 그 후에 한 피해자의 고소는 유효**하다(대판 1993.10.22. 93도1620).

2 친고죄에 있어서의 피해자의 고소권은 공법상의 권리라고 할 것이므로 법이 특히 명문으로 인정하는 경우를 제외하고는 자유처분을 할 수 없다(대판 1967.5.23. 67도471). (변시11회)

고소권의 포기도 통상 피해자에게 위자료를 주고 피해자로부터 합의서를 받는 형태로 진행된다. 따라서 자칫 고소취소 파트에서 논의했던 합의서 효력 쟁점과 혼동할 여지가 있으나, 고소권의 포기는 고소의 취소와 달리 **고소에 이르기 전** 고소권을 포기한다는 내용의 합의서가 작성된 경우에 쟁점이 되는 것이다.

9. 고소의 제한

자기 또는 배우자의 직계존속을 고소하지 못한다(제224조). 다만, 성폭력범죄와 가정폭력범죄에 대해서는 자기 또는 배우자의 직계존속도 고소할 수 있다(성폭력특례법 제18조, 가정폭력특례법 제6조 제2항).

10. 고소불가분의 원칙

(1) 의의

고소의 효력이 불가분이라는 원칙을 말한다. **친고죄에 있어서** 고소의 효력이 미치는 범위에 관한 원칙이다.

> ⚖️ **판례**
>
> 저작권법 제103조의 양벌규정은 직접 위법행위를 한 자 이외에 아무런 조건이나 면책조항 없이 그 업무의 주체 등을 당연하게 처벌하도록 되어 있는 규정으로서 당해 위법행위와 별개의 범죄를 규정한 것이라고는 할 수 없으므로, **친고죄의 경우에 있어서도 행위자의 범죄에 대한 고소가 있으면 족하고, 나아가 양벌규정에 의하여 처벌받는 자에 대하여 별도의 고소를 요한다고 할 수는 없다**(대판 1996.3.12. 94도2423).

(2) 객관적 불가분의 원칙

1) 의의

한 개의 범죄 일부분에 대한 고소 또는 취소는 전부에 대하여 효력이 발생한다는 원칙이다. 명문의 규정은 없으나 이론상 당연한 것으로 인정받고 있다. 고소에 있어서 범죄사실의 신고가 반드시 정확할 수는 없고 처벌의 범위까지 고소권자의 의사에 좌우되어서는 안 되기 때문이다.

2) 적용범위

① 단순일죄 : 예외없이 적용된다.

② 과형상 일죄

각 부분이 모두 친고죄인 경우	**피해자 같은 때**에는 객관적 불가분의 원칙이 적용된다. 따라서 동일 피해자에 대한 비밀침해죄와 모욕죄의 경우 비밀침해죄에 대한 고소는 모욕죄에 대한 고소로서도 효력이 있다. **피해자가 다를 때**에는 친고죄의 특수성에 비추어 원칙이 적용되지 않는다. 따라서 하나의 문서로 A·B·C를 모욕한 경우 A의 고소는 B·C에 대한 모욕에 효력을 미치지 않는다.
일부분만이 친고죄인 경우	비친고죄에 대한 고소의 효력은 친고죄에 대하여 미치지 않으며 친고죄에 대한 고소의 취소는 비친고죄에 대하여 효력이 없다. 따라서 모욕죄와 감금죄가 상상적으로 경합하는 경우 감금죄에 대한 고소는 모욕죄에 영향을 미치지 않고 모욕죄에 대한 고소의 취소는 감금죄에 대하여 효력이 없다. (16.모의)

③ 수죄

객관적 불가분의 원칙은 1개의 범죄사실을 전제로 한 원칙이므로 수죄, 즉 경합범에 대하여는 **적용되지 않는다.**

(3) 주관적 불가분의 원칙 [변시4회 · 11회]

1) 의의

친고죄의 공범 중 그 1인 또는 수인에 대한 고소 또는 그 취소는 다른 공범자에 대해서도 효력이 있다는 것을 말한다(제233조). 여기의 공범에는 형법 총칙상의 공범뿐만 아니라 필요적 공범도 포함된다.❶ 고소의 주관적 불가분의 원칙은 고소가 원래 특정한 범인이 아니라 범죄사실에 대한 것이고, 고소인의 자의에 의하여 불공평한 결과가 발생하는 것을 방지하고자 하는데 있기 때문이다.

> 📚 **판례**
>
> 고소불가분의 원칙상 **공범 중 일부에 대하여만 처벌을 구하고 나머지에 대하여는 처벌을 원하지 않는 내용의 고소는 적법한 고소라고 할 수 없다.** 공범 중 1인에 대한 고소취소는 고소인의 의사와 상관없이 다른 공범에 대하여도 효력이 있다(대판 2009.1.30. 2008도7462).

2) 적용범위

① **절대적 친고죄**에서는 언제나 적용되므로 공범 중 1인에 대한 고소 및 그 취소의 효력은 전원에 대하여 미친다. (변시1회, 12.모의)
② **상대적 친고죄**에서는 **비신분자에 대한 고소의 효력은 신분자에게는 미치지 아니하며, 신분자에 대한 고소취소는 비신분자에게 효력이 없다.** (변시1회, 16.모의) 다만, 공범 전부가 신분관계가 있는 경우에는 이 원칙이 적용된다.
③ **즉시고발사건**에 있어서는 주관적불가분의 원칙이 적용되지 않는다.❷ (변시3회 · 10회)
④ **반의사불벌죄**에 대해서 주관적 불가분의 원칙을 준용할 수 있는지에 대해 **준용긍정설과 준용부정설**이 대립하나, 판례는 준용부정설의 입장이다. (변시2회 · 4회, 13.모의, 14.모의, 15.모의)

---

❶ 대판 1985.11.12. 85도1940

❷ 대판 2004.9.24. 2004도4066, 대판 2010.9.30. 2008도4762

부정수표단속법 제2조 제4항은 수표를 발행하거나 작성한 자가 그 수표를 회수한 경우 수표소지인이 처벌을 희망하지 아니하는 의사표시를 한 것과 마찬가지로 보아 **같은 조 제2항 및 제3항의 죄를 이른바 반의사불벌죄로 규정한 취지**라고 해석함이 상당하고, 친고죄에 있어서 고소 및 고소취소 불가분의 원칙을 규정한 형사소송법 제233조의 규정이 반의사불벌죄에 준용되지 아니하나, **부정수표단속법 제2조 제4항의 입법 취지는 수표거래질서의 확보를 위한 본래의 법기능을 그대로 유지하면서 부정수표를 회수한 경우 등에는 공소를 제기할 수 없도록 함으로써 부도를 낸 기업인의 기업회생을 도모**하려는 데에 있는 것인바, **부정수표의 회수는 수표소지인이 수표를 여전히 소지하면서 단순히 처벌을 희망하지 아니하는 의사만을 표시하는 경우와는 달리 그 회수사실 자체가 소극적 소추조건**이 되고, 그 소지인의 의사가 구체적·개별적으로 외부에 표출되지도 아니하며, 부정수표가 회수되면 그 회수 당시의 소지인은 더 이상 수표상의 권리를 행사할 수 없게 되는 점, 부정수표단속법 제2조 제4항의 규정 내용에 비추어, 부정수표를 돌려주거나 처벌을 희망하지 아니하는 의사를 표시할 수 있는 수표소지인이라 함은 그 수표의 발행자나 작성자 및 그 공범 이외의 자를 말하는 것으로 봄이 상당하므로, 부정수표가 그 발행자나 작성자 및 그 공범에 의하여 이미 회수된 경우에는 그 수표에 관한 한 처벌을 희망하지 아니하는 의사를 표시할 수 있는 수표소지인은 더 이상 존재하지 아니하게 되는 점 및 부정수표단속법 제2조 제4항의 규정 형식상 '수표소지인의 명시한 의사'는 수표를 회수하지 못하였을 경우에 소추조건이 되도록 규정되어 있는 점 등에 비추어 보면, **부정수표가 공범에 의하여 회수된 경우에 그 소추조건으로서의 효력은 회수 당시 소지인의 의사와 관계없이 다른 공범자에게도 당연히 미치는 것으로 보아야 할 것이고, 부정수표를 실제로 회수한 공범이 다른 공범자의 처벌을 원한다고 하여 달리 볼 것이 아니다**(대판 1999.5.14. 99도900).

PLUS+ 상대적 친고죄·반의사불벌죄와 주관적 불가분의 원칙

甲은 친구 乙의 삼촌(비동거) A가 예금 부자인 것을 알고 A 명의의 예금통장을 훔칠 것을 乙과 공모하였다. 평소 예금통장의 비밀번호를 알고 있던 乙은 삼촌의 예금통장을 몰래 들고 은행에 들고 가 5,000만 원을 인출한 후 통장을 제자리에 갖다 두었다. 5,000만 원은 甲과 乙이 반씩 나누어 가졌다.
다음 날 삼촌 A는 조카가 자신의 예금에 허락 없이 손을 댄 사실을 알고 크게 분개한 나머지 甲과 乙을 절도죄로 수사기관에 고소하였다. 그러나 1심 법원 심리 중 조카 乙이 구속될 것을 염려하여 乙에 대한 고소를 취소하였다.

문 1. 법원은 어떤 조치를 해야 하는가
문 2. 만일 甲과 乙이 공모하여 A에 대한 허위의 사실을 적시하여 명예를 훼손했다고 고소하였다가 제1심판결 전에 乙에 대한 고소를 취소했다면 법원은 甲에게 유죄판결을 할 수 있는가
[변시5회]

문 1)

1. 고소의 취소권자와 고소의 시한

1) 고소의 취소권자

예금통장에 대하여는 특수절도죄 성립, 피해자는 비동거친족인 A이다. 따라서 상대적 친고죄를 범한 乙에 관하여, A가 고소 및 고소취소권자가 된다.

2) 고소의 취소시기

친고죄 고소는 제1심판결 선고 전까지만 취소할 수 있다(제232조 제1항).

2. 주관적 불가분의 원칙

친고죄의 공범 중 그 1인 또는 수인에 대한 고소 또는 그 취소는 다른 공범자에 대하여도 효력이 있으나(제233조), 상대적 친고죄에서 신분자에 대한 고소취소의 효력은 비신분자에게는 영향을 미치지 않으므로(대판 1964.12.15. 64도481) 乙에 대한 고소취소는 甲에게 영향이 없다.

3. 사안의 해결

법원은 乙에 대하여는 고소취소가 인정되므로 제327조 제5호의 공소기각판결을 하여야 하고, 甲에 대해서는 乙에 대한 고소취소에 아무런 영향을 받지 않으므로 실체판결을 하면 된다.

문 2)

1. 논점 [변시5회]

명예훼손죄는 반의사불벌죄에 해당하므로 사안에서 반의사불벌죄에서의 고소의 주관적 불가분 원칙의 준용여부가 문제된다.

2. 견해의 대립

1) 문제제기

반의사불벌죄에 대하여는 친고죄의 고소 취소의 시한과 재고소금지규정만 준용하고 있다.

2) 견해 대립

친고죄의 고소와 반의사불벌죄의 성격이 유사하므로 반의사불벌죄의 경우에도 고소불가분의 원칙이 준용된다는 **준용긍정설**과 반의사불벌죄는 친고죄와 성격이 다르고 주관적 불가분의 원칙을 준용하는 규정이 없는 점을 이유로 하는 **준용부정설**이 대립한다.

3) 판례의 태도

반의사불벌죄에 주관적 불가분의 원칙을 준용하는 규정을 두지 않은 것은 이 원칙을 적용하지 않겠다는 취지이지 입법의 불비가 아니라는 준용부정설의 입장이다(대판 1994.4.26. 93도1689).

4) 검토

주관적 불가분원칙의 적용여부는 입법정책의 문제로서 명문의 준용규정을 두고 있지 않은 현행법에서는 **준용부정설**이 타당하다.

3. 사안의 해결

절대적 친고죄	모욕, 비밀침해죄, 업무상비밀누설, 사자명예훼손
상대적 친고죄	형법 제328조 제2항 친족상도례❶❷
즉시고발사건	조세범에 대한 국세청장 등의 고발사건, 독점규제 및 공정거래에 관한 법률 위반에 대한 공정거래위원회의 고발사건
반의사불벌죄	폭행, 협박, 존속폭행, 존속협박, 외국원수에 대한 폭행·협박, 명예훼손, 출판물에 의한 명예훼손, 과실치상

---

❶ 형법 제 328조 【친족간의 범행과 고소】
　① 직계혈족, 배우자, 동거친족, 동거가족 또는 그 배우자간의 제323조의 죄는 그 형을 면제한다.
　② 제1항 이외의 친족간에 제323조의 죄를 범한 때에는 고소가 있어야 공소를 제기할 수 있다.
❷ 해당 규정은 강도죄와 손괴죄를 제외한 재산범죄에 준용된다.

(4) 공범자에 대한 제1심판결선고 후의 고소취소의 허부 (변시3회 · 7회 · 11회)

고소 후에 공범자 1인에 대하여 제1심판결이 선고되어 고소를 취소할 수 없게 되었을 때에 아직 제1심판결이 선고되기 전의 다른 공범자에 대하여 고소를 취소할 수 있는지에 대하여 논의가 있다. 피해자의 의사를 존중하여 이를 취소할 수 있지만, 제1심판결선고를 받은 자에게는 취소의 효력이 미치지 않았다는 **적극설**과 주관적 불가분의 원칙에 반하므로 고소를 취소할 수 없다는 **소극설**이 대립한다. 판례는 **친고죄의 공범 중 그 일부에 대하여 제1심판결이 선고된 후에는 제1심판결선고 전의 다른 공범자에 대하여는 그 고소를 취소할 수 없고 그 고소의 취소가 있다 하더라도 그 효력이 발생할 수 없다**고 하여 **소극설**의 입장이다(대판 1985.11.12. 85도1940). 생각건대 고소권자의 자위에 의한 불공평한 결과 초래를 방지할 필요가 있다는 점에서 소극설이 타당하다.

Ⅴ 고발

1. 의의 및 성격

고소권자와 범인 이외의 자가 수사기관에 대하여 범죄사실을 신고하여 범인의 소추를 구하는 의사표시를 말한다. 고발은 일반적으로 수사의 단서에 불과하나 예외적으로 관세법 또는 조세범 처벌법 위반의 경우처럼 공무원의 고발을 기다려 죄를 논하게 되는 **즉시고발사건에 대하여는 소송조건**이 될 수 있다.

> **⚖ 판례**
>
> 검사의 불기소처분에는 확정재판에 있어서의 확정력과 같은 효력이 없어 일단 불기소처분을 한 후에도 공소시효가 완성되기 전이면 언제라도 공소를 제기할 수 있으므로, **세무공무원 등의 고발이 있어야 공소를 제기할 수 있는 조세범처벌법 위반죄에 관하여 일단 불기소처분이 있었더라도 세무공무원 등이 종전에 한 고발은 여전이 유효하다. 따라서 나중에 공소를 제기함에 있어 세무공무원 등의 새로운 고발이 있어야 하는 것은 아니다**(대판 2009.10.29. 2009도6614). (변시3회)

2. 고소와의 차이점

대리인에 의한 고발이 허용되지 않고, 고발기간의 제한이 없으며, 고발을 취소한 후에도 다시 고발할 수 있다는 점에서 고소와 구별된다.

3. 고발권자 및 고발의 방법

고발은 범죄가 있다고 사료되면 **누구든지** 할 수 있다(제234조 제1항). 다만, 공무원은 그 직무를 행하면서 범죄가 있다고 사료되면 고발해야 할 의무가 있다(동조 제2항). 고발의 방식과 취소의 절차 등은 고소의 경우와 같다(제237조, 제238조, 제239조).

⚖ 판례

조세범 처벌법에 의한 고발은 고발장에 범칙사실의 기재가 없거나 특정이 되지 아니할 때에는 부적법하나, 반드시 공소장 기재요건과 동일한 범죄의 일시·장소를 표시하여 사건의 동일성을 특정할 수 있을 정도로 표시하여야 하는 것은 아니고, 조세범처벌법이 정하는 어떠한 태양의 범죄인지를 판명할 수 있을 정도의 사실을 일응 확정할 수 있을 정도로 표시하면 족하고, 고발사실의 특정은 고발장에 기재된 범칙사실과 세무공무원의 보충진술 기타 고발장과 함께 제출된 서류 등을 종합하여 판단하여야 한다. 그리고 고발은 범죄사실에 대한 소추를 요구하는 의사표시로서 그 효력은 고발장에 기재된 범죄사실과 동일성이 인정되는 사실 모두에 미친다(대판 2011.11.24. 2009도7166 판결 참조)(대판 2022.6.30. 2018도10973).

4. 고발의 효과

고발의 경우에는 객관적 불가분의 원칙은 인정되나, 주관적 불가분의 원칙은 준용되지 않는다는 것이 판례의 입장이다(대판 2009.7.23. 2009도3282, 대판 2010.9.30. 2008도4762).

5. 고발의 제한

고소의 경우와 마찬가지로 자기 또는 배우자의 직계존속은 고발하지 못한다(제224조, 제235조).

Ⅵ 자수

자수란 범인이 수사기관에 대하여 자신의 범죄사실을 신고하여 자신에 대한 처벌을 희망하는 의사표시를 말한다. 이러한 자수는 수사의 단서가 되며, 고소·고발의 방식과 수사기관의 조치에 대한 규정을 준용한다(제240조). **대리인에 의한 자수는 허용되지 않으나,** 범인 스스로 신고하지 않고 **타인을 시켜서 자수**할 수 있다.❶ 다만, 제3자에게 단순히 자수의사를 전달하여 달라고 한 것만으로는 자수라고 할 수 없다(대판 1967.1.24. 66도1662).

---

❶ 대판 1964.8.31. 64도252

제3절 임의수사

Ⅰ 임의수사와 강제수사

1. 의의

임의수사란 임의적인 조사에 의한 수사, 즉 강제력을 행사하지 않고 상대방의 동의나 승낙을 받아서 행하는 수사이다. 반면에 강제수사란 상대방의 의사여하를 불문하고 강제적으로 행하는 수사를 말한다.

> 🔍 **임의수사와 강제수사의 구별**
>
> ① 형사소송법이 명시적으로 규정한 강제처분만을 강제수사로 보는 **형식설** ② 최저한도의 기본적 인권을 침해할 우려가 있는 경우가 강제수사라는 **적법절차기준설** ③ 물리적 강제력의 유무나 상대방의 의사에 반해 법익을 침해하는 처분인지 여부 등을 기준으로 실질적으로 구별하자는 **실질설**이 있다. 생각건대 형식설은 과학기술의 발달에 따른 새로운 수사방법에 기한 인권 침해의 가능성에 대처하지 못한다는 문제점이 있으며, 적법절차기준설은 그 기준이 명확하지 않다는 한계를 가진다. **실질설**이 타당하다.

2. 임의수사의 원칙과 강제수사의 규제

(1) 임의수사의 원칙

수사는 원칙적으로 임의수사에 의하고, 강제수사는 법률에 규정이 있는 경우에 한하며, 필요한 최소한도의 범위 안에서만 하여야 한다는 원칙을 말한다(제199조 제1항).

(2) 강제수사의 규제

1) 강제처분법정주의

수사상의 강제처분은 법률에 특별한 규정이 없으면 하지 못한다는 원칙을 말한다.

2) 영장주의

법원 또는 법관이 발부한 영장에 의하지 않고는 강제처분을 할 수 없다는 원칙을 말한다.

3) 비례성의 원칙

강제처분이 허용되는 경우라 할지라도 필요한 최소한도의 범위 안에서만 허용된다는 원칙을 말한다.

3. 임의수사와 강제수사의 한계

(1) 전기통신의 감청(도청)

1) 의의

수사기관이 타인의 대화를 본인의 부지 중에 청취하는 것을 말하며 도청이라고 한다. 감청은 개인의 프라이버시에 대한 중대한 침해를 가져오므로 강제수사에 해당한다.

2) 통신비밀보호법

통신비밀보호법은 감청을 전기통신에 대하여 당사자의 동의 없이 전자장치·기계장치 등을 사용하여 통신의 음향·문언·부호·영상을 청취·공독하여 그 내용을 지득 또는 채록하거나 전기통신의 송·수신을 방해하는 것이라고 규정하고 있다(제2조 제7호). 다만, 검사의 전기통신의 감청 등의 통신제한조치의 청구에 대하여 동법 제5조에 규정된 중범죄를 계획 또는 실행하고 있거나 실행하였다고 의심할 만한 충분한 이유가 있고 다른 방법으로는 그 범죄의 실행을 저지하거나 범인의 체포 또는 증거의 수집이 어려운 경우에 한하여 법원은 허가할 수 있다(제5조 제1항). 따라서 동법을 위반하여 획득한 증거는 제4조, 제14조에 의하여 증거능력이 부정되며 동 규정은 위법수집증거배제법칙의 특칙으로 평가된다.

⚖ 판례

1 [1] 통신비밀보호법에 규정된 '통신제한조치'는 '우편물의 검열 또는 전기통신의 감청'을 말하는 것으로(제3조 제2항), 여기서 '전기통신'은 전화·전자우편·모사전송 등과 같이 유선·무선·광선 및 기타의 전자적 방식에 의하여 모든 종류의 음향·문언·부호 또는 영상을 송신하거나 수신하는 것을 말하고(제2조 제3호), '감청'은 전기통신에 대하여 당사자의 동의 없이 전자장치·기계장치 등을 사용하여 통신의 음향·문언·부호·영상을 청취·공독하여 그 내용을 지득 또는 채록하거나 전기통신의 송·수신을 방해하는 것을 말한다고 규정되어 있다(제2조 제7호). 따라서 **'전기통신의 감청'은 '감청'의 개념 규정에 비추어 전기통신이 이루어지고 있는 상황에서 실시간으로 전기통신의 내용을 지득·채록하는 경우와 통신의 송·수신을 직접적으로 방해하는 경우를 의미하는 것이지, 이미 수신이 완료된 전기통신에 관하여 남아 있는 기록이나 내용을 열어보는 등의 행위는 포함하지 않는다.**

[2] 통신제한조치허가서에는 통신제한조치의 종류·목적·대상·범위·기간 및 집행장소와 방법을 특정하여 기재하여야 하고(통신비밀보호법 제6조 제6항), 수사기관은 허가서에 기재된 허가의 내용과 범위 및 집행방법 등을 준수하여 통신제한조치를 집행하여야 한다. **이때 수사기관은 통신기관 등에 통신제한조치허가서의 사본을 교부하고 집행을 위탁할 수 있으나(통신비밀보호법 제9조 제1항, 제2항), 그 경우에도 집행의 위탁을 받은 통신기관 등은 수사기관이 직접 집행할 경우와 마찬가지로 허가서에 기재된 집행방법 등을 준수하여야 함은 당연하다.** 따라서 허가된 통신제한조치의 종류가 전기통신의 '감청'인 경우, 수사기관 또는 수사기관으로부터 통신제한조치의 집행을 위탁받은 통신기관 등은 통신비밀보호법이 정한 감청의 방식으로 집행하여야 하고 그와 다른 방식으로 집행하여서는 아니 된다. **한편 수사기관이 통신기관 등에 통신제한조치의 집행을 위탁하는 경우에는 집행에 필요한 설비를 제공하여야 한다(통신비밀보호법 시행령 제21조 제3항).**

그러므로 수사기관으로부터 통신제한조치의 집행을 위탁받은 통신기관 등이 집행에 필요한 설비가 없을 때에는 수사기관에 설비의 제공을 요청하여야 하고, 그러한 요청 없이 통신제한조치허가서에 기재된 사항을 준수하지 아니한 채 통신제한조치를 집행하였다면, 그러한 집행으로 취득한 전기통신의 내용 등은 헌법과 통신비밀보호법이 국민의 기본권인 통신의 비밀을 보장하기 위해 마련한 적법한 절차를 따르지 아니하고 수집한 증거에 해당하므로(형사소송법 제308조의2), 이는 유죄 인정의 증거로 할 수 없다(대판 2016.10.13. 2016도8137). (변시12회)

2 그러나 '패킷감청' 방식으로 이루어지는 인터넷회선 감청은 그 특성상, 실제 집행 단계에서 원래 허가받은 통신제한조치의 인적·물적 범위를 넘어 피의자 또는 피내사자의 범죄 수사와 무관한 정보뿐만 아니라 피의자 또는 피내사자와 무관하게 해당 인터넷회선을 이용하는 불특정 다수인의 정보까지 광범위하게 수사기관에 수집·보관되므로, 다른 종류의 통신제한조치에 비하여, 개인의

통신 및 사생활의 비밀과 자유가 침해될 가능성이 높다. 그런데 현행법은 인터넷통신 감청을 통신제한조치의 하나로 인정하면서 앞서 본 바와 같이 집행 단계나 그 이후에 인터넷회선 감청을 통해 수사기관이 취득한 자료에 대한 권한 남용을 방지하거나 개인의 통신 및 사생활의 비밀과 자유의 침해를 최소화하기 위한 조치를 제대로 마련하고 있지 않다. 이러한 여건 하에서 인터넷회선의 감청을 허용하는 것은 개인의 통신 및 사생활의 비밀과 자유에 심각한 위협을 초래하게 된다. 따라서 이 사건 법률조항으로 인하여 달성하려는 공익과 제한되는 사익 사이의 법익 균형성도 인정되지 아니한다(헌재 2018.8.30. 2016헌마263).

(2) 사진촬영

사진촬영의 법적 성격에 대해서는 ① 물리력 행사나 의무부과가 없으므로 임의수사라는 **임의수사설** ② 초상권을 침해하므로 강제수사라는 **강제수사설** ③ 사적공간에서의 촬영은 강제수사이지만 공개장소에서의 촬영은 임의수사라는 **절충설**이 대립한다.

판례는 현재 범행이 행하여지고 있거나 행하여진 직후이고, 증거보전의 필요성 내지 긴급성이 있으며, 일반적으로 허용되는 상당한 방법에 의하여 촬영한 경우라면 영장없이 사진촬영을 할 수 있다고 하여 강제수사설을 따르면서도 영장주의에 대한 예외를 인정하는 입장이다.❶ 생각건대 개인의 초상권도 헌법상 보호되는 기본권이라는 점, 영장 없는 사진촬영의 필요한 현실적 요구 등을 종합적으로 고려하면 **판례의 입장**이 타당하다.

⚖ 판례

1 [1] 누구든지 자기의 얼굴 기타 모습을 함부로 촬영당하지 않을 자유를 가지나 이러한 자유도 국가권력의 행사로부터 무제한으로 보호되는 것은 아니고 국가의 안전보장·질서유지·공공복리를 위하여 필요한 경우에는 상당한 제한이 따르는 것이고, 수사기관이 범죄를 수사함에 있어 **현재 범행이 행하여지고 있거나 행하여진 직후이고, 증거보전의 필요성 및 긴급성이 있으며, 일반적으로 허용되는 상당한 방법에 의하여 촬영을 한 경우라면 위 촬영이 영장 없이 이루어졌다 하여 이를 위법하다고 단정할 수 없다.** (14.모의)
[2] 이 사건 비디오촬영은 피고인들에 대한 범죄의 혐의가 상당히 포착된 상태에서 그 회합의 증거를 보전하기 위한 필요에서 이루어진 것이고 공소외 2의 **주거지 외부에서 담장 밖 및 2층 계단을 통하여 공소외 2의 집에 출입하는 피고인들의 모습을 촬영**한 것으로 그 촬영방법 또한 반드시 상당성이 결여된 것이라고는 할 수 없다 할 것인바, 위와 같은 사정 아래서 원심이 이 사건 비디오 촬영행위가 위법하지 않다고 판단하고 그로 인하여 취득한 비디오테이프의 증거능력을 인정한 것은 정당하고 거기에 영장 없이 촬영한 비디오테이프의 증거능력에 관한 해석을 그르친 잘못이 있다고 할 수 없다(대판 1999.9.3. 99도2317).
2 무인장비에 의한 제한속도 위반차량 단속은 수사활동의 일환으로서 도로에서의 위험을 방지하고 교통의 안전과 원활한 소통을 확보하기 위하여 도로교통법령에 따라 정해진 **제한속도를 위반하여 차량을 주행하는 범죄가 현재 행하여지고 있고, 그 범죄의 성질·태양으로 보아 긴급하게 증거보전을 할 필요가 있는 상태에서 일반적으로 허용되는 한도를 넘지 않는 상당한 방법에 의한 것이라고 판단되므로, 이를 통하여 운전 차량의 차량번호 등을 촬영한 사진**을 두고 위법하게 수집된 증거로서 증거능력이 없다고 말할 수 없다(대판 1999.12.7. 98도3329).

---

❶ 대판 1999.9.3. 99도2317

(3) 기타

수사기관에 의한 압수·수색의 경우 헌법과 형사소송법이 정한 적법절차와 영장주의 원칙은 법률에 따라 허용된 예외사유에 해당하지 않는 한 관철되어야 한다. 세관공무원이 수출입물품을 검사하는 과정에서 마약류가 감추어져 있다고 밝혀지거나 그러한 의심이 드는 경우, 검사는 마약류의 분산을 방지하기 위하여 충분한 감시체제를 확보하고 있어 수사를 위하여 이를 외국으로 반출하거나 대한민국으로 반입할 필요가 있다는 요청을 세관장에게 할 수 있고, 세관장은 그 요청에 응하기 위하여 필요한 조치를 할 수 있다(마약류 불법거래 방지에 관한 특례법 제4조 제1항). 그러나 이러한 조치가 수사기관에 의한 압수·수색에 해당하는 경우에는 영장주의 원칙이 적용된다.

물론 수출입물품 통관검사절차에서 이루어지는 **물품의 개봉, 시료채취, 성분분석 등의 검사**는 수출입물품에 대한 적정한 통관 등을 목적으로 조사를 하는 것으로서 **이를 수사기관의 강제처분이라고 할 수 없으므로, 세관공무원은 압수·수색영장 없이 이러한 검사를 진행할 수 있다.** 세관공무원이 **통관검사를 위하여 직무상 소지하거나 보관하는 물품을 수사기관에 임의로 제출**한 경우에는 비록 소유자의 동의를 받지 않았더라도 **수사기관이 강제로 점유를 취득하지 않은 이상 해당 물품을 압수하였다고 할 수 없다.** 그러나 마약류 불법거래 방지에 관한 특례법 제4조 제1항에 따른 조치의 일환으로 **특정한 수출입물품을 개봉하여 검사하고 그 내용물의 점유를 취득한 행위**는 위에서 본 수출입물품에 대한 적정한 통관 등을 목적으로 조사를 하는 경우와는 달리, **범죄수사인 압수 또는 수색에 해당하여 사전 또는 사후에 영장을 받아야 한다**(대판 2017.7.18. 2014도8719).

Ⅱ 임의수사 방법

형사소송법상 명문으로 규정되어 있는 임의수사
① 피의자신문 ② 참고인 등 조사 ③ 사실조회

1. 피의자신문

(1) 의의

피의자신문이란 수사기관, 즉 검사 또는 사법경찰관이 수사에 필요한 때 피의자의 출석을 요구하여 그 진술을 듣는 절차를 말한다(제200조). 피의자에게는 진술거부권이 보장되어 있으므로 피의자신문의 법적 성질은 **임의수사**이다. 이때 **피의자의 시기**에 대하여 ① 형식적인 입건이 된 때로 보자는 **형식설** ② 입건이라는 형식이 아닌 수사기관이 실질적으로 수사를 개시하였을 때를 피의자로 보자는 **실질설**이 대립하나 판례 및 다수설은 실질설의 입장이다.

(2) 피의자신문의 방법

1) 출석요구

수사기관은 피의자를 신문하기 위해서는 피의자의 출석을 요구할 수 있고(제200조), 출석요구의 **방법에는 제한이 없으므로** 전화·구두 등에 의하여 출석을 요구할 수도 있다.

피의자신문은 임의수사이므로 피의자는 **출석요구에 응할 의무가 없으므로** 출석을 거부할 수 있고 출석한 때에도 언제든지 퇴거할 수 있다.

2) 피의자신문과 참여자

① 변호인의 참여

검사 또는 사법경찰관은 피의자 또는 변호인의 신청이 있는 때에는 정당한 사유가 없는 한 **변호인**을 피의자신문에 참여하게 하여야 한다(제243조의2 제1항).

② 신뢰관계 있는 자의 참여

검사 또는 사법경찰관은 피의자를 신문하는 경우에 피의자가 신체적 또는 정신적 장애로 사물을 변별하거나 의사를 결정·전달할 능력이 미약하거나, 피의자의 연령·성별·국적 등의 사정을 고려하여 그 심리적 안정의 도모와 원활한 의사소통을 위하여 필요한 경우에는 직권 또는 피의자·법정대리인의 신청에 따라 **피의자와 신뢰관계에 있는 자**를 동석하게 할 수 있다(제244조의5).

> **판례**
>
> 신뢰관계에 있는 자를 동석시킨 경우 동석한 사람으로 하여금 피의자를 대신하여 진술하도록 하여서는 안 된다. **만약 동석한 사람이 피의자를 대신하여 진술한 부분이 조서에 기재되어 있다면 그 부분은 피의자의 진술을 기재한 것이 아니라 동석한 사람의 진술을 기재한 조서에 해당**하므로, 그 사람에 대한 **진술조서로서의 증거능력을 취득하기 위한 요건**을 충족하지 못하는 한 이를 유죄 인정의 증거로 사용할 수 없다(대판 2009.6.23. 2009도1322).

③ 수사관여자의 참여

검사가 피의자를 신문함에는 **검찰청수사관 또는 서기관**이나 서기를 참여하게 하여야 하고 사법경찰관이 피의자를 신문함에는 **사법경찰관리**를 참여하게 하여야 한다(제243조).

> **피의자신문의 주체**
>
> 검사 또는 사법경찰관이다. 다만, 사법경찰리도 검사 또는 사법경찰관으로부터 구체적 사건에 관하여 특정수사 명령을 받으면 피의자 신문을 할 수 있다. 따라서 **사법경찰리 작성의 진술조서 및 피의자신문조서도** 형사소송법 제196조 제2항과 이에 근거를 둔 사법경찰관리집무규칙 제2조 등에 의하여 사법경찰리가 검사의 지휘를 받고 수사사무를 보조하기 위하여 작성한 서류라 할 것이므로 이를 권한 없는 자의 조서라 할 수 없다(대판 1982.12.28. 82도1080).

④ 전문수사자문위원의 참여

검사는 공소제기 여부와 관련된 사실관계를 분명하게 하기 위하여 필요한 경우에는 직권이나 피의자 또는 변호인의 신청에 의하여 **전문수사자문위원**을 지정하여 수사절차에 참여하게 하고 자문을 들을 수 있다(제245조의2).

3) 진술거부권 등의 고지

수사기관은 피의자를 신문하기 전에 피의자에게 **진술거부권과 변호인 조력권**이 있음을 고지하여야 한다(제244조의3 제1항). (변시4회) 피의자가 거부할 수 있는 진술의 내용에는 진술의 내용에는 제한이 없으며, 다만 여러 번 신문할 경우 신문시마다 고지할 필요는 없다.

검사 또는 사법경찰관은 진술거부권 등을 고지한 때에는 피의자가 진술을 거부할 권리와 변호인의 조력을 받을 권리를 행사할 것인지의 여부를 질문하고, 이에 대한 **피의자의 답변을 반드시 조서에 기재**하여야 한다. 이 경우 피의자의 답변은 피의자로 하여금 자필로 기재하게 하거나 검사 또는 사법경찰관이 피의자의 답변을 기재한 부분에 기명날인 또는 서명하게 하여야 한다(동조 제2항). (15.모의) 진술거부권을 고지하지 않고 얻은 피의자의 진술은 위법하게 수집된 증거로서 진술의 임의성이 인정되는 경우라도 그 피의자신문조서는 증거능력이 없다.

> ⚖ **판례**
>
> 수사기관이 피의자를 신문함에 있어서 피의자에게 **미리 진술거부권을 고지하지 않은 때에는 그 피의자의 진술은 위법하게 수집된 증거로서 진술의 임의성이 인정되는 경우라도 증거능력이 부인**되어야 한다(대판 1992.6.26. 92도682).

4) 인정신문

검사 또는 사법경찰관이 피의자를 신문함에는 먼저 그 성명 · 연령 · 등록기준지 · 주거와 직업을 물어 피의자임에 틀림없음을 확인하여야 한다(제241조).

5) 신문사항 및 신문방법

검사 또는 사법경찰관은 **범죄사실과 정상**에 관해서도 신문해야 하며, 피의자에게 이익 되는 사실의 진술기회를 주어야 한다(제242조). 또한 검사 또는 사법경찰관은 사실조사를 위하여 필요한 때에는 피의자와 다른 피의자 또는 피의자 아닌 자와 **대질**하게 할 수 있다(제245조).

(3) 피의자신문조서의 작성

1) 조서 작성 및 열람 · 낭독 · 증감변경청구권

피의자의 진술은 **조서에 기재**하여야 한다(제244조 제1항). 조서는 피의자에게 **열람하게 하거나 읽어 들려주어야 하며**, 피의자가 증감 · 변경의 청구 등 **이의를 제기하거나 의견을 진술한 때에는 이를 조서에 추가로 기재**하여야 한다. 이 경우 피의자가 이의를 제기하였던 부분은 읽을 수 있도록 남겨두어야 한다(동조 제2항).

2) 서명 · 날인 · 간인

피의자가 조서에 대하여 이의나 의견이 없음을 진술한 때에는 피의자로 하여금 그 취지를 자필로 기재하게 하고 조서에 간인한 후 기명날인 또는 서명하게 하여야 한다(제244조 제3항). 작성자 또는 참여자도 기명날인 또는 서명하여야 한다(제57조 제1항).

> ⚖ **판례**
>
> **조서말미에 피고인의 서명만이 있고, 그 날인이나 간인이 없는 검사 작성의 피고인에 대한 피의자신문조서는 증거능력이 없다**고 할 것이고, 그 날인이나 간인이 없는 것이 피고인이 그 날인이나 간인을 거부하였기 때문이어서 그러한 취지가 조서말미에 기재되었다거나, 피고인이 법정에서 그 피의자신문조서의 임의성을 인정하였다고 하여 달리 볼 것은 아니다(대판 1999.10.13. 99도237).

(4) 다른 피의자와 피의자 아닌 자와의 대질과 범인식별절차

1) 대질

검사 또는 사법경찰관은 사실조사를 위하여 필요한 때에는 피의자와 다른 피의자 또는 피의자 아닌 자와 **대질**하게 할 수 있다(제245조).

2) 범인식별 절차

범인식별 절차에 있어 **목격자의 진술의 신빙성**을 높게 평가할 수 있게 하려면, ① **범인의 인상착의 등에 관한 목격자의 진술 내지 묘사를 사전에 상세히 기록화**한 다음 ② 용의자를 포함하여 그와 **인상착의가 비슷한 여러 사람을 동시에 목격자와 대면**시켜 범인을 지목하도록 하여야 하고 ③ 용의자와 목격자 및 비교대상자들이 **상호 사전에 접촉하지 못하도록** 하여야 하며 ④ 사후에 증거가치를 평가할 수 있도록 **대질 과정과 결과를 문자와 사진 등으로 서면화**하는 등의 조치를 취하여야 한다. 이는 **사진제시에 의한 범인식별 절차**에 있어서도 기본적으로 이러한 원칙에 따라야 한다.

🔨 판례

[1] 범인식별 절차에 있어 목격자의 진술의 신빙성을 높게 평가할 수 있게 하려면, **범인의 인상착의 등에 관한 목격자의 진술 내지 묘사를 사전에 상세히 기록화**한 다음, 용의자를 포함하여 그와 **인상착의가 비슷한 여러 사람을 동시에 목격자와 대면**시켜 범인을 지목하도록 하여야 하고, 용의자와 목격자 및 비교대상자들이 **상호 사전에 접촉하지 못하도록** 하여야 하며, 사후에 증거가치를 평가할 수 있도록 **대질 과정과 결과를 문자와 사진 등으로 서면화**하는 등의 조치를 취하여야 하고, **사진제시에 의한 범인식별 절차**에 있어서도 기본적으로 이러한 원칙에 따라야 한다. 그리고 이러한 원칙은 **동영상제시 · 가두식별 등에 의한 범인식별 절차**와 사진제시에 의한 범인식별 절차에서 **목격자가 용의자를 범인으로 지목한 후에 이루어지는 동영상제시 · 가두식별 · 대면 등에 의한 범인식별 절차에도 적용**되어야 한다.

[2] 강간 피해자가 수사기관이 제시한 47명의 사진 속에서 피고인을 범인으로 지목하자 이어진 범인식별 절차에서 수사기관이 **피해자에게 피고인 한 사람만을 촬영한 동영상을 보여주거나 피고인 한 사람만을 직접 보여주어** 피해자로부터 범인이 맞다는 진술을 받고, 다시 피고인을 포함한 3명을 동시에 **피해자에게 대면**시켜 피고인이 범인이라는 확인을 받은 경우 **신빙성이 낮다**(대판 2008.1.17. 2007도5201).

🔨 참고 판례

[1] 범죄 발생 직후 목격자의 기억이 생생하게 살아있는 상황에서 현장이나 그 부근에서 범인식별 절차를 실시하는 경우에는, 목격자에 의한 생생하고 정확한 식별의 가능성이 열려 있고 범죄의 신속한 해결을 위한 즉각적인 대면의 필요성도 인정할 수 있으므로, **용의자와 목격자의 일대일 대면**도 허용된다.

[2] 피해자가 경찰관과 함께 **범행 현장에서 범인을 추적**하다 골목길에서 범인을 놓친 직후 골목길에 면한 집을 탐문하여 용의자를 확정한 경우, 그 현장에서 용의자와 피해자의 일대일 대면이 허용된다(대판 2009.6.11. 2008도12111).

(5) 수사과정의 기록

검사 또는 사법경찰관은 피의자가 도착한 시각, 조사를 시작하고 마친 시각, 기타 조사과정의 진행경과를 확인하기 위하여 필요한 사항을 피의자신문조서에 기록하거나 별도의 서면에 기록한 후 수사기록에 편철하여야 한다(제244조의4 제1항). 수사과정에 관한 기록은 피의자 진술의 임의성과 신용성의 정황적 보장 등에 대한 판단자료로 사용될 수 있다.

(6) 영상녹화

피의자의 진술은 영상녹화할 수 있다. 이 경우 **미리 영상녹화사실을 알려주어야** 하며 조사의 개시부터 종료까지의 **전 과정 및 객관적 정황을 영상녹화**하여야 한다(제244조의2 제1항). (13.모의) 피의자에게 미리 영상녹화한다는 사실을 알려주면 족하며, 피의자 또는 변호인의 동의를 받을 필요는 없다. 영상녹화가 완료된 때에는 피의자 또는 변호인 앞에서 지체 없이 그 원본을 봉인하고 피의자로 하여금 기명날인 또는 서명하게 하여야 한다(동조 제2항). 이 경우 피의자 또는 변호인의 요구가 있는 때에는 **영상녹화물을 재생하여 시청**하게 하여야 한다. 이 때 그 내용에 대하여 이의를 진술하는 때에는 그 취지를 기재한 서면을 첨부하여야 한다(동조 제3항).

🔍 변호인의 피의자신문 참여권

1. 의의

검사 또는 사법경찰관은 신청권자의 **신청에 따라** 변호인을 피의자와 접견하게 하거나 **정당한 사유가 없는 한 피의자에 대한 신문에 변호인을 참여하게 하여야** 한다(제243조의2). 헌법상 기본권인 변호인의 변호권으로서 보호의 대상이기도 한 형사소송법 제243조의2에서 규정한 피의자신문절차에 대한 변호인의 참여권은 이러한 헌법상 기본권을 구체화한 법률상의 권리로서, 피의자신문에 있어 수사기관과 피의자 사이의 당사자 대등을 확보함으로써 헌법상 적법절차의 원칙과 변호인의 조력을 받을 권리를 실질적으로 보장한다(헌재결 2017.11.30. 2016헌마503).

2. 피의자신문 참여권의 내용

(1) 신청권자
피의자와 변호인 그리고 피의자의 법정대리인·직계친족·배우자·형제자매도 신청할 수 있다. 피의자에는 **구속된 피의자뿐만 아니라 불구속 상태에 있는 피의자도** 포함한다.

(2) 참여기회의 제공
검사 또는 사법경찰관은 원칙적으로 변호인을 피의자신문에 참여하게 하여야 한다. 그러나 이는 **참여를 허용한다는 것일뿐**, 참여를 신청한 변호인이 신문장소에 출석하지 아니하거나 출석을 거부할 때에는 변호인의 참여 없이도 신문할 수 있다.

(3) 참여
참여란 변호인이 피의자신문과정에 출석하여 위법을 감시하는 것은 물론 변호인이 피의자와 상담하고 조언을 제공하는 것, 의견을 진술하는 것 등을 모두 포함한다. 신문에 참여한 변호인은 **원칙적으로 신문 후 의견을 진술할 수 있다. 다만, 신문 중이라도 부당한 신문방법에 대하여는 이의를 제기**할 수 있고, 검사 또는 사법경찰관의 **승인을 얻은 때는 신문 중이라도** 의견을 진술할 수 있다(동조 제3항). (변시4회) 변호인의 의견이 기재된 **피의자신문조서는 변호인에게 열람**하게 한 후 변호인이 그 조서에 기명날인 또는 서명하게 하여야 한다(동조 제4항). 검사 또는 사법경찰관은 변호인의 신문참여 및 그 제한에 관한 사항을 피의자신문조서에 기재하여야 한다(동조 제5항). (12.모의)

3. 피의자신문 참여권의 제한

검사 또는 사법경찰관은 **정당한 사유가 있는 때에는** 변호인참여권을 제한할 수 있다고 규정하고 있다(제243조의2 제1항). 변호인참여권을 제한할 수 있는 정당한 사유란 변호인이 **피의자신문을 방해하거나 수사기밀을 누설** 등 수사에 현저한 지장을 초래할 우려가 있다고 인정되는 경우를 말한다.❶

⚖ 판례

1 [1] **형사소송법 제243조의2 제1항**에 의하면, 검사 또는 사법경찰관은 피의자 또는 변호인 등이 신청할 경우, 정당한 사유가 없는 한 변호인을 피의자신문에 참여하게 하여야 한다고 규정하고 있는바, 여기에서 '**정당한 사유**'라 함은 변호인이 **피의자신문을 방해하거나 수사기밀을 누설**할 염려가 있음이 객관적으로 명백한 경우 등을 말하는 것이므로, 수사기관이 피의자신문을 하면서 위와 같은 정당한 사유가 없음에도 불구하고, **변호인에 대하여 피의자로부터 떨어진 곳으로 옮겨 앉으라고 지시를** 한 다음 이러한 지시에 따르지 않았음을 이유로 변호인의 피의자신문 참여권을 제한하는 것은 허용될 수 없다.

[2] 재항고인이 위와 같이 **변호인에게 퇴실을 명한 행위**는 변호인의 피의자신문 참여권을 침해한 처분에 해당한다고 할 것이므로, 이를 이유로 **변호인의 피의자신문참여권을 제한하는 것은 허용될 수 없다**(대결 2008.9.12. 2008모793). (14.모의, 15.모의)

2 변호인이 피의자신문에 자유롭게 참여할 수 있는 권리는 피의자가 가지는 변호인의 조력을 받을 권리를 실현하는 수단이므로 헌법상 기본권인 변호인의 변호권으로서 보호되어야 한다. 피의자신문에 참여한 변호인이 피의자 옆에 앉는다고 하여 피의자 뒤에 앉는 경우보다 수사를 방해할 가능성이 높아진다거나 수사기밀을 유출할 가능성이 높아진다고 볼 수 없으므로, 이 사건 후방착석요구행위의 목적의 정당성과 수단의 적절성을 인정할 수 없다. 이 사건 후방착석요구행위로 인하여 위축된 피의자가 변호인에게 적극적으로 조언과 상담을 요청할 것을 기대하기 어렵고, 변호인이 피의자의 뒤에 앉게 되면 피의자의 상태를 즉각적으로 파악하거나 수사기관이 피의자에게 제시한 서류 등의 내용을 정확하게 파악하기 어려우므로, 이 사건 후방착석요구행위는 변호인인 청구인의 피의자신문참여권을 과도하게 제한한다. 그런데 이 사건에서 변호인의 수사방해나 수사기밀의 유출에 대한 우려가 없고, 조사실의 장소적 제약 등과 같이 이 사건 후방착석요구행위를 정당화할 그 외의 특별한 사정도 없으므로, 이 사건 후방착석요구행위는 침해의 최소성 요건을 충족하지 못한다. 이 사건 후방착석요구행위로 얻어질 공익보다는 변호인의 피의자신문참여권 제한에 따른 불이익의 정도가 크므로, 법익의 균형성 요건도 충족하지 못한다. 따라서 **이 사건 후방착석요구행위는 변호인인 청구인의 변호권을 침해한다**(헌재 2017.11.30. 2016헌마503).

---

❶ 검찰사건사무처리규칙에 피의자신문참여권의 제한에 근거되는 규정이 마련돼 있으므로 이를 소개한다.
검찰사건사무처리규칙 제9조의2 【변호인의 피의자신문 참여】
① 형사소송법 제243조의2 제1항의 "정당한 사유"란 변호인의 참여로 인하여 신문 방해, 수사기밀 누설 등 수사에 현저한 지장을 초래할 우려가 있다고 인정되는 경우를 말한다.
④ 검사는 변호인의 참여로 인하여 다음 각 호의 어느 하나의 사유가 발생하여 신문 방해, 수사기밀 누설 등 수사에 현저한 지장을 초래하는 경우에는 피의자신문 중이라도 변호인의 참여를 제한할 수 있다.
1. 검사의 승인 없이 부당하게 신문에 개입하거나 모욕적인 언동 등을 행하는 경우
2. 피의자를 대신하여 답변하거나 특정한 답변 또는 진술 번복을 유도하는 경우
3. 형사소송법 제243조의2 제3항 단서에 반하여 부당하게 이의를 제기하는 경우
4. 피의자 신문내용을 촬영·녹음·기록하는 경우. 다만, 기록의 경우 피의자에 대한 법적 조언을 위해 변호인이 기억환기용으로 간략히 메모를 하는 것은 제외한다.

⚖ 참고 판례

1 변호사인 변호인에게는 변호사법이 정하는 바에 따라서 이른바 진실의무가 인정되는 것이지만, 변호인이 신체구속을 당한 사람에게 법률적 조언을 하는 것은 그 권리이자 의무이므로 **변호인이 적극적으로 피고인 또는 피의자로 하여금 허위진술을 하도록 하는 것이 아니라 단순히 헌법상 권리인 진술거부권이 있음을 알려 주고 그 행사를 권고하는 것을 가리켜 변호사로서의 진실의무에 위배되는 것이라고는 할 수 없다**(대판 2007.1.31. 2006도657).

2 신체구속을 당한 피의자 또는 피고인이 범한 것으로 의심받고 있는 범죄행위에 해당 변호인이 관련되어 있다는 등의 사유에 기하여 그 변호인의 변호활동을 광범위하게 규제하는 변호인의 제척과 같은 제도를 두고 있지 아니한 우리 법제 아래에서는, **변호인의 접견교통의 상대방인 신체구속을 당한 사람이 그 변호인을 자신의 범죄행위에 공범으로 가담시키려고 하였다는 등의 사정만으로 그 변호인의 신체구속을 당한 사람과의 접견교통을 금지하는 것이 정당화될 수는 없다**(대결 2007.1.31. 2006모657).

3 [1] 피의자·피고인의 구속 여부를 불문하고 조언과 상담을 통하여 이루어지는 변호인의 조력자로서의 역할은 변호인선임권과 마찬가지로 변호인의 조력을 받을 권리의 내용 중 가장 핵심적인 것이고, 변호인과 상담하고 조언을 구할 권리는 변호인의 조력을 받을 권리의 내용 중 구체적인 입법형성이 필요한 다른 절차적 권리의 필수적인 전제요건으로서 변호인의 조력을 받을 권리 그 자체에서 막바로 도출되는 것이다.

[2] **불구속 피의자나 피고인의 경우 형사소송법상 특별한 명문의 규정이 없더라도 스스로 선임한 변호인의 조력을 받기 위하여 변호인을 옆에 두고 조언과 상담을 구하는 것은 수사절차의 개시에서부터 재판절차의 종료에 이르기까지 언제나 가능**하다. 따라서 불구속 피의자가 피의자신문시 변호인의 조언과 상담을 원한다면, 위법한 조력의 우려가 있어 이를 제한하는 다른 규정이 있고 그가 이에 해당한다고 하지 않는 한 수사기관은 피의자의 위 요구를 거절할 수 없다(헌재 2004.9.23. 2000헌마138).

4 [1] 형사소송법 제198조에 의하면, 피의자에 대한 수사는 불구속 상태에서 함을 원칙으로 하고(제1항), 검사는 피의자의 인권을 존중하여야 한다(제2항). 「형의 집행 및 수용자의 처우에 관한 법률」(이하 '형집행법'이라 한다)에 의하면, 수용자의 인권은 최대한 존중되어야 하고(제4조), 미결수용자는 무죄의 추정을 받으며 그에 합당한 처우를 받아야 하며(제79조), 교도관은 '이송·출정, 그 밖에 교정시설 밖의 장소로 수용자를 호송하는 때', 수용자가 '도주·자살·자해 또는 다른 사람에 대한 위해의 우려가 큰 때', '위력으로 교도관 등의 정당한 직무집행을 방해하는 때', '교정시설의 설비·기구 등을 손괴하거나 그 밖에 시설의 안전 또는 질서를 해칠 우려가 큰 때' 중 어느 하나에 해당하는 경우에만 보호장비를 사용할 수 있고(제97조 제1항), 그 경우에도 교도관은 필요한 최소한의 범위에서 보호장비를 사용하여야 하며, 그 사유가 소멸하면 사용을 지체 없이 중단하여야 한다(제99조 제1항). 인간의 존엄성 존중을 궁극의 목표로 하고 있는 우리 헌법이 제27조 제4항에서 무죄추정의 원칙을 선언하고, 제12조에서 신체의 자유와 적법절차의 보장을 강조하고 있음을 염두에 두고 앞서 본 규정들의 내용과 취지를 종합하여 보면, 검사가 조사실에서 피의자를 신문할 때 피의자가 신체적으로나 심리적으로 위축되지 않은 상태에서 자기의 방어권을 충분히 행사할 수 있도록 피의자에게 보호장비를 사용하지 말아야 하는 것이 원칙이고, 다만 도주, 자해, 다른 사람에 대한 위해 등 형집행법 제97조 제1항 각 호에 규정된 위험이 분명하고 구체적으로 드러나는 경우에만 예외적으로 보호장비를 사용하여야 한다(대결

2003.11.11. 2003모402, 헌재 2005.5.26. 2004헌마49 참조). **따라서 구금된 피의자는 형집행법 제97조 제1항** 각 호에 규정된 사유에 해당하지 않는 이상 보호장비 착용을 강제당하지 않을 권리를 가진다. 검사는 조사실에서 피의자를 신문할 때 해당 피의자에게 그러한 특별한 사정이 없는 이상 교도관에게 보호장비의 해제를 요청할 의무가 있고, 교도관은 이에 응하여야 한다.

[2] 형사소송법 제243조의2 제3항 단서는 피의자신문에 참여한 변호인은 신문 중이라도 부당한 신문방법에 대하여 이의를 제기할 수 있다고 규정하고 있으므로, 검사 또는 사법경찰관의 부당한 신문방법에 대한 이의제기는 고성, 폭언 등 그 방식이 부적절하거나 또는 합리적 근거 없이 반복적으로 이루어지는 등의 특별한 사정이 없는 한, 원칙적으로 변호인에게 인정된 권리의 행사에 해당하며, 신문을 방해하는 행위로는 볼 수 없다. 따라서 검사 또는 사법경찰관이 그러한 특별한 사정 없이, 단지 변호인이 피의자신문 중에 부당한 신문방법에 대한 이의제기를 하였다는 이유만으로 변호인을 조사실에서 퇴거시키는 조치는 정당한 사유 없이 변호인의 피의자신문 참여권을 제한하는 것으로서 허용될 수 없다(대결 2020.3.17. 2015모2357). (변시10회)

4. 변호인의 피의자신문참여권 침해에 대한 구제수단

(1) 준항고

검사나 사법경찰관이 변호인의 참여를 제한하거나 퇴거시킨 처분에 대해서 법원에 **준항고를 제기할 수 있다**(제417조). (변시4회, 12.모의)

(2) 증거능력의 부인

피의자가 변호인의 참여를 원한다는 의사를 명백하게 표시하였음에도 수사기관이 **정당한 사유 없이 변호인을 참여하게 하지 아니한 채 피의자를 신문하여 작성한 피의자신문조서는 형사소송법 제312조에 정한 '적법한 절차와 방식'에 위반된 증거**일 뿐만 아니라, 형사소송법 제308조의2에서 정한 '적법한 절차에 따르지 아니하고 수집한 증거'에 해당하므로 이를 증거로 할 수 없다(대판 2013.3.28. 2010도3359). (변시3회)

2. 참고인 조사

(1) 의의

검사 또는 사법경찰관은 수사에 필요한 때에는 피의자 아닌 자의 출석을 요구하여 그 진술을 들을 수 있다(제221조). 피의자 아닌 제3자를 참고인이라 한다. 참고인조사는 임의수사이기 때문에 참고인에 대해서는 증인과 달리 과태료부과(제151조), 구인(제152조)을 할 수 없다.

(2) 방법

참고인에 대한 출석요구와 진술조서의 작성방법은 피의자신문의 경우와 같다. 다만, 참고인에 대해서는 진술거부권을 고지할 필요가 없다. 참고인의 진술을 듣는 경우 **그의 동의를 얻어 영상녹화할 수 있다**(제221조 제1항). (변시7회, 13.모의) 참고인이 출석 또는 진술을 거부하는 경우에 검사는 제1회 공판기일 전에 한하여 판사에게 그에 대한 증인신문을 청구할 수 있다(제221조의2 제1항).

(3) 신뢰관계인 동석(제221조, 제163조의2)

1) 불안 또는 긴장을 느낄 우려

수사기관은 범죄로 인한 피해자를 참고인으로 신문하는 경우 피해자의 연령, 심신의 상태, 그 밖의 사정을 고려하여 **피해자가 현저하게 불안 또는 긴장을 느낄 우려**가 있다고 인정하는 때에는 **직권 또는 피해자 · 법정대리인의 신청**에 따라 피해자와 신뢰관계에 있는 자를 **동석하게 할 수 있다**(동조 제1항).

2) 13세 미만 · 장애인

피해자가 13세 **미만이거나 신체적 또는 정신적 장애**로 사물을 변별하거나 의사를 결정할 능력이 미약한 경우에 수사에 지장을 초래할 우려가 있는 등 **부득이한 경우가 아닌 한** 피해자와 신뢰관계에 있는 자를 **동석하게 하여야 한다**(동조 제2항).

3. 감정 · 통역 · 번역의 위촉

검사 또는 사법경찰관은 수사에 필요한 때에는 감정 · 통역 또는 번역을 위촉할 수 있다(제221조 제2항). 감정인, 통역인, 번역인은 대체성이 있으므로 특정인에 대하여 감정, 통역, 번역을 강제할 필요가 없다. 이러한 의미에서 임의수사에 해당한다. 그러나 감정을 위하여 유치가 필요하면 검사는 판사에게 감정유치처분을 청구하여야 하는데(제221조의3), 이러한 감정유치처분은 전형적인 강제수사에 해당한다.

4. 사실조회

전과조회 · 신원조회 등 수사에 관하여 공무소 기타 공사단체에 조회하여 필요한 사항의 보고를 요구할 수 있다(제199조 제2항). 조회를 받은 상대방에게는 보고의무가 있으나 이를 강제할 방법이 없을 뿐 아니라 영장에 의할 것도 요하지 않으므로 임의수사에 해당한다.

Ⅲ 임의수사의 적법성의 한계

1. 임의수사의 내재적 한계

임의수사라 하더라도 수사의 필요성과 상당성이 인정되어야 하며, 상대방의 자유로운 의사를 전제로 한 승낙을 받아서 행할 것을 요한다.

2. 임의동행

(1) 의의

임의동행이란 수사기관이 용의자나 피의자의 동의를 얻어 수사관서로 동행하는 것을 말한다. 임의동행에는 제199조 제1항에 의한 임의수사로서의 임의동행과 경찰관 직무집행법에 의한 직무질문을 위한 임의동행의 두 가지가 있다.

⚖ 판례

[1] 임의동행은 경찰관 직무집행법 제3조 제2항에 따른 행정경찰 목적의 경찰활동으로 행하여지는 것 외에도 형사소송법 제199조 제1항에 따라 범죄 수사를 위하여 수사관이 동행에 앞서 피의자에게 동행을 거부할 수 있음을 알려 주었거나 동행한 피의자가 언제든지 자유로이 동행과정에서 이탈 또는 동행장소로부터 퇴거할 수 있었음이 인정되는 등 오로지 피의자의 자발적인 의사에 의하여 이루어진 경우에도 가능하다.

[2] 피고인이 메트암페타민(일명 필로폰) 투약 혐의로 임의동행 형식으로 경찰서에 간 후 자신의 소변과 모발을 경찰관에게 제출하여 마약류 관리에 관한 법률 위반(향정)으로 기소된 사안에서, 경찰관은 당시 피고인의 정신 상태, 신체에 있는 주사바늘 자국, 알콜솜 휴대, 전과 등을 근거로 피고인의 마약류 투약 혐의가 상당하다고 판단하여 경찰서로 임의동행을 요구하였고, 동행장소인 경찰서에서 피고인에게 마약류 투약 혐의를 밝힐 수 있는 소변과 모발의 임의제출을 요구하였으므로 피고인에 대한 임의동행은 마약류 투약 혐의에 대한 수사를 위한 것이어서 형사소송법 제199조 제1항에 따른 임의동행에 해당한다는 이유로, 피고인에 대한 임의동행은 경찰관 직무집행법 제3조 제2항에 의한 것인데 같은 조 제6항을 위반하여 불법구금 상태에서 제출된 피고인의 소변과 모발은 위법하게 수집된 증거라고 본 원심판단에 임의동행에 관한 법리를 오해한 잘못이 있다고 한 사례

(대판 2020.5.14. 2020도398)

(2) 임의동행의 적법성 [변시8회]

형사소송법은 수사의 방법으로 임의동행을 명시적으로 규정하고 있지 않아 제199조의 임의수사의 한 방법으로서 임의동행이 허용되는지에 관하여 논의가 있다. 임의동행은 법률에 근거가 없는 강제수사이므로 허용될 수 없다는 **불허설**과 출석요구방법에 제한이 없고, 승낙·동의가 있다는 점을 근거로 허용되어야 한다는 **허용설**이 대립한다. 판례는 **수사관이 동행에 앞서 피의자에게 동행을 거부할 수 있음을 알려주었거나 동행한 피의자가 언제든지 자유로이 동행과정에서 이탈 또는 동행장소로부터 퇴거할 수 있었음이 인정되는 등 오로지 피의자가 자발적 의사에 의해 동행이 이루어졌음이 객관적 사정에 의하여 명백히 입증된 경우에 한하여 적법성이 인정된다**고 하여 엄격한 요건 하에서 임의동행을 인정하고 있다.❶ 생각건대, 진정한 의미에서의 임의동행까지 불허할 이유는 없으므로 **허용설**이 타당하다. (변시4회, 13.모의, 14.모의)

(3) 임의동행의 한계와 강제연행

판례가 요구하는 엄격한 요건을 구비하지 못하면 이는 임의동행의 한계를 벗어난 강제연행에 해당한다. 이 때 긴급체포로서 적법성을 인정할 수 있는지 문제되나 실체적 요건을 구비하였다 하더라도 체포이유 고지 등 절차적 요건을 갖추지 못하였으므로 **적법한 긴급체포라고 보기도 어렵다.** 또한 **위법한 임의동행 이후 긴급체포의 절차를 밟았더라도 이는 불법체포에 기해 사후적으로 취해진 것에 불과하므로 이와 같은 긴급체포 또한 위법하다**는 것이 판례의 태도이다.

---

❶ 대판 2006.7.6. 2005도6810

[1] 수사관이 동행에 앞서 피의자에게 **동행을 거부할 수 있음을 알려 주었거나** 동행한 피의자가 언제든지 자유로이 동행과정에서 이탈 또는 동행장소로부터 **퇴거할 수 있었음이 인정되는 등 오로지 피의자의 자발적인 의사에 의하여 수사관서 등에의 동행이 이루어졌음이 객관적인 사정에 의하여 명백하게 입증된 경우에 한하여, 그 적법성이 인정**되는 것으로 봄이 상당하다. 한편 행정경찰 목적의 경찰활동으로 행하여지는 경찰관 직무집행법 제3조 제2항 소정의 **질문을 위한 동행요구**도 형사소송법의 규율을 받는 수사로 이어지는 경우에는 **역시 위에서 본 법리가 적용**되어야 한다.

[2] 경찰관들이 피고인을 동행한 시각이 동틀 무렵인 새벽 06:00경이었고, 피고인에게 동행 요구를 거부할 수 있음을 말해주지 않은 점과 피고인이 경찰서에서 화장실에 갈 때도 경찰관 1명이 따라와 감시한 점 등 제반 사정에 비추어 보면, 비록 사법경찰관이 피고인을 동행할 당시에 물리력을 행사한 바가 없고, 피고인이 명시적으로 거부의사를 표명한 적이 없다고 하더라도 사법경찰관이 피고인을 수사관서까지 동행한 것은 적법요건이 갖추어지지 아니한 채 **사법경찰관의 동행 요구를 거절할 수 없는 심리적 압박 아래 행하여진 사실상의 강제연행, 즉 불법 체포에 해당**한다고 보아야 할 것이고, 사법경찰관이 그로부터 6시간 상당이 경과한 이후에 비로소 피고인에 대하여 긴급체포의 절차를 밟았다고 하더라도 이는 동행의 형식 아래 행해진 불법 체포에 기하여 사후적으로 취해진 것에 불과하므로, 그와 같은 긴급체포 또한 위법하고 따라서 피고인이 불법체포된 자로서 형법 제145조 제1항에 정한 법률에 의하여 체포 또는 구금된 자가 아니어서 도주죄의 주체가 될 수 없다(대판 2006.7.6. 2005도6810). (변시4회, 13.모의, 14.모의)

3. 보호실유치

강제유치는 구속에 해당하므로 영장이 없는 한 허용하지 않는다. 승낙유치가 임의수사의 방법으로 허용될 수 있는지 논의가 있는데, **승낙유치도 실질적으로 구속과 마찬가지이므로 허용되지 않는다**(다수설, 대판 1994.3.11. 93도958).

4. 승낙수색과 승낙검증

승낙수색과 승낙검증이 임의수사로서 허용되는지에 관하여 견해의 대립이 있으나, 승낙의 임의성이 인정되는 경우 임의수사로서 허용된다고 봐야 할 것이다.

5. 거짓말탐지기 검사

거짓말탐지기의 사용 허부에 대하여, 인격권 침해를 이유로 피검자의 동의를 불문하고 허용되지 않는다는 견해도 있으나 피검자의 동의에 의한 검사는 임의수사로서 허용된다고 보는 견해가 타당하다. 판례도 **거짓말탐지기에 의한 검사는 검사를 받는 사람이 동의한 때에만 증거로 할 수 있다**는 입장이다.

6. 마취분석

마취분석이란 약품의 작용에 의하여 진실을 진술케 하는 것으로, 이는 인간의 존엄과 가치를 심각하게 해치는 수사방법으로서 **피의자의 동의 여부를 불문하고 허용되지 않는다.**

제4절 체포와 구속

I 체포

1. 서설

체포란 범죄의 혐의가 있는 자의 신병을 확보하기 위하여 수사관서 등 일정한 장소에 인치하는 제도로서, 구속의 전 단계 처분으로 체포기간이 단기이고 요건이 완화되어 있는 점에서 구속과 구별된다. 영장실질심사제도가 없고 예외적으로 영장에 의하지 아니한 체포가 가능하다는 점에서도 구속과 차이가 있다. 수사초기 피의자의 신병확보를 위하여 행해졌던 수사기관의 임의동행이나 보호실 유치와 같은 탈법적인 관행을 근절할 수 있다는 데 큰 의미를 가진다. 이러한 체포에는 ① 영장에 의한 체포(제200조의2) ② 긴급체포(제200조의3) ③ 현행범체포(제212조)가 있다.

2. 영장에 의한 체포

(1) 의의

체포영장에 의한 체포, 즉 수사기관이 사전에 법관의 체포영장을 발부받아 피의자를 체포하는 것을 말한다(제200조의2).

(2) 요건

1) 범죄혐의의 상당성

죄를 범하였다고 의심할 만한 상당한 이유가 있어야 한다. 범죄혐의는 수사기관의 주관적 혐의로는 부족하고 객관적 혐의로써 유죄판결에 대한 고도의 개연성이 있어야 한다.

2) 체포사유

피의자가 정당한 이유없이 수사기관의 ① **출석요구에 불응**하거나 ② **불응할 우려**가 있어야 한다(동조 제1항). (14.모의) 다만, 다액 50만 원 이하의 벌금, 구류 또는 과료에 해당하는 경미사건에 관하여는 피의자가 **일정한 주거가 없는 경우** 또는 정당한 이유 없이 **출석요구에 불응한 경우**에 한하여 체포할 수 있다.

3) 체포의 필요성

명백히 체포의 필요가 인정되지 아니하는 경우에는 체포하여서는 안 된다(동조 제2항). 체포의 필요성은 도망 또는 증거인멸의 염려가 전혀 없는 경우 등 명백히 체포의 필요가 없다고 인정되는 때에는 체포할 수 없다는 소극적 요건에 해당한다.

(3) 절차

1) 체포영장의 청구

검사는 **관할 지방법원 판사**에게 청구하여 체포영장을 받아 피의자를 체포할 수 있다. 체포영장의 청구권은 검사에게 있고 사법경찰관은 검사에게 신청하여 검사의 청구로 체포영장을 발부받아야 한다(제200조의2 제1항).

2) 체포영장의 발부

영장 청구를 받은 지방법원 판사는 상당하다고 인정할 때에는 체포영장을 발부한다. 다만, **명백히 체포의 필요가 인정되지 아니하는 경우에는 그러하지 아니다**(동조 제2항). (변시1회) 구속영장과 달리 체포영장을 발부하기 위한 **영장실질심사는 인정되지 않는다.** (13.모의)

3) 체포영장의 집행

① 집행기관

체포영장의 집행에 관하여는 구속영장의 집행에 관한 규정이 대부분 준용된다(제200조의6). 검사의 지휘에 의해 사법경찰관리가 집행한다(제81조 제1항). 교도소 또는 구치소에 있는 피의자에 대하여 발부된 체포영장은 검사의 지휘에 의해 교도관이 집행한다(동조 제3항).

② 영장제시와 사본교부

체포영장을 집행함에는 **영장을 피의자에게 제시**하고 그 사본을 교부하여야 한다(제200조의6, 제85조 제1항). 다만, **영장을 소지하지 아니한 경우에 급속을 요하는 때**에는 피의자에 대하여 피의사실이 요지와 영장이 발부되었음을 고하고 집행할 수 있다. 이 경우에 **집행을 완료한 후에는 신속히 체포영장을 제시**해야 한다(동조 제3항·제4항). (변시10회)

> **판례**
>
> 긴급을 요하여 체포영장을 제시하지 않은 채 체포영장에 기한 체포 절차에 착수하였으나, 이에 피고인이 저항하면서 경찰관을 폭행하는 등 행위를 하여 특수공무집행방해의 현행범으로 체포한 후 체포영장을 별도로 제시하지 않은 사안에서, 피고인에 대한 체포절차가 적법하다고 판단한 원심을 수긍한 사례(대판 2021.6.24. 2021도4648).

③ 미란다원칙 고지

피의자에 대하여 피의사실의 요지, 체포의 이유와 변호인 선임권이 있음을 통지하고 변명의 기회를 주어야 한다(제200조의5).

④ 압수·수색·검증

수사기관이 피의자를 체포하는 경우에 필요한 때에는 영장 없이 타인의 주거에서 피의자를 수색하거나, 영장 없이 체포현장에서 압수·수색·검증을 할 수 있다(제216조 제1항 제1호·제2호).

4) 체포 후 조치

① 체포사실 통지

변호인이나 변호인 선임권자 중 피의자가 지정한 자에게 체포 일시·장소·피의사실 요지 등을 지체 없이 서면으로 통지하여야 한다(제200조의6, 제87조).

② 구속영장 청구

체포된 피의자를 구속하고자 할 때에는 체포된 때로부터 **48시간 이내 구속영장을 청구**하여야 하고, 기간 내에 청구하지 않거나 영장을 발부받지 못한 경우에는 즉시 석방하여야 한다(제200조의2 제5항). 48시간 내에 구속영장을 청구하면 충분하며 반드시 구속영장이 발부될 것을 요하는 것은 아니다. (변시2회·5회)

③ 구속기간의 계산

체포영장에 의하여 체포된 피의자를 구속영장에 의하여 구속한 때에는 구속기간은 체포된 때부터 기산한다(제203조의2).

3. 긴급체포

(1) 의의

중대한 죄를 범하였다고 의심할 만한 상당한 이유가 있는 피의자를 수사기관이 법관의 체포영장을 발부받지 않고 체포하는 것을 말한다(제200조의3). 현행범체포와 함께 영장주의의 예외에 해당한다.

(2) 요건 [변시1회·3회]

1) 범죄의 중대성

피의자가 사형, 무기 또는 **장기 3년 이상**의 징역이나 금고에 해당하는 죄를 범하였다고 의심할 만한 상당한 이유가 있어야 한다.

> 🔍 **중대한 범죄에 해당하지 않는 범죄**
>
> 폭행, 모욕 (변시3회), 도박, 진실한 사실을 적시한 명예훼손, 공문서부정행사, 무면허운전 등을 범한 자에 대해서 긴급체포할 수 없다.

2) 체포의 필요성

피의자가 증거를 인멸할 염려가 있거나 도망 또는 도망할 염려가 있어야 한다.

3) 체포의 긴급성

긴급을 요하여 판사의 체포영장을 발부받을 시간적 여유가 없어야 한다. 긴급을 요한다 함은 피의자를 우연히 발견한 경우 등과 같이 체포영장을 받을 시간적 여유가 없는 때를 말한다.

> ⚖️ **판례**
>
> 피고인이 고소한 사건에 대하여 **자진출석하여 고소인 자격으로 피고소인과 대질조사를 받고 나서** 조서에 무인하기를 거부하자 수사검사가 **무고혐의가 인정된다면서 무고죄로 인지**하여 조사를 하겠다고 하였고, 이에 피고인이 **조사를 받지 않겠다고 하면서 가방을 들고 일어나 집으로 돌아가려고 하자 검사가 긴급체포한 것은 적법**하다(대판 1998.7.6. 98도785).

> ⚖️ **참고 판례**
>
> 1 위증교사, 위조증거사용죄로 기소된 피고인 甲이 무죄가 선고되자 공판검사가 항소한 후 위 무죄가 선고된 공소사실에 대한 보완수사를 한다며 피고인 甲의 변호사사무실 사무장이던 피고인 乙에게 검사실로 출석하라고 요구하여 **자진출석한 피고인 乙에 대하여 참고인 조사를 하지 아니한 채 곧바로 위증 및 위증교사 혐의로 피의자신문조서를 받기 시작하였고**, 이에 피고인 乙은 인적사항만을 진술한 후 피고인 甲에게 전화를 하여 피고인 甲이 검사실로 찾아와서 피고인 乙에게 "피의자로 조사하는 데 대해서는 협조를 하지 않겠다"는 취지로 말하며 피고인 乙에게 "여기서 나가라"고 지시하였고 이에 **피고인 乙이 일어서서 검사실을 나가려 하자 검사가 피고인 乙에게 "지금부터 긴급체포하겠다"고 말하면서 피고인 乙의 퇴거를 제지한 경우 적법한 공무집행이라 볼 수 없다**(대판 2006.9.8. 2006도148).

2 피고인이 필로폰을 투약한다는 제보를 받은 경찰관이 제보된 주거지에 피고인이 살고 있는지 등 제보의 정확성을 사전에 확인한 후에 제보자를 불러 조사하기 위하여 피고인의 주거지를 방문하였다가, 현관에서 담배를 피우고 있는 피고인을 발견하고 사진을 찍어 제보자에게 전송하여 사진에 있는 사람이 제보한 대상자가 맞다는 확인을 한 후, 가지고 있던 피고인의 전화번호로 전화를 하여 차량 접촉사고가 났으니 나오라고 하였으나 나오지 않고, 또한 경찰관임을 밝히고 만나자고 하는데도 현재 집에 있지 않다는 취지로 거짓말을 하자 피고인의 집 문을 강제로 열고 들어가 피고인을 긴급체포한 사안에서, **피고인이 마약에 관한 죄를 범하였다고 의심할 만한 상당한 이유가 있었더라도, 경찰관이 이미 피고인의 신원과 주거지 및 전화번호 등을 모두 파악하고 있었고, 당시 마약 투약의 범죄 증거가 급속하게 소멸될 상황도 아니었던 점 등의 사정을 감안하면, 긴급체포가 미리 체포영장을 받을 시간적 여유가 없었던 경우에 해당하지 않아 위법한 긴급체포에 해당한다**(대판 2016.10.13. 2016도5814). (변시8회)

🔍 요건에 대한 판단

긴급체포의 요건을 갖추었는지 여부는 사후에 밝혀진 사정을 기초로 판단하는 것이 아니라 **체포당시의 상황을 기초로 판단**하여야 하고 이에 관한 **검사나 사법경찰관 등 수사주체의 판단에는 상당한 재량의 여지가 있다고 할 것이나, 긴급체포 당시의 상황으로 보아서도 그 요건의 충족 여부에 관한 검사나 사법경찰관의 판단이 경험칙에 비추어 현저히 합리성을 잃은 경우에는 그 체포는 위법한 체포라 할 것이다**(대결 2003.3.27. 2002모81). (변시1회, 13.모의, 15.모의)

PLUS+ **자진출석자에 대한 긴급체포 인정 여부** [13.모의, 14.모의]

특수상해 사건을 수사하던 경찰관은 목격자 A의 진술을 토대로 甲을 용의자로 특정하고 甲에게 피의자 신분으로 출석할 것을 요구하였으나 甲이 3번이나 출석을 미룬 후에 경찰에 자진출석하였다. 경찰관은 4시간 동안 조사하여 甲의 혐의를 인지하였다. 그러나 조사과정에서 자신의 변명이 받아들여지지 않음을 느낀 甲이 화를 내면서 귀가하려 하자, 경찰관은 甲을 귀가시키면 증거인멸이 우려된다고 판단하고 甲에게 미란다원칙을 고지한 후 긴급체포하였다.

문. 甲에 대한 긴급체포의 적법성을 논하시오.

---

1. 논점
임의출석한 자에 대한 긴급체포의 적법성

2. 긴급체포의 요건
긴급체포가 적법하기 위해서는 ① 범죄의 중대성 ② 체포의 필요성 ③ 체포의 긴급성의 요건이 필요하다. 사안에서 甲이 범한 죄는 특수상해로서 범죄의 중대성은 인정되나 체포의 필요성 및 긴급성과 관련하여 자진출석한 피의자에 대한 긴급체포가 허용될 수 있는지에 대한 논의가 있다.

3. 자진출석한 피의자에 대한 긴급체포의 허용 여부

가. 견해의 대립
자진출석한 경우에는 긴급체포의 요건인 긴급성을 갖추지 못하였으므로 긴급체포가 허용되지 아니한다는 부정설과 자진출석한 자를 조사하는 과정에서 긴급체포를 할 합리적 근거가 있을 때가 있기 때문에 긴급체포가 가능하다는 긍정설이 대립한다.

나. 판례의 태도

검사가 참고인 조사를 받는 줄 알고 검찰청에 자진 출석한 변호사사무실 사무장을 긴급체포한 것은 위법하다고 한 반면, 자진출석하여 피고소인과 대질조사 후 무고혐의가 밝혀지자 조사를 거부하고 돌아가려는 고소인을 긴급체포한 것은 적법하다고 하였다(대판 2006.9.8. 2006도148).

다. 검토

피의자가 출석하게 된 경위, 출석불응이 있었는지, 조사시간, 수사상황 등 제반 사정을 고려하여(1998.7.6 98도785) 조사과정에서 중범죄의 혐의가 인정됨에 따라 구속을 우려하여 귀가를 요구하는 것과 같이 도망 및 증거인멸의 우려가 현저한 경우에는 긴급체포가 가능하다.

4. 사안의 해결

甲이 3차례의 출석요구를 받은 이후에야 경찰에 출석했고, 경찰은 4시간 동안의 조사를 통하여 甲의 혐의를 밝혀냈다는 점, 수사기관이 甲을 귀가시킬 경우 증거인멸이 우려된다고 판단했다는 점, 甲에게 미란다원칙을 고지했단 점을 고려하면 甲에 대한 긴급체포는 적법하다.

(3) 절차

1) 긴급체포의 방법

검사 또는 사법경찰관은 피의자에게 긴급체포를 한다는 사유를 알리고 **영장 없이** 피의자를 체포할 수 있다(제200조의3 제1항). 사법경찰관이 긴급체포를 한 경우에는 **즉시 검사의 승인**을 받아야 한다(동조 제2항). (변시3회) 검사 또는 사법경찰관이 피의자를 긴급체포함에 있어서 **피의자에게 범죄사실의 요지, 체포의 이유와 변호인 선임권이 있음을 고지하고 변명의 기회를 주어야 한다**(제200조의5). (변시1회, 13.모의)

🔨 판례

사법경찰관리가 현행범인으로 체포하는 경우에는 반드시 범죄사실의 요지, 구속의 이유와 변호인을 선임할 수 있음을 말하고 변명할 기회를 주어야 할 것임은 명백하며, 이러한 법리는 비단 현행범인을 체포하는 경우뿐만 아니라 긴급체포의 경우에도 마찬가지로 적용되는 것이고, 이와 같은 고지는 체포를 위한 실력행사에 들어가기 이전에 미리 하여야 하는 것이 원칙이나, 달아나는 피의자를 쫓아가 붙들거나 폭력으로 대항하는 피의자를 실력으로 제압하는 경우에는 붙들거나 제압하는 과정에서 하거나, 그것이 여의치 않은 경우에라도 일단 붙들거나 제압한 후에는 지체 없이 행하여야 한다(대판 2000.7.4. 99도4341). (변시8회·9회, 13모의)

2) 체포 후 조치

① 긴급체포서 작성

검사 또는 사법경찰관은 피의자를 긴급체포한 경우 **즉시 긴급체포서를 작성**하여야 한다(제200조의3 제3항). (변시1회) 긴급체포서에는 범죄사실의 요지, 긴급체포의 사유 등을 기재하여야 한다(동조 제4항).

② 구속영장 청구

체포된 피의자를 구속하고자 할 때는 지체 없이 구속 영장을 청구해야 한다. 이 경우 **체포한 때로부터 48시간 이내**에 청구하여야 하며, 구속영장을 청구할 때에는 긴급체포서를 첨부 하여야 한다(제200조의4 제1항). 48시간 이내에 구속영장을 청구하면 족하고 구속영장이 발부될 것을 요하지 않는다. (12.모의) 긴급체포된 피의자에 대하여 구속영장이 발부된 경우에 그 구속기간은 피의자를 체포한 날부터 기산한다(제203조의2).

③ 피의자의 석방

검사가 지체 없이 또는 48시간 이내에 구속영장을 청구하지 아니하거나 발부받지 못한 때에는 피의자를 즉시 석방하여야 한다(제200조의4 제2항). **검사가 피의자를 석방한 경우**에는 **석방일로부터 30일 이내**에 긴급체포서 사본을 첨부하여 서면으로 **법원에 통지**해야 하고(동조 제4항), **사법경찰관**이 석방한 경우에는 **즉시 검사에게 보고**해야 한다(동조 제6항). (13.모의) 긴급체포 후 석방된 자 또는 그 변호인 등은 **통지서 및 관련서류를 열람·등사**할 수 있다(동조 제5항).

> **🔍 재체포의 제한**
>
> 긴급체포되었다가 석방된 자는 **영장 없이는** 동일 범죄사실에 대하여 다시 체포할 수 없다(제200조의4 제3항). 따라서 판사에 의하여 체포영장을 발부받은 때에는 다시 체포할 수 있게 된다. (변시1회·3회·8회·9회, 13.모의, 15.모의)

> **🔍 제200조의4 제4항을 위반한 조서의 증거능력**
>
> 긴급체포되어 조사를 받고 구속영장이 청구되지 아니하여 석방되었음에도 검사가 그로부터 30일 이내에 법 제200조의4에 따른 석방통지를 법원에 하지 아니한 사실을 알 수 있으나, 긴급체포 당시의 상황과 경위, 긴급체포 후 조사 과정 등에 특별한 위법이 있다고 볼 수 없는 이상, 단지 사후에 석방통지가 법에 따라 이루어지지 않았다는 사정만으로 그 긴급체포에 의한 유치 중에 작성된 피의자신문조서들의 작성이 소급하여 위법하게 된다고 볼 수는 없다(대판 2014.8.26. 2011도6035). (17.모의)

④ 긴급체포와 압수·수색·검증

검사 또는 사법경찰관이 피의자를 긴급체포하는 경우에 영장 없이 타인의 주거나 타인이 간수하는 가옥 등에서 피의자를 수색하거나, 체포현장에서 압수·수색·검증을 할 수 있고(제216조 제1항), 피의자가 소유·소지·보관하는 물건에 대하여 체포한 때로부터 24시간 이내에 한하여 영장 없이 압수·수색·검증을 할 수 있다(제217조 제1항).

4. 현행범인 체포

(1) 의의 및 취지

현행범인은 누구든지 영장 없이 체포할 수 있다(제212조). 헌법은 현행범인의 체포에 대하여 영장주의 예외를 인정하고 있다(헌법 제12조 제3항).

1) 고유한 의미의 현행범인

범죄의 실행 중이거나 **실행의 즉후**인 자를 말한다. 실행 중이란 범죄의 실행에 착수하여 종료하지 못한 상태를 말하고, 실행의 즉후란 범죄의 실행행위를 종료한 직후로서 실행행위와 시간적·장소적 접착성이 인정되는 경우를 말한다.

2) 준현행범

현행범인은 아니지만 현행범인으로 간주되는 자로서 ① **범인으로** 불리며 추적 중인 자 ② **장물이나 흉기 소지자** ③ **신체 또는 의복류에** 증거가 될 만한 뚜렷한 흔적이 있는 자 ④ **누구냐고 묻자 도망**하는 자를 말한다.

🏃 판례

순찰 중이던 경찰관이 **교통사고를 낸 차량이 도주하였다는** 무전연락을 받고 주변을 수색하다가 범퍼 등의 파손상태로 보아 사고차량으로 인정되는 차량에서 내리는 사람을 발견한 후, 장물이나 범죄에 사용되었다고 인정함에 충분한 **흉기 기타의 물건을** 소지하고 있는 때에 해당하므로 준현행범으로서 영장 없이 체포할 수 있다(대판 2000.7.4. 99도4341). (변시9회, 13.모의)

---

(2) 요건

1) 범죄의 명백성

현행범인은 체포시에 **특정범죄의 범인임이 명백**하여야 한다. 외형상 죄를 범한 것처럼 보일지라도 위법성조각사유나 책임조각사유가 존재하여 범죄불성립이 명백한 경우에는 현행범인으로 체포할 수 없다.

🏃 판례

1 형사소송법 제211조가 현행범인으로 규정한 **범죄의 실행의 즉후인** 자라고 함은 **범죄의 실행행위를 종료한 직후의 범인이라는 것이** 체포하는 자의 입장에서 볼 때 **명백한 경우를** 일컫는 것이고, 범죄의 실행행위를 종료한 직후라고 함은 범죄행위를 실행하여 끝마친 순간 또는 이에 아주 접착된 시간적 단계를 의미하는 것으로 해석되므로, 시간적으로나 장소적으로 보아 체포를 당하는 자가 **방금 범죄를 실행한 범인이라는 점에 관한 죄증이 명백히 존재하는 것으로 인정**된다면 현행범인으로 볼 수 있다(대판 2006.2.10. 2005도7158). (변시9회)
2 학교 앞길에서 싸움을 한 지 **겨우 10분 후에 지나지 않고, 그 장소도 범행 현장에 인접한** 위 학교의 운동장인 경우 현행범체포로서 적법한 공무집행에 해당한다(대판 1993.8.13. 93도926).

🏃 참고 판례

1 교사가 교장실에 들어가 불과 약 5분 동안 식칼을 휘두르며 교장을 협박하는 등의 소란을 피운 후 **40여분 정도가 지나** 경찰관들이 출동하여 **교장실이 아닌 서무실에서 그를 연행**하려 하자 그가 구속영장의 제시를 요구하면서 동행을 거부하였다면, 체포 당시 서무실에 앉아 있던 위 교사가 방금 **범죄를 실행한 범인이라는 죄증이 경찰관들에게 명백히 인식될 만한 상황이었다고 단정할 수 없다**(대판 1991.9.24. 91도1314).
2 피고인이 **음주운전을 종료한 후 40분 이상이 경과한 시점에서** 길가에 앉아 있던 피고인에게서 **술냄새가 난다는 점만을 근거로 피고인을 음주운전의 현행범으로 체포한 것은** 피고인이 '방금 음주운전을 실행한 범인이라는 점에 관한 죄증이 명백하다고 할 수 없는 상태'에서 이루어진 것으로서 적법한 공무집행이라고 볼 수 없고, 그 이후에 피고인에 대하여 음주측정을 요구한 것은 절차적 적법성을 구비하지 못한 것이고 피고인에 대한 조사행위 역시 적법한 직무집행행위라고 볼 수 없다(대판 2007.4.13. 2007도1249).

---

2) 체포의 필요성 [17.모의]

긴급체포의 경우와는 달리 현행범인의 체포에 도망이나 증거인멸의 우려와 같은 구속사유가 필요하다는 명문의 규정은 없다.

이에 대해서 ① 현행범인 체포는 범죄사실과 진범여부가 분명한 경우에 예외적으로 인정되는 인신구속의 장치이므로 별도로 구속사유를 요구할 필요 없다는 **소극설**이 있지만 ② 현행범인 체포가 체포의 요건을 완화시키는 것은 아니므로 구속사유가 필요하다는 **적극설**이 타당하다. 판례 또한 **현행범인 체포의 요건으로서는** 행위의 가벌성, 범죄의 현행성·시간적 접착성, 범인·범죄의 명백성 외에 **체포의 필요성, 즉 도망 또는 증거인멸의 염려가 있을 것을 요한다**고 하여 **적극설**의 입장이다(대판 1999.1.26. 98도3029). (변시4회)

☆ 판례

1 현행범인은 누구든지 영장 없이 체포할 수 있으므로 사인의 현행범 체포는 법령에 의한 행위로서 위법성이 조각된다고 할 것인데, 현행범인 체포의 요건으로서는 **행위의 가벌성, 범죄의 현행성·시간적 접착성, 범인·범죄의 명백성 외에 체포의 필요성 즉, 도망 또는 증거인멸의 염려가 있을 것을 요한다**(대판 1999.1.26. 98도3029). (변시4회)

2 피고인이 경찰관의 불심검문을 받아 운전면허증을 교부한 후 경찰관에게 큰 소리로 욕설을 하였는데, 경찰관이 모욕죄의 현행범으로 체포하겠다고 하자 피고인이 반항하면서 경찰관에게 상해를 가한 사안에서, 피고인은 경찰관의 불심검문에 응하여 이미 **운전면허증을 교부한 상태**이고, 경찰관뿐 아니라 **인근 주민도 욕설을 직접 들었으므로**, 피고인이 도망하거나 증거를 인멸할 염려가 있다고 보기는 어렵고, 피고인의 모욕 범행은 불심검문에 항의하는 과정에서 저지른 일시적, 우발적인 행위로서 사안 자체가 경미할 뿐 아니라, 피해자인 경찰관이 범행현장에서 즉시 범인을 체포할 급박한 사정이 있다고 보기도 어려우므로, **경찰관이 피고인을 체포한 행위는 적법한 공무집행이라고 볼 수 없고, 피고인이 체포를 면하려고 반항하는 과정에서 상해를 가한 것은 정당방위에** 해당한다(대판 2011.5.26. 2011도3682). (변시4회·11회)

---

3) 체포의 비례성

경미사건, 즉 다액 50만 원 이하의 벌금, 구류 또는 과료에 해당하는 죄의 현행범인은 **주거가 분명하지 아니한 때에** 한하여 현행범으로 체포할 수 있다(제214조).

(3) 절차

1) 체포의 주체

현행범인은 **누구든지** 영장 없이 체포할 수 있다. 따라서 사인도 영장 없이 체포할 수 있다. 다만, 사인에게는 체포의무는 없다.

2) 미란다원칙 고지

검사 또는 사법경찰관은 피의자를 체포하는 경우에는 범죄사실의 요지, 체포의 이유와 변호인선임권을 말하고 변명할 기회를 주어야 한다(제200조의5). **검사 또는 사법경찰관리가 아닌 자가 현행범인을 체포한 때**에는 즉시 검사 또는 사법경찰관리에게 인도하고, 인도받은 검사 또는 사법경찰관은 범죄사실의 요지, 체포의 이유와 변호인선임권을 말하고 변명할 기회를 주어야 한다(제213조의2, 제200조의5). (13.모의, 14.모의, 15.모의)

3) 실력행사

현행범인이 저항하는 경우에는 사회통념상 체포를 위하여 필요하고 상당하다고 인정되는 범위에서 실력을 사용할 수 있다. (변시2회)

(4) 체포 후 조치

1) 현행범인 인도

사인이 현행범인을 체포한 경우에는 '즉시' 검사 또는 사법경찰관리에게 인도하여야 한다 (제213조 제1항). 사인이 체포한 현행범인을 인도하지 않고 석방하는 것은 허용되지 않는다. 사법경찰관리가 현행범인의 인도를 받은 때에는 체포자의 성명·주거·체포의 사유를 물어야 하고 필요한 때에는 체포자에 대하여 경찰관서에 동행함을 요구할 수 있다(동조 제2항). 여기서 '즉시'라 함은 반드시 체포시점과 시간적으로 밀착된 시점이어야 하는 것은 아니고, '정당한 이유 없이 인도를 지연하거나 체포를 지연하거나 체포를 계속하는 등으로 불필요한 지체를 함이 없이'를 의미하는 것이다(소말리아 해적사건, 대판 2011.12.22. 2011도12927). (변시9회)

2) 구속영장 청구

체포된 피의자를 구속하고자 할 때에는 48시간 이내 구속영장을 청구해야 하고, 그 기간 내 청구하지 아니하거나 구속영장을 발부받지 못한 경우 즉시 석방해야 한다(제200조의4). 사인이 현행범인을 체포한 경우에는 구속영장 청구시한인 48시간의 기산점은 체포시가 아니라 검사 등이 현행범인을 인도받은 때라고 할 것이다(소말리아 해적사건, 대판 2011.12.22. 2011도12927).

> **⚖ 판례**
>
> [1] 검사 또는 사법경찰관리 아닌 이가 현행범인을 체포한 때에는 즉시 검사 등에게 인도하여야 한다. 여기서 '즉시'라고 함은 반드시 체포시점과 시간적으로 밀착된 시점이어야 하는 것은 아니고 '정당한 이유 없이 인도를 지연하거나 체포를 계속하는 등으로 불필요한 지체를 함이 없이'라는 뜻으로 볼 것이다. 또한 검사 등이 현행범인을 체포하거나 현행범인을 인도받은 후 현행범인을 구속하고자 하는 경우 48시간 이내에 구속영장을 청구하여야 하는 바, 검사 등이 아닌 이에 의하여 현행범인이 체포된 후 불필요한 지체 없이 검사 등에게 인도된 경우 위 48시간의 기산점은 체포시가 아니라 검사 등이 현행범인을 인도받은 때라고 할 것이다.
> [2] 청해부대 소속 군인들이 소말리아 해적인 피고인들을 현행범인으로 체포한 것은 검사 등이 아닌 이에 의한 현행범인 체포에 해당하고, 피고인들 체포 이후 국내로 이송하는 데에 약 9일이 소요된 것은 공간적·물리적 제약상 불가피한 것으로 정당한 이유 없이 인도를 지연하거나 체포를 계속한 경우로 볼 수 없으며, 경찰관들이 피고인들의 신병을 인수한 때로부터 48시간 이내에 청구하여 발부된 구속영장에 의하여 피고인들이 구속되었으므로, 피고인들은 적법한 체포, 즉시 인도 및 적법한 구속에 의하여 공소제기 당시 국내에 구금되어 있다 할 것이어서 현재지인 국내법원에 토지관할이 있다(대판 2011.12.22. 2011도12927). (15.모의)

Ⅱ 구속

1. 의의

구속이란 피의자 또는 피고인의 신체의 자유를 체포에 비하여 장기간에 걸쳐 제한하는 대인적 강제처분으로서 **구인과 구금을 포함**한다. **구금**이란 피고인 또는 피의자를 교도소 또는 구치소 등에 감금하는 강제처분이며, **구인**이란 피고인 또는 피의자를 법원 기타 장소에 인치하는 강제처분이다. 구인한 피고인 등을 인치한 경우에 구금할 필요가 없다고 인정한 때에는 인치한 날로부터 24시간 이내에 석방하여야 한다(제71조, 제209조).

> **⚖판례**
>
> 형사소송법 제70조 제1항 제1호, 제2호, 제2호, 제199조 제1항, 제200조, 제200조의2 제1항, 제201조 제1항의 취지와 내용에 비추어 보면, 수사기관이 관할 지방법원 판사가 발부한 구속영장에 의하여 피의자를 구속하는 경우, 그 구속영장은 기본적으로 장차 공판정에의 출석이나 형의 집행을 담보하기 위한 것이지만, 이와 함께 법 제202조, 제241조 내지 제244조의5에 규정된 피의자신문의 방식으로 구속된 피의자를 조사하는 등 적정한 방법으로 범죄를 수사하는 것도 예정하고 있다고 할 것이다. 따라서 **구속영장 발부에 의하여 적법하게 구금된 피의자가 피의자신문을 위한 출석요구에 응하지 아니하면서 수사기관 조사실에 출석을 거부한다면 수사기관은 그 구속영장의 효력에 의하여 피의자를 조사실로 구인할 수 있다고 보아야 한다.** 다만, 이러한 경우에도 그 피의자신문 절차는 어디까지나 법 제199조 제1항 본문, 제200조의 규정에 따른 임의수사의 한 방법으로 진행되어야 하므로, 피의자는 헌법 제12조 제2항과 법 제244조의3에 **따라 일체의 진술을 하지 아니하거나 개개의 질문에 대하여 진술을 거부할 수 있고, 수사기관은 피의자를 신문하기 전에 그와 같은 권리를 알려주어야 한다**(대결 2013.7.1. 2013모160). [변시5회] (변시8회)

2. 요건

(1) 범죄의 혐의(상당성)

피의자가 죄를 범하였다고 의심할 만한 상당한 이유가 있어야 한다. 범죄혐의는 **객관적 혐의**, 즉 무죄추정을 깨뜨릴 수 있을 정도로 유죄판결을 받을 만한 고도의 개연성이 있어야 한다. 그러므로 위법성조각사유·책임조각사유가 존재할 경우 및 소송조건의 흠결이 명백한 경우에는 범죄혐의를 인정할 수 없다.

(2) 구속사유(제70조 제1항)

1) 일정한 주거가 없을 때(1호, 주거부정)

주거부정은 제1호의 예에 불과하지만, 경미한 범죄에 대한 유일한 구속사유가 된다는 점에서 독자적 의미를 가진다.

🔍 경미범죄의 특칙	
체포영장	① 주거가 없는 경우 ② 출석요구불응
현행범체포	주거가 분명하지 아니한 경우
구속영장	주거가 없는 경우

2) 증거를 인멸할 염려가 있는 때(2호)

부정한 방법으로 증거를 인멸할 현저한 혐의가 있어야 하므로 단순히 수사가 종결되지 않았다거나, 피의자가 피의사실을 다투거나 자백을 거부한다는 이유만으로 증거인멸을 위험을 인정해서는 안 된다. 피고인 또는 피의자가 방어를 위하여 유리한 증거를 수집하거나 진술거부권을 행사하는 것도 부정한 방법이라 할 수 없으므로 증거인멸의 위험이 있다고 할 수 없다.

3) 도망 또는 도망할 염려가 있을 때(3호)

피의자가 기존의 생활 근거지를 이탈하여 그 소재가 불명하게 되어 수사기관 및 법원의 입장에서 그에 대한 소환 구인이 불가능하게 되거나 불가능하게 될 염려가 있는 때를 의미한다. 형사소송에서 선고될 양형은 도망할 염려를 중요 판단 자료로 본다.

(3) 비례성

범죄의 혐의와 구속사유 외에 비례성의 원칙도 구속의 실질적 요건이 된다. 즉, 형사소송의 확보라는 구속의 목적과 자유권의 침해라는 구속의 수단 사이에는 비례관계가 유지되어야 한다.

(4) 고려사항

법원은 구속사유를 심사함에 있어서 ① **범죄의 중대성** ② **재범의 위험성** ③ **피해자 및 중요 참고인 등에 대한 위해 우려** 등을 고려하여야 한다(제70조 제2항). 이는 **독립된 구속사유가 아니라** 예를 들면 범죄의 중대성과 재범의 위험성은 주로 구속사유 중 '도주의 우려'를 판단할 때 고려되는 요소이며, 피해자 및 중요 참고인 등에 대한 위해 우려는 주로 구속사유 중 '증거인멸 우려'를 판단하는 요소로 고려될 뿐이다.

3. 구속의 절차

① 피의자에 대한 구속   ② 피고인에 대한 구속

(1) 피의자 구속

1) 검사의 구속영장의 청구

피의자는 검사의 청구에 의하여 법관이 발부한 구속영장에 의하여 구속을 할 수 있다(제201조 제1항). 구속영장의 청구권자는 검사에 한하며, 사법경찰관은 검사에게 신청하여 검사의 청구에 의하여 구속영장을 발부받을 수 있다.

2) 영장실질심사제도(구속 전 피의자심문제도)

구속영장 청구를 받은 판사가 피의자를 직접 심문하여 구속사유를 판단하는 것을 말한다. 현행법은 영장실질심사를 피의자의 의사나 법관의 필요성 판단과 관계없이 그리고 **체포된 피의자나 미체포 피의자를 불문하고 필요적으로 실시**하도록 하고 있다. 즉 **체포된 피의자**에 대하여 영장을 청구받은 판사는 **지체 없이** 피의자를 심문하여야 하며, 특별한 사정이 없는 한 **구속영장이 청구된 날의 다음날까지** 심문해야 한다(제201조의2 제1항). **미체포 피의자**에 대하여 사전 구속영장을 청구받은 판사는 구인을 위한 구속영장을 발부하여 피의자를 구인한 후 심문하여야 하며, **다만 피의자가 도망하는 등 심문이 불가능한 경우는 심문을 생략할 수 있다**(동조 제2항). (변시2회)

3) 피의자의 인치

판사가 영장실질심사를 하기 위하여 피의자를 법원에 인치할 것이 필요하다. **체포된 피의자는 체포의 효력을 이용**하여 법원에 인치한다. 즉, 검사는 피의자가 체포되어 있는 때에는 심문기일에 피의자를 출석시켜야 한다(제201조의2 제3항). 반면에 **미체포 피의자**의 경우에는 판사는 **구인을 위한 구속영장을 발부**하여 피의자를 구인한 후 심문한다. 다만, 피의자가 도망하는 등의 사유로 심문할 수 없는 경우에는 그러하지 아니하다(동조 제2항). 법원이 인치 받은 피의자를 유치할 필요가 있는 경우에는 교도소·구치소 또는 경찰서 유치장에 24시간을 초과하지 않는 범위에서 피의자를 유치할 수 있다(동조 제10항, 제71조의2). (변시2회)

4) 국선변호인의 선정

피의자에게 변호인이 없는 때에는 **지방법원 판사는 직권으로 변호인을 선정**하여야 한다. 변호인의 선정은 피의자에 대한 구속영장 청구가 기각되어 효력이 소멸한 경우를 제외하고는 **제1심까지 효력**이 있다(제201조의2 제8항). (변시1회·4회·10회, 13.모의)

🔍 구속영장청구서 및 소명자료의 열람(규칙 제96조의21)

① 피의자 심문에 참여할 변호인은 지방법원 판사에게 제출된 **구속영장청구서 및 그에 첨부된 고소·고발장, 피의자 진술을 기재한 서류와 피의자가 제출한 서류**를 열람할 수 있다.
② 검사는 **증거인멸 또는 피의자나 공범 관계에 있는 자가 도망할 염려가 있는 등 수사에 방해가 될 염려가 있는 때**에는 지방법원 판사에게 제1항에 규정된 서류(구속영장청구서는 제외)의 열람 제한에 관한 의견을 제출할 수 있고, 지방법원 판사는 검사의 의견이 상당하다고 인정하는 때에는 그 전부 또는 일부의 **열람을 제한할 수 있다.**
③ 지방법원 판사는 제1항의 열람에 관하여 그 일시, 장소를 지정할 수 있다.

---

5) 심문의 방법(규칙 제96조의14, 제96조의16)

심문절차는 **원칙적으로 공개하지 아니하며,** 판사는 피의자에게 범죄사실의 요지 및 진술거부권을 고지하고 구속 여부 판단에 필요한 사항을 심문한다. 검사와 변호인은 판사의 **심문 후에 의견을 진술**할 수 있으며 필요한 경우에는 심문 도중에도 판사의 허가를 얻어 의견을 진술할 수 있다. 이때 법원사무관등은 **심문요지** 등을 조서로 작성하여야 한다. 영장실질심사조서는 제311조의 법원 또는 법관의 조서에는 해당하지 않지만, **제315조의 기타 특히 신빙할 만한 정황에 의하여 작성된 서류로서 당연히 증거능력**을 가진다.

6) 구속영장 청구에 대한 재판

① 구속영장의 발부 및 기각

지방법원 판사는 상당하다고 인정할 때에는 구속영장을 발부하고, 발부하지 아니한 때에는 청구서에 그 취지와 이유를 기재하고 서명날인하여 청구한 검사에게 교부한다(제201조 제4항).

② 구속영장기각결정에 대한 불복 가부

구속영장이 발부되면 피의자는 이에 대하여 구속적부심사를 통하여 불복할 수 있다. 그러나 구속영장청구를 기각하는 재판에 대하여 검사가 항고 또는 준항고로써 불복할 수 있는지에 대하여 논의가 있다. 판례는 부정설의 입장이다.

구속영장기각결정에 대한 불복 가부 [변시7회, 13.모의]

1. 견해의 대립

① 제403조가 법원의 구금에 관한 결정에 대하여 항고를 인정하고 있으며, 영장기각결정에 대하여 수시기관의 항고를 배제하는 취지의 규정을 두지 않고 있는 점, 지방법원 판사의 영장기각재판에 대하여 대법원의 심판을 받을 권리를 보장해야 한다는 점을 이유로 하는 **긍정설** ② 영장발부를 결정하는 수임판사는 제402조의 수소법원이나 제416조의 재판장이나 수명법관에 해당하지 않는다는 점, 수사기관은 구속영장이 기각된 경우에는 구속영장을 재청구할 수 있다는 점을 이유로 하는 **부정설**이 대립한다.

2. 판례의 태도

검사의 체포영장 또는 구속영장 청구에 대한 지방법원 판사의 재판은 **형사소송법 제402조의 규정에 의하여 항고의 대상이 되는 '법원의 결정'에 해당하지 아니하고, 제416조 제1항 규정에 의하여 준항고의 대상이 되는 '재판장 또는 수명법관의 구금 등에 관한 재판'에도 해당하지 아니한다고 하여 부정설**의 입장이다(대결 2006.12.18. 2006모646). (변시2회·10회, 13.모의)

3. 검토

불복을 허용하면 해당 재판의 효력이 장기간 유동적인 상태가 돼 피의자의 지위가 불안하게 될 우려가 있다는 점에서 **부정설**이 타당하다.

③ **구속영장 발부시 위법수사의 고려 여부**

위법한 체포에 기하여 구속영장을 청구한 경우에 법원이 위법한 체포 사실을 고려하여 구속영장을 기각할 수 있는지 문제된다. 체포와 구속을 구별하고 있는 현행법상 구속과 관계없는 체포의 적법성을 심사할 수 없다는 **불고려설**, 체포도 광의의 구속에 포함되므로 체포의 적법여부에 대해서도 고려해야 한다는 **고려설**, 체포의 적법여부는 원칙적으로 문제되지 않지만, 구속의 선행절차인 긴급체포에 중대한 위법이 있는 경우에는 구속영장의 심사범위에 속한다고 보는 **절충설**이 있다. 생각건대 일련의 절차를 이루는 신병확보절차에서 선행절차와 후행절차의 위법성을 개별적으로 판단한다면 적법절차원칙이 제대로 구현되기 어렵다는 점에서 **고려설**이 타당하다.

7) 구속영장의 집행

① **집행기관**

구속영장은 검사의 지휘에 의해 사법경찰관리가 집행한다. 교도소 또는 구치소에 있는 피의자에 대하여 발부된 구속영장은 검사의 지휘에 의해 교도관이 집행한다(제209조, 제81조).

② **영장제시와 사본교부**

구속영장을 집행함에는 영장을 피의자에게 제시하고 그 사본을 교부하여야 한다. 다만, **영장을 소지하지 아니한 경우에 급속을 요하는 때**에는 피의자에 대하여 피의사실의 요지와 영장이 발부되었음을 고하고 집행할 수 있다. 이 경우에 **집행을 완료한 후에는 신속히 구속영장을 제시**해야 한다(제209조, 제85조). (12.모의)

126 합격을 꿈꾼다면, 해커스변호사 lawyer.Hackers.com

③ 미란다원칙 고지

피의자에 대하여 피의사실의 요지, 구속의 이유와 변호인 선임권이 있음을 통지하고 변명의 기회를 주어야 한다(제209조, 제200조의5). 또한 지체 없이 서면으로 변호인 또는 변호인선임권자 가운데 피의자가 지정한 자에게 피의사건명 · 구속일시 · 장소 · 범죄사실의 요지 · 구속의 이유와 변호인을 선임할 수 있는 취지를 알려야 한다(제209조, 제87조).

(2) 피고인 구속

1) 사전청문

법원은 피고인에 대하여 범죄사실의 요지, 구속의 이유와 변호인을 선임할 수 있음을 말하고 변명할 기회를 준 후가 아니면 구속할 수 없다. 다만, 피고인이 도망한 경우에는 그러하지 아니하다(제72조). 법원은 피고인이 출석하기 어려운 특별한 사정이 있고 상당하다고 인정하는 때에는 검사와 변호인의 의견을 들어 비디오 등 중계장치에 의한 중계시설을 통하여 제72조의 절차를 진행할 수 있다(제72조의2 제2항).

> **판례**
>
> **형사소송법 제72조는** "피고인에 대하여 범죄사실의 요지, 구속의 이유와 변호인을 선임할 수 있음을 말하고 변명할 기회를 준 후가 아니면 구속할 수 없다."고 규정하고 있는바, 이는 피고인을 **구속함에 있어 법관에 의한 사전청문절차를 규정한 것으로서, 구속영장을 집행함에 있어 집행기관이 취하여야 하는 절차가 아니라 구속영장 발부함에 있어 수소법원 등 법관이 취하여야 하는 절차라** 할 것이므로, 법원이 피고인에 대하여 구속영장을 발부함에 있어 사전에 위 규정에 따른 절차를 거치지 아니한 채 구속영장을 발부하였다면 그 발부결정은 위법하다고 할 것이나, 위 규정은 피고인의 절차적 권리를 보장하기 위한 규정이므로 **이미 변호인을 선정하여 공판절차에서 변명과 증거의 제출을 다하고 그의 변호 아래 판결을 선고받은 경우 등과 같이 위 규정에서 정한 절차적 권리가 실질적으로 보장되었다고 볼 수 있는 경우에는** 이에 해당하는 **절차의 전부 또는 일부를 거치지 아니한 채 구속영장을 발부하였다 하더라도** 이러한 점만으로 그 발부결정이 위법하다고 볼 것은 아니다(대결 2000.11.10. 2000모134).

2) 구속영장 발부

법원이 피고인을 구속함에는 구속영장을 발부하여야 한다(제73조). 피고인에 대한 구속의 주체는 법원이므로 **구속영장은 명령장의 성질**을 가지며 검사의 구속영장 청구는 요하지 않는다.

3) 구속영장의 제시와 인치

구속영장을 집행함에는 피고인에게 반드시 이를 제시하고 그 사본을 교부하여야 하며 신속히 지정된 법원 기타 장소에 인치하여야 한다(제85조 제1항). 구속영장을 소지하지 아니한 경우에 급속을 요하는 때에는 피고인에 대하여 공소사실의 요지와 영장이 발부되었음을 고하고 집행할 수 있지만, 집행을 완료한 후에는 신속히 구속영장을 제시하여야 한다(동조 제3항, 제4항).

[1] 위와 같은 헌법이 정한 적법절차와 영장주의 원칙, 형사소송법이 정한 체포된 피의자의 구금을 위한 구속영장의 청구, 발부, 집행절차에 관한 규정을 종합하면, 법관이 검사의 청구에 의하여 체포된 피의자의 구금을 위한 구속영장을 발부하면 검사와 사법경찰관리는 지체 없이 신속하게 구속영장을 집행하여야 한다. 피의자에 대한 구속영장의 제시와 집행이 그 발부 시로부터 정당한 사유 없이 시간이 지체되어 이루어졌다면, 구속영장이 그 유효기간 내에 집행되었다고 하더라도 위 기간 동안의 체포 내지 구금 상태는 위법하다.

[2] 피고인에 대한 구속영장이 2020. 2. 8. 발부되고 피고인에 대한 구속영장 청구 사건의 수사관계 서류와 증거물이 같은 날 17:00경 검찰청에 반환되어 그 무렵 검사의 집행지휘가 있었는데도, 사법경찰리는 그로부터 만 3일 가까이 경과한 2020. 2. 11. 14:10경 구속영장을 집행하였으므로 사법경찰리의 피고인에 대한 구속영장 집행은 지체 없이 이루어졌다고 볼 수 없고, 위 '구속영장 집행에 관한 수사보고'상의 사정은 구속영장 집행절차 지연에 대한 정당한 사유에 해당한다고 보기도 어려우므로 정당한 사유 없이 지체된 기간 동안의 피고인에 대한 체포 내지 구금 상태는 위법하다고 할 것이다(대판 2021.4.29. 2020도16438).

4) 형집행장의 집행시 구속에 관한 규정의 준용

형집행장의 집행에 관하여는 형사소송법 제1편 제9장에서 정하는 피고인의 구속에 관한 규정이 준용된다(제475조). 여기서 '피고인의 구속에 관한 규정'은 피고인의 구속영장의 집행에 관한 규정'을 의미한다고 할 것이므로, 형집행장의 집행에 관하여는 구속의 사유에 관한 형사소송법 제70조나 구속이유의 고지에 관한 형사소송법 제72조가 준용되지 아니한다.❶ (변시8회)

[1] 벌금형에 따르는 노역장 유치는 실질적으로 자유형과 동일하므로, 그 집행에 대하여는 자유형의 집행에 관한 규정이 준용된다(형사소송법 제492조). 구금되지 아니한 당사자에 대하여 형의 집행기관인 검사는 그 형의 집행을 위하여 이를 소환할 수 있으나, 당사자가 소환에 응하지 아니한 때에는 형집행장을 발부하여 이를 구인할 수 있는데(형사소송법 제473조), 이 경우의 형집행장의 집행에 관하여는 형사소송법 제1편 제9장에서 정하는 피고인의 구속에 관한 규정이 준용된다(형사소송법 제475조). 그리하여 사법경찰관리가 벌금형을 받은 이를 그에 따르는 노역장 유치의 집행을 위하여 구인하려면 검사로부터 발부받은 형집행장을 상대방에게 제시하여야 하지만(형사소송법 제85조 제1항), 형집행장을 소지하지 아니한 경우에 급속을 요하는 때에는 상대방에 대하여 형집행 사유와 형집행장이 발부되었음을 고하고 집행할 수 있고(형사소송법 제85조 제3항), 여기서 형집행장의 제시 없이 구인할 수 있는 '급속을 요하는 때'란 애초 사법경찰관리가 적법하게 발부된 형집행장을 소지할 여유가 없이 형집행의 상대방을 조우한 경우 등을 가리킨다. 이때 사법경찰관리가 벌금 미납으로 인한 노역장 유치의 집행의 상대방에게 형집행 사유와 더불어 벌금 미납으로 인한 지명수배 사실을 고지하였더라도 특별한 사정이 없는 한 그러한 고지를 형집행장이 발부되어 있는 사실도 고지한 것이라거나 형집행장이 발부되어 있는 사실까지도 포함하여 고지한 것이라고 볼 수 없으므로, 이와 같은 사법경찰관리의 직무집행은 적법한 직무집행에 해당한다고 할 수 없다.

[2] 경찰관 甲이 도로를 순찰하던 중 벌금 미납으로 지명수배된 피고인과 조우하게 되어 벌금 미납 사실을 고지하고 벌금납부를 유도하였으나 피고인이 이를 거부하자 벌금 미납으로 인한 노역장 유치의

---

❶ 대판 2013.9.12. 2012도2349

집행을 위하여 구인하려 하였는데, 피고인이 이에 저항하여 甲의 가슴을 양손으로 수차례 밀침으로써 벌금수배자 검거를 위한 경찰관의 공무집행을 방해하였다는 내용으로 기소된 사안에서, 피고인에 대하여 확정된 벌금형의 집행을 위하여 형집행장이 이미 발부되어 있었으나, 甲이 피고인을 구인하는 과정에서 형집행장이 발부되어 있는 사실은 고지하지 않았던 사정에 비추어 甲의 위와 같은 직무집행은 위법하다고 보아 공소사실을 무죄로 판단한 원심판결이 정당하다고 한 사례(대판 2017.9.26. 2017도9458).

5) 집행 후 절차

피고인을 구속한 때에는 변호인 또는 변호인 선임권자 중 피고인이 지정한 자에게 구속사실을 통지해야 하며(제87조), 즉시 **공소사실의 요지와 변호인을 선임할 수 있음**을 다시 알려야 한다(제88조).

┌─ **판례** ─

형사소송법 제88조는 "피고인을 구속한 때에는 즉시 공소사실의 요지와 변호인을 선임할 수 있음을 알려야 한다."고 규정하고 있는 바, 이는 **사후 청문절차에 관한 규정으로서 이를 위반하였다 하여 구속영장의 효력에 어떠한 영향을 미치는 것은 아니다**(대결 2000.11.10. 2000모134).

4. 구속기간

(1) 피의자 구속기간

사법경찰관이 피의자를 구속한 때에는 **10일 이내**에 검사에게 인치하지 아니하면 석방하여야 한다(제202조). 검사가 피의자를 구속한 때 또는 사법경찰관으로부터 피의자의 인치를 받은 때에는 **10일 이내**에 공소를 제기하지 아니하면 석방하여야 한다(제203조). 지방법원 판사는 검사의 신청에 의하여 수사를 계속함에 상당한 이유가 있다고 인정한 때에는 **10일을 초과하지 아니하는 한도에서 구속기간의 연장을 1차에 한하여 허가**할 수 있다(제205조). (13.모의, 14.모의) 구속기간연장기각결정에 대하여는 항고 또는 준항고를 할 수 없다.❷ 피의자가 체포영장에 의한 체포, 긴급체포, 현행범인의 체포에 의하여 체포되거나 구인을 위한 구속영장에 의하여 구인된 경우에 검사 또는 사법경찰관의 구속기간은 **피의자를 체포 또는 구인한 날로부터** 기산한다(제203조의2). (14.모의)

> 🔍 **피의자 구속기간의 불산입**
>
> **영장실질심사, 체포·구속적부심사**에서 관계서류와 증거물의 법원접수일로부터 검찰청에 반환한 날까지의 기간은 구속기간에 산입하지 아니한다(제201조의2 제7항, 제214조의2의 13항). (14.모의)

(2) 피고인 구속기간

피고인에 대한 구속기간은 **2개월**이다(제92조 제1항). 법원은 구속을 계속할 필요가 있는 경우에는 **심급마다 2개월 단위로 2차에 한하여 결정으로 갱신**할 수 있다. 다만, **상소심**은 피고인 또는 변호인이 신청한 증거의 조사, 상소이유를 보충하는 서면의 제출 등으로 **추가 심리가 필요한 부득이한 경우에는 3차에 한하여 갱신**할 수 있다(동조 제2항). 1심의 구속기간의 기산점은 **공소제기시**다.

───────────────

❷ 대결 1997.6.16. 97모1

(3) 계산방법

구속기간의 초일은 시간을 계산함이 없이 1일로 산정한다. 구속기간의 말일이 **공휴일 또는 토요일에 해당하는 날**도 기간에 산입된다.

5. 재구속의 제한

검사 또는 사법경찰관에 의하여 구속되었다가 석방된 자는 **다른 중요한 증거를 발견한 경우를 제외하고는** 동일한 범죄사실에 관하여 재차 구속하지 못한다(제208조 제1항). (변시2회·9회) 이 경우 1개의 목적을 위하여 동시 또는 수단, 결과의 관계에서 행하여진 행위는 동일한 범죄사실로 간주된다(동조 제2항). 재구속의 제한은 **피의자를 구속하는 경우에 적용될 뿐이며, 피고인을 구속하는 경우에는 이러한 제한이 없다**(대결 1985.7.23. 85모12).

🔎 **판례**

1. 항소법원은 항소 피고사건의 심리 중 또는 판결선고 후 상고제기 또는 판결확정에 이르기까지 수소법원으로서 형사소송법 제70조 제1항 각호의 사유 있는 불구속 피고인을 구속할 수 있고 또 수소법원의 구속에 관하여는 검사 또는 사법경찰관이 피의자를 구속함을 규율하는 형사소송법 제208조의 규정은 적용되지 아니하므로, **구속기간의 만료로 피고인에 대한 구속의 효력이 상실된 후 항소법원이 피고인에 대한 판결을 선고하면서 피고인을 구속하였다 하여 위 법 제208조의 규정에 위배되는 재구속 또는 이중구속이라 할 수 없다**(대결 1985.7.23. 85모12). (변시2회)
2. 형사소송법 제200조의4 제3항은 영장 없이는 긴급체포 후 석방된 피의자를 동일한 범죄사실에 관하여 체포하지 못한다는 규정으로, 위와 같이 석방된 피의자라도 법원으로부터 구속영장을 발부받아 구속할 수 있음은 물론이고, 같은 법 제208조 소정의 '구속되었다가 석방된 자'라 함은 구속영장에 의하여 구속되었다가 석방된 경우를 말하는 것이지, 긴급체포나 현행범으로 체포되었다가 사후영장발부 전에 석방된 경우는 포함되지 않는다 할 것이므로, 피고인이 수사 당시 긴급체포되었다가 수사기관의 조치로 석방된 후 법원이 발부한 구속영장에 의하여 구속이 이루어진 경우 앞서 본 법조에 위배되는 위법한 구속이라고 볼 수 없다(대판 2001.9.28. 2001도4291). (변시3회, 14.모의, 17.모의)

6. 구속영장의 효력

(1) 구속영장의 효력 범위

구속은 범죄사실을 단위로 하는 것이 아니라 피의자 또는 피고인에 대한 것이라는 인단위설도 있지만, 구속영장의 효력은 **영장에 기재된 범죄사실 및 그 사실의 기초가 되는 사회적 사실관계가 기본적인 점에서 동일한 공소사실에 미친다고 보는 사건단위설**이 타당하다(대판 2001.11.28. 2001도852).

(2) 이중구속

이중구속이란 이미 구속영장이 발부되어 구속되어 있는 피고인이나 피의자에 대하여 다른 범죄사실로 다시 구속영장을 발부받아 집행하는 것을 말한다. 허용여부와 관련하여 논의가 있다. 석방에 대비하여 미리 구속할 필요가 있으므로 이중구속이 허용된다는 **긍정설**과 이미 구속되어 있는 자를 다시 구속할 필요는 없으며, 석방 전에 구속영장을 발부받았다가 추후에 집행하면 족하므로 이중구속은 허용되지 않는다는 **부정설**이 있다. 판례는 구속의 효력은 구속영장에 기재된 범죄사실에만 미치는 것이므로, **구속기간이 만료될 무렵 종전 구속영장에 기재된 범죄사실과 다른 범죄사실로 피고인을 구속하였다는 사정만으로는 위법하다고 할 수 없다**고 하여 **긍정설**의 입장이다(대결 2000.11.10. 2000모134). 생각건대 제81조 제3항에 의해 구속된 피고인 또는 피의자에 대하여 구속영장의 집행이 가능하다는 점에서 긍정설이 타당하다.

(3) 별건구속 [20.모의]

1) 의의

별건구속이란 수사기관이 본래 수사하려는 사건(본건)에 대해 구속의 요건이 구비되지 않았기 때문에 본건을 수사할 목적으로 구속요건이 구비된 별건으로 구속영장을 발부받아 피의자를 구속하는 것을 말한다.

2) 별건구속의 적법성

당해 구속은 별건에 관한 것이므로 별건에 대하여 구속요건이 구비되어 있는 한 적법하다고 보는 **적법설(별건기준설)**이 있지만, 별건구속이 실질상 본건에 대한 구속이고, 이에 본건에 대한 영장주의에 위반하고, 본건에 대한 구속기간 제한을 잠탈할 우려가 있으므로 허용되지 않는다는 **위법설(본건기준설)**이 타당하다. 판례는 별건구속의 적법성에 대해서 직접 판단한 예는 없으나, **별건구속기간을 본건 수사에 실질상 이용했다 하더라도 그 구속 일수를 본건의 형에 산입할 수 없다**고 하여 간접적으로 별건구속을 인정한 바 있다.

> **📖 판례**
>
> 피고인이 **기소중지처분된 신용카드사업법위반 등 피의사실로 27일간 구속**되었고, 연이어 사기 등 범행으로 구속되어 사기 등 범행으로 구속기소되었지만 결과적으로 **위 구속기간이 사기 등 범행사실의 수사에 실질상 이용되었다 하더라도 위 구금일수를 사기죄의 본형에 산입할 수는 없다**(대판 1990.12.11. 90도2337).

3) 별건구속과 여죄수사의 한계

수사의 대상이 된 피의사건 이외의 사건으로 동시수사의 가능성이 있는 것을 여죄라고 하는데, 구속 중인 피의자에 대한 여죄수사까지 금지되는 것은 아니다. 판례도 **본건에 대하여 적법한 구속영장이 발부된 경우 구속 중인 피의자에 대한 여죄수사는 위법이 아니라고** 하여 허용설의 입장이다(대결 1996.8.12. 96모46).

4) 별건구속 후 본건으로의 구속영장 발부 여부

사건단위설을 전제로 하여 피의사실이 다른 이상 **적법하다**고 볼 수 있으나 별건구속이 위법하다면 위법수사를 억지해야 하고, 구속기간을 잠탈할 우려가 있다는 점에서 별건구속 후 본건에 의해 다시 구속하는 것은 **위법하다**고 할 것이다.

Ⅲ 피의자·피고인의 접견교통권

1. 의의 및 근거

접견교통권은 체포·구속된 피의자·피고인이 변호인이나 가족·친지 등의 타인과 접견하고 서류 또는 물건을 수수하며 의사의 진료를 받는 권리를 말한다. 접견교통권은 헌법이 보장하는 '변호인의 조력을 받을 권리'(헌법 제12조 제4항)의 가장 중요한 내용으로서 체포·구속된 피의자·피고인의 권리(제89조)임과 동시에 변호인의 고유권이다(제34조). 반면에 비변호인과의 접견교통권은 법률상의 권리이다.

2. 변호인과의 접견교통권

(1) 주체 및 상대방

헌법 제12조 제4항이 '누구든지 체포 또는 구속을 당한 때'라고 규정하고 있으므로, 주체는 **신체구속을 당한 피의자·피고인이며, 임의동행으로 연행된 피의자나 피내사자도 포함한다.**[1] (변시10회) 나아가 현행법은 **신체구속 여부를 불문**하고 피의자 신문시 변호인에게 피의자에 대한 접견교통권을 보장하고 있다(제243조의2 제1항). (변시4회) 그러나 수형자는 이에 해당하지 않는다. 접견교통권의 상대방은 **변호인 또는 변호인이 되려는 자**이다. (19.모의)

> **🏃 판례**
>
> 형사소송법 제34조는 "변호인 또는 변호인이 되려는 자는 신체구속을 당한 피고인 또는 피의자와 접견하고 서류 또는 물건을 수수할 수 있으며 의사로 하여금 진료하게 할 수 있다."라고 규정하고 있으므로, **변호인이 되려는 의사를 표시한 자가 객관적으로 변호인이 될 가능성이 있다고 인정되는데도, 형사소송법 제34조에서 정한 '변호인 또는 변호인이 되려는 자'가 아니라고 보아 신체구속을 당한 피고인 또는 피의자와 접견하지 못하도록 제한하여서는 아니 된다**(대판 2017.3.9. 2013도16162).
> (변시10회·12회)

(2) 변호인과의 접견교통권의 내용

1) 접견의 비밀보장

변호인과의 접견교통권은 방해·감시 없는 자유로운 접견·교통을 본질로 하므로 접견시 교도관 또는 경찰관의 **입회나 감시는 허용되지 않으며 그 내용을 청취 또는 녹취하지 못한다. 다만, 보이는 거리에서 미결수용자를 관찰할 수 있다**(형의 집행 및 수용자의 처우에 관한 법률 제84조 제1항).

2) 서류, 물건의 수수 및 의사의 진료

변호인 또는 변호인이 되려고 하는 자는 체포 또는 구속된 피의자 또는 피고인을 위하여 서류 또는 물건을 수수할 수 있다. 수수한 서류의 검열과 물건의 압수는 허용되지 않는다. 다만, 구속장소의 질서유지를 위하여 마약이나 무기 기타 위험한 물건의 수수를 금지하는 것은 허용된다. 그리고 의사로 하여금 구속된 피의자·피고인을 진료하게 할 수 있다.

---

[1] 대결 1996.6.3. 96모18

(3) 변호인과의 접견교통권의 제한

현행법상 변호인과의 접견교통권을 제한하는 법률은 없으며, 따라서 **법원의 결정이나 수사기관의 처분에 의해 제한할 수 없다.❷** (변시2회) 다만, 법률에 의하거나 법률의 위임에 의한 시행령에 의하여 구속 장소의 질서유지를 위해 일요일 또는 일과시간 이후의 접견금지와 같은 일반적인 시간의 제한은 가능하다.❸

🔎 판례

1 변호인의 접견교통권은 신체구속을 당한 피고인이나 피의자의 인권보장과 방어준비를 위하여 필수 불가결한 권리로서 **법령에 의한 제한이 없는 한 수사기관의 처분은 물론 법원의 결정으로도 이를 제한할 수 없다 할 것인바,** 위 관계법령의 규정취지에 비추어 볼 때 접견신청일이 경과하도록 접견이 이루어지지 아니한 것은 실질적으로 접견불허가처분이 있는 것과 동일시 된다고 할 것이다(대결 1991.3.28. 91모24). (변시2회)

2 [1] 헌법재판소가 91헌마111 결정에서 미결수용자와 변호인과의 접견에 대해 **어떠한 명분으로도 제한할 수 없다고 한 것은** 구속된 자와 변호인 간의 접견이 실제로 이루어지는 경우에 있어서의 '자유로운 접견', 즉 '대화내용에 대하여 비밀이 완전히 보장되고 어떠한 제한, 영향, 압력 또는 부당한 간섭 없이 자유롭게 대화할 수 있는 접견'을 제한할 수 없다는 것이지, 변호인과의 접견자체에 대해 아무런 제한도 가할 수 없다는 것을 의미하는 것이 아니므로 **미결수용자의 변호인 접견권 역시 국가안전보장 질서유지 또는 공공복리를 위해 필요한 경우에는 법률로써 제한될 수 있음은 당연**하다.

[2] 수용자처우법 제84조 제2항에 의해 금지되는 접견시간 제한의 의미는 접견에 관한 일체의 시간적 제한이 금지된다는 것으로 볼 수는 없고, **수용자와 변호인의 접견이 현실적으로 실시되는 경우,** 그 접견이 미결수용자와 변호인의 접견인 때에는 미결수용자의 방어권 행사로서의 중요성을 감안하여 자유롭고 충분한 변호인의 조력을 보장하기 위해 **접견시간을 양적으로 제한하지 못한다는 의미로** 이해하는 것이 타당하므로, **수용자처우법 제84조 제2항에도 불구하고 같은 법 제41조 제4항의 위임에 따라 수용자의 접견이 이루어지는 일반적인 시간대를 대통령령으로 규정하는 것은 가능**하다.

[3] 변호인의 조력을 받을 권리를 보장하는 목적은 피의자 또는 피고인의 방어권 행사를 보장하기 위한 것이므로, **미결수용자 또는 변호인이 원하는 특정한 시점에 접견이 이루어지지 못하였다 하더라도 그것만으로 곧바로 변호인의 조력을 받을 권리가 침해되었다고 단정할 수는 없는 것이고,** 변호인의 조력을 받을 권리가 침해되었다고 하기 위해서는 접견이 불허된 특정한 시점을 전후한 수사 또는 재판의 진행 경과에 비추어 보아, 그 시점에 접견이 불허됨으로써 피의자 또는 피고인의 방어권 행사에 어느 정도는 불이익이 초래되었다고 인정할 수 있어야만 하며, 그 시점을 전후한 변호인 접견의 상황이나 수사 또는 재판의 진행 과정에 비추어 미결수용자가 방어권을 행사하기 위해 변호인의 조력을 받을 기회가 충분히 보장되었다고 인정될 수 있는 경우에는, 비록 미결수용자 또는 그 상대방인 변호인이 원하는 특정 시점에는 접견이 이루어지지 못하였다 하더라도 변호인의 조력을 받을 권리가 침해되었다고 할 수 없다(헌재 2011.5.26. 2009헌마341).

---

❷ 대결 1990.2.13. 89모37
❸ 형의 집행 및 수용자의 처우에 관한 법률 제41조(접견)
　④ 접견의 횟수·시간·장소·방법 및 접견내용의 청취·기록·녹음·녹화 등에 관하여 필요한 사항은 대통령령으로 정한다.
　형의 집행 및 수용자의 처우에 관한 법률 시행령 제58조(접견)
　① 수용자의 접견은 매일(공휴일 및 법무부장관이 정한 날은 제외) '국가공무원 복무규정' 제9조에 따른 근무시간 내에서 한다.

(4) 변호인과의 접견교통권의 한계

변호인 또는 변호인이 되려는 자의 접견교통권은 **신체구속제도 본래의 목적을 침해하지 아니하는 범위 내에서 행사되어야** 하므로, 변호인 또는 변호인이 되려는 자가 구체적인 시간적·장소적 상황에 비추어 현실적으로 보장할 수 있는 한계를 벗어나 피고인 또는 피의자를 접견하려고 하는 것은 정당한 접견교통권의 행사에 해당하지 아니하여 허용될 수 없다. 다만, 접견교통권이 그와 같은 한계를 일탈한 것이어서 허용될 수 없다고 판단함에 있어서는 신체구속을 당한 사람의 헌법상 기본적 권리인 변호인의 조력을 받을 권리의 본질적인 내용이 침해되는 일이 없도록 신중을 기하여야 한다(대판 2017.3.9. 2013도16162).

3. 비변호인과의 접견교통권

(1) 접견교통권의 보장

체포 또는 구속된 피의자 또는 피고인은 **법률의 범위 내에서** 타인과 접견하고 서류 또는 물건을 수수하며 의사의 진료를 받을 수 있다(제89조, 제200조의6, 제209조).

(2) 비변호인과의 접견교통권의 제한

1) 제한의 근거

① 법률에 의한 제한

비변호인과의 접견교통권은 **형의 집행 및 수용자의 처우에 관한 법률**에 의하여 일정한 사유가 있으면 접견의 금지 및 중지, 서신수수 및 전화통화의 중지 등의 제한을 받을 수 있다.

② 법원 또는 수사기관의 결정에 의한 제한(제91조, 제200조의6, 제209조)

㉠ 피고인의 경우

법원은 **도망하거나 또는 범죄의 증거를 인멸할 염려**가 있다고 인정할 만한 상당한 이유가 있는 때에는 직권 또는 검사의 청구에 의하여 **결정으로** 구속된 피고인과 비변호인과의 접견을 금하거나 서류나 그 밖의 물건을 수수하지 못하게 하거나 검열 또는 압수할 수 있다(제91조).

㉡ 피의자의 경우

제91조는 피의자의 체포 또는 구속에 대해서도 준용되는데(제200조의6, 제209조), 이 때 접견교통권의 제한을 결정하는 주체에 대하여 논의가 있다. 법원의 결정에 의한다는 **법원결정설**이 있지만, 현행법의 해석상 수사기관의 결정에 의한다는 **수사기관결정설**이 타당하다.

2) 제한의 범위(제91조 단서)

접견교통권의 제한은 접견의 금지, 서류 또는 물건의 검열과 압수 및 수수의 금지이다. 전면적 금지뿐만 아니라 개별적 금지도 포함되며, 조건부·기한부 금지도 가능하다. 다만, **의류, 양식, 의료품의 수수**를 금지 또는 압수하는 것은 허용되지 않는다(제91조 단서).

4. 접견교통권 침해에 대한 구제 [12.모의, 18.모의]

(1) 접견교통권의 침해

변호인과의 접견교통권을 제한하거나 의류, 양식, 의료품의 수수를 금지한 때 또는 적법한 절차에 의하지 않고 접견교통권을 제한한 경우를 의미한다.

> **판례**
>
> 1 구속영장에는 청구인을 구금할 수 있는 장소로 특정 경찰서 유치장으로 기재되어 있었는데, 청구인에 대하여 위 구속영장에 의하여 1995.11.30. 07:50경 위 경찰서 유치장에 구속이 집행되었다가 같은 날 08:00에 그 신병이 조사차 국가안전기획부 직원에게 인도된 후 위 경찰서 유치장에 인도된 바 없이 계속하여 국가안전기획부 청사에 사실상 구금되어 있다면, 청구인에 대한 이러한 **사실상의 구금장소의 임의적 변경은 청구인의 방어권이나 접견교통권의 행사에 중대한 장애를 초래하는 것이므로 위법**하다(대결 1996.5.15. 95모94). (변시2회)
> 2 변호인의 접견교통권은 신체구속을 당한 피고인이나 피의자의 인권보장과 방어준비를 위하여 필수불가결한 권리로서 법령에 의한 제한이 없는 한 수사기관의 처분은 물론 법원의 결정으로도 이를 제한할 수 없다 할 것인바, 위 관계법령의 규정취지에 비추어 볼 때 **접견신청일이 경과하도록 접견이 이루어지지 아니한 것은 실질적으로 접견불허가처분**이 있는 것과 동일시 된다고 할 것이다(대결 1991.3.28. 91모24).

(2) 구제방법

1) 항고, 준항고(제402조, 제417조)

접견교통권 제한은 구금에 관한 결정 및 처분에 해당하므로 법원의 접견교통제한 결정에 대하여는 **보통항고**, 수사기관에 의한 침해의 경우에는 **준항고**를 제기할 수 있다.

2) 증거능력 배제

접견교통권을 침해한 가운데 수집된 자백·진술·증거물 등은 위법한 절차에 의하여 수집된 증거로서 증거능력이 없다.

3) 기타 방법

상소, 행정소송, 국가배상, 헌법소원 등의 방법으로 구제받을 수 있다.

Ⅳ 체포·구속적부심사제도

1. 의의

체포·구속적부심사제도는 수사기관에 의하여 체포 또는 구속된 피의자에 대하여 법원이 **체포 또는 구속의 적법 여부와 그 필요성을 심사**하여 체포 또는 구속이 부적법 또는 부당한 경우 피의자를 석방시키는 제도로서 체포 또는 구속의 불법뿐만 아니라 부당, 즉 구속계속의 필요성까지 심사의 대상으로 한다는 점에서 법관이 발부한 영장에 대한 **재심절차 내지 항고적 성격**을 가지고 있다(제214조의2).

2. 심사의 청구

(1) 청구권자

체포 또는 구속된 피의자와 피의자의 변호인·법정대리인·배우자·직계친족·형제자매·가족·동거인·고용주 등이 체포·구속적부심사를 청구할 수 있다(제214조의2 제1항). 개정법은 영장의 요건을 삭제하여 **긴급체포, 현행범 체포된 자**에 대해서도 적부심사의 청구권을 인정하여 그 대상을 확대하였다. 다만, 사인에 의하여 불법체포·구속된 자는 포함되지 않는다. 또한 적부심사의 청구권자는 **피의자에 한정**돼 있으므로 **피고인은 여기에 포함되지 않는다.** (12.모의)

★ 판례

형사소송법 규정이 체포영장에 의하지 아니하고 체포된 피의자의 적부심사청구권을 제한한 취지라고 볼 것은 아니므로 **긴급체포 등 체포영장에 의하지 아니하고 체포된 피의자의 경우에도 헌법과 형사소송법의 위 규정에 따라 그 적부심사를 청구할 권리를 가진다**(대결 1997.8.27. 97모21). (변시12회, 14.모의)

---

(2) 청구의 사유

체포 또는 구속이 **불법**한 경우뿐만 아니라 **부당**, 즉 구속계속의 필요성을 포함한다. 구속을 계속할 필요성이 인정되지 않는 경우 예컨대 합의, 고소취소 유무는 심사시를 기준으로 판단한다. (14.모의)

(3) 청구의 방법

청구권자는 피의사건의 관할법원에 적부심사를 청구하여야 한다. 청구는 서면으로 할 수 있다.

3. 법원의 심사

(1) 심사법원

지방법원 합의부나 단독판사가 심사한다. 원칙적으로 **체포 또는 구속영장을 발부한 법관은 관여하지 못하나** 영장발부 법관 외에 다른 판사가 없는 경우는 예외이다(214조의2 제12항).

(2) 심문기일 지정

청구서가 접수된 때로부터 **48시간 이내로** 심문기일을 지정해야 하며(동조 제4항), (12.모의) 심문기일·장소를 지체 없이 청구인·변호인·검사 및 피의자를 구금하고 있는 관서의 장에게 통지하여야 한다.

(3) 심문절차

법원은 심문기일에 피의자를 심문하고 관계서류와 증거물을 조사한다(동조 제4항). 검사, 변호인 및 청구인은 심문기일에 출석하여 의견을 진술할 수 있다(동조 제9항). 법원은 체포와 구속의 적부심사에서 체포 또는 구속된 피의자에게 변호인이 없는 때에는 국선변호인을 선정하여야 하고, **심문 없이 기각결정을 하는 경우에도** 국선변호인을 선정하여야 한다(동조 제10항). (변시1회·2회) 변호인은 법원에 제출된 구속영장청구서 및 그에 첨부된 고소·고발장, 피의자의 진술을 기재한 서류와 피의자가 제출한 서류를 열람할 수 있다.

법원사무관등은 심문요지 등을 조서에 기재해야 하고, 해당 조서는 **형사소송법 제311조가 규정한 문서에는 해당하지 않는다 할 것이나, 피고인이 증거로 함에 부동의 하더라도 제315조 제3호에 의해 당연히 증거능력이 인정된다**(대판 2004.1.16. 2003도5693). (13.모의, 14.모의)

📖 판례

[1] **구속적부심문조서는 형사소송법 제311조가 규정한 문서에는 해당하지 않는다 할 것이나, 피고인이 증거로 함에 부동의 하더라도 제315조 제3호에 의해 당연히 증거능력이 인정된다.**

[2] 구속적부심문조서의 증명력은 다른 증거와 마찬가지로 법관의 자유판단에 맡겨져 있으나, 피의자는 구속적부심에서의 자백의 의미나 자백이 수사절차나 공판절차에서 가지는 중요성을 제대로 헤아리지 못한 나머지 허위자백을 하고라도 자유를 얻으려는 유혹을 받을 수가 있으므로, **법관은 구속적부심문조서의 자백의 기재에 관한 증명력을 평가함에 있어 이러한 점에 각별히 유의를 하여야 한다**(대판 2004.1.16. 2003도5693).

---

4. 법원의 결정

(1) 결정기한

법원은 심문이 종료된 때부터 **24시간 이내**에 적부심사에 대한 결정을 하여야 한다(규칙 제 106조). (12.모의) 이 경우 법원이 수사관계서류와 증거물을 접수한 때부터 결정 후 검찰청에 반환된 때까지의 기간은 체포 또는 구속기간에 산입되지 않는다(제214조의2 제13항).

(2) 법원의 결정

1) 기각결정

심문결과 이유 없다고 인정한 경우에는 결정으로 청구를 기각하여야 한다(제214조의2 제4항). 그러나 ① 청구권자 아닌 자가 청구하거나 동일한 체포영장 또는 구속영장의 발부에 대하여 재청구한 때 ② 공범이나 공동피의자의 순차청구가 수사방해의 목적으로 하고 있음이 명백한 때에는 **심문 없이 기각결정**을 한다(동조 제3항).

2) 석방결정

청구가 이유 있다고 인정한 경우에는 결정으로 석방을 명하여야 한다(동조 제4항). 석방결정은 결정서의 등본이 검찰청에 송달된 때에 효력을 발생한다(제42조). (12.모의) 체포·구속심사결정에 의하여 석방된 피의자가 **도망하거나 범죄의 증거를 인멸하는 경우를 제외하고는 동일한 범죄사실에 관하여 재차 체포·구속하지 못한다**(제214조의3 제1항). (변시7회·9회).

🔍 전격기소의 문제

적부심사 청구 후 결정 전에 검사의 전격기소가 있는 경우 청구인의 지위가 피고인이 되므로 종래 형사소송법상 구속적부심사청구를 기각할 수밖에 없어 구속적부심사청구의 실효성에 의문이 제기되었다. 이에 관련 조문을 2004년에 개정하여 **구속적부심사청구 후 피의자에 대하여 공소제기가 되어 있는 경우 그 후 법원이 석방결정을 하면 석방하여야 한다**고 명시함으로써 문제를 해결하였다(제214조의2 제4항). (변시1회·12회, 13.모의)

---

3) 항고의 금지

기각결정 및 석방결정에 대하여는 항고하지 못한다(제214조의2 제8항). 이는 항고 때문에 발생하는 수사의 지연과 심사의 장기화를 피하기 위함이다. 다만, **보증금납입조건부 석방결정에 대해서는 항고가 가능**하다는 것이 판례이다. (변시10회 · 12회)

🔎 **보증금납입조건부 석방결정에 대한 항고 가부** [12.모의, 15.모의]

1. 논점

체포 · 구속적부심사의 결정에 항고를 불허하는 제214조의2 제8항에는 보증금납입조건부 석방결정이 포함되어 있지 않으므로 동 결정에 대하여 항고가 가능한지가 문제된다.

2. 견해의 대립

보증금납입조건부 석방결정에 대하여 항고하지 못한다는 규정이 없으므로 항고가 인정된다고 보는 **긍정설**과 보증금납입조건부 석방결정은 적부심에 대한 석방결정과 다를 바 없으므로 항고가 금지된다는 **부정설**이 대립한다.

3. 판례의 태도

① 보증금납입조건부 석방결정에 대해서는 항고하지 못한다는 규정이 없고 ② 보증금납입조건부 석방결정과 적부심에 대한 석방결정은 그 취지와 내용을 달리하며 ③ 기소 후 보석결정에 항고가 인정되는 것과의 균형상 항고가 인정된다고 하여 **긍정설**의 입장이다(대결 1997.8.27. 97모21).

4. 검토

현행법 해석상 항고를 인정하고 있는 **긍정설**이 타당하다.

---

(3) 보증금납입조건부 피의자석방(피의자 보석)

1) 의의

적부심을 청구한 피의자에 대하여 보증금납입을 조건으로 구속의 집행을 정지하는 제도를 말한다(제214조의2 제5항). ① 피의자가 **구속적부심**을 청구한 경우에 ② 법원의 직권에 의하여 석방을 명할 수 있는 **직권 · 재량보석**으로, **피의자에게 보석청구권이 인정되지 않는다.** (13.모의)

2) 적용범위

현행법은 구속된 피의자만을 대상으로 규정하고 있으므로 체포된 피의자에 대해서도 보증금납입조건부 피의자 석방이 가능한지에 대하여 논의가 있다. ① 체포와 구속은 명백히 구분되며 명문상 구속된 피의자로 한정하고 있음을 이유로 하는 **부정설**과 ② 구속된 피의자와 체포된 피의자를 구별할 합리적인 이유가 없으므로 인정하여야 한다는 **긍정설**이 있다. 판례는 형사소송법은 수사단계에서의 체포와 구속을 명백히 구분하고 있고 제214조의2 제5항에서 '구속된 피의자'라고 명시하고 있으므로 보증금납입조건부 피의자 석방이 허용되지 않는다는 **부정설**의 입장이다(대결 1997.8.27. 97모21). 생각건대 현행법의 해석상 부정설이 타당하다. (변시1회, 13.모의)

3) 보증금납입조건부 피의자 석방의 내용

① 재량에 의한 석방명령

법원은 구속된 피의자에 대하여 피의자의 출석을 보증할 만한 보증금의 납입을 조건으로 하여 결정으로 석방을 **명할 수 있다.** 구속된 피의자에는 심사청구 후 공소제기된 자를 포함한다.

② 피의자 보석 제외사유

범죄의 증거를 인멸할 염려가 있다고 믿을만한 충분한 이유가 있는 때, 피해자 등에게 해를 가하거나 가할 염려가 있다고 믿을 만한 충분한 이유가 있는 때에는 석방을 할 수 없다 (동조 제5항 단서).

③ 보증금과 조건

보증금 결정이나 집행절차 등에 관하여는 보석에 관한 규정이 준용된다(동조 제7항).

④ 재체포 · 재구속 제한

보증금납입 조건으로 석방된 피의자는 ① 도망한 때 ② 도망하거나 범죄의 증거를 인멸할 염려가 있다고 믿을 만한 충분한 이유가 있는 때 ③ 출석요구를 받고 정당한 이유 없이 출석하지 아니한 때 ④ 주거의 제한이나 그 밖에 법원이 정한 조건을 위반한 때를 제외하고는 동일한 범죄사실에 관하여 재차 체포 또는 구속하지 못한다(제214조의3 제2항).

⑤ 보증금의 몰수

일정한 사유가 있을 때는 임의적 몰수(제214조의4 제1항)와 필요적 몰수(동조 제2항)를 한다.

재체포 · 재구속의 제한

체포	긴급체포 (제200조의4 제3항)	**영장 없이는 불가**
	적부심석방 (제214조의3 제1항)	① 도망한 경우 ② 증거를 인멸한 경우
구속	석방 (제208조 제1항)	**다른 중요한 증거를 발견한 경우**
	적부심석방 (제214조의3 제1항)	① 도망한 경우 ② 증거를 인멸한 경우
	보증금납입 조건부석방 (제214조의3 제2항)	① 도망한 때 ② 도망하거나 범죄의 증거를 인멸할 염려가 있다고 믿을 만한 충분한 이유가 있는 때 ③ 출석요구를 받고 정당한 이유 없이 출석하지 아니한 때 ④ 주거제한이나 법원이 정한 조건을 위반한 때

V 보석

1. 의의

보석은 일정한 보증금의 납부 등을 조건으로 하여 **구속의 집행을 판결확정시까지 정지함**으로써 **구속된 피고인을 석방**하는 제도로서, 무죄추정의 법리를 실현하는데 기여한다.

2. 보석의 종류

보석에는 피고인 등의 청구에 기한 **청구보석**과 법원의 직권에 의하여 허용되는 **직권보석**이 있다. 그리고 보석청구가 있으면 법원이 반드시 보석을 허가하여야 하는 **필요적 보석**과 허가 여부가 법원의 재량에 속하는 **임의적 보석**으로 구분할 수도 있다.

(1) 필요적 보석

1) 원칙

보석의 청구가 있는 때에는 제외사유가 없는 한 보석을 허가하여야 한다(제95조). 즉, 필요적 보석을 원칙으로 한다.

2) 제외사유

① 피고인이 사형, 무기 또는 장기 10년이 넘는 징역이나 금고에 해당하는 죄를 범한 때 ② 피고인이 누범에 해당하거나 상습범인 죄를 범한 때 ③ 피고인이 죄증을 인멸하거나 인멸할 염려가 있다고 믿을 만한 충분한 이유가 있는 때 ④ 피고인이 도망하거나 도망할 염려가 있다고 믿을 만한 충분한 이유가 있는 때 ⑤ 피고인의 주거가 분명하지 아니한 때 ⑥ 피고인이 피해자, 당해 사건의 재판에 필요한 사실을 알고 있다고 인정되는 자 또는 그 친족의 생명·신체나 재산에 해를 가하거나 가할 염려가 있다고 믿을 만한 충분한 이유가 있는 때가 있다.

3) 제외사유의 판단과 여죄

필요적 보석의 제외사유를 판단함에 있어 구속영장에 기재되어 있지 않은 여죄도 고려할 수 있는가에 대해서 ① 구속은 피고인에 대한 것이므로 여죄도 고려해야 한다는 **적극설** ② 병합심리 중인 때에는 고려할 수 있다는 **절충설**이 있지만 ③ 구속의 효력은 구속영장에 기재된 사실에 대하여만 미치므로 이를 고려할 수 없다는 **소극설**이 타당하다.

(2) 임의적 보석

법원은 제95조의 제외사유가 있음에도 불구하고 상당한 이유가 있는 때에는 직권 또는 보석청구권자의 청구에 의하여 결정으로 보석을 허가할 수 있다(제96조).

> **⚖ 판례**
>
> 피고인이 집행유예의 기간 중에 있어 집행유예의 결격자라고 하여 보석을 허가할 수 없는 것은 아니고 형사소송법 제95조는 그 제1 내지 5호 이외의 경우에는 필요적으로 보석을 허가하여야 한다는 것이지 여기에 해당하는 경우에는 보석을 허가하지 아니할 것을 규정한 것이 아니므로 **집행유예기간 중에 있는 피고인의 보석을 허가한 것이 누범과 상습범에 대하여는 보석을 허가하지 아니할 수 있다는 형사소송법 제95조 제2호의 취지에 위배되어 위법이라고 할 수 없다**(대결 1990.4.18. 90모22).

3. 보석의 청구

피고인, 변호인, 법정대리인, 배우자, 직계친족, 형제자매와 가족, 고용주, 동거인이 청구할 수 있고(제94조), 보석청구는 서면에 의하며(규칙 제53조 제1항), 심급을 불문하고 할 수 있다.

4. 법원의 심리

보석의 청구를 받은 법원은 **지체 없이** 심문기일을 정하여 구속된 피고인을 심문하여야 한다(규칙 제54조의2). 재판장은 보석에 관한 결정을 하기 전에 **검사의 의견을 물어야** 하고, 검사는 **지체 없이 의견을 표명**하여야 한다(제97조). 검사의 의견이 **법원을 구속하는 것은 아니다.**

법원이 보석에 관한 결정을 함에 있어 검사의 의견을 듣도록 한 형사소송법 제97조 제1항의 규정에 따른 **검사의 의견 또한 법원에 대하여 구속력을 가지는 것이 아니라고 할 것이다.** 따라서 검사의 의견청취의 절차는 보석에 관한 결정의 본질적 부분이 되는 것은 아니므로, 설사 **법원이 검사의 의견을 듣지 아니한 채 보석에 관한 결정을 하였다고 하더라도** 그 결정이 적정한 이상, **절차상의 하자만을 들어 그 결정을 취소할 수는 없다**(대결 1997.11.27. 97모88).

5. 법원의 결정

(1) 결정의 내용

법원은 특별한 사정이 없는 한 청구받은 날로부터 **7일 이내**에 보석의 허부를 결정하여야 한다(규칙 제55조). 보석청구가 부적법하거나 이유 없는 때에는 결정으로 보석청구를 기각해야 한다. 그러나 보석청구가 이유 있는 때에는 보석허가의 결정을 하여야 한다.

(2) 보석의 조건

법원은 보석을 허가하는 경우에는 필요하고 상당한 범위 안에서 ① 보증금 등 납부 ② 서약서와 출석보증서의 제출 ③ 피해금액 공탁 ④ 기타의 부가적 보석조건 중 하나 이상의 보석조건을 정하여야 한다(제98조).

(3) 보석조건의 결정기준

제98조의 보석 조건을 정함에 있어서 ① 범죄의 성질 및 죄상 ② 증거의 증명력 ③ 피고인의 성격 · 전과 · 환경 및 자산 ④ 피해자에 대한 배상 등 범행 후의 정황에 관련된 사항 등을 고려하여야 한다(제99조 제1항). 단 피고인의 자금능력 또는 자산 정도로는 이행할 수 없는 조건을 정할 수 없다(동조 제2항).

(4) 보석조건의 변경

법원은 직권 또는 보석청구권자의 신청에 따라 결정으로 피고인의 **보석조건을 변경하거나 일정기간 동안 당해 조건의 이행을 유예**할 수 있다(제102조 제1항).

(5) 결정에 대한 항고

보석결정(기각결정 및 허가결정)에 대해서는 **보통항고**로 불복할 수 있다. 그러나 **즉시항고는 할 수 없다.** (변시5회)

(6) 보석의 집행

서약서 제출, 보증금납입 약정서, 출석보증서, 공탁 또는 담보제공 및 보증금납입 등의 조건은 이를 이행한 후가 아니면 보석허가결정을 집행하지 못하며, 법원은 필요하다고 인정하는 때에는 다른 조건에 관하여도 그 이행 이후 보석허가결정을 집행하도록 정할 수 있다(제100조 제1항). 법원은 **보석청구자 이외의 자에게 보증금의 납입을 허가**할 수 있으며, 유가증권 또는 피고인 외의 자가 제출한 보증서로써 보증금에 갈음함을 허가할 수 있다(동조 제2항, 제3항).

(7) 보석의 취소 · 실효와 보증금의 몰수 · 환부

1) 보석의 취소

피고인이 ① 도망하거나 죄증을 인멸할 염려가 있다고 믿을 만한 충분한 이유가 있는 때

② 소환을 받고 정당한 사유 없이 출석하지 아니한 때 ③ 피해자 등에게 해를 가하거나 가할 염려가 있는 때 ④ 조건 위반이있는 때에는 직권 또는 검사의 청구에 의하여 보석을 취소할 수 있다(제102조 제2항).

2) 보석의 실효

보석은 **보석의 취소**와 **구속영장의 실효**에 의하여 그 효력을 상실한다. 따라서 무죄, 면소, 형의 선고유예와 집행유예, 벌금 또는 과료의 재판이 선고된 때에는 물론 자유형이나 사형이 확정된 경우에도 구속영장이 실효되므로 보석도 효력을 잃는다.

3) 보증금의 몰취

① 임의적 몰취(제103조 제1항)

보석을 취소하는 때에는 보증금 또는 담보의 전부 또는 일부를 몰취할 수 있다. 이 때 보석취소결정과 보증금 몰취결정을 동시에 해야 하는가에 대하여 견해의 대립이 있으나, **판례는 몰취결정을 반드시 보석취소와 동시에 하여야만 가능한 것은 아니고 보석취소 후에 별도로 보증금 몰취결정을 할 수 있다고 보고 있다**(대결 2001.5.29. 2000모22 전합). (변시5회)

② 필요적 몰취(제103조 제2항)

보증금의 납입 또는 담보제공을 조건으로 석방된 피고인이 **동일한 범죄사실에 관하여 형의 선고를 받고 그 판결이 확정된 후 집행하기 위한 소환을 받고 출석하지 아니하거나 도망한 때**에는 직권 또는 검사의 청구에 따라 보증금 등의 전부 또는 일부를 몰취하여야 한다.

4) 보증금 환부

구속 또는 보석을 취소하거나 구속영장의 효력이 소멸된 때에는 몰취하지 아니한 보증금 또는 담보를 청구한 날로부터 **7일 이내에** 환부하여야 한다(제104조).

Ⅵ 구속의 집행정지

1. 의의

법원은 **상당한 이유가 있는 때**, 예를 들면 가족의 장례식 참석, 중병, 출산시에는 결정으로 구속된 피고인을 친족, 보호단체 기타 적당한 자에게 부탁하거나 피고인의 주거를 제한하여 구속의 집행을 정지할 수 있다(제101조 제1항). 구속된 피의자에 대하여는 검사 또는 사법경찰관이 구속의 집행을 정지할 수 있다(제209조). 구속의 집행정지는 **보증금을 조건으로 하지 않고 직권에 의하여** 행하여지며, **피고인뿐만 아니라 피의자에 대하여도 인정**된다는 점에서 보석과 구별된다.

2. 절차

당사자에게는 구속집행정지 신청권이 없으며 법원이 직권으로 행한다. 법원이 피고인에 대한 구속집행정지결정을 함에는 검사의 의견을 물어야 한다. 단, 급속을 요하는 경우에는 그러지 아니하다(제101조 제1항). 개정 전 구속집행정지 결정에 대하여 검사의 즉시항고를 인정했던 조항은 인신구속의 판단에 있어서 검사의 판단을 법원의 판단보다 우선시키기 때문에 영장주의 위반으로 헌법재판소에 의하여 위헌결정을 받았다(헌재 2012.6.27. 2001헌가36).

3. 취소

보석의 취소사유와 동일한 사유가 있는 경우에 직권 또는 검사의 청구에 따라 결정으로 구속집행정지를 취소할 수 있다. 구속된 피의자에 대하여는 검사 또는 사법경찰관이 취소 사유가 있는 경우 결정으로 구속의 집행정지를 취소할 수 있다(제209조, 제102조 제2항).

Ⅶ 구속의 실효

1. 구속취소

(1) 의의

피고인에 대하여 **구속의 사유가 없거나 소멸된 때**에는 법원은 직권 또는 청구에 의하여 구속을 취소하여야 한다(제93조). 피의자에 대해서는 검사 또는 사법경찰관이 결정으로 구속을 취소하여야 한다(제209조, 제93조). (18.모의)

(2) 구속취소 사유

구속의 사유가 없는 때란 **구속사유가 처음부터 없음에도** 구속을 하였음이 판명된 때이고, 구속사유가 소멸된 때란 **구속사유가 사후적으로 소멸**되었을 때를 말한다.

> **판례**
>
> 1 피고인에 대한 **형이 그대로 확정된다고 하더라도 잔여형기가 8일 이내이고 또한 피고인의 주거가 일정할 뿐 아니라 증거인멸이나 도망의 염려도 없어 보인다면** 피고인을 구속할 사유는 소멸하였다 보아야 할 것이니 구속취소 신청은 이유있다(대결 1983.8.18. 83모42).
> 2 형사소송법 제93조에 의한 **구속의 취소**는 구속영장에 의하여 구속된 피고인에 대하여 구속의 사유가 없거나 소멸된 때에 법원이 직권 또는 피고인 등의 청구에 의하여 결정으로 구속을 취소하는 것으로서, 그 결정에 의하여 구속영장이 실효되므로, **구속영장의 효력이 존속하고 있음을** 전제로 하는 것이고, 다른 사유로 이미 구속영장이 실효된 경우에는 피고인이 계속 구금되어 있더라도 위 규정에 의한 구속의 취소 결정을 할 수 없다(대결 1999.9.7. 99초355,99도3454). (18.모의)

2. 구속의 당연실효

(1) 구속기간의 만료

구속기간이 만료되면 구속영장의 효력은 **당연히 상실된다.**

(2) 무죄 등 선고

무죄, 면소, 공소기각, 형의면제, 형의 선고유예, 형의 집행유예 (변시1회) 또는 벌금이나 과료를 과하는 판결이 선고되면 구속영장은 효력을 잃는다(제331조). (18.모의)

(3) 사형 · 자유형 확정

사형, 자유형의 판결이 확정된 때에도 구속영장은 효력을 상실한다. 판결확정 후에 계속되는 신체구속은 확정판결 자체의 효력에 의한 것이지 구속영장의 효력에 의한 것은 아니다.

제5절 대물적 강제수사

Ⅰ 압수와 수색

1. 의의

압수란 물건의 점유를 취득하는 강제처분을 말한다. 점유취득과정 자체에 강제력을 행사하는 **압류**, 점유보관에서 강제력을 사용하는 **영치**, 일정한 물건의 제출을 명하는 **제출명령**을 그 내용으로 한다. 다만, 수사기관에 의한 강제수사에는 제출명령을 포함하지 않는다. 한편 **수색**이란 압수할 물건 또는 체포할 사람을 발견할 목적으로 신체, 주거, 기타 장소에 대하여 행하는 강제처분을 말한다.

2. 압수·수색의 목적물

(1) 압수의 목적물

1) 증거물과 몰수물

피의·피고 사건과 관련된 증거물 또는 몰수할 것으로 사료되는 물건이 압수의 대상이다. 증거물은 절차의 확보를 위한 것이고, 몰수물은 형집행 확보를 위한 것이다. 다만, 법률에 특별한 규정이 있는 경우에는 그 범위와 내용이 달라질 수 있는데 형사소송법에 규정된 것은 다음과 같다.

① 우체물과 전기통신의 압수

법원은 필요한 때에는 **피고사건과 관계가 있다고 인정할 수 있는 것에 한정**하여 우체물 또는 통신비밀보호법 제2조 제3호에 따른 전기통신에 관한 것으로서 체신관서, 그 밖의 관련 기관 등이 소지 또는 보관하는 물건의 제출을 명하거나 압수를 할 수 있다(제107조, 제219조).

② 군사상 비밀

군사상 비밀을 요하는 장소는 **그 책임자의 승낙** 없이는 압수 또는 수색할 수 없다. 책임자는 국가의 중대한 이익을 해하는 경우를 제외하고 승낙을 거부하지 못한다(제110조, 219조).

③ 공무상 비밀

공무원 또는 공무원이었던 자가 소지 또는 보관하는 물건에 관하여는 본인 또는 그 당해 공무소가 직무상 비밀에 관한 것임을 신고한 때에는 **그 소속 공무소 또는 해당감독관공서의 승낙**이 있어야 압수할 수 있다. 다만, 국가의 중대한 이익을 해하는 경우를 제외하고 승낙을 거부하지 못한다(제219조, 제111조).

④ 업무상 비밀

변호사, 변리사, 공증인, 공인회계사, 세무사, 대서업자, 의사, 한의사, 치과의사, 약사, 약종상, 조산사, 간호사, 종교의 직에 있는 자 또는 이러한 직에 있던 자가 그 업무상 위탁을 받아 소지 또는 보관하는 물건으로 **타인의 비밀에 관한 것은 압수를 거부**할 수 있다. 다만, 그 타인의 승낙이 있거나 중대한 공익상 필요가 있을 때에는 예외로 한다(제112조, 제219조).

2) 정보저장매체 압수 [변시6회, 12.모의]

압수의 목적물이 컴퓨터용디스크, 그 밖에 이와 비슷한 정보저장매체인 경우에는 **기억된 정보의 범위를 정하여 출력하거나 복제**하여 제출받아야 한다. 다만, **범위를 정하여 출력 또는 복제하는 방법이 불가능하거나 압수의 목적을 달성하기에 현저히 곤란하다고 인정되는 때에는 정보저장매체 등을 압수할 수 있다(제106조).** (변시1회·3회·9회, 12.모의)

🔎 판례

1 [1] 수사기관의 전자정보에 대한 압수·수색은 원칙적으로 영장 발부의 사유로 된 범죄 혐의사실과 관련된 부분만을 문서 출력물로 수집하거나 수사기관이 휴대한 저장매체에 해당 파일을 복제하는 방식으로 이루어져야 하고, **저장매체 자체를 직접 반출하거나 저장매체에 들어있는 전자파일 전부를 하드카피나 이미징 등 형태로 수사기관 사무실 등 외부로 반출하는 방식으로 압수·수색하는 것은** 현장의 사정이나 전자정보의 대량성으로 관련 정보 획득에 긴 시간이 소요되거나 전문 인력에 의한 기술적 조치가 필요한 경우 등 범위를 정하여 **출력 또는 복제하는 방법이 불가능하거나 압수의 목적을 달성하기에 현저히 곤란하다고 인정되는 때에 한하여 예외적으로 허용될 수 있을 뿐이다.**

[2] 저장매체 자체 또는 적법하게 획득한 복제본을 탐색하여 혐의사실과 관련된 전자정보를 문서로 출력하거나 파일로 복제하는 일련의 과정 역시 전체적으로 하나의 영장에 기한 압수·수색의 일환에 해당하므로, 그러한 경우의 문서출력 또는 파일복제의 대상 역시 **저장매체 소재지에서의 압수·수색과 마찬가지로 혐의사실과 관련된 부분으로 한정되어야** 함은 헌법 제12조 제1항, 제3항과 형사소송법 제114조, 제215조의 적법절차 및 영장주의 원칙이나 비례의 원칙에 비추어 당연하다. 따라서 **수사기관 사무실 등으로 반출된 저장매체 또는 복제본에서 혐의사실 관련성에 대한 구분 없이 임의로 저장된 전자정보를 문서로 출력하거나 파일로 복제하는 행위는 원칙적으로 영장주의 원칙에 반하는 위법한 압수가 된다.**

[3] 저장매체에 대한 압수·수색 과정에서 범위를 정하여 출력 또는 복제하는 방법이 불가능하거나 압수의 목적을 달성하기에 현저히 곤란한 예외적인 사정이 인정되어 전자정보가 담긴 저장매체 또는 하드카피나 이미징 등 형태(이하 '복제본')를 수사기관 사무실 등으로 **옮겨 복제·탐색·출력하는 경우에도,** 그와 같은 일련의 과정에서 형사소송법 제219조, 제121조에서 규정하는 **피압수·수색 당사자나 변호인에게 참여의 기회를 보장하고 혐의사실과 무관한 전자정보의 임의적인 복제 등을 막기 위한 적절한 조치를 취하는 등 영장주의 원칙과 적법절차를 준수하여야** 한다. 만약 그러한 조치가 취해지지 않았다면 피압수자 측이 참여하지 아니한다는 의사를 명시적으로 표시하였거나 절차 위반행위가 이루어진 과정의 성질과 내용 등에 비추어 피압수자 측에 절차 참여를 보장한 취지가 실질적으로 침해되었다고 볼 수 없을 정도에 해당한다는 등의 특별한 사정이 없는 이상 압수·수색이 적법하다고 평가할 수 없고, 비록 **수사기관이 저장매체 또는 복제본에서 혐의사실과 관련된 전자정보만을 복제·출력하였다 하더라도 달리 볼 것은 아니다.**

[4] 전자정보에 대한 압수·수색 과정에서 이루어진 현장에서의 저장매체 압수·이미징·탐색·복제 및 출력행위 등 수사기관의 처분은 하나의 영장에 의한 압수·수색과정에서 이루어진다. 그러한 일련의 행위가 모두 진행되어 압수·수색이 종료된 이후에는 특정단계의 처분만을 취소하더라도 그 이후의 압수·수색을 저지한다는 것을 상정할 수 없고 수사기관에게 압수·수색의 결과물을 보유하도록 할 것인지가 문제될 뿐이다. 그러므로 이 경우에는 **준항고인이 전체 압수·수색과정을 단계적·개별적으로 구분하여 각 단계의 개별 처분의 취소를 구하더라도 준항고법원은 특별한 사정이 없는 한 구분된 개별 처분의 위법이나 취소 여부를 판단할 것이 아니라 당해 압수·수색 과정 전체를 하나의 절차로 파악하여 그 과정에서 나타난 위법이 압수·수색 절차 전체를**

위법하게 할 정도로 중대한지 여부에 따라 전체적으로 압수·수색 처분을 취소할 것인지를 가려 야 한다. 여기서 위법의 중대성은 위반한 절차조항의 취지, 전체과정 중에서 위반행위가 발생한 과정의 중요도, 위반사항에 의한 법익침해 가능성의 경중 등을 종합하여 판단하여야 한다.

[5] 검사가 압수·수색영장을 발부받아 甲 주식회사 빌딩 내 乙의 사무실을 압수·수색하였는데, 저장매체에 범죄혐의와 관련된 정보(이하 '유관정보')와 범죄혐의와 무관한 정보(이하 '무관정 보')가 혼재된 것으로 판단하여 甲 회사의 동의를 받아 저장매체를 수사기관 사무실로 반출한 다음 乙 측의 참여하에 저장매체에 저장된 전자정보파일 전부를 '이미징'의 방법으로 다른 저장 매체로 복제(이하 '제1처분')하고, 乙 측의 참여 없이 이미징한 복제본을 외장 하드디스크에 재 복제(이하 '제2처분')하였으며, 乙 측의 참여 없이 하드디스크에서 유관정보를 탐색하는 과정에 서 甲 회사의 별건 범죄혐의와 관련된 전자정보 등 무관정보도 함께 출력(이하 '제3처분')한 사 안에서, 제1처분은 위법하다고 볼 수 없으나, 제2·3처분은 제1처분 후 피압수·수색 당사자에게 계속적인 참여권을 보장하는 등의 조치가 이루어지지 아니한 채 유관정보는 물론 무관정보까지 재복제·출력한 것으로서 영장이 허용한 범위를 벗어나고 적법절차를 위반한 위법한 처분이며, 제2·3처분에 해당하는 전자정보의 복제·출력 과정은 증거물을 획득하는 행위로서 압수·수색의 목적에 해당하는 중요한 과정인 점 등 위법의 중대성에 비추어 위 영장에 기한 압수·수색이 전체적으로 취소되어야 한다(대결 2015.7.16. 2011모1839 전합). (변시8회·10회, 16.모의)

2 [1] 전자정보에 대한 압수·수색영장을 집행할 때에는 원칙적으로 영장 발부의 사유인 혐의사실 과 관련된 부분만을 문서 출력물로 수집하거나 수사기관이 휴대한 저장매체에 해당 파일을 복 사하는 방식으로 이루어져야 하고, 집행현장 사정상 위와 같은 방식에 의한 집행이 불가능하거나 현저히 곤란한 부득이한 사정이 존재하더라도 저장매체 자체를 직접 혹은 하드카피나 이미징 등 형태로 수사기관 사무실 등 외부로 반출하여 해당 파일을 압수·수색할 수 있도록 영장에 기재되어 있고 실제 그와 같은 사정이 발생한 때에 한하여 위 방법이 예외적으로 허용될 수 있 을 뿐이다. 나아가 이처럼 저장매체자체를 수사기관 사무실 등으로 옮긴 후 영장에 기재된 범죄 혐의 관련 전자정보를 탐색하여 해당 전자정보를 문서로 출력하거나 파일을 복사하는 과정 역 시 전체적으로 압수·수색영장 집행의 혐의사실과 관련된 부분으로 한정되어야 하는 것은 헌법 제12조 제1항, 제3항, 형사소송법 제114조, 제215조의 적법절차 및 영장주의 원칙상 당연하다. 그 러므로 수사기관 사무실 등으로 옮긴 저장매체에서 범죄 혐의 관련성에 대한 구분 없이 저장된 전자정보 중 임의로 문서출력 혹은 파일복사를 하는 행위는 특별한 사정이 없는 한 영장주의 등 원칙에 반하는 위법한 집행이다.

[2] 수사기관 전국교직원노동조합 본부 사무실에 대한 압수·수색영장을 집행하면서 방대한 전 자정보가 담긴 저장매체 자체를 영장 기재 집행장소에서 수사기관 사무실로 옮긴 것은 영장이 예외적으로 허용한 부득이한 사유의 발생에 따른 것으로 볼 수 있고, 나아가 당사자 측의 참여 권 보장 등 압수·수색 대상 물건의 훼손이나 임의적 열람 등을 막기 위해 법령상 요구되는 상 당한 조치가 이루어진 것으로 볼 수 있으므로 이 점에서 절차상 위법이 있다고는 할 수 없으나, 다만, 영장의 명시적 근거 없이 수사기관이 임의로 정한 시점 이후의 접근 파일 일체를 복사하 는 방식으로 8,000여 개나 되는 파일을 복사한 영장집행은 원칙적으로 압수·수색영장이 허용 한 범위를 벗어난 것으로서 위법하다고 볼 여지가 있는데, 위 압수·수색 전 과정에 비추어 볼 때, 수사기관이 영장에 기재된 혐의사실 일시로부터 소급하여 일정 시점 이후의 파일들만 복사 한 것은 나름대로 대상을 제한하려고 노력한 것으로 보이고, 당사자 측도 그 적합성에 대하여 묵시적으로 동의한 것으로 보는 것이 타당하므로, 위 영장 집행이 위법하다고 볼 수는 없다(대결 2011.5.26. 2009모1190). (변시3회·4회)

3 피의자의 이메일 계정에 대한 접근권한에 갈음하여 발부받은 압수·수색영장에 따라 원격지의 저장매체에 적법하게 접속하여 내려받거나 현출된 전자정보를 대상으로 하여 범죄 혐의사실과 관련된 부분에 대하여 압수·수색하는 것은, 압수·수색영장의 집행을 원활하고 적정하게 행하기 위하여 필요한 최소한도의 범위 내에서 이루어지며 그 수단과 목적에 비추어 사회통념상 타당하다고 인정되는 대물적 강제처분 행위로서 허용되며, 형사소송법 제120조 제1항에서 정한 압수·수색영장의 집행에 필요한 처분에 해당한다. 그리고 **이러한 법리는 원격지의 저장매체가 국외에 있는 경우라 하더라도 그 사정만으로 달리 볼 것은 아니다**(대판 2017.11.29. 2017도9747). (변시8회·10회)

4 [1] 오늘날 개인 또는 기업의 업무는 컴퓨터나 서버, 저장매체가 탑재된 정보처리장치 없이 유지되기 어려운데, 전자정보가 저장된 각종 저장매체(이하 '정보저장매체'라 한다)는 대부분 대용량이어서 수사의 대상이 된 범죄혐의와 관련이 없는 개인의 일상생활이나 기업경영에 관한 정보가 광범위하게 포함되어 있다. 이러한 전자정보에 대한 수사기관의 압수·수색은 사생활의 비밀과 자유, 정보에 대한 자기결정권, 재산권 등을 침해할 우려가 크므로 포괄적으로 이루어져서는 안 되고, 비례의 원칙에 따라 수사의 목적상 필요한 최소한의 범위 내에서 이루어져야 한다. 수사기관의 전자정보에 대한 압수·수색은 원칙적으로 영장 발부의 사유로 된 범죄혐의사실과 관련된 부분만을 문서 출력물로 수집하거나 수사기관이 휴대한 정보저장매체에 해당 파일을 복제하는 방식으로 이루어져야 하고, 정보저장매체 자체를 직접 반출하거나 저장매체에 들어 있는 전자파일 전부를 하드카피나 이미징 등 형태(이하 '복제본'이라 한다)로 수사기관 사무실 등 외부로 반출하는 방식으로 압수·수색하는 것은 현장의 사정이나 전자정보의 대량성으로 인하여 관련 정보 획득에 긴 시간이 소요되거나 전문 인력에 의한 기술적 조치가 필요한 경우 등 범위를 정하여 출력 또는 복제하는 방법이 불가능하거나 압수의 목적을 달성하기에 현저히 곤란하다고 인정되는 때에 한하여 예외적으로 허용될 수 있을 뿐이다.

위와 같은 법리는 정보저장매체에 해당하는 임의제출물의 압수(형사소송법 제218조)에도 마찬가지로 적용된다. 임의제출물의 압수는 압수물에 대한 수사기관의 점유 취득이 제출자의 의사에 따라 이루어진다는 점에서 차이가 있을 뿐 범죄혐의를 전제로 한 수사 목적이나 압수의 효력은 영장에 의한 경우와 동일하기 때문이다. 따라서 수사기관은 특정 범죄혐의와 관련하여 전자정보가 수록된 정보저장매체를 임의제출받아 그 안에 저장된 전자정보를 압수하는 경우 그 동기가 된 범죄혐의사실과 관련된 전자정보의 출력물 등을 임의제출받아 압수하는 것이 원칙이다. 다만, 현장의 사정이나 전자정보의 대량성과 탐색의 어려움 등의 이유로 범위를 정하여 출력 또는 복제하는 방법이 불가능하거나 압수의 목적을 달성하기에 현저히 곤란하다고 인정되는 때에 한하여 예외적으로 정보저장매체 자체나 복제본을 임의제출받아 압수할 수 있다.

[2] 수사기관이 제출자의 의사를 쉽게 확인할 수 있음에도 이를 확인하지 않은 채 특정 범죄혐의사실과 관련된 전자정보와 그렇지 않은 전자정보가 혼재된 정보저장매체를 임의제출받은 경우, 그 정보저장매체에 저장된 전자정보 전부가 임의제출되어 압수된 것으로 취급할 수는 없다. 전자정보를 압수하고자 하는 수사기관이 정보저장매체와 거기에 저장된 전자정보를 임의제출의 방식으로 압수할 때, 제출자의 구체적인 제출 범위에 관한 의사를 제대로 확인하지 않는 등의 사유로 인해 임의제출자의 의사에 따른 전자정보 압수의 대상과 범위가 명확하지 않거나 이를 알 수 없는 경우에는 임의제출에 따른 압수의 동기가 된 범죄혐의사실과 관련되고 이를 증명할 수 있는 최소한의 가치가 있는 전자정보에 한하여 압수의 대상이 된다. 이때 범죄혐의사실과 관련된 전자정보에는 범죄혐의사실 그 자체 또는 그와 기본적 사실관계가 동일한 범행과 직접 관련되어 있는 것은 물론 범행 동기와 경위, 범행 수단과 방법, 범행 시간과 장소 등을 증명하기 위한 간접증거나 정황증거 등으로 사용될 수 있는 것도 포함될 수 있다. 다만, 그 관련성은 임의제출에 따른 압수의 동기가 된 범죄혐의사실의 내용과 수사의 대상, 수사의 경위, 임의제출의 과정

등을 종합하여 구체적·개별적 연관관계가 있는 경우에만 인정되고, 범죄혐의사실과 단순히 동종 또는 유사 범행이라는 사유만으로 관련성이 있다고 할 것은 아니다.

범죄혐의사실과 관련된 전자정보인지를 판단할 때는 범죄혐의사실의 내용과 성격, 임의제출의 과정 등을 토대로 구체적·개별적 연관관계를 살펴볼 필요가 있다. 특히 카메라의 기능과 정보저장매체의 기능을 함께 갖춘 휴대전화인 스마트폰을 이용한 불법촬영 범죄와 같이 범죄의 속성상 해당 범행의 상습성이 의심되거나 성적 기호 내지 경향성의 발현에 따른 일련의 범행의 일환으로 이루어진 것으로 의심되고, 범행의 직접증거가 스마트폰 안에 이미지 파일이나 동영상 파일의 형태로 남아 있을 개연성이 있는 경우에는 그 안에 저장되어 있는 같은 유형의 전자정보에서 그와 관련한 유력한 간접증거나 정황증거가 발견될 가능성이 높다는 점에서 이러한 간접증거나 정황증거는 범죄혐의사실과 구체적·개별적 연관관계를 인정할 수 있다. 이처럼 범죄의 대상이 된 피해자의 인격권을 현저히 침해하는 성격의 전자정보를 담고 있는 불법촬영물은 범죄행위로 인해 생성된 것으로서 몰수의 대상이기도 하므로 임의제출된 휴대전화에서 해당 전자정보를 신속히 압수·수색하여 불법촬영물의 유통 가능성을 적시에 차단함으로써 피해자를 보호할 필요성이 크다. 나아가 이와 같은 경우에는 간접증거나 정황증거이면서 몰수의 대상이자 압수·수색의 대상인 전자정보의 유형이 이미지 파일 내지 동영상 파일 등으로 비교적 명확하게 특정되어 그와 무관한 사적 전자정보 전반의 압수·수색으로 이어질 가능성이 적어 상대적으로 폭넓게 관련성을 인정할 여지가 많다는 점에서도 그러하다.

피의자가 소유·관리하는 정보저장매체를 피의자 아닌 피해자 등 제3자가 임의제출하는 경우에는, 그 임의제출 및 그에 따른 수사기관의 압수가 적법하더라도 임의제출의 동기가 된 범죄혐의사실과 구체적·개별적 연관관계가 있는 전자정보에 한하여 압수의 대상이 되는 것으로 더욱 제한적으로 해석하여야 한다. 피의자 개인이 소유·관리하는 정보저장매체에는 그의 사생활의 비밀과 자유, 정보에 대한 자기결정권 등 인격적 법익에 관한 모든 것이 저장되어 있어 제한 없이 압수·수색이 허용될 경우 피의자의 인격적 법익이 현저히 침해될 우려가 있기 때문이다.

[3] 압수의 대상이 되는 전자정보와 그렇지 않은 전자정보가 혼재된 정보저장매체나 그 복제본을 임의제출받은 수사기관이 그 정보저장매체 등을 수사기관 사무실 등으로 옮겨 이를 탐색·복제·출력하는 경우, 그와 같은 일련의 과정에서 형사소송법 제219조, 제121조에서 규정하는 피압수·수색 당사자(이하 '피압수자'라 한다)나 그 변호인에게 참여의 기회를 보장하고 압수된 전자정보의 파일 명세가 특정된 압수목록을 작성·교부하여야 하며 범죄혐의사실과 무관한 전자정보의 임의적인 복제 등을 막기 위한 적절한 조치를 취하는 등 영장주의 원칙과 적법절차를 준수하여야 한다. 만약 그러한 조치가 취해지지 않았다면 피압수자 측이 참여하지 아니한다는 의사를 명시적으로 표시하였거나 임의제출의 취지와 경과 또는 그 절차 위반행위가 이루어진 과정의 성질과 내용 등에 비추어 피압수자 측에 절차 참여를 보장한 취지가 실질적으로 침해되었다고 볼 수 없을 정도에 해당한다는 등의 특별한 사정이 없는 이상 압수·수색이 적법하다고 평가할 수 없고, 비록 수사기관이 정보저장매체 또는 복제본에서 범죄혐의사실과 관련된 전자정보만을 복제·출력하였다 하더라도 달리 볼 것은 아니다. 나아가 피해자 등 제3자가 피의자의 소유·관리에 속하는 정보저장매체를 영장에 의하지 않고 임의제출한 경우에는 실질적 피압수자인 피의자가 수사기관으로 하여금 그 전자정보 전부를 무제한 탐색하는 데 동의한 것으로 보기 어려울 뿐만 아니라 피의자 스스로 임의제출한 경우 피의자의 참여권 등이 보장되어야 하는 것과 견주어 보더라도 특별한 사정이 없는 한 형사소송법 제219조, 제121조, 제129조에 따라 피의자에게 참여권을 보장하고 압수한 전자정보 목록을 교부하는 등 피의자의 절차적 권리를 보장하기 위한 적절한 조치가 이루어져야 한다. (변시12회)

[4] 임의제출된 정보저장매체에서 압수의 대상이 되는 전자정보의 범위를 초과하여 수사기관이 임의로 전자정보를 탐색·복제·출력하는 것은 원칙적으로 위법한 압수·수색에 해당하므로

허용될 수 없다. 만약 전자정보에 대한 압수·수색이 종료되기 전에 범죄혐의사실과 관련된 전자정보를 적법하게 탐색하는 과정에서 별도의 범죄혐의와 관련된 전자정보를 우연히 발견한 경우라면, 수사기관은 더 이상의 추가 탐색을 중단하고 법원으로부터 별도의 범죄혐의에 대한 압수·수색영장을 발부받은 경우에 한하여 그러한 정보에 대하여도 적법하게 압수·수색을 할 수 있다. 따라서 임의제출된 정보저장매체에서 압수의 대상이 되는 전자정보의 범위를 넘어서는 전자정보에 대해 수사기관이 영장 없이 압수·수색하여 취득한 증거는 위법수집증거에 해당하고, 사후에 법원으로부터 영장이 발부되었다거나 피고인이나 변호인이 이를 증거로 함에 동의하였다고 하여 그 위법성이 치유되는 것도 아니다.

[5] 피고인이 2014. 12. 11. 피해자 甲을 상대로 저지른 성폭력범죄의 처벌 등에 관한 특례법 위반(카메라등이용촬영) 범행(이하 '2014년 범행'이라 한다)에 대하여 甲이 즉시 피해 사실을 경찰에 신고하면서 피고인의 집에서 가지고 나온 피고인 소유의 휴대전화 2대에 피고인이 촬영한 동영상과 사진이 저장되어 있다는 취지로 말하고 이를 범행의 증거물로 임의제출하였는데, 경찰이 이를 압수한 다음 그 안에 저장된 전자정보를 탐색하다가 甲을 촬영한 휴대전화가 아닌 다른 휴대전화에서 피고인이 2013. 12.경 피해자 乙, 丙을 상대로 저지른 같은 법 위반(카메라등이용촬영) 범행(이하 '2013년 범행'이라 한다)을 발견하고 그에 관한 동영상·사진 등을 영장 없이 복제한 CD를 증거로 제출한 사안에서, 甲은 경찰에 피고인의 휴대전화를 증거물로 제출할 당시 그 안에 수록된 전자정보의 제출 범위를 명확히 밝히지 않았고, 담당 경찰관들도 제출자로부터 그에 관한 확인절차를 거치지 않은 이상 휴대전화에 담긴 전자정보의 제출 범위에 관한 제출자의 의사가 명확하지 않거나 이를 알 수 없는 경우에 해당하므로, 휴대전화에 담긴 전자정보 중 임의제출을 통해 적법하게 압수된 범위는 임의제출 및 압수의 동기가 된 피고인의 2014년 범행 자체와 구체적·개별적 연관관계가 있는 전자정보로 제한적으로 해석하는 것이 타당하고, 이에 비추어 볼 때 범죄발생 시점 사이에 상당한 간격이 있고 피해자 및 범행에 이용한 휴대전화도 전혀 다른 피고인의 2013년 범행에 관한 동영상은 임의제출에 따른 압수의 동기가 된 범죄혐의사실(2014년 범행)과 구체적·개별적 연관관계 있는 전자정보로 보기 어려워 수사기관이 사전영장 없이 이를 취득한 이상 증거능력이 없고, 사후에 압수·수색영장을 받아 압수절차가 진행되었더라도 달리 볼 수 없다는 이유로, 피고인의 2013년 범행을 무죄로 판단한 원심의 결론이 정당하다고 한 사례(대판 2021.11.18. 2016도348 전합). [변시12회, 22.모의]

5 공중밀집장소인 지하철 내에서 여성을 촬영한 행위와 다세대 주택에서 몰래 당시 교제 중이던 여성의 나체와 음부를 촬영한 행위는 범행 시간과 장소뿐만 아니라 범행동기와 경위, 범행 수단과 방법 등을 달리하므로, 간접증거와 정황증거를 포함하는 구체적·개별적 연관관계 있는 전자정보로 보기 어렵고, 위 사진 및 이 사건 휴대전화에서 삭제된 전자정보를 복원하여 이를 복제한 CD는 경찰이 피압수자인 피고인에게 참여의 기회를 부여하지 않은 상태에서 임의로 탐색·복제·출력한 전자정보로서, 피고인에게 압수한 전자정보 목록을 교부하거나 피고인이 그 과정에 참여하지 아니할 의사를 가지고 있는지 여부를 확인한 바가 없으므로, 수사기관이 영장 없이 이를 취득한 이상 증거능력이 없는 이유로 여성의 나체와 음부가 촬영된 사진의 증거능력을 부정한 원심판단에 법리오해의 잘못이 없다(대판 2021.11.25. 2016도82).

6 [1] 법원은 압수·수색영장의 집행에 관하여 범죄혐의사실과 관련 있는 정보의 탐색·복제·출력이 완료된 때에는 지체 없이 압수된 정보의 상세목록을 피의자 등에게 교부할 것을 정할 수 있다. 압수물 목록은 피압수자 등이 압수처분에 대한 준항고를 하는 등 권리행사절차를 밟는 가장 기초적인 자료가 되므로, 수사기관은 이러한 권리행사에 지장이 없도록 압수 직후 현장에서 압수물 목록을 바로 작성하여 교부해야 하는 것이 원칙이다. 이러한 압수물 목록 교부 취지에 비추어 볼 때, 압수된 정보의 상세목록에는 정보의 파일 명세가 특정되어 있어야 한다.

[2] 법원은 압수·수색영장의 집행에 관하여 범죄혐의사실과 관련 있는 전자정보의 탐색·복제·출력이 완료된 때에는 지체 없이 영장 기재 범죄혐의사실과 관련이 없는 나머지 전자정보에 대해 삭제·폐기 또는 피압수자 등에게 반환할 것을 정할 수 있다. 수사기관이 범죄 혐의사실과 관련 있는 정보를 선별하여 압수한 후에도 그와 관련이 없는 나머지 정보를 삭제·폐기·반환하지 아니한 채 그대로 보관하고 있다면 범죄 혐의사실과 관련이 없는 부분에 대하여는 압수의 대상이 되는 전자정보의 범위를 넘어서는 전자정보를 영장 없이 압수·수색하여 취득한 것이어서 위법하고, 사후에 법원으로부터 압수·수색영장이 발부되었다거나 피고인이나 변호인이 이를 증거로 함에 동의하였다고 하여 그 위법성이 치유된다고 볼 수 없다.

[3] 수사기관이 압수·수색영장에 기재된 범죄혐의사실과의 관련성에 대한 구분 없이 임의로 전체의 전자정보를 복제·출력하여 이를 보관하여 두고, 그와 같이 선별되지 않은 전자정보에 대해 구체적인 개별 파일 명세를 특정하여 상세목록을 작성하지 않고 '…zip'과 같이 그 내용을 파악할 수 없도록 되어 있는 포괄적인 압축파일만을 기재한 후 이를 전자정보 상세목록이라고 하면서 피압수자 등에게 교부함으로써 범죄혐의사실과 관련성 없는 정보에 대한 삭제·폐기·반환 등의 조치도 취하지 아니하였다면, 이는 결국 수사기관이 압수·수색영장에 기재된 범죄혐의사실과 관련된 정보 외에 범죄 혐의사실과 관련이 없어 압수의 대상이 아닌 정보까지 영장 없이 취득하는 것일 뿐만 아니라, 범죄혐의와 관련 있는 압수 정보에 대한 상세목록 작성·교부의무와 범죄혐의와 관련 없는 정보에 대한 삭제·폐기·반환의무를 사실상 형해화하는 결과가 되는 것이어서 영장주의와 적법절차의 원칙을 중대하게 위반한 것으로 봄이 타당하다(만약 수사기관이 혐의사실과 관련 있는 정보만을 선별하였으나 기술적인 문제로 정보 전체를 1개의 파일 등으로 복제하여 저장할 수밖에 없다고 하더라도 적어도 압수목록이나 전자정보 상세목록에 압수의 대상이 되는 전자정보 부분을 구체적으로 특정하고, 위와 같이 파일 전체를 보관할 수밖에 없는 사정을 부기하는 등의 방법을 취할 수 있을 것으로 보인다). 따라서 이와 같은 경우에는 영장 기재 범죄 혐의사실과의 관련성 유무와 상관없이 수사기관이 임의로 전자정보를 복제·출력하여 취득한 정보 전체에 대해 그 압수는 위법한 것으로 취소되어야 한다고 봄이 타당하고, 사후에 법원으로부터 그와 같이 수사기관이 취득하여 보관하고 있는 전자정보 자체에 대해 다시 압수·수색영장이 발부되었다고 하여 달리 볼 수 없다(대결 2022.1.14. 2021모1586).

7 압수의 대상이 되는 전자정보와 그렇지 않은 전자정보가 혼재된 정보저장매체나 그 복제본을 압수·수색한 수사기관이 정보저장매체 등을 수사기관 사무실 등으로 옮겨 이를 탐색·복제·출력하는 경우, 그와 같은 일련의 과정에서 형사소송법 제219조, 제121조에서 규정하는 피압수·수색 당사자(이하 '피압수자'라 한다)나 변호인에게 참여의 기회를 보장하고 압수된 전자정보의 파일 명세가 특정된 압수목록을 작성·교부하여야 하며 범죄혐의사실과 무관한 전자정보의 임의적인 복제 등을 막기 위한 적절한 조치를 취하는 등 영장주의 원칙과 적법절차를 준수하여야 한다. 만약 그러한 조치가 취해지지 않았다면 피압수자 측이 참여하지 아니한다는 의사를 명시적으로 표시하였거나 절차 위반행위가 이루어진 과정의 성질과 내용 등에 비추어 피압수자 측에 절차 참여를 보장한 취지가 실질적으로 침해되었다고 볼 수 없을 정도에 해당한다는 등의 특별한 사정이 없는 이상 압수·수색이 적법하다고 평가할 수 없고, 비록 수사기관이 정보저장매체 또는 복제본에서 범죄혐의사실과 관련된 전자정보만을 복제·출력하였다 하더라도 달리 볼 것은 아니다. 따라서 수사기관이 피압수자 측에 참여의 기회를 보장하거나 압수한 전자정보 목록을 교부하지 않는 등 영장주의 원칙과 적법절차를 준수하지 않은 위법한 압수·수색 과정을 통하여 취득한 증거는 위법수집증거에 해당하고, 사후에 법원으로부터 영장이 발부되었다거나 피고인이나 변호인이 이를 증거로 함에 동의하였다고 하여 위법성이 치유되는 것도 아니다 (대판 2022.7.28. 2022도2960).

참고 판례

1 [1] 다만, 위 전원합의체 판결의 경우와 달리 수사기관이 임의제출받은 정보저장매체가 그 기능과 속성상 임의제출에 따른 적법한 압수의 대상이 되는 전자정보와 그렇지 않은 전자정보가 혼재될 여지가 거의 없어 사실상 대부분 압수의 대상이 되는 전자정보만이 저장되어 있는 경우에는 소지 · 보관자의 임의제출에 따른 통상의 압수절차 외에 피압수자에게 참여의 기회를 보장하지 않고 전자정보 압수목록을 작성 · 교부하지 않았다는 점만으로 곧바로 증거능력을 부정할 것은 아니다.

[2] ① 경찰이 범죄혐의사실과 관련된 전자정보와 그렇지 않은 전자정보가 혼재되어 있는 정보저장매체인 휴대전화를 임의제출받는 경우 제출자의 의사를 확인하여야 한다. 모텔 업주인 공소외 1은 총 8개의 위장형 카메라를 임의제출할 당시 이 사건 각 위장형 카메라 및 그 안에 저장된 전자정보의 제출 범위를 명확히 밝히지 않았으므로, 임의제출에 따른 압수의 동기가 된 범죄혐의사실과 관련되고 이를 증명할 수 있는 최소한의 가치가 있는 전자정보에 한하여 압수의 대상이 된다. 그런데 이 사건 각 위장형 카메라에 저장된 205, 308, 507호에서 촬영된 영상은 306호에서 촬영된 영상과 범행 일자가 동일하고, 모두 이 사건 모텔에서 촬영되었으며, 범죄의 속성상 해당 범행의 상습성이 의심되거나 피고인의 성적 기호 내지 경향성의 발현에 따른 일련의 범행의 일환으로 이루어진 것으로 의심되어, 범행의 동기와 경위, 범행 수단과 방법 등을 증명하기 위한 간접증거나 정황증거 등으로 사용될 수 있으므로, 306호 촬영에 관한 범죄 혐의사실과 구체적 · 개별적 연관관계를 인정할 수 있다. 결국 205, 308, 507호에서 촬영된 영상은 임의제출에 따른 압수의 동기가 된 306호 촬영에 관한 범죄혐의사실과 관련성이 있는 증거로서 관련성이 인정될 수 있다.

② 피의자가 소유 · 관리하는 정보저장매체를 피의자 아닌 제3자가 임의제출하는 경우에 그 임의제출 및 그에 따른 수사기관의 압수가 적법하더라도 임의제출의 동기가 된 범죄혐의사실과 구체적 · 개별적 연관관계가 있는 전자정보에 한하여 압수의 대상이 되는 것으로 더욱 제한적으로 해석하여야 하는 것은, 정보저장매체에는 그의 사생활의 비밀과 자유, 정보에 대한 자기결정권 등 인격적 법익에 관한 모든 것이 저장되어 있어, 임의제출의 주체가 소유자 아닌 소지자 · 보관자에 불과함에도 아무런 제한 없이 압수 · 수색이 허용되면 피의자의 인격적 법익이 현저히 침해될 우려가 있음을 고려하여, 그 제출행위로 소유자의 사생활의 비밀 기타 인격적 법익이 현저히 침해될 우려가 있는 경우에는 임의제출에 따른 압수 · 수색의 필요성과 함께 임의제출에 동의하지 않은 소유자의 법익에 대한 특별한 배려도 필요하기 때문이다(대판 2016도348 전합 등 참조).

반면, 임의제출된 이 사건 각 위장형 카메라 및 그 메모리카드에 저장된 전자정보처럼 오직 불법촬영을 목적으로 방실 내 나체나 성행위 모습을 촬영할 수 있는 벽 등에 은밀히 설치되고, 촬영대상 목표물의 동작이 감지될 때에만 카메라가 작동하여 촬영이 이루어지는 등, 그 설치 목적과 장소, 방법, 기능, 작동원리상 소유자의 사생활의 비밀 기타 인격적 법익의 관점에서 그 소지 · 보관자의 임의제출에 따른 적법한 압수의 대상이 되는 전자정보와 구별되는 별도의 보호가치 있는 전자정보의 혼재 가능성을 상정하기 어려운 경우에는 위 소지 · 보관자의 임의제출에 따른 통상의 압수절차 외에 별도의 조치가 따로 요구된다고 보기는 어렵다. 따라서 피고인 내지 변호인에게 참여의 기회를 보장하지 않고 전자정보 압수목록을 작성 · 교부하지 않았다는 점만으로 곧바로 증거능력을 부정할 것은 아니다(대판 2021.11.25. 2019도7342). (변시12회)

2 [1] 경찰관은 지하철 역사 주변에서 카메라 등을 이용한 불법 촬영자를 검거하기 위하여 근무하던 중, 2018. 4. 25. 16:00경 순번 48번 범행 사실을 적발하고 피고인이 소지하고 있던 이 사건 휴대전화를 임의제출받아 영장 없이 압수하고, 위 지하철 역사 내에 위치한 지하철경찰대 사무실로 피고인과 임의동행하였다. 순번 48번 범행 당시 작성된 압수조서 상에는 "본 압수처분은, 피고인이 에스컬레이터를 올라가는 불상의 피해자의 특정부위를 촬영하는 것을 검문한 바, 오른손에 들고 있던 이 사건 휴대전화를 임의로 제출하여 본건의 증거물로 확보코져 별지 압수 목록과 같이 임의로 압수하다."라고 기재되어 있다. 경찰은 같은 날 위 1)항의 검거 30분이 경과한 시점에서 같은 역 지하철 경찰대 사무실에서 피고인에 대한 피의자신문을 진행하면서 피고인의 면전에서 이 사건 휴대전화를 탐색하여 그 안에 저장되어 있는 성적 수치심을 유발할 수 있는 타인의 신체 부위를 몰래 촬영한 것으로 의심되는 동영상 321건을 발견하였다. 피고인은 불법촬영사실을 인정하면서 2018. 2. 15.부터 2018. 4. 25.까지 버스정류장, 지하철역사, 횡단보도 등에서 촬영된 순번 1~47번 범행의 각 일시·장소를 특정하고 범죄일람표를 직접 수기로 작성하여 경찰관에게 교부하였다. 이에 경찰은 위 범죄일람표, 위 각 범행에 관한 동영상을 복사한 시디(CD) 및 이를 캡처한 사진을 기록에 첨부하였고, 검사는 위 범죄일람표를 공소장에 별지로 첨부하는 한편, 위 시디 및 사진과 함께 증거로 제출하였다.

[2] ① 피고인이 이 사건 휴대전화를 임의제출할 당시 그 안에 저장된 전자정보의 제출 범위를 명확히 밝히지 않았으므로, 임의제출에 따른 압수의 동기가 된 범죄혐의사실과 관련되고 이를 증명할 수 있는 최소한의 가치가 있는 전자정보에 한하여 압수의 대상이 된다. 그런데 순번 1~47번 범행에 관한 동영상은 2018. 2. 15.부터 2018. 4. 25.까지 약 2개월에 걸쳐 촬영된 것으로 순번 48번 범행 일시인 2018. 4. 25.과 시간적으로 근접하고, 순번 48번 범행과 마찬가지로 카메라의 기능과 정보저장매체의 기능을 함께 갖춘 이 사건 휴대전화로 버스정류장, 지하철역사, 횡단보도 등 공공장소에서 촬영되었다. 따라서 순번 1~47번 범행은 범죄의 속성상 해당 범행의 상습성이 의심되거나 피고인의 성적 기호 내지 경향성의 발현에 따른 일련의 범행의 일환으로 이루어진 것으로 의심되어, 순번 48번 범행의 동기와 경위, 범행 수단과 방법 등을 증명하기 위한 간접증거나 정황증거 등으로 사용될 수 있어 순번 48번 범죄혐의사실과 구체적·개별적 연관관계를 인정할 수 있다. 결국 순번 1~47번 범행에 관한 동영상은 임의제출에 따른 압수의 동기가 된 순번 48번 범죄혐의사실과 관련성이 있는 증거로서 관련성이 인정될 수 있다.

② 또한 경찰관은 피의자 신문 당시 임의제출받은 이 사건 휴대전화를 피고인과 함께 탐색하는 과정에서 발견된 순번 1~47번 범행에 관한 동영상을 피고인의 참여 아래 추출·복사하였고, 피고인은 직접 위 순번 1~47 범행에 관한 동영상을 토대로 '범죄일람표' 목록을 작성하였음을 알 수 있다. 따라서 피고인이 이 사건 휴대전화의 탐색 과정에 참여하였다고 보아야 하고, 순번 1~47번 범행에 관한 동영상을 특정하여 범죄일람표 목록을 작성·제출함으로써 실질적으로 피고인에게 전자정보 상세목록이 교부된 것과 다름이 없다고 볼 수 있다(대판 2021.11.25. 2019도6730).

3 [1] ① 이 사건 압수영장에 기재된 범죄사실은 피고인이 2019. 11. 9. 미성년인 피해자 공소외인에게 위력에 의한 추행을 하고 피해자 공소외인의 의사에 반하여 신체를 촬영하였다는 것이다. 이 사건 공소사실 중 피해자 공소외인을 제외한 나머지 피해자들에 대한 부분은 2018. 8. 12.경 부터 2020. 3. 16.경까지 아동들에게 성적 학대행위를 하거나, 이 사건 휴대전화를 이용하여 아동·청소년이용음란물을 제작하거나, 아동·청소년이용음란물을 소지하였다는 것이다. 이를 비교하여 보면 그 각 범행 시기가 근접하여 있고, 범행이 모두 아동·청소년을 대상으로 하고 있으며, 이 사건 휴대전화를 주된 범행수단으로 하고 있다는 점에서 공통점이 인정되므로, 위 각 범행은 동종·유사 범행에 해당한다. 여기에 수사기관이 압수수색 당시 이 사건 각 전자정보가 피고인이 아동·청소년이용음란물을 제작한 것인지, 아니면 아동·청소년이용음란물을 소지한 것인지 구분하기 어려웠다는 점도 함께 고려되어야 한다.

② 피고인이 피해자 공소외인에게 음란한 행위를 하도록 하였다는 부분은 결과적으로 성적 학대로 인한 아동복지법 위반(아동에 대한 음행강요·매개·성희롱 등)에 해당한다고 판단되었고, 이 사건 압수영장 집행 당시에도 피고인이 상습범으로 처벌될 가능성이 완전히 배제되었다고 볼 수는 없었다.

③ 이 사건 각 전자정보는 이 사건 압수영장에 기재된 범죄사실인 피해자 공소외인에 대한 범행과 관련하여 피고인이 피해자 공소외인의 의사에 반하거나 위력을 이용하여 피해자 공소외인에게 음란한 행위를 하도록 하고 그 신체를 촬영하였는지 여부 및 피고인 진술의 신빙성과 범행 동기 등을 판단할 수 있는 간접증거나 정황증거로도 사용될 수 있었다. 나아가 이 사건 각 전자정보는 성범죄에서 중요한 심리 요소인 피고인의 성적 취향을 알 수 있는 자료에 해당한다 (대판 2021.11.25. 2021도10034).

4 경찰이 성폭력범죄의 처벌 등에 관한 특례법 위반(카메라등이용촬영) 혐의로 임의제출받은 휴대전화를 탐색하다가 약 10개월 전에 촬영된 다른 범행에 관한 영상을 발견하고 이를 함께 기소한 사건에서, 다른 범행에 관한 영상은 임의제출에 따른 압수의 동기가 된 범행의 동기와 경위, 범행 수단과 방법 등을 증명하기 위한 간접증거나 정황증거 등으로 사용될 수 있으므로 구체적·개별적 연관관계가 인정되어 관련성이 있는 증거에 해당하고, 경찰이 1회 피의자신문 당시 휴대전화를 피고인과 함께 탐색하는 과정에서 다른 범행에 관한 영상을 발견하였으므로 피고인이 휴대전화의 탐색 과정에 참여하였다고 볼 수 있으며, 경찰은 같은 날 곧바로 진행된 2회 피의자신문에서 이 사건 사진을 피고인에게 제시하였고, 5장에 불과한 이 사건 사진은 모두 동일한 일시, 장소에서 촬영된 다른 범행에 관한 영상을 출력한 것임을 육안으로 쉽게 알 수 있으므로, 비록 피고인에게 전자정보의 파일 명세가 특정된 압수목록이 작성·교부되지 않았더라도 절차 위반행위가 이루어진 과정의 성질과 내용 등에 비추어 피고인의 절차상 권리가 실질적으로 침해되었다고 보기도 어렵다는 이유로, 다른 범행에 관한 영상의 증거능력을 부정한 원심을 파기한 사례(대판 2022.1.13. 2016도9596).

5 수사기관이 전자정보를 담은 매체를 피의자로부터 임의제출 받아 압수하면서 거기에 담긴 정보 중 무엇을 제출하는지 명확히 확인하지 않은 경우, 임의제출의 동기가 된 범죄혐의사실과 관련되고 이를 증명할 수 있는 최소한의 가치가 있는 정보여야 압수의 대상이 되는데, 범행 동기와 경위, 수단과 방법, 시간과 장소 등에 관한 간접증거나 정황증거로 사용될 수 있는 정보도 그에 포함될 수 있다. 수사기관이 피의자로부터 범죄혐의사실과 관련된 전자정보와 그렇지 않은 전자정보가 섞인 매체를 임의제출 받아 사무실 등지에서 정보를 탐색·복제·출력하는 경우 피의자나 변호인에게 참여의 기회를 보장하고 압수된 전자정보가 특정된 목록을 교부해야 하나, 그러한 조치를 하지 않았더라도 절차 위반행위가 이루어진 과정의 성질과 내용 등에 비추어 피의자의 절차상 권리가 실질적으로 침해되지 않았다면 압수·수색이 위법하다고 볼 것은 아니다(대판 2022.2.17. 2019도4938). (변시12회)

6 [1] 헌법과 형사소송법이 구현하고자 하는 적법절차와 영장주의의 정신에 비추어 볼 때, 법관이 압수·수색영장을 발부하면서 '압수할 물건'을 특정하기 위하여 기재한 문언은 엄격하게 해석해야 하고, 함부로 피압수자 등에게 불리한 내용으로 확장해석 또는 유추해석을 하는 것은 허용될 수 없다(대판 2009.3.12. 2008도763 등 참조).

[2] 압수할 전자정보가 저장된 저장매체로서 압수·수색영장에 기재된 수색장소에 있는 컴퓨터, 하드디스크, 휴대전화와 같은 컴퓨터 등 정보처리장치와 수색장소에 있지는 않으나 컴퓨터 등 정보처리장치와 정보통신망으로 연결된 원격지의 서버 등 저장매체(이하 '원격지 서버'라 한다)는 소재지, 관리자, 저장 공간의 용량 측면에서 서로 구별된다. 원격지 서버에 저장된 전자정보를 압수·수색하기 위해서는 컴퓨터 등 정보처리장치를 이용하여 정보통신망을 통해 원격지 서버에 접속하고 그곳에 저장되어 있는 전자정보를 컴퓨터 등 정보처리장치로 내려 받거나

화면에 현출시키는 절차가 필요하므로, 컴퓨터 등 정보처리장치 자체에 저장된 전자정보와 비교하여 압수·수색의 방식에 차이가 있다. 원격지 서버에 저장되어 있는 전자정보와 컴퓨터 등 정보처리장치에 저장되어 있는 전자정보는 그 내용이나 질이 다르므로 압수·수색으로 얻을 수 있는 전자정보의 범위와 그로 인한 기본권 침해 정도도 다르다.

[3] 따라서 수사기관이 압수·수색영장에 적힌 '수색할 장소'에 있는 컴퓨터 등 정보처리장치에 저장된 전자정보 외에 원격지 서버에 저장된 전자정보를 압수·수색하기 위해서는 압수·수색영장에 적힌 '압수할 물건'에 별도로 원격지 서버 저장 전자정보가 특정되어 있어야 한다. 압수·수색영장에 적힌 '압수할 물건'에 컴퓨터 등 정보처리장치 저장 전자정보만 기재되어 있다면 컴퓨터 등 정보처리장치를 이용하여 원격지 서버 저장 전자정보를 압수할 수는 없다(대판 2022.6.30. 2022도1452). (변시12회)

(2) 수색의 목적물

수색의 목적물은 사람의 신체, 물건, 또는 주거, 그 밖의 장소이다. 다만, 피의자 아닌 자의 신체, 물건, 주거 기타 장소에 관하여는 압수할 물건이 있음을 인정할 수 있는 경우에 한하여 수색할 수 있다(제109조, 제219조).

3. 압수·수색의 요건

(1) 범죄혐의

압수·수색도 수사인 이상 범죄혐의가 있어야 한다. 혐의의 정도는 체포·구속 보다는 낮은 단순히 죄를 범하였다고 인정되는 정도의 단순한 혐의로도 충분하다고 본다(구별설).

(2) 압수·수색의 필요성과 비례성의 원칙

압수·수색은 증거수집과 범죄수사를 위하여 필요한 때에 할 수 있다(제106조, 제109조, 제219조). 또한 압수·수색은 압수·수색을 하지 않고서는 목적을 달성할 수 없고 목적달성을 위해서라도 필요 최소한도의 범위 내에서 행해져야 한다.

(3) 피고사건과의 관련성

법원과 수사기관은 **해당사건과 관계가 있다고 인정할 수 있는 것에 한정하여** 증거물 또는 몰수할 것으로 사료하는 물건을 압수할 수 있다(제106조 제1항, 제215조).

━━ 🔨 **판례** ━━

1 수사기관이 피의자 甲의 공직선거법 위반 범행을 사실로 하여 발부받은 압수·수색영장의 집행 과정에서 乙, 丙사이의 대화가 녹음된 녹음파일을 압수하여 乙, 丙의 공직선거법 위반 혐의사실을 발견한 사안에서, 압수·수색영장에 기재된 '피의자'인 甲이 녹음파일에 의하여 의심되는 혐의사실과 무관한 이상, 수사기관이 별도의 압수·수색영장을 발부받지 아니한 채 압수한 녹음파일은 형사소송법 제219조에 의하여 수사기관의 압수에 준용되는 **형사소송법 제106조 제1항이 규정하는 '피고사건' 내지 같은 법 제215조 제1항이 규정하는 '해당 사건'과 관계가 있다고 인정할 수 있는 것에 해당하지 않으며**, 이와 같은 압수에는 헌법 제12조 제1항 후문, 제3항 본문이 규정하는 영장주의를 위반한 절차적 위법이 있으므로, 녹음파일은 형사소송법 제308조의2에서 정한 '적법한 절차에 따르지 아니하고 수집한 증거'로서 증거로 쓸 수 없고, 그 절차적 위법은 헌법상 영장주의 내지 적법절차의 실질적 내용을 침해하는 중대한 위법에 해당하여 예외적으로 증거능력을 인정할 수도 없다(대판 2014.1.16. 2013도7101). (변시4회, 14.모의)

2 통신비밀보호법은 통신제한조치의 집행으로 인하여 취득된 전기통신의 내용은 통신제한조치의 목적이 된 범죄나 이와 관련되는 범죄를 수사·소추하거나 그 범죄를 예방하기 위한 경우 등에 한정하여 사용할 수 있도록 규정하고(제12조 제1호), 통신사실확인자료의 사용제한에 관하여 이 규정을 준용하도록 하고 있다(제13조의5). 따라서 **통신사실확인자료 제공요청에 의하여 취득한 통화내역 등 통신사실확인자료를 범죄의 수사·소추를 위하여 사용하는 경우 대상 범죄는 통신사실확인자료 제공요청의 목적이 된 범죄 및 이와 관련된 범죄에 한정되어야 한다. 여기서 통신사실확인자료 제공요청의 목적이 된 범죄와 관련된 범죄란 통신사실 확인자료제공요청 허가서에 기재한 혐의사실과 객관적 관련성이 있고 자료제공 요청대상자와 피의자 사이에 인적 관련성이 있는 범죄를** 의미한다(대판 2017.1.25. 2016도13489). (변시12회)

3 압수·수색영장의 범죄 혐의사실과 관계있는 범죄라는 것은 압수·수색영장에 기재한 혐의사실과 객관적 관련성이 있고 압수·수색영장 대상자와 피의자 사이에 인적 관련성이 있는 범죄를 의미한다. 그중 혐의사실과의 객관적 관련성은 압수·수색영장에 기재된 혐의사실 자체 또는 그와 기본적 사실관계가 동일한 범행과 직접 관련되어 있는 경우는 물론 범행동기와 경위, 범행 수단과 방법, 범행 시간과 장소 등을 증명하기 위한 간접증거나 정황증거 등으로 사용될 수 있는 경우에도 인정될 수 있다. 그 관련성은 압수·수색영장에 기재된 혐의사실의 내용과 수사의 대상, 수사 경위 등을 종합하여 구체적·개별적 연관관계가 있는 경우에만 인정되고, 혐의사실과 단순히 동종 또는 유사 범행이라는 사유만으로 관련성이 있다고 할 것은 아니다. 그리고 <u>피의자와 사이의 인적 관련성은 압수·수색영장에 기재된 대상자의 공동정범이나 교사범 등 공범이나 간접정범은 물론 필요적 공범 등에 대한 피고사건에 대해서도 인정될 수 있다</u>(대판 2017.12.5. 2017도13458). (변시11회)

4 피고인이 2018. 5. 6.경 피해자 甲(여, 10세)에 대하여 저지른 간음유인미수 및 성폭력범죄의 처벌 등에 관한 특례법 위반(통신매체이용음란) 범행과 관련하여 수사기관이 피고인 소유의 휴대전화를 압수하였는데, 위 휴대전화에 대한 디지털정보분석 결과 피고인이 2017. 12.경부터 2018. 4.경까지 사이에 저지른 피해자 乙(여, 12세), 丙(여, 10세), 丁(여, 9세)에 대한 간음유인 및 간음유인미수, 미성년자의제강간, 성폭력범죄의 처벌 등에 관한 특례법 위반(13세미만미성년자강간), 성폭력범죄의 처벌 등에 관한 특례법 위반(통신매체이용음란) 등 범행에 관한 추가 자료들이 획득되어 그 증거능력이 문제 된 사안에서, 추가 자료들로 인하여 밝혀진 피고인의 乙, 丙, 丁에 대한 범행은 압수·수색영장의 범죄사실과 단순히 동종 또는 유사 범행인 것을 넘어서서 구체적·개별적 연관관계가 있는 경우로서 객관적·인적 관련성을 모두 갖추었다고 한 사례(대판 2020.2.13. 2019도14341,2019전도130)

5 [1] 헌법과 형사소송법이 구현하고자 하는 적법절차와 영장주의의 정신에 비추어 볼 때, 법관이 압수·수색영장을 발부하면서 '압수할 물건'을 특정하기 위하여 기재한 문언은 엄격하게 해석하여야 하고, 함부로 피압수자 등에게 불리한 내용으로 확장 또는 유추해석하여서는 안 된다(대판 2009.3.12. 2008도763 등 참조).

[2] 경찰은 이 사건 범행의 피의자로 공소외 3을 특정하여 공소외 3이 소유·소지하는 물건을 압수하기 위해 이 사건 영장을 신청하였고, 판사는 그 신청취지에 따라 공소외 3이 소유·소지하는 물건의 압수를 허가하는 취지의 이 사건 영장을 발부하였으므로, 이 사건 영장의 문언상 압수·수색의 상대방은 공소외 3이고, 압수할 물건은 공소외 3이 소유·소지·보관·관리·사용하는 물건에 한정된다. 비록 경찰이 압수·수색 현장에서 다른 사람으로부터 이 사건 범행의 진범이 피고인이라는 이야기를 들었다고 하더라도 이 사건 영장에 기재된 문언에 반하여 피고인 소유의 물건을 압수할 수는 없다. 대물적 강제처분은 대인적 강제처분과 비교하여 범죄사실 소명의 정도 등에서 그 차이를 인정할 수 있다고 하더라도, 일단 피의자와 피압수자를 특정하여 영장이 발부된 이상 다른 사람을 피압수자로 선해하여 영장을 집행하는 것이 적법·유효하다고 볼 수는 없기 때문이다(대판 2021.7.29. 2020도14654).

6 필로폰 교부의 혐의사실로 발부된 압수·수색영장에 따라 피고인의 소변, 모발을 압수하였고 그에 대한 감정 결과 필로폰 투약사실이 밝혀져 필로폰 투약에 대한 공소가 제기된 사안에서, 통상 감정일로부터 1~2주 이내의 마약류 투약 여부 확인을 위해서는 소변 감정으로 족하고, 그 이전의 투약 여부를 확인하기 위해서는 모발에 대한 감정이 필요한 것으로 알려져 있다. 법원이 압수할 물건으로 피고인의 소변뿐만 아니라 모발을 함께 기재하여 이 사건 압수영장을 발부한 것은 영장 집행일 무렵의 필로폰 투약 범행뿐만 아니라 그 이전의 투약 여부까지 확인하기 위한 것으로 볼 수 있고, 피고인이 이 사건 압수영장의 혐의사실인 필로폰 교부 일시 무렵 내지 그 이후 반복적으로 필로폰을 투약한 사실이 증명되면 필로폰 교부 당시에도 필로폰을 소지하고 있었거나 적어도 필로폰을 구할 수 있었다는 사실의 증명에 도움이 된다고 볼 수 있으므로, 압수한 피고인의 소변 및 모발은 이 사건 압수영장의 혐의사실 증명을 위한 간접증거 내지 정황증거로 사용될 수 있는 경우에 해당한다.

이 사건 압수영장의 혐의사실로 피고인의 필로폰 교부의 점만 기재되어 있기는 하나, 법원이 위 영장의 '압수·수색·검증을 필요로 하는 사유'로 "필로폰 사범의 특성상 피고인이 이전 소지하고 있던 필로폰을 투약하였을 가능성 또한 배제할 수 없어 필로폰 투약 여부를 확인 가능한 소변과 모발을 확보하고자 한다."라고 기재하고 있는 점 등에 비추어 볼 때, 이 부분 공소사실이 이 사건 압수영장 발부 이후의 범행이라고 하더라도 영장 발부 당시 전혀 예상할 수 없었던 범행이라고 볼 수도 없다.

그럼에도 원심이 이 사건 압수영장의 혐의사실과 이 부분 공소사실 사이에 연관성이 없으므로 이 사건 압수영장에 의하여 압수된 피고인의 소변 및 모발은 위법하게 수집된 증거에 해당하고, 그에 기초하여 획득한 2차적 증거들 역시 증거능력이 없다고 보아 이 부분 공소사실을 무죄로 판단한 데에는 압수·수색에 있어서의 '관련성', 위법수집증거배제법칙에 관한 법리를 오해하여 판결에 영향을 미친 위법이 있다(대판 2021.7.29. 2021도3756).

7 2020. 4. 21. 이 사건 각 압수·수색영장에 따라 압수된 피고인의 소변 및 모발 등에서 필로폰 양성 반응이 나온 점과 피고인의 수사단계에서의 자백을 근거로 "피고인이 2019. 11. 12. 및 2019. 11. 16. 각 필로폰을 투약하였다."라는 공소사실(이하 '제1 공소사실'이라 한다)과 "피고인이 2020. 1. 14. 필로폰을 투약하였다."라는 공소사실(이하 '제2 공소사실'이라 하고, 제1, 2 공소사실을 모두 지칭할 때 '이 사건 공소사실'이라 한다)로 공소를 제기한 사안에서, 위와 같은 이 사건 각 압수·수색영장의 기재 내용, 마약류 범죄의 특성과 피고인에게 다수의 동종 범죄전력이 있는 점을 고려하면, 이 사건 각 압수·수색영장에 따라 압수된 피고인의 소변 및 모발에 대한 감정 결과에 의하여 피고인이 위 각 압수·수색영장 집행일 무렵뿐만 아니라 그 이전에도 반복적·계속적으로 필로폰을 투약해온 사실이 증명되면 이 사건 각 압수·수색영장 기재 혐의사실 일시 무렵에도 유사한 방법으로 필로폰을 투약하였을 개연성이 매우 높다고 할 것이므로, 비록 소변에서 위 각 압수·수색영장 기재 필로폰 투약과 관련된 필로폰이 검출될 수 있는 기간이 경과된 이후에 영장이 집행되어 압수된 소변으로 혐의사실을 직접 증명할 수는 없다고 하더라도, 유효기간 내에 집행된 위 각 압수·수색영장에 따라 압수된 피고인의 소변 및 모발 등은 적어도 위 각 압수·수색영장 기재 혐의사실을 증명하는 유력한 정황증거 내지 간접증거로 사용될 수 있는 경우에 해당한다고 보아야 한다. 나아가 이 사건 각 압수·수색영장 기재 혐의사실에 대한 공소가 제기되지 않았다거나 이 사건 공소사실이 위 각 압수·수색영장 발부 이후의 범행이라는 사정만으로 객관적 관련성을 부정할 것은 아니다(대판 2021.8.26. 2021도2205). (변시11회)

4. 압수 · 수색의 절차

(1) 영장의 발부

1) 법원의 압수 · 수색

법원이 행하는 압수 · 수색이라 할지라도 공판정 외에서 압수 · 수색을 할 때에는 영장을 발부하여야 한다(제113조). **다만, 공판정에서의 압수 · 수색에는 영장을 요하지 않는다.**

2) 수사기관의 압수 · 수색

① 압수 · 수색 영장의 청구

검사는 범죄수사에 필요한 때에는 피의자가 죄를 범하였다고 의심할 만한 정황이 있고 해당 사건과 관계가 있다고 인정할 수 있는 것에 한정하여 지방법원 판사에게 청구하여 발부받은 영장에 의하여 압수 · 수색 또는 검증을 할 수 있고, 사법경찰관이 범죄수사에 필요한 때에는 검사에게 신청하여 검사의 청구로 지방법원 판사가 발부한 영장에 의하여 압수 · 수색 또는 검증을 할 수 있다(제215조).

② 일반영장의 금지

영장주의는 일반영장의 금지를 내용으로 한다. 따라서 압수 · 수색영장에는 피고인의 성명, 죄명, 압수할 물건, 수색할 장소 · 신체 · 물건, 발부연월일 · 유효기간과 그 기간을 경과하면 집행에 착수하지 못하며 영장을 반환하여야 한다는 취지 등을 기재하여야 한다(제114조 제1항, 제219조). 특히 압수 · 수색할 **대상이 개별적 · 명시적으로 표시**되어야 하고, '피의사건과 관계있는 모든 물건'과 같은 식의 일반영장은 금지된다. (변시10회)

> ### 🏃 판례
>
> 헌법과 형사소송법이 구현하고자 하는 적법절차와 영장주의의 정신에 비추어 볼 때, 법관이 압수 · 수색영장을 발부하면서 **'압수할 물건'을 특정하기 위하여 기재한 문언은 엄격하게 해석하여야** 하고, 함부로 피압수자 등에게 불리한 내용으로 확장 또는 유추 해석하여서는 안 된다. 따라서 압수 · 수색 영장에서 압수할 물건을 **'압수장소에 보관 중인 물건'**이라고 기재하고 있는 것을 **'압수장소에 현존하는 물건'으로 해석할 수는 없다**(대판 2009.3.12. 2008도763). (변시2회 · 3회, 13.모의)

③ 영장의 유효기간

영장의 유효기간은 7일이며 법관이 상당하다고 인정하는 때에는 7일을 넘는 기간을 정할 수 있다(규칙 제178조). 수사기관이 압수 · 수색영장을 개시하고 집행에 착수하여 이를 종료한 때에는 영장의 유효기간이 경과하지 않은 때에도 동일한 영장으로 수회 같은 장소에서 압수 · 수색 · 검증을 할 수 없다(대결 1999.12.1. 99모161).

판례

형사소송법 제215조에 의한 압수·수색영장은 수사기관의 압수·수색에 대한 허가장으로서 거기에 기재되는 **유효기간은 집행에 착수할 수 있는 종기를 의미하는 것일뿐**이므로, 수사기관이 압수·수색영장을 제시하고 집행에 착수하여 압수·수색을 실시하고 그 **집행을 종료하였다면 이미 그 영장은 목적을 달성하여 효력이 상실되는 것이고**, 동일한 장소 또는 목적물에 대하여 다시 압수·수색할 필요가 있는 경우라면 그 필요성을 소명하여 법원으로부터 새로운 압수·수색영장을 발부받아야하는 것이지, **앞서 발부 받은 압수·수색영장의 유효기간이 남아있다고 하여 이를 제시하고 다시 압수·수색 할 수는 없다**(대결 1999.12.1. 99모161). (변시6회·8회·11회)

④ 불복가부

지방법원 판사가 한 압수·수색영장발부의 재판에 대해서는 **준항고나 항고로 불복할 수 없다.** (15.모의, 16.모의)

(2) 영장의 집행 [13.모의, 15.모의]

1) 영장의 집행

압수·수색영장은 검사의 지휘에 의하여 사법경찰관리가 집행한다. 단, 필요한 경우에는 재판장은 법원사무관 등에게 그 집행을 명할 수 있다(제115조 제1항, 제219조).

2) 영장제시와 사본교부

압수·수색영장은 처분을 받는 자에게 **반드시 집행 전에 제시**하여야 하고, 처분을 받는 자가 피고인인 경우에는 그 사본을 교부하여야 한다(제118조, 제219조). **영장의 원본을 제시하여야 하고**, 이때 피압수자로 하여금 법관이 발부한 영장에 의한 압수·수색이라는 사실을 확인함과 동시에 형사소송법이 압수·수색영장에 필요적으로 기재하도록 정한 사항이나 그와 일체를 이루는 사항을 충분히 알 수 있도록 압수·수색영장을 제시하여야 한다. **현장에서 압수·수색을 당하는 사람이 여러 명일 경우에는 그 사람들 모두에게 개별적으로 영장을 제시해야** 하는 것이 원칙이다.❶ 다만, 처분을 받는 자가 현장에 없는 등 영장의 제시나 그 사본의 교부가 현실적으로 불가능한 경우 또는 처분을 받는 자가 영장의 제시나 사본의 교부를 거부한 때에는 예외로 한다. 판례도 이러한 영장의 제시는 현실적으로 영장제시가 가능한 상황을 전제로 한 규정이므로 **피처분자가 현장에 없거나 현장에서 그를 발견할 수 없는 경우 등 영장제시가 현실적으로 불가능한 경우에는 영장을 제시하지 아니한 채 압수·수색을 하더라도 위법하다고 볼 수 없다**고 하여 예외를 인정하고 있다. 구속에 있어서와 같은 **긴급집행은 인정되지 않는다.** (변시3회)

---

❶ 대판 2009.3.12. 2008도763

판례

1 형사소송법 제219조가 준용하는 제118조는 "압수·수색영장은 처분을 받는 자에게 반드시 제시하여야 한다."고 규정하고 있으나, 이는 영장제시가 현실적으로 가능한 상황을 전제로 한 규정으로 보아야 하고, 피처분자가 현장에 없거나 현장에서 그를 발견할 수 없는 경우 등 영장제시가 현실적으로 불가능한 경우에는 영장을 제시하지 아니한 채 압수·수색을 하더라도 위법하다고 볼 수 없다(대판 2015.1.22. 2014도10978 전합). (변시5회·8회·10회·11회)

2 압수·수색영장은 처분을 받는 자에게 반드시 제시하여야 하는 바, 현장에서 압수·수색을 당하는 사람이 여러 명일 경우에는 그 사람들 모두에게 개별적으로 영장을 제시해야 하는 것이 원칙이다. 수사기관이 압수·수색에 착수하면서 그 장소의 관리책임자에게 영장을 제시하였다고 하더라도, 물건을 소지하고 있는 다른 사람으로부터 이를 압수하고자 하는 때에는 그 사람에게 따로 영장을 제시하여야 한다(대판 2009.3.12. 2008도763). (변시10회)

3 수사기관은 위 압수·수색영장을 집행할 당시 공소외 1 주식회사에 팩스로 영장 사본을 송신한 사실은 있으나 영장 원본을 제시하지 않았고 또한 압수조서와 압수물 목록을 작성하여 이를 피압수·수색 당사자에게 교부하였다고 볼 수도 없다고 전제한 다음, 위와 같은 방법으로 압수된 위 각 이메일은 헌법과 형사소송법 제219조, 제118조, 제129조가 정한 절차를 위반하여 수집한 위법 수집증거로 원칙적으로 유죄의 증거로 삼을 수 없고, 이러한 절차 위반은 헌법과 형사소송법이 보장하는 적법절차 원칙의 실질적인 내용을 침해하는 경우에 해당하고 위법수집증거의 증거능력을 인정할 수 있는 예외적인 경우에 해당한다고 볼 수도 없어 증거능력이 없다(대판 2017.9.7. 2015도10648). (변시8회)

4 [1] 압수·수색영장을 집행하는 수사기관은 피압수자로 하여금 법관이 발부한 영장에 의한 압수·수색이라는 사실을 확인함과 동시에 형사소송법이 압수·수색영장에 필요적으로 기재하도록 정한 사항이나 그와 일체를 이루는 사항을 충분히 알 수 있도록 압수·수색영장을 제시하여야 한다.

[2] 사법경찰관이 압수·수색영장의 피압수자에게 압수·수색영장을 제시함에 있어 표지에 해당하는 첫 페이지와 피압수자의 혐의사실이 기재된 부분만을 보여 주고, 나머지 압수·수색영장의 기재 내용(압수·수색·검증할 물건, 압수·수색·검증할 장소, 압수·수색·검증을 필요로 하는 사유, 압수 대상 및 방법의 제한 등 필요적 기재 사항 및 그와 일체를 이루는 일부 기각 취지 부분 등)을 확인하지 못하게 한 사안에서, 위와 같은 압수·수색영장의 제시는 피압수자로 하여금 그 내용을 충분히 알 수 있도록 제시한 것으로 보기 어려워 위법하고, 이로 인해 취득한 증거는 위법수집증거로서 증거능력이 없다(대판 2017.9.21. 2015도12400). (변시8회)

5 수사기관이 재항고인의 휴대전화 등을 압수할 당시 재항고인에게 압수·수색영장을 제시하였는데 재항고인이 영장의 구체적인 확인을 요구하였으나 수사기관이 영장의 범죄사실 기재 부분을 보여주지 않았고, 그 후 재항고인의 변호인이 재항고인에 대한 조사에 참여하면서 영장을 확인한 사안에서, 수사기관이 위 압수처분 당시 재항고인으로부터 영장 내용의 구체적인 확인을 요구받았음에도 압수·수색영장의 내용을 보여주지 않았던 것으로 보이므로 형사소송법 제219조, 제118조에 따른 적법한 압수·수색영장의 제시라고 인정하기 어렵다고 한 사례(대결 2020.4.16. 2019모3526). (변시10회)

수사기관의 압수 · 수색은 법관이 발부한 압수 · 수색영장에 의하여야 하는 것이 원칙이고, 영장의 원본은 처분을 받는 자에게 반드시 제시되어야 하므로, 금융계좌추적용 압수 · 수색영장의 집행에 있어서도 수사기관이 금융기관으로부터 금융거래자료를 수신하기에 앞서 금융기관에 영장 원본을 사전에 제시하지 않았다면 원칙적으로 적법한 집행 방법이라고 볼 수는 없다.

다만 수사기관이 금융기관에 금융실명거래 및 비밀보장에 관한 법률(이하 '금융실명법'이라 한다) 제4조 제2항에 따라서 금융거래정보에 대하여 영장 사본을 첨부하여 그 제공을 요구한 결과 금융기관으로부터 회신받은 금융거래자료가 해당 영장의 집행 대상과 범위에 포함되어 있고, 이러한 모사전송 내지 전자적 송수신 방식의 금융거래정보 제공요구 및 자료 회신의 전 과정이 해당 금융기관의 자발적 협조의사에 따른 것이며, 그 자료 중 범죄혐의사실과 관련된 금융거래를 선별하는 절차를 거친 후 최종적으로 영장 원본을 제시하고 위와 같이 선별된 금융거래자료에 대한 압수절차가 집행된 경우로서, 그 과정이 금융실명법에서 정한 방식에 따라 이루어지고 달리 적법절차와 영장주의 원칙을 잠탈하기 위한 의도에서 이루어진 것이라고 볼 만한 사정이 없어, 이러한 일련의 과정을 전체적으로 '하나의 영장에 기하여 적시에 원본을 제시하고 이를 토대로 압수 · 수색하는 것'으로 평가할 수 있는 경우에 한하여, 예외적으로 영장의 적법한 집행 방법에 해당한다고 볼 수 있다(대판 2022.1.27. 2021도11170).

3) 당사자 등의 참여

검사, 피고인 또는 변호인은 압수 · 수색영장의 집행에 참여할 수 있다(제121조, 제219조). 따라서 압수 · 수색영장을 집행함에는 미리 집행의 일시와 장소를 전조에 규정한 자에게 통지하여야 한다. 단, **참여하지 아니한다는 의사를 명시한 때 또는 급속을 요하는 때**에는 예외로 한다(제122조, 제219조). (13.모의)

1 수사관들이 압수한 디지털 저장매체 원본이나 복제본을 국가정보원 사무실 등으로 옮긴 후 범죄혐의와 관련된 전자정보를 수집하거나 확보하기 위하여 삭제된 파일을 복구하고 암호화된 파일을 복호화하는 과정도 전체적으로 압수 · 수색과정의 일환에 포함되므로 그 과정에서 **피고인들과 변호인에게 압수 · 수색 일시와 장소를 통지하지 아니한 것은 형사소송법 제219조, 제122조 본문, 제121조에 위배되나, 피고인들은 일부 현장 압수 · 수색과정에는 직접 참여하기도 하였고, 직접 참여하지 아니한 압수 · 수색절차에도 피고인들과 관련된 참여인들의 참여가 있었던 점, 현**장에서 압수된 디지털 저장매체들은 제3자의 서명하에 봉인되고 그 해쉬값도 보존되어 있어 복호화 과정 등에 대한 사전통지 누락이 증거수집에 영향을 미쳤다고 보이지 않는 점 등 그 판시와 같은 사정을 들어, **위 압수 · 수색과정에 수집된 디지털 관련 증거들은 유죄 인정의 증거로 사용할 수 있는 예외적인 경우에 해당한다**(대판 2015.1.22. 2014도10978 전합).

2 [1] 형사소송법 제219조, 제121조가 규정한 변호인의 참여권은 피압수자의 보호를 위하여 변호인에게 주어진 고유권이다. 따라서 <u>설령 피압수자가 수사기관에 압수·수색영장의 집행에 참여하지 않는다는 의사를 명시하였다고 하더라도, 특별한 사정이 없는 한 그 변호인에게는 형사소송법 제219조, 제122조에 따라 미리 집행의 일시와 장소를 통지하는 등으로 압수 · 수색영장의 집행에 참여할 기회를 별도로 보장하여야 한다.</u> (변시12회)

[2] 피고인은 2019년 이하 불상경 의정부시(주소 생략)에 있는 '○○노래연습장'의 화장실에서 그곳 용변 칸 안에 있는 쓰레기통 바깥쪽에 테이프를 이용하여 비닐로 감싼 소형 카메라를 부착하고, 위 카메라에 연결된 보조배터리를 쓰레기통 안쪽에 부착한 다음 녹화 버튼을 누르는 방법으로, 위 화장실에서 용변을 보는 성명불상 여성의 엉덩이와 음부를 촬영한 것 등으로 성폭력범죄의 처벌 등에 관한 특례법 위반(카메라등이용촬영)으로 기소된 사안에서, 수사기관이 그 사무실에서 저장매체를 탐색·복제·출력하는 방법으로 압수·수색영장을 집행하기에 앞서서 피고인의 국선변호인에게 그 집행의 일시와 장소를 통지하는 등으로 절차에 참여할 기회를 제공하지 않은 것은 적법절차 위반에 해당하지만, 이 사건 영장에 따른 압수·수색의 경위, 이 사건 영장의 집행 당시에 시행되던 전자정보에 대한 압수절차 관련 규정, 압수된 증거의 입증 취지, 절차 위반에 이른 경위와 그에 대한 수사기관의 인식과 의도, 이 사건 범행의 내용과 죄질 등을 종합적으로 고려하여 위법수집증거배제원칙의 예외에 해당한다고 볼 여지가 충분하다는 이유로, 압수·수색을 통해 수집된 증거들을 유죄의 증거로 사용할 수 없다고 단정한 원심의 판단에 위법수집증거 배제원칙의 예외에 관한 법리를 오해하여 필요한 심리를 다하지 아니한 위법이 있다고 본 사례(대판 2020.11.26. 2020도10729).

3 이와 같이 정보저장매체를 임의제출한 피압수자에 더하여 임의제출자 아닌 피의자에게도 참여권이 보장되어야 하는 '피의자의 소유·관리에 속하는 정보저장매체'란, 피의자가 압수·수색 당시 또는 이와 시간적으로 근접한 시기까지 해당 정보저장매체를 현실적으로 지배·관리하면서 그 정보저장매체 내 전자정보 전반에 관한 전속적인 관리처분권을 보유·행사하고, 달리 이를 자신의 의사에 따라 제3자에게 양도하거나 포기하지 아니한 경우로써, 피의자를 그 정보저장매체에 저장된 전자정보에 대하여 실질적인 피압수자로 평가할 수 있는 경우를 말하는 것이다. 이에 해당하는지 여부는 민사법상 권리의 귀속에 따른 법률적·사후적 판단이 아니라 압수·수색 당시 외형적·객관적으로 인식 가능한 사실상의 상태를 기준으로 판단하여야 한다. 이러한 정보저장매체의 외형적·객관적 지배·관리 등 상태와 별도로 단지 피의자나 그 밖의 제3자가 과거 그 정보저장매체의 이용 내지 개별 전자정보의 생성·이용 등에 관여한 사실이 있다거나 그 과정에서 생성된 전자정보에 의해 식별되는 정보주체에 해당한다는 사정만으로 그들을 실질적으로 압수·수색을 받는 당사자로 취급하여야 하는 것은 아니다(대판 2022.1.27. 2021도11170). (변시12회)

🔥 참고 판례

형사소송법 제219조, 제121조에 의하면, 수사기관이 압수·수색영장을 집행할 때 피의자 또는 변호인은 그 집행에 참여할 수 있다. 압수의 목적물이 컴퓨터용디스크 그 밖에 이와 비슷한 정보저장매체인 경우에는 영장 발부의 사유로 된 범죄 혐의사실과 관련 있는 정보의 범위를 정하여 출력하거나 복제하여 이를 제출받아야 하고, 피의자나 변호인에게 참여의 기회를 보장하여야 한다. 만약 그러한 조치를 취하지 않았다면 이는 형사소송법에 정한 영장주의 원칙과 적법절차를 준수하지 않은 것이다. **수사기관이 정보저장매체에 기억된 정보 중에서 키워드 또는 확장자 검색 등을 통해 범죄 혐의사실과 관련 있는 정보를 선별한 다음 정보저장매체와 동일하게 비트열 방식으로 복제하여 생성한 파일(이하 '이미지 파일'이라 한다)을 제출받아 압수하였다면 이로써 압수의 목적물에 대한 압수·수색 절차는 종료**된 것이므로, **수사기관이 수사기관 사무실에서 위와 같이 압수된 이미지 파일을 탐색·복제·출력하는 과정에서도 피의자 등에게 참여의 기회를 보장하여야 하는 것은 아니다**(대판 2018.2.8. 2017도13263). (변시10회)

4) 책임자 등의 참여와 통지

공무소, 군사용의 항공기 또는 선박·차량 안에서 압수·수색영장을 집행함에는 그 **책임자에게 참여할 것을 통지**하여야 한다. 이 이외의 타인의 주거, 간수자 있는 가옥, 건조물, 항공기 또는 선박·차량 안에서 압수·수색영장을 집행함에는 **주거주, 간수자 또는 이에 준하는 자를 참여**하게 하여야 하고, 참여하게 하지 못할 때에는 이웃사람 또는 지방공공단체의 직원을 참여하게 하여야 한다(제123조, 제219조).

> **판례**
>
> ㅇㅇ평생교육원 건물을 압수·수색하면서 위 건물에 들어간 2013. 8. 28. 07:30경부터 하남시 신장2동 주민센터 직원 공소외 2가 압수·수색에 참여한 같은 날 09:46경까지는 **주거주 등이나 지방공공단체의 직원 등의 참여가 없어 이 부분 압수·수색도 형사소송법 제219조, 제123조 제2항·제3항에 위배되나**, 수사관들은 위 건물에 진입한 이후 수색절차를 진행하지 않은 채 대기하다가 주민센터 직원 공소외 2가 도착한 이후에야 본격적인 수색절차를 진행하였고, 압수·수색과정을 영상녹화하는 등 절차의 적정성을 담보하기 위해 상당한 조치를 취한 점 등 그 판시와 같은 사정을 들어, **위 압수·수색과정에서 수집된 증거들도 유죄 인정의 증거로 사용할 수 있는 예외적인 경우에** 해당한다(대판 2015.1.22. 2014도10978 전합).

5) 여자의 수색과 참여

여자의 신체에 대하여 수색할 때에는 **성년의 여자**를 참여하게 하여야 한다(제124조, 제219조).

6) 야간 집행의 제한

일출 전, 일몰 후에는 압수·수색영장에 **야간집행을 할 수 있는 기재가 없으면** 그 영장을 집행하기 위하여 타인의 주거, 간수자 있는 가옥, 건조물, 항공기 또는 선거 내에 들어가지 못한다(제125조, 제219조). (13.모의, 15.모의, 16.모의) 다만, **도박 기타 풍속**을 해하는 행위에 상용된다고 인정하는 장소, 여관·음식점 기타 야간에 **공중이 출입**할 수 있는 장소에 대해서는 야간집행의 제한이 없다. 단, **공개한 시간 내에 한한다**(제126조, 제219조).

7) 별건 압수·수색의 금지

압수·수색영장을 발부받은 경우에도 영장에 기재된 피의자의 범죄사실에 관하여 압수할 물건, 수색할 장소, 신체, 물건에 대하여만 압수·수색할 수 있고, 영장에 명시되어 있지 않은 장소 또는 물건에 대한 압수·수색은 금지되며, **별건 압수나 별건 수색은 허용되지 않는다.** (변시3회)

8) 증명서와 압수목록의 교부

압수물이 없을 경우 수색증명서를 교부하여야 하고, 압수물이 있을 경우 압수목록을 작성하여 소유자, 소지자, 보관자 기타 이에 준할 자에게 교부 하여야 한다(제128조, 제129조, 제219조). 압수목록은 **압수 직후 현장에서 교부**하는 것이 원칙이다.

판례

1 공무원인 수사기관이 작성하여 피압수자 등에게 교부해야 하는 **압수물 목록에는 작성연월일을 기재하고, 그 내용은 사실에 부합하여야** 한다. 압수물 목록은 피압수자 등이 압수물에 대한 환부·가환부신청을 하거나 압수처분에 대한 준항고를 하는 등 권리행사절차를 밟는 가장 기초적인 자료가 되므로, 이러한 **권리행사에 지장이 없도록 압수 직후 현장에서 바로 작성하여 교부해야 하는 것이 원칙이다.** 같은 취지에서 작성월일을 누락한 채 일부 사실에 부합하지 않는 내용으로 작성하여 압수·수색이 종료된지 **5개월이나 지난 뒤에 이 사건 압수물 목록을 교부한 행위는 형사소송법이 정한 바에 따른 압수물 목록작성·교부에 해당하지 않는다**(대판 2009.3.12. 2008도763).

2 형사소송법 제219조, 제129조에 의하면, 압수한 경우에는 목록을 작성하여 소유자, 소지자, 보관자 기타 이에 준할 자에게 교부하여야 한다. 그리고 법원은 압수·수색영장의 집행에 관하여 범죄 혐의사실과 관련 있는 정보의 탐색·복제·출력이 완료된 때에는 지체 없이 압수된 정보의 상세목록을 피의자 등에게 교부할 것을 정할 수 있다. 압수물 목록은 피압수자 등이 압수처분에 대한 준항고를 하는 등 권리행사절차를 밟는 가장 기초적인 자료가 되므로, 수사기관은 이러한 권리행사에 지장이 없도록 압수 직후 현장에서 압수물 목록을 바로 작성하여 교부해야 하는 것이 원칙이다. 이러한 압수물 목록 교부 취지에 비추어 볼 때, **압수된 정보의 상세목록에는 정보의 파일 명세가 특정되어 있어야 하고, 수사기관은 이를 출력한 서면을 교부하거나 전자파일 형태로 복사해 주거나 이메일을 전송하는 등의 방식으로도 할 수 있다**(대판 2018.2.8. 2017도13263).

판례

수사기관이 전자정보를 담은 매체를 피의자로부터 임의제출 받아 압수하면서 거기에 담긴 정보 중 무엇을 제출하는지 명확히 확인하지 않은 경우, 임의제출의 동기가 된 범죄혐의사실과 관련되고 이를 증명할 수 있는 최소한의 가치가 있는 정보여야 압수의 대상이 되는데, 범행 동기와 경위, 수단과 방법, 시간과 장소 등에 관한 간접증거나 정황증거로 사용될 수 있는 정보도 그에 포함될 수 있다. 수사기관이 피의자로부터 범죄혐의사실과 관련된 전자정보와 그렇지 않은 전자정보가 섞인 매체를 임의제출 받아 사무실 등지에서 정보를 탐색·복제·출력하는 경우 피의자나 변호인에게 참여의 기회를 보장하고 압수된 전자정보가 특정된 목록을 교부해야 하나, 그러한 조치를 하지 않았더라도 절차 위반행위가 이루어진 과정의 성질과 내용 등에 비추어 피의자의 절차상 권리가 실질적으로 침해되지 않았다면 압수·수색이 위법하다고 볼 것은 아니다(대판 2021.11.18. 2016도348 전합). (변시12회)

5. 영장주의의 예외

(1) 체포·구속 목적의 피의자 수사 [20.모의]

검사, 사법경찰관은 피의자를 체포 또는 구속하는 경우에 **피의자의 발견을 위하여 필요한 때에는** 영장 없이 타인의 주거나 간수하는 가옥·건조물·항공기·선차 내에서 피의자를 수색할 수 있다. 다만, 제200조의2 또는 제201조에 따라 피의자를 체포 또는 구속하는 경우의 피의자 수색은 미리 수색영장을 발부받기 어려운 긴급한 사정이 있는 때에 한정한다(제216조 제1항 제1호).❶ 수색은 피의자 발견을 위한 처분이므로 **체포 전일 것을 요하며,**

---

❶ 헌법재판소는 제216조 제1항 제1호에 대한 위헌소원 사건(헌재 2018.4.26. 2015헌바370 등)에서, 심판대상조항은 체포영장을 발부받아 피의자를 체포하는 경우에 필요한 때에는 영장 없이 타인의 주거 등 내에서 피의자 수사를 할 수 있다고 규정함으로써 별도로 영장을 발부받기 어려운 긴급한 사정이 있는지 여부를 구별하지 아니하고 피의자가 소재할 개연성만 소명되면 영장 없이 타인의 주거 등을 수색할 수 있도록 허용하고 있는데, 이는 체포영장이 발부된 피의자가 타인의 주거 등에 소재할 개연성은 소명되나, 수색에 앞서 영장을 발부받기 어려운 긴급한 사정이 인정되지 않는 경우에도 영장

수색의 범위는 피의자의 주거뿐만 아니라 제3자의 주거도 포함한다. 수색은 검사 또는 사법경찰관만 할 수 있고, **일반 사인은 타인의 주거를 수색할 수 없다.** (12.모의, 15.모의)

📚 판례

헌법불합치결정에 따라 개정된 형사소송법은 제216조 제1항 제1호 중 '피의자 수사'를 '피의자 수색'으로 개정하면서 단서에 "제200조의2 또는 제201조에 따라 피의자를 체포 또는 구속하는 경우의 피의자 수색은 미리 수색영장을 발부받기 어려운 긴급한 사정이 있는 때에 한정한다."라는 부분을 추가하였으나, 부칙은 소급적용에 관하여 아무런 규정을 두고 있지 않다.
어떤 법률조항에 대하여 헌법재판소가 헌법불합치결정을 하여 입법자에게 그 법률조항을 합헌적으로 개정 또는 폐지하는 임무를 입법자의 형성 재량에 맡긴 이상, 개선입법의 소급적용 여부와 소급적용 범위는 원칙적으로 입법자의 재량에 달린 것이다. 그러나 구법 조항에 대한 헌법불합치결정의 취지나 위헌심판의 구체적 규범통제 실효성 보장이라는 측면을 고려할 때, 적어도 헌법불합치결정을 하게 된 당해 사건 및 헌법불합치결정 당시에 구법 조항의 위헌 여부가 쟁점이 되어 법원에 계속 중인 사건에 대하여는 헌법불합치결정의 소급효가 미친다고 해야 하므로, 비록 현행 형사소송법 부칙에 소급적용에 관한 경과조치를 두고 있지 않더라도 이들 사건에 대하여는 구법 조항을 그대로 적용할 수는 없고, 위헌성이 제거된 현행 형사소송법의 규정을 적용하여야 한다(대판 2021.5.27. 2018도13458).

(2) 체포·구속현장에서의 압수·수색·검증 [변시1회·6회·8회·12회, 16.모의. 19.모의]

1) 의의

검사 또는 사법경찰관이 **피의자를 체포·구속하는 경우** 필요한 때에는 **그 현장에서** 영장 없이 압수·수색·검증을 할 수 있다(제216조 제1항 제2호). (변시1회·4회, 12.모의)

2) 제도적 취지

체포에 부수한 경미한 법익 침해는 영장 없이도 할 수 있다는 **부수처분설**이 있으나, 체포하는 자의 안전과 증거의 파괴·은닉을 방지하기 위한 긴급행위로서 인정된다는 **긴급행위설**이 타당하다.

3) 체포와의 시간적 접착성

체포 전후를 불문하고 시간적·장소적으로 접착되어 있으면 족하다는 **시간적·장소적 접착설**, 압수·수색당시 피의자가 현장에 있으면 족하다는 **현장설**, 피의자가 현장에 있고 체포에 착수할 것을 요한다는 **체포착수설**, 피의자가 체포되었음을 요하는 **체포설**이 대립한다. 생각건대 동 제도의 취지와 관련하여 긴급행위설이 타당하고, 체포설은 적법성을 우연적 사정에 맡기는 결과가 된다는 점에서 **체포착수설**이 타당하다. (변시2회·6회, 16.모의)

📖 사례응용

'체포와의 시간적 접착성'은 문제에서 보통 잠복수사 중이거나, 피의자가 부재한 상황에서 **먼저 목적물에 대하여 영장 없이 압수를 한 후** 체포에 이른 경우에 목적물에 대한 압수의 적법성과 관련하여 쟁점이 된다.

없이 피의자 수색을 할 수 있다는 것이므로 헌법 제16조의 영장주의 예외 요건을 벗어나는 것으로서 영장주의에 위반된다고 하였고 이에 헌법불합치 결정을 선고하였다. 이후 2019. 12. 31. 형사소송법 개정으로 단서를 신설하였고, 이와 유사한 제137조 중 "때에는"을 "때에는 미리 수색영장을 발부받기 어려운 긴급한 사정이 있는 경우에 한정하여"로 개정하였다.

4) 대상과 장소적 범위 [18.모의]

체포현장에서의 압수 등의 대상은 체포 또는 구속의 이유가 되는 **해당 사건과 관련성이 있는 증거물과 몰수물이다.** 그리고 긴급행위설에 따르면 체포자에게 위해를 가할 우려가 있는 무기 기타의 흉기 등도 포함된다. 따라서 **별건의 증거를 발견한 때에는 임의제출을 구하거나 영장에 의하여 압수해야 한다.** (변시5회, 12.모의) 압수 등의 대상은 **피체포자의 신체 및 그가 직접 지배하는 장소에 있는 것들에 한한다.**

> **⚖ 판례**
>
> 경찰이 피고인의 집에서 20m 떨어진 곳에서 피고인을 체포하여 수갑을 채운 후, 피고인의 집으로 가서 집안을 수색하여 칼과 합의서를 압수하였을 뿐만 아니라 적법한 시간 내에 압수·수색영장을 청구하여 발부받지도 않은 경우, 위 칼과 합의서는 임의제출물이 아니라 영장 없이 위법하게 압수된 것으로서 증거능력이 없고, 따라서 이를 기초로 한 2차 증거인 '임의제출동의서', '압수조서 및 목록', '압수품 사진' 역시 증거능력이 없다(대판 2010.7.22. 2009도14376). (변시3회, 13.모의)

5) 요급처분의 특례

급속을 요하는 때에는 **주거자나 간수자 등의 참여**(제123조 제2항)나 **야간집행의 제한**(제125조)을 받지 않는다(제220조). 여기서 '급속을 요하는 때'라고 함은 압수·수색영장 집행 사실을 미리 알려주면 증거물을 은닉할 염려 등이 있어 압수·수색의 실효를 거두기 어려울 경우를 의미한다.❶

6) 사후영장의 청구

압수한 물건을 계속 압수할 필요가 있는 경우 **구속영장 발부와 상관없이 지체 없이 압수·수색영장을 청구하여야 한다.** 이 경우 압수수색영장의 청구는 필요한 지체가 있더라도 체포한 때로부터 48시간 이내에 하여야 한다(제217조 제2항). (변시4회·9회) 영장을 발부받지 못한 때에는 압수한 물건을 즉시 반환하여야 한다(동조 제3항).

> **⚖ 판례**
>
> 1 구 정보통신망이용촉진 및 정보보호등에관한법률상 음란물 유포의 범죄혐의를 이유로 압수·수색영장을 발부받은 사법경찰관리가 피고인의 주거지를 수색하는 과정에서 대마를 발견하자, 피고인을 마약류 관리에 관한 법률 위반죄의 현행범으로 체포하면서 대마를 압수하였으나, 그 다음날 피고인을 석방하였음에도 사후 압수·수색영장을 발부받지 않은 경우, 위 압수물과 압수조서는 형사소송법상 영장주의를 위반하여 수집한 증거로서 **증거능력이 부정**된다(대판 2009.5.14. 2008도10914). (변시1회·3회, 14.모의)
> 2 형사소송법 제217조 제2항·제3항에 위반하여 **압수·수색영장을 청구하여 이를 발부받지 아니하고도 즉시 반환하지 아니한 압수물은 이를 유죄 인정의 증거로 사용할 수 없는 것이고,** 헌법과 형사소송법이 선언한 영장주의의 중요성에 비추어 볼 때 피고인이나 변호인이 이를 증거로 함에 동의하였다고 하더라도 달리 볼 것은 아니다(대판 2009.12.24. 2009도11401). (14.모의, 15.모의)

(3) 피고인 구속현장에서의 압수·수색·검증

검사 또는 사법경찰관이 **피고인에 대한 구속영장을 집행하는 경우**에 필요한 때에는 그 집행현장에서 영장 없이 압수·수색·검증을 할 수 있다(제216조 제2항). 제216조 제2항의

---

❶ 대판 2012.10.11. 2012도7455

경우에는 사후영장을 청구할 필요가 없다(부정설). 그러나 증인에 대한 구인장을 집행하는 경우에는 동 조항이 적용되지 않는다.

(4) 범죄 장소에서의 압수·수색·검증

범행 중 또는 범행 직후의 범죄 장소에서 긴급을 요하여 법관의 영장을 발부 받을 수 없을 때는 영장 없이 압수·수색·검증이 가능하다(제216조 제3항). 이는 범죄현장에서의 증거물 은닉과 산일을 방지하기 위한 것으로 범행 중 또는 범행 직후의 범죄 장소이면 족하고, 피의자 체포나 구속을 전제로 하지 않으며, **피의자가 현장에 있거나 체포되었을 것을 요건으로 하지 않는다.** (15.모의) 이 경우에는 **사후에 지체 없이** 압수·수색·검증영장을 발부받아야 한다. (변시9회, 12.모의)

> **⚖ 판례**
>
> 1 주취운전이라는 범죄행위로 당해 **음주운전자를 구속·체포하지 아니한 경우에도 필요하다면 그 차량열쇠는 범행 중 또는 범행 직후의 범죄장소에서의 압수로서** 형사소송법 제216조 제3항에 의하여 영장 없이 이를 압수할 수 있다(대판 1998.5.58. 97다54482).
>
> 2 [1] 범행 중 또는 범행 직후의 범죄 장소에서 긴급을 요하여 법원 판사의 영장을 받을 수 없는 때에는 영장 없이 압수·수색 또는 검증을 할 수 있으나, 사후에 지체 없이 영장을 받아야 한다 (형사소송법 제216조 제3항). 형사소송법 제216조 제3항의 요건 중 어느 하나라도 갖추지 못한 경우에 그러한 압수·수색 또는 검증은 위법하며, 이에 대하여 사후에 법원으로부터 영장을 발부받았다고 하여 그 위법성이 치유되지 아니한다(대판 2012.2.9. 2009도14884 등 참조).
>
> [2] 경찰관들이 노래연습장 주류판매에 대한 신고를 받고 현장에 출동하여 위반 사실을 확인하기 위해 노래연습장 내부를 수색하였고, 이에 영업주가 물리력을 동원하여 저지한 행위를 공무집행방해죄로 기소한 사건에서, 경찰관들의 행위는 **형사소송법 제216조 제3항이 정한 '긴급을 요하여 법원 판사의 영장을 받을 수 없는 때'의 요건을 갖추지 못하였고 또한 현행범 체포에 착수하지 아니한 상태여서 형사소송법 제216조 제1항 제2호, 제212조가 정하는 '체포현장에서의 압수·수색' 요건을 갖추지 못하였으므로, 영장 없는 압수·수색업무로서의 적법한 직무집행으로 볼 수 없다고 보아, 위 행위에 대항한 피고인의 행위가 공무집행방해죄를 구성하지 아니한다** (대판 2017.11.29. 2014도16080).

(5) 긴급체포시의 압수·수색·검증 [변시1회·5회·8회·10회·12회, 모의 빈출]

1) 의의

긴급체포된 자가 소지·소유·보관하는 물건에 대하여 긴급히 압수할 필요가 있는 경우에는 체포한 때로부터 24시간 이내에 한하여 영장 없이 압수·수색 또는 검증이 가능하다 (제217조). 이는 긴급체포 후 관련자에 의한 증거물 은닉을 방지하기 위함이다.

2) 요건

영장 없이 압수·수색·검증하기 위해서는 ① 시기는 **체포한 때부터 24시간 이내**에 한하여 허용되며 ② 그 대상은 **긴급체포된 자가 소유·소지·보관하는 물건이다. 현실로 긴급체포된 자의 경우로 한정**하며 그 대상은 긴급체포의 사유가 된 범죄사실과 관련성이 있는 증거물 또는 몰수물이어야 한다. ③ **긴급히 압수할 필요성이 인정**되어야 한다. (변시2회·5회, 12.모의, 15.모의)

📖 판례

[1] 구 형사소송법 제217조 제1항 등에 의하면 검사 또는 사법경찰관은 피의자를 긴급체포한 경우 체포한 때부터 48시간 이내에 한하여 영장 없이, **긴급체포의 사유가 된 범죄사실 수사에 필요한 최소한의 범위 내에서 당해 범죄사실과 관련된 증거물 또는 몰수할 것으로 판단되는 피의자의 소유, 소지 또는 보관하는 물건을 압수할 수 있다.**

[2] **경찰관이 이른바 전화사기죄 범행의 혐의자를 긴급체포하면서 그가 주거지에 보관하고 있던 다른 사람의 주민등록증, 운전면허증 등을 압수한 경우**는 이는 그 압수 당시 위 범죄사실의 수사에 필요한 범위 내의 것으로서 **전화사기 범행과 관련된다고 의심할 만한 상당한 이유가 있었다고 보이므로**, 그 압수는 **적법**하고 이를 혐의자의 **점유이탈물횡령죄에 대한 증거로 사용할 수 있다**(대판 2008.7.10. 2008도2245). (변시5회)

3) 사후영장의 청구

압수한 물건을 계속 압수할 필요가 있는 경우 **구속영장 발부와 상관없이 지체 없이** 압수·수색영장을 청구하여야 한다. 이 경우 압수·수색영장의 청구는 **체포한 때로부터 48시간 이내**에 하여야 한다(제217조 제2항). (13.모의) 압수·수색영장을 발부받지 못한 때에는 압수한 물건을 즉시 반환하여야 한다.

4) 요급처분의 특례 적용 여부

제217조 제1항에 의한 긴급압수의 경우에는 제220조에 의한 요급처분의 특례가 적용되지 않는다. 따라서 제123조 제2항의 주거자·간수자의 참여와 제125조의 야간집행의 제한 규정은 준수되어야 한다.

📖 참고 판례

[1] 원심판결 이유와 적법하게 채택된 증거에 의하면, 아래와 같은 사실을 알 수 있다.

① 서울지방경찰서 소속 경찰관들은 2016. 10. 5. 20:00 경기 광주시 (주소 1 생략) 앞 도로에서 위장거래자와 만나서 마약류 거래를 하고 있는 피고인을 긴급체포한 뒤 현장에서 피고인이 위장거래자에게 건네준 메트암페타민 약 9.50g이 들어 있는 비닐팩 1개(증 제1호)를 압수하였다.

② 위 경찰관들은 같은 날 20:24경 영장 없이 체포현장에서 약 2km 떨어진 경기 광주시 (주소 2 생략)에 있는 **피고인의 주거지에 대한 수색을 실시해서** 작은 방 서랍장 등에서 메트암페타민 약 4.82g이 들어 있는 비닐팩 1개(증제2호) 등을 추가로 찾아내어 이를 압수하였다.

③ 이후 사법경찰관은 압수한 위 메트암페타민 약 4.82g이 들어 있는 비닐팩 1개(증 제2호)에 대하여 감정의뢰 등 계속 압수의 필요성을 이유로 검사에게 사후 압수·수색영장 청구를 신청하였고, 검사의 청구로 서울중앙지방법원 영장전담판사로부터 2016. 10. 7. 사후 압수·수색영장을 발부받았다.

[2] 위와 같은 피고인에 대한 긴급체포 사유, 압수·수색의 시각과 경위, 사후 영장의 발부 내역 등에 비추어 보면, 수사기관이 피고인의 주거지에서 긴급 압수한 메트암페타민 4.82g은 긴급체포의 사유가 된 범죄사실 수사에 필요한 범위 내의 것으로서 형사소송법 제217조에 따라 적법하게 압수되었다고 할 것이다(대판 2017.9.12. 2017도10309).

(6) 임의제출한 물건의 압수 [변시6회·8회, 모의빈출]

법원·검사 또는 사법경찰관은 **소유자·소지자·보관자가 임의로 제출한 물건** 또는 **유류한 물건**을 영장 없이 압수할 수 있다 (제108조, 제218조). 일단 영치된 이상 제출자가 임의로 취거할 수 없다는 점에서 **강제처분으로 인정**되고 있다. 대상은 증거물 또는 몰수물에 제한되지 않으며 소지자 또는 보관자도 **반드시 적법한 권리자일 필요도 없다.** 사후영장을 받을 필요가 없다. (변시8회·10회·12회) 나아가 **현행범 체포현장이나 범죄장소에서도** 소지자 등이 임의로 제출하는 물건을 제218조에 따라 영장 없이 압수할 수 있다.❶

⚖️ 판례

[1] 형사소송법 제218조는 "사법경찰관은 소유자, 소지자 또는 보관자가 임의로 제출한 물건을 영장 없이 압수할 수 있다"고 규정하고 있는바, 위 규정을 위반하여 **소유자, 소지자 또는 보관자가 아닌 자로부터 제출받은 물건을 영장 없이 압수한 경우** 그 '압수물' 및 '압수물을 찍은 사진'은 이를 유죄 인정의 증거로 사용할 수 없는 것이고, 헌법과 형사소송법이 선언한 영장주의의 중요성에 비추어 볼 때 피고인이나 변호인이 이를 증거로 함에 동의하였다고 하더라도 달리 볼 것은 아니다.
[2] 경사 공소외 1은 피고인 소유의 쇠파이프를 피고인의 주거지 앞마당에서 발견하였으면서도 그 소유자, 소지자 또는 보관자가 아닌 피해자 공소외 2로부터 임의로 제출받는 형식으로 위 쇠파이프를 압수하였고, 그 후 압수물의 사진을 찍은 사실, 공판조서의 일부인 제1심 증거목록상 피고인이 위 사진(증 제4호의 일부)을 증거로 하는 데 동의한 것으로 기재되어 있는 사실을 알 수 있는바, 앞서 본 법리에 비추어 보면, 이 사건 압수물과 그 사진은 형사소송법상 영장주의 원칙을 위반하여 수집하거나 그에 기초한 증거로서 그 절차 위반행위가 적법절차의 실질적인 내용을 침해하는 정도에 해당한다고 할 것이므로, 피고인의 증거동의에도 불구하고 위 사진은 이 사건 범죄사실을 유죄로 인정하는 증거로 사용할 수 없다고 할 것이다(대판 2010.1.28. 2009도10092).

⚖️ 참고 판례

1 형사소송법 및 기타 **법령상 의료인이 진료 목적으로 채혈한 혈액을 수사기관이 수사 목적으로 압수하는 절차에 관하여 특별한 절차적 제한을 두고 있지 않으므로,** 의료인이 진료 목적으로 채혈한 환자의 혈액을 수사기관에 임의로 제출하였다면 그 혈액의 증거사용에 대하여도 환자의 사생활의 비밀 기타 인격적 법익이 침해되는 등의 특별한 사정이 없는 한 반드시 그 환자의 동의를 받아야 하는 것이 아니고, 따라서 **경찰관이 간호사로부터 진료 목적으로 이미 채혈되어 있던 피고인의 혈액 중 일부를 주취운전 여부에 대한 감정을 목적으로 임의로 제출 받아 이를 압수한 경우,** 당시 간호사가 위 혈액의 소지자 겸 보관자인 병원 또는 담당의사를 대리하여 혈액을 경찰관에게 임의로 제출할 수 있는 권한이 없었다고 볼 특별한 사정이 없는 이상, 그 압수절차가 피고인 또는 피고인의 가족의 **동의 및 영장 없이 행하여졌다고 하더라도 이에 적법절차를 위반한 위법이 있다고 할 수 없다**(대판 1999.9.3. 98도968). (변시2회, 13.모의)

2 형사소송법 및 기타 법령상 교도관이 그 직무상 위탁을 받아 소지 또는 보관하는 물건으로서 재소자가 작성한 비망록을 수사기관이 수사목적으로 압수하는 절차에 관하여 특별한 절차적 제한을 두고 있지 않으므로, 교도관이 재소자가 맡긴 비망록을 수사기관에 임의로 제출하였다면 그 비망록의 증거사용에 대하여도 재소자의 사생활의 비밀 기타 인격적 법익이 침해되는 등의 특별한 사정이 없는 한 반드시 그 재소자의 동의를 받아야 하는 것은 아니다. 따라서 **검사가 교도관으로부터 그가 보관하고 있던 피고인의 비망록을 뇌물수수 등의 증거자료로 임의로 제출받아 이를 압수한 경우,** 그 압수절차가 피고인의 승낙 및 영장 없이 행하여졌다고 하더라도 이에 **적법절차를 위반한 위법이 있다고 할 수 없다**(대판 2008.5.15. 2008도1097). (변시3회, 14.모의)

3 형사소송법 제218조에 의하면 검사 또는 사법경찰관은 피의자 등이 유류한 물건이나 소유자·소지자 또는 보관자가 임의로 제출한 물건은 영장 없이 압수할 수 있으므로, **현행범 체포 현장이나 범죄 장소에서도 소지자 등이 임의로 제출하는 물건은 위 조항에 의하여 영장 없이 압수할**

---

❶ 대판 2016.2.18. 2015도13726

수 있고, 이 경우에는 검사나 사법경찰관이 사후에 영장을 받을 필요가 없다(대판 2016.2.18. 2015도13726 동지 대판 2020.4.9. 2019도17142).

4 수사기관이 별개의 증거를 피압수자 등에게 환부하고 후에 임의제출 받아 다시 압수하였다면 증거를 압수한 최초의 절차 위반행위와 최종적인 증거 수집 사이의 인과관계가 단절되었다고 평가할 수 있으나, 환부 후 다시 제출하는 과정에서 수사기관의 우월적 지위에 의하여 임의제출 명목으로 실질적으로 강제적인 압수가 행하여질 수 있으므로, 제출에 임의성이 있다는 점에 관하여는 검사가 합리적 의심을 배제할 수 있을 정도로 증명하여야 하고, 임의로 제출된 것이라고 볼 수 없는 경우에는 증거능력을 인정할 수 없다(대판 2016.3.10. 2013도11233). (변시6회)

6. 압수물의 처리

(1) 압수물의 보관과 폐기

1) 자청보관의 원칙

압수물은 압수한 법원 또는 수사기관의 청사로 운반하여 보관하는 것이 원칙이다(제131조, 제219조). 이를 **자청보관의 원칙**이라 한다.

2) 위탁보관

운반 또는 보관에 불편한 압수물에 관하여는 간수자를 두거나 소유자 또는 적당한 자의 승낙을 얻어 보관하게 할 수 있다(제130조 제1항, 제219조).

3) 폐기처분

위험발생의 염려가 있는 압수물은 폐기할 수 있다(제130조 제2항, 제219조). 법령상 생산·제조·소지·소유 또는 유통이 금지된 압수물로서 부패의 염려가 있거나 보관하기 어려운 압수물은 소유자 등 권한 있는 자의 동의를 받아 폐기할 수 있다(제130조 제3항, 제219조).

4) 대가보관(환가처분)

몰수하여야 할 압수물로서 멸실·파손·부패 또는 현저한 가치 감소의 염려가 있거나 보관하기 어려운 압수물은 매각하여 대가를 보관할 수 있다(제132조 제1항, 제219조). **환부하여야 할 압수물 중 환부를 받을 자가 누구인지 알 수 없거나 그 소재가 불명한 경우**로서 그 압수물의 멸실·파손·부패· 또는 현저한 가치 감소의 염려가 있거나 보관하기 어려운 압수물은 매각하여 대가를 보관할 수 있다(동조 제2항).

(2) 압수물의 가환부

1) 의의

압수의 효력은 존속시키면서 압수물을 소유자, 소지자, 보관자 등에게 **잠정적으로 반환**하는 제도이다.

2) 대상

가환부의 대상은 증거에 공할 압수물에 제한된다. 따라서 필요적 몰수의 대상이 되는 압수물은 가환부할 수 없다.❶ 다만, 판례는 **임의적 몰수물은 가환부의 대상이 된다**고 하였다(대결 1998.4.16. 97모25).

---

❶ 대결 1984.7.24. 84모43

3) 절차

① 법원의 가환부(제133조)

증거에 공할 압수물은 소유자, 소지자, 보관자 또는 제출인의 청구에 의하여 법원의 결정으로 가환부할 수 있으며(임의적 가환부), **증거에만 공할 목적으로 압수한 물건**으로써 소유자, 소지자가 계속 사용하여야 할 물건은 사진촬영 기타 원형보존조치를 하고 신속히 가환부하여야 한다(필요적 가환부).

② 수사기관의 가환부(제218조의2)

검사는 **증거에 사용할 압수물**에 대하여 **공소제기 전이라도** 소유자, 소지자, 보관자 또는 제출인의 **청구가 있는 때에는 가환부하여야 한다.** 사법경찰관은 검사의 지휘를 받아야 한다. (16.모의)

🔨 판례

[1] 형사소송법 제218조의2 제1항은 '검사는 사본을 확보한 경우 등 압수를 계속할 필요가 없다고 인정되는 압수물 및 증거에 사용할 압수물에 대하여 공소제기 전이라도 소유자, 소지자, 보관자 또는 제출인의 청구가 있는 때에는 환부 또는 가환부하여야 한다'고 규정하고 있다. 따라서 검사는 증거에 사용할 압수물에 대하여 가환부의 청구가 있는 경우 가환부를 거부할 수 있는 특별한 사정이 없는 한 가환부에 응하여야 한다. 그리고 그러한 특별한 사정이 있는지는 범죄의 태양, 경중, 몰수 대상인지 여부, 압수물의 증거로서의 가치, 압수물의 은닉·인멸·훼손될 위험, 수사나 공판수행상의 지장 유무, 압수에 의하여 받는 피압수자 등의 불이익의 정도 등 여러 사정을 검토하여 종합적으로 판단하여야 한다.

[2] 관세법 제269조 제3항 제2호는 '수출의 신고를 하였으나 해당 수출물품과 다른 물품으로 신고하여 수출한 자 등은 3년 이하의 징역 등에 처한다'고 규정하고 있고, 제282조 제2항은 '제269조 제3항 등의 경우에는 범인이 소유하거나 점유하는 그 물품을 몰수한다'고 규정하고 있다. 따라서 범인이 직접 또는 간접으로 점유하던 밀수출 대상 물품을 압수한 경우에는 그 물품이 제3자의 소유에 속하더라도 필요적 몰수의 대상이 된다.

[3] 피고인 이외의 제3자의 소유에 속하는 물건의 경우, 몰수를 선고한 판결의 효력은 원칙적으로 몰수의 원인이 된 사실에 관하여 유죄의 판결을 받은 피고인에 대한 관계에서 그 물건을 소지하지 못하게 하는 데 그치고, 그 사건에서 재판을 받지 아니한 제3자의 소유권에 어떤 영향을 미치는 것은 아니다.

[4] 피의자들이 밀수출하기 위해 허위의 수출신고 후 선적하려다 미수에 그친 수출물품으로서 甲 주식회사 소유의 렌트차량인 자동차를 세관의 특별사법경찰관이 압수수색검증영장에 기해 압수하였는데, 甲 회사와 밀수출범죄 사이에 아무런 관련성이 발견되지 않음에도 검사가 甲 회사의 압수물 가환부 청구를 거부하자 甲 회사가 준항고를 제기하여 원심에서 준항고가 인용된 사안에서, 자동차는 범인이 간접으로 점유하는 물품으로서 필요적 몰수의 대상인데 밀수출범죄와 무관한 甲 회사의 소유이어서 범인에 대한 몰수는 범인으로 하여금 소지를 못하게 함에 그치는 점 및 밀수출범죄의 태양이나 경중, 자동차의 증거로서의 가치, 은닉·인멸·훼손될 위험과 그로 인한 수사나 공판수행상의 지장 유무, 압수에 의하여 받는 甲 회사의 불이익 정도 등 여러 사정을 아울러 감안하면, 검사에게 甲 회사의 가환부 청구를 거부할 수 있는 특별한 사정이 있는 경우라고 보기 어려우므로, 이와 달리 자동차가 증거에만 사용할 목적으로 압수된 것임을 이유로 형사소송법 제133조 제2항에 의하여 준항고를 받아들이는 결정을 한 원심판단에는 검사의 압수물 가환부에 관한 적용법조 및 가환부 거부의 특별한 사정 유무 등에 관한 법리오해의 잘못이 있으나, 원심이 준항고를 받아들인 것은 결론적으로 정당하다(대결 2017.9.29. 2017모236).

③ 압수물처분과 당사자 통지

가환부의 결정을 함에는 검사, 피해자, 피고인, 피의자, 변호인에게 미리 통지하여야 한다. 따라서 피고인에게 의견을 진술할 기회를 주지 아니한 채 한 가환부 결정은 위법하다(대결 1980.2.5. 80모3).

4) 효과

가환부의 경우 환부와 달리 압수의 효력이 지속된다. 따라서 가환부 받은 자는 압수물에 대한 **보관의무**를 가지므로 소유자일지라도 **처분할 수 없으며**, 법원·수사기관의 요구가 있는 때에는 이를 **제출해야 한다.** 가환부한 장물에 대해 별도의 선고가 없으면 환부한 것으로 본다(제333조 제3항).

(3) 압수물의 환부

1) 의의

압수의 효력을 해제하고 압수물을 종국적으로 소유자 또는 제출인에게 반환하는 법원 또는 수사기관의 처분이다. 환부는 필요적이고 의무적인 강행규정이다.

2) 대상

압수를 계속할 필요가 없다고 인정되는 압수물이다. 이러한 압수물은 피고·피의사건 종결 전이라도 결정으로 환부하여야 한다. 증거에 공할 압수물은 가환부의 대상일 뿐 환부의 대상이 될 수는 없다.

🐾 판례

외국산 물품을 관세장물의 혐의가 있다고 보아 압수하였다 하더라도 그것이 언제, 누구에 의하여 관세포탈된 물건인지 알 수 없어 **기소중지 처분을 한 경우**에는 그 압수물은 관세장물이라고 단정할 수 없어 이를 국고에 귀속시킬 수 없을 뿐만 아니라 **압수를 더 이상 계속할 필요도 없다**(대결 1996.8.16. 94모51 전합). (12.모의, 13.모의)

---

3) 환부의 상대방

압수물의 환부는 환부를 받는 자에게 환부된 물건에 대한 소유권 기타 실체법상의 권리를 부여하거나 그러한 권리를 확정하는 것이 아니라 **단지 압수를 해제하여 압수 이전의 상태로 환원시키는 것뿐으로서**, 이는 **실체법상의 권리와 관계없이 압수당시의 소지인에 대하여 행하는 것**이라고 하여 **피압수자 환부설**의 입장이다(대결 1996.8.16. 94모51 전합).

4) 압수장물의 피해자 환부 [19.모의]

다만, 압수한 장물은 **피해자에게 환부할 이유가 명백할 때**에는 피고 사건의 종결 전이라도 피해자에게 환부할 수 있다(제134조, 제219조). 이는 **피압수자 환부설에 대한 예외규정**이라 할 수 있다. 이 때 사법상 피해자가 그 압수물에 대한 인도청구권이 있음이 명백해야 하므로 사실상·법률상 의문이 있는 경우에는 환부할 수 없다(대결 1996.8.16. 94모51 전합). (12.모의)

5) 절차

환부는 법원 또는 수사기관의 결정에 의한다(제133조, 제219조). 사법경찰관은 검사의 지휘를 받아야 한다. 소유자 등의 청구가 있을 것을 요하지 않는다. 그러나 소유자 등이 환부청구를 할 수는 있다. 또한 **피압수자가 소유권을 포기한 경우에도 법원 또는 수사기관은**

환부결정을 해야 한다.[1] (변시10회, 12.모의) 환부결정을 함에는 미리 검사, 피해자, 피고인 또는 변호인 등에게 통지하여야 한다.

6) 효과

환부에 의하여 압수의 효력은 상실한다. 그러나 압수를 해제할 뿐 압수물 환부가 **실체법상의 권리까지 확인해 주는 것은 아니다.** 따라서 이해관계인은 민사소송에서 그 권리를 주장할 수 있다(제333조 제4항). 압수물에 대하여 몰수의 선고가 없는 때에는 압수를 해제한 것으로 간주한다(제332조).

7) 불복방법

수소법원의 압수물의 환부 등에 관한 처분에 대하여는 **보통항고**를 통해 불복이 가능하며 (제403조 제2항, 제402조), 수사기관의 압수물 환부 등에 관한 처분에 대해서는 관할법원에 **준항고**를 할 수 있다(제417조). (16.모의)

PLUS+ **기소중지처분·소유권포기와 압수물환부** [12.모의]

甲은 A등의 부탁을 받고 밀수품혐의가 있는 다이아몬드를 매도하려다가 경찰에 적발되어 관세법 위반죄로 조사를 받고, 다이아몬드를 압수당하게 되었다. 수사를 담당한 검사는, 위 다이아몬드의 최초 매매알선 의뢰인 A의 소재가 불명하여 밀수품인지 여부를 알 수 없다는 이유로 피의자 甲을 **기소중지**하면서 위 다이아몬드에 대해서는 계속 보관하도록 결정하였다. 甲은 수사과정에서 위 다이아몬드에 대하여 **소유권 기타 어떠한 권리도 주장하지 않겠다는 의사표시**를 하였다가(소유권포기각서의 제출) 기소중지처분을 받자 위 다이아몬드의 압수를 계속할 필요성이 없어졌다는 이유로 위 보관결정의 취소를 구하는 준항고를 제출했다면 관할법원은 어떻게 판단하여야 하는가?

---

1. 논점

압수를 계속할 필요가 없다고 인정되는 압수물은 환부하여야 하는데(제218조의2), 불기소처분 중 기소중지처분에 대해서도 압수계속의 필요성이 없는 것인지 그리고 소유권의 포기로 인하여 환부청구가 부정되는지가 문제된다.

2. 기소중지 처분과 압수계속의 필요성

가. 문제제기

검사의 불기소처분은 공소를 제기하지 않겠다는 종국처분이므로 사건의 압수물은 더 이상 증거물이나 몰수물로서 압수계속의 필요성이 없으므로 환부하여야 하는데, 불기소처분 중 기소중지는 수사의 종결이라기보다는 수사의 중지처분이라는 점에서 압수를 계속할 필요가 있는지 논의가 있다.

나. 견해의 대립

관련자의 소재 발견시 수사의 필요와 압수대상물 확보라는 관점에서 압수를 계속할 필요가 있다는 **긍정설**과 입증부족으로 인한 기소중지는 수사기관이 책임을 부담한다는 **부정설**이 대립한다.

---

[1] 대결 1996.8.16. 94모51 전합

다. 판례의 태도

관세장물의 혐의가 있어 압수한 다이아몬드가 언제, 누구에 의하여 관세포탈된 물건인지 알 수 없어 기소중지 처분을 한 경우에는 그 압수물은 관세장물이라고 단정할 수 없어 압수를 더 이상 계속할 필요도 없다고 하여 **부정설**의 입장이다(대결 1996.8.16. 94모51 전합).

라. 검토 및 소결

압수물이 범죄로 인한 것이 불분명한 때에도 환부를 인정하지 않으면 사실상 수사기관에 임의적 몰수에 대한 권한을 부여하여 피압수자의 재산권에 대한 중대한 침해를 야기하므로 **부정설**이 타당하다. 따라서 사안에서 수사기관은 다이아몬드에 대하여 압수를 더 이상 계속할 수 없다.

3. 소유권포기와 환부청구권 소멸 여부

가. 문제제기

피압수자가 압수 후 소유권 및 기타 권리 등 실체법상의 권리를 포기한 경우에 수사기관에 대한 압수물 환부청구권도 소멸되는지 문제된다.

나. 견해의 대립

환부청구권은 절차적 공권으로서 실체법상 권리와 관계 없이 압수 당시의 소지인에게 여전히 인정된다는 **부정설**과 소유권 포기의 의사는 모든 권리를 포기하는 의사로 보아야 한다는 **긍정설**이 대립한다.

다. 판례의 태도

소유권을 포기하는 등에 의하여 실체법상의 권리를 상실하더라도 수사기관의 환부의무에 대응하는 압수물에 대한 환부청구권이 소멸하는 것은 아니라고 하여 **부정설**의 입장이다(대결 1996.8.16. 94모51 전합).

라. 검토 및 소결

소유권 포기시 환부의무를 면제하는 어떠한 규정도 없는 현행법 하에서 여전히 수사기관의 환부의무는 존재한다. 따라서 甲은 여전히 압수물에 대한 환부청구권을 가진다.

4. 환부청구권 포기 인정 여부

가. 문제제기

피압수자가 어떠한 권리도 주장하지 않겠다는 내용의 각서를 제출한 바, 공권인 압수물의 환부청구권도 포기가 인정되는지 문제된다.

나. 견해의 대립

환부청구권은 공권이기는 하지만 권리자의 경제적 이익과 직결되는 권리이므로 처분권이 인정될 수 있어서 포기할 수 있다는 **긍정설**과 공권으로서 이전성, 양도성이 없어서 포기도 허용되지 않는다는 **부정설**이 대립한다.

다. 판례의 태도

압수물을 환부받을 자가 수사기관에 대하여 환부청구권을 포기한다는 의사표시를 한 경우에도 그 효력이 없다고 하여 **부정설**의 입장이다(대결 1996.8.16. 94모51 전합).

라. 검토 및 소결

환부청구권의 포기는 필요적 환부규정인 제133조를 형해화시킬 수 있으므로 **부정설**이 타당하다. 따라서 환부청구권의 포기가 효력이 없으므로 甲은 여전히 압수물에 대하여 환부청구권을 가진다.

5. 사안의 해결

Ⅱ 수사상의 검증

1. 의의

검증이란 사람, 장소, 물건의 성질·형상을 오관의 작용에 의하여 인식하는 강제처분을 말한다. 법원의 검증은 **증거조사의 일종**으로 영장이 요구되지 않으나, 수사기관의 검증은 강제처분으로 원칙적으로 영장이 요구된다.

2. 대상

검증의 대상에는 제한이 없다. 따라서 **신체의 검사, 사체의 해부, 분묘의 발굴, 물건의 파괴 기타 필요한 처분을 할 수 있다**(제140조, 제219조). 수사기관의 검증에 대해서는 법원의 검증에 관한 규정이 준용된다(제219조). 따라서 검사기관이 검증을 하는 경우에는 검증조서를 작성하여야 하며 검증조서에는 검증목적물의 현상을 명확하게 하기 위하여 도화나 사진을 첨부할 수 있다(제49조).

3. 신체검사

(1) 의의

신체검사는 **신체 자체를 검사의 대상**으로 하는 점에서 신체외부와 착의에서 증거물을 찾는 신체수색과 구별된다. 따라서 신체검사는 원칙적으로 **검증으로서의 성질**을 가지지만, 혈액채취나 X선촬영 등 전문적 지식과 경험을 요하는 신체검사는 감정에 해당한다.

(2) 절차

1) 검증영장과 예외

신체검사는 원칙적으로 검증으로서의 성질을 가지므로 **검증영장**에 의하여야 한다. 다만, **체포·구속현장이나 긴급체포시에는 영장 없이** 신체검사를 할 수 있으므로(제216조 제1항 제2호, 제217조 제1항), 체포·구속된 피의자에 대하여 영장 없이 지문채취 및 신장측정 등을 할 수 있다.

2) 방법

신체검사에 있어서는 피검자의 성별·나이·건강상태 기타 사정을 고려하여 그 사람의 건강과 명예를 해하지 않도록 주의해야 하며, 피고인 아닌 자의 신체검사는 증거가 될 만한 흔적을 확인할 수 있는 현저한 사유가 있는 경우에 한하여 할 수 있다. 여자의 신체를 검사할 때는 의사나 성년의 여자를 참여시켜야 한다(제141조 제3항, 제219조).

(3) 체내신체검사

1) 의의

신체의 내부에 대한 강제수사를 말한다. 신체내부의 강제수사는 다른 강제수사와는 달리 인간의 존엄성과 건강을 해칠 염려가 있으므로 그 허용 여부와, 허용되는 경우에도 그 요건과 절차가 문제된다.

2) 강제채혈   [13.모의]

① 의의

주사기를 통하여 대상자의 혈관으로부터 일정량의 혈액을 채취하는 강제처분으로 특히 음주운전과 관련하여 중요한 의미를 가진다. 다수설은 엄격한 요건에서 피검자의 건강이 침해되지 않는 범위 내에서 허용된다고 한다. 다만, 강제채혈의 경우 어떠한 영장을 발부받아야하는지에 대하여 논의가 있다.

② 영장의 종류

㉠ 검증영장설, ㉡ 압수·수색영장설, ㉢ 압수·수색영장 및 감정처분허가장 병용설, ㉣ 검증영장 및 감정처분허가장 병용설이 대립한다. 최근 판례는 **법원으로부터 감정처분허가장을 받아 '감정에 필요한 처분'으로 또는 압수영장을 받아 '압수영장의 집행에 있어 필요한 처분'으로 채혈할 수 있다고 한다.**❶ 생각건대 혈액은 인체의 구성요소이므로 압수·수색의 대상이 될 수 없고, 강제채혈은 검증의 성격을 가지나 전문인의 지식과 경험을 필요로 한다는 점에서 검증영장과 감정처분허가장을 병용해야한다는 **검증영장 및 감정처분허가장 병용설**이 타당하다.

🔑 판례

1 음주측정을 거부한 사람에 대하여 법원의 **감정처분허가장 등을 발부 받아** 강제로 혈액을 채취한 다음 그 혈액을 의사로 하여금 감정하게 하는 방법으로 혈중알코올농도를 측정하지 못할 이유는 없다(대판 2004.11.12. 2004도5257).

2 수사기관이 법원으로부터 **영장 또는 감정처분허가장을 발부받지 아니한 채** 피의자의 동의 없이 피의자의 신체로부터 혈액을 채취하고 사후적으로도 지체 없이 이에 대한 영장을 발부받지도 아니한 채 강제채혈한 피의자의 혈액 중 알코올농도에 관한 감정이 이루어졌다면, 이러한 **감정서 및 주취운전자적발보고서** 등은 형사소송법상 영장주의 원칙을 위반하여 수집되거나 그에 기초한 증거로서 그 절차 위반행위가 적법절차의 실질적인 내용을 침해하는 정도에 해당하고, 이러한 증거는 **피고인이나 변호인의 증거동의가 있다고 하더라도 유죄의 증거로 사용할 수 없다** (대판 2011.4.28. 2009도2109). (변시2회·3회, 14.모의)

3 [1] 수사기관이 범죄 증거를 수집할 목적으로 피의자의 동의 없이 피의자의 혈액을 취득·보관하는 행위는 **법원으로부터 감정처분허가장을 받아 형사소송법 제221조의4 제1항, 제173조 제1항에 의한 '감정에 필요한 처분'으로도 할 수 있지만, 형사소송법 제219조, 제106조 제1항에 정한 압수의 방법으로도 할 수 있고,** 압수의 방법에 의하는 경우 혈액의 취득을 위하여 피의자의 신체로부터 **혈액을 채취하는 행위는 혈액의 압수를 위한 것으로서 형사소송법 제219조, 제120조 제1항에 정한 '압수영장의 집행에 있어 필요한 처분'에 해당**한다. (변시2회·9회, 13모의, 14.모의)

[2] 음주운전 중 교통사고를 야기한 후 피의자가 의식불명 상태에 빠져 있는 등으로 도로교통법이 음주운전의 제1차적 수사방법으로 규정한 호흡조사에 의한 음주측정이 불가능하고 혈액 채취에 대한 동의를 받을 수도 없을 뿐만 아니라 법원으로부터 **혈액채취에 대한 감정처분허가장이나 사전압수영장을 발부받을 시간적 여유도 없는 긴급한 상황**이 생길 수 있다. 이러한 경우 피의자의 신체내지 의복류에 주취로 인한 냄새가 강하게 나는 등 형사소송법 제211조 제2항 제3호가 정하는 **범죄의 증적이 현저한 준현행범인의 요건이 갖추어져 있고 교통사고 발생 시각으로**

---

❶ 대판 2012.11.15. 2011도15258

부터 사회통념상 범행직후라고 볼 수 있는 시간 내라면, 피의자의 생명·신체를 구조하기 위하여 사고현장으로부터 곧바로 후송된 병원 응급실 등의 장소는 형사소송법 제216조 제3항의 범죄 장소에 준한다 할 것이므로, 검사 또는 사법경찰관은 피의자의 혈중알코올농도 등 증거의 수집을 위하여 의료법상 의료인의 자격이 있는 자로 하여금 의료용 기구로 의학적인 방법에 따라 필요최소한의 한도 내에서 피의자의 혈액을 채취하게 한 후 그 혈액을 영장 없이 압수할 수 있다. 다만, 이 경우에도 형사소송법 제216조 제3항 단서, 형사소송규칙 제58조, 제107조 제1항 제3호에 따라 사후에 지체 없이 강제채혈에 의한 압수의 사유 등을 기재한 영장청구서에 의하여 법원으로부터 압수영장을 받아야 한다(대판 2012.11.15. 2011도15258). (변시5회·12회)

③ 그 외 허용요건

㉠ 압수대상물 존재의 명백성, ㉡ 증거로서의 중요성, ㉢ 강제채취의 필요성, ㉣ 채취 방법의 상당성을 요건으로 한다.

3) 강제채뇨 [20.모의]

요도관을 요도에 삽입하여 체내에 있는 뇨를 배출시키는 강제처분으로 특히 마약범죄 등 일정범죄에서 필요성이 인정된다. 어떤 영장을 필요로 하는지에 대하여 강제채혈과 동일한 논의가 있다. ㉠ 검증영장설 ㉡ 압수·수색영장설 ㉢ 압수·수색영장 및 감정처분허가장 병용설이 있으나 ㉣ 검증영장 및 감정처분허가장 병용설이 대립한다. 생각건대, 강제채뇨는 검증의 성격을 가지나 전문적인 지식과 경험을 필요로 하므로 검증영장, 감정처분허가장 병용설이 타당하다. 그 외 허용요건으로 압수대상물 존재의 명백성, 증거로서의 중요성, 강제채취의 필요성, 채취 방법의 상당성을 요건으로 한다.

🔨 판례

[1] 강제 채뇨는 피의자가 임의로 소변을 제출하지 않는 경우 피의자에 대하여 강제력을 사용해서 도뇨관(catheter)을 요도를 통하여 방광에 삽입한 뒤 체내에 있는 소변을 배출시켜 소변을 취득·보관하는 행위이다. 수사기관이 범죄 증거를 수집할 목적으로 하는 강제 채뇨는 피의자의 신체에 직접적인 작용을 수반할 뿐만 아니라 피의자에게 신체적 고통이나 장애를 초래하거나 수치심이나 굴욕감을 줄 수 있다. 따라서 피의자에게 범죄혐의가 있고 그 범죄가 중대한지, 소변성분 분석을 통해서 범죄혐의를 밝힐 수 있는지, 범죄 증거를 수집하기 위하여 피의자의 신체에서 소변을 확보하는 것이 필요한 것인지, 채뇨가 아닌 다른 수단으로는 증명이 곤란한지 등을 고려하여 범죄 수사를 위해서 강제 채뇨가 부득이하다고 인정되는 경우에 최후의 수단으로 적법한 절차에 따라 허용된다고 보아야 한다. 이때 의사, 간호사, 그 밖의 숙련된 의료인 등으로 하여금 소변 채취에 적합한 의료장비와 시설을 갖춘 곳에서 피의자의 신체와 건강을 해칠 위험이 적고 피의자의 굴욕감 등을 최소화하는 방법으로 소변을 채취하여야 한다.
[2] 수사기관이 범죄 증거를 수집할 목적으로 피의자의 동의 없이 피의자의 소변을 채취하는 것은 법원으로부터 감정허가장을 받아 형사소송법 제221조의4 제1항, 제173조 제1항에서 정한 '감정에 필요한 처분'으로 할 수 있지만(피의자를 병원 등에 유치할 필요가 있는 경우에는 형사소송법 제221조의3에 따라 법원으로부터 감정유치장을 받아야 한다), 형사소송법 제219조, 제106조 제1항, 제109조에 따른 압수·수색의 방법으로도 할 수 있다. 이러한 압수·수색의 경우에도 수사기관은 원칙적으로 형사소송법 제215조에 따라 판사로부터 압수·수색영장을 적법하게 발부받아 집행해야 한다. 압수·수색의 방법으로 소변을 채취하는 경우 압수대상물인 피의자의 소변을 확보하기 위한 수사기관의 노력에도 불구하고, 피의자가 인근 병원 응급실 등 소변 채취에 적합한 장소로 이동하는

것에 동의하지 않거나 저항하는 등 임의동행을 기대할 수 없는 사정이 있는 때에는 수사기관으로서는 소변 채취에 적합한 장소로 피의자를 데려가기 위해서 필요 최소한의 유형력을 행사하는 것이 허용된다. 이는 형사소송법 제219조, 제120조 제1항에서 정한 '압수·수색영장의 집행에 필요한 처분'에 해당한다고 보아야 한다. 그렇지 않으면 피의자의 신체와 건강을 해칠 위험이 적고 피의자의 굴욕감을 최소화하기 위하여 마련된 절차에 따른 강제 채뇨가 불가능하여 압수영장의 목적을 달성할 방법이 없기 때문이다. (변시12회)

[3] 피고인이 메트암페타민(일명 '필로폰')을 투약하였다는 마약류 관리에 관한 법률 위반(향정) 혐의에 관하여, 피고인의 소변(30cc), 모발(약 80수), 마약류 불법사용 도구 등에 대한 압수·수색·검증영장을 발부받은 다음 경찰관이 피고인의 주거지를 수색하여 사용 흔적이 있는 주사기 4개를 압수하고, 위 영장에 따라 3시간가량 소변과 모발을 제출하도록 설득하였음에도 피고인이 계속 거부하면서 자해를 하자 이를 제압하고 수갑과 포승을 채운 뒤 강제로 병원 응급실로 데리고 가 응급구조사로 하여금 피고인의 신체에서 소변(30cc)을 채취하도록 하여 이를 압수한 사안에서, 피고인에 대한 피의사실이 중대하고 객관적 사실에 근거한 명백한 범죄 혐의가 있었다고 보이고, 경찰관의 장시간에 걸친 설득에도 피고인이 소변의 임의 제출을 거부하면서 판사가 적법하게 발부한 압수영장의 집행에 저항하자 경찰관이 다른 방법으로 수사 목적을 달성하기 곤란하다고 판단하여 강제로 피고인을 소변 채취에 적합한 장소인 인근 병원 응급실로 데리고 가 의사의 지시를 받은 응급구조사로 하여금 피고인의 신체에서 소변을 채취하도록 하였으며, 그 과정에서 피고인에 대한 강제력의 행사가 필요 최소한도를 벗어나지 않았으므로, 경찰관의 조치는 형사소송법 제219조, 제120조 제1항에서 정한 '압수영장의 집행에 필요한 처분'으로서 허용되고, 한편 경찰관이 압수영장을 집행하기 위하여 피고인을 병원 응급실로 데리고 가는 과정에서 공무집행에 항거하는 피고인을 제지하고 자해 위험을 방지하기 위해 수갑과 포승을 사용한 것은 경찰관 직무집행법에 따라 허용되는 경찰장구의 사용으로서 적법하다는 이유로, 같은 취지에서 피고인의 소변에 대한 압수영장 집행이 적법하다(대판 2018.7.12. 2018도6219).

4) 연하물의 강제배출

연하물의 강제배출이란 위장 내에 있는 물건을 구토제, 설사제 등을 사용하여 강제로 배출케 하는 것을 말한다. 미연방대법원은 Rochin판결❶ 에서 구토제에 의한 연하물의 강제배출은 양심에 대한 충격이며 적정절차 원리의 위반이라고 판시하였으나 우리나라의 다수설은 엄격한 요건 하에서 허용된다고 보고 있다. 이 때 어떤 영장을 필요로 하는지에 대하여 ㉠ 검증영장설, ㉡ 압수·수색영장설, ㉢ 압수·수색영장 및 감정처분허가장 병용설이 있으나 ㉣ 검증영장 및 감정처분허가장 병용설이 대립한다. 생각건대 연하물의 강제배출은 신체내부에 대한 검사로서 검증의 성격을 지니면서 동시에 배출된 연하물에 대한 전문적인 지식과 경험에 의한 분석이 필요한 경우로 검증영장 및 감정처분허가장 병용설이 타당하다. 그 외 허용요건으로 압수대상물 존재의 명백성, 증거로서의 중요성, 강제채취의 필요성, 채취 방법의 상당성을 요건으로 한다.

---

❶ Rochin vs California 342 U.S. 165(1952)

III 수사상 감정처분과 감정유치

1. 감정

감정은 특별한 전문지식이 있는 수사기관 이외의 제3자가 그 전문지식을 이용하여 일정한 사실판단을 하는 것을 말한다. 검사 또는 사법경찰관은 수사에 필요한 경우에 감정을 위촉할 수 있는데(제221조 제2항), 이를 수사상 감정위촉이라고 한다. 임의수사에 속한다.

2. 감정유치

(1) 의의

수사상의 감정유치란 피의자의 정신 또는 신체를 감정하기 위하여 판사에게 청구하여 일정 기간 동안 병원 기타 적당한 장소에 피의자를 유치하는 **강제처분**을 말한다(제221조의3).

(2) 대상 및 요건

피의자를 대상으로 하며, 피의자인 이상 구속 중임을 요하지 않는다. 피의자가 아닌 제3자에 대하여는 감정유치를 청구할 수 없다. 감정유치를 청구함에 있어서는 감정유치의 필요성이 인정될 것을 요한다. 따라서 피의자를 유치하지 않아도 병원에 통원함에 의하여 감정할 수 있는 때에는 감정유치를 청구할 수 없다. 구속사유가 있을 것을 요하지는 않는다.

(3) 절차

청구권자는 **검사에 한한다**(제221조의3 제1항). 청구를 받은 판사는 청구가 상당하다고 인정할 때에는 유치처분(감정유치장 발부)을 하여야 한다(동조 제2항). 그리고 감정유치장의 집행에 관하여는 구속영장의 집행에 관한 규정이 준용된다(제221조의3 제2항, 제172조 제7항). **유치기간에는 제한이 없지만,** 감정유치를 함에는 유치기간을 정하여야 한다.

(4) 감정유치의 효력

실질적으로는 구속에 해당하므로 유치에 관하여는 **구속에 관한 규정이 준용**된다(제172조 제7항). 따라서 미결구금 일수의 산입에 있어서 유치기간은 구속으로 간주한다(동조 제8항). 다만, 구속 중인 피의자에 대하여 감정유치장이 집행되었을 때에는 유치되어 있는 기간 동안의 구속은 그 집행이 정지된 것으로 간주한다. 따라서 감정유치 기간은 **구속기간에 포함되지 않는다**(제221조의3 제2항, 제172조의2).

(5) 감정에 필요한 처분

수사기관에 의하여 감정의 위촉을 받은 자는 감정에 관하여 필요한 경우 판사의 허가를 얻어 타인의 주거, 간수자가 있는 가옥, 건조물, 항공기, 선차 내에 들어갈 수 있고, 신체의 검사, 사체의 해부, 분묘의 발굴, 물건의 파괴 등 필요한 처분을 할 수 있다(제221조의4 제1항).

제6절 수사상 증거보전과 증인신문

I 증거보전(제184조)

1. 의의 및 취지

공판기일에서의 정상적인 증거조사가 있을 때까지 기다려서는 증거방법의 사용이 불가능하거나 현저히 곤란하게 될 염려가 있는 경우 또는 참고인이 출석이나 진술을 거부하는 경우에는 검사·피고인·피의자 또는 변호인의 청구에 의하여 **판사가 미리 증거조사를 하여 그 결과를 보전하여 두는 제도**를 증거보전이라 한다(제184조). 수사기관과 달리 독자적인 증거수집권이 없는 피의자, 피고인에게 공판개시 전에 유리한 증거에 대한 수집·보전권을 보장함으로써 공정한 재판의 이념을 실현하기 위한 제도이다.

2. 증거보전의 요건 [변시3회, 20·22모의]

(1) 증거보전의 필요성

미리 증거를 보전하지 않으면 증거를 사용하기 곤란한 사정, 즉 증거보전의 필요성이 인정되어야 한다(제184조 제1항). 즉 미리 증거보전을 하지 않으면 증거물의 훼손·변경의 위험성, 증인의 사망이나 해외여행 등과 같이 증거조사가 곤란한 경우나 즉시 검증하지 않으면 현장의 변경이 있는 때 등에는 증거보전의 필요성이 인정된다.

(2) 제1회 공판기일 전

제1회 공판기일 전에 한하여 할 수 있다. 따라서 수사단계는 물론 **공소제기 후라도 제1회 공판기일 전이라면 증거보전이 가능하다.**

3. 증거보전의 절차

(1) 증거보전의 청구

1) 청구권자

검사·피고인·피의자·변호인이다. 따라서 피고인 또는 피의자가 **형사입건도 되기 전에는 증거보전을 청구할 수는 없다**(대판 1979.6.12. 79도792).

2) 청구의 내용

증거보전을 청구할 수 있는 것은 **압수·수색·검증·증인신문·감정**에 한정된다. 따라서 **피의자 또는 피고인의 신문을 청구할 수 없으나[1]**, 공동피고인 또는 공범자를 증거보전절차에서 증인으로 신문하는 것은 허용**된다. (변시7회, 12.모의)

> **⚖ 판례**
>
> 공동피고인과 피고인이 뇌물을 주고받은 사이로 필요적 공범관계에 있다고 하더라도 검사는 수사단계에서 피고인에 대한 증거를 미리 보전하기 위하여 **필요한 경우에는 판사에게 공동피고인을 증인으로 신문할 것을 청구할 수 있다**(대판 1988.11.8. 86도1646).

---

[1] 대판 1979.6.12. 79도792

3) 청구의 방식

관할 지방법원 판사에게 서면으로 사유를 소명해야 한다(제184조 제3항).

(2) 증거보전의 처분

1) 증거보전청구의 심사

청구를 받은 판사는 청구가 적법하고 필요성이 있다고 인정할 때에는 별도의 결정 없이 증거보전을 하여야 하고, 청구가 부적법하거나 필요 없다고 인정할 때에는 청구기각 결정을 하여야 한다. **기각결정에 대해서는 3일 이내에 항고할 수 있다**(제184조 제4항). (변시7회)

2) 판사의 권한

지방법원 판사는 법원 또는 재판장과 동일한 권한이 있다(동조 제2항). 따라서 판사는 증인신문의 전제가 되는 소환, 구인을 할 수 있고, 법원 또는 재판장이 행하는 경우와 같이 **압수·수색·검증, 증인신문, 감정**에 관한 규정이 준용된다. 따라서 증인신문에 있어서는 검사·피고인·피의자·변호인의 참여권을 보장하여야 한다. (13.모의)

4. 증거보전 후의 조치

(1) 증거물의 열람·등사

증거보전에 의하여 압수한 물건 또는 작성한 조서는 증거보전을 한 **판사가 소속한 법원에서 보관**하며, 검사·피고인·피의자·변호인은 **판사의 허가를 얻어 열람·등사할 수 있다**(제185조).

(2) 증거보전절차에서 작성된 조서의 증거능력

법원 또는 법관의 면전에서 작성한 조서로서 **당연히 증거능력이 인정된다**(제311조).

> **판례**
>
> 1 제1회 공판기일 전에 형사소송법 제184조에 의한 증거보전절차에서 증인신문을 하면서, **위 증인신문의 일시와 장소를 피의자 및 변호인에게 미리 통지하지 아니하여 증인신문에 참여할 수 있는 기회를 주지 아니하였고**, 또 변호인이 제1심 공판기일에 위 증인신문조서의 증거조사에 관하여 **이의신청을 하였다면**, 위 증인신문조서는 증거능력이 없다 할 것이고, 그 증인이 후에 법정에서 그 조서의 **진정성립을 인정한다 하여 다시 그 증거능력을 취득한다고 볼 수도 없다**(대판 1992.2.28. 91도2337).
> 2 판사가 형사소송법 제184조에 의한 증거보전절차로 증인신문을 하는 경우에는 동법 제221조의2에 의한 증인신문의 경우와는 달라 동법 제163조에 따라 검사, 피의자 또는 변호인에게 증인신문의 시일과 장소를 미리 통지하여 증인신문에 참여할 수 있는 기회를 주어야 하나 참여의 기회를 주지 아니한 경우라도 피고인과 변호인이 증인신문조서를 증거로 할 수 있음에 동의하여 별다른 이의없이 적법하게 증거조사를 거친 경우에는 위 증인신문조서는 증인신문절차가 위법하였는지의 여부에 관계없이 증거능력이 부여된다(대판 1988.11.8. 86도1646). (변시12회)

Ⅱ 증인신문의 청구(제221조의2)

1. 의의 및 취지

참고인이 출석 또는 진술을 거부하는 경우에 제1회 공판기일 전까지 검사의 청구에 따라 판사가 그를 증인으로 신문하는 진술증거의 수집과 보전을 위한 **대인적 강제처분**을 말한다. 참고인조사는 임의수사이므로 참고인은 출석의무와 진술의무가 없는데 실체진실의 발견을 위하여 참고인의 출석과 진술을 강제할 필요가 있으므로 인정된 제도이다. 수소법원이 아닌 판사에 의한 증인신문으로 수소법원의 증인신문과 구별된다.

2. 요건 [변시3회]

(1) 증인신문의 필요성

범죄수사에 없어서는 아니 될 사실을 안다고 명백히 인정되는 자가 수사기관의 출석요구에 대하여 **출석 또는 진술을 거부**하는 경우이어야 한다. 범죄수사에 없어서는 아니 될 사실은 범죄의 성립여부에 관한 사실뿐만 아니라 정상, 기소ㆍ불기소처분과 양형에 중요한 영향을 미치는 사실도 포함된다. 출석거부와 진술거부는 정당한 이유가 있는 경우도 포함되므로 증언거부권이 있는 자에 대하여도 증인신문을 청구할 수 있다. 다만, 단순히 증인들이 진술을 번복할 우려가 있다는 사유만으로 증인신문청구를 할 수 없다.

> 🔍 **진술번복의 우려가 있는 경우**
>
> 판례는 검사가 **증인들의 진술번복을 우려하여 제1회 공판기일 전 증인신문을 청구하여 작성된 증인신문조서**는 비록 그 신문이 법관의 면전에서 행하여졌지만 결과적으로 헌법 제27조가 보장하는 공정하고 신속한 공개재판을 받을 권리를 침해하여 수집된 증거로서 **증거능력이 없다**고 하여 증인신문청구의 사유가 아니라는 입장이다(대판 1997.12.26. 97도2249). (13.모의)

(2) 제1회 공판기일 전

제1회 공판기일 전에 한하여 할 수 있다. 따라서 수사단계는 물론 공소제기 후라도 제1회 공판기일 전이라면 증인신문청구가 가능하다.

3. 증인신문의 절차

(1) 청구권자

청구권자는 증거보전과 달리 **검사에 한한다.**

(2) 청구의 심사 및 결정

청구를 받은 판사는 청구가 적법하고 필요성이 있다고 인정할 때에는 별도의 결정 없이 증인신문을 하여야 하고, 청구가 부적법하거나 필요 없다고 인정할 때에는 청구기각결정을 하여야 한다. 수사상 증거보전(제184조)과 달리 **기각결정에 대해서는 불복할 수 없다.** (변시7회)

(3) 증인신문의 방법

증인신문의 청구를 받은 판사는 증인신문에 관하여 **법원 또는 재판장과 동일한 권한**이 있다(제221조의2 제4항). 따라서 증인신문에 관해서는 수소법원의 증인신문에 관한 규정이 준용된다. 증인신문에는 **피고인 · 피의자 또는 변호인의 참여권이 인정**된다. 따라서 판사는 증인신문기일을 정한 때에는 **피고인 · 피의자 또는 변호인에게 이를 통지**하여 증인신문에 참여할 수 있도록 하여야 한다(동조 제5항). (13.모의)

4. 증인신문 후의 조치

증인신문을 한 때에는 증거보전과 달리 판사는 지체 없이 이에 관한 서류를 **검사에게 송부**하여야 하고(제221조의2 제6항), 피의자 등에게 **열람 · 등사권이 인정되지 않는다.** 증인신문조서는 법원 또는 법관의 면전에서 작성한 조서로서 **당연히 증거능력이 인정된다**(제311조).

제2장 | 수사의 종결

범죄사실이 명백하게 되었거나 또는 수사를 계속할 필요가 없는 경우에 수사를 종결한다. 이러한 수사의 종결은 **종전 검사만이 할 수 있었기 때문에** 사법경찰관이 범죄를 수사하였을 때에는 관계서류와 증거를 검사에게 송치하여야 했었다. 그러나 개정법에 따르면, 사법경찰관에게도 1차적 수사종결권을 부여하고 있어서 경찰이 사건을 검사에게 송치하지 않을 때에는 그 이유를 명시한 서면(불송치결정문)과 함께 관계서류와 증거물을 지체 없이 검사에게 송부하고, 검사는 송부받은 날부터 90일 이내에 사법경찰관에게 반환하여야 한다(제197조, 제245조의5 제2호 참조). 이 경우 검사는 사법경찰관이 사건을 송치하지 아니하는 것이 위법 또는 부당한 때에는 그 이유를 문서로 명시하여 사법경찰관에게 재수사를 요청할 수 있고, 사법경찰관은 제1항의 요청이 있는 때에는 사건을 재수사하여야 한다(제245조의8 참조).

제1절 사법경찰관의 수사종결

1. 송치결정

사법경찰관은 범죄를 수사한 후 '범죄혐의가 있다고 인정되는 경우'에 지체 없이 검사에게 사건을 송치하고 관계서류와 증거물을 검사에게 송부해야 한다(제245조의5 제1호). 검사는 송치받은 사건의 공소제기 여부 결정 또는 공소유지에게 관해 필요한 경우에 사법경찰관에게 보완수사를 요구할 수 있고(제197조의2 제1항), 사법경찰관은 보완수사요구가 있는 때에는 정당한 이유가 없는 한 지체 없이 이를 이행하고 그 결과를 검사에게 통보해야 한다(동조 제2항). 한편 검사는 송치받은 사건에 대해 특별히 '직접 보완수사'를 할 필요가 인정되는 경우를 제외하고는 사법경찰관에게 보완수사를 요구하는 것을 원칙으로 한다(수사준칙 제59조 제1항).

2. 불송치결정

(1) 사건불송치와 기록송부

사법경찰관은 범죄를 수사한 후 범죄의 혐의가 있다고 인정되지 않는 경우에는 검사에게 사건을 송치하지 않는다. 사건불송치의 경우에 사법경찰관은 그 이유를 명시한 서면과 함께 '관계서류와 증거물'을 지체 없이 검사에게 '송부'하여야 한다. 이 경우 검사는 송부받은 날부터 90일 이내에 사법경찰관에게 '반환'하여야 한다(제245조의5).

(2) 재수사요청과 사건송치

검사는 사법경찰관이 사건을 송치하지 아니한 것이 '위법 또는 부당'하다고 판단된 때에는 그 이유를 문서로 명시하여 사법경찰관에게 재수사를 요청할 수 있고(제245조의8 제1항), 사법경찰관은 재수사요청이 있는 때에는 사건을 재수사해야 한다(동조 제2항). 사법경찰관은 재수사를 한 후 '범죄의 혐의가 있다고 인정되는 경우'에는 검사에게 '사건송치'를 하고 관계서류와 증거물을 송부하여야 하며, 반면에 '기존의 불송치 결정을 유지하는 경우'에는 재수사 결과서에 그 내용과 이유를 구체적으로 적어 검사에게 '통보'한다(수사준칙 제64조 제1항).

(3) 사건불송치 통지와 이의신청 · 사건송치

사법경찰관은 사건불송치의 경우에는 사건기록을 송부한 날로부터 7일 이내에 서면으로 고소인 · 고발인 · 피해자 또는 그 법정대리인(피해자가 사망한 경우에는 그 배우자 · 직계친족 · 형제자매를 포함)에게 사건을 검사에게 송치하지 아니하는 취지와 그 이유를 '통지'해야 한다(제245조의6). 그 통지를 받은 사람(고발인은 제외)은 해당 사법경찰관의 소속 관서의 장에게 '이의를 신청'할 수 있다(제245조의7 제1항). 이때 사법경찰관은 지체 없이 검사에게 '사건을 송치'하고 관계서류와 증거물을 송부해야 하며, 처리결과와 그 이유를 제1항의 신청인에게 통지해야 한다(동조 제2항). 불송치결정에 대한 이의신청에는 기간 제한이 없다.

3. 즉결심판청구

경찰서장은 20만 원 이하의 벌금, 구류 또는 과료에 처할 경미한 사건에 대해 지방법원, 지원 또는 시군법원의 판사에게 즉결심판을 청구함으로서 수사절차를 종결할 수 있다(즉결심판법 제2조). 범죄혐의가 있다고 인정되는 경우에도 위와 같이 경미한 사건에 대해서는 검사에게 사건을 송치하지 않고 경찰서장이 직접 심판을 청구할 수 있도록 예외를 인정하고 있는 것이다.

제2절 검사의 수사종결

검사는 사법경찰관으로부터 사건을 송치받거나 직접 수사하여 수사를 종결할 때에 공소제기나 불기소결정과 같은 종국처분 또는 기소중지나 이송과 같은 중간처분을 하게 된다.

1. 종결처분

(1) 공소제기

수사결과 범죄의 객관적 혐의가 충분하고 소송조건을 구비하여 유죄판결을 받을 수 있다고 인정할 때에는 검사는 공소를 제기한다(제246조). 다만 개정 검찰청법에 따르면 검사가 직접 수사개시를 한 범죄에 대하여는 공소를 제기할 수 없게 되었다. 검사는 벌금, 과료, 몰수에 해당하는 사건에 대하여는 공소제기와 동시에 약식명령을 청구할 수 있다(제449조).

(2) 불기소처분

1) 협의의 불기소처분(검찰사건사무규칙 제69조 제3항, 제115조 제3항)

① 혐의 없음

피의사실이 인정되지 않거나 피의사실을 인정할 만한 충분한 **증거가 없는 경우** 또는 피의사실이 **범죄를 구성하지 않는 경우**에 혐의 없음의 결정을 한다(제2호).

② 죄가 안됨

피의사실이 범죄구성요건에는 해당하나 법률상 범죄의 성립을 조각하는 사유가 있어서 범죄를 구성하지 않는 경우에 하는 처분이다(제3호). **위법성조각사유 · 책임조각사유**가 존재하는 경우를 말한다.

③ 공소권 없음

소송조건이 결여된 경우나 **형면제 사유**가 있는 경우에 하는 처분이다(제4호).

④ 각하

고소 · 고발사건에서 고소 · 고발장의 기재 및 고소 · 고발인의 진술에 의하더라도 기소를 위한 수사의 필요성이 없다고 명백하게 인정되는 경우, 피의자 또는 참고인을 조사하지 않고 수사를 종결하는 종국처분이다(제5호).

2) 기소유예

범죄혐의가 인정되고 소송조건이 구비되었으나 형법 제51조의 사항 즉 범인의 연령, 지능과 환경, 범행의 동기, 수단과 결과, 범행 후의 정황 등을 참작하여 공소를 제기하지 않는 경우를 말한다(제247조).

2. 중간처분

(1) 기소중지와 참고인 중지

검사가 **피의자 소재불명** 등의 사유로 수사를 종결할 수 없는 경우에 그 사유가 해소될 때까지 하는 처분이다(동규칙 제73조). **고소·고발인, 중요 참고인 소재불명** 등의 사유로 수사를 종결할 수 없는 경우에 참고인중지의 결정을 할 수 있다(동규칙 제74조).

(2) 보완수사요구

검사는 사법경찰관으로부터 송치받은 사건에 대하여 공소제기 여부 결정 등을 위해 필요한 경우 보완수사요구를 결정을 한다. 이는 별도의 처분으로서 검사가 결정을 통해 사건을 일단 종결함으로써 검사와 사법경찰관 사이에 2개의 절차로 진행되는 혼란을 방지할 수 있게 된다.

(3) 송치처분

1) 타관송치

검사는 사건이 그 소속 검찰청에 대응하는 법원의 관할에 속하지 않는 경우에는 사건을 서류, 증거물과 함께 관할법원에 대응하는 검찰청 검사에게 송치해야 한다(제256조).

2) 보호사건 송치

검사는 ① 소년에 대한 피의사건이 보호처분에 해당하는 사유가 있다고 인정한 경우에는 사건을 관할 소년부에 송치해야 하고(소년보호사건의 송치, 소년법 제49조 제1항), ② 가정폭력범죄로서 보호처분이 적절하다고 인정하는 경우 가정보호사건으로 그 사건을 관할 가정법원 또는 지방법원에 송치해야 한다(가정보호사건의 송치, 가정폭력범죄의 처벌 등에 관한 특례법 제9조), ③ 아동학대범죄에 대해서도 보호처분을 하는 것이 적절하다고 인정하는 경우에는 아동보호사건으로 그 사건을 관할 가정법원 또는 지방법원에 송치해야 하며(아동보호사건의 송치, 아동학대범죄의 처벌 등에 관한 특례법 제27조), ④ 성매매 범죄로서 보호처분이 적절하다고 인정할 때에도 보호사건으로 관할법원에 송치해야 한다(성매매보호사건의 송치, 성매매알선 등 행위의 처벌에 관한 법률 제12조).

3. 불기소처분 등의 통지

(1) 고소인 등에 대한 통지

검사는 고소·고발사건에 관하여 **공소를 제기하거나 제기하지 아니하는 처분, 공소취소, 타관송치를 한 때**에는 그 처분한 날로부터 **7일 이내**에 서면으로 고소인·고발인에게 그 취지를 통지하여야 한다(제258조 제1항). 검사는 고소·고발 사건에 관하여 공소를 제기하지 아니하는 처분을 한 경우에 **고소인·고발인의 청구가 있는 때에는 7일 이내**에 고소인·고발인에게 **그 이유를** 서면으로 설명하여야 한다(제259조).

(2) 피의자에 대한 통지

검사는 **불기소 또는 타관송치의 처분**을 한 때에는 피의자에게 **즉시** 그 취지를 통지하여야 한다(제258조 제2항).

제3절 수사처검사의 수사종결

1. 기소대상 사건에 대한 수사종결

수사처검사는 고위공직자범죄 중 일정한 범죄, 즉 대법원장 및 대법관, 검찰총장, 법관 및 검사, 경무관 이상 경찰공무원으로 재직 중에 본인이나 그 가족이 범한 고위공직자범죄 및 관련 범죄에 관하여 수사를 한 때에는 공소제기 또는 불기소의 결정을 해야 한다. 수사처 검사가 공소를 제기하는 고위공직자범죄 등 사건의 제1심 재판은 서울중앙지방법원의 관할로 하고, 다만 범죄지, 증거의 소재지, 피고인의 특별한 사정 등을 고려하여 수사처검사는 형사소송법에 따른 관할법원에 공소를 제기할 수 있다(공수처법 제31조).

수사처검사가 고위공직자범죄에 대해 불기소 결정을 하는 경우에, 수사처처장은 해당 범죄의 수사과정에서 알게 된 관련 범죄 사건을 대검찰청에 이첩해야 하며(동법 제27조). 수사처검사는 고소·고발인에게 불기소결정에 대하여 통지하여야 한다. 고소·고발인은 수사처검사로부터 공소를 제기하지 않는다는 통지를 받은 때에는 서울고등법원에 그 당부에 관해 재정신청을 할 수 있다. 이 때 그 통지를 받은 날로부터 30일 이내에 처장에게 재정신청서를 제출해야 하며, 재정신청서에는 재정신청의 대상이 되는 사건의 범죄사실 및 증거 등 재정신청을 이유 있게 하는 사유를 기재하여야 한다(동법 제29조).

2. 수사대상 사건의 송부

수사처검사는 기소대상 사건을 제외한 고위공직자범죄 및 관련범죄에 관한 수사를 한 때에는 관계서류와 증거물을 지체 없이 서울중앙지방검찰청 소속 검사에게 송부해야 한다(동법 제26조 제1항). 이를 송부받은 검사는 공소제기나 불기소결정을 하고, 수사처처장에게 해당 사건의 공소제기 여부를 신속하게 통보해야 한다. 즉 수사대상 사건에 한해서는 범죄혐의 인정여부와 관계없이 검사에게 송부하도록 되어 있으므로 수사처검사에게 수사종결권이 인정되지 않는다.

제4절 불기소처분에 대한 불복

1. '검찰청법'에 의한 항고(검찰청법 제10조)

검사의 불기소처분에 대하여 불복이 있는 **고소인 · 고발인**은 그 검사가 속하는 지방검찰청 또는 지청을 거쳐 서면으로 관할 고등검찰청 검사장에게 항고를 할 수 있다. 이 경우 지 방검찰청 또는 지청의 검사는 항고가 이유 있다고 인정하는 때에는 그 처분을 경정하여야 한다. 이 때 항고는 고소인 등이 **불기소처분 통지를 받은 날로부터 30일 이내**에 하여야 한다. 기각시 항고를 한 자는 검찰총장에게 재항고 할 수 있다.

2. 재정신청

(1) 의의

검사의 불기소처분에 불복하는 고소인 또는 고발인(형법 제123조 내지 제126조의 죄에 한 정)이 검찰항고를 거쳐 불기소처분의 당부에 관하여 재정을 신청하는 제도이다(제260조 제1항). 이는 검사의 기소독점주의와 기소편의주의에 대한 규제책으로서 인정된다.

(2) 주체와 대상범죄

1) 주체

불기소처분 통지를 받은 **고소인**이다. 다만, **형법 제123조 내지 제126조의 죄에 대하여는 고발인**도 가능하다. 다만, 고발인은 제126조(피의사실공표)의 죄에 대하여는 피공표자의 명시한 의사에 반하여 재정신청할 수 없다(제260조 제1항). (변시4회, 12.모의)

2) 대상(제260조)

모든 범죄에 대한 **검사의 불기소처분**이다. 협의의 불기소처분뿐만 아니라 **기소유예 및 기 소중지 처분**도 대상에 해당한다. 다만, 내사종결처리나 공소취소는 불기소처분이 아니므로 대상이 아니다. (변시4회)

(3) 절차

1) 검찰항고 전치주의

재정신청을 하려면 원칙적으로 먼저 **검찰청법 제10조에 따른 항고를 거쳐야** 한다. 다만, 재기수사 후 다시 공소를 제기하지 않는다는 통지를 받을 경우, 검찰항고 신청 후 3월 이 내 결정이 없는 경우, 공소시효 만료일 30일 전까지 공소를 제기하지 않는 경우에는 예외 로 한다(제260조 제2항).

2) 재정신청서 제출

재정신청을 하려는 자는 **항고기각의 결정의 통지를 받은 날 또는 제260조 제2항의 사유 (항고를 거칠 필요가 없는 경우)가 발생한 날로부터 10일 이내에 지방검찰청 검사장 또는 지청장**에게 재정신청서를 제출하여야 한다. (11.모의) 다만, 공소시효 만료일 30일 전까지 공 소를 제기하지 아니한 경우에는 **공소시효 만료일 전날**까지 재정신청서를 제출할 수 있다 (제260조 제3항). 재정신청서에는 재정신청의 대상이 되는 사건의 범죄사실과 증거 등 재 정신청을 **이유 있게 하는 사유**를 기재하여야 한다(동조 제4항).

3) 재정신청의 효력

고소인 또는 고발인이 **수인인 경우**에 공동신청권자 중 1인의 신청은 전원을 위하여 **효력이 있다**(제264조 제1항). (변시4회) 재정신청이 있으면 재정결정이 확정될 때까지 **공소시효의 진행이 정지**된다(제262조의4 제1항).

4) 재정신청의 취소

고등법원의 재정결정이 있을 때까지 취소할 수 있고, 취소한 자는 **다시 재정신청을 할 수 없다.** (변시4회, 11.모의) 재정신청의 **취소는 다른 공동신청권자에게 효력을 미치지 않는다**(제264조 제2항 · 제3항). (변시4회, 13.모의)

(4) 지방검찰청 검사장 등의 처리

재정신청서를 제출받은 지방검찰청검사장 또는 지청장은 재정신청서를 **제출받은 날부터 7일 이내**에 재정신청서 · 의견서 · 수사관계서류 및 증거물을 관할 고등검찰청을 경유하여 관할 고등법원에 송부하여야 한다. 다만, 항고전치주의가 적용되지 않는 경우에는 ① 신청이 이유 있는 것으로 인정하는 때에는 **즉시 공소를 제기**하고 그 취지를 관할 고등법원과 재정신청인에게 통지하고, ② 신청이 이유 없는 것으로 인정하는 때에는 **30일 이내에 관할 고등법원에 송부**한다. (12.모의)

(5) 고등법원의 심리와 결정

1) 기소강제절차의 구조

기소강제절차의 법적 구조를 어떻게 파악할 것인가에 대해서 ① **수사설**, ② **항고소송설**, ③ 수사와 항고소송으로서의 성격을 함께 가지고 있다고 보는 **중간설**이 있으나 ④ 기소강제절차는 수사절차가 아닌 **재판절차이지만 공소제기 전의 수사에 준하는 성격도 있으므로** 밀행성과 직권주의 요소가 강하다고 보는 **형사소송유사설**이 타당하다.

2) 심리

① 관할

불기소처분을 한 **검사 소속의 지방검찰청 소재지를 관할하는 고등법원의** 관할에 속한다(제260조 제1항).

② 기피신청 여부

재정신청의 피의자가 법관에 대하여 기피신청을 할 수 있는지에 대하여 재정신청을 한 사람은 고소인 · 고발인이므로 피의자는 기피신청을 할 수 없다는 **부정설**이 있지만, 재정신청의 심리와 결정은 일종의 재판이므로 **긍정설**이 타당하다.

③ 심리방식

법원은 재정신청서를 송부받은 날로부터 **3개월 이내에 항고절차에 준하여 심리**하고 이 경우 필요한 때에는 **증거를 조사**할 수 있다(동조 제2항). 심리는 특별한 사정이 없는 한 **공개하지 아니한다**(동조 제3항).

> **구속·압수·수색·검증 등 강제처분의 허용 여부**
>
> 재정법원은 항고의 절차에 준하여 심리할 수 있고 필요한 때에는 증거를 조사할 수 있으므로 피의자신문은 물론 증인신문 등을 할 수 있지만 강제처분까지 할 수 있는지에 대하여 논의가 있다. 강제처분법정주의 원칙상 명문규정 없이 강제처분권을 허용할 수 없다는 **부정설**이 있지만, 항고절차를 준용하고 증거조사를 허용하는 취지에 비추어 **긍정설**이 타당하다.

④ 열람·등사의 제한

심리 중에는 관련서류 및 증거물을 **열람·등사할 수 없다.** (12.모의, 13.모의) 다만, 법원은 증거조사과정에서 작성된 서류 전부 또는 일부의 열람 또는 등사를 허가할 수 있다(제262조의2).

3) 재정결정(제262조 제2항)

① 기각결정

재정신청이 법률상의 방식에 위배되거나 이유 없는 때에는 신청을 기각한다. 신청이 법률상의 방식에 위배한 경우란 신청권자 아닌 자의 재정신청, 신청기간 도과 후의 재정신청, 항고전치를 하지 않은 재정신청 등을 말한다. 재정신청이 이유 없는 경우란 원칙적으로 검사의 불기소처분이 적법하고 타당한 경우를 말한다. 검사의 불기소처분 당시에 공소시효가 완성되어 공소권이 없는 경우에도 재정신청은 허용되지 않는다.❶ 다만, 검사의 무혐의 불기소처분이 위법하다고 하더라도 기소유예의 불기소처분을 할 만한 사건이라고 인정되는 경우에도 기각결정을 할 수 있다.❷ 기각결정이 확정되면 다른 중요한 증거를 발견하는 경우를 제외하고는 소추할 수 없다(제262조 제4항). (변시9회) 친고죄에 대하여 재정신청사건을 심리하는 중에 고소가 취소된 경우에는 법원은 기각결정을 하여야 한다. (14.모의)

판례

1 형사소송법 제262조 제2항·제4항과 형사소송법 제262조 제4항 후문의 입법 취지 등에 비추어 보면, **형사소송법 제262조 제4항 후문에서 말하는 '제2항 제1호의 결정이 확정된 사건'은 재정신청사건을 담당하는 법원에서 공소제기의 가능성과 필요성 등에 관한 심리와 판단이 현실적으로 이루어져 재정신청 기각결정의 대상이 된 사건만을 의미한다.** 따라서 재정신청 기각결정의 대상이 되지 않은 사건은 형사소송법 제262조 제4항 후문에서 말하는 '제2항 제1호의 결정이 확정된 사건'이라고 할 수 없고, **재정신청 기각결정의 대상이 되지 않은 사건이 고소인의 고소내용에 포함되어 있었다 하더라도 이와 달리 볼 수 없다**(대판 2015.9.10. 2012도14755).

2 재정신청 제기기간이 경과된 후에 재정신청보충서를 제출하면서 원래의 재정신청에 재정신청 대상으로 포함되어 있지 않은 고발사실을 재정신청의 대상으로 추가한 경우, 그 재정신청보충서에서 추가한 부분에 관한 재정신청은 법률상 방식에 어긋난 것으로서 부적법하다(대결 1997.4.22. 97모30). (변시12회)

---

❶ 대결 1990.7.16. 90모34
❷ 대결 1986.9.16. 85모37

3 형사소송법 제262조 제4항 후문은 재정신청 기각결정이 확정된 사건에 대하여는 다른 중요한 증거를 발견한 경우를 제외하고는 소추할 수 없다고 규정하고 있다. 여기에서 '다른 중요한 증거를 발견한 경우'란 재정신청 기각결정 당시에 제출된 증거에 새로 발견된 증거를 추가하면 충분히 유죄의 확신을 가지게 될 정도의 증거가 있는 경우를 말하고, 단순히 재정신청 기각결정의 정당성에 의문이 제기되거나 범죄피해자의 권리를 보호하기 위하여 형사재판절차를 진행할 필요가 있는 정도의 증거가 있는 경우는 여기에 해당하지 않는다. 그리고 관련 민사판결에서의 사실인정 및 판단은, 그러한 사실인정 및 판단의 근거가 된 증거자료가 새로 발견된 증거에 해당할 수 있음은 별론으로 하고, 그 자체가 새로 발견된 증거라고 할 수는 없다(대판 2018.12.28. 2014도17182). (변시12회)

② 공소제기결정

신청이 이유 있는 때에는 공소제기 결정을 한다. 공소제기 결정이 있는 때에는 **공소시효에 관하여 공소제기 결정이 있는 날에 공소가 제기된 것으로 본다**(제262조의4 제2항).

③ 불복 [15.모의]

재정신청 기각결정에 대하여는 제415조에 따른 즉시항고를 할 수 있고, 공소제기 결정에 대하여는 불복할 수 없다(제262조 제4항). (13.모의, 14.모의) 이는 고등법원의 재정결정에 대하여 불복 금지하였던 종래의 규정에 대해 헌법재판소가 헌법 제107조 위반임을 이유로 한정위헌결정한 취지를 반영한 것이다(헌재 2001.11.24. 2008헌마578). (변시4회)

🏃 판례

1 법원이 재정신청서에 재정신청을 이유 있게 하는 사유가 기재되어 있지 않음에도 이를 간과한 채 공소제기 결정을 한 관계로 그에 따른 공소가 제기되어 본안사건의 절차가 개시된 후에는, 다른 특별한 사정이 없는 한 이제 그 본안사건에서 위와 같은 잘못을 다툴 수 없다. 위와 같은 잘못은 본안사건에서 공소사실 자체에 대하여 무죄, 면소, 공소기각 등을 할 사유에 해당하는지를 살펴 무죄 등의 판결을 함으로써 그 잘못을 바로잡을 수 있다. 뿐만 아니라 본안사건에서 심리한 결과 범죄사실이 유죄로 인정되는 때에는 이를 처벌하는 것이 오히려 형사소송의 이념인 실체적 정의를 구현하는 데 보다 충실하다는 점도 고려하여야 한다(대판 2010.11.11. 2009도224). (13.모의) [18.모의]

2 법원이 재정신청서를 송부 받았음에도 송부 받은 날부터 **형사소송법 제262조 제1항에서 정한 기간(10일) 안에 피의자에게 그 사실을 통지하지 아니한 채 형사소송법 제262조 제2항 제2호에서 정한 공소제기결정을 하였더라도, 그에 따른 공소가 제기되어 본안사건의 절차가 개시된 후에는 다른 특별한 사정이 없는 한 본안사건에서 위와 같은 잘못을 다툴 수 없다**(대판 2017.3.9. 2013도16162).

3 [1] 형사소송법은 이러한 도달주의 원칙에 대한 예외로서, 교도소 또는 구치소에 있는 피고인이 제출하는 상소장에 대하여 상소의 제기기간 내에 교도소장이나 구치소장 또는 그 직무를 대리하는 사람에게 이를 제출한 때에 상소의 제기기간 내에 상소한 것으로 간주하는 재소자 피고인에 대한 특칙을 두고 있다.
[2] 그런데 형사소송법은 **상소장** 외에 재소자가 제출하는 다른 서류에 대하여는 재소자 피고인 특칙을 일반적으로 적용하거나 준용하지 아니하고, **상소권회복의 청구 또는 상소의 포기나 취하** 등의 경우에 개별적으로 재소자 피고인 특칙을 준용하는 규정을 두고 있으며 재정신청절차에 대하여는 재소자 피고인 특칙의 준용 규정을 두고 있지 아니하다.

[3] 재정신청 기각결정에 대한 재항고나 그 재항고 기각결정에 대한 즉시항고로서의 재항고에 대한 법정기간의 준수 여부는 도달주의 원칙에 따라 **재항고장이나 즉시항고장이 법원에 도달한 시점을 기준으로 판단하여야 하고, 거기에 재소자 피고인 특칙은 준용되지 아니한다**(대결 2015.7.16. 2013모2347 전합). (변시8회)

4 법원이 재정신청 대상 사건이 아님에도 이를 간과한 채 형사소송법 제262조 제2항 제2호에 따라 공소제기결정을 하였다고 하더라도, 그에 따른 공소가 제기되어 본안사건의 절차가 개시된 후에는 다른 특별한 사정이 없는 한 본안사건에서 위와 같은 잘못을 다툴 수 없다. 원심은, 법원이 재정신청 대상 사건이 아닌 공직선거법 제251조의 후보자비방죄에 관한 재정신청임을 간과한 채 공소제기결정을 한 관계로 그에 따른 공소가 제기되어 본안사건의 절차가 개시된 이상, 다른 특별한 사정이 없는 한 그 본안사건에서 위와 같은 잘못을 다툴 수 없다고 판단하였다(대판 2017.11.14. 2017도13465). (변시12회)

(6) 검사의 공소제기

공소제기 결정의 재정결정서를 송부 받은 관할 지방검찰청 검사장 또는 지청장은 지체 없이 담당 검사를 지정하고 지정받은 검사는 **공소를 제기하여야 한다**(제262조 제6항). **공소제기가 의제되는 것이 아니다.** (변시1회, 12.모의) 공소를 제기한 검사는 통상 사건의 경우와 같이 공소장변경, 상소 등 검사로서의 모든 직권을 행사할 수 있지만, **공소취소는 할 수 없다**(제264조의2). (13.모의)

3. 헌법소원

헌법소원의 경우 다른 법률에 구제절차가 있는 경우에는 그 절차를 모두 거쳐야 제기할 수 있고, 법원의 재판에 대하여는 헌법소원이 허용되지 않는다. 그런데 개정 형사소송법이 재정신청의 대상범죄를 모든 범죄로 전면 확대하여 불기소처분에 대하여 원칙적으로 헌법소원을 청구할 수 없게 되었다. 이에 따라 **고소인의 경우** 재정신청권자로서 불기소처분에 대하여 더 이상 헌법소원을 청구할 수 없고 다만, **고소하지 않은 피해자 또는 기소유예처분을 받은 피의자** 등은 재정신청권자가 아니므로 예외적으로 헌법소원을 청구할 수 있다.

4. 행정소송

검사의 불기소처분에 대하여는 검찰청법에 의한 항고와 재항고 및 형사소송법에 의한 준기소 절차에 의해서만 불복할 수 있는 것이므로 검사의 불기소처분이나 그에 대한 항고 또는 재항고 결정에 대하여는 **행정소송을 제기할 수 없다.**

고위공직자범죄와 재정신청의 특례

공수처법 제29조【재정신청에 대한 특례】

① 고소·고발인은 수사처검사로부터 공소를 제기하지 아니한다는 통지를 받은 때에는 서울고등법원에 그 당부에 관한 재정을 신청할 수 있다.

② 제1항에 따른 재정신청을 하려는 사람은 공소를 제기하지 아니한다는 통지를 받은 날부터 30일 이내에 처장에게 재정신청서를 제출하여야 한다.

③ 재정신청서에는 재정신청의 대상이 되는 사건의 범죄사실 및 증거 등 재정신청을 이유 있게 하는 사유를 기재하여야 한다.

④ 제2항에 따라 재정신청서를 제출받은 처장은 재정신청서를 제출받은 날부터 7일 이내에 재정신청서, 의견서, 수사 관계서류 및 증거물을 서울고등법원에 송부하여야 한다. 다만, 신청이 이유 있는 것으로 인정하는 때에는 즉시 공소를 제기하고 그 취지를 서울고등법원과 재정신청인에게 통지한다.

⑤ 이 법에서 정한 사항 외에 재정신청에 관하여는 「형사소송법」 제262조 및 제262조의2부터 제262조의4까지의 규정을 준용한다. 이 경우 관할법원은 서울고등법원으로 하고, "지방검찰청검사장 또는 지청장"은 "처장", "검사"는 "수사처검사"로 본다.

제5절 공소제기 후의 수사

1. 공소제기 후의 수사의 필요성

수사결과 검사가 충분한 혐의를 인정하고 공소를 제기하면 수사는 원칙적으로 종결되나, 공소제기 후에도 공소유지를 위하거나 공소유지 여부를 결정하기 위해 수사를 계속할 필요성이 있다. 그러나 공소제기 후 수사는 수소법원의 심판권을 형해화하고 방어권의 주체인 피고인이 수사의 객체로 전락할 우려가 있기 때문에 공소제기 전과 같이 무제한 허용되지는 않는다. 따라서 공소제기 후의 수사에 대한 제한이 필요하다.

2. 공소제기 후의 강제수사

(1) 구속

공소제기 후의 피고인 구속은 법원의 권한(제70조)에 속하므로 허용되지 않는다. 공판절차에서 피고인은 검사와 대등한 지위를 가지는 당사자이므로 반대당사자인 검사는 피고인을 구속할 수는 없다.

(2) 압수 · 수색 · 검증 [변시3회]

공소제기 후에도 수사기관에 의한 압수 · 수색 · 검증이 허용되는지에 대하여 ① 제215조가 영장청구 시기를 제한하지 않고 있음을 이유로 하는 **긍정설**, ② 제215조는 인권보장적 견지에서 제한적으로 해석하여야 한다는 **부정설**이 대립한다. 판례는 **몇 차례의 공판기일이 지난 후에 검사가 지방법원 판사에게 청구하여 발부받은 영장에 의하여 압수 · 수색을 하였다면, 그와 같이 수집된 증거는 유죄의 증거로 삼을 수 없다**고 하여 **부정설**의 입장이다 (대판 2011.4.28. 2009도10412). 생각건대 공소제기 후 압수 · 수색 · 검증은 법원의 권한에 속하고, 공소제기 후 제1회 공판기일 전에는 증거보전절차를 활용하면 되므로 허용되지 않는다는 **부정설**이 타당하다.

> ### 📌 판례
>
> 형사소송법은 제215조에서 검사가 압수 · 수색영장을 청구할 수 있는 시기를 공소제기 전으로 명시적으로 한정하고 있지는 아니하나, 헌법상 보장된 적법절차의 원칙과 재판을 받을 권리, 공판중심주의 · 당사자주의 · 직접주의를 지향하는 현행 형사소송법의 소송구조, 관련 법규의 체계, 문언 형식, 내용 등을 종합하여 보면, **일단 공소가 제기된 후에는 피고사건에 관하여 검사로서는 형사소송법 제215조에 의하여 압수 · 수색을 할 수 없다고 보아야** 하며, 그럼에도 **검사가 공소제기 후 형사소송법 제215조에 따라 수소법원 이외의 지방법원 판사에게 청구하여 발부받은 영장에 의하여 압수 · 수색을 하였다면**, 그와 같이 수집된 증거는 기본적 인권보장을 위해 마련된 적법한 절차에 따르지 않은 것으로서 **원칙적으로 유죄의 증거로 삼을 수 없다**(대판 2011.4.28. 2009도10412). (변시1회 · 3회 · 10회 · 12회)

3. 공소제기 후 임의수사

(1) 원칙적 허용

제199조 제1항이 수사에 관하여는 필요한 조사를 할 수 있다고 규정하고 있으므로 참고인 조사, 감정, 통역·번역의 위촉, 공무소조회 등의 전형적인 임의수사는 원칙적으로 허용된다. 다만, 임의수사라고 하더라도 일정한 제한을 받을 수밖에 없다.

(2) 피고인 신문 [변시4회, 14.모의, 16.모의]

피의자신문은 임의수사로서 허용되는 것이지만, 공소제기 후 검사와 대등한 지위를 지닌 피고인을 수사기관이 신문할 수 있는지에 대하여 논의가 있다. ① 제199조의 임의수사에는 법문상 시기 제한이 없음을 이유로 하는 **긍정설**, ② 제200조의 피의자신문 대상에는 피고인이 포함되지 않음을 이유로 하는 **부정설**이 대립한다. 판례는 검사의 피고인에 대한 당해 **피고사건에 대한 진술조서가 기소 후에 작성된 것이라는 이유만으로 곧 그 증거능력이 없는 것이라고 볼 수 없다**는 긍정설의 입장이다.❶ (11.모의, 13.모의) 생각건대, 피고인 신문은 피고인의 당사자 지위와 모순되므로 기본적으로 **부정설**이 타당하다. 다만, 피고인이 검사의 면접을 요구하거나 공범자 또는 진범이 발견되어 피고인에 대한 신문이 불가피한 경우에는 예외적으로 인정된다고 할 것이다.

(3) 참고인 조사 [변시2회·7회, 모의빈출]

참고인 조사는 전형적 임의수사로서 공소제기 여부를 불문하고 원칙적으로 허용된다. 그러나 임의수사라고 하여 공소제기 후에도 무제한 허용되는 것은 아니다. 특히 증인의 증언 내용을 번복하는 참고인 조사도 허용되는지 문제되나 피고인에게 유리한 증언을 한 증인을 수사기관이 다시 신문하여 공판정에서의 진술을 번복하게 할 목적으로 참고인 조사한 경우에 이는 위법한 수사로서 **그 참고인진술조서·진술서는 당사자가 증거동의하지 않는 한 증거능력이 없다고 보았고, 이는 그 증인을 상대로 위증혐의 조사를 위한 내용을 담은 피의자신문조서라고 하더라도 마찬가지라고 하였다**(대판 2006.6.15. 99도1108, 대판 2012.6.14. 2012도534, 대판 2013.8.14. 2012도13665).

---

❶ 대판 1984.9.25. 84도1646

⚖ 판례

1 공판준비 또는 공판기일에서 이미 증언을 마친 증인을 검사가 소환한 후 피고인에게 유리한 증언 내용을 추궁하여 이를 일방적으로 번복시키는 방식으로 작성한 진술조서는 피고인이 증거로 할 수 있음에 동의하지 아니하는 한 증거능력이 없다고 할 것이고, 이러한 법리는 검사가 공판준비기일 또는 공판기일에서 **이미 증언을 마친 증인을 소환하여 피고인에게 유리한 증언 내용을 추궁한 다음 진술조서를 작성하는 대신 그로 하여금 본인의 증언 내용을 번복하는 내용의 진술서를 작성하도록 하여 법원에 제출한 경우에도 마찬가지로 적용**된다(대판 2012.6.14. 2012도534).

2 공판준비 또는 공판기일에서 이미 증언을 마친 증인을 검사가 소환한 후 피고인에게 유리한 증언 내용을 추궁하여 이를 일방적으로 번복시키는 방식으로 작성한 진술조서를 유죄의 증거로 삼는 것은 당사자주의·공판중심주의·직접주의를 지향하는 현행 형사소송법의 소송구조에 어긋나는 것일 뿐만 아니라, 헌법 제27조가 보장하는 기본권, 즉 법관의 면전에서 모든 증거자료가 조사·진술되고 이에 대하여 피고인이 공격·방어할 수 있는 기회가 실질적으로 부여되는 재판을 받을 권리를 침해하는 것이므로, 이러한 진술조서는 피고인이 증거로 할 수 있음에 동의하지 **아니하는 한 증거능력이 없고,** 그 후 원진술자인 종전 증인이 다시 법정에 출석하여 증언을 하면서 그 진술조서의 성립의 진정함을 인정하고 피고인 측에 반대신문의 기회가 부여되었다고 하더라도 그 증언 자체를 유죄의 증거로 할 수 있음은 별론으로 하고 위와 같은 진술조서의 증거능력이 없다는 결론은 달리할 것이 아니다(대판 2006.6.15. 99도1108 전합). (변시2회, 13.모의) **이는 검사가 공판준비 또는 공판기일에서 이미 증언을 마친 증인에게 수사기관에 출석할 것을 요구하여 그 증인을 상대로 위증의 혐의를 조사한 내용을 담은 피의자신문조서의 경우도 마찬가지이다**(대판 2013.8.14. 2012도13665). (변시9회·12회)

3 제1심에서 피고인에 대하여 무죄판결이 선고되어 검사가 항소한 후, 수사기관이 항소심 공판기일에 증인으로 신청하여 신문할 수 있는 사람을 특별한 사정 없이 미리 수사기관에 소환하여 작성한 진술조서는 피고인이 증거로 할 수 있음에 동의하지 않는 한 증거능력이 없다. 검사가 공소를 제기한 후 참고인을 소환하여 피고인에게 불리한 진술을 기재한 진술조서를 작성하여 이를 공판절차에 증거로 제출할 수 있게 한다면, 피고인과 대등한 당사자의 지위에 있는 검사가 수사기관으로서의 권한을 이용하여 일방적으로 법정 밖에서 유리한 증거를 만들 수 있게 하는 것이므로 당사자주의·공판중심주의·직접심리주의에 반하고 피고인의 공정한 재판을 받을 권리를 침해하기 때문이다. 위 참고인이 나중에 법정에 증인으로 출석하여 위 진술조서의 성립의 진정을 인정하고 피고인 측에 반대신문의 기회가 부여된다 하더라도 위 진술조서의 증거능력을 인정할 수 없음은 마찬가지이다.

위 참고인이 법정에서 위와 같이 증거능력이 없는 진술조서와 같은 취지로 피고인에게 불리한 내용의 진술을 한 경우, 그 진술에 신빙성을 인정하여 유죄의 증거로 삼을 것인지는 증인신문 전 수사기관에서 진술조서가 작성된 경위와 그것이 법정진술에 영향을 미쳤을 가능성 등을 종합적으로 고려하여 신중하게 판단하여야 한다(대판 2019.11.28. 2013도6825). (변시12회) [22.모의]

제4편

공소제기

제1장 | 공소의 제기

제1절 공소제기의 기본원칙

1. 국가소추주의

형사소송법 제246조는 공소는 검사가 제기하여 수행한다고 규정함으로써 국가소추주의를 택하고 있다.

2. 기소독점주의

(1) 의의

공소제기의 권한을 **검사에게 독점**시키는 원칙을 말한다. 형사소송법은 공소는 검사가 제기하여 수행한다고 규정하여 국가소추주의와 함께 기소독점주의를 선언하고 있다.

(2) 기소독점주의에 대한 규제

직접적인 규제로는 검사의 불기소 처분에 대한 불복으로 재정신청·검찰항고제도가 있다. 반면 고소·고발 사건에 대하여 검사가 일정한 처분을 한 경우 고소인·고발인에게 그 취지를 통지하게 하고(제258조), 청구가 있는 때에는 불기소 처분의 이유를 설명하여야 하는데(제259조), 이는 재정신청과 항고의 기초를 제공하고 검사의 공소권행사를 심리적으로 견제하는 기소독점주의에 대한 간접적인 규제제도라고 할 수 있다. 검사의 부당한 기소를 규제하는 제도에 대하여는 명문의 규정은 없지만 해석상 공소권 남용이론이 주장되고 있다.

(3) 기소독점주의의 예외(즉결심판 청구)

넓은 의미의 공소제기에 해당하는 즉결심판의 청구권자가 검사가 아니라 경찰서장이란 점에서 즉결심판은 기소독점주의의 예외에 해당한다. 또한 고위공직자(대법원장·대법관·판사, 검찰총장·검사, 경무관 이상 경찰공무원)의 범죄에 대하여는 수사처검사가 공소제기 및 유지를 한다(공수처법 제3조 제1항 제2호).

3. 기소편의주의

(1) 의의

기소편의주의란 수사 결과 범죄의 객관적 혐의가 충분히 인정되고 소송조건을 갖춘 경우에도 **검사의 재량에 의한 불기소처분**을 인정하는 원칙을 말하며, 반드시 공소를 제기해야 한다는 원칙을 기소법정주의라고 한다. 제247조는 검사는 형법 제51조(양형의 조건)의 사항을 참작하여 공소를 제기하지 아니할 수 있다고 규정하여 기소편의주의를 채택하고 있다.

(2) 기소편의주의의 내용

1) 기소유예제도의 채택

기소유예란 공소를 제기하는 데 충분한 범죄의 혐의가 있고 소송조건이 구비되어 있어도 형법 제51조의 사항, 즉 범인의 연령, 성행, 지능과 환경, 범행의 동기, 수단과 결과, 범행 후의 정황을 참작하여 재량으로 공소를 제기하지 않는 불기소처분의 일종이다. **기소유예 처분은 확정력이 없으므로 이후에도 수사의 재개나 공소제기가 가능하다.**

2) 기소변경주의(공소의 취소)

기소변경주의란 검사가 이미 제기한 공소의 취소를 인정하는 원칙이다. 제255조는 제1심 판결선고 전까지 공소를 취소할 수 있다고 규정하여 기소변경주의를 채택하고 있다.

(3) 기소편의주의에 대한 규제

기소독점주의에 대한 법적 규제는 동시에 기소편의주의에 대한 규제가 된다.

(4) 기소편의주의의 예외

고소권자 등의 재정신청에 따라 고등법원이 재정결정을 하게 되면 검사는 기소의무를 부담하게 되고, 기소 후 공소취소를 할 수도 없다(제262조 제6항, 제264조의2). 이는 기소편의주의에 대한 예외에 해당한다.

4. 공소취소

(1) 의의

일단 제기한 공소를 검사 스스로 철회하는 법률행위적 소송행위로서 제255조는 공소취소를 인정하여 기소변경주의를 채택하고 있다.

(2) 공소취소의 사유

공소취소의 사유에는 **법률상 제한이 없다.** 따라서 공소제기 후의 변경된 사정으로 인하여 **불기소 처분을 하는 것이 상당**하다고 인정되는 경우이면 공소취소할 수 있다.

(3) 공소취소의 절차

공소의 취소는 기소독점주의에 따라 기소권을 가지고 있는 **검사만이 할 수** 있다. 이러한 공소취소는 이유를 기재한 서면으로 하여야 하지만 공판정에서는 구술로써 할 수 있다(제255조 제2항). 그리고 공소취소의 시기는 **제1심 판결선고 전까지** 할 수 있다(동조 제1항). (14.모의) 따라서 제1심판결이 선고된 이상 동 판결이 확정되어 이에 대한 **재심소송절차가 진행 중에 있다면 공소취소를 할 수 없다**(대판 1976.12.18. 76도3203).

(4) 공소취소의 효과

공소가 취소되었을 때에는 **공소기각결정**을 하여야 한다(제328조 제1항 제1호). (12.모의, 13.모의) 공소취소에 의한 공소기각의 결정이 확정된 때에는 공소취소 후 그 범죄사실에 대한 **다른 중요한 증거를 발견한 경우에 한하여** 다시 공소를 제기할 수 있다(제329조). 위 규정에 위반하여 공소가 제기되었을 때에는 **공소기각판결**을 하여야 한다(제327조 제4호).

판례

1 형사소송법 제329조는 공소취소에 의한 공소기각의 결정이 확정된 때에는 공소취소 후 그 범죄사실에 대한 다른 중요한 증거를 발견한 경우에 한하여 다시 공소를 제기할 수 있다고 규정하고 있는바, 이는 단순일죄인 범죄사실에 대하여 공소가 제기되었다가 **공소취소에 의한 공소기각 결정이 확정된 후 다시 종전 범죄사실 그대로 재기소하는 경우뿐만 아니라 범죄의 태양, 수단, 피해의 정도, 범죄로 얻은 이익 등 범죄사실의 내용을 추가 변경하여 재기소하는 경우에도** 마찬가지로 **적용된다.** 따라서 단순일죄인 범죄사실에 대하여 공소취소로 인한 공소기각결정이 확정된 후에 종전의 범죄사실을 변경하여 재기소하기 위하여는 **변경된 범죄사실에 대한 다른 중요한 증거가 발견되어야 한다**(대판 2009.8.20. 2009도9634).

2 공소취소의 경우 그에 따라 공소기각의 결정이 확정된 때에는 그 범죄사실에 대하여는 **다른 중요한 증거가 발견되지 않는 한 재기소가 허용되지 아니하지만**, 이와 달리 포괄일죄로 기소된 공소사실 중 일부에 대하여 공소장변경의 방식으로 이루어지는 **공소사실의 일부 철회의 경우에는 그러한 제한이 적용되지 아니한다**(대판 2004.9.23. 2004도3203).

3 공소장변경의 방식에 의한 공소사실 또는 적용법조의 철회는 공소사실의 동일성이 인정되는 범위 내의 일부 공소사실 또는 적용법조에 한하여 가능한 것이므로, 공소장에 기재된 **수개의 공소사실이 서로 동일성이 없고 실체적 경합관계에 있는 경우에 그 일부를 소추대상에서 철회하려면 공소장변경의 방식에 의할 것이 아니라 공소의 일부 취소절차에 의하여야** 한다(

대판 1986.9.23. 86도1487).

4 실체적 경합관계에 있는 **수개의 공소사실 중 어느 한 공소사실을 전부 철회**하거나 그 공소사실의 소추대상에서 피고인을 완전히 제외하는 검사의 **공소장변경신청이 있는 경우** 이것이 그 부분의 소송을 취소하는 취지가 명백하다면 공소취소 형식을 갖추지 아니하였더라도 이를 공소취소로 보아 공소기각을 하여야 한다(대판 1988.3.22. 88도67).

제2절 공소권 남용이론

1. 의의

검사의 **공소권의 남용**, 즉 공소권 행사가 **형식적으로는 적법하지만 실질적으로 부당한 경우**에 공소기각재판이나 면소판결과 같은 **형식재판으로 소송을 종결**시켜야 한다는 이론을 공소권남용이론이라 한다. 검사의 부당한 공소권 행사를 통제하고 피고인을 조기에 형사절차로부터 해방시키기 위하여 주장된 이론이다.

2. 공소권 남용이론의 인정여부

현행법상 공소권남용이론을 긍정하는 명문의 규정이 없으므로 그 인정여부에 대하여 논의가 있다. 공소여부는 검사의 고유권한이며, 이를 인정하는 명문규정이 없다는 점을 이유로 하는 **부정설**이 있지만, 기소독점주의와 기소편의주의에 대한 적절한 규제가 필요하다는 점에서 **긍정설**이 타당하다. 판례는 **검사가 자의적으로 공소권을 행사하여 피고인에게 실질적인 불이익을 줌으로써 소추재량권을 현저히 일탈하였다고 보여지는 경우에는 이를 공소권의 남용으로 보아 공소제기의 효력을 부인할 수 있는 것이고 여기서 자의적인 공소권의 행사라 함은 단순히 직무상의 과실에 의한 것만으로는 부족하고 적어도 미필적이나마 어떤 의도가 있어야 한다**고 하여 **제한적으로나마 공소권남용론을 받아들일 수 있다는 입장이다**(대판 2001.9.7. 2001도3026).

3. 공소권 남용의 유형

(1) 무혐의 사건의 공소제기

범죄의 객관적 혐의가 없음에도 검사가 공소를 제기한 경우이다. 피고인을 절차에서 조속히 해방시킬 필요가 인정되므로 제328조 제1항 제4호에 따라 공소기각결정을 해야 한다는 **공소기각설**이 있지만, 혐의 없는 사건은 공소기각이나 면소의 사유에 해당하지 않으므로 무죄판결의 대상이라는 **실체판결설**이 타당하다.

(2) 소추재량을 일탈한 공소제기

기소유예를 함이 상당함에도 불구하고 검사가 공소제기를 한 경우이다. 이러한 기소는 공소제기의 절차가 법률의 규정에 위반하여 무효인 때에 해당한다는 **공소기각판결설**이 있지만 소추재량의 일탈은 공소기각이나 면소판결 사유가 아니라는 **실체판결설**이 타당하다.

(3) 차별적 공소제기

범죄의 성질과 내용이 유사한 여러 피의자 중 일부만을 선별하여 기소하고 다른 피의자들은 기소하지 않은 경우이다. 헌법상 평등원칙에 위반한 위법한 공소제기로 공소기각 판결을 해야 한다는 **공소기각판결설**이 있지만 현행법상 공소기각 사유에 해당하지 않으므로 실체판결을 해야 한다는 **실체판결설**이 타당하다. 판례도 **공동피의자 중 일부만을 기소하고 다른 일부에 대하여는 불기소처분을 하였다고 하더라도 평등권을 침해하였거나 공소권을 남용하였다고 할 수 없다**는 입장이다(대판 1990.6.8. 90도646).

(4) 누락기소

동시에 기소하는 것이 상당한 사건의 일부를 직무의 태만 또는 고의로 누락하여 항소심 판결이 선고된 후에 누락된 사건을 추가기소한 경우이다. 하나의 형사절차에서 심판받을 피고인의 이익을 중대하게 침해하여 적정절차에 위배된 것으로 공소권남용에 해당한다는 **공소기각판결설이 있지만**, 검사에게는 동시소추의무가 있다고 할 수 없음을 이유로 하는 **실체판결설**이 타당하다. 판례는 검사가 직무의 태만 또는 고의로 공소를 제기를 하지 않고 항소심 판결선고 후에 추가기소를 하여 피고인에게 불이익을 준 때에는 공소권남용이 될 수 있다는 입장(대판 1996.2.13. 94도2658 등)이지만 대부분의 경우에 결론적으로 공소권남용을 부인하여 왔다. 다만, 공소권남용을 인정한 사례로서 "피고인이 절취한 차량을 무면허로 운전하다가 적발되어 절도 범행의 기소중지자로 검거되었음에도, 무면허운전만으로 1차 기소되어 징역 6월의 확정판결을 받고 그 형의 집행 중 가석방되자, 다시 절도 범행의 기소중지자로 긴급체포되어 절도 범행과 이미 처벌받은 무면허운전의 일부 범행까지 포함하여 2차 기소된 경우" 그 후행 기소에 대해서 공소기각 판결을 선고한 경우가 있었다(대판 2001.9.7. 2001도3026).

(5) 위법수사에 의한 공소제기

수사절차에 중대한 위법이 있는 경우 그 위법한 수사절차에도 불구하고 검사가 공소를 제기한 경우이다. 적정절차를 중시하여 위법한 수사에 의한 공소제기는 공소권 남용에 해당한다는 **공소기각판결설이 있지만** 수사절차의 위법은 공소제기의 효력 자체에는 영향이 없으므로 실체판결을 해야 한다는 **실체판결설**이 타당하다. 그러나 판례는 **범의유발형 함정수사에 기한 공소제기는 위법하여 무효인 때에 해당하여 공소기각판결을 하여야 한다**고 하여 **공소기각판결설**의 입장이다(대판 2005.10.28. 2005도1247).

제2장 | 공소제기의 방식

제1절 공소장

1. 공소장의 제출 [22.모의]

공소를 제기함에는 공소장을 관할법원에 제출하여야 한다(제254조 제1항). 공소제기는 공소장이라는 **서면에 의하여야** 하며, 급속을 요하는 경우라도 구두나 전보 또는 팩시밀리에 의한 공소제기는 허용되지 않는다.

⚖ 판례

1 [1] 공소제기는 검사가 법원에 대하여 특정한 형사사건의 심판을 구하는 소송행위로서 형사소송법 제254조 제1항은 "공소를 제기함에는 공소장을 관할법원에 제출하여야 한다."라고 규정하고 있고, 같은 조 제3항은 공소장에는 피고인의 성명 기타 피고인을 특정할 수 있는 사항, 죄명, 공소사실, 적용법조를 기재하도록 하고 있으며, 형사소송법 제266조는 공소제기가 있는 때에는 지체 없이 공소장의 부본을 피고인 또는 변호인에게 송달하여야 한다고 규정하고 있다. 한편 형사소송법 제57조 제1항은 "공무원이 작성하는 서류에는 법률에 다른 규정이 없는 때에는 작성 연월일과 소속 공무소를 기재하고 기명날인 또는 서명하여야 한다."라고 규정하고 있고, 검사가 작성하는 공소장은 '공무원이 작성하는 서류'에 속하므로 위 규정에 따라 공소장에는 검사의 기명날인 또는 서명이 있어야 한다. **이처럼 형사소송법이 공소제기에 관하여 서면주의와 엄격한 요식행위를 채용한 것은 앞으로 진행될 심판의 대상을 서면에 명확하게 기재하여 둠으로써 법원의 심판 대상을 명백하게 하고 피고인의 방어권을 충분히 보장하기 위한 것이므로, 서면인 공소장의 제출은 공소제기라는 소송행위가 성립하기 위한 본질적 요소라고 보아야 한다.** 또한 이와 같은 절차법이 정한 절차에 따라 재판을 받을 권리는 헌법 제27조 제1항이 규정하는 '법률에 의한 재판을 받을 권리'에 해당한다. **따라서 서면인 공소장의 제출 없이 공소를 제기한 경우에는 이를 허용하는 특별한 규정이 없는 한 공소제기에 요구되는 소송법상의 정형을 갖추었다고 할 수 없어 소송행위로서의 공소제기가 성립되었다고 볼 수 없다.**
[2] 검사가 공소사실의 일부가 되는 범죄일람표를 컴퓨터 프로그램을 통하여 열어보거나 출력할 수 있는 전자적 형태의 문서로 작성한 후, 종이문서로 출력하여 제출하지 아니하고 전자적 형태의 문서가 저장된 저장매체 자체를 서면인 공소장에 첨부하여 제출한 경우에는, 서면인 공소장에 기재된 부분에 한하여 공소가 제기된 것으로 볼 수 있을 뿐이고, 저장매체에 저장된 전자적 형태의 문서 부분까지 공소가 제기된 것이라고 할 수는 없다. 이러한 형태의 공소제기를 허용하는 별도의 규정이 없을 뿐만 아니라, 저장매체나 전자적 형태의 문서를 공소장의 일부로서의 '서면'으로 볼 수도 없기 때문이다. 이는 전자적 형태의 문서의 양이 방대하여 그와 같은 방식의 공소제기를 허용해야 할 현실적인 필요가 있다거나 피고인과 변호인이 이의를 제기하지 않고 변론에 응하였다고 하여 달리 볼 것도 아니다.
그리고 형사소송규칙 제142조에 따르면 검사가 공소장을 변경하고자 하는 때에는 그 취지를 기재한 서면인 공소장변경허가신청서를 법원에 제출함이 원칙이고, 피고인이 재정하는 공판정에서

피고인에게 이익이 되거나 피고인이 동의하는 예외적인 경우에 구술에 의한 신청이 허용될 뿐이므로, 앞서 본 법리는 검사가 공소장변경허가신청서에 의한 공소장변경허가를 구하면서 변경하려는 공소사실을 전자적 형태의 문서로 작성하여 그 문서가 저장된 저장매체를 첨부한 경우에도 마찬가지로 적용된다(대판 2016.12.15. 2015도3682).

2 검사가 전자문서나 저장매체를 이용하여 공소를 제기한 경우, 법원은 저장매체에 저장된 전자문서 부분을 제외하고 서면인 공소장에 기재된 부분만으로 공소사실을 판단하여야 한다. 만일 그 기재 내용만으로는 공소사실이 특정되지 않은 부분이 있다면 검사에게 특정을 요구하여야 하고, 그런데도 검사가 특정하지 않는다면 그 부분에 대해서는 공소를 기각할 수밖에 없다(대판 2017.2.15. 2016도19027).

3 공소를 제기하려면 공소장을 관할법원에 제출하여야 한다(형사소송법 제254조 제1항). 공무원이 작성하는 서류에는 간인하거나 이에 준하는 조치를 하여야 한다(형사소송법 제57조 제2항). 여기서 '공무원이 작성하는 서류'에는 검사가 작성하는 공소장이 포함된다. '간인'은 서류작성자의 간인으로서 1개의 서류가 여러 장으로 되어 있는 경우 그 서류의 각 장 사이에 겹쳐서 날인하는 것이다. 이는 서류 작성 후 그 서류의 일부가 누락되거나 교체되지 않았다는 사실을 담보하기 위한 것이다. 따라서 공소장에 검사의 간인이 없더라도 그 공소장의 형식과 내용이 연속된 것으로 일체성이 인정되고 동일한 검사가 작성하였다고 인정되는 한 그 공소장을 형사소송법 제57조 제2항에 위반되어 효력이 없는 서류라고 할 수 없다. 이러한 공소장 제출에 의한 공소제기는 그 절차가 법률의 규정에 위반하여 무효인 때(형사소송법 제327조 제2호)에 해당한다고 할 수 없다(대판 2021.12.30. 2019도16259).

2. 공소장 기재사항

(1) 필요적 기재사항

공소장에는 **피고인, 죄명, 공소사실, 적용법조**를 기재하여야 하며(제254조 제3항), **피고인의 구속 여부**도 기재하여야 한다(규칙 제117조 제1항 제2호).

(2) 임의적 기재사항

공소장에는 수개의 범죄사실과 적용법조를 **예비적 또는 택일적으로 기재**할 수 있다(제254조 제5항).

3. 필요적 기재

(1) 피고인의 성명 기타 피고인을 특정할 수 있는 사항

피고인의 성명 기타 피고인을 특정할 수 있는 사항을 기재하여야 한다. 특정의 정도는 타인과 구별할 수 있을 정도면 족하다. 피고인을 특정하지 않은 공소제기는 무효이고 **공소기각의 판결**의 대상이다(제327조 제2호).

(2) 죄명과 적용법조

공소장에는 죄명, 적용법조도 기재하여야 한다. 다만, 죄명과 적용법조는 심판 대상을 정하는 보조 기능에 그치므로 **죄명 및 적용법조의 기재가 틀린 경우에도 피고인의 방어에 실질적 불이익이 없는 한 공소제기의 효력에 영향이 없다**(대판 1969.9.23. 69도1219, 대판 2001.2.23. 2000도6113).

(3) 공소사실

1) 의의

공소사실이란 법원에 심판을 청구하는 범죄사실로서 범죄의 특별구성요건을 충족하는 구체적인 범죄사실을 말한다. 공소장에 기재되어 있는 공소사실은 **법원의 현실적 심판의 대상**이 된다.

2) 공소사실의 특정 (변시8회)

공소사실의 기재는 **범죄의 일시, 장소와 방법을 명시**하여 사실을 특정할 수 있도록 하여야 한다(제254조 제4항). 특정은 공소사실이 **다른 범죄사실과 구별될 수 있을 정도**, 즉 공소사실의 동일성을 인식할 수 있을 정도이면 족하다. 따라서 ① **범죄의 일시**는 이중기소나 공소시효의 완성여부를 결정할 수 있을 정도, ② **범죄의 장소**는 토지관할을 갈음할 수 있을 정도, ③ **범죄의 방법**은 범죄구성요건을 밝히는 정도로 특정하면 된다(대판 1989.12.12. 89도2020).

🔍 범죄 유형에 따른 특정

1. 경합범

각 범죄사실별로 공소사실을 특정하여야 한다. 예컨대 폭행죄 등의 경우에는 피해자별로 1개의 죄가 성립하므로 각 피해자별로 공소사실을 특정하여야 한다(대판 1985.10.22. 85도1449). (변시3회)

2. 교사범 · 방조범

공범종속성의 원칙에 따라 교사, 방조사실 뿐만 아니라 **정범의 범죄사실도 특정**하여야 한다(대판 2001.12.28. 2001도5158). (변시3회 · 8회)

3. 포괄일죄

전체 범행의 시기와 종기, 범행방법, 범행 횟수 또는 피해액의 합계 및 피해자나 상대방을 명시하면 족하다. 개개의 행위를 구체적으로 특정할 것은 요하지 않는다(대판 1995.2.27. 94도3297). (변시3회 · 8회, 13.모의)

⚖ 판례

공모의 시간 · 장소 · 내용 등을 구체적으로 명시하지 아니하였다거나 **일부가 다소 불명확하더라도** 그와 함께 적시된 다른 사항들에 의하여 공소사실을 특정할 수 있고 피고인의 방어권 행사에 지장이 없다면, 공소사실이 특정되지 아니하였다고 할 수 없다(대판 2006.4.14. 2005도9561). (변시8회) 그러나 공모가 공모공동정범에서의 '범죄될 사실'인 이상, 범죄에 공동가공하여 범죄를 실현하려는 의사결합이 있었다는 것은, 실행행위에 직접 관여하지 아니한 자에게 다른 공범자의 행위에 대하여 공동정범으로서의 형사책임을 지울 수 있을 정도로 특정되어야 한다(대판 2016.4.2. 2016도2696).

---

3) 공소사실 특정의 예외적 완화

공소사실은 피의자의 범행 부인, 관련자의 기억력의 한계, 수사상의 제약으로 인하여 구체적 특정이 곤란한 경우가 많다. 이 경우 모두 공소기각 판결을 한다면 정당한 형벌권 실현을 저해하게 된다. 따라서 **판례**는 ① **범죄의 성격상 개괄적 표시가 부득이한 경우** ② **피고인의 방어권행사에 지장이 없는 경우**에는 공소사실의 특정을 예외적으로 완화할 수 있다고 한다. **마약범죄**는 그 특성상 투약자 혼자서 행하거나 은밀한 장소에서 이루어진다는 점에서, **아동을 상대로 한 성범죄**는 아동의 정신적 충격으로 인한 기억력에 한계를 가진다는 점에서 범인이 범행을 부인하는 경우 공소사실의 특정이 매우 곤란하므로 범죄의 성격상 개괄적 표시가 부득이한 범죄의 예들에 해당한다.

🔍 마약범죄 특정과 관련한 판례의 경향

최근 판례는 마약류 투약범죄의 특성을 고려하여 합리적인 정도로 특정되면 족하다는 입장에서 공소사실의 특정요소 중 범죄의 시일과 관련하여 범죄의 투약일시의 특정에 관해서는 마약성분이 체내에 흡수되어 신진대사작용을 통해 모발에 축적되거나 소변을 통해 배출된다는 점에 착안하여 감정결과를 토대로 투약일시를 추정하여 기재한 공소사실에 대하여, 모발감정결과 또는 소변감정결과에 기초한 공소사실의 기재인가 여하에 따라 공소사실의 특정에 대한 판단을 달리하고 있다.
모발감정결과를 기초로 하여 투약가능기간을 역으로 추정하여 범행일시를 '2010. 11.경'으로, 투약장소를 '부산 사하구 이하 불상지'로 기재한 사안에서 공소사실이 불특정 됐다(대판 2012.4.26. 2011도11817)고 본 반면, **소변감정결과를 기초로 하여** 투약가능기간을 10일까지 역으로 추산하여 범행일시를 '2009. 8. 10.부터 2009. 8. 19.까지 사이'로 표시하고 장소를 '서울 또는 부산 이하 불상'으로 기재한 사안에서는 공소사실이 특정되었다고 보았다(대판 2010.8.26. 2010도4671).
즉 추정투약기간과 관련하여 모발감정결과를 통해서는 수개월 심지어는 1년에 가까울 정도의 기간도 추정될 수 있는데 반해 소변감정결과를 통해서는 길어야 10일에 그치는 점 등을 고려하여 모발감정에 기초한 공소사실의 경우 그 특정을 보다 강하게 요구하는 방향으로 변화하였다. 최근 대판 2017.3.15. 2017도44에서도 **모발감정결과만을 토대로 마약류 투약기간을 추정하고 유죄로 판단하는 것은 신중하여야 한다**고 재차 판시한 바 있다.

⚖️ 판례

1 공소사실은 일시, 장소, 방법 등의 요소를 종합하여 구성요건 해당사실을 다른 사실과 식별할 수 있는 정도로 기재하면 족하고, 공소장에 **범죄의 시일, 장소 등이 구체적으로 적시되지 않았더라**고 위의 정도에 반하지 아니하고 더구나 공소범죄의 성격에 비추어 그 **개괄적 표시가 부득이**하며 또한 그에 대한 **피고인의 방어권 행사에 지장이 없다고 보여지는 경우**에는 그 공소내용이 **특정되지 않아 공소제기가 위법하다고 할 수 없다**(대판 1991.10.25. 91도2085).
2 유가증권변조의 공소사실이 범행일자를 '2005. 1.말경에서 같은 해 2. 4. 사이'로 범행장소를 '서울 불상지'로 범행방법을 '불상의 방법으로 수취인의 기재를 삭제'한 것으로 된 경우 **변조된 유가증권이 압수되어 현존하고 있는 이상** 위 공소사실이 특정되었다(대판 2008.3.27. 2007도1100).
3 [1] 문서의 위조 여부가 문제되는 사건에서 그 **위조된 문서가 압수되어 현존하고 있는 이상**, 그 범죄 일시와 장소, 방법 등은 범죄의 동일성 인정과 이중기소의 방지, 시효저촉 여부 등을 가름할 수 있는 범위에서 **사문서의 위조사실을 뒷받침할 수 있는 정도로만 기재되어 있으면 충분**하다.
[2] 외국 유명대학교의 박사학위기 위조 부분은 피고인이 **위조하였다는 문서의 내용 및 그 명의자가 특정되었을 뿐 아니라 위조 일시, 방법이 개괄적으로 기재**되어 있으며, 각 위조박사학위기 행사 부분은 위조문서의 내용, 행사 일시, 장소, 행사 방법 등이 특정되어 기재되어 있고, 기록상 위조되었다는 예일대학교 박사학위기와 동일하다고 하는 박사학위기 사본이 현출되어 있으므로 이로써 공소사실은 특정되었다고 볼 것이다(대판 2009.1.30. 2008도6950).
4 피고인이 마약류취급자가 아니면서 **2010년 1월에서 3월 사이 일자불상 03:00경 서산시 소재 상호불상의 모텔에서, 甲과 공모하여 여자 청소년 乙에게 메스암페타민(일명 필로폰)을 투약하였다**고 하여 구 마약류 관리에 관한 법률 위반(향정)으로 기소된 사안에서, 위 공소사실은 **투약**

대상인 乙의 진술에 기초한 것이라는 점에서 **피고인에 대한 모발 등의 감정결과에만 기초하여 공소사실을 기재한 경우와는 달리 볼 필요가 있는 점** 등 제반 사정에 비추어 볼 때, 위 공소사실에서 일시나 장소가 다소 개괄적으로 기재되었더라도 그 기재가 다른 사실과 식별이 곤란하다거나 피고인의 방어권 행사에 지장을 초래할 정도라고 보기 어려운데도, 이와 달리 위 공소사실이 특정되어 있지 않다고 본 원심판결은 공소사실의 특정에 관한 법리를 오해하여 판단을 그르친 것이다(대판 2014.10.30. 2014도6107).

5 [1] 당첨이 된 손님들에게 위조상품권을 직접 교부한 것이 아니라, 미리 오락기에 일련번호가 모두 같은 위조된 상품권을 여러 장 투입해 두고 그 후 오락기 이용자가 게임에서 당첨이 되면 오락기에서 자동으로 그 당첨액수에 상응하는 상품권이 배출되는 방식의 위조유가증권을 행사한 죄에 있어서, 각각의 상품권 사용시에 몇 매가 함께 사용되었는지 행사상대방이 누구인지 등의 특정은 불가능하다고 보아야 하므로, 이에 관한 공소사실은 **상품권 사용일자의 범위와 장소, '경품용으로 지급'하였다는 용도 정도를 특정하는 것으로 족하다.**

[2] **'위조된 문화상품권 30,000장을 2006. 7. 일자불상경부터 같은 해 9.5 경까지 불특정 다수의 손님에게 경품용으로 지급함으로써 행사하였다.'는 공소사실은 특정되었다**(대판 2007.4.12. 2007도796).

6 구 저작권법(2011. 12. 2. 법률 제11110호로 개정되기 전의 것, 이하 같다) 제136조 제1항은 '저작재산권을 복제·공연·공중송신·전시·배포·대여·2차적 저작물 작성의 방법으로 침해'한 행위를 처벌대상으로 규정하고 있다. 그런데 저작재산권은 특허권 등과 달리 권리의 발생에 반드시 등록을 필요로 하지 않기 때문에 등록번호 등으로 특정할 수 없는 경우가 많고, 저작재산권자가 같더라도 저작물별로 각 별개의 죄가 성립하는 점, 그리고 2006. 12. 28. 법률 제8101호로 전부 개정된 구 저작권법이 영리를 위하여 상습적으로 한 저작재산권 침해행위를 비친고죄로 개정한 점 등을 고려해 보면, **저작재산권 침해행위에 관한 공소사실의 특정은 침해 대상인 저작물 및 침해 방법의 종류, 형태 등 침해행위의 내용이 명확하게 기재되어 있어 피고인의 방어권 행사에 지장이 없는 정도이면 된다 할 것이고, 각 저작물의 저작재산권자가 누구인지 특정되어 있지 않다고 하여 공소사실이 특정되지 않았다고 볼 것은 아니다**(대판 2016.12.15. 2014도1196).

7 공소사실 자체에 종업원들이 컴퓨터프로그램을 '무단 복제하여 취득한 것'으로만 기재되어 있어 '침해행위에 의하여 만들어진 프로그램의 복제물'을 취득한 것인지, 그 복제물이 무엇인지가 분명하지 않고, 그 취득 방법 또한 명확하지 않아 피고인들의 방어권 행사에 지장을 초래하고 있고, 행위자인 종업원들이 성명불상자로만 기재되어 있고 누구인지 전혀 특정되어 있지 아니하여 피고인들로서는 그 종업원이 해당 컴퓨터프로그램을 컴퓨터 하드디스크 등에 직접 복제한 사람인지, '침해행위에 의하여 만들어진 프로그램의 복제물'이라는 사실을 인식하고 이를 취득하였는지 등에 관하여 전혀 방어권을 행사할 수 없다. 따라서 피고인들에 대한 예비적 공소사실은 공소사실이 구체적으로 특정되었다고 할 수 없다(대판 2019.12.24. 2019도10086).

8 공소사실의 기재는 범죄의 일시, 장소와 방법을 명시하여 사실을 특정할 수 있도록 하여야 하고(형사소송법 제254조 제4항), 이와 같이 공소사실의 특정을 요구하는 법의 취지는 법원에 대하여 심판의 대상을 한정하고 피고인에게 방어의 범위를 특정하여 그 방어권 행사를 쉽게 해 주기 위한 데에 있는 것이므로, 범죄의 '일시'는 이중기소나 시효에 저촉되는지 식별할 수 있을 정도로 기재하여야 한다. 따라서 범죄의 '일시'가 공소시효 완성 여부를 판별할 수 없을 정도로 개괄적으로 기재되었다면 공소사실이 특정되었다고 볼 수 없다(대판 2022.11.17. 2022도8257).

9 이 사건 공소사실에 기재된 피고인의 행위는 '체크카드와 비밀번호를 성명불상자에게 건네주었다'는 것으로서, 대여·전달 등과 구별되는, 양도를 구성하는 고유한 사실이 적시되지 않았는바, 피고인이 자신의 의사로 체크카드 등을 건네준 것이 아니라고 주장하면서 공소사실을 부인하는 이 사건에서 위 공소사실 기재는 피고인에게 방어의 범위를 특정하기 어렵게 함으로써 방어권을 행사하는 데 지장을 초래할 수 있다(대판 2022.12.29. 2020도14662).

4) 공소사실 불특정의 효과

공소사실이 특정되지 아니하면 공소제기의 절차가 법률의 규정에 위반하여 무효인 때에 해당하여 법원은 **공소기각 판결**을 선고해야 한다(제327조 제2호). 이 때 **공소사실이 전혀 특정되지 아니한 경우에는** 하자가 치유될 수 없지만, 구체적 범죄구성요건사실이 표시되어 있는 때에는 검사 스스로 또는 법원의 석명에 의하여 불명확한 점을 보정할 수 있다.

☞ 판례

공소장의 기재가 불명확한 경우 법원은 형사소송규칙 제141조의 규정에 의하여 검사에게 석명을 구한 다음, 그래도 검사가 이를 명확하게 하지 않은 때에야 공소사실의 불특정을 이유로 공소를 기각함이 상당하다고 할 것이므로, 원심이 검사에게 공소사실 특정에 관한 석명에 이르지 아니한 채 곧바로 위와 같이 공소사실의 불특정을 이유로 공소기각의 판결을 한 데에는 심리를 미진한 위법이 있다(대판 2006.5.11. 2004도5972). (변시8회)

---

4. 임의적 기재사항

(1) 예비적 기재와 택일적 기재

공소장에는 수개의 **범죄사실**과 **적용법조**를 예비적 또는 택일적으로 기재할 수 있다(제254조 제5항). **예비적 기재**란 수개의 사실에 대하여 **심판의 순서를 정하여** 심판을 구하는 기재방법을 말하며, **택일적 기재**란 수개의 사실에 대하여 **심판의 순서를 정하지 않고** 심판을 구하는 기재방법을 말한다.

(2) 허용범위

공소사실의 동일성이 인정되지 않는 경우에도 예비적·택일적 기재가 허용되는지에 대하여 논의가 있다. 이에 ① 제254조 제5항은 공소사실의 동일성을 요구하지 않으므로 공소사실의 동일성이 인정되지 않는 경우에도 허용된다는 **적극설**, ② 적극설에 의하면 조건부 공소제기를 허용하는 결과가 되어 불확정적인 공소제기를 인정하는 결과가 되므로 공소사실의 동일성이 인정되는 범위 내에서만 인정된다는 **소극설**이 있다. 판례는 공소사실의 동일성이 인정되지 않는 경우에도 예비적·택일적 기재를 허용한다고 하여 **적극설**의 입장이다(대판 1966.3.24. 65도114 전합). 생각건대 경합범으로 기소된 경우에 비하여 피고인의 방어 부담이 크다고 보기 어렵고, 예비적 기소는 검사의 기소편의주의에서 법률상 허용될 것임이 명백하기 때문에 공소장 변경과 달리, 공소제기 단계에서는 공소사실의 동일성이 요구되지 않는다는 적극설이 타당하다. (14.모의)

☞ 판례

형사소송법 제254조 제5항에 수개의 범죄사실과 적용법조를 예비적 또는 택일적으로 기재할 수 있다함은 수개의 범죄사실 간에 범죄사실의 동일성이 인정되는 범위 내에서는 물론 그들 **범죄사실 상호간에 범죄의 일시, 장소, 수단 및 객체 등이 달라서 수개의 범죄사실로 인정되는 경우에도** 이들 수개의 범죄사실을 예비적 또는 택일적으로 기재할 수 있다는 취지다(대판 1966.3.24. 65도114 전합). (12.모의, 13.모의, 14.모의)

---

(3) 법원의 심판

1) 심판의 대상

공소장에 기재된 모든 범죄사실이 법원의 심판의 대상이 된다. 항소심은 하나의 사실을 유죄로 인정한 제1심판결을 파기하고 다른 사실을 유죄로 인정할 수 있다.

> **판례**
>
> 공소사실과 적용법조가 **택일적으로 기재되어 공소가 제기된 경우에 그 중 어느 하나의 범죄사실만에 관하여 유죄의 선고가 있은 제1심판결에 대하여 항소가 제기되었을 때 항소심에서 항소이유 있다고 인정하여 제1심판결을 파기하고 자판을 하는 경우에는 다시 사건 전체에 대하여 판결을 하는 것이어서 택일적으로 공소제기된 범죄사실 가운데 제1심판결에서 유죄로 인정된 이외의 다른 범죄사실이라도 그것이 철회되지 아니하는 한 당연히 항소심의 심판의 대상이 된다**(대판 1975.6.24. 70도2660). (13.모의)

2) 심판의 순서

법원은 예비적 기재의 경우에는 검사의 **기소순위에 따라 먼저 주위적 공소사실을 심리·판단한 후 유죄로 인정되지 않는 경우에 예비적 공소사실을 심리·판단하여야 한다.** (변시1회) 반면에 택일적 기재의 경우는 심판순서에 어떠한 제한도 없다.

3) 심판의 방법

① 예비적 기재

주위적 공소사실에 대해서 유죄를 인정하는 경우, 판결주문에 주위적 공소사실에 대해서만 유죄를 선고하고, 판결이유에서도 **예비적 공소사실에 대해서는 판단할 필요가 없다.** (12.모의) 그러나 예비적 공소사실로 유죄를 인정하는 경우, 판결주문에 예비적 공소사실에 대해서만 유죄를 선고하고 **판결이유에서 주위적 공소사실을 배척하는 이유를 명시하여야 한다**(적극설, 대판 1975.12.23. 75도3238). (14.모의)

② 택일적 기재

어느 하나를 유죄로 인정하는 경우 판결주문에 유죄만을 선고하면 족하고, 판결주문 및 판결이유에서 다른 사실에 대하여는 판단을 요하지 않는다.

③ 모든 공소사실에 대하여 무죄로 판단한 경우

예비적·택일적으로 기재된 모든 공소사실에 대하여 무죄를 선고하는 경우에는 **모든 범죄사실 또는 적용법조에 대한 판단을 요한다.**

4) 상소 가부

① 예비적 기재

주위적 공소사실에 대해서 유죄를 인정하는 경우 검사의 상소는 인정되지 않지만, 예비적 공소사실에 대해서 유죄를 인정하는 경우 주위적 공소사실에 대한 검사의 상소가 인정된다.

② 택일적 기재

어느 하나라도 유죄를 인정하는 경우 검사의 상소는 인정되지 않는다.

제2절 공소장 일본주의

1. 의의와 근거

공소장 일본주의란 공소제기 시에 법원에 제출하는 것은 공소장 하나이며, 공소장에는 사건에 관하여 법원에 예단이 생기게 할 수 있는 서류 기타 물건을 첨부하거나 그 내용을 인용해서는 안 된다는 원칙을 말한다(규칙 제118조 제2항). 당사자주의 소송구조, 예단배제의 원칙, 공판중심주의를 그 이론적 근거로 한다.

2. 공소장 일본주의의 내용

(1) 첨부의 금지

사건에 관하여 법원에 예단을 줄 수 있는 서류 기타 물건을 공소장에 첨부하는 것은 금지된다. 따라서 공소사실을 증명하는 소송서류나 증거물의 일부를 제출하는 것은 법관의 심증형성에 영향을 주므로 허용되지 않는다. **다만, 규칙 제118조 제1항에 규정된 변호인 등 선임서, 체포 · 구속 관련 서류(체포영장, 긴급체포서, 구속영장, 구속기간연장결정서)등은 첨부하여도 무방하다.**

(2) 인용의 금지

공소장에 증거 기타 예단이 생기게 할 수 있는 문서내용의 전부나 일부를 인용하는 것도 금지된다. 다만, **문서를 수단으로 한 명예훼손 · 협박 · 공갈 · 문서위조 등**의 사건처럼 문서의 기재내용 그 자체가 범죄구성요건에 해당하는 중요한 요소인 경우에는 공소사실을 특정하기 위하여 문서의 전부 또는 일부를 인용하는 것은 적법하다.

(3) 여사기재의 금지

공소장에 제254조 제3항의 기재사항 이외의 사항을 기재하는 경우를 여사기재라고 한다. 여사기재 중 **법관에게 예단을 생기게 하는 여사기재**는 공소장 일본주의에 반하므로 허용되지 않는다.

1) 전과의 기재

다수설은 원칙적으로 전과는 동종전과 · 이종전과를 불문하고 법관에게 예단을 줄 수 있으므로 기재가 금지된다는 입장이다. 다만, 상습범 전과, 누범 전과나 전과가 범죄사실의 내용인 경우(전과를 수단으로 한 공갈, 협박 등)에는 공소장에 전과를 기재하는 것은 공소장 일본주의에 반하지 않는다고 한다. 판례는 전과의 기재가 피고인을 특정할 수 있는 사항으로 허용된다고 보고 있다.

📖 판례

1 공소장에 누범이나 상습범을 구성하지 않는 **전과사실을 기재**하였다 하더라도 **이는 피고인을 특정할 수 있는 사항**에 속한다 할 것으로서 그 공소장 기재는 적법하다(대판 1966.7.29. 66도793).

2 공소장의 공소사실 첫머리에 피고인이 전에 받은 소년부송치처분과 직업 없음을 기재하였다 하더라도 이는 형사소송법 제254조 제3항 제1호에서 말하는 피고인을 특정할 수 있는 사항에 속하는 것이어서 그와 같은 내용의 기재가 있다 하여 공소제기의 절차가 법률의 규정에 위반된 것이라고 할 수 없고 또 헌법상의 형사피고인에 대한 무죄추정조항이나 평등조항에 위배되는 것도 아니다(대판 1990.10.16. 90도1813).

2) 전과 이외의 악성격·경력·소행의 기재

공소장에 전과 이외의 악성격·경력·소행을 기재하는 것은 범죄구성요건의 요소가 아닌 한 불필요한 기재로서 허용되지 않는다. 그러나 그러한 사실들이 범행수단 자체가 되거나 (공갈·강요의 수단) 상습성 인정의 자료로 사용되는 경우에는 그 기재가 허용된다.

⚖ 판례

공소장에는 법령이 요구하는 사항만 기재할 것이고 공소사실의 첫머리에 공소사실과 관계없이 법원의 예단만 생기게 할 사유를 불필요하게 나열하는 것은 옳다고 할 수 없고 **공소사실과 관련이 있는 것도 원칙적으로 범죄의 구성요건에 적어야 할 것이고, 이를 첫머리 사실로서 불필요하게 길고 장황하게 나열하는 것을 적절하다고 할 수 없다**(대판 1999.7.23. 99도1860).

3) 범죄의 동기

범죄의 동기나 원인은 범죄사실이 아니므로 기재가 원칙적으로 허용되지 아니하나, 살인죄나 방화죄와 같은 동기범죄에 있어서는 동기가 공소사실과 밀접불가분의 관계에 있는 경우에는 예외적으로 동기의 기재가 허용된다. 판례는 범죄의 직접적인 동기·간접적인 동기를 불문하고 동기의 기재가 허용된다는 입장이다.

⚖ 판례

살인, 방화 등의 경우 범죄의 직접적인 동기 또는 공소범죄사실과 밀접불가분의 관계에 있는 동기를 공소사실에 기재하는 것이 공소장 일본주의 위반이 아님은 명백하고, **설사 범죄의 직접적인 동기가 아닌 경우에도 동기의 기재는 공소장의 효력에 영향을 미치지 아니한다(**
대판 2007.5.11. 2007도748). (11.모의)

4) 여죄의 기재

범죄사실 이외의 다른 범죄사실(여죄)의 기재는 법관에게 예단을 생기게 할 수 있는 사항이므로 허용되지 않는다. 판례는 여죄의 기재가 위법은 아니라고 본다.

⚖ 판례

형사소송법 제254조 제3항은 공소장에 동항 소정의 사항들을 필요적으로 기재하도록 한 규정에 불과하고 그 이외의 사항이 기재를 금지하고 있는 규정이 아니므로 **공소시효가 완성된 범죄사실을 공소범죄 사실 이외의 사실로 기재한 공소장이 위 형사소송법 제254조 제3항의 규정에 위배된다고 볼 수 없다**(대판 1983.11.8. 83도1979).

3. 공소장 일본주의 위반의 효과

(1) 공소장 일본주의 위반 여부의 판단

공소장 일본주의의 위배 여부는 공소사실로 기재된 범죄의 유형과 내용 등에 비추어 볼 때에 공소장에 첨부 또는 인용된 서류 기타 물건의 내용, 그리고 법령이 요구하는 사항 이외에 공소장에 기재된 사실이 법관 또는 배심원에게 예단을 생기게 하여 법관 또는 배심원이 범죄사실의 실체를 파악하는 데 장애가 될 수 있는지 여부를 기준으로 당해 사건에서 구체적으로 판단하여야 한다(대판 2009.10.22. 2009도7436 전합 판결; 동지 대판 2020.10.29. 2020도3972).

(2) 공소기각 판결

공소장 일본주의에 위반한 공소제기는 공소제기의 절차가 **법률의 규정에 위반하여 무효**이므로 법원은 **공소기각의 판결**을 선고해야 한다(제327조 제2호). (13.모의)

(3) 하자의 치유 문제

공소장 일본주의 위반의 경우 하자치유가 가능한지에 대하여 ① 공소장 기재의 방식에 관하여 피고인측으로부터 아무런 이의가 제기되지 아니하였고 증거조사절차까지 마무리되어 법관의 심증형성이 이루어진 단계에서는 하자가 치유된다는 **적극설(전합 다수의견)** ② 공소장 일본주의 위반은 그 자체로 이미 중대한 위법상태에 해당하는 것으로 그 위반의 경중을 불문하고 하자의 치유는 인정될 수 없다고 보는 **소극설(전합 반대의견)** ③ 공소장 일본주의의 위반의 정도가 중대하지 않은 경우에 하자의 치유가 인정된다는 **절충설(전합 별개의견)**이 대립한다. 생각건대 공소장 일본주의를 위반하는 것은 소송절차의 생명이라 할 수 있는 공정한 재판의 원칙에 치명적인 손상을 가하는 것이고, 이를 위반한 공소제기는 법률의 규정에 위배된 것으로 치유될 수 없는 것이므로 시기 및 위반의 정도와 무관하게 항상 공소기각의 판결을 해야 한다는 **소극설**이 타당하다.

> **⚖ 판례**
>
> [1] 그러나 공소장 기재의 방식에 관하여 **피고인 측으로부터 아무런 이의가 제기되지 아니하였고** 법원 역시 범죄사실의 실체를 파악하는데 지장이 없다고 판단하여 그대로 공판절차를 진행한 결과 **증거조사절차가 마무리되어 법관의 심증형성이 이루어진** 단계에서는 더 이상 공소장 일본주의 위배를 주장하여 이미 진행된 소송절차의 효력을 다툴 수는 없다.
>
> [2] 정당의 후보자 추천 관련 금품수수 범행의 공소사실에 범죄사실 이전 단계의 정황과 경위, 범행을 전후하여 관계자들이 주고받은 대화와 이메일 내용, 수첩의 메모 내용, 세세한 주변사실 등을 **장황하게 기재**한 경우, 위 **범죄의 성격상** 검사로서는 그 범의나 공모관계, 범행의 동기나 경위 등을 명확히 하기 위하여 구체적인 사정을 적시할 필요도 있는 점, 이와 관련하여 제1심 공판절차에서 **피고인 측이 아무런 이의를 제기하지 않은** 상태에서 공판절차가 진행되어 위 공소사실에 인용된 증거들을 포함하여 검사가 제출한 증거들에 대한 **증거조사가 모두 마쳐진 점** 등을 종합하여, 공소제기의 절차가 법률의 규정을 위반하여 무효인 때에 해당하지 않는다(대판 2009.10.22. 2009도7436). (11.모의)

4. 공소장 일본주의의 적용범위

(1) 공소제기

공소장 일본주의는 **공소제기에 한하여 인정**되는 것이므로 공소제기 이후의 단계에서 행하여지는 각종 절차에는 적용이 없다. 따라서 **공판절차갱신 후의 절차, 상소심 절차, 파기환송 후의 절차** 등에는 적용되지 않는다.

(2) 약식절차 및 즉결심판절차

1) 약식절차

검사가 약식명령을 청구하는 때에는 공소제기와 동시에 수사기록과 증거물을 제출하여야 하므로(제449조) 공소장 일본주의의 **예외**에 해당한다. 나아가 판례는 **약식명령에 대한 정식재판청구가 제기되었음에도 법원이 증거서류 및 증거물을 검사에게 반환하지 않고 보관하고 있다고 하여 그 이전에 이미 적법하게 제기된 공소제기의 절차가 위법하게 된다고할 수도 없다**는 입장이다(대판 2007.7.26. 2007도3906). (14.모의)

2) 즉결심판절차

즉결심판 청구가 있는 경우에는 사건기록과 증거물을 지체 없이 관할법원에 송부하여야하므로 **공소장 일본주의가 배제**된다(즉결심판법 제4조). 즉결심판에 대하여 정식재판청구가 있는 경우에는 사건기록과 증거물을 지체 없이 관할법원에 송부하여야 하므로 **공소장일본주의의 예외**가 된다(즉결심판법 제14조 제3항).

5. 관련 문제

(1) 증거개시의 문제

공소장 일본주의에 따라 공소제기 후에도 증거물과 수사기록을 검사가 보관할 수 있게 되어 제35조만으로 변호인의 열람·등사권을 보장하는데 한계가 있었다. 이에 개정법은 제266조의3, 제266조의4 등에서 **증거개시제도를 도입**하여 이 문제를 해결하고 있다. 즉 소송계속 중의 관계서류 또는 증거물 중 법원이 보관하고 있는 것은 제35조에 의하여, 소송계속 중의 관계서류 또는 증거물 중 검사가 보관하고 있는 것은 제266조의3과 제266조의4에 의하여 피고인 또는 변호인은 소송기록을 열람·등사할 수 있게 되었다.

(2) 공판기일 전의 증거제출

현행법은 공판기일의 신속한 심리를 위하여 공판기일 전의 증거조사(제273조) 및 공판기일 전의 증거제출(제274조)을 허용하고 있는데, 이러한 공판 전 준비절차가 공소장 일본주의에 반하는지에 대하여 논의가 있다. 증거보전절차(제184조)와의 관계에 비추어 여기의공판기일 전이란 제1회 공판기일 이후의 공판기일 전을 의미한다고 해석하는 것이 타당하다.

제3장 | 공소제기의 효과

제1절 공소제기의 효과

검사의 공소제기로 법원의 공판절차가 개시되며, 법원의 심판범위도 공소장에 기재된 공소사실에 한정되고, 공소시효의 진행도 정지된다. 따라서 공소제기의 소송법적 효과로는 ① **소송계속,** ② **심판범위의 한정,** ③ **공소시효의 정지**를 들 수 있다.

I 소송계속

1. 의의

검사의 공소제기에 의하여 피고사건이 수소법원의 심리와 재판의 대상으로 되는 상태를 소송계속이라고 한다.

2. 효과

(1) 적극적 효과

공소제기가 적법한 경우에는 법원은 유·무죄의 **실체재판을 선고**하여야 하나, 공소제기가 부적법·무효인 경우에는 면소판결, 공소기각, 관할위반 등의 **형식재판을 선고한다.**

(2) 소극적 효과

공소제기가 있으면 동일사건에 대하여 **다시 공소를 제기할 수 없다(이중기소금지).** 따라서 동일 법원에 이중기소된 때에는 후소에 대하여 **공소기각의 판결**을 하여야 하고(제327조 제3호), 다른 법원에 이중기소된 때에는 관할경합의 문제로서 심판법원이 아닌 다른 법원은 **공소기각결정**을 하여야 한다(제328조 제1항 제3호).

II 공소시효의 정지

공소시효는 공소제기에 의하여 그 진행이 정지되며, 공소기각 또는 관할위반의 재판이 확정된 때로부터 진행한다(제253조 제1항).

III 심판범위의 한정

1. 사건범위의 한정

불고불리의 원칙에 의하여 법원은 공소제기가 없는 사건을 심판할 수 없다. 따라서 법원의 심판범위는 공소제기의 효력이 미치는 범위 이내로 한정한다.

2. 공소제기의 효력이 미치는 범위

(1) 인적 효력범위

공소의 효력은 검사가 피고인으로 지정한 자에게만 미친다(제248조). 따라서 공소제기 후 진범이 발견되어도 진범에게 공소제기의 효력이 미치지 아니하며, 공범 중 1인에 대한 공소제기도 **다른 공범자에게 효력이 없다. 다만, 공소시효 정지의 효력은 다른 공범자에게 미친다**(제253조 제2항).

(2) 물적 효력범위

범죄사실 일부에 대한 공소제기가 있더라도 공소제기의 효력은 **공소사실과 단일성 및 동일성이 인정되는 범죄사실 전부**에 미치는데(제248조 제2항), 이를 **공소불가분의 원칙**이라고 한다. 다만, 그것은 법원의 잠재적 심판의 대상이 되는데 불과하고, 공소장에 기재된 공소사실과 공소장변경에 의하여 변경된 사실만 법원이 현실적으로 심판할 수 있다(이원설). 이러한 의미에서 공소제기의 물적 효력범위는 **법원의 잠재적 심판의 범위**를 의미하며, 그것은 **공소장변경의 한계**가 되고 **기판력의 객관적 범위**와 일치한다고 할 수 있다.

일죄의 일부에 대한 공소제기 [변시2회, 15.모의]

사례형 문제에서는 ① 피의자가 부작위범과 작위범의 구성요건을 동시에 충족하는 경우에 일부에 대해서만 공소를 제기하거나 ② 피의자가 특정경제범죄 가중처벌등에 관한 법률 위반에 해당됨에도 불구하고 이득액을 제한하여 단순 형법상 죄책(예컨대 사기, 횡령 등)을 적용하여 공소를 제기하거나 ③ 피의자가 특정범죄 가중처벌 등에 관한 법률 위반(수뢰)에 해당됨에도 불구하고 수뢰액을 제한하여 단순 형법상 수뢰죄를 적용하여 공소를 제기하는 경우로 출제된다.

1. 논점

소송법상 일죄인 단순일죄, 과형상 일죄의 경우에 일죄의 전부에 대하여 범죄혐의가 인정되고 소송조건이 구비되어 있음에도 불구하고 검사가 일죄의 일부에 대하여 공소를 제기하는 일죄의 일부 기소가 허용되는지 문제된다.

2. 견해의 대립

① 검사의 자의적인 기소는 금지되어야 하므로 일부기소는 허용되지 않는다는 **소극설**, ② 공소제기는 검사의 재량에 해당하므로 일부기소도 적법하다는 **적극설**이 대립한다. **판례**는 하나의 행위가 부작위범인 직무유기죄와 작위범인 허위공문서작성·동행사죄(또는 직무유기죄와 범인도피죄)의 구성요건을 동시에 충족하는 경우 공소제기권자인 검사는 재량에 의하여 부작위범으로만 공소를 제기할 수 있다고 하여 **적극설**의 입장이다(대판 1999.11.26. 99도1904, 대판 2008.2.14. 2005도4202).

3. 검토

범죄사실 일부에 대한 공소는 그 효력이 전부에 미친다는 형사소송법 제248조 제2항은 일죄의 일부에 대한 공소제기를 허용한다는 전제에서 규정된 것이므로 **적극설**이 타당하다.

친고죄의 일부인 비친고죄에 대한 기소

1. 친고죄에 대한 고소가 있는 경우

검사가 그 일부인 비친고죄만을 공소제기하는 것은 일죄의 일부에 대한 공소제기의 문제로 해결하면 된다.

2. 친고죄에 대한 고소가 없는 경우

종래 강간죄가 친고죄이던 상황에서 강간죄에 대한 고소가 없는 경우에 검사가 그 수단인 폭행·협박만을 공소제기한 경우 법원의 처리에 대해서 유죄판결설, 공소기각판결설, 무죄판결설이 대립하고 **판례는 공소기각판결설**의 입장으로 친고죄를 둔 취지를 고려하면 **공소기각판결설**이 타당하다. 다만, 형법 개정(2013.6.19.시행)으로 강간죄가 비친고죄가 된 이상 종래 강간죄 사안은 일죄의 일부에 대한 공소제기의 문제로 해결하면 될 것이다.

> **판례**
>
> 성폭력범죄의 처벌 및 피해자보호 등에 관한 법률이 시행된 이후에도 여전히 친고죄로 남아 있는 강간죄의 경우, 고소가 없거나 고소가 취소된 경우 또는 강간죄의 고소기간이 경과된 후에 고소가 있는 때에는 강간죄로 공소를 제기할 수 없음은 물론, 나아가 그 **강간범행의 수단으로 또는 그에 수반하여 저질러진 폭행·협박의 점 또한 강간죄의 구성요소로서 그에 흡수되는 법조경합의 관계에 있는 만큼 이를 따로 떼어내어 폭행죄·협박죄 또는 폭력행위 등 처벌에 관한 법률 위반의 죄로 공소제기 할 수 없다**고 해야 마땅하다. 이러한 공소제기를 허용한다면 강간죄를 친고죄로 규정한 취지에 반하기 때문이다. 결국, 그와 같은 공소는 공소제기의 절차가 법률에 위반되어 무효인 경우로서 형사소송법 제327조 제2호에 따라 **공소기각의 판결을 하여야** 할 것이다(대판 2002.5.16. 2002도51 전합).

1. 공소시효의 의의 및 취지

공소시효란 범죄행위가 종료한 후 검사가 일정 기간 공소를 제기하지 않고 방치하는 경우에 국가의 소추권을 소멸되는 제도로서, 시간의 경과에 따른 증거의 산일 및 가벌성의 감소, 장기간의 경과로 인한 사실상의 상태를 존중하기 위한 제도이다.

2. 본질

공소시효를 형벌권을 소멸시키는 제도로 보는 **실체법설**과 실체법적 성격과 소송법적 성격을 함께 인정하는 **경합설**이 있지만, 공소시효가 완성되면 무죄판결을 하는 것이 아니고 면소판결을 선고하도록 규정(제326조)하고 있는 점에서 **소추권 소멸사유**로 보는 **소송법설**이 타당하다.

3. 공소시효 기간

(1) 시효기간

1) 일반적인 시효기간(제249조 제1항)

공소시효의 기간은 법정형의 경중에 따라 차이가 있다. ① 사형에 해당하는 범죄는 25년, ② 무기징역 또는 무기금고에 해당하는 범죄는 15년, ③ 장기 10년 이상의 징역 또는 금고에 해당하는 범죄는 10년, ④ **장기 10년 미만의 징역 또는 금고**에 해당하는 범죄는 **7년**, ⑤ **장기 5년 미만의 징역 또는 금고**, 장기 10년 이상의 자격정지 또는 벌금에 해당하는 범죄는 **5년**, ⑥ 장기 5년 이상(장기 10년 미만)의 자격정지에 해당하는 범죄는 3년, ⑦ 장기 5년 미만의 자격정지, 구류, 과료 또는 몰수에 해당하는 범죄는 1년이다.

2) 의제공소시효

공소가 제기된 범죄는 판결의 확정이 없이 공소를 제기한 때로부터 25년을 경과하면 공소시효가 완성한 것으로 간주한다(동조 제2항).

> ### 판례
>
> 1 구 형사소송법(2007. 12. 21. 법률 제8730호로 개정되기 전의 것, 이하 같다) 제249조는 '공소시효의 기간'이라는 표제 아래 제1항 본문 및 각호에서 공소시효는 법정형에 따라 정해진 일정 기간의 경과로 완성한다고 규정하고, 제2항에서 "공소가 제기된 범죄는 판결의 확정이 없이 공소를 제기한 때로부터 15년을 경과하면 공소시효가 완성한 것으로 간주한다."라고 규정하였다. 2007. 12. 21. 법률 제8730호로 형사소송법이 개정되면서 제249조 제1항 각호에서 정한 시효의 기간이 연장되고, 제249조 제2항에서 정한 시효의 기간도 '15년'에서 '25년'으로 연장되었는데, 위와 같이 개정된 형사소송법(이하 '개정 형사소송법'이라 한다) 부칙 제3조(이하 '부칙조항'이라 한다)는 '공소시효에 관한 경과조치'라는 표제 아래 "이 법 시행 전에 범한 죄에 대하여는 종전의 규정을 적용한다."라고 규정하고 있다. 부칙조항은, 시효의 기간을 연장하는 형사소송법 개정이 피의자 또는 피고인에게 불리한 조치인 점 등을 고려하여 개정 형사소송법 시행 전에 이미

저지른 범죄에 대하여는 개정 전 규정을 그대로 적용하고자 함에 그 취지가 있다. 위와 같은 법 문언과 취지 등을 종합하면, 부칙조항에서 말하는 '종전의 규정'에는 '구 형사소송법 제249조 제1항'뿐만 아니라 '같은 조 제2항'도 포함된다고 봄이 타당하다. 따라서 개정 형사소송법 시행 전에 범한 죄에 대해서는 부칙조항에 따라 구 형사소송법 제249조 제2항이 적용되어 판결의 확정 없이 공소를 제기한 때로부터 15년이 경과하면 공소시효가 완성된 것으로 간주된다(대판 2022.8.19. 2020도1153).

2 구 형사소송법(2007. 12. 21. 법률 제8730호로 개정되기 전의 것, 이하 같다) 규정에 따르면, 공소시효는 범죄행위가 종료한 때로부터 진행하여 법정형에 따라 정해진 일정 기간의 경과로 완성한다(제252조 제1항, 제249조 제1항). 공소시효는 공소의 제기로 진행이 정지되지만(제253조 제1항 전단), 판결의 확정이 없이 공소를 제기한 때로부터 15년이 경과되면 공소시효가 완성한 것으로 간주된다(제249조 제2항). 형사소송법 제253조 제3항은 "범인이 형사처분을 면할 목적으로 국외에 있는 경우 그 기간 동안 공소시효는 정지된다."라고 규정하고 있다. 위 조항의 입법 취지는 범인이 우리나라의 사법권이 실질적으로 미치지 못하는 국외에 체류한 것이 도피의 수단으로 이용된 경우에 그 체류기간 동안은 공소시효가 진행되는 것을 저지하여 범인을 처벌할 수 있도록 하여 형벌권을 적정하게 실현하고자 하는 데 있다. 위와 같은 법 문언과 취지 등을 종합하면, 형사소송법 제253조 제3항에서 정지의 대상으로 규정한 '공소시효'는 범죄행위가 종료한 때로부터 진행하고 공소의 제기로 정지되는 구 형사소송법 제249조 제1항의 시효를 뜻하고, 그 시효와 별개로 공소를 제기한 때로부터 일정 기간이 경과하면 공소시효가 완성된 것으로 간주된다고 규정한 구 형사소송법 제249조 제2항에서 말하는 '공소시효'는 여기에 포함되지 않는다고 봄이 타당하다. 따라서 공소제기 후 피고인이 처벌을 면할 목적으로 국외에 있는 경우에도, 그 기간 동안 구 형사소송법 제249조 제2항에서 정한 기간의 진행이 정지되지는 않는다(대판 2022.9.29. 2020도13547).

3) 공소시효의 적용배제

사람을 살해한 범죄(종범은 제외한다)로 사형에 해당하는 범죄에 대하여는 제249조부터 제253조까지에 규정된 공소시효를 적용하지 아니한다(제253조의2).❶ [16.모의]

(2) 시효기간의 기준

1) 기간 결정의 기준이 되는 형

공소시효기간의 기준이 되는 형은 처단형이 아니라 **법정형이다.** 2개 이상의 형을 병과하거나 2개 이상의 형에서 하나의 형을 선택하여 과하는 경우 **중한 형**이 공소시효기간의 기준이 된다(제250조). 형법에 의하여 형을 가중 또는 감경한 경우에는 **가중 또는 감경하지 아니한 형**에 의하여 제249조의 규정을 적용한다(제251조). (11.모의, 15.모의) 그러나 특별법에 의한 가중·감경의 경우에는 **특별법상의 법정형**이 기준이 된다. 교사범·종범은 **정범의 형을 기준**으로 한다. 법률의 변경에 의하여 법정형이 변경된 경우에는 적용될 **신법의 법정형**이 기준이 된다(대판 1995.1.20. 87도84). (12.모의, 15.모의)

---

❶ 2015년 개정 부칙 제2조(공소시효의 적용배제에 관한 경과조치)에 의하면, 제253조의2의 개정규정은 이 법 시행 전에 범한 범죄로 아직 공소시효가 완성되지 아니한 범죄에 대하여도 적용한다.

2) 법정형 판단의 기초인 범죄사실

공소시효는 **공소장에 기재된 공소사실**에 대한 법정형이 기준이 된다. 과형상 일죄인 상상적 경합은 실질적으로 수죄이므로 각 죄에 대하여 **개별적으로 공소시효기간을 결정**해야 한다. (변시1회, 12.모의) 공소제기 후 공소장이 변경된 경우에 기준이 되는 법정형은 **변경된 공소사실에 대한 법정형**이고, 공소시효 완성여부는 **공소제기시**를 기준으로 한다(대판 2001.8.24. 2001도2902). (변시7회 · 10회 · 11회 · 12회, 모의빈출)

(3) 공소시효의 기산점 [변시4회]

1) 범죄행위종료시

공소시효는 **범죄행위가 종료한 때**로부터 진행한다(제252조 제1항). 범죄행위가 종료한 때란 범죄의 실행행위 자체뿐만 아니라 **결과발생을 포함하는 최종적인 범죄완성시**를 의미한다. 따라서 ① 결과적 가중범은 **중한 결과발생시**, ② 계속범은 **법익침해가 종료된 때**, ③ 포괄일죄는 **최종 범죄행위가 종료된 때**, (12.모의, 14.모의) ④ 거동범과 미수범은 행위 시부터 시효가 진행된다.

⚖ 판례

1 공소시효의 기산점에 관하여 규정한 형사소송법 제252조 제1항 소정의 '**범죄행위**'에는 당해 범죄의 **결과까지도 포함**되는 취지로 해석함이 상당하므로, 업무상과실치사상죄의 공소시효는 교량붕괴사고로 인하여 피해자들이 사상에 이른 결과가 발생함으로써 그 범죄행위가 종료한 때로부터 진행한다(대판 1997.11.28. 97도1740).

2 포괄일죄의 공소시효는 **최종의 범죄행위가 종료한 때로부터** 진행한다(대판 1996.10.25. 96도1088).

3 강제집행면탈죄는 채권자의 권리 실현의 이익을 보호법익으로 하는데, 강제집행 면탈의 목적으로 채무자가 그의 제3채무자에 대한 채권을 허위로 양도한 경우에 제3채무자에게 채권 양도의 통지가 행하여짐으로써 통상 제3채무자가 채권 귀속의 변동을 인식할 수 있게 된 시점에서는 채권 실현의 이익이 해하여질 위험이 실제로 발현되었다고 할 것이므로, 늦어도 **그 통지가 있는 때에는 그 범죄행위가 종료**하여 그때부터 공소시효가 진행된다고 볼 것이다(대판 2011.10.13. 2011도6855).

4 공소시효는 범죄행위를 종료한 때로부터 진행하는데, 공무원이 직무에 관하여 금전을 무이자로 차용한 경우에는 차용 당시에 금융이익 상당의 뇌물을 수수한 것으로 보아야 하므로, 공소시효는 금전을 무이자로 차용한 때로부터 기산한다(대판 2012.2.23. 2011도7282). (변시10회)

5 공소시효는 범죄행위가 종료한 때부터 진행한다(형사소송법 제252조 제1항). 미수범은 범죄의 실행에 착수하여 행위를 종료하지 못하였거나 결과가 발생하지 아니한 때에 처벌받게 되므로(형법 제25조 제1항), **미수범의 범죄행위는 행위를 종료하지 못하였거나 결과가 발생하지 아니하여 더 이상 범죄가 진행될 수 없는 때에 종료**하고, 그때부터 미수범의 공소시효가 진행한다(대판 2017.7.11. 2016도14820).

6 형법상 직권남용죄는 국가기능의 공정한 행사라는 국가적 법익을 보호하는 데 주된 목적이 있고, 직권남용으로 인한 국가정보원법 위반죄도 마찬가지이다. 따라서 국정원 직원이 동일한 사안에 관한 일련의 직무집행 과정에서 단일하고 계속된 범의로 일정 기간 계속하여 저지른 직권남용행위에 대하여는 설령 그 상대방이 수인이라고 하더라도 포괄일죄가 성립할 수 있다고 봄이 타당하다. 다만, 각 직권남용 범행이 포괄일죄가 되느냐 경합범이 되느냐에 따라 공소시효의 완성 여부, 기판력이 미치는 범위 등이 달라질 수 있으므로, 개별 사안에서 포괄일죄의 성립 여부는 직무집행 대상의 동일 여부, 범행의 태양과 동기, 각 범행 사이의 시간적 간격, 범의의 단절이나 갱신 여부 등을 세밀하게 살펴 판단하여야 한다(대판 2021.3.11. 2020도12583).

7 변호사법은 제31조 제1항 제3호에서 '변호사는 공무원으로서 직무상 취급하거나 취급하게 된 사건에 관하여는 그 직무를 수행할 수 없다.'고 규정하면서 제113조 제5호에서 변호사법 제31조 제1항 제3호에 따른 사건을 수임한 변호사를 1년 이하의 징역 또는 1천만 원 이하의 벌금에 처하도록 규정하고 있는바, 금지규정인 변호사법 제31조 제1항 제3호가 '공무원으로서 직무상 취급하거나 취급하게 된 사건'에 관한 '직무수행'을 금지하고 있는 반면 처벌규정인 변호사법 제113조 제5호는 '공무원으로서 직무상 취급하거나 취급하게 된 사건'을 '수임'한 행위를 처벌하고 있다. 위 금지규정에 관하여는 당초 처벌규정이 없다가 변호사법이 2000. 1. 28. 법률 제6207호로 전부 개정되면서 변호사법 제31조의 수임제한에 해당하는 행위 유형 가운데 제31조 제1항 제3호에 따른 사건을 '수임'한 경우에만 처벌하는 처벌규정을 신설하였고, 다른 행위 유형은 징계 대상으로만 규정하였다(변호사법 제91조 제2항 제1호). 이러한 금지규정 및 처벌규정의 문언과 변호사법 제90조, 제91조에 따라 형사처벌이 되지 않는 변호사법 위반 행위에 대해서는 징계의 제재가 가능한 점 등을 종합적으로 고려하면, 변호사법 제113조 제5호, 제31조 제1항 제3호 위반죄의 공소시효는 그 범죄행위인 '수임'행위가 종료한 때로부터 진행된다고 봄이 타당하고, 수임에 따른 '수임사무의 수행'이 종료될 때까지 공소시효가 진행되지 않는다고 해석할 수는 없다(대판 2022.1.14. 2017도18693).

2) 공범에 대한 특칙

공범은 **공범의 최종행위가 종료한 때로부터** 모든 공범에 대한 시효기간이 진행한다(동조 제2항). (14.모의) 여기의 공범에는 공동정범과 교사범·종범 등 임의적 공범 이외에 필요적 공범도 포함한다.

3) 피해자가 미성년자인 경우의 특례

성폭력범죄의 처벌 등에 관한 특례법(이하 '성폭법')과 아동·청소년의 성보호에 관한 법률(이하 '아청법') 및 아동학대범죄의 처벌 등에 관한 특례법 등에서는 피해자가 미성년자 등인 경우에는 **성년에 달한 날로부터** 공소시효를 기산한다는 특별규정을 두고 있다.

(4) 시효기간의 계산방법

공소시효의 계산에 있어서는 초일은 시간을 계산함이 없이 1일로 산정하고, 기간의 말일이 공휴일이거나 토요일이라도 시효기간에 산입한다(제66조).

4. 공소시효의 정지

(1) 의의

일정한 사유로 인하여 공소시효의 진행이 정지되고, 그 정지사유가 소멸한 때로부터 나머지 시효기간이 진행되는 제도를 말한다. 중단사유가 소멸하면 시효가 처음부터 다시 진행하는 시효중단은 현행법상 인정되지 않는다.

(2) 공소시효 정지사유

1) 공소제기

공소의 제기로 진행이 정지되고 공소기각 또는 관할위반의 재판이 확정된 때부터 진행한다(제253조 제1항). (14.모의)

2) 범인의 국외도피

범인이 형사처분을 면할 목적으로 국외에 있는 경우 그 기간 동안 공소시효는 정지된다(동조 제3항). '범인이 형사처분을 면할 목적으로 국외에 있는 경우'는 범인이 국내에서 범죄를 저지르고 형사처분을 면할 목적으로 국외로 도피한 경우에 한정되지 아니하고, **범인이 국외에서 범죄를 저지르고 형사처분을 면할 목적으로 국외에서 체류를 계속하는 경우도 포함**된다고 볼 것이다(대판 2015.6.24. 2015도5916). [22.모의]

3) 재정신청

검사의 불기소처분에 대해 재정신청이 있으면 고등법원의 재정결정이 확정될 때까지 공소시효 진행은 정지된다(제262조의4 제1항).

4) 소년보호사건의 심리개시결정

소년부 판사가 소년보호사건의 심리개시결정을 한 때로부터 그 사건에 대한 보호처분의 결정이 확정될 때까지 공소시효 진행이 정지된다(소년법 제54조).

5) 대통령 재직기간 중의 공소시효 정지

판례에 따르면 대통령으로 재직하는 기간 동안 내란 또는 외환의 죄를 제외한 범죄에 대하여 공소시효가 정지된다.

> **판례**
>
> 헌법 제84조는 "대통령은 내란 또는 외환의 죄를 범한 경우를 제외하고는 재직 중 형사상의 소추를 받지 아니한다."라고 규정하여, 재직 중인 대통령에 대한 공소권행사의 헌법상 장애사유를 규정하고 있다. 위 규정은 비록 대통령으로 재직하는 기간 동안 내란 또는 외환의 죄를 제외한 범죄에 대하여 공소시효가 정지된다고 명시하여 규정하지는 않았으나 공소시효의 진행에 대한 소극적 요건을 규정한 것이므로, 공소시효의 정지에 관한 규정이라고 보아야 한다(대판 2020.10.29. 2020도3972).

> **참고 판례**
>
> 1 [1] 공소시효 정지에 관한 형사소송법 제253조 제3항의 입법 취지는 범인이 우리나라의 사법권이 실질적으로 미치지 못하는 국외에 체류한 것이 도피의 수단으로 이용된 경우에 그 체류기간 동안은 공소시효가 진행되는 것을 저지하여 범인을 처벌할 수 있도록 하여 형벌권을 적정하게 실현하고자 하는데 있다. 따라서 위 규정이 정한 '형사처분을 면할 목적'은 국외 체류의 유일한 목적으로 되는 것에 한정되지 않고 범인이 가지는 여러 국외체류 목적 중에 포함되어 있으면 족하다. 범인이 국외에 있는 것이 형사처분을 면하기 위한 방편이었다면 '형사처분을 면할 목적'이 있었다고 볼 수 있고, 위 '형사처분을 면할 목적'과 양립할 수 없는 범인의 주관적 의사가 명백히 드러나는 객관적 사정이 존재하지 않는 한 국외 체류기간 동안 '형사처분을 면할 목적'은 계속 유지된다. (15.모의)
> [2] 국외에 체류 중인 범인에게 형사소송법 제253조 제3항의 '형사처분을 면할 목적'이 계속 존재하였는지가 의심스러운 사정이 발생한 경우, 그 기간 동안 '형사처분을 면할 목적'이 있었는지 여부는 당해 범죄의 공소시효의 기간, 범인이 귀국할 수 없는 사정이 초래된 경위, 그러한 사정이 존속한 기간이 당해 범죄의 공소시효의 기간과 비교하여 도피 의사가 인정되지 않는다고 보기에 충분할 만큼 연속적인 장기의 기간인지, 귀국 의사가 수사기관이나 영사관에 통보되었는지, 피고인의 생활근거지가 어느 곳인지 등의 제반 사정을 참작하여 판단하여야 한다. **통상 범인이 외국에서 다른 범죄로 외국의 수감시설에 수감된 경우, 그 범행에 대한 법정형이 당해 범죄의 법정형보다 월등하게 높고, 실제 그 범죄로 인한 수감기간이 당해 범죄의 공소시효 기간보다**

도 현저하게 길어서 범인이 수감기간 중에 생활근거지가 있는 우리나라로 돌아오려고 했을 것으로 넉넉잡아 인정할 수 있는 사정이 있다면, 그 수감기간에는 '형사처분을 면할 목적'이 유지되지 않았다고 볼 여지가 있다. 그럼에도 그러한 목적이 유지되고 있었다는 점은 검사가 입증하여야 한다.

[3] 법정최고형이 징역 5년인 부정수표단속법 위반죄를 범한 사람이 **중국으로 출국하여 체류하다가 그곳에서 징역 14년을 선고받고 8년 이상 복역**한 후 우리나라로 추방되어 위 죄로 공소제기된 사안에서, 위 수감기간 동안에는 형사소송법 제253조 제3항의 '형사처분을 면할 목적'을 인정할 수 없어 공소시효의 진행이 정지되지 않는다(대판 2008.12.11. 2008도4101). (11.모의)

2 피고인이 출국에 필요한 유효한 증명 없이 일본으로 밀항하였다고 하여 밀항단속법 위반으로 기소된 사안에서, 피고인의 출국 자체가 형사처분을 면할 목적이 아니라 **생업에 종사하기 위함이고**, 피고인이 의도했던 국외 체류기간이나 실제 체류기간이 모두 밀항단속법 위반죄의 법정형이나 공소시효기간에 비해 매우 장기인 점, 피고인이 다시 국내로 입국하게 된 경위 등 제반 사정에 비추어 피고인이 밀항단속법 위반 범죄에 대한 형사처분을 면할 목적으로 일본에 있었다고 인정하기에 부족하여 공소시효 진행이 정지되지 않는다는 이유로 면소를 선고한 제1심판결을 유지한 원심의 조치가 정당하다(대판 2012.7.26. 2011도8462).

3 **피고인이 당해 사건으로 처벌받을 가능성이 있음을 인지하였다고 보기 어려운 경우라면 피고인이 다른 고소사건과 관련하여 형사처분을 면할 목적으로 국외에 있은 경우라고 하더라도** 당해 사건의 형사처분을 면할 목적으로 국외에 있었다고 볼 수 없다(대판 2014.4.24. 2013도9162).

4 원심은, 공소시효의 정지사유와 관련하여 형사소송법 제253조 제3항에 규정된 '형사처분을 면할 목적'은 국외 체류의 유일한 목적으로 되는 것에 한정되지 않고 범인이 가지는 여러 국외 체류 목적 중에 포함되어 있으면 족하며, 범인이 국외에 있는 것이 형사처분을 면하기 위한 방편이었다면 '형사처분을 면할 목적'이 있었다고 볼 수 있고, '형사처분을 면할 목적'과 양립할 수 없는 범인의 주관적 의사가 명백히 드러나는 객관적 사정이 존재하지 않는 한 국외 체류기간 동안 '형사처분을 면할 목적'은 계속 유지된다는 대법원 2012. 7. 26. 선고 2011도8462 판결 등의 법리를 원용한 다음, ① 피고인은 피해회사에게 횡령금 등 5억 2,000여만 원을 변제하겠다는 공정증서를 작성하였으나 5,000만 원만을 변제한 상태에서 2009. 4. 11. 중국으로 출국하여 연락이 두절되었는바, 위와 같은 출국 경위에 비추어 피고인이 중국에 체류하는 것이 국내에서의 형사처분을 면하기 위한 방편이었던 것으로 보이고, 이는 중국이 피고인의 본국이라 해도 마찬가지라고 판단하고, ② 피고인은 중국에 체류하는 동안 채무를 전혀 변제하지 않았고, 피고인의 어머니가 국내에 거주하고 있었음에도 2018. 2. 12.까지 9년 여간 단 한 차례도 국내에 입국하지 않았는바, 형사처분을 면할 목적이 국외 체류의 유일한 목적일 필요는 없으므로, 설령 피고인의 중국 체류 목적 중에 딸을 돌보기 위함이 있었다고 하더라도 형사처분을 면할 목적을 인정하는 데 방해가 되지 않는다고 판단하였다. 원심은 이에 따라 피고인의 국외 체류 목적 중에는 '형사처분을 면할 목적'이 포함되어 있어 피고인이 중국에 체류하였던 2009. 4. 11.부터 2018. 2. 12.까지 공소시효가 정지되었다고 보고, 이 사건 공소사실 중 업무상횡령 부분(이유무죄 부분 제외)을 유죄로 판단한 제1심판결을 그대로 유지하였다(대판 2022.3.31. 2022도857).

5 [1] 이 사건 처벌조항에서 규정하고 있는 국외여행허가의무 위반으로 인한 병역법위반죄(이하 '이 사건 범죄'라 한다)는 국외여행의 허가를 받은 병역의무자가 기간만료 15일 전까지 기간연장 허가를 받지 않고 정당한 사유 없이 허가된 기간 내에 귀국하지 않은 때에 성립함과 동시에 완성되는 이른바 즉시범으로서, 그 이후에 귀국하지 않은 상태가 계속되고 있더라도 위 규정이 정한 범행을 계속하고 있다고 볼 수 없다. 따라서 이 사건 범죄의 공소시효는 범행종료일인 국외여행허가기간 만료일부터 진행한다.

[2] 구 병역법(2002. 12. 26. 법률 제6809호로 개정되어 2003. 3. 27. 시행되기 전의 것, 이하 '구 병역법'이라 한다)에 따라 국외여행의 허가를 받은 사람은 허가기간에 귀국하기 어려운 경우에는 기간만료 15일 전까지 기간연장허가를 받아야 한다. 피고인은 2002. 12. 31.까지 국외여행 기간연장허가를 받아 미국에 거주하던 중 기간만료 15일 전까지 기간연장허가를 받지 않고 정당한 사유 없이 허가된 기간에 귀국하지 아니하였다.

[3] 이 사건 범죄는 이른바 즉시범으로서 공소시효는 범행종료일인 국외여행허가기간 만료일부터 진행한다고 보면서도 피고인의 국외체류 목적 중에 이 사건 범죄로 인한 형사처분을 면할 목적이 있었다고 볼 여지가 있어 국외 체류기간 동안 이 사건 범죄에 대한 공소시효가 정지되었다고 볼 수 있다고 보아 면소판결을 선고한 원심판결을 파기환송한 사안(대판 2022.12.1. 2019도5925)

(3) 시효정지의 효력범위 [변시4회·8회]

1) 주관적 범위

공소시효정지의 효력은 공소제기된 피고인에 대해서만 미친다. 범인 아닌 자에 대한 공소제기는 진범인에 대한 시효진행을 정지시키지 않는다.❶ 다만, 공범의 1인에 대한 **공소제기로 인한 공소시효정지**는 **다른 공범에게** 대하여 효력이 미치고 **당해사건의 재판이 확정된 때**로부터 진행한다(제253조 제2항). 특히 제253조 제2항의 해석과 관련한 판례의 입장을 정확히 이해해야 한다. (변시3회·5회, 14.모의, 15.모의) ① 제2항에서 공범에게 시효정지의 효력이 미치는 경우는 제1항 즉 공소제기에 의한 것이므로 제253조 제3항에 의한 '**범인이 형사처분을 면할 목적으로 국외에 있는 경우**'에는 공범에게 영향을 미치지 아니하며, ② 제2항의 공범의 범위에는 **대향범이 포함되지 않으며**, ③ 제2항 소정의 공범관계의 존부와 관련하여 **공범이 범죄의 증명이 없어 무죄가 된 경우에는 그를 공범이라고 할 수 없어 그에 대하여 제기된 공소로써는 진범에 대한 공소시효정지의 효력이 없으며**, ④ 제2항의 확정재판과 관련하여, 공범 중 1인에 대해 약식명령이 확정된 후 그에 대한 정식재판청구권회복결정이 있는 경우 그 사이의 기간 동안 다른 공범자에 대한 공소시효 진행은 정지되지 않는다.

판례

1 공범의 1인에 대한 공소시효의 정지는 다른 공범자에 대하여 효력이 미치고 당해 사건의 재판이 확정된 때로부터 진행한다고 규정하고 있는바, **공범관계의 존부**는 현재 시효가 문제되어 있는 사건을 심판하는 법원이 판단하는 것으로서 법원조직법 제8조의 경우를 제외하고는 다른 법원의 판단에 구속되는 것은 아니라고 할 것이고, 위 재판이라 함은 종국재판이면 그 종류를 묻지 않는다고 할 것이나, **공범의 1인으로 기소된 자가 구성요건에 해당하는 위법행위를 공동으로 하였다고 인정되기는 하나 책임조각을 이유로 무죄로 되는 경우와는 달리 범죄의 증명이 없다는 이유로 공범 중 1인이 무죄의 확정판결을 선고받은 경우에는 그를 공범이라고 할 수 없어 그에 대하여 제기된 공소로써는 진범에 대한 공소시효정지의 효력이 없다**(대판 1999.3.9. 98도4621). (변시1회, 12.모의, 14.모의)

❶ 대판 1999.3.9. 98도4621

2 [1] 뇌물공여죄와 뇌물수수죄 사이와 같은 이른바 대향범 관계에 있는 자는 강학상으로는 **필요적 공범**이라고 불리고 있으나, **서로 대향된 행위의 존재를 필요로 할 뿐 각자 자신의 구성요건을 실현하고 별도의 형벌규정에 따라 처벌되는 것이어서, 2인 이상이 가공하여 공동의 구성요건을 실현하는 공범관계에 있는 자와는 본질적으로 다르며, 대향범 관계에 있는 자 사이에서는 각자 상대방의 범행에 대하여 형법 총칙의 공범규정이 적용되지 아니한다.**
[2] 이러한 점들에 비추어 보면, **형사소송법 제253조 제2항에서 말하는 '공범'에는 뇌물공여죄와 뇌물수수죄 사이와 같은 대향범 관계에 있는 자는 포함되지 않는다**(대판 2015.2.12. 2012도4842). (변시 9회·11회·12회, 15.모의)

3 공범 중 1인에 대한 공소의 제기로 다른 공범자에 대한 공소시효의 진행이 정지되더라도 공소가 제기된 공범 중 1인에 대한 재판이 확정되면, 그 재판의 결과가 형사소송법 제253조 제1항이 규정한 공소기각 또는 관할위반인 경우뿐 아니라 유죄, 무죄, 면소인 경우에도 그 재판이 확정된 때로부터 다시 공소시효가 진행된다고 볼 것이고, 이는 약식명령이 확정된 때에도 마찬가지라고 할 것이다. **다만, 공범 중 1인에 대해 약식명령이 확정된 후 그에 대한 정식재판청구권회복결정이 있었다고 하더라도 그 사이의 기간 동안에는, 특별한 사정이 없는 한, 다른 공범자에 대한 공소시효는 정지함이 없이 계속 진행한다고 보아야 할 것이다**(대판 2012.3.29. 2011도15137).

2) 객관적 범위

시효정지의 효력은 공소사실과 단일성과 동일성이 인정되는 범위 내의 사실전부에 미친다. 따라서 포괄일죄나 과형상 일죄의 일부에 대해서만 공소가 제기된 때에도 다른 부분에 대해서도 공소시효가 정지된다.

5. 공소시효 완성의 효과 (15.모의)

공소시효가 완성된 범죄에 대하여 검사는 공소권 없음의 불기소처분을 해야 하고, 공소가 제기된 후에 공소시효가 완성된 것이 판명된 때에는 법원은 면소판결을 하여야 한다(제326조 제3호). 이를 간과하고 유죄, 무죄의 실체판결을 한 경우에는 항소·상고이유가 된다.

6. 공소시효 관련 특칙

(1) 공소시효 연장

미성년자에 대한 성폭력범죄의 공소시효는 해당 성폭력범죄로 피해를 당한 미성년자가 성년에 달한 날부터 진행한다(성폭법 제21조 제1항). 그리고 일정 성폭력범죄(강간, 추행, 강도강간, 성폭력 특례법 위반 등)는 디엔에이(DNA)증거 등 그 죄를 증명할 수 있는 과학적인 증거가 있는 때에는 공소시효가 10년 연장된다(동법 제21조 제2항).

(2) 공소시효의 배제

사람을 살해한 범죄(종범은 제외한다)로 사형에 해당하는 범죄에 대하여는 공소시효를 적용하지 아니한다(제253조의2). 다만, 해당 규정은 이 법 시행 전에 범한 범죄로 아직 공소시효가 완성되지 아니한 범죄에 대하여 적용한다(부칙 제13454호 제2조). 그리고 13세 미만의 사람 및 신체적인 또는 정신적인 장애가 있는 사람에 대하여 성폭력범죄(강간, 강제추행, 준강간, 준강제추행, 강간 등 상해·치상, 강간 등 살인·치사의 죄, 유사강간의 죄)를 범한 경우에는 공소시효를 적용하지 아니한다(성폭법 제21조 제3항에 따르면). 강간 등 살인(형법, 성폭법, 아청법 등)의 죄를 범한 경우에도 공소시효를 적용하지 아니한다(성폭법 제21조 제4항).

📖 판례

1 이 사건 법률을 통하여 피고인에게 불리한 내용의 공소시효 배제조항을 신설하면서 신법을 적용하도록 하는 경과규정을 두지 아니한 경우 그 공소시효 배제조항의 시적 적용 범위에 관하여는 보편타당한 일반원칙이 존재하지 아니하므로 각국의 현실과 사정에 따라 그 적용 범위를 달리 규율할 수 있는데, 2007. 12. 21. 법률 제8730호로 개정된 형사소송법이 종전의 공소시효 기간을 연장하면서도 그 부칙 제3조에서 "이 법 시행 전에 범한 죄에 대하여는 종전의 규정을 적용한다."고 규정함으로써 소급효를 인정하지 아니한다는 원칙을 밝힌 점, 특별법에 소급적용에 관한 명시적인 경과규정이 없는 경우에는 일반법에 규정된 경과규정이 적용되어야 하는 점 등에 비추어 공소시효가 피고인에게 불리하게 변경되는 경우에는 피고인에게 유리한 종전 규정을 적용하여야 하고, 이 사건 법률에는 소급적용에 관한 명시적인 경과규정이 없어 이 사건 장애인 준강간의 점에 대하여는 이 사건 법률 제20조 제3항을 소급하여 적용할 수 없으므로 그 범행에 대한 공소가 범죄행위 종료일부터 7년이 경과한 후에 제기되어 공소시효가 완성되었다는 이유로, 이를 유죄로 판단한 제1심판결을 파기하고 이 부분 공소사실에 대하여 면소를 선고하였다(대판 2015.5.28. 2015도1362,2015전도19).

2 아동학대처벌법은 제34조 제1항의 소급적용에 관하여 명시적인 경과규정을 두고 있지는 않다. 그러나 이 규정의 문언과 취지, 아동학대처벌법의 입법 목적, 공소시효를 정지하는 특례조항의 신설·소급에 관한 법리에 비추어 보면, 이 규정은 완성되지 않은 공소시효의 진행을 일정한 요건에서 장래를 향하여 정지시키는 것으로서, 그 시행일인 2014. 9. 29. 당시 범죄행위가 종료되었으나 아직 공소시효가 완성되지 않은 아동학대범죄에 대해서도 적용된다고 봄이 타당하다.
한편 대판 2015.5.28. 2015도1362, 2015전도19는 공소시효의 배제를 규정한 구 성폭력범죄의 처벌 등에 관한 특례법(2012. 12. 18. 법률 제11556호로 전부 개정되기 전의 것) 제20조 제3항에 대한 것으로, 공소시효의 적용을 영구적으로 배제하는 것이 아니고 공소시효의 진행을 장래에 향하여 정지시키는 데 불과한 아동학대처벌법 제34조 제1항의 위와 같은 해석·적용에 방해가 되지 않는다(대판 2021.2.25. 2020도3694).

제5편

공판

제1장 | 공판절차

제1절 공판절차의 기본원칙

1. 공판절차의 의의

광의의 공판절차란 공소가 제기되어 사건이 법원에 계속된 후 그 소송절차가 종결절차가 종결될 때까지의 모든 절차를 말한다. 이러한 공판절차 가운데 특히 공판기일의 공판절차를 **협의의 공판절차**라고 한다.

2. 공개주의

공개주의란 일반인에게 법원의 심리에 대한 방청을 허용하는 원칙을 말한다. 다만, 법원은 재판의 심리가 **국가의 안전보장·안녕질서 또는 선량한 풍속**을 해할 우려가 있는 때에는 결정으로 이를 **공개하지 아니할 수 있다**(법원조직법 제57조 제1항). 그러나 **판결의 선고는 반드시 공개**해야한다.

3. 구두변론주의

구두변론주의란 법원이 소송관계인의 구두에 의한 공격·방어를 기초로 심리·재판을 해야 한다는 원칙을 말한다. 공판기일에서의 변론은 구두에 의하여 하여야 하고(제275조의3), 특히 판결은 법률에 다른 규정이 없으면 구두변론에 의하여야 한다(제37조 제1항).

4. 직접심리주의

직접주의란 **법원이 공판기일에 공판정에서 직접 조사한 증거만을 재판의 기초로 삼는 원칙**을 말한다. 직접주의는 법원이 공판기일에 공판정에서 직접 증거조사를 해야 한다는 **형식적 직접주의**와 법원이 가능한 한 원본증거를 재판의 기초로 삼아야 한다는 **실질적 직접주의**를 내용으로 한다. 공판개정 후 판사의 경질이 있으면 공판절차를 갱신하도록 한 것(제301조)은 직접주의의 요청이라 할 것이며, 전문증거배제법칙도 직접주의와 표리의 관계에 있다고 볼 수 있다.

판례

[1] 우리 형사소송법은 형사사건의 실체에 대한 유죄·무죄의 심증 형성은 법정에서의 심리에 의하여야 한다는 **공판중심주의의 한 요소로서, 법관의 면전에서 직접 조사한 증거만을 재판의 기초로 삼을 수 있고 증명 대상이 되는 사실과 가장 가까운 원본 증거를 재판의 기초로 삼아야 하며 원본 증거의 대체물 사용은 원칙적으로 허용되어서는 안 된다는 실질적 직접심리주의를 채택**하고 있는 바, 이는 법관이 법정에서 직접 원본 증거를 조사하는 방법을 통하여 사건에 대한 신선하고 정확한 심증을 형성할 수 있고 피고인에게 원본 증거에 관한 직접적인 의견진술의 기회를 부여함으로써 실체적 진실을 발견하고 공정한 재판을 실현할 수 있기 때문이다.

[2] 현행 형사소송법상 **제1심 증인이 한 진술에 대한 항소심의 신빙성 유무 판단은 원칙적으로 증인신문조서를 포함한 기록만을 그 자료로 삼게 되므로,** 진술의 신빙성 유무 판단에 있어 가장 중요한 요소 중의 하나라 할 수 있는 진술 당시 증인의 모습이나 태도, 진술의 뉘앙스 등을 신빙성 유무 평가에 반영할 수 없다는 본질적인 한계를 지니게 된다. **실질적 직접심리주의의 정신에 비추어** 위와 같은 제1심과 항소심의 신빙성 평가 방법의 차이를 고려해 보면, 제1심판결 내용과 제1심에서 적법하게 증거조사를 거친 증거들에 비추어 **제1심 증인이 한 진술의 신빙성 유무에 대한 제1심의 판단이 명백하게 잘못되었다고 볼 특별한 사정이 있거나,** 제1심의 증거조사 결과와 항소심 변론종결시까지 추가로 이루어진 증거조사 결과를 종합하면 **제1심 증인이 한 진술의 신빙성 유무에 대한 제1심의 판단을 그대로 유지하는 것이 현저히 부당하다고 인정되는 예외적인 경우가 아니라면, 항소심으로서는 제1심 증인이 한 진술의 신빙성 유무에 대한 제1심의 판단이 항소심의 판단과 다르다는 이유만으로 이에 대한 제1심의 판단을 함부로 뒤집어서는 아니 된다** 할 것이다(대판 2006.11.24. 2006도4994).

5. 집중심리주의

심리에 2일 이상을 요하는 사건은 연일 계속하여 심리해야 한다는 원칙을 말한다. 부득이한 사정으로 매일 계속 개정하지 못하는 경우에도 재판장은 특별한 사정이 없는 한 전회의 **공판기일부터 14일 이내**로 다음 공판기일을 지정하여야 한다.

6. 공판중심주의

공판중심주의란 사건의 실체에 대하여 법원이 갖는 **유·무죄의 심증 형성은 공판기일의 심리, 즉 '공개된 법정'에서의 심리를 통해서 이루어져야 한다**는 원칙을 말한다.

제2절 공판심리의 범위

I 심판의 대상

1. 불고불리의 원칙

법원은 **검사가 공소를 제기한 피고인과 범죄사실에 대해서만 심판**을 할 수 있고, 검사의 공소제기가 없는 사건에 대해서는 심판할 수 없다는 원칙을 말한다.

2. 심판대상

(1) 의의

우리 형사소송법은 제248조 제2항에서 공소의 효력은 범죄사실 전부에 미친다고 하는데, 만약 법원이 공소장에 명시되어 있지 아니한 부분을 임의로 판단을 하게 되면 피고인의 방어권 행사에 불이익을 줄 수 있으므로 법원의 심판대상의 범위가 문제된다.

(2) 견해의 대립

심판대상에 관하여 공소사실대상설, 소인대상설, 이원설 등의 대립이 있으나, 피고인의 방어권을 보호하기 위한 공소장변경제도의 취지를 고려할 때 **공소장에 기재된 공소사실이 현실적 심판의 대상**이며 그와 **단일성 및 동일성이 인정되는 범죄사실 전부는 잠재적 심판의 대상**이 된다는 이원설(판례)이 타당하다.

> **⚖ 판례**
>
> 현행 형사소송법 하에서는 법원의 실체적인 심판의 범위는 잠재적으로는 공소사실과 단일성 및 동일성이 인정되는 한 그러한 사실의 전부에 미칠 것이나, 현실적 심판의 대상은 공소장에 예비적 또는 택일적으로 기재되었거나 소송의 발전에 따라 그 후 추가 철회, 또는 변경된 사실에 한한다고 해석하는 것이 본조 및 본법 제298조 제1항의 해석상 타당하다(대판 1959.6.26. 4292형상36).

(3) 이원설에 따른 결론

공소제기의 효력 범위는 법원의 잠재적 심판의 범위를 의미하며, 그것은 **공소장변경의 한계**가 되고 **기판력의 객관적 범위**와 일치하지만, 공소장에 기재된 공소사실만을 현실적 심판대상으로 보는 **법원의 심판대상**의 범위와는 불일치한다.

> 공소제기의 효력 = 공소장변경의 한계 = 기판력의 객관적 범위 ≠ 법원의 심판대상

II 공소장 변경(심판대상의 변경)

1. 의의

공소장변경이란 검사가 공소사실의 동일성을 해하지 않는 한도에서 법원의 허가를 얻어 공소장에 기재된 공소사실 또는 적용법조를 추가·철회 또는 변경하는 것을 말한다(제298조 제1항). 형사절차의 동적·발전적 성격으로 인하여 공소장에 기재되지 않은 범죄사실이나 적용법조에 대한 심리의 기회를 열어줌으로써 **적정한 형벌권의 발동**을 가능하게 하고,

공소사실의 동일성이 인정되는 사실일지라도 공소장변경이 있는 경우에만 이를 심판할 수 있도록 하여 **피고인의 방어권을 보장**하는데 그 제도적 의의가 있다.

2. 구별개념

공소장변경은 공소사실의 **동일성이 인정되는 범위 안에서만 허용**되는 점에서 새로운 범죄사실에 대한 심판을 구하는 추가기소 및 경합범 중 일부사실을 철회하는 공소취소와 구별된다. 또한 공소장의 단순한 오기의 정정이나 하자를 보정하는 공소장정정과도 구별된다.

3. 공소장변경의 필요성

(1) 공소장변경의 필요성의 의의

공소장에 기재된 공소사실과 동일성이 인정되는 사실은 공소장변경에 의하여 비로소 심판의 대상이 된다고 하여, 공소사실이나 적용법조에 조금이라도 변경이 생기면 언제나 공소장변경을 해야 하는 것이 아니다. 여기서 법원은 **어떤 범위에서 공소장변경 없이 공소장에 기재된 공소사실과 다른 사실을 인정할 수 있는지**, 이른바 공소장변경의 필요성이 문제된다.

(2) 필요성의 판단기준 [모의빈출]

① 벌조 또는 구성요건에 변경이 있는 경우 공소장 변경이 필요하다는 **동일벌조설**, ② 법률구성을 기준으로 판단하는 **법률구성설**이 있으나 ③ 법률적 구성에 영향이 없는 경우에도 **공소장에 기재되어 있는 사실과 다른 사실을 인정함으로써 피고인의 방어권행사에 실질적으로 불이익을 초래하는 경우에는 공소장 변경을 해야 한다는 사실기재설**(판례)이 타당하다.

> 🏃 **판례**
>
> 1 피고인의 **방어권행사에 실질적인 불이익을 초래할 염려가 없는 경우에는 공소사실과 기본적 사실이 동일한 범위 내에서** 법원이 공소장 변경절차를 거치지 아니하고 다르게 인정하였다 할지라도 불고불리의 원칙에 위반되지 않는다(대판 1994.12.9. 94도1888). (변시4회, 12.모의)
> 2 공소장변경절차를 거쳐야 하는 경우임에도 이를 거치지 않은 채 직권으로 당초 공소사실과 다른 공소사실에 대하여 유죄를 인정하는 것은 피고인의 방어권을 침해하거나 불고불리 원칙에 위반되어 허용될 수 없지만, 공소장변경절차를 거치지 않고서도 직권으로 당초 공소사실과 다른 공소사실에 대하여 유죄를 인정할 수 있는 예외적인 경우임에도 공소장변경절차를 거친 다음 변경된 공소사실을 유죄로 인정하는 것은 심판대상을 명확히 특정함으로써 피고인의 방어권 보장을 강화하는 것이므로 특별한 사정이 없는 한 위법하다고 볼 수 없다(대판 2022.12.15. 2022도10564).

(3) 유형적 고찰

1) 구성요건이 같은 경우

공소사실을 특정하는 요소인 **범죄의 일시·장소, 범죄의 수단과 방법, 범죄의 객체**는 피고인의 방어권 행사에 영향을 미치는 사실이므로 원칙적으로 공소장 변경을 요한다. 다만, 범죄의 일시의 기재가 명백한 오기인 때에는 공소장 변경을 요하지 않는다.❶ 이외에도 판례는 사기죄에 있어서 피해자가 다르거나❷ 단순한 상해정도의 차이나❸ 뇌물전달자가

---

❶ 대판 1989.5.9. 87도1801
❷ 대판 2002.8.23. 2001도6876 다만, 사기죄로서 동일한 구성요건이라 하더라도 기망의 내용이나 태양이 다를 경우에는 공소장 변경이 필요하다(대판 2010.4.29. 2010도2414).

다른 경우❹에도 공소장 변경을 요하지 않는다고 보았다.

⚖ 판례

피고인이 피해자 甲에 대한 대여금 채권이 없음에도 甲 명의의 차용증을 허위로 작성하고 甲 소유의 부동산에 관하여 피고인 앞으로 근저당권설정등기를 마친 다음, 그에 기하여 부동산임의경매를 신청하여 배당금을 교부받아 편취하였다는 내용으로 기소된 사안에서, 공소사실과 동일성이 인정되고 피고인의 방어권 행사에 불이익을 주지 않는 이상 피해자가 공소장에 기재된 甲이 아니라고 하여 곧바로 피고인에게 무죄를 선고할 것이 아니라 진정한 피해자를 가려내어 그 피해자에 대한 사기죄로 처벌하여야 하고, 공소사실에 따른 실제 피해자는 부동산 매수인 乙이므로 乙에 대한 관계에서 사기죄가 성립함에도, 이와 달리 진정한 피해자가 누구인지를 가려내지 않은 채 공소사실을 무죄로 판단한 원심판결에 사기죄의 처분행위, 공소사실의 동일성과 심판 범위에 관한 법리오해의 잘못이 있다(대판 2017.6.19. 2013도564).

---

2) 구성요건이 다른 경우

① 원칙

구성요건이 다른 경우에는 범죄사실이 변경되어 피고인의 방어에 실질적인 불이익이 생기게 되므로 원칙적으로 공소장변경이 필요하다.

⚖ 판례

판례에 의하면 특수절도죄를 장물운반죄❺, 살인죄를 폭행치사죄❻, 특수강도를 특수공갈❼, 명예훼손죄를 모욕죄❽, 고의범을 과실범❾, 강간치상죄를 강제추행치상죄❿, 강도상해교사를 공갈교사⓫, 미수를 예비⓬, 장물보관죄를 업무상과실장물보관죄⓭, 사기를 상습사기⓮, 미성년자 약취 후 재물취득 미수를 미성년자 약취 후 재물요구 기수⓯, 사실적시 명예훼손을 허위사실적시 명예훼손⓰, 형법상 뇌물공여교사를 특정범죄가중처벌 등에 관한 법률위반⓱ 특수협박죄를 상습특수협박죄⓲로 인정하는 것은 허용되지 않는다.

---

❸ 대판 1984.10.23. 84도1803
❹ 대판 1984.5.29. 84도682
❺ 대판 1965.1.26. 64도681
❻ 대판 2001.6.29. 2001도1091 (변시1회·8회)
❼ 대판 1968.9.19. 68도995 전합
❽ 대판 1972.5.31. 70도1859
❾ 대판 1984.2.28. 83도3334
❿ 대판 1968.9.29. 68도776
⓫ 대판 1993.4.27. 92도3156
⓬ 대판 1983.4.12. 82도2939 (13.모의)
⓭ 대판 1984.2.28. 83도3334
⓮ 대판 2000.2.11. 99도4797
⓯ 대판 2008.7.10. 2008도3747 (변시1회)
⓰ 대판 2001.11.27. 2001도5008
⓱ 대판 2008.3.14. 2007도10601 (13.모의)
⓲ 대판 2006.11.24. 2006도6451

② 예외

다만, **축소사실의 인정**이나, **법률평가만을 달리하는 경우**에는 피고인의 방어권행사에 실질적인 불이익이 없을 수 있어서 공소장 변경을 요하지 않는다.

3) 축소사실의 인정

구성요건을 달리하는 사실이 공소사실에 포함되어 있는 경우에는 '대는 소를 포함한다'는 이론에 따라 공소장변경을 요하지 않는다.

판례

판례에 의하면 **강간치상죄를 강간죄 또는 강간미수죄❶, 강간치사죄를 강간미수죄❷, 강간죄를 폭행❸, 강간치상을 준강제추행❹, 수뢰후부정처사죄를 뇌물수수❺, 특수절도를 절도❻, 특정범죄가중처벌 등에 관한 법률위반(업무상과실치상후도주)을 교통사고처리특례법위반❼**으로 인정할 수 있다.

🔎 **축소사실이 친고죄나 반의사불벌죄인 경우의 쟁점** [변시7회, 13.모의]

1. 문제점

축소사실이 친고죄이거나 반의사불벌죄인 경우에도 공소장변경 없이 심판할 수 있는지에 대하여 논의가 있다.

2. 견해의 대립

피고인의 방어권 행사방법이 달라질 수 있으므로 심판할 수 없다는 **부정설**과 피고인의 방어권 행사에 실질적 불이익을 초래할 염려가 없다고 인정되는 때에는 가능하다는 **긍정설**이 대립한다.

3. 판례의 입장

피고인의 방어권 행사에 실질적 불이익을 초래할 염려가 없다고 인정되는 때에는 공소장이 변경되지 않았더라도 직권으로 공소장에 기재된 공소사실과 다른 공소사실을 인정할 수 있고, 이러한 이치는 공소제기된 범죄는 친고죄나 반의사불벌죄가 아닌 반면 법원이 직권으로 인정하는 범죄는 친고죄나 반의사불벌죄라 하여 달라질 것은 아니다고 하여 **긍정설**의 입장이다(대판 2006.5.25. 2004도3934).

4. 검토

축소사실인 친고죄·반의사불벌죄를 인정하는 것이 피고인에게 불이익하다고 할 수는 없으므로 **긍정설**이 타당하다. 이 때 축소사실에 대하여 고소취소 및 처벌불원의 의사표시가 있는 때에는 무죄를 선고할 것이 아니라, **공소기각의 판결**을 선고하여야 할 것이다(대판 1999.4.15. 96도1922).

---

❶ 대판 2002.7.12. 2001도6777 (14.모의)
❷ 대판 1969.2.18. 68도1601
❸ 대판 2010.11.11. 2010도10512
❹ 대판 2008.5.29. 2007도7260
❺ 대판 1999.11.9. 99도2530
❻ 대판 1973.7.24. 73도1256
❼ 대판 2008.2.1. 2007도828

4) 법률평가만을 달리하는 경우

사실인정에는 변화가 없고 그 **사실에 대한 법률적 평가**만을 달리하는 경우에는 원칙적으로 공소장 변경을 요하지 않는다. 따라서 ① **뇌물수수죄의 공소사실에 대하여 뇌물약속죄를 인정하는 경우❽**, 배임죄의 공소사실에 대하여 횡령죄를 인정하는 경우❾, 허위사실적시 **명예훼손죄를 사실적시명예훼손죄로 인정하는 경우❿** ② 죄수에 대한 법적 평가, 즉 경합범을 포괄일죄나 상상적 경합으로 인정하는 경우⓫나 그 반대의 경우⓬ ③ 공동정범으로 공소제기 되었으나 피고인이 방조범임을 주장해온 경우⓭, 단독범으로 공소제기 되었으나 공동정범을 인정한다고 하더라도 피고인의 방어권 행사에 불이익이 없는 경우⓮, 정범으로 공소제기 되었으나 간접정범을 인정한 경우⓯ 등에도 공소장 변경을 요하지 않는다.

🔨 참고 판례

1 피고인의 행위가 관세포탈의 방조에 해당된다고 하더라도, **관세포탈죄의 공동 정범으로 공소가 제기**된 이 사건의 심리과정에서 **단 한번도 언급된 바 없는 관세포탈의 방조사실**을 법원이 공소장의 변경도 없이 그대로 유죄로 인정하는 것이 피고인의 방어권 행사에 실질적인 불이익을 초래할 염려가 없다고 보기 어려울 뿐만 아니라, 관세포탈의 방조사실을 유죄로 인정하지 아니하는 것이 현저히 정의와 형평에 반하는 것이라고 보여지지도 아니한다(대판 1996.2.23. 94도1684). (변시 2회, 13.모의, 14.모의)

2 단독범으로 기소된 것을 법원이 다른 사람과 공모하여 동일한 내용의 범행을 한 것으로 인정하는 경우, 이 때문에 **피고인의 방어권의 행사에 실질적 불이익을 줄 우려가 있다면** 반드시 공소장변경을 필요로 한다(대판 1997.5.23. 96도1185).

3 부동산 명의수탁자를 처벌하는 규정인 부동산 실권리자명의 등기에 관한 법률 제7조 제2항 위반죄의 간접정범으로 공소가 제기된 경우, 공소장의 변경 없이 **부동산 명의신탁행위의 방조범**을 처벌하는 규정인 위 법률 제7조 제3항 위반죄가 성립되는지 여부를 심리하여 판단하는 것은 피고인의 방어권 행사에 실질적 불이익을 초래할 염려가 없다고 보기 어려울 뿐만 아니라, 이를 심리하여 처벌하지 아니하는 것이 현저히 정의와 형평에 반하여 위법하다고 볼 수도 없다(대판 2007.10.25. 2007도4663).

4 군인이 피고인이 군납품업자에게 토지를 고가에 매도하여 '실거래금액으로 신고한 5억 4천만 원과의 차액인 1억 5515만 원을 뇌물로 수수하였다'고 공소제기되었고, 원심에서 토지의 시가를 확정할 수 없는 사정으로 인해 공소장변경 없이 '농지취득자격증명을 필요로 하여 본등기를 경료할 수 없는 토지를 처분하여 현금하는 재산상 이익을 취득하여 뇌물로 수수하였다'라는 범죄사실을 유죄로 인정한 사안에서, 원심이 직권으로 인정한 위 범죄사실은 공소사실에 포함된 내용이 아니고, 피고인의 방어권행사에 실질적인 불이익을 초래한다는 이유로 원심의 조치가 위법하다고 파기환송한 사례(대판 2021.6.24. 2021도3791).

---

❽ 대판 1988.11.22. 86도1223
❾ 대판 1996.11.26. 99도2651 (변시1회, 12.모의)
❿ 대판 2008.10.9. 2007도1220 (변시2회)
⓫ 대판 1987.7.21. 87도546
⓬ 대판 1987.4.14. 86도2075 (변시1회·2회)
⓭ 대판 1995.9.29. 95도456 (변시2회, 13.모의, 14.모의)
⓮ 대판 2007.6.29. 2007도309 (변시4회)
⓯ 대판 2017.3.16. 2016도21075, 간접정범은 동일한 형 또는 그보다 감경된 형으로 처벌되는 점 등에 비추어 볼 때, 공소장 변경 없이 직권으로 간접정범 규정을 적용하였더라도 피고인의 방어권 행사에 실질적인 불이익을 초래하였다고 할 수는 없다.

4. 공소장 변경의 한계

(1) 공소사실의 동일성의 의의

공소장 변경은 **공소사실의 동일성을 해하지 않는 한도에서 허용**되는데, 공소사실의 동일성이란 공소사실의 단일성과 협의의 동일성을 포함하는 개념으로 보는 것이 다수설이다. **단일성**은 일정한 시점을 기준으로 하여 범죄사실의 수가 1개(형법상의 죄수론이 아니라 형사소송법상의 행위개념)인 것을 말하고, **협의의 동일성**은 시간의 경과에 따라 발생하는 사실관계의 증감변경에도 불구하고 전후의 범죄사실이 동질성을 유지하는 것을 말한다.

> **판례**
>
> [1] 피고인이 하남시장을 상대로 시정명령 등 취소를 구한 별도의 행정소송에서 처분사유의 추가·변경이 허용되지 않는 취지의 대법원 판결이 선고·확정되었더라도, 행정처분의 취소를 구하는 항고소송과 형사소송은 그 구조 및 법원칙을 달리하므로 처분사유의 추가·변경과 공소장 변경에서 요구하는 동일성이 완전히 일치하는 것이라고 볼 수 없다.
>
> [2] 제1심이 '피고인이 건축물에 해당하는 컨테이너를 허가 없이 건축하였다'는 기존 공소사실을 '피고인이 가설건축물에 해당하는 컨테이너를 신고 없이 축조하였다'는 공소사실로 변경하는 내용의 검사의 공소장변경허가신청을 허가한 공소장 변경이 적법하다(대판 2022.12.29. 2022도9845).

(2) 공소사실의 동일성의 기준 [모의빈출]

공소사실의 동일성의 기준에 대하여 ① 공소사실을 기초가 되는 사회적 사실로 환원하여 그러한 사실 사이에 다소의 차이가 있더라도 기본적인 점에서 동일하면 동일성을 인정해야 한다는 **기본적 사실동일설** ② 일정한 죄명, 즉 구성요건의 유형적 본질이 동일하면 동일성을 인정하는 **죄질동일설** ③ 구성요건이 같거나 상당한 정도 부합하는 때에 동일성을 인정하는 **구성요건공통설** ④ 소인의 기본적 부분을 공통으로 할 때에 동일성을 인정하는 **소인공통설**이 대립한다. **판례는 기본적 사실동일설의 입장에서 규범적 요소를 함께 고려하는 입장이다.** (변시2회, 13.모의) 생각건대 공소사실은 법적 평가가 아니라 사실이라는 점, 그리고 우리 형사소송법상 소인개념을 인정할 수 없다는 점에서 **기본적 사실동일설**이 타당하다.

> **판례**
>
> 1 [1] **유죄로 확정된 장물취득죄**와 이 사건 **강도상해죄**는 범행일시가 근접하고 위 장물취득죄의 장물이 이 사건 강도상해죄의 목적물 중 일부이기는 하나, 그 범행의 일시, 장소가 서로 다르고, 강도상해죄는 피해자를 폭행하여 상해를 입히고 재물을 강취하였다는 것인 데 반하여 위 장물취득죄는 위와 같은 강도상해의 범행이 완료된 이후에 강도상해죄의 범인이 아닌 피고인이 다른 장소에서 그 장물을 교부받았음을 내용으로 하는 것으로서 그 **수단, 방법, 상대방** 등 범죄사실의 내용이나 행위가 별개이고, 행위의 태양이나 피해법익도 다르고 죄질에도 현저한 차이가 있어, 위 장물취득죄와 이 사건 강도상해죄 사이에는 동일성이 있다고 보기 어렵고, 따라서 피고인이 장물취득죄로 받은 판결이 확정되었다고 하여 강도상해죄의 공소사실에 대하여 면소를 선고하여야 한다거나 피고인을 강도상해죄로 처벌하는 것이 일사부재리의 원칙에 어긋난다고는 할 수 없다.

[2] 공소사실의 동일성은 그 사실의 기초가 되는 사회적 사실관계가 기본적인 점에서 동일하면 그대로 유지되는 것이나, 이러한 기본적 사실관계의 동일성을 판단함에 있어서는 그 사실의 동일성이 갖는 기능을 염두에 두고 **피고인의 행위와 그 사회적인 사실관계를 기본으로 하되 규범적 요소도 아울러 고려하여야 한다**(대판 1994.3.22. 93도2080 전합).

2 [1] 형사소송절차에서 두 죄 사이에 공소사실이나 범죄사실의 동일성이 있는지는 기본적 사실관계가 동일한지에 따라 판단하여야 한다. 이는 순수한 사실관계의 동일성이라는 관점에서만 파악할 수 없고, 피고인의 행위와 자연적·사회적 사실관계 이외에 규범적 요소를 고려하여 기본적 사실관계가 실질적으로 동일한지에 따라 결정해야 한다.

[2] 피고인이 '1997. 4. 3. 21:50경 서울 용산구 이태원동에 있는 햄버거 가게 화장실에서 피해자 甲을 칼로 찔러 乙과 공모하여 甲을 살해하였다'는 내용으로 기소되었는데, 선행사건에서 '1997. 2. 초순부터 1997. 4. 3. 22:00경까지 정당한 이유 없이 범죄에 공용될 우려가 있는 위험한 물건인 휴대용 칼을 소지하였고, 1997. 4. 3. 23:00경 乙이 범행 후 햄버거 가게 화장실에 버린 칼을 집어 들고 나와 용산 미8군영 내 하수구에 버려 타인의 형사사건에 관한 증거를 인멸하였다'는 내용의 범죄사실로 유죄판결을 받아 확정된 사안에서, **살인죄의 공소사실과 선행사건에서 유죄로 확정된 폭력행위 등 처벌에 관한 법률 위반(우범자)죄와 증거인멸죄(이하 '증거인멸죄 등'이라고 한다)는 범행의 일시, 장소와 행위 태양이 서로 다르고, 살인죄는 폭력행위 등 처벌에 관한 법률 위반(우범자)죄나 증거인멸죄와는 보호법익이 서로 다르며 죄질에서도 현저한 차이가 있으므로, 살인죄의 공소사실과 증거인멸죄 등의 범죄사실 사이에 기본적 사실관계의 동일성이 없다**(대판 2017.1.25. 2016도15526).

🔍 공소사실의 동일성을 인정한 경우

1 [1] 친고죄로 기소된 후 고소 취소되더라도 제1심이나 항소심에서 당초 기소된 공소사실과 동일성이 인정되는 범위 내에서 다른 공소사실로 공소장을 변경할 수 있으며, 반의사불벌죄의 경우에도 동일한 법리가 적용된다.

[2] 피해자가 제1심에서 처벌불원의사를 표시한 후에도 항소심에서 공소사실을 **폭행에서 상해로** 변경하는 공소장변경을 할 수 있고, 이 경우 항소심이 변경된 공소사실인 상해의 점에 대해 심리·판단하여 유죄로 인정한 것은 정당하다(대판 2011.5.13. 2011도2233).

2 공소장변경 전의 **횡령의 공소사실과 변경 후의 사기의 공소사실이** 그 기초되는 사회적 사실관계가 기본적인 점(피해자에게 다방을 경영하게 해주겠다는 명목으로 금원수령)에서 동일하다고 인정되는 경우에는 그 공소장변경은 적법하다(대판 1983.11.8. 83도2500).

3 피고인이 거래처로부터 돈을 수금하였다는 기본적 사실이 동일한 이상, 이를 **수금하여 보관하던 중 횡령하였다고 하여 업무상 횡령으로 공소제기 하였다가 다시 일부는 횡령, 일부는 수금권한이 없는데도 있는 것처럼 가장하고 수금하여 이를 편취하였다고 사기로 공소장변경을 하였다가,** 다시 사기죄명을 철회하는 공소장변경을 하였다고 하여도 이는 동일한 기본적 사실에 대한 법률적 평가를 달리한데 불과하므로 공소장변경은 적법하다(대판 1984.2.28. 83도3074).

4 **흉기를 휴대하고 다방에 모여 강도예비를** 하였다는 공소사실을 정당한 이유없이 **폭력범죄에 공용될 우려가 있는 흉기를 휴대하고 있었다는** 폭력행위등 처벌에 관한 법률 제7조 소정의 죄로 공소장 변경을 하였다면, 그 변경전의 공소사실과 변경후의 공소사실은 그 기본적 사실이 동일하다(대판 1987.1.20. 86도2396).

5 음주상태로 자동차를 운전하다가 제1차 사고를 내고 그대로 진행하여 제2차 사고를 낸 후 음주 측정을 받아 도로교통법위반(음주운전)죄로 약식명령을 받아 확정되었는데, 그 후 **제1차 사고 당 시의 음주운전으로 기소된 사안**에서 1차 사고 당시의 음주운전 공소사실이 약식명령이 확정된 2 차 사고당시의 음주운전죄와 포괄일죄 관계에 있으므로 위 확정된 약식명령의 기판력이 이 사건 공소사실에 미친다(대판 2007.7.26. 2007도4404).

6 피고인이 피해자를 살해하려고 목을 누르는 등 폭행을 가하였으나 미수에 그쳤다는 살인미수의 공소사실에 대하여 예비적으로 피고인이 피해자를 **강간하려고 위와 같은 폭행을 가하였으나 미 수에 그치고 피해자에게 상해를 입혔다는 강간치상의 공소사실을 추가하는 공소장변경은 적법하 다**(대판 1984.6.26. 84도666). (13.모의)

7 **감금죄의 공소사실과 그 감금 상태에서** 피해자 명의의 인감증명서를 이용하여 회사의 대표이사 명의나 회사 부지의 소유자 명의를 변경하여 **경영권을 빼앗았다는 내용의 폭력행위등처벌에관한 법률위반죄의 공소사실 사이에 동일성이 있다**(대판 1998.8.21. 98도749). (15.모의)

8 검사가 당초 '의사인 피고인이 甲병원의 실제 운영자인 乙에게 의사면허증을 대여하였다'는 공 소사실로 약식명령을 청구하였다가, 원심에서 '의사인 피고인이 의사면허 없는 乙과 공모하여 乙이 피고인 명의로 甲병원을 개설하였다'는 내용으로 공소장변경을 신청한 사안에서, 위 공소 사실은 서로 동일성에 인정된다고 보아 공소장변경을 허가한 원심의 조치가 정당하다(대판 2012.9.13. 2010도11338).

9 참고인에 대하여 허위진술을 하여 달라고 요구하면서 이에 불응하면 어떠한 위해를 가할 듯한 태세를 보여 외포케 하여 **참고인을 협박하였다는 공소사실과 위와 같이 협박하여 겁을 먹은 참 고인으로 하여금 허위로 진술케 함**으로써 수사기관에 검거되어 신병이 확보된 채 조사를 받고 있던 자를 증거 불충분으로 풀려나게 하여 도피케 하였다는 공소사실은 허위진술을 하도록 참고 인을 강요, 협박하였다는 기본적 사실관계가 동일하여 공소사실의 동일성이 있다고 할 것이다(대판 1987.2.10. 85도897).

10 **공소사실(접근매체에 대한 공갈죄)과 위 확정판결의 범죄사실(접근매체를 갈취한 전자금융거래 법위반죄)**은 그 범행일시, 장소, 상대방 및 범행대상인 접근매체가 동일하고, 피고인이 피해자 에게 겁을 주어 접근매체를 갈취한 행위는 접근매체 양수를 위한 단일한 범의 아래 진행된 일 련의 행위로서 위 양수의 원인이 되어서 위 양수행위와 불가분의 밀접한 관계에 있다고 할 것 이므로 공소사실의 동일성이 인정된다(대판 2015.9.10. 2015도7081).

11 친고죄인 저작권법위반혐의로 기소된 사건의 항소심에서 공소사실 중 **나머지 사실은 그대로 둔 채 공소사실의 피해자만 변경한** 사안에서, 나머지 공소사실에 비추어 공소장 변경 전후의 공소 사실에 대해 동일성을 인정할 수 있다(대판 2008.2.28. 2007도8705).

12 임차권 양도 계약을 중개한 후 **甲으로부터 법정 수수료 상한을 초과한 중개수수료를 교부받았 다는 공소사실과 같은 일시, 장소에서 乙로부터 중개수수료를 받았다는 사실**은 중개수수료 교 부자를 변경한 것일뿐 법정수수료 상한을 초과한 중개수수료를 교부받았다는 사실에는 변함이 없으므로 공소사실의 동일성이 인정된다(대판 2010.6.24. 2009도9593).

13 피고인이 공공의 안녕질서에 직접적인 위험을 끼칠 것이 명백하다는 등의 이유로 금지통고된 **집회를 주최**하였다는 집회 및 시위에 관한 법률(이하 '집시법'이라고 한다) 위반 공소사실로 기소되었는데, 선행 사건에서 위 집회와 그 이후 계속된 폭력적인 **시위에 참가**하였다는 이른바 질서위협 집회 및 시위 참가로 인한 집시법 위반죄 등으로 유죄 확정판결(이하 '선행 확정판결'이라고 한다)을 받은 사안에서, 위 공소사실과 선행 확정판결의 공소사실은 집회의 '주최'와 '참가'라는 점에서 차이가 있으나, 같은 일시, 장소에서 있었던 위 집회를 대상으로 하는 점에서 범행일시와 장소가 동일한 점, 집회 또는 시위의 주최자는 '자기 이름으로 자기 책임 아래 집회나 시위를 여는 사람이나 단체'를 말하므로(집시법 제2조 제3호), 이와 같은 집회나 시위에 뜻을 같이하여 단순히 참가하였음에 불과한 참가자는 주최자와는 구별되고, 집회 또는 시위의 주최자가 동일한 집회 또는 시위의 참가자도 되는 경우란 개념적으로 상정하기 어려워 동일한 집회를 주최하고 참가하는 행위는 서로 양립할 수 없는 관계에 있는 점, 금지통고된 집회 주최로 인한 집시법 위반죄(위 공소사실)와 질서위협 집회 참가로 인한 집시법 위반죄(선행 확정판결의 공소사실)는 모두 공공의 안녕질서 등을 보호법익으로 하는 점에서 각 행위에 따른 피해법익 역시 본질적으로 다르지 않은 점 등 사회적인 사실관계와 규범적 요소를 아울러 고려하면, 위 공소사실과 선행 확정판결의 공소사실은 기본적 사실관계가 동일한 것으로 평가할 수 있다(대판 2017.8.23. 2015도11679).

14 [1] 포괄일죄에서는 공소장변경을 통한 종전 공소사실의 철회 및 새로운 공소사실의 추가가 가능한 점에 비추어 공소장변경허가 여부를 결정할 때는 포괄일죄를 구성하는 개개 공소사실별로 종전 것과의 동일성 여부를 따지기보다는 변경된 공소사실이 전체적으로 포괄일죄의 범주 내에 있는지 여부, 즉 단일하고 계속된 범의하에 동종의 범행을 반복하여 행하고 피해법익도 동일한 경우에 해당한다고 볼 수 있는지에 초점을 맞추어야 한다(대판 2006.4.27. 2006도514, 대판 2018.10.25. 2018도9810 등 참조).

[2] 검사가 공소장변경을 통해 '철회'하려는 공소사실과 '추가'하려는 공소사실은 피고인이 같은 날 자동차운전면허 없이 20:00경 춘천시 인근 도로에서 렉스턴 승용차를 운전하였다는 것과 23:20경 인근 도로에서 동일한 차량을 운전하였다는 것으로, 각 운전 시간 내지 장소에 일부 차이가 있을 뿐 피고인이 같은 날 동일한 차량을 무면허로 운전하려는 단일하고 계속된 범의 아래 동종의 범행을 같은 방법으로 반복한 것으로 보이고, 달리 그 범의가 갱신되었다거나 범행 방법 등에 차이가 존재한다고 보기 어렵다.

[3] 이러한 사정을 앞서 본 법리에 비추어 보면, 검사가 공소장변경을 통해 추가하려는 공소사실과 철회하려는 공소사실은 범의의 연속성, 보호법익과 범행 방법의 동일성, 시간과 장소의 연관성 측면에서 사회통념상 하나의 도로교통법 위반(무면허운전) 행위로 평가할 수 있으므로 포괄하여 일죄에 해당하고, 그 기초가 되는 사회적 사실관계도 기본적인 점에서 동일하다고 볼 수 있다(대판 2022.10.27. 2022도8806).

🔨 참고 판례

1 회사의 대표이사가 **업무상 보관하던 회사 자금을 빼돌려 횡령**한 다음 그 중 일부를 더 많은 장비 납품 등의 계약을 체결할 수 있도록 해달라는 취지의 묵시적 청탁과 함께 **배임증재에 공여**한 사안에서, 위 횡령의 범행과 배임증재의 범행은 서로 범의 및 행위의 태양과 보호법익을 달리하는 별개의 행위라고 보아, 위 횡령의 점에 대하여 약식명령이 확정되었다고 하더라도 기판력이 배임증재의 점에는 미치지 아니한다(대판 2010.5.13. 2009도13463).

2 유죄로 확정된 **장물취득죄**와 이 사건 **강도상해죄**는 범행일시가 근접하고 위 장물취득죄의 장물이 이 사건 강도상해죄의 목적물 중 일부이기는 하나, 그 범행의 일시, 장소가 서로 다르고, 강도상해죄는 피해자를 폭행하여 상해를 입히고 재물을 강취하였다는 것인 데 반하여 위 장물취득죄는 위와 같은 강도상해의 범행이 완료된 이후에 강도상해죄의 범인이 아닌 피고인이 다른 장소에서 그 장물을 교부받았음을 내용으로 하는 것으로서 그 수단, 방법, 상대방 등 범죄사실의 내용이나 행위가 별개이고, 행위의 태양이나 피해법익도 다르고 죄질에도 현저한 차이가 있어, 위 장물취득죄와 이 사건 강도상해죄 사이에는 동일성이 있다고 보기 어렵고, 따라서 피고인이 장물취득죄로 받은 판결이 확정되었다고 하여 강도상해죄의 공소사실에 대하여 면소를 선고하여야 한다거나 피고인을 강도상해죄로 처벌하는 것이 일사부재리의 원칙에 어긋난다고는 할 수 없다(대판 1994.3.22. 93도2080 전합).

3 과실로 교통사고를 발생시켰다는 각 '**교통사고처리 특례법 위반죄**'와 고의로 교통사고를 낸 뒤 **보험금을 청구하여 수령하거나 미수에 그쳤다는 '사기 및 사기미수죄**'는 서로 행위 태양이 전혀 다르고, 각 교통사고처리 특례법 위반죄의 피해자는 교통사고로 사망한 사람들이나, 사기 및 사기미수죄의 피해자는 피고인과 운전자보험계약을 체결한 보험회사들로서 역시 서로 다르므로, 그 기본적 사실관계가 동일하다고 볼 수 없다(대판 2010.2.25. 2009도14263). (변시2회, 15.모의)

4 피고인이 **경범죄처벌법상 '인근소란' 범칙행위**로 범칙금 통고처분을 받아 이를 납부하였는데, 이와 근접한 일시·장소에서 피해자에게 **상해를 가하여 생명에 대한 위험을 발생**하게 하였다는 내용으로 기소된 사안에서, 범칙행위인 인근소란과 공소사실인 중상해행위는 기본적 사실관계가 동일한 것으로 평가할 수 없는데도, 범칙행위에 대한 범칙금 납부의 효력이 공소사실에도 미친다고 보아 면소를 선고한 원심판결에 법리오해의 위법이 있다(대판 2012.9.13. 2011도4911). (15.모의)

5 **비자금의 사용으로 인한 업무상횡령**의 점과 **비자금의 조성으로 인한 업무상배임의 점은 기본적 사실관계가 동일하다고 보기 어려워**, 원심이 비자금의 조성으로 인한 업무상배임의 점을 선택적으로 추가하는 공소장변경을 허가한 것은 수긍하기 어려우나, 원심이 선택적 공소사실에 대한 판단을 하지 않은 것은 정당하여 판결결과에 영향을 미친 위법이 없다(대판 2009.2.26. 2007도4784).

6 포괄일죄인 영업범에서 공소제기의 효력은 공소가 제기된 범죄사실과 동일성이 인정되는 범죄사실의 전체에 미치므로, 공판심리 중에 그 범죄사실과 동일성이 인정되는 범죄사실이 추가로 발견된 경우에 검사는 공소장변경절차에 의하여 그 범죄사실을 공소사실로 추가할 수 있다. 그러나 **공소제기된 범죄사실과 추가로 발견된 범죄사실 사이에 그 범죄사실들과 동일성이 인정되는 또 다른 범죄사실에 대한 유죄의 확정판결이 있는 때에는, 추가로 발견된 확정판결 후의 범죄사실은 공소제기된 범죄사실과 분단되어 동일성이 없는 별개의 범죄가 된다. 따라서 이때 검사는 공소장변경절차에 의하여 확정판결 후의 범죄사실을 공소사실로 추가할 수는 없고 별개의 독립된 범죄로 공소를 제기하여야 한다**(대판 2017.4.28. 2016도21342).

7 실체적 경합범 관계에 있는 사기 공소사실과 범죄단체 공소사실은 범행일시, 행위태양, 공모관계 등 범죄사실의 내용이 다르고, 그 죄질에도 현저한 차이가 있다. 따라서 위 두 공소사실은 동일성이 없으므로, 공소장변경절차에 의하여 이 사건 공소사실에 위 범죄단체 공소사실을 추가하는 취지의 공소장변경은 허가될 수 없다. 그럼에도 이와 달리 원심은 검사의 위 범죄단체 공소사실을 추가하는 취지의 공소장변경허가신청을 받아들여 범죄단체 공소사실을 유죄로 인정하였다. 이러한 원심판결에는 공소사실의 동일성 및 공소장변경에 관한 법리를 오해하여 판결에 영향을 미친 위법이 있다(대판 2020.12.24. 2020도10814).

8 검사가 당초 '피고인이 甲에게 필로폰 약 0.3g을 교부하였다'고 하여 마약류관리에 관한 법률 위반(향정)으로 공소를 제기하였다가 '피고인이 甲에게 필로폰을 구해 주겠다고 속여 甲 등에게서 필로폰 대금 등을 편취하였다'는 사기 범죄사실을 예비적으로 추가하는 공소장변경을 신청한 사안에서, 위 두 범죄사실은 기본적인 사실관계가 동일하다고 볼 수 없는데도, 공소장변경을 허가한 후 사기죄를 인정한 원심판결에 법리오해의 위법이 있다고 한 사례(대판 2012.4.13. 2010도16659).

9 범죄단체 등에 소속된 조직원이 저지른 폭력행위처벌법 위반(단체 등의 공동강요)죄 등의 개별적 범행과 폭력행위처벌법 위반(단체 등의 활동)죄는 범행의 목적이나 행위 등 측면에서 일부 중첩되는 부분이 있더라도, 일반적으로 구성요건을 달리하는 별개의 범죄로서 범행의 상대방, 범행 수단 내지 방법, 결과 등이 다를 뿐만 아니라 그 보호법익이 일치한다고 볼 수 없다. 또한 폭력행위처벌법 위반(단체 등의 구성 · 활동)죄와 위 개별적 범행은 특별한 사정이 없는 한 법률상 1개의 행위로 평가되는 경우로 보기 어려워 상상적 경합이 아닌 실체적 경합관계에 있다고 보아야 한다(대판 2022.9.7. 2022도6993).

5. 공소장변경 절차

(1) 검사의 신청

검사가 공소장변경을 하고자 하는 때에는 그 취지를 기재한 **공소장변경허가신청서**를 법원에 제출하여야 한다(규칙 제142조 제1항). 피고인이 재정하는 공판정에서는 피고인에게 이익이 되거나 피고인이 동의하는 경우 **구술에 의한 공소장변경**을 허가할 수 있다(규칙 동조 제5항). (변시5회) 따라서 검사가 구술에 의한 공소장변경허가신청을 하는 경우에도 변경하고자 하는 공소사실의 내용은 서면에 의하여 신청을 할 때와 마찬가지로 **구체적으로 특정하여 진술**하여야 하므로, 피고인이 재정한 공판정에서 구술로 공소장변경허가신청을 하면서 변경하는 **공소사실의 일부인 범죄일람표를 종이문서가 아닌 CD 자체로 제출하며 그 내용을 구체적으로 진술하지 않았다면, 범죄일람표부분까지 공소장변경이 이루어진 것으로 볼 수 없다.❶** 공소사실을 **예비적 · 택일적으로도 변경**할 수 있으나, 예비적 · 택일적 공소제기와는 달리 공소사실의 동일성이 인정되는 범위 내에서 변경가능하다. (13.모의) 그리고 공소장변경허가신청서가 제출된 경우에 법원은 그 부본을 피고인 또는 변호인에게 즉시 송달하여야 한다.

🔖판례

1 형사소송규칙 제142조 제3항은 공소장변경허가신청서가 제출된 경우에 법원은 그 부본을 피고인 또는 변호인에게 즉시 송달하여야 한다고 규정하고 있는데, 피고인과 변호인 모두에게 부본을 송달하여야 하는 취지가 아님은 문언상 명백하므로, 공소장변경신청서 부본을 피고인과 변호인 중 어느 한 쪽에 대해서만 송달하였다고 하여 절차상 잘못이 있다고 할 수 없다(대판 2015.2.16. 2014도14843). (변시7회)

---

❶ 대판 2016.12.29. 2016도11138

2 형사소송규칙 제142조 제1항은 '검사가 형사소송법 제298조 제1항에 따라 공소장에 기재한 공소사실 또는 적용법조의 추가, 철회 또는 변경(이하 "공소장의 변경"이라 한다)을 하고자 하는 때에는 그 취지를 기재한 공소장변경허가신청서를 법원에 제출하여야 한다.'고 규정하고, 제5항은 '법원은 제1항의 규정에도 불구하고 피고인이 재정하는 공판정에서는 피고인에게 이익이 되거나 피고인이 동의하는 경우 구술에 의한 공소장변경을 허가할 수 있다.'고 규정하고 있다. 이는 검사가 공소장변경신청을 하고자 할 때에는 원칙적으로 서면으로 하도록 하고, 예외적으로 피고인이 재정하는 공판정에서 피고인에게 이익이 되거나 피고인이 동의하는 경우에는 구술에 의한 공소장변경신청도 할 수 있도록 한 것이다. 따라서 검사가 형사소송규칙 제142조 제1항에 따라 서면으로 공소장변경신청을 하는 경우에는 같은 조 제5항은 적용될 여지가 없다(대판 2017.6.8. 2017도5122).

3 검사가 공소장변경허가신청서를 제출하지 않고 공소사실에 대한 검사의 의견을 기재한 서면을 제출하였더라도 이를 곧바로 공소장변경허가신청서를 제출한 것이라고 볼 수는 없다(대판 2022.1.13. 2021도13108).

4 [1] 검사의 서면에 의한 공소장변경허가신청이 있는데도 법원이 피고인 또는 변호인에게 공소장변경허가신청서 부본을 송달·교부하지 않은 채 공소장변경을 허가하고 공소장변경허가신청서에 기재된 공소사실에 관하여 유죄판결을 하였다면, 공소장변경허가신청서 부본을 송달·교부하지 않은 법원의 잘못은 판결에 영향을 미친 법령 위반에 해당한다. 다만, 공소장변경 내용이 피고인의 방어권과 변호인의 변호권 행사에 지장이 없는 것이거나 피고인과 변호인이 공판기일에서 변경된 공소사실에 대하여 충분히 변론할 기회를 부여받는 등 피고인의 방어권이나 변호인의 변호권이 본질적으로 침해되지 않았다고 볼 만한 특별한 사정이 있다면 판결에 영향을 미친 법령 위반이라고 할 수 없다.

[2] 피고인이 강제추행죄로 기소되어 제1심에서 무죄가 선고되자 검사가 항소심에서 공연음란죄를 예비적으로 추가하는 공소장변경허가신청서를 제출하였는데 원심이 공소장변경허가신청서 부본을 피고인 또는 변호인에게 송달하거나 교부하지 않은 채 공판절차를 진행하여 기존 공소사실에 대하여 무죄로 판단한 제1심판결을 파기하고 예비적 공소사실을 유죄로 판단한 사안에서, 공연음란죄는 강제추행죄와 비교하여 행위 양태, 보호법익, 죄질과 법정형 등에서 차이가 있어, 기존 공소사실과 예비적 공소사실은 심판대상과 피고인의 방어대상이 서로 달라 피고인의 방어권이나 변호인의 변호권을 본질적으로 침해한 것으로 볼 수 있으므로, 원심판결에는 공소장변경절차에 관한 법령을 위반하여 판결에 영향을 미친 잘못이 있다고 한 사례(대판 2021.6.30. 2019도7217).

(2) 법원의 허가

검사의 공소장변경 신청이 공소사실의 **동일성을 해하지 않는 때에는** 법원은 결정으로 이를 **허가하여야 한다**(제298조 제1항). 이때의 허가는 **의무적이다.❶** 다만, 공소사실의 동일성이 인정되지 않는 때에는 공소장변경허가신청을 기각하여야 한다. 공소사실 또는 적용법조의 추가·철회 또는 변경이 **피고인의 불이익을 증가할 염려가 있다고 인정한 때**에는 직권 또는 피고인이나 변호인의 청구에 의하여 피고인으로 하여금 필요한 방어의 준비를 하게 하기 위하여 결정으로 필요한 기간 **공판절차를 정지할 수 있다**(동조 제4항). (13.모의, 14.모의, 16.모의)

---

❶ 대판 1999.4.13. 99도375

(3) 공소장변경허가결정 후의 취소

법원의 공소장변경 후에 공소사실의 동일성이 인정되지 않는 등의 사유로 공소장변경허가
결정에 위법사유가 있는 경우에는 공소장변경허가를 한 법원이 스스로 이를 취소할 수 있
다(대판 2001.3.27. 2001도116). (변시6회)

(4) 법원의 결정에 대한 불복

공소장변경 허가결정은 법원의 **판결 전의 소송절차에 관한 결정**이므로 그 결정에 대하여
는 독립하여 **항고할 수 없다**(제403조 제1항). 다만, 허가결정의 위법이 판결에 영향을 미
친 경우에 판결에 대해 **상소할 수 있을 뿐이다.** (변시4회·5회, 12.모의)

> **📌 판례**
>
> 판결 전의 소송절차에 관한 결정에 대하여는 특히 즉시항고를 할 수 있는 경우 외에는 항고를 하
> 지 못하는 것인 바, **소송사실 또는 적용법조의 추가, 철회 또는 변경의 허가에 관한 결정은 판결전
> 의 소송절차에 관한 결정**이라 할 것이므로, 그 결정을 함에 있어서 저지른 위법이 판결에 영향을
> 미친 경우에 한하여 그 판결에 대하여 상소를 하여 다툼으로써 불복하는 외에는 당사자가 이에 대
> 하여 **독립하여 상소할 수 없다**(대결 1987.3.28. 87모17).

(5) 공소장변경 허용 절차

1) 간이공판절차

간이공판절차에서는 증거능력과 증거조사에 대한 특칙이 인정되는 이외에는 공판절차의
일반규정이 배제되지 않으므로 **공소장변경이 가능**하다.

2) 항소심과 상고심

항소심에서의 공소장변경의 허용 여부는 항소심의 구조와 관련이 깊다. 견해 대립이 있으
나, 항소심은 속심이고 사후심적 구조는 소송경제를 위하여 이를 제한하는데 불과하므로
항소심에서도 공소장변경이 가능하다고 본다.[2] 상고심에서 항소심으로 파기환송한 경우
에도 공소장변경이 가능하다.[3] 이에 반해 상고심은 법률심으로서 사후심이므로 **공소장변
경이 허용되지 않는다.** (13.모의)

> **🔍 항소심에서의 공소장변경** [18.모의]
>
> 사후심으로 원판결의 당부만을 판단하여야 하므로 공소장변경은 허용할 수 없다는 **소극설**과 항소
> 심은 속심으로 사실에 대한 실체적 발견이 필요하므로 공소장변경이 허용된다는 **적극설**이 대립한
> 다. 판례는 **현행법상 형사항소심의 구조가 오로지 사후심으로서 성격만을 가지고 있는 것은 아니
> 어서 공소장 변경은 항소심에서도 할 수 있다는 적극설**의 입장이다(대판 1995.2.17. 94도3297). 생각건대
> 항소심은 원칙적으로 속심이고 사후심적 요소는 소송경제를 위한 부수적인 성격에 지나지 않으
> 므로 **적극설이 타당**하다.

---

[2] 대판 1995.12.5. 94도1520 (14.모의, 16.모의)

[3] 대판 2004.7.22. 2003도8153 (13.모의)

피해자가 제1심에서 처벌불원의사를 표시한 후에도 항소심에서 공소사실을 폭행에서 상해로 변경하는 공소장변경을 할 수 있다(대판 2011.5.13. 2011도2233). (변시4회)

3) 재심

재심의 경우 원판결의 형보다 중한 형을 선고하지 못할 뿐, 공소장변경을 제한할 필요가 없다는 점에서 **공소장변경이 허용**된다.

4) 약식절차

약식절차는 공판심리절차가 아니므로 **공소장변경이 허용되지 않는다.**

(6) 포괄일죄 또는 상상적 경합의 경우

1) 포괄일죄나 상상적 경합범의 일부에 대한 추가기소

검사가 포괄일죄나 상상적 경합범의 일부에 대하여 공소를 제기한 후에 잔여 범죄사실을 추가로 기소한 것이 적법한 것인지 문제된다. 견해 대립이 있지만, 공소불가분의 원칙에 따라 **이중기소에 해당하므로 허용될 수 없다는 부정설**의 입장이 타당하다(판례).

검사가 일단 상습사기죄로 공소제기한 후 그 공소의 효력이 미치는 위 기준시까지의 사기행위 일부를 별개의 독립된 상습사기죄로 공소제기를 함은 비록 그 공소사실이 먼저 공소제기를 한 상습사기의 범행 이후에 이루어진 사기 범행을 내용으로 한 것일지라도 공소가 제기된 동일사건에 대한 이중기소에 해당되어 허용될 수 없다(대판 1999.11.26. 99도3929).

2) 법원의 처리 [변시2회·3회·4회, 14.모의]

위와 같은 포괄일죄나 상상적 경합의 일부에 대한 추가기소가 있는 경우 법원의 처리가 문제된다. 이에 대하여 ① 이중기소금지의 원칙에 반하므로 공소기각을 선고해야 한다는 **공소기각판결설** ② 추가기소는 실질적으로 공소장변경에 해당하므로 공소장변경으로 취급해야 한다는 **공소장변경의제설** ③ 법정에서 검사의 석명이 있는 경우에는 공소장변경으로 인정하자는 **석명후판단설**이 대립한다. 판례는 검사의 석명이 있는 경우 공소장변경으로 인정이 가능하다는 **석명후판단설** 내지 실질적으로 공소장변경에 해당하므로 변경 절차 없이도 공소장변경으로 취급해야 한다는 **공소장변경의제설**을 따르는 등 입장이 명확하지 않다. 생각건대 소송경제를 도모하고, 검사의 기소권도 존중하는 **석명후판단설**이 타당하다.

1 검사가 단순일죄라고 하여 특수절도 범행을 먼저 기소하고 포괄일죄인 상습특수절도 범행을 추가기소하였으나 심리과정에서 전후에 기소된 범죄사실이 모두 포괄하여 상습특수절도를 구성하는 것으로 밝혀진 경우에는, 그 추가기소에 의하여 전후에 기소된 각 범죄사실 전부를 포괄일죄로 처벌할 것을 신청하는 취지가 포함되었다고 볼 수 있어, 공소사실을 추가하는 등의 공소장변경과는 절차상 차이가 있을 뿐 그 실질에 있어서 별 차이가 없으므로 그 경우에 **검사의 석명에 의하여 추가기소의 공소장 제출은 포괄일죄를 구성하는 행위로서 먼저 기소된 공소장에 누락된 것을 추가 보충하고 죄명과 적용법조를 포괄일죄의 죄명과 적용법조로 변경하는 취지의 것으로서 1개의 죄에 대하여 중복하여 공소를 제기한 것이 아님이 분명하여진 경우에는,** 그 추가기소에

의하여 공소장변경이 이루어진 것으로 보아 전후에 기소된 범죄사실 전부에 대하여 실체판단을 하여야 하고 추가기소에 대하여 공소기각판결을 할 필요가 없다(대판 1996.10.11. 96도1698).

2 상상적 경합관계에 있는 공소사실 중 일부가 먼저 기소된 후 나머지 공소사실이 추가 기소되고 이들 공소사실이 상상적 경합관계에 있음이 밝혀진 경우라면, 법원으로서는 석명권을 행사하여 검사로 하여금 추가기소의 진정한 취지를 밝히도록 하여 **검사의 석명에 의하여 추가기소가 상상적 경합관계에 있는 행위 중 먼저 기소된 공소장에 누락된 것을 추가 보충하는 취지로서 1개의 죄에 대하여 중복하여 공소를 제기한 것이 아님이 분명해진 경우에는**, 추가기소에 의하여 공소장변경이 이루어진 것으로 보아 전후에 기소된 공소사실 전부에 대하여 실체판단을 하여야 하고 추가기소에 대하여 공소기각판결을 할 필요가 없다(대판 2012.6.28. 2012도2087). (14.모의).

3 검사가 수 개의 협박 범행을 먼저 기소하고 다시 별개의 협박 범행을 추가로 기소하였는데 이를 병합하여 심리하는 과정에서 전후에 기소된 각각의 범행이 모두 포괄하여 하나의 협박죄를 구성하는 것으로 밝혀진 경우, **비록 협박죄의 포괄일죄로 공소장변경하는 절차가 없었다거나 추가로 공소장을 제출한 것이 포괄일죄를 구성하는 행위로서 기존의 공소장에 누락된 것을 추가ㆍ보충하는 취지의 것이라는 석명절차를 거치지 아니하였다 하더라도 법원은 전후에 기소된 범죄사실 전부에 대하여 실체판단을 할 수 있고, 추가기소된 부분에 대하여 공소기각판결을 할 수 없다**(대판 2007.8.23. 2007도2595). (변시3회, 13.모의)

4 포괄일죄인 영업범에서 공소제기의 효력은 공소가 제기된 범죄사실과 동일성이 인정되는 범죄사실의 전체에 미치므로, 공판심리 중에 그 범죄사실과 동일성이 인정되는 범죄사실이 추가로 발견된 경우에 검사는 공소장변경절차에 의하여 그 범죄사실을 공소사실로 추가할 수 있다. 그러나 공소제기된 범죄사실과 추가로 발견된 범죄사실 사이에 그 범죄사실들과 동일성이 인정되는 또 다른 범죄사실에 대한 유죄의 확정판결이 있는 때에는, 추가로 발견된 확정판결 후의 범죄사실은 공소제기된 범죄사실과 분단되어 동일성이 없는 별개의 범죄가 된다. 따라서 이때 검사는 공소장변경절차에 의하여 확정판결 후의 범죄사실을 공소사실로 추가할 수는 없고 별개의 독립된 범죄로 공소를 제기하여야 한다(대판 2017.4.28. 2016도21342). (변시7회, 18.모의)

6. 법원의 공소장변경 요구

(1) 의의

법원은 심리의 경과에 비춰 상당하다고 인정할 때에는 공소사실 또는 적용법조의 **추가 또는 변경**을 요구하여야 한다(제298조 제2항). 검사가 공소장을 변경하지 않음으로 인하여 명백히 죄를 범한 자에게 무죄판결을 선고하는 것을 방지함으로써 적정한 형사사법을 실현하기 위한 제도이다. (변시2회, 13.모의)

(2) 공소장변경 요구의 법적 성질 [변시2회, 17.모의, 13.모의]

제298조 제2항은 법원이 공소장변경을 요구함에 있어 '요구하여야 한다'라고 되어 있어 공소장변경요구가 법원의 의무인지가 문제된다. ① 제298조 제2항의 문리해석상 의무라고 보는 **의무설** ② 공소장변경은 검사의 권한에 속하는 것이므로 재량이라고 보는 **재량설** ③ 원칙적으로는 재량이나 무죄판결을 하는 것이 현저히 정의에 반하는 경우에는 의무라고 보는 **예외적 의무설**이 대립하고 있다. 판례는 공소장변경 요구는 **법원의 권한에 불과**할 뿐이므로 법원이 검사에게 공소장변경을 요구하지 않았다고 하여 위법하다고 할 수 없다는 **재량설**의 입장이다.❶ 공소의 제기와 변경은 검사의 권한이라는 점을 고려하면 **재량설**이 타당하다.

---

❶ 대판 1979.11.27. 79도2410

(3) 공소장변경 요구의 효과

1) 공소장변경 요구의 형성력의 문제 [15.모의]

법원의 공소장변경 요구가 있는 경우 공소장변경 요구의 형성력에 의하여 공소장이 자동적으로 변경되는지에 대하여 논의가 있다. ① 형성력을 인정하지 않을 때에는 특별히 공소장 변경 요구를 규정한 이유를 설명할 수 없다는 점을 근거로 하는 **긍정설** ② 공소장변경 요구의 경우에 공소장변경의 효과를 의제하는 규정이 없다는 점을 근거로 하는 **부정설** 이 대립한다. 생각건대 공소의 제기와 변경은 검사의 권한이므로 **부정설**이 타당하다.

2) 공소장변경 요구에 대한 검사의 복종의무 인정여부

공소장변경 요구가 형성력을 지니지 않는다고 할 때 검사에 대한 관계에서 어떤 효과를 가지는지에 대하여 논의가 있다. 공소장변경 요구는 권고적 의미를 갖는데 그칠 뿐이라는 **권고효설**이 있지만 공소의 제기와 변경은 검사의 권한에 속한다는 점에서 공소장변경 요구에 검사의 복종의무를 인정하는 **명령효설**이 타당하다.

7. 축소사실에 대한 법원의 심판 의무 [15.모의, 17.모의]

법원이 공소장변경 없이 **축소사실** 즉 **법원인정사실**을 심판할 수 있는 경우, 법원인정사실에 대하여 심판하지 않고 **공소사실**만을 심판하여 **무죄판결**을 할 수 있는지에 대하여 논의가 있다. 이는 축소사실에 대한 법원의 직권심판의무가 인정되는지에 대한 문제이다. ① 법원에게도 재량이 인정된다는 점에서 법원의 의무라고 볼 수 없다는 **재량설** ② 실체진실발견이 법원의 의무인 이상 심판대상이 된 사실을 법원이 심판하지 않고 무죄를 선고하는 것은 부당하다는 점에서 법원의 의무라고 보는 **의무설**이 대립한다. **판례는 축소사실의 사안이 중대하여 공소장이 변경되지 않았다는 이유로 이를 처벌하지 않는다면 현저히 정의와 형평에 반하는 것으로 인정되는 경우에는 직권으로 그 범죄사실을 인정해야 한다**는 **제한적 의무설**의 입장이다(대판 2009.5.14. 2007도616). 생각건대 공소장변경 없이 심판할 수 있는 사실은 심판대상에 관한 이원론에 따르면 현실적 심판대상에 해당하므로 축소사실에 대하여 심판의무가 인정된다는 **의무설**이 타당하다.

☆ 판례

1 '야간 또는 2인 이상이 공동하여 형법상 폭행·협박의 죄를 범한 자'라는 공소사실에는 폭행·협박에 관한 사실도 포함되어 있으므로 **야간 또는 2인 이상의 공동사실**이 인정되지 아니할 때에는 법원은 공소장변경 절차 없이 **폭행·협박의 사실**을 인정하여야 한다(대판 1990.4.24. 90도401).
2 **히로뽕 투약죄의 기수범**으로 기소된 공소사실에 대해 **히로뽕 투약미수의 범죄사실**이 인정되면 미수죄로 인정해야 한다(대판 1999.11.9. 99도3674).
3 **특정범죄가중처벌등에관한법률위반(도주차량)**이 인정되지 않아도 업무상과실치상의 범죄사실이 인정되면 **업무상과실치상죄**는 인정하여야 한다(대판 1990.12.7. 90도1238).
4 피고인이 보수를 받을 조건으로 본범이 습득한 신용카드로 물건을 구입하여 주기로 한 것은 **장물취득죄**에 해당하지 않지만, 이는 **장물보관죄**에 해당하므로 장물보관죄로 처단하여야 한다(대판 2003.5.13. 2003도1366).

5 **재물 편취의 사기죄**로 공소를 제기하였으나 실제로는 **이익 편취의 사기죄**가 인정되는 경우, 재물 편취의 범죄사실과 이익 편취의 범죄사실을 비교하여 볼 때, 그 금액, 기망의 태양, 피해의 내용이 실질에 있어 동일하여 피해자를 기망하여 금원을 편취하였다는 기본적 사실에 아무런 차이가 없으므로 공소사실의 동일성을 벗어났다고 볼 수 없고, 피고인도 편취의 범의를 제외한 나머지 공소사실을 인정하고 있어 피고인의 방어에 불이익이 있다고 볼 수도 없으므로, 원심으로서는 공소장변경절차가 없더라도 이익 편취의 사기죄로 인정할 수 있는지 여부에 대하여 심리하였어야 한다(대판 2004.4.9. 2003도7828).

6 피고인이 피해자를 베란다로 끌고 간 후 베란다 창문을 열고 피해자를 난간 밖으로 밀어 12층에서 떨어지게 하였다는 공소사실에 대하여, 피고인에게 피해자를 때리고 양쪽 손과 발목을 테이프로 묶었다는 점만이 인정되는 경우라도, **폭행이나 상해, 체포·감금 등의 죄**에 해당하는지를 판단하여 그 죄로 처단하였어야 한다(대판 2009.5.14. 2007도616).

7 **기소된 소송사실의 재산상의 피해자와 공소장기재의 피해자가 다른 것**이 판명된 경우에는 공소사실에 있어서 동일성을 해하지 아니하고 피고인의 방어권 행사에 실질적 불이익을 주지 아니하는 한 공소장변경절차 없이 직권으로 공소장기재의 사기피해자와 다른 실제의 피해자를 적시하여 이를 유죄로 인정하여야 한다(대판 1987.12.22. 87도2168).

8 향정신성의약품의 **제조·판매하여 영리를 취할 목적으로 원료가 되는 물질 소지**라는 공소사실에 대해 영리목적이 인정되지 않더라도 향정신성의약품 **제조목적으로 원료물질소지죄**로 처벌해야 한다(대판 2002.11.8. 2002도3881).

🔎 참고 판례

1 피고인이 손전등의 불을 켜서 피해자의 눈에 비춘 사실만은 인정된다고 하더라도, 공소가 제기된 **상해의 범죄사실**과 대비하여 볼 때, 원심이 그와 같은 **폭행 범죄사실**을 유죄로 인정하지 아니한 것이 현저히 정의와 형평에 반하는 것이라고는 인정되지 않는다(대판 1993.12.28. 93도3058).

2 **폭행치사죄**의 공소사실 또는 **상해치사죄**의 공소사실에 대하여 **폭행**의 범죄사실만 인정되는 경우, 법원은 **폭행죄**에 대하여 유죄로 인정하지 아니하였다고 하여 위법한 것은 아니다(대판 1990.10.26. 90도1229).

3 법원이 **횡령죄**의 공소사실에 대하여 무죄를 선고하면서 공소장변경 없이 직권으로 **배임죄**로 처벌하지 않은 것이 위법하지 않다(대판 2008.6.26. 2007도11125).

4 특수강도의 공소사실은 인정할 수 없으나 공동 폭행·협박 또는 특수강도의 **종범에 관한 범죄사실은 인정할 수 있다** 하더라도 이를 유죄로 인정하지 아니한 원심의 조치가 위법하지는 않다 (대판 2002.12.11. 2001도4013). (변시2회)

5 형법 제307조 제2항의 **허위사실적시에 의한 명예훼손**의 공소사실 중에는 같은 조 제1항의 **사실적시에 의한 명예훼손**의 공소사실이 포함되어 있으므로, 위 허위사실 적시에 의한 명예훼손으로 기소된 사안에서 적시한 사실이 허위임에 대한 입증이 없다면 법원은 공소장변경절차 없이도 직권으로 위 사실적시에 의한 명예훼손죄를 인정할 수 있으나 공소장이 변경되지 않았다는 이유로 이를 처벌하지 않는 것이 현저하게 정의와 형평에 반하는 것으로 인정되는 경우가 아닌 한 법원이 직권으로 그 범죄사실을 인정하지 아니하였다고 하여 위법한 것은 아니다(대판 2008.10.9. 2007도1220). (변시4회, 14.모의)

6 법원이 피고인에 대한 「상표법」위반의 공소사실을 「부정경쟁방지 및 영업비밀보호에 관한 법률」위반으로 공소장 변경을 요구하지 아니하거나, 직권으로 위 「부정경쟁방지 및 영업비밀보호에 관한 법률」위반죄의 성립 여부를 판단하지 않은 것은 위법하지 않다(대판 2011.1.13. 2010도5994).

PLUS+ 공소장변경과 관련된 쟁점 도출

검사는 甲이 A의 머리를 돌멩이로 내리쳐 살해한 혐의로 甲을 살인죄로 공소제기하였다. 그러나 법정에서 甲은 돌멩이를 내리친 적이 없고 A와 말다툼을 하던 중 A를 밀쳤는데 A가 뒤로 넘어지면서 바닥에 있던 돌멩이에 머리를 부딪친 것이라고 진술하였다. 이에 법원은 살인죄가 아닌 폭행치사죄라는 심증을 얻고 검사에게 폭행치사죄로 공소장 변경할 것을 요구하였으나 검사는 응하지 않았다.

문1. 법원이 살인죄가 아닌 폭행치사죄가 성립한다고 인정하는 경우 검사에게 반드시 공소장변경을 요구해야하는가

문2. 법원은 폭행치사죄로 유죄판결할 수 있는가

문3-(1). (사안을 변경하여) 처음부터 甲이 폭행치사죄로 공소제기 되었는데 법원 심리에서 폭행죄만 성립하는 경우 검사가 폭행죄로 공소장변경신청을 하지 않는데 법원이 폭행죄로 유죄판결을 할 수 있는가 [변시7회]

문3-(2). 아니면 공소제기된 폭행치사죄에 대하여 법원은 무죄판결을 할 수 있는가

이하 답안 목차만 서술하기로 한다.

1. 논점(1문) - 공소장변경 요구의 법적 성질
2. 견해의 대립
3. 사안의 해결

1. 논점(2문) - 공소장변경 요구의 형성력 및 공소장변경의 필요성
2. 공소장변경 요구의 형성력 - 견해 대립
3. 공소장변경의 필요성 - 사안은 피고인의 방어권이 침해될 수 있어 공소장변경이 필요한 경우에 해당
4. 사안의 해결

1. 논점(3-1문) - 공소장변경의 필요성
2. 공소장변경의 필요성- 축소사실로서 공소장변경이 필요하지 않은 경우에 해당
3. 비반의사불벌죄에서 반의사불벌죄로의 축소사실 인정가부
4. 사안의 경우

1. 논점(3-2문) - 법원의 직권심판의무
2. 견해 대립
3. 검토 및 해결

제3절 공판준비절차

I 공판준비절차

공판준비절차란 공판기일의 심리준비를 위해 **수소법원이 행하는** 일련의 절차를 말한다. 제1회공판기일 전은 물론 제2회 이후의 공판기일에도 행할 수 있다. 수소법원이 하는 절차이므로 수소법원과 관계없이 행해지는 증거보전절차(제184조), 증인신문절차(제221조의2), 각종의 영장발부절차는 공판준비에 포함되지 않는다.

1. 공소장 부본의 송달

법원은 공소의 제기가 있는 때에는 지체 없이 공소장의 부본을 피고인 또는 변호인에게 송달하여야 한다. 단, **제1회 공판기일 전 5일까지 송달하여야 한다**(제266조). (14.모의) 공소장부본의 송달이 없거나 5일의 유예기간을 두지 않고 송달된 경우에 피고인은 심리개시에 대해서 이의신청을 할 수 있다(제269조).

2. 의견서 제출

피고인 또는 변호인은 **공소장 부본을 송달받은 날부터 7일 이내**에 공소사실에 대한 인정 여부, 공판준비절차에 관한 의견 등을 기재한 의견서를 법원에 제출하여야 한다. 다만, 피고인이 진술을 거부하는 경우에는 그 취지를 기재한 의견서를 제출할 수 있다(제266조의2). 법원은 피고인이 제출한 의견서를 **검사에게 송부**하여야 한다(동조 제2항).

3. 공판기일의 지정, 변경, 통지, 소환, 변경

재판장은 공판기일을 정하여야 하며(제267조 제1항), 정해진 공판기일은 검사·변호인과 보조인에게 통지하여야 한다(동조 제3항). 공판기일에는 피고인·대표자 또는 대리인을 소환하여야 한다(동조 제2항). 재판장은 직권 또는 검사, 피고인이나 변호인의 신청에 의하여 공판기일을 변경할 수 있다(제270조 제1항).

4. 공판기일 전 증거조사 · 증거제출

법원은 검사, 피고인 또는 변호인의 **신청에 의하여** 공판준비에 필요하다고 인정한 때에는 공판기일 전에 **피고인 또는 증인을 신문할 수 있고 검증, 감정 또는 번역을 명할 수 있다**(제273조). 검사, 피고인 또는 변호인은 **공판기일 전에 서류나 물건을 증거로 법원에 제출**할 수 있다(제274조). 공판기일 전의 증거조사는 제1회 공판기일 이전에 법원의 예단을 금지하는 공소장일본주의에 반할 우려가 있으므로 공판기일 전이란 **제1회 공판기일 이후의 공판기일 전**을 의미한다고 해석해야 한다. 따라서 제1회 공판기일 전에는 증거조사 및 증거제출이 허용되지 아니한다(제한적 허용설).

5. 공판 전 준비절차

(1) 의의

공판 전 준비절차란 **공판기일의 효율적이고 집중적인 심리를 위하여** 수소법원이 주도하여 검사, 피고인 또는 변호인의 의견을 들어 **제1회 공판기일 이전**에 사건의 쟁점과 증거를 정리하는 절차를 말한다(제266조의5 내지 제266조의15). 공판기일처럼 원칙적으로 공개하지만, 공개하면 절차의 진행이 방해될 우려가 있는 때에는 공개하지 아니할 수 있다(제266조의7 제4항).

(2) 공판 전 준비절차의 대상

재판장은 **효율적이고 집중적인 심리를 위하여** 사건을 공판준비절차에 **부칠 수 있다**(제266조의5 제1항). **국민참여재판에 있어서는 공판 전 준비절차가 필수적**이나, 배심원이 참여하지 않는 일반 사건에 있어서는 법원이 필요하다고 인정하는 경우에 거칠 수 있을 뿐이다.

(3) 공판 전 준비절차의 진행

1) 서면제출에 의한 공판준비(제266조의6)

검사, 피고인 또는 변호인은 법률상·사실상 주장의 요지 및 입증취지 등이 기재된 서면을 법원에 제출할 수 있고, 재판장은 검사, 피고인 또는 변호인에 대하여 위 서면의 제출을 명할 수 있다. 법원은 서면이 제출된 때에는 그 부본을 상대방에게 송달하여야 하고, 재판장은 검사, 피고인 또는 변호인에게 공소장 등 법원에 제출된 서면에 대한 설명을 요구하거나 그 밖에 공판준비에 필요한 명령을 할 수 있다.

2) 공판준비기일

① 지정·신청(제266조의7)

법원은 **검사, 피고인 또는 변호인의 의견을 들어** 공판준비기일을 지정할 수 있다. 검사, 피고인 또는 변호인은 법원에 대하여 **공판준비기일의 지정을 신청**할 수 있다. 이 경우 신청에 관한 법원의 결정에 대하여는 **불복할 수 없다.**

② 출석(제266조의8)

공판준비기일에는 **검사 및 변호인이 출석하여야** 한다. 따라서 법원은 공판준비기일이 지정된 사건에 관하여 변호인이 없는 때에는 국선변호인을 선정해야 한다. 피고인의 출석은 필수적인 요건이 아니다. 다만, 법원은 검사, **피고인** 및 변호인에게 **공판준비기일을 통지**하여야 한다. (13.모의) 법원은 필요하다고 인정하는 때에는 **피고인을 소환할 수 있으며**, 피고인은 법원의 소환이 없는 때에도 **공판준비기일에 출석할 수 있다.** 재판장은 출석한 피고인에게 진술을 거부할 수 있음을 알려주어야 한다. (변시10회)

(4) 준비기일 진행

공판준비절차에서는 쟁점정리, 증거정리, 증거개시 및 심리계획의 책정이 행하여진다(제266조의9).

1) 쟁점정리

① 공소사실 또는 적용법조를 명확하게 하는 행위 (16.모의) ② 공소사실 또는 적용법조의 **추가·철회 또는 변경**을 허가하는 행위 ③ 공소사실과 관련하여 주장할 내용을 명확히 하여

사건의 쟁점을 정리하는 행위 ④ 계산이 어렵거나 그 밖에 복잡한 내용에 관하여 설명하도록 하는 행위가 이에 속한다.

2) 증거정리

① **증거신청**을 하도록 하는 행위 ② 신청된 증거와 관련하여 입증 취지 및 내용 등을 명확하게 하는 행위 ③ **증거신청에 관한 의견**을 확인하는 행위 ④ **증거 채부의 결정**을 하는 행위 ⑤ **증거조사의 순서 및 방법**을 정하는 행위가 이에 속한다.

3) 증거개시

서류 등의 열람·등사와 관련된 신청의 당부를 결정하는 행위가 이에 속한다.

4) 심리계획

① **공판기일을 지정 또는 변경**하는 행위 ② 그 밖에 공판절차의 진행에 필요한 사항을 정하는 행위가 이에 속한다.

(5) 공판 전 준비절차 결과의 확인(제266조의10)

법원은 공판준비기일을 종료하는 때에는 검사, 피고인 또는 변호인에게 쟁점 및 증거에 관한 정리결과를 고지하고, 이에 대한 이의의 유무를 확인하여야 하고, 법원은 쟁점 및 증거에 관한 정리결과를 **공판준비기일조서에 기재**하여야 한다.

(6) 공판 전 준비절차의 종결(제266조의12)

① 쟁점 및 증거의 **정리가 완료된 때** ② 사건을 공판준비절차에 부친 뒤 **3개월이 지난 때** ③ 검사·변호인 또는 소환받은 피고인이 **출석하지 아니한 때** 법원은 공판준비절차를 종결하여야 한다. (13.모의) 다만, 위 ②, ③에 해당하는 경우로서 공판의 준비를 계속하여야 할 상당한 이유가 있는 때에는 그러하지 아니하다.

(7) 공판준비기일의 재개(제266조의14, 제305조)

법원은 **필요하다고 인정한 때**에는 직권 또는 검사, 피고인이나 변호인의 신청에 의하여 결정으로 종결한 공판준비기일을 재개할 수 있다.

(8) 기일간 공판준비절차(제266조의15)

법원은 쟁점 및 증거의 정리를 위하여 필요한 경우에는 **제1회 공판기일 후에도** 사건을 공판준비절차에 부칠 수 있다. 이를 **기일 간 공판준비절차**라고 한다. 이 경우 기일 전 공판준비절차에 관한 규정을 준용한다.

(9) 비디오 등 중계장치 등에 의한 공판준비기일(제266조의17)

법원은 피고인이 출석하지 아니하는 경우 상당하다고 인정하는 때에는 검사와 변호인의 의견을 들어 비디오 등 중계장치에 의한 중계시설을 통하거나 인터넷 화상장치를 이용하여 공판준비기일을 열 수 있다.

Ⅱ 증거개시

1. 의의

검사 또는 피고인·변호인이 자신이 보관하고 있는 증거를 상대방에게 열람·등사하게 하는 것을 말한다. 종래 공소제기 후 검사가 보관하고 있는 증거에 대한 열람·등사권이 인정되는지에 대하여 견해 대립이 있었으나, 피고인의 적정한 방어권 행사를 보호하기 위하여 증거개시절차를 도입하여 입법적으로 해결하였다.

2. 검사가 보관하고 있는 증거에 대한 증거개시

(1) 증거개시의 신청(제266조의3 제1항)

변호인뿐만 아니라 피고인에게도 형사기록 열람·등사·교부를 신청할 수 있다. 다만, **피고인에게 변호인이 있는 경우에는 피고인은 열람만을 신청할 수 있다.** (변시10회, 14.모의)

(2) 열람·등사 대상(제266조의3 제1항)

피고인 또는 변호인은 검사에게 공소제기된 사건에 관한 서류 또는 물건의 목록과 공소사실의 인정 또는 양형에 영향을 미칠 수 있는 ① 검사가 증거로 **신청할 서류,** ② 검사가 **증인으로 신청할** 사람의 성명·사건과의 관계 등을 기재한 서면 또는 그 사람이 공판 기일 전에 행한 진술을 기재한 서류 등, ③ 위 ①, ②의 서면 또는 서류 등의 **증명력과 관련된 서류 등,** ④ 피고인 또는 변호인이 행한 **법률상·사실상 주장과 관련된 서류 등**(관련 형사재판 확정기록, 불기소처분기록 등을 포함한다)의 열람·등사 또는 서면의 교부를 신청할 수 있다.

(3) 열람·등사 제한

1) 일반적인 서류 등

검사는 **국가안보, 증인보호의 필요성, 증거인멸의 염려, 관련 사건의 수사에 장애를 가져올 것으로 예상되는 구체적인 사유** 등 열람·등사 또는 서면의 교부를 허용하지 아니할 상당한 이유가 있다고 인정하는 때에는 열람·등사 또는 서면의 교부를 **거부하거나 그 범위를 제한**할 수 있다(제266조의3 제3항). (변시2회) 검사는 열람·등사를 거부하거나 제한할 수 있는 경우에도 **서류 또는 물건의 목록에 대하여는 열람 또는 등사를 거부할 수 없다**(동조 제5항). (변시2회)

2) 특수매체기록의 경우

'서류 등'은 도면·사진·녹음테이프·비디오테이프·컴퓨터용 디스크, 그 밖에 정보를 담기 위하여 만들어진 물건으로서 문서가 아닌 특수매체를 포함한다. 이 경우 **특수매체에 대한 등사는 필요 최소한의 범위에 한한다**(동조 제6항).

(4) 법원에 대한 신청

피고인 또는 변호인은 검사가 서류 등의 열람·등사 또는 서면의 **교부를 거부하거나 그 범위를 제한한 때,** 그리고 48시간 이내에 제266조의3 제3항의 검사의 통지가 없으면 법원에 그 서류 등의 열람·등사 또는 서면의 교부를 허용하도록 할 것을 신청할 수 있다(제266조의3 제4항, 제266조의4 제1항).

(5) 법원의 심리 및 결정(제266조의4)

법원은 신청이 있는 때에는 열람·등사 또는 서면의 교부를 허용하는 경우에 생길 폐해의 유형·정도, 피고인의 방어 또는 재판의 신속한 진행을 위한 필요성 및 해당 서류 등의 중요성 등을 고려하여 검사에게 열람·등사 또는 서면의 교부를 **허용할 것을 명할 수 있다.** 이 경우 열람 또는 등사의 시기·방법을 지정하거나 조건·의무를 부과할 수 있다. 법원은 열람·등사·교부의 결정을 하는 때에는 **검사에게 의견을 제시할 수 있는 기회를 부여**하여야 하며, 필요하다고 인정하는 때에는 검사에게 해당 **서류 등의 제시를 요구**할 수 있고, 피고인이나 그 밖의 **이해관계인을 심문**할 수 있다.

(6) 증거개시결정의 효과 [변시11회, 22.모의]

1) 해당 증인과 증거의 제출금지

검사가 열람·등사 또는 서면의 교부에 관한 **법원의 결정을 지체 없이 이행하지 아니하는 때에는** 해당 증인 및 서류 등에 대한 **증거신청을 할 수 없다**(제266조의4 제5항). (14.모의)

2) 피고인 측의 증거개시의 거부

피고인 또는 변호인은 검사가 서류 등의 열람·등사 또는 서면의 교부를 거부한 때에는 **서류 등의 열람·등사 또는 서면의 교부를 거부**할 수 있다(제266조의11 제2항).

(7) 증거개시결정에 대한 불복

별도 규정이 없어 **즉시항고는 할 수 없다.** (14.모의) 그리고 법원의 증거개시결정은 피고사건 소송절차에서의 증거개시와 관련된 것으로서 제403조에서 말하는 '판결 전의 소송절차에 관한 결정'에 해당하므로 제402조에 의한 **항고의 방법으로도 불복할 수 없다**(대결 2013.1.24. 2012모1393). (12.모의)

🔍 법원의 증거개시 결정에 대하여 검사가 불응할 경우 피고인의 구제방법

1. 논점

법원의 증거개시 결정에 대해서 검사가 불응할 경우 현행법상 직접적 강제수단이 없으므로 그 구제수단에 대한 논의가 있다.

2. 증거개시결정과 관련한 법정수단의 실효성

형사소송법은 검사가 법원의 증거개시결정에 반하여 증거를 제출하지 않는 경우에 있어, 해당 증인 및 서류 등에 대한 증거신청 금지(제266조의4 제5항)와 피고인의 증거개시 거부(제266조의11 제2항)를 인정하고 있다. 그러나 검사의 증거신청금지는 오히려 피고인의 방어권에 중대한 침해를 야기한다는 점에서, 피고인의 증거개시 거부는 피고인은 증거수집에 있어서 일정한 한계를 가진다는 점에서 두 가지 모두 불완전한 구제수단일 뿐이다.

3. 형식재판으로 종결하는 방법

증거개시거부는 형사절차에 중대한 영향을 미치므로 공소권남용에 준하여 제327조 제2호에 따라 공소기각 판결을 하여야 한다는 견해가 있다. 그러나 증거개시는 이미 적법하게 공소가 제기된 이후에 야기된 문제라는 점에서 공소제기 절차가 법률의 규정에 위반하여 무효인 경우라고 보기 어렵다.

4. 법원 직권에 의한 증거조사

법원의 직권에 의한 증거조사는 법원의 권한에 그치는 것이 아니라 실체적 진실발견과 공정한 재판의 이념을 실현하기 위한 의무라고 볼 수 있다. 다만, 법원이 얼마나 적극성을 가지고 검찰에 대한 압수·수색을 할지 실무상 한계를 지적하는 비판이 많다. 실제 용산 철거민 사건의 변호인단이 검찰에 대한 압수수색을 법원에 신청했지만, 담당재판부는 변호인에게 압수·수색에 대한 신청권이 없다는 이유를 들어 받아들이지 않은바 있다.

5. 기타 방법

① 검사의 증거개시불이행이라는 위법상태를 시정하지 않은 채 증거조사에 들어가는 것은 피고인의 방어권에 실질적 침해를 야기하므로 공판기일을 변경·연기하는 방법 ② 검사의 수사기록 열람·등사 거부처분취소 헌법소원을 청구하는 방법 ③ 법원이 피고인이 주장하는 사실을 그대로 인정하여 검사가 주장한 사실에 대하여 무죄를 선고하는 방법 등이 검토될 수 있다.

3. 피고인 측의 증거개시(제266조의11) [16.모의]

(1) 검사의 신청

검사는 피고인 또는 변호인이 공판기일 또는 공판준비절차에서 **현장부재·심신상실 또는 심신미약 등 법률상·사실상의 주장을 한 때에는** 피고인 또는 변호인에게 다음 서류 등의 열람·등사 또는 서면의 교부를 요구할 수 있다. (변시2회, 14.모의)

(2) 증거개시 요구의 범위

검사는 피고인 또는 변호인이 공판기일 또는 공판준비절차에서 **현장부재·심신상실 또는 심신미약 등 법률상·사실상의 주장을 한 때**에 비로소 증거개시를 요구할 수 있는 바, 법률상·사실상의 주장이라는 표현의 의미에 대해서 견해가 대립한다. ① 현장부재, 심신상실, 심신미약 등의 주장은 법률상·사실상 주장의 예시로서 이외의 기타 사유를 주장한 때에도 증거개시 신청이 가능하다는 **비한정설** ② 현장부재·심신상실 또는 심신미약 등의 주장은 한정적 열거로서 이외의 기타 사유를 주장한 때에는 증거개시 신청을 할 수 없다는 **한정설**이 있다. 생각건대 피고인의 방어권 보장이라는 관점에서 검사의 증거개시 요구의 범위는 제한적으로 해석해야 하므로 **한정설**이 타당하다.

(3) 증거개시 대상

① 피고인 또는 변호인이 증거로 **신청할 서류** 등 ② 피고인 또는 변호인이 **증인으로 신청**할 사람의 성명, 사건과의 관계 등을 기재한 서면 ③ 위 ① 또는 ②의 서면의 **증명력과 관련된 서류** 등 ④ 피고인 또는 변호인이 행한 **법률상·사실상의 주장과 관련된 서류** 등이 이에 해당한다. (14.모의)

(4) 증거개시 거부

피고인 또는 변호인은 **검사가** 서류 등의 열람·등사 또는 서면의 교부를 **거부**한 때에는 서류 등의 열람·등사 또는 서면의 교부를 **거부**할 수 있다. 다만, 법원이 피고인 측의 증거개시신청을 기각하는 결정을 한 때에는 그러하지 아니하다(제266조의11 제2항).

(5) 법원에 대한 신청

검사는 피고인 또는 변호인이 요구를 거부한 때에는 법원에 그 서류 등의 열람·등사 또는 서면의 교부를 허용하도록 할 것을 신청할 수 있다(동조 제3항). 검사의 법원에 대한 증거개시신청의 심리 및 결정에 대하여는 피고인 또는 변호인의 법원에 대한 증거개시신청에 관한 규정(제266조의4 제2항 내지 제5항)을 준용한다. 따라서 검사뿐만 아니라 피고인 또는 변호인도 증거개시에 관한 법원의 결정을 지체 없이 이행하지 아니하는 때에는 해당 증인 및 서류 등에 대한 증거신청을 할 수 없다.

제4절 공판정의 심리

I 공판정의 구성

1. 검사의 출석

검사의 출석은 **공판개정의 요건**이다. 따라서 검사의 출석이 없을 때에는 개정하지 못한다 (제275조 제2항). 다만, 검사가 공판기일의 통지를 **2회 이상 받고도 출석하지 아니하거나 판결만을 선고**하는 때에는 검사의 출석 없이 개정할 수 있다(제278조). 여기서 2회 이상이 란 검사가 2회에 걸쳐 출석하지 아니한 때에는 그 기일에 바로 개정할 수 있다는 뜻이고, **반드시 계속하여 2회 이상 불출석할 것을 요하는 것은 아니다**(대판 1966.11.29. 66도1415). (15.모의)

2. 피고인의 출석

(1) 원칙

피고인의 출석은 **공판개정의 요건**이다. 따라서 피고인이 공판기일에 출석하지 아니한 때 에는 특별한 규정이 없으면 개정하지 못한다(제276조). 피고인의 공판정출석은 권리인 동 시에 의무이다. 따라서 출석한 피고인은 재판장의 허가 없이 퇴정하지 못한다(제281조 제1항).

(2) 피고인의 출석 없이 심판할 수 있는 경우

1) 소송무능력자의 소송행위의 대리와 대표

① 피고인이 의사무능력자인 경우

형법의 책임능력에 관한 규정의 적용을 받지 않는 범죄사건의 피고인이 의사 능력이 없는 경우에 **법정대리인 또는 특별대리인이 출석**한 때에는 피고인의 출석을 요하지 않는다(제 26조, 제28조).

② 피고인이 법인인 경우

피고인이 법인인 때에는 그 **대표자**가 출석하면 된다(제27조). 이 경우 대표자가 반드시 출 석할 것을 요하지 않고 대리인을 출석하게 할 수 있다(제276조 단서).

2) 경미 사건 및 피고인에게 유리한 재판을 하는 경우(제277조)

① 다액 500만 원 이하의 벌금 또는 과료에 해당하는 사건

② 공소기각, 면소의 재판을 할 것이 명백한 사건 (변시6회)

③ 법원이 피고인의 불출석을 허가한 사건

장기 3년 이하의 징역 또는 금고, 다액 500만 원을 초과하는 벌금 또는 구류에 해당하는 사건으로 피고인의 불출석허가신청이 있고 법원이 피고인의 불출석이 그의 권리를 보호함 에 지장이 없다고 인정하여 **불출석을 허가**한 사건을 말한다.

④ 약식명령에 대하여 피고인만이 정식재판청구한 사건 (15.모의)

⑤ 즉결심판에 의하여 피고인에게 벌금·과료에 해당하는 사건(즉결심판법 제8조의2)

3) 피고인이 퇴정하거나 퇴정명령을 받은 경우

① 임의퇴정 및 퇴정명령

피고인이 **재판장의 허가 없이 퇴정하거나** 재판장의 질서유지를 위한 **퇴정명령을 받은 때**에는 피고인의 진술 없이 판결할 수 있다(제330조).

② 일시퇴정

재판장은 **증인 또는 감정인이 피고인 등의 면전에서 충분한 진술을 할 수 없다고 인정한 때에는 그를 퇴정하게 하고 진술하게 할 수 있다.** 피고인이 다른 피고인의 면전에서 충분한 진술을 할 수 없다고 인정한 때에도 같다(제297조 제1항). 이 때 증인, 감정인 또는 공동피고인의 진술이 종료한 때에는 퇴정한 피고인을 입정하게 한 후 법원사무관 등으로 하여금 **진술의 요지를 고지하게 하여야 한다**(동조 제2항).

🔍 피고인의 무단퇴정과 퇴정명령시 법원의 심리범위

1. 논점

피고인이 재판장의 허가 없이 퇴정하거나 재판장의 퇴정명령을 받은 때에는 피고인의 진술 없이 판결할 수 있는 바(제330조), 이 경우에 법원은 어느 범위까지 심리할 수 있는지에 대하여 논의가 있다.

2. 견해의 대립

① 제330조가 공판절차나 증거편이 아닌 재판 편에 규정되어 있음을 고려할 때 심리가 사실상 끝나고 선고만 남았을 때 제330조를 적용해야 하고, 증거동의 의제도 인정되지 않는다는 **적법절차설** ② 판결뿐만 아니라 심리도 가능하지만, 불출석 자체에 대한 제재는 아니므로 증거동의 의제는 인정되지 않는다는 **공정성설** ③ 피고인이 방어권을 남용한 것이므로 판결뿐만 아니라 심리(증거조사와 최종변론)도 할 수 있고, 증거동의도 의제된다는 **방어권남용설**이 대립한다.

3. 판례의 태도

필요적 변호사건에서 피고인이 재판장의 허가 없이 퇴정하고 변호인마저 이에 동조하여 퇴정한 것은 피고인측의 방어권남용 내지 변호권의 포기로서 피고인이나 변호인 없이 심리판결할 수 있으며 증거동의 의제가 가능하다고 하여 **방어권 남용설**의 입장이다(대판 1991.6.28. 91도865). (변시2회, 14.모의, 15.모의, 16.모의)

4. 검토

제330조는 증거조사 이후에 규정되어 있고, 피고인의 퇴정에는 묵시적으로 증거동의에 반대한다는 의사가 내포되어 있다는 점에서 **적법절차설**이 타당하다.

---

4) 피고인이 불출석하는 경우

① 구속피고인의 출석거부

피고인이 출석하지 아니하면 개정하지 못하는 경우에 **구속된 피고인이 정당한 사유 없이 출석을 거부하고, 교도관에 의한 인치가 불가능하거나 현저히 곤란**하다고 인정되는 때에는 피고인의 출석 없이 공판절차를 진행할 수 있다(제277조의2 제1항). 이때 정당한 사유 없이 출석을 거부하였다는 것만으로 부족하고 교도관에 의한 인치가 불가능하거나 현저히 곤란할 것까지를 요구한다(대판 2001.6.12. 2001도114).

② 소재불명

피고인에 대한 송달불능보고서가 접수된 때로부터 6월이 경과하도록 제18조 제2항 및 제3항의 규정에 의한 조치에도 불구하고 피고인의 소재가 확인되지 아니한 때에는 그 후 피고인에 대한 송달은 공시송달의 방법에 의한다. 피고인이 제1항의 규정에 의한 공판기일의 소환을 2회 이상 받고도 출석하지 아니한 때에는 법 제23조의 규정에 의하여 피고인의 진술 없이 재판할 수 있다(소송촉진 등에 관한 특례규칙 제19조).

③ 항소심에서의 특칙

항소심에서 피고인이 공판기일에 출정하지 아니한 때에는 다시 기일을 정하여야 하나 피고인이 **정당한 사유 없이 다시 정한 기일에 출정하지 아니한 때**에는 피고인의 진술 없이 판결을 할 수 있다(제365조). 다만, 이때의 2회의 불출석은 **연속해서 행해진 불출석이어야 한다**(대판 2016.4.29. 2016도2210).

📚 판례

형사소송법 제370조, 제276조에 의하면 항소심에서도 공판기일에 피고인의 출석 없이는 개정하지 못하나, 같은 법 제365조가 피고인이 항소심 공판기일에 출석하지 아니한 때에는 다시 기일을 정하고, 피고인이 정당한 사유 없이 다시 정한 기일에도 출석하지 아니한 때에는 피고인의 진술 없이 판결할 수 있도록 정하고 있으므로 피고인의 출석 없이 개정하려면 **불출석이 2회 이상 계속된 바가 있어야 한다**(대판 2016.4.29. 2016도2210).

---

④ 정식재판청구에 의한 공판절차의 특칙

약식명령에 대하여 정식재판을 청구한 피고인이 정식재판절차의 공판기일에 출석하지 아니한 때에는 다시 기일을 정하여야 하고, 피고인이 **정당한 사유없이 다시 정한 기일에 출석하지 아니한 때**에는 피고인의 진술 없이 판결할 수 있다(제458조 제2항, 제365조). (15.모의)

⑤ 출석이 부적당한 경우

상고심은 법률심이므로 변호인 아니면 변론할 수 없기 때문에 피고인의 소환을 요하지 않는다(제389조의2).

3. 변호인의 출석

변호인은 당사자가 아니므로 변호인의 출석은 공판개정의 요건이 아니다. 다만, **필요적 변호사건과 국선변호사건에 관하여는 변호인 없이 개정하지 못한다**(제282조, 제283조). 그러나 **판결만을 선고하는 경우에는 예외**로 한다(제282조 단서).

🔍 필요적 변호사건에서 변호인의 퇴정 [13.모의]

필요적 변호사건에서 변호인의 출석이 공판개정의 요건이다(제282조, 제283조). 그런데 이러한 필요적 변호사건에서 변호인이 임의퇴정하거나 퇴정명령을 받은 경우 변호인의 재정 없이 심리할 수 있는지에 대하여 논의가 있다. 이에 ① 피고인의 방어권을 보장하기 위하여 변호인의 재정 없이 심리할 수 없다는 **소극설** ② 변호인이 허가 없이 퇴정한 것은 방어권남용 내지 변호권 포기이므로 제330조를 유추적용하여 변호인 없이 심리·판결할 수 있고, 증거동의도 의제된다는 **적극설**이 대립한다. 판례는 **필요적 변호사건에서 피고인이 재판장의 허가 없이 퇴정하고 변호인마저 이에 동조하여 퇴정한 것은 피고인측의 방어권남용 내지 변호권의 포기로서 피고인이나 변호인 없이 심리**

판결할 수 있으며 증거동의 의제가 가능하다고 하여 **적극설**의 입장이다(대판 1991.6.28. 91도865). 생각
건대, 피고인의 변호인의 조력을 받을 권리를 실질적으로 보장해야 하고 변호인 퇴정시 국선변호
인 선정이 가능하다는 점에서 **소극설**이 타당하다.

Ⅱ 소송지휘권

1. 의의

소송지휘권이란 소송절차를 신속·적정하게 하고 심리를 원활하게 하기 위한 법원의 합목
적적 활동을 말한다. 형사소송법은 '공판기일의 소송지휘는 재판장이 한다'고 하여 재판장
의 소송지휘권을 규정하고 있다(제279조).

2. 내용

(1) 재판장의 소송지휘권

① **포괄적 위임**

신속하고 적정한 소송지휘를 위하여 형사소송법은 법원의 소송지휘권을 포괄적으로 재
판장에게 맡기고 있다. 공판기일의 지정과 변경(제267조, 제270조), 불필요한 변론의 제
한(제299조), 증인신문순서의 변경(제161조의2 제3항), 인정신문(제284조), 석명권(규칙
제141조) 등이 이에 해당한다.

② **변론의 제한**

재판장은 소송관계인의 진술 또는 신문이 중복된 사항이거나 그 소송에 관계없는 사
항인 때에는 소송관계인의 본질적 권리를 해하지 아니하는 한도에서 이를 제한할 수
있다(제299조).

③ **석명권**

재판장은 소송관계를 명료하게 하기 위하여 검사, 피고인 또는 변호인에게 사실상과 법률
상의 사항에 관하여 석명을 구하거나 입증을 촉구할 수 있다. 합의부원은 재판장에게 고
하고 석명을 구하거나 입증을 촉구할 수 있고, 검사, 피고인 또는 변호인은 재판장에 대하
여 석명을 위한 발문을 요구할 수 있다(규칙 제141조).

(2) 법원의 소송지휘권

공판기일에서의 소송지휘라 할지라도 중요사항은 법률에 의하여 법원에 유보되어 있다.
예컨대 국선변호인의 선임(제283조), **증거결정(제295조), 증거조사에 대한 이의신청의 결정
(제296조 제2항)**, 공소장변경의 허가(제298조), 재판장의 처분에 대한 이의신청에 대한 결
정(제304조 제2항), 변론의 분리·병합·재개결정(제300조, 제305조) 공판절차의 정지결정
(제306조) 등이 이에 해당한다.

(3) 전문심리위원의 참여

법원은 소송관계를 분명하게 하거나 소송절차를 원활하게 진행하기 위하여 필요한 경우에는 직권으로 또는 검사, 피고인 또는 변호인의 신청에 의하여 결정으로 전문심리위원을 지정하여 공판준비 및 공판기일 등 소송절차에 참여하게 할 수 있다. 다만, 재판의 합의에는 참여할 수 없다(제279조의2).

3. 소송지휘권의 행사

(1) 행사방법

법원의 소송지휘권은 **결정의 형식**으로, 재판장의 소송지휘권은 **명령의 형식**으로 한다.

(2) 소송지휘권에 대한 불복

1) 법원의 소송지휘권에 대한 불복

법원의 소송지휘권의 행사는 **판결 전 소송절차에 관한 결정**이므로 **항고로 불복할 수 없다**(제403조). 다만, **증거조사에 대한 이의신청**은 법령의 위반이 있거나 상당하지 아니함을 이유로 할 수 있으며, **증거결정에 대한 이의신청**은 법령의 위반이 있음을 이유로 가능하다(제296조, 규칙 제135조의2).

> **판례**
>
> 당사자의 증거신청에 대한 법원의 채택여부의 결정은 **판결 전의 소송절차에 관한 결정으로서 이의신청을 하는 외에는 달리 불복할 수 있는 방법이 없고**, 다만 그로 말미암아 사실을 오인하여 판결에 영향을 미치기에 이르른 경우에만 **이를 상소의 이유로 삼을 수 있을 뿐이다**(대판 1990.6.8. 90도646).

2) 재판장의 소송지휘권에 대한 불복

재판장의 소송지휘권에 관한 처분에 대하여는 **법령위반이 있는 경우에 한하여** 당사자 등 소송관계인은 **이의신청**을 할 수 있다(제304조, 규칙 제136조).

Ⅲ 법정경찰권

1. 의의

법정의 질서를 유지하고 심판에 대한 방해를 제지·배제하기 위하여 법원이 행하는 권력적 작용으로서 **사건의 실체와는 무관**하다는 점에서 소송지휘권과 구별된다.

2. 내용

법정경찰권은 예방작용과 방해배제작용 및 제재작용을 그 내용으로 한다.

제5절 공판기일의 절차

I 모두절차

1. 진술거부권의 고지

피고인은 진술하지 아니하거나 개개의 질문에 대하여 진술을 거부할 수 있고, 재판장은 피고인에게 위와 같이 진술을 거부할 수 있음을 고지하여야 한다(제283조의2). 개정법은 피고인의 방어권을 강화하기 위하여 진술거부권의 규정 위치를 인정신문 앞으로 옮겨 인정신문에 들어가기 전에 피고인에게 진술거부권을 고지하도록 하였다.

2. 인정신문

재판장은 피고인의 성명·연령·등록기준지·주거와 직업을 물어서 피고인임에 틀림없음을 확인하여야 한다(제284조). 실질적인 심리에 들어가기 전에 피고인으로 출석한 자가 공소장에 기재된 피고인과 동일인가를 확인하는 절차를 말한다.

3. 검사의 모두진술

검사는 공소장에 의하여 공소사실·죄명 및 적용법조를 낭독하여야 한다. 다만, 재판장은 필요하다고 인정하는 때에는 검사에게 공소의 요지를 진술하게 할 수 있다(제285조).

4. 피고인의 모두진술

피고인은 검사의 모두진술이 끝난 뒤에 **공소사실의 인정 여부**를 진술하여야 한다. 다만, 피고인이 진술거부권을 행사하는 경우에는 그러하지 아니하다(제286조 제1항). 피고인이 모두진술단계에서 공소사실에 대해 자백하면 간이공판절차에 의하여 심판할 수 있다(제286조의2). 공소사실의 인정 여부를 진술한 후에 피고인 및 변호인은 **피고인에게 이익이 되는 사실 등**을 진술할 수 있다. 따라서 피고인은 모두 진술을 통하여 관할이전신청(제15조), 기피신청(제18조), 국선변호인의 선정청구(제33조 제2항), 공판기일변경신청(제270조) 등을 할 수 있다. **토지관할위반의 신청**(제320조 제2항), **공소장부본송달의 하자에 대한 이의신청**(제266조), **제1회 공판기일 유예기간에 관한 이의신청**(제269조) 등은 늦어도 이 단계에서 하여야 하며, 피고인이 이때까지 이의신청을 하지 아니하면 그 절차상의 하자는 치유되어 더 이상 절차상의 하자를 다툴 수 없게 된다.

5. 재판장의 쟁점정리 및 검사·변호인의 증거관계 등에 관한 진술

재판장은 피고인의 모두진술이 끝난 다음에 피고인 또는 변호인에게 쟁점의 정리를 위하여 필요한 질문을 할 수 있다(제287조 제1항). 재판장은 증거조사를 하기에 앞서 검사 및 변호인으로 하여금 공소사실 등의 증명과 관련된 주장 및 입증계획 등을 진술하게 할 수 있다. 다만, 증거로 할 수 없거나 증거로 신청할 의사가 없는 자료에 기초하여 법원에 사건에 대한 예단 또는 편견을 발생하게 할 염려가 있는 사항은 진술할 수 없다(동조 제2항).

Ⅱ 사실심리절차

1. 증거조사

(1) 의의

증거조사란 법원이 피고사건의 사실인정과 양형에 관한 심증을 얻기 위하여 각종의 증거 방법을 조사하여 그 내용을 감지하는 소송행위를 말한다. 증거조사는 **모두절차가 끝난 후 에 실시하도록 하여** 피고인신문에 앞서 행해진다. 증거조사는 검사, 피고인 등의 **신청에 의하는 경우**와 법원의 **직권에 의하는 경우**가 있다.

(2) 당사자의 신청에 의한 증거조사

1) 증거조사의 신청

① 신청권자

검사, 피고인 또는 변호인은 서류나 물건을 증거로 제출할 수 있고, 증인·감정인·통역인 또는 번역인의 신문을 신청할 수 있다(제294조). 또한 **범죄 피해자 및 그 법정대리인**의 신청이 있는 때에는 그 피해자등을 증인으로 신문하여야 한다(제294조의2).

② 신청시기 및 순서

신청시기에는 제한 없다. 다만 검사, 피고인 또는 변호인이 고의로 증거를 뒤늦게 신청함 으로 공판의 완결을 지연하는 것으로 인정할 때에는 직권 또는 상대방의 신청에 따라 결 정으로 각하될 수 있고(동조 제2항), 공판준비절차 제도의 도입으로 공판준비절차에서 신 청하지 아니한 증거는 시기에 늦은 신청으로 부적법할 수 있다(제266조의13). 증거신청은 검사가 먼저 한 후에 피고인 또는 변호인이 한다(규칙 제133조).

③ 신청방식

증거신청은 **서면 또는 구두**로 한다. 증거신청을 함에 있어서는 그 증거와 증명하고자 하는 사실과의 관계, 즉 **입증취지를 구체적으로 명시하여야 하며**, 특별한 사정이 없는 한 필요한 증거를 **일괄하여 신청**하여야 한다. 법원은 필요하다고 인정할 때에는 증인의 신문을 청구한 자에 대하여 **사전에 신문사항을 기재한 서면의 제출**을 명할 수 있다(규칙 제132조의2).

2) 증거결정

법원은 증거신청에 대하여 결정을 해야 한다(제295조). 법원은 증거결정을 함에 있어서 필 요하다고 인정할 때에는 그 증거에 대한 **검사, 피고인 또는 변호인의 의견을 들을 수 있다.** 법원은 서류 또는 물건이 증거로 제출된 경우에 제출한 자로 하여금 그 서류 또는 물건을 상대방에게 제시하게 하여 상대방으로 하여금 그 서류 또는 물건의 **증거능력 유무에 관한 의견을 진술하게 하여야 한다.** 다만, 증거동의가 있는 것으로 간주되는 경우에는 그러하지 아니하다(규칙 제134조). 법원의 증거결정에는 각하결정, 기각결정, 채택결정이 있다.

🔍 **증거결정의 법적성질** [14.모의]

법원이 증거신청이나 직권에 의하여 증거조사를 할 것인지 여부를 판단하는 결정을 증거결정이라 고 한다. 특히 당사자의 증거신청에 대한 법원의 증거결정의 법적 성질에 대하여 논의가 있다. 이에

① 형사소송법은 증거결정을 제한하는 명문규정을 두지 않고, 법원의 증거결정은 소송지휘권에 근거함을 이유로 하는 **자유재량설** ② 제294조의2를 증거결정의 실정법적 기준으로 보는 **기속재량설**이 대립한다. 판례는 **증거신청의 채택 여부는 법원의 재량으로서 법원이 필요하지 아니하다고 인정할 때에는 이를 조사하지 아니할 수 있다고 하여 자유재량설의 입장이다**(대판 1995.6.13. 95도826). 생각건대 증거재판주의를 채택하고 있는 현행법 아래에서 증거신청권이 갖는 중요성을 고려할 때, 법원의 재량에도 합리적인 기준이 있을 수밖에 없으므로 **기속재량설**이 타당하다.

3) 증거결정의 취소

법원은 일정한 사유가 있는 경우에는 증거조사를 종료하지 않은 상태에서 증거결정을 취소할 수 있다(규칙 제139조 제3항). 이러한 증거결정의 취소는 증거조사의 필요성이 없게 된 경우나 증거결정이 위법 혹은 부당한 경우에 행하여진다. 최근 판례에 따르면 증인채택 결정을 취소하는 것은 법원의 재량에 해당하기는 하지만 일정한 한계가 존재한다. 증거결정의 취소는 이미 증거조사를 마친 증거가 증거능력이 없음을 이유로 그 증거의 전부 또는 일부를 배제하는 증거배제결정과 구별된다(규칙 제139조 제4항).

⚖ 판례

형사소송법이 증인의 법정 출석을 강제할 수 있는 권한을 법원에 부여한 취지는, 다른 증거나 증인의 진술에 비추어 굳이 추가 증인신문을 할 필요가 없다는 등 특별한 사정이 없는 한 사건의 실체를 규명하는 데 가장 직접적이고 핵심적인 증인으로 하여금 공개된 법정에 출석하여 선서 후 증언하도록 하고, 법원은 출석한 증인의 진술을 토대로 형성된 유죄·무죄의 심증에 따라 사건의 실체를 규명하도록 하기 위함이다. 따라서 다른 증거나 증인의 진술에 비추어 굳이 추가 증거조사를 할 필요가 없다는 등 특별한 사정이 없고, 소재탐지나 구인장 발부가 불가능한 것이 아님에도 불구하고, 불출석한 핵심 증인에 대하여 소재탐지나 구인장 발부 없이 증인채택 결정을 취소하는 것은 법원의 재량을 벗어나는 것으로서 위법하다(대판 2020.12.10. 2020도2623).

4) 증거결정에 대한 불복

당사자의 증거신청에 대한 법원의 채택 여부의 결정은 판결 전의 소송절차에 관한 결정으로서 이의신청을 하는 것 외에는 달리 불복할 수 있는 방법이 없고, 다만 그로 말미암아 사실을 오인하여 판결에 영향을 미치기에 이른 경우에만 이를 상소의 이유로 삼을 수 있다.

⚖ 판례

당사자의 증거신청에 대한 법원의 채택 여부의 결정은 판결 전의 소송절차에 관한 결정으로서 이의신청을 하는 외에는 달리 불복할 수 있는 방법이 없고, 다만 그로 말미암아 사실을 오인하여 판결에 영향을 미치기에 이른 경우에만 이를 상소의 이유로 삼을 수 있을 뿐이다(대판 1990.6.8. 90도646).

(3) 직권에 의한 증거조사

법원은 직권으로 증거조사를 할 수 있다(제295조). 실체적 진실주의와 공정한 재판의 이념을 고려할 때 법원의 권한인 동시에 의무가 된다(다수설). 따라서 법원이 직권에 의한 증거조사를 다하지 않은 때에는 심리미진의 위법이 인정된다(대판 1974.1.15. 73도2522).

(4) 증거조사의 실시

1) 증거조사의 순서

증거신청에 대한 채택결정 또는 직권에 의한 증거조사 결정이 있게 되면 법원은 **검사가** 신청한 증거를 조사한 후 **피고인 또는 변호인**이 신청한 증거를 조사한다. 다음으로 법원은 **직권으로** 결정한 증거를 조사한다. 그러나 법원은 이 순서를 직권 또는 검사, 피고인, 변호인의 신청에 의하여 변경할 수 있다(제291조의2).

2) 증거조사 방법

① 증거서류(제292조)

검사, 피고인 또는 변호인의 신청에 따라 증거서류를 조사하는 때에는 **신청인이 이를 낭독**하여야 한다. 법원이 직권으로 증거서류를 조사하는 때에는 **소지인 또는 재판장이 이를 낭독**하여야 한다. 재판장은 필요하다고 인정하는 때에는 **내용을 고지**하는 방법으로 조사할 수 있다. 재판장은 열람이 다른 방법보다 적절하다고 인정하는 때에는 증거서류를 제시하여 **열람**하게 하는 방법으로 조사할 수 있다.

② 증거물(제292조의2)

검사, 피고인 또는 변호인의 신청에 따라 증거물을 조사하는 때에는 **신청인이 이를 제시**하여야 한다. 법원이 직권으로 증거물을 조사하는 때에는 **소지인 또는 재판장이 이를 제시**하여야 한다.

🔍 증거서류와 증거물인 서면의 구별기준 및 증거조사 방법

1. 논점

형사소송법은 증거조사의 방식과 관련하여 증거물과 증거서류에 대해서만 규정을 두고 있어, 종래 학설과 실무가 인정하던 증거물인 서면과 증거서류의 구분 및 그 증거조사 방법이 여전히 문제된다.

2. 구별기준

① **당해사건의 소송절차에서 작성된 서면**으로서 그 보고적 내용이 증거로 사용되는 서류가 증거서류이고, 그 이외의 서류가 증거물인 서면이라고 보아 수사기관 작성의 진술조서·검증조서도 증거서류에 포함된다는 **절차기준설**
② 당해 소송절차에서 **법원 또는 법관의 면전에서 작성된 서면**이 증거서류이고 그 이외의 서류가 증거물인 서면이라는 **작성자기준설**
③ **서면의 내용**을 증거로 하는 것이 증거서류, 서면의 내용과 동시에 그 존재 또는 상태가 증거로 되는 것이 증거물인 서면이라는 **내용기준설**

3. 판례의 태도

형사소송법 제292조, 제292조의2 제1항, 형사소송규칙 제134조의6의 취지에 비추어 보면, 본래 증거물이지만 증거서류의 성질도 가지고 있는 이른바 '증거물인 서면'을 조사하기 위해서는 증거서류의 조사방식인 낭독·내용고지 또는 열람의 절차와 증거물의 조사방식인 제시의 절차가 함께 이루어져야 하므로, 원칙적으로 증거신청인으로 하여금 그 서면을 제시하면서 낭독하게 하거나 이에 갈음하여 그 내용을 고지 또는 열람하도록 하여야 한다고 하여 내용기준설의 입장이다(대판 2013.7.26. 2013도2511).

③ 그 밖의 증거

도면·사진·녹음테이프·비디오테이프·컴퓨터용디스크, 그 밖에 정보를 담기 위하여 만들어진 물건으로서 문서가 아닌 증거의 조사에 관하여 필요한 사항은 **대법원규칙**으로 정한다(제292조의3).

㉠ 영상녹화물(규칙 제134조의4)

영상녹화물은 **기억환기** 또는 **진정성립을 증명**하기 위한 용도로 증거조사를 하게 된다. 그리고 영상녹화물의 증거능력은 일반적으로 부정되지만 **성폭력범죄의 처벌 등에 관한 특례법 제30조 제6항**과 아동·청소년의 성보호에 관한 법률 제26조 제6항에 따르면 **예외적으로 증거능력**을 가지는 경우가 있으므로 이때에는 그 증거조사방법이 의미를 가진다. 규칙 제134조의4에 의하면 법원이 공판준비 또는 공판기일에서 봉인을 해체하고 **영상녹화물의 전부 또는 일부를 재생**하는 방법으로 조사하여야 한다.

> **※ 판례**
>
> 1 성폭력범죄의 처벌 및 피해자보호 등에 관한 법률 제21조의3 제3항에 의해 촬영된 영상물에 수록된 '피해자의 진술'은 동조 제4항에 의해 공판준비 또는 공판기일에서 피해자 또는 조사과정에 동석하였던 신뢰관계에 있는 자의 진술에 의하여 그 성립의 진정함이 인정된 때에는 증거로 할 수 있다. 그리고 동조 제4항의 규정에 의하여 증거능력이 인정될 수 있는 것은 '동조 제3항에 의해 촬영된 영상물에 수록된 피해자의 진술' 그 자체일 뿐이고, '피해자에 대한 경찰 진술조서'나 '조사과정에 동석하였던 신뢰관계 있는 자의 공판기일에서의 진술'은 그 대상이 되지 아니한다(대판 2010.1.28. 2009도12048).
> 2 위와 같이 촬영한 영상에 피해자가 피해상황을 진술하면서 보충적으로 작성한 메모도 함께 촬영되어 있는 경우 이는 **영상물에 수록된 피해자의 진술의 일부와 다름없으므로**, 위 법률에 따라 조사과정에 동석하였던 신뢰관계 있는 자의 진술에 의하여 성립의 진정함이 인정된 때에는 증거로 할 수 있다(대판 2009.12.24. 2009도11575).

㉡ 음성·영상자료 등(규칙 제134조의8)

음성·영상자료 등에 대한 증거조사는 녹음·녹화매체 등을 **재생하여 청취 또는 시청**하는 방법으로 한다. 이때 녹음·녹화매체 등에 대한 증거조사를 신청한 당사자는 법원이 명하거나 상대방이 요구한 때에는 녹취서 또는 그 밖의 그 내용을 설명하는 서면을 제출하여야 한다.

ⓒ 컴퓨터용디스크 등에 기억된 문자정보·도면·사진 등(규칙 제134조의7)

컴퓨터용디스크 등에 기억된 문자정보를 증거자료로 하는 경우에는 **읽을 수 있도록 출력하여 인증한 등본**을 낼 수 있다.

ⓔ 도면·사진 등(규칙 제134조의9)

도면·사진 그 밖에 정보를 담기 위하여 만들어진 물건으로서 문서가 아닌 증거의 조사에 관하여는 특별한 규정이 없으면 **낭독(제292조), 제시(제292조의2)의 규정을 준용**한다.

ⓜ 증인 등

증인에 대한 신문, 감정, 통역, 번역, 검증 등의 방법으로 증거조사가 이루어진다.

(5) 증거조사에 대한 이의신청 [변시2회]

1) 의의

검사·피고인 또는 변호인은 **증거조사에 관하여** 이의신청을 할 수 있다. 법원은 이의신청에 대하여 즉시 결정을 하여야 한다(제296조).

2) 이의신청의 사유

'증거조사에 관하여'란 증거조사의 절차뿐만 아니라 증거조사단계에서 행해지는 모든 처분, 즉 **증거신청, 증거결정, 증거조사의 순서·방법, 증거능력의 유무의 판단 등을 포함**한다. 이의신청은 **법령의 위반**이 있는 경우뿐만 아니라 **상당하지 아니함**을 이유로 하는 경우에도 허용된다. 다만, 증거결정에 대한 이의신청은 **법령의 위반**을 이유로만 가능하다(규칙 제135조의2).

3) 이의신청의 방식

이의신청은 개개의 행위, 처분 또는 결정시마다 그 이유를 간결하게 명시하여 **즉시 하여야** 하고(규칙 제137조), 서면 또는 구술로 할 수 있다(규칙 제176조 제1항).

4) 이의신청에 대한 법원의 결정(규칙 제139조)

① 기각결정

이의신청이 시기에 늦은 경우, 소송지연만을 목적으로 하는 것임이 명백한 경우, 이유 없는 경우의 경우에는 결정으로 기각한다. 다만, 시기에 늦었더라도 중요한 사항을 대상으로 할 때는 시기에 늦었다는 이유만으로 기각해서는 안 된다.

② 인용결정

이의신청이 이유있다고 인정되는 경우에는 결정으로 이의신청의 대상이 된 행위·처분 또는 결정을 중지·철회·취소·변경하는 등 그 이의 신청에 상응하는 조치를 취하여야 한다.

③ 증거배제결정

증거조사를 마친 증거가 증거능력이 없음을 이유로 한 이의신청을 이유 있다고 인정할 경우에는 그 증거의 전부 또는 일부를 배제한다는 취지의 결정을 하여야 한다.

5) 이의신청 결정에 대한 불복

이의신청에 대한 결정으로 판단된 사항에 대해서는 **다시 이의신청을 할 수 없다**(규칙 제140조). 이의신청에 대한 법원의 결정은 **판결 전 소송절차에 관한 결정**이므로 그 결정에 대한 **항고가 허용되지 않는다**(제403조). (변시2회, 13.모의)

(6) 증거조사결과에 대한 피고인의 의견

재판장은 피고인에게 각 증거조사의 결과에 대한 의견을 묻고 권리를 보호함에 필요한 증거조사를 신청할 수 있음을 고지하여야 한다(제293조).

2. 피고인신문

(1) 의의

피고인에 대하여 공소사실과 그 정상에 관한 필요한 사항을 신문하는 절차이다. 이 때 피고인은 증거방법으로서의 지위를 갖게 되나, 당사자지위가 침해되어서는 아니되므로 피고인에게는 **진술거부권이 보장**되어 있다.

(2) 피고인신문의 순서

검사 또는 변호인은 증거조사 종료 후에 순차로 피고인에게 대하여 공소사실과 정상에 관한 필요사항을 직접 신문할 수 있다. 다만, 재판장은 필요하다고 인정할 때에는 증거조사가 완료하기 전이라도 이를 허가할 수 있다(제296조의2 제1항). **재판장**은 필요하다고 인정하는 때에는 피고인을 신문할 수 있다(동조 제2항).

> **⚡판례**
>
> 형사소송법 제370조, 제296조의2 제1항 본문은 "검사 또는 변호인은 증거조사 종료 후에 순차로 피고인에게 공소사실 및 정상에 관하여 필요한 사항을 신문할 수 있다."라고 규정하고 있으므로, 변호인의 피고인신문권은 변호인의 소송법상 권리이다. 한편 재판장은 검사 또는 변호인이 항소심에서 피고인신문을 실시하는 경우 제1심의 피고인신문과 중복되거나 항소이유의 당부를 판단하는 데 필요 없다고 인정하는 때에는 그 신문의 전부 또는 일부를 제한할 수 있으나(형사소송규칙 제156조의6 제2항) 변호인의 본질적 권리를 해할 수는 없다(형사소송법 제370조, 제299조 참조). 따라서 재판장은 변호인이 피고인을 신문하겠다는 의사를 표시한 때에는 피고인을 신문할 수 있도록 조치하여야 하고, 변호인이 피고인을 신문하겠다는 의사를 표시하였음에도 변호인에게 일체의 피고인신문을 허용하지 않은 것은 변호인의 피고인신문권에 관한 본질적 권리를 해하는 것으로서 소송절차의 법령위반에 해당한다(대판 2020.12.24. 2020도10778).

(3) 피고인신문의 방법

피고인신문을 하는 때에는 피고인은 증인석에 좌석한다(제275조 제3항). 피고인신문에는 **증인신문에 관한 규정을 준용**한다(제296조의2 제3항). 따라서 원칙적으로 교호신문방식에 따라 진행이 된다. 그리고 피고인을 신문함에 있어서 **그 진술을 강요하거나 답변을 유도하거나 그 밖에 위압적·모욕적 신문을 하여서는 아니 된다**(규칙 제140조의2). 재판장은 피고인이 어떤 재정인의 면전에서 충분한 진술을 할 수 없다고 인정한 때에는 그 재정인을 퇴정하게 하고 진술하게 할 수 있다(규칙 제140조의3).

(4) 신뢰관계 있는 자의 동석

재판장 또는 법관은 피고인을 신문하는 경우, 피고인이 신체적 또는 정신적 장애로 사물을 변별하거나 의사를 결정·전달할 능력이 미약한 경우, 피고인의 연령·성별·국적 등의 사정을 고려하여 그 심리적 안정의 도모와 원활한 의사소통을 위하여 필요한 경우에는 직권 또는 피고인·법정대리인·검사의 신청에 따라 **피고인과 신뢰관계가 있는 자를 동석하게 할 수 있다**(제276조의2).

3. 최종변론

(1) 검사의 의견진술

증거조사와 피고인신문이 종료된 때에는 검사는 사실과 법률적용에 관하여 의견을 진술하여야 한다. 단, 검사의 출석 없이 개정한 경우에는 공소장의 기재사항에 의하여 의견진술이 있는 것으로 간주한다(제302조). 이를 검사의 논고라고 하며, 특히 **검사의 양형에 대한 의견을 구형**이라고 한다. 다만, 법원은 검사의 구형에 구속되지 않는다.

(2) 피고인과 변호인의 의견진술

재판장은 검사의 의견을 들은 후 피고인과 변호인에게 최종의 의견을 진술할 기회를 주어야 한다(제303조). 최종의견을 진술할 기회는 피고인과 변호인 모두에게 주어져야 한다.

4. 변론종결

피고인의 최후진술을 끝으로 변론이 종결되고 판결만을 기다리는 상태에 있게 된다. 이를 결심이라고 한다. 그러나 법원은 필요하다고 인정하는 때에는 직권 또는 당사자의 신청에 의하여 결정으로 종결한 변론을 재개할 수 있다(제305조).

Ⅲ 판결선고절차

1. 선고 기일

판결의 선고는 **변론을 종결한 기일에 하여야** 하는 것이 원칙인데 이를 **즉일선고의 원칙**이라고 한다. 다만, 특별한 사정이 있는 경우에는 따로 선고기일을 정할 수 있다(제318조의4 제1항). 이 경우 선고기일은 변론종결 후 14일 이내로 지정되어야 한다(동조 제3항).

2. 선고 방법

판결은 공판정에서 재판서에 의하여 선고하며(제42조), 재판장이 주문을 낭독하고 이유의 요지를 설명하여야 한다(제43조). 다만, 변론을 종결하는 기일에 판결을 선고하는 경우에는 판결의 선고 후에 판결서를 작성할 수 있다(제318조의4 제2항). 형을 선고하는 경우에는 재판장은 피고인에게 상소할 기간과 상소할 법원을 고지하여야 한다(제324조).

★ 판례

[1] 형사소송법은 재판장이 판결을 선고함에는 주문을 낭독하고 이유의 요지를 설명하여야 하고(제43조 후문), 형을 선고하는 경우에는 피고인에게 상소할 기간과 상소할 법원을 고지하여야 한다고 정한다(제324조). 형사소송규칙은 재판장은 판결을 선고할 때 피고인에게 이유의 요지를 말이나 판결서 등본 또는 판결서 초본의 교부 등 적절한 방법으로 설명하고, 판결을 선고하면서 피고인에게 적절한 훈계를 할 수 있으며(제147조), 재판장은 판결을 선고하면서 피고인에게 형법 제59조의2, 형법 제62조의2의 규정에 의하여 보호관찰, 사회봉사 또는 수강을 명하는 경우에는 그 취지 및 필요하다고 인정하는 사항이 적힌 서면을 교부하여야 한다고 정한다(제147조의2 제1항).

[2] 이러한 규정 내용에 비추어 보면, 판결 선고는 전체적으로 하나의 절차로서 재판장이 판결의 주문을 낭독하고 이유의 요지를 설명한 다음 피고인에게 상소기간 등을 고지하고, 필요한 경우 훈계, 보호관찰 등 관련 서면의 교부까지 마치는 등 선고절차를 마쳤을 때에 비로소 종료된다. 재판장이 주문을 낭독한 이후라도 선고가 종료되기 전까지는 일단 낭독한 주문의 내용을 정정하여 다시 선고할 수 있다.

[3] 그러나 판결 선고절차가 종료되기 전이라도 변경 선고가 무제한 허용된다고 할 수는 없다. 재판장이 일단 주문을 낭독하여 선고 내용이 외부적으로 표시된 이상 재판서에 기재된 주문과 이유를 잘못 낭독하거나 설명하는 등 실수가 있거나 판결 내용에 잘못이 있음이 발견된 경우와 같이 특별한 사정이 있는 경우에 변경 선고가 허용된다(대판 2022.5.13. 2017도3884).

제6절 증인신문 · 감정과 검증

Ⅰ 증인신문

1. 증인신문의 의의

법원 또는 법관이 증인이 체험한 사실에 대한 진술을 듣는 증거조사, 즉 증인에 대한 증거조사를 말한다. 증인에 출석 · 선서 · 증언의무를 지우고 의무 이행을 직 · 간접적으로 강제하고 있으므로 이러한 의미에서 증인신문은 강제처분으로서의 성격을 띤다.

2. 증인의 의의와 증인적격

(1) 증인의 의의

증인이란 법원 또는 법관에 대하여 자신이 과거에 경험한 사실을 진술하는 제3자를 말한다. 법원 또는 법관에 대하여 진술하는 자임을 요하므로 수사기관에 대하여 진술하는 참고인은 증인이 아니다. 증인은 자신이 과거에 체험한 사실을 진술하는 자라는 점에서 전문지식과 경험에 의한 판단결과를 보고하는 감정인과도 구별된다. 즉 증인이 비대체적인데 반하여 감정인은 대체적이라는 점에 큰 차이가 있다.

(2) 증인적격

증인으로서 선서하고 증언할 수 있는 자격을 말한다. 형사소송법 제146조는 법원은 법률에 다른 규정이 없으면 누구든지 증인으로 신문할 수 있다고 규정하고 있으므로 원칙적으로 누구든지 증인적격이 있다고 할 수 있다.

1) 법관 · 검사 · 변호인의 증인적격

당해사건을 심판하는 법관의 경우에는 증인적격이 인정될 여지가 없다. 그러나 검사와 변호인의 경우 증인적격 여부에 대하여 견해 대립이 있지만 **검사**는 소송주체로서, **변호인**은 피고인의 보호자로서 모두 제3자에 해당하지 않으므로 증인적격이 부정된다고 보는 것이 타당하다(부정설).

2) 공무원의 증인적격

공무원 또는 공무원이었던 자가 그 직무에 관하여 알게 된 사실에 관해 본인 또는 당해 공무소가 직무상 비밀에 속한 사항임을 신고한 때에는 **그 소속 공무소 또는 감독관공서의 승낙 없이는** 증인으로 신문하지 못한다. (변시9회) 다만, 그 소속공무소 또는 당해 감독관공서는 국가에 중대한 이익을 해하는 경우를 제외하고는 승낙을 거부하지 못한다(제147조).

3) 피고인의 증인적격

피고인은 당사자로서의 지위를 가지고 있으므로 제3자임을 요하는 증인이 될 수는 없다. 피고인에게 보장된 **진술거부권을 보장**하기 위해서라도 피고인의 증인적격은 인정되지 않는다.

4) 공동피고인의 증인적격 [변시2회, 모의빈출]

공동피고인이란 두 사람 이상의 피고인이 동일한 형사절차에서 심판을 받게 된 경우에 각각의 피고인을 말한다. 공동피고인의 진술은 다른 공동피고인의 사건에 대해서는 제3자의 진술이 되나, 자신의 사건에 관하여는 피고인으로서의 진술을 겸유하므로 상피고인인 공동피고인을 증인신문할 경우, **피고인으로서 진술거부권이 침해될 여지가** 있어 그 증인적격의 인정여부가 문제된다. 이에 ① 공동피고인이 공범관계에 있는지를 불문하고 변론을 분리하지 않는 한 증인적격이 없으므로 증인으로 신문할 수 없다고 하는 **부정설** ② 공동피고인은 다른 피고인에 대한 관계에서 제3자이므로 병합심리 중인 공동피고인도 증인으로 신문할 수 있다는 **긍정설** ③ 공범자인 공동피고인은 증인적격이 없지만, 공범 아닌 공동피고인은 증인으로 신문할 수 있다는 **절충설**이 대립한다. 판례는 **피고인과 별개의 범죄사실로 기소되어 병합심리 중인 공동피고인은 피고인의 범죄사실에 관하여는 증인의 지위에 있다고** 하였고, **공범인 공동피고인의 경우 당해 소송절차에서는 피고인의 지위에 있으므로 다른 공동피고인에 대한 공소사실에 관하여 증인이 될 수 없으나 소송절차가 분리되어 피고인의 지위에서 벗어나게 되면 다른 공동피고인에 대한 공소사실에 관하여 증인이 될 수 있다고** 하여 기본적으로 절충설의 입장이면서도 공범인 피고인도 변론을 분리하면 증인적격이 인정된다는 입장이다(대판 1982.9.14. 82도1000, 대판 2008.6.26. 2008도3300). 생각건대, 공범이 아닌 공동피고인은 실질적으로 제3자에 불과하므로 증인적격이 인정될 수 있지만, 공범인 공동피고인에게 증인으로 진술을 강요하는 것은 진술거부권을 인정한 취지에 반하며, 형식적인 변론분리만으로는 피고인으로서의 진술거부권 침해 문제가 해결되지 않는다는 점에서 **절충설**이 타당하다.

🏃 판례

1 [1] 공범인 공동피고인은 당해 소송절차에서는 피고인의 지위에 있으므로 다른 공동피고인에 대한 공소사실에 관하여 증인이 될 수 없으나, 소송절차가 분리되어 피고인의 지위에서 벗어나게 되면 다른 공동피고인에 대한 공소사실에 관하여 증인이 될 수 있다. (변시8회·10회·11회, 모의빈출)
   [2] 게임장의 종업원이 그 운영자와 함께 게임산업진흥에 관한 법률 위반죄의 공범으로 기소되어 공동피고인으로 재판을 받던 중, 운영자에 대한 공소사실에 관한 증인으로 증언한 내용과 관련하여 위증죄로 기소된 사안에서, 소송절차가 분리되지 않은 이상 위 종업원은 증인적격이 없어 위증죄가 성립하지 않는다(대판 2008.6.26. 2008도3300).
2 피고인과 **별개의 범죄사실로 기소되어 병합심리 중인 공동피고인은 피고인의 범죄사실에 관하여는 증인의 지위에 있다** 할 것이므로 선서 없이 한 공동피고인의 법정진술이나 피고인이 증거로 함에 동의한 바 없는 공동피고인에 대한 피의자신문조서는 피고인의 공소 범죄사실을 인정하는 증거로 할 수 없다(대판 1982.9.14. 82도1000). (변시1회·2회, 12.모의, 13.모의)
3 **공동피고인인 절도범과 그 장물범은 서로 다른 공동피고인의 범죄사실에 관하여는 증인의 지위에 있다** 할 것이므로, 피고인이 증거로 함에 동의한 바 없는 공동피고인에 대한 피의자신문조서는 공동피고인의 증언에 의하여 그 성립의 진정이 인정되지 아니하는 한 피고인의 공소 범죄사실을 인정하는 증거로 할 수 없다(대판 2006.1.12. 2005도7601). (12.모의)

🔍 공범인 공동피고인의 범위

여기에서 말하는 공범에는 **임의적 공범** 그리고 합동절도, 성폭법위반(특수강간), 폭처법위반(공동폭행) 등의 **필요적 공범 중 집합범**뿐만 아니라 도박죄, 수뢰죄·증뢰죄와 같은 **필요적 공범 중 대향범**이 이에 포함된다.

🔍 공범인 공동피고인의 법정진술의 증거능력 [변시3회·4회, 18.모의]

1. 논점

공범인 공동피고인이 법정에서 증인이 아닌 피고인으로서 한 진술이 당해 피고인에 대하여 유죄의 증거로 사용될 수 있는지 특히 반대신문권의 보장과 관련하여 문제된다.

2. 견해의 대립

① 다른 공동피고인은 반대신문권을 행사할 수 있으므로 증거능력이 인정된다는 **적극설**
② 공동피고인은 진술거부권을 지니므로 반대신문이 곤란함을 이유로 하는 **소극설**
③ 공판정에서 자백한 공범인 공동피고인에 대하여 피고인이 실제 충분한 반대신문을 하였거나 반대신문의 기회가 보장되었을 때에 한하여 증거능력을 인정해야 한다는 **절충설**이 있다.

3. 판례의 태도

공범인 공동피고인의 법정 진술에 대하여는 피고인의 반대신문권이 보장되어 있어 증인으로 신문한 경우와 다를 바 없으며, 공범 아닌 공동피고인의 경우 공동피고인은 피고인에 대한 관계에서 **증인의 지위에 있음에 불과하므로 선서 없이 한 그 공동피고인의 법정진술은 피고인에 대하여 공소범죄사실을 인정하는 증거로 할 수 없다**는 입장이다(대판 1992.7.28. 92도917, 대판 1982.6.22. 82도898). (변시8회)

4. 검토

공범인 공동피고인의 법정진술은 법관 앞에서 행해진 임의의 진술로서 피고인에게 반대신문의 기회가 사실상 보장되므로 **적극설**이 타당하다.

3. 증인의 의무

(1) 출석의무

증인적격이 있는 자로서 적법한 소환을 받은 자는 누구나 증인으로 출석할 의무가 있다. 증언거부권자도 증언을 거부할 수 있을 뿐 출석자체를 거부할 수는 없다. 법원은 소환장의 송달, 전화, 전자우편 그 밖의 상당한 방법으로 증인을 소환하고, 소환장은 급속을 요하는 경우를 제외하고는 24시간 전에 송달하여야 한다. 다만, 증인이 **법원의 구내에 있는 때에는 소환함이 없이** 신문할 수 있다(제154조). 소환장을 송달받은 증인이 정당한 사유 없이 출석하지 아니한 때에는 결정으로 **소송비용부담** 및 500만 원 이하의 **과태료**를 부과할 수 있고, 증인이 과태료 재판을 받고도 정당한 사유 없이 다시 출석하지 않은 때에는 7일 이내의 **감치**에 처한다. 법원의 제재결정에 대해서 즉시항고 할 수 있다. (변시12회) 다만, **재판의 집행은 정지되지 않는다**(제151조 제8항). 정당한 사유 없이 소환에 응하지 아니하는 증인은 **구인**할 수 있다(제152조).

(2) 선서의무

출석한 증인은 신문에 앞서 선서를 하여야 한다. 선서 없이 한 증언은 **증거능력이 없다.** 다만 선서무능력자, 즉 증인이 16세 미만자 또는 **정신능력결함으로 선서의 취지를 이해하지 못하는 자**인 때에는 선서하게 하지 아니하고 신문하여야 한다(제159조). (변시9회) 재판장은 선서할 증인에 대하여 선서 전에 위증의 벌을 경고하여야 한다(제158조). 증인이 정당한 이유 없이 선서를 거부한 때에는 결정으로 **50만 원 이하의 과태료**에 처할 수 있다. 위 결정에 대하여는 즉시항고를 할 수 있다(제161조).

(3) 증언의무

증인은 신문받은 사항에 대하여 양심에 따라 숨김과 보탬이 없이 사실 그대로 증언할 의무가 있다. 증인이 증언의무를 이행하려면 그 전제로 **증언능력, 즉 자기가 과거에 체험한 사실을 외부에 진술하거나 표현할 수 있는 능력**을 필요로 하는데 증언능력이 없는 때에는 그 증언을 증거로 할 수 없다. **형사미성년자라고 하여 반드시 증언능력이 없는 것은 아니다.**[1] (14.모의) 증인이 정당한 이유 없이 증언을 거부한 때에는 결정으로 **50만 원 이하의 과태료**에 처할 수 있다. 위 결정에 대해서는 즉시항고가 가능하다(제161조).

👣 판례

1 사고 당시는 만 3년 3월 남짓, 증언 당시는 만 3년 6월 남짓된 강간치상죄의 피해자인 여아가 피해상황에 관하여 비록 구체적이지는 못하지만 개괄적으로 물어 본 검사의 질문에 이를 이해하고 고개를 끄덕이는 형식으로 답변함에 대하여 증언능력이 인정된다(대판 1991.5.10. 91도579).
2 증인의 증언능력은 증인 자신이 과거에 경험한 사실을 그 기억에 따라 공술할 수 있는 정신적인 능력이라 할 것이므로, **유아의 증언능력에 관해서도 그 유무는 단지 공술자의 연령 만에 의할 것이 아니라 그의 지적수준에 따라 개별적이고 구체적으로 결정**되어야 함은 물론 공술의 태도 및 내용 등을 구체적으로 검토하고, 경험한 과거의 사실이 공술자의 이해력, 판단력 등에 의하여 변식될 수 있는 범위 내에 속하는가의 여부도 충분히 고려하여 판단하여야 한다(대판 2004.9.13. 2004도3161).

---

4. 증인의 권리

(1) 증언거부권

1) 의의

증언거부권은 증언의무가 인정된 증인이 일정한 사유를 근거로 하여 증언을 거부할 수 있는 권리를 말한다. 증언거부권이 인정되는 증인이라도 출석 자체를 거부할 수 없다는 점에서, 증인신문자체를 거부할 수 있는 증언거부권(제147조)과 차이가 있다.

2) 내용 [변시2회, 모의빈출]

① 자기나 친족이거나 **친족이었던 사람**, 법정대리인·후견감독인의 어느 하나에 해당하는 관계있는 자가 **형사소추 또는 공소제기를 당하거나 유죄판결을 받을 사실이 드러날 염려**가 있는 증언을 거부할 수 있다(제148조). (15.모의) 형사소송법 제148조에서의 '**형사소추**'는

---

[1] 대판 1991.5.10. 91도579

증인이 이미 저지른 범죄사실에 대한 것을 의미하는 것이고, 증인의 증언에 의하여 비로소 범죄가 성립하는 경우를 말하는 것이 아니다.❷ 그리고 이미 유죄의 확정판결을 받은 경우에는 일사부재리의 원칙에 의해 다시 처벌받지 아니하므로 **자신에 대한 유죄판결이 확정된 증인은 공범에 대한 사건에서 증언을 거부할 수 없다. 증언할 당시 앞으로 재심을 청구할 예정이라고 하여도 마찬가지이다**(대판 2011.11.24. 2011도11994). (변시1회 · 12회, 13.모의)

② 변호사, 변리사, 공증인, 공인회계사, 세무사, 대서업자, 의사, 한의사, 치과의사, 약사, 약종상, 조산사, 간호사, 종교의 직에 있는 자 또는 이러한 직에 있던 자가 **그 업무상 위탁을 받은 관계로 알게 된 사실로서 타인의 비밀에 관한 것**은 증언을 거부할 수 있다. 단, **타인의 승낙이 있거나 중대한 공익상 필요** 있는 때에는 예외로 한다(제149조). (변시5회 · 12회)

3) 고지 [14.모의]

증인이 증언거부권자(제148조, 제149조)에 해당하는 경우에는 재판장은 신문 전에 증언을 거부할 수 있음을 설명하여야 한다(제160조). **증언거부권자에게 증언거부권을 고지하지 않고 신문한 경우의 증언의 증거능력에 관하여 대법원은 증언의 효력에는 영향이 없다는 입장이다**(대판 1957.3.8. 4290형상23). (변시12회)

4) 증언거부권의 행사와 포기 ·

증언거부권은 증인의 권리일 뿐 의무가 아니므로 증언거부권을 포기하고 증언을 할 수 있다. 다만, 증인이 주신문에 대하여 증언을 한 후에는 반대신문에 대하여 증언을 거부할 수 없다. 증언을 거부하는 자는 거부사유를 소명하여야 한다(제150조).

(2) 비용청구권

소환 받은 증인은 여비, 일당, 숙박료를 청구할 수 있다. 다만, 정당한 사유 없이 선서 또는 증언을 거부한 사람은 예외로 한다(제168조). 소환 받은 증인에 한하므로 재정증인에게 비용청구권이 없다.

(3) 열람 · 등사청구권

증인은 자신에 대한 증인신문조서 및 그 일부로 인용된 속기록, 녹음물, 영상녹화물 또는 녹취서의 열람 · 등사 또는 사본을 청구할 수 있다(규칙 제84조의2).

5. 증인신문 방법

(1) 당사자 참여권

1) 사전 통지 및 필요사항 신문청구권

검사 · 피고인 · 변호인은 증인신문에 참여할 권리를 가진다. 따라서 법원은 **증인신문의 시일과 장소를 미리 통지**하여야 한다. 단, 참여하지 아니한다는 의사를 명시한 때에는 예외로 한다(제163조). 검사 · 피고인 · 변호인이 증인신문에 참여하지 아니할 경우에는 법원에 대하여 **필요한 사항의 신문을 청구**할 수 있고, 법원은 피고인에게 불이익한 증언이 진술된 때에 그 내용을 피고인 또는 변호인에게 알려주어야 한다(제164조).

---

❷ 대판 2011.12.8. 2010도2816

2) 당사자 참여권 등을 배제하여 수집한 증거의 증거능력

당사자의 참여권을 배제한 채 증인신문이 이루어진 경우 당해 증인신문은 위법하고 그러한 절차에서 획득한 증인의 진술은 위법수집증거로서 증거능력이 없다(제308조의2). 따라서 피고인 본인이 미리 참여하게 해 달라고 신청하였음에도 피고인의 참여 없이 실시한 증인신문은 비록 변호인이 참여하였다 하더라도 위법하다.❶ 반면 증인신문의 시일과 장소를 당사자에게 통지하지 않고 실시한 증인신문은 위법하지만 공판정에서의 증거조사를 거쳐 당사자가 이의를 하지 아니한 때에는 책문권의 포기로서 하자가 치유된다고 보는 것이 판례의 태도이다(대판 1967.7.4. 67도613).

(2) 증인신문의 방법

1) 준비절차

증인이 출석하면 재판장은 먼저 **증인의 동일성 여부를 확인**하여야 한다. 그리고 재판장은 선서할 증인에 대해 선서 전에 **위증의 벌을 경고**하여야 한다(제158조). 증인은 법률에 다른 규정이 없는 한 신문 전에 **선서**하여야 한다(제156조). 증인이 증언거부권을 가지고 있는 경우에는 재판장은 신문 전에 **증언을 거부할 수 있음을 설명**하여야 한다(제160조).

2) 개별신문과 대질

증인신문은 각 **증인에게 개별적으로 하여야** 한다. 신문하지 아니한 증인이 재정한 때에는 퇴정명령을 명하여야 한다(제162조). (변시9회) 그러나 필요한 때에는 증인과 **다른 증인 또는 피고인과 대질하게** 할 수 있다(동조 제3항).

3) 증인의 신문방법

반대신문을 위해서 증인에 대한 신문은 **구두**로 해야 한다. 그러나 증인이 들을 수 없는 때에는 서면으로 묻고, 말할 수 없는 때에는 서면으로 답하게 할 수 있다(규칙 제73조). 재판장은 증인 또는 감정인이 피고인 또는 어떤 재정인의 면전에서 충분한 진술을 할 수 없다고 인정한 때에는 그를 **퇴정하게 하고 진술하게 할 수 있다.** 피고인이 다른 피고인의 면전에서 충분한 진술을 할 수 없다고 인정한 때에도 같다(제297조 제1항). 그러나 피고인의 반대신문권을 보장하기 위하여 피고인을 퇴정하게 한 경우에 증인, 감정인 또는 공동피고인의 진술이 종료한 때에는 퇴정한 피고인을 입정하게 한 후 법원사무관등으로 하여금 진술의 요지를 고지하게 하여야 한다(동조 제2항).

🔎 참고 판례

1 법원이 공판기일에 증인을 채택하여 다음 공판기일에 증인신문을 하기로 피고인에게 고지하였는데 그 다음 공판기일에 증인은 출석하였으나 피고인이 정당한 사유 없이 출석하지 아니한 경우, 그 사건이 형사소송법 제277조 본문에 규정된 다액 100만 원 이하의 벌금 또는 과료에 해당하거나 공소기각 또는 면소의 재판을 할 것이 명백한 사건이 아니어서 같은 법 제276조의 규정에 의하여 공판기일을 연기할 수밖에 없더라도, 이미 출석하여 있는 증인에 대하여 공판기일 외의 신문으로서 증인신문을 하고 다음 공판기일에 그 증인신문조서에 대한 서증조사를 하는 것은 증거조사절차로서 적법하다(대판 2000.10.13. 2000도3265). (변시11회)

---

❶ 대판 1969.7.25. 68도1481

2 [1] 형사소송법 제297조의 규정에 따라 재판장은 증인이 피고인의 면전에서 충분한 진술을 할 수 없다고 인정한 때에는 **피고인을 퇴정하게 하고 증인신문**을 진행함으로써 피고인의 직접적인 증인대면을 제한할 수 있지만, 이러한 경우에도 **피고인의 반대신문권을 배제하는 것은 허용될 수 없다.** (변시11회 · 12회)

[2] 형사소송법 제297조에 따라 변호인이 없는 피고인을 일시 퇴정하게 하고 증인신문을 한 다음 **피고인에게 실질적인 반대신문의 기회를 부여하지 아니한 채 이루어진 증인의 법정진술은 위법한 증거로서 증거능력이 없다고 볼 여지가 있으나,** 그 다음 공판기일에서 재판장이 증인신문 결과 등을 공판조서(증인신문조서)에 의하여 고지하였는데 피고인이 '**변경할 점과 이의할 점이 없다**'고 진술하여 책문권 포기 의사를 명시함으로써 **실질적인 반대신문의 기회를 부여받지 못한 하자가 치유**되었다(대판 2010.1.14. 2009도9344). (변시10회, 모의빈출) [13.모의]

(3) 교호신문 제도

1) 의의

증인은 **신청한 검사, 변호인 또는 피고인이 먼저** 이를 신문하고 다음에 상대방인 피고인 또는 변호인, 검사가 신문한다. 이와 같이 증인을 신청한 측과 그 상대방이 교차하여 신문하는 방식을 가리켜서 교호신문이라고 한다. 교호신문제도에 의한 증인신문은, **주신문 → 반대신문 → 재주신문 → 재반대신문**의 순서로 행하여진다.

2) 교호신문의 방식

① 주신문의 의의

주신문은 증인을 신청한 당사자가 하는 신문을 말한다. 증명할 사항과 이에 관련된 사항에 관하여 한다(규칙 제75조 제1항). 주신문에 있어서는 원칙적으로 증인에 대하여 신문자가 희망하는 답변을 암시하면서 신문하는 **유도신문이 금지**된다. 다만 ㉠ 증인과 피고인과의 관계, 증인의 경력, 교우관계 등 실질적인 신문에 앞서 미리 밝혀둘 필요가 있는 **준비적인 사항**에 관한 신문의 경우 ㉡ 검사, 피고인 및 변호인 사이에 **다툼이 없는 명백한 사항**에 관한 신문의 경우 ㉢ 증인이 주신문을 하는 자에 대하여 **적의 또는 반감을 보일 경우** ㉣ 증인이 **종전의 진술과 상반되는 진술**을 하는 때에 그 종전 진술에 관한 신문의 경우 ㉤ 기타 유도신문을 필요로 하는 **특별한 사정**이 있는 경우에는 주신문에 있어서도 유도신문이 허용된다(동조 제2항).

> **판례**
>
> 검사가 제1심 증인신문 과정에서 증인 甲 등에게 **주신문을 하면서 형사소송규칙상 허용되지 않는 유도신문을 하였다고 볼 여지가 있었는데,** 그 다음 공판기일에 재판장이 증인신문 결과 등을 각 공판조서에 의하여 고지하였음에도 피고인과 변호인이 '**변경할 점과 이의할 점이 없다**'고 진술한 사안에서, 피고인이 **책문권포기 의사**를 명시함으로써 유도신문에 의하여 이루어진 **주신문의 하자가 치유**되었다(대판 2012.7.26. 2012도2937).

② 반대신문

반대신문이란 주신문 후에 반대당사자가 하는 신문을 말한다. 주신문 후에 **주신문에 나타난 사항**과 이에 관련된 사항 및 **증언의 증명력을 다투기 위하여 필요한 사항**에 한하여 한다(규칙 제76조, 제77조). 반대신문에 있어서 필요할 때에는 **유도신문을 할 수 있다**(규칙 제76조 제2항). (변시9회) 주신문에 나타나지 아니한 새로운 사항에 대하여 신문하기 위해서는 재판장의 허가를 받아야 하고, 이 경우 그 사항에 관하여는 주신문으로 본다(규칙 제76조 제4항·제5항). (변시11회)

③ 재주신문·재반대신문

재주신문이란 반대신문 후에 반대신문에 나타난 사항과 이와 관련된 사항에 관하여 주신문자가 다시 행하는 신문을 말하며, 재주신문은 주신문의 예에 의한다. 재주신문 후에 반대당사자는 재반대신문을 할 수 있다. 다만, 이 경우에는 재판장의 허가가 있어야 한다(규칙 제79조).

3) 교호신문제도의 수정

교호신문제도 아래에서 법원은 당사자의 신문이 끝난 후에 신문하도록 되어 있으나, 증인신문에 있어서도 직권주의적 요소가 적용되어, 재판장이 필요하다고 인정하면 당사자의 교호신문 도중일지라도 어느 때나 신문할 수 있고, 신문 순서도 변경할 수 있으며(제161조의2 제3항), 나아가 신문할 증인이나 범죄로 인한 피해자의 신청에 의하여 신문할 증인의 신문방식 또한 정할 수 있도록 하고 있다(동조 제4항).

(4) 공판정 외의 증인신문 등

법원은 증인의 연령·직업·건강상태 기타의 사정을 고려하여 검사·피고인 또는 변호인의 의견을 묻고 증인을 **법정 외에 소환하거나 현재지에서 신문할 수 있다**(제165조). (16.모의) 법원은 필요한 때에는 결정으로 **지정한 장소에 증인의 동행을 명할 수 있고**, 증인이 정당한 사유 없이 동행을 거부하는 때에는 구인할 수 있으며(제166조), **수명법관 또는 수탁판사**는 증인의 신문에 관하여 법원 또는 재판장에 속한 처분을 할 수 있다(제167조).

(5) 비디오 등 중계장치 등에 의한 증인신문 [22.모의]

법원은 범죄의 성질, 증인의 나이, 심신의 상태, 피고인과의 관계, 그 밖의 사정으로 인하여 **피고인 등**과 대면하여 진술하는 경우 심리적인 부담으로 정신의 평온을 현저하게 잃을 우려가 있다고 인정되는 자 등을 증인으로 신문하는 경우 상당하다고 인정할 때에는 **검사와 피고인 또는 변호인의 의견을 들어 비디오 등 중계장치에 의한 중계시설을 통하여 신문하거나 가림시설 등을 설치하고 신문할 수 있다**(제165조의2 제1항). 이 경우 피고인의 증인대면권은 제한되지만 반대신문권은 보장되어야 한다. 따라서 형사소송법 제165조의2 제3호도 대상을 '피고인 등'이라고 규정하고 있으므로, 법원은 형사소송법 제165조의2 제3호의 요건이 충족된 경우 **피고인뿐만 아니라 검사, 변호인, 방청인 등에 대하여도 차폐시설 등을 설치하는 방식으로 증인신문을 할 수 있으며**, 변호인에 대한 차폐시설의 설치는, 특정범죄신고자 등 보호법 제7조에 따라 범죄신고자 등이나 친족 등이 보복을 당할 우려가 있다고 인정되어 조서 등에 인적사항을 기재하지 아니한 범죄신고자 등을 증인으로 신문하는 경우와 같이, **이미 인적사항에 관하여 비밀조치가 취해진 증인이 변호인을 대면하여 진술함으로써 자신의 신분이 노출되는 것에 대하여 심한 심리적인 부담을 느끼는 등의 특별한 사정이 있는 경우에 예외적으로 허용**된다는 것이 판례의 입장이다(대판 2015.5.28. 2014도18006). (변시11회)

나아가 증인이 멀리 떨어진 곳 또는 교통이 불편한 곳에 살고 있거나 건강상태 등 그 밖의 사정을 말미암아 법정에 직접출석하기 어렵다고 인정하는 때에도 검사와 피고인 또는 변호인의 의견을 들어 비디오 등 중계장치에 의한 중계시설을 통하여 신문할 수 있다(동조 제2항).

6. 피해자의 진술권

(1) 의의

법원은 범죄로 인한 **피해자 또는 그 법정대리인(피해자가 사망한 경우에는 배우자·직계친족·형제자매를 포함한다)의 신청이 있는 때**에는 ① 피해자 등이 이미 당해 사건에 관하여 공판절차에서 충분히 진술하여 다시 진술할 필요가 없다고 인정되는 경우 ② 피해자 등의 진술로 인하여 공판절차가 현저하게 지연될 우려가 있는 경우를 제외하고 그 **피해자 등을 증인으로 신문하여야 한다**(제294조의2 제1항). (14.모의, 16.모의) 법원이 피해자 등을 증인으로 신문하는 경우에는 **피해의 정도 및 결과, 피고인의 처벌에 관한 의견 그 밖에 당해 사건에 관한 의견을 진술할 기회를 주어야 한다**(동조 제2항).

(2) 형사절차에서의 범죄피해자의 지위 강화 [22.모의]

형사소송법은 피해자의 지위 강화를 위한 방법으로 ① 법원은 피해자, 법정대리인 또는 검사의 신청에 따라 피해자의 사생활의 비밀이나 신변보호를 위하여 결정으로 심리를 **공개하지 아니할 수 있으며**(제294조의3) (변시1회) ② 피해자의 방어권을 보호하기 위하여 공판절차와 수사절차에 **신뢰관계에 있는 자를 동석**할 수 있게 하고 있고(제163조의2, 제221조 제3항) (16.모의) ③ 피해자의 정보권을 보호하는 측면에서 피해자에 대하여 **검사의 처분결과 등을 통지**하도록 하고(제259조의2), 피해자에게 **소송기록열람·등사권을 인정**하고 있다(제294조의4).

Ⅱ 검증

1. 의의

검증이란 법원 또는 법관이 오관의 작용에 의하여 물건, 신체 또는 장소의 존재와 상태를 직접 실험·인식하는 증거조사를 말한다. 특히 범죄 현장 또는 법원 이외의 일정한 장소에서 행하는 검증을 임검 또는 현장검증이라고 한다. 검증은 **법원의 증거조사로서 영장주의가 적용되지 않는다.**

2. 검증의 절차

(1) 검증의 성격

법원은 사실발견에 필요한 때에는 검증을 할 수 있다(제139조). 법원의 증거조사이기 때문에 영장주의가 적용되지 않으며 검증의 목적물도 제한이 없다.

(2) 검증의 준비

검사·피고인 또는 변호인은 검증에 참여할 권리를 가지므로 재판장은 **검증일시·장소를 참여권자에게 미리 통지**하여야 한다. 다만, **검증참여권자가 참여하지 아니한다는 의사를 명시한 때 또는 긴급을 요하는 때**에는 **예외로 한다**(제145조, 제122조).

(3) 검증의 실시

검증을 함에는 신체검사 · 사체해부 · 분묘발굴 · 물건의 파괴 기타 필요한 처분을 할 수 있다(제140조). 검증의 목적물에는 제한이 없지만 검증의 시각에는 제한이 있다. 즉 **일출 전, 일몰 후에는** 가주, 간수자 또는 이에 준하는 자의 **승낙이 없으면** 검증을 하기 위하여 타인의 주거, 간수자 있는 가옥, 건조물, 항공기, 선거 내에 들어가지 못한다. **단, 일출 후에는 검증의 목적을 달성할 수 없을 염려가 있는 경우에는 예외로 한다**(제143조).

3. 신체검사에 대한 특칙

법원은 신체를 검사하기 위하여 피고인 또는 피고인 아닌 자를 법원 기타 지정한 장소에 소환할 수 있다(제142조). 신체의 검사에 관하여는 검사를 받는 사람의 성별, 나이, 건강상태, 그 밖의 사정을 고려하여 **그 사람의 건강과 명예를 해하지 아니하도록** 주의하여야 한다. **피고인 아닌 사람의** 신체검사는 증거가 될 만한 흔적을 확인할 수 있는 현저한 사유가 있는 경우에만 할 수 있으며, 여자의 신체를 검사하는 경우에는 **의사나 성년 여자를** 참여하게 하여야 한다(제141조).

4. 검증조서의 작성

검증에 관하여 검증조서를 작성하여야 한다(제49조 제1항). 검증조서는 **법원, 법관의 조서로서 무조건 증거능력이** 있다(제311조).

Ⅲ 감정 · 통역 · 번역

1. 감정

(1) 의의

감정이란 전문지식과 그에 따른 경험을 가진 제3자가 그 지식과 경험을 통하여 얻을 수 있는 판단을 법원에 보고하는 것을 말한다. 감정인의 신문은 증거조사의 성질을 가지므로 **증인신문에 관한 규정이 준용되나,** 증인과 달리 **대체성이 있으므로 구인에 관한 규정은 제외**된다(제177조). 수사기관으로부터 감정의 위탁을 받은 감정수탁자와 구별되며, 감정증인은 증인에 해당하므로 증인신문의 규정이 적용된다(제179조).

(2) 감정의 절차

법원은 학식 · 경험 있는 자에게 감정을 명할 수 있다(제169조). 감정인은 증인신문과 달리 감정 전에 반드시 선서하게 하여야 하며, **선서하지 않고 한 감정은 증거능력이 없다.**

(3) 감정유치

피고인의 정신 또는 신체의 감정이 필요한 때에는 법원은 기간을 정하여 **병원 기타 적당한 장소에 피고인을** 유치하게 할 수 있고, 감정이 완료되면 즉시 유치를 해제하여야 한다(제172조 제3항). 이를 감정유치라고 한다. 감정유치를 함에는 수소법원은 **감정유치장을 발부하여야** 한다. 법원은 필요한 때에는 **유치기간을 연장하거나 단축할 수 있다.** 감정유치기간은 **미결구금일수에 산입**한다. 그러나 구속 중인 피고인에 대하여 감정유치장이 집행되었을 때에는 그 기간 동안 피고인에 대한 구속은 그 **집행이 정지된 것으로 간주**한다(제172조의2 제1항). 즉, 감정유치기간은 구속기간에서는 제외된다.

(4) 감정에 필요한 처분

감정인은 **감정에 필요한 때**에는 **법원의 허가**를 얻어 타인의 주거·간수자 있는 가옥·건조물·항공기·선차 내에 들어갈 수 있고, 신체의 검사·사체의 해부·분묘의 발굴·물건의 파괴를 할 수 있다. 이러한 처분에는 **감정처분허가장이 필요**하고, 처분을 받는 자에게 이를 제시하여야 한다(제173조).

(5) 열람·등사권·참여권 등

감정인은 감정에 관하여 필요한 경우에는 재판장의 허가를 얻어 서류와 증거물을 열람 또는 등사하고 피고인 또는 증인의 신문에 참여할 수 있다. 감정인은 피고인 또는 증인의 신문을 구하거나 재판장의 허가를 얻어 직접 발문할 수 있다(제174조).

(6) 감정의 보고

감정의 경과와 결과는 감정인으로 하여금 서면으로 제출하게 하여야 한다(제171조).

2. 통역·번역

국어에 통하지 아니하는 자의 진술에는 통역인으로 하여금 통역하게 하여야 한다. 외국인이라도 국어에 능통할 때에는 통역을 요하지 아니한다. 듣거나 말하는 데 장애가 있는 사람의 진술에는 통역인으로 하여금 통역하게 할 수 있다. 국어 아닌 문자 또는 부호는 번역하게 하여야 한다. 감정에 관한 규정은 통역·번역에 준용한다.

제7절 공판절차의 특칙

I 간이공판절차

1. 의의

간이공판절차란 피고인이 공판정에서 공소사실에 대하여 **자백하는 때에 증거조사를 간이화하고 증거능력의 제한을 완화**하여 심리를 신속하게 할 수 있도록 하는 공판절차를 말한다 (제286조의2).

2. 간이공판절차의 개시요건

(1) 제1심 관할사건

간이공판절차는 지방법원 또는 지방법원지원의 제1심 관할사건에 대하여만 인정된다. 따라서 상소심의 공판절차에서는 인정되지 않는다. 제1심 사건이면 **단독사건은 물론 합의부 사건**에 대하여도 간이공판절차를 할 수 있다. (14.모의, 15.모의)

(2) 피고인의 공판정에서의 자백

1) 자백의 주체

자백은 피고인이 하여야 한다. 변호인의 자백만으로는 간이공판절차를 개시할 수 없다.

2) 공소사실에 대한 자백

피고인은 공소사실에 대하여 자백하여야 한다. **공소사실에 대해 자백하지만 위법성이나 책임을 조각하는 사실의 존재를 주장하는 경우에는 공소사실에 대한 자백으로 볼 수 없다.❶** 다만, 공소사실을 인정하면서 죄명·적용법조만을 다투거나 정상관계 사유나 형면제의 원인되는 사실을 주장하는 경우도 자백에 해당한다.

> **⚖️ 판례**
>
> [1] 형사소송법 제286조의2가 규정하는 간이공판절차의 결정의 요건인 공소사실의 자백이라 함은 공소장 기재사실을 인정하고 나아가 **위법성이나 책임조각사유가 되는 사실을 진술하지 아니하는** 것으로 충분하고 명시적으로 유죄를 자인하는 진술이 있어야 하는 것은 아니다.
> [2] 피고인의 공판정에서의 진술의 전체를 모아 볼 때, 피고인에 대한 이 사건 공소장 기재 범죄사실을 자백하면서, 다만 피고인의 딸의 부탁으로 한 것이라는 **범행의 동기를 부인 진술한 것이라**고 풀이되므로 이 사건을 간이공판절차에 의하여 심판할 것을 결정한 제1심 결정은 정당하다(대판 1981.11.24. 81도2422). (변시2회·10회, 15.모의)

> **⚖️ 참고 판례**
>
> 피고인이 공소사실에 대하여 **검사가 신문을 할 때에는 공소사실을 모두 사실과 다름없다고 진술하였으나 변호인이 신문을 할 때에는 범의나 공소사실을 부인**하였다면 그 공소사실은 간이공판절차에 의하여 심판할 대상이 아니다(대판 1998.2.27. 97도3421). (15.모의)

---

❶ 대판 1981.11.24. 81도2422

3) 자백의 시기

자백은 **공판정, 즉 공판절차**에서 해야 한다. 수사절차나 공판준비절차에서의 자백은 여기의 자백에 해당하지 아니한다. (14.모의)

4) 자백의 신빙성

자백에 신빙성이 없는 때에는 간이공판절차의 취소사유(제286조의3)에 해당하기 때문에 자백에 신빙성이 있어야 한다.

3. 간이공판절차의 개시결정

(1) 개시결정

간이공판절차의 개시요건이 구비된 때에는 법원은 그 공소사실에 한하여 간이공판절차에 의하여 심판할 것을 **결정할 수 있다**(제286조의2). 결정 여부는 **법원의 재량**이므로 피고인이 자백한 경우에도 법원은 간이공판절차에 의하여 심판하지 않을 수 있다.

(2) 결정에 대한 불복

간이공판절차의 개시결정은 판결 전의 소송절차에 관한 결정이므로 **항고할 수 없다**(제403조 제1항). (변시2회) 당사자는 간이공판절차에 기하여 이루어진 판결 자체에 대하여 소송절차의 법령위반을 이유로 항소로써 다툴 수 있을 뿐이다(제361조의5 제1호).

4. 간이공판절차의 특칙

(1) 증거능력에 대한 특칙

간이공판절차에 있어서는 전문법칙에 의하여 증거능력이 부정되는 증거일지라도 **증거동의가 의제되어 증거능력이 부여된다.** 다만, **검사·피고인·변호인이 증거로 함에 이의가 있는 때에는 그러하지 아니하다**(제318조의3). (변시2회·3회·10회) 즉 간이공판절차에서 증거능력 제한이 완화되는 것은 **전문법칙에 한한다.** 따라서 전문법칙 이외의 위법수집증거배제법칙 및 자백배제법칙 그리고 증명력 제한과 관련된 자백의 보강법칙은 여전히 적용된다. (변시1회, 13.모의)

(2) 증거조사방식의 간이화

간이공판절차에서는 ① 증인신문의 방식(제161조의2) ② 증거조사의 시기와 방식(제290조~제292조) ③ 증거조사결과에 대한 피고인의 의견과 고지(제293조) ④ 증인신문시 피고인의 퇴정(제297조)의 규정을 적용하지 아니하며 법원이 **상당하다고 인정하는 방법으로** 증거조사를 하면 족하다(제297조의2). (변시2회, 15.모의) 판례는 공판조서의 일부인 증거목록에 증거방법을 표시하고 증거조사 내용을 '증거조사함'이라고 표시한 경우에도 상당한 증거조사방법이라고 보고 있다.❷ 다만, 증거조사를 생략할 수는 없다. (13.모의)

---

❷ 대판 1980.4.22. 80도333

피고인이 제1심법원에서 공소사실에 대하여 자백하여 간이공판절차에 의하여 심판할 것을 결정하고, 상당하다고 인정하는 방법으로 증거조사를 한 이상, 가사 항소심에 이르러 범행을 부인하였다고 하더라도 제1심법원에서 증거로 할 수 있었던 증거는 항소법원에서도 증거로 할 수 있는 것이므로 제1심법원에서 이미 증거능력이 있었던 증거는 항소심에서도 증거능력이 그대로 유지되어 심판의 기초가 될 수 있고 다시 증거조사를 할 필요가 없다(대판 1998.2.27. 97도3421). (14.모의, 15.모의)

(3) 공판절차에 관한 규정의 적용

간이공판절차에서는 증거능력과 증거조사방식에 대한 특칙 이외에는 공판절차에 관한 일반규정이 그대로 적용된다. 따라서 간이공판절차에서도 **공소장변경이 가능하고**, 법원은 유죄판결 이외에 공소기각, 관할위반의 재판은 물론 **무죄판결도 선고할 수 있다.** (14.모의)

5. 간이공판절차의 취소

(1) 취소사유

법원은 간이공판절차에 의하여 심판할 것을 결정한 사건에 대해 **피고인의 자백이 신빙할 수 없다고 인정**되거나 간이공판절차로 심판하는 것이 **현저히 부당하다고 인정할 때**에는 그 결정을 **취소하여야 한다**(제286조의3). (14.모의)

(2) 취소의 절차와 효과

간이공판절차의 취소는 법원의 직권에 의한 결정으로 한다. 다만, 취소하기 전에는 검사의 의견을 들어야 한다(제286조의3). **취소사유가 있는 때에는 법원은 반드시 취소해야 한다.**

(3) 취소 효과

간이공판절차의 결정이 취소된 때에는 **공판절차를 갱신**해야 한다(제301조의2). 그러나 검사·피고인 또는 변호인이 이의가 없는 때에는 갱신을 필요로 하지 않는다(동조 단서).

Ⅱ 공판절차의 정지와 갱신

1. 공판절차의 정지

심리의 진행을 방해하는 중대한 사유가 발생한 경우에 그 사유가 없어질 때까지 법원이 결정으로 공판절차의 진행을 일시 정지하는 것을 말한다. 공판절차의 정지사유로는 ① 피고인의 심신상실과 질병(제306조) ② 기피신청 등에 의한 소송절차의 정지(제22조 등) ③ 공소장의 변경(제298조 제4항) 등이 있다. 그러나 공소장변경이 있더라도 **피고인의 방어권행사에 실질적 불이익이 인정되지 않으면** 법원은 공판절차정지신청을 받아들이지 않더라도 위법하지 않다(대판 1991.10.25. 91도2085).

2. 공판절차의 갱신

공판절차를 진행한 법원이 판결선고 이전에 이미 진행된 공판절차를 무시하고 다시 그 절차를 진행하는 것을 말한다. 공판절차의 갱신사유로는 ① 판사의 경질(제301조), ② 간이공판절차의 취소(제301조의2), ③ 심신상실로 인한 공판절차의 정지(규칙 제143조) 등이 있다. 갱신된 공판절차에서 재판장은 **진술거부권 고지, 인정신문 등 모두절차부터** 새롭게 진행하여야 한다. (변시1회)

Ⅲ 변론의 병합 · 분리 · 재개

1. 변론의 병합 · 분리

법원은 필요하다고 인정한 때에는 직권 또는 검사 · 피고인이나 변호인의 신청에 의하여 결정으로 **변론을 분리하거나 병합할 수 있다**(제300조). 여기서 변론의 분리란 병합된 수개의 사건을 분리하여 별개의 절차에서 심리하는 것을 말하고, 변론의 병합이란 수개의 사건이 동일 또는 별개의 법원에 계속되어 있는 경우에 한 개의 절차로 병합하여 동시에 심리하는 것을 말한다. 변론의 병합 · 분리여부는 **법원의 재량**이다.❶

2. 변론의 재개

법원은 필요하다고 인정한 때에는 직권 또는 검사 · 피고인이나 변호인의 신청에 의하여 결정으로 **종결한 변론을 재개할 수 있다**(제305조). 즉, 변론의 재개여부는 **법원의 재량**에 속한다.❷ 변론의 재개에 의하여 사건은 변론종결 전의 상태로 돌아가기 때문에 증거조사가 끝난 때에는 검사의 의견진술과 피고인, 변호인의 최종진술(제303조)이 다시 행하여지게 된다.

> #### 🔨 판례
>
> 증거신청의 채택 여부는 법원의 재량으로서 법원이 필요하지 않다고 인정할 때에는 이를 조사하지 않을 수 있는 것이고, **법원이 적법하게 공판의 심리를 종결한 뒤에 피고인이 증인신청을 하였다 하여 반드시 공판의 심리를 재개하여 증인신문을 하여야 하는 것은 아니다**(대판 2011.1.27. 2010도7947).
> (변시2회, 13.모의, 15.모의)

---

❶ 대판 1987.6.23. 87도706
❷ 대판 1983.12.13. 83도2279

1. 의의

사법의 민주적 정당성과 신뢰를 높이기 위하여 국민이 배심원으로서 형사재판에 참여하는 국민참여재판 제도가 도입되었다(국민의 형사재판 참여에 관한 법률, 이하 법명생략). 국민참여재판에 있어서는 공판전 준비절차와 공판절차, 평의 및 평결 그리고 판결선고에 있어서 통상의 공판절차와 다른 특칙이 인정된다.

2. 국민참여재판의 대상사건

(1) 원칙

① 법원조직법 제32조 제1항에 따른 **합의부 사건**(민사사건과 제척·기피사건은 제외),❶ ② 위 대상사건의 미수죄·교사죄·방조죄·예비죄·음모죄에 해당하는 사건, ③ 위 대상사건과 관련사건(제11조)으로서 병합하여 심리하는 사건을 대상사건으로 규정하고 있다.

(2) 예외

① 피고인이 국민참여재판을 원하지 아니하거나 ② 제9조 제1항에 따른 배제결정이 있는 경우는 국민참여재판을 하지 아니한다.

3. 국민참여재판의 관할

(1) 심급 및 사물관할

제1심 절차(합의부사건)에 한하여 국민참여재판을 인정하고 있다. 따라서 상소심 사건은 국민참여재판이 인정되지 않는다. 지방법원 지원 합의부가 심판권을 가지는 사건 중 **지방법원 지원 합의부가 참여재판 회부결정을 한 사건**에 대하여는 **지방법원 본원 합의부가 관할권을 가진다.**

---

❶ 제32조【합의부의 심판권】
① 지방법원과 그 지원의 합의부는 다음의 사건을 제1심으로 심판한다.
1. 합의부에서 심판할 것으로 합의부가 결정한 사건
2. 민사사건에 관하여는 대법원규칙으로 정하는 사건
3. 사형, 무기 또는 단기 1년 이상의 징역 또는 금고에 해당하는 사건. 다만, 다음 각 목의 사건은 제외한다.
　가. 「형법」 제258조의2, 제331조, 제332조(제331조의 상습범으로 한정한다)와 그 각 미수죄, 제350조의2와 그 미수죄, 제363조에 해당하는 사건
　나. 「폭력행위 등 처벌에 관한 법률」 제2조 제3항 제2호·제3호, 제6조(제2조 제3항 제2호·제3호의 미수죄로 한정한다) 및 제9조에 해당하는 사건
　다. 「병역법」 위반사건
　라. 「특정범죄 가중처벌 등에 관한 법률」 제5조의3 제1항, 제5조의4 제5항 제1호·제3호 및 제5조의11에 해당하는 사건
　마. 「보건범죄 단속에 관한 특별조치법」 제5조에 해당하는 사건
　바. 「부정수표 단속법」 제5조에 해당하는 사건
　사. 「도로교통법」 제148조의2 제1항·제2항 제1호에 해당하는 사건
4. 제3호의 사건과 동시에 심판할 공범사건
5. 지방법원 판사에 대한 제척·기피사건
6. 다른 법률에 따라 지방법원 합의부의 권한에 속하는 사건

(2) 공소장변경이 있는 경우

법원은 공소사실의 일부 철회 또는 변경으로 인하여 대상사건에 해당하지 아니하게 된 경우에도 **국민참여재판을 계속 진행**한다. (변시1회) 다만, 법원은 심리의 상황이나 그 밖의 사정을 고려하여 국민참여재판으로 진행하는 것이 적당하지 아니하다고 인정하는 때에는 결정으로 당해 사건을 지방법원 본원 합의부가 국민참여재판에 의하지 아니하고 심판하게할 수 있다. 위 결정에 대하여는 **불복할 수 없다.**

4. 필요적 국선변호

국민참여재판에 관하여 변호인이 없는 때에는 법원은 직권으로 변호인을 선정하여야 한다(제7조). (변시7회 · 9회, 14.모의)

5. 국민참여재판의 절차

(1) 국민참여재판의사의 확인

1) 국민참여재판의사의 확인의무

제5조 제1항에 따라 국민참여재판에 해당한다고 하더라도 피고인이 참여재판을 원하지 않는 경우에는 대상사건에서 제외된다. 따라서 법원은 **대상사건의 피고인에 대하여** 국민참여재판을 원하는지 여부에 관한 의사를 서면 등의 방법으로 반드시 확인하여야 하며(제8조 제1항), (변시1회) 이에 피고인은 공소장 부본을 **송달받은 날부터 7일 이내**에 국민참여재판을 원하는지 여부에 관한 **의사가 기재된 서면을 제출**하여야 한다(동조 제2항). (변시3회, 13.모의, 14.모의) 피고인이 위의 서면을 **제출하지 아니한 때에는 국민참여재판을 원하지 아니하는 것으로 본다**(동조 제3항). 그리고 피고인은 배제결정 또는 회부결정이 있거나 공판준비기일이 종결되거나 제1회 공판기일이 열린 이후에는 종전의 의사를 바꿀 수 없다(동조제4항).

> **참고 판례**
>
> **국민참여재판 대상사건에 해당하지 아니한 사건**에서 제1심법원이 피고인에게 국민참여재판 여부에 관하여 의사를 확인하지 아니하거나 항소심법원이 그에 대하여 직권으로 판단하지 아니한 것에 피고인의 국민참여재판을 받을 권리를 침해한 **위법이 있다고 볼 수 없다**(대판 2012.2.23. 2011도15608).

2) 국민참여재판의사의 확인 없이 통상의 공판절차로 진행한 소송행위의 효력

법원에서 피고인이 국민참여재판을 원하는지에 관한 의사 확인절차를 거치지 아니한 채 통상의 공판절차로 재판을 진행하였다면, 이는 **피고인의 국민참여재판을 받을 권리에 대한 중대한 침해로서 그 절차는 위법하고 이러한 위법한 공판절차에서 이루어진 소송행위로 무효**라고 보아야 한다.❷ (변시7회, 12.모의, 14.모의) 다만, 국민참여재판은 피고인의 희망 의사 번복에 관한 일정한 제한이 있는 외에는 피고인의 의사에 반하여 할 수 없으므로, 제1심법원이 국민참여재판의 대상이 되는 사건임을 간과하여 이에 관한 **피고인의 의사를 확인하지 아니한 채 통상의 공판절차로 재판을 진행하였더라도, 피고인이 항소심에서 국민**

---

❷ 대판 2012.4.26. 2012도1225

참여재판을 원하지 아니한다고 하면서 위와 같은 제1심의 절차적 위법을 문제삼지 아니할 의사를 명백히 표시하는 경우, 즉 피고인에게 국민참여재판절차 등에 관한 충분한 안내가 이루어지고 그 희망 여부에 관하여 숙고할 수 있는 상당한 시간이 사전에 부여되고 이에 피고인이 답변서와 국민참여재판 의사 확인서를 제출하면서 '국민참여재판으로 진행하기를 원하지 않는다'는 의사를 밝힌 경우라면 **하자가 치유된다는 입장이다**(대판 2012.6.14. 2011도 15484). (변시9회, 14.모의, 16.모의)

3) 국민참여재판 의사확인서를 제출하지 않았지만, 제1회 공판기일 전에 국민참여재판을 신청한 경우

[변시5회, 14.모의]

제8조는 피고인이 공소장 부본을 송달받은 날부터 7일 이내에 국민참여재판을 원하는지 여부에 관한 의사가 기재된 서면을 제출하도록 하고, 피고인이 그 기간 내에 의사확인서를 제출하지 아니한 때에는 국민참여재판을 원하지 아니하는 것으로 보며, 공판준비기일이 종결되거나 제1회 공판기일이 열린 이후 등에는 종전의 의사를 바꿀 수 없도록 규정하고 있다. 위 규정의 취지를 위 기한이 지나면 피고인이 국민참여재판 신청을 할 수 없도록 하려는 것으로는 보기 어려운 점 등에 비추어 볼 때, 공소장 부본을 송달받은 날부터 7일 이내에 의사확인서를 제출하지 아니한 피고인도 제1회 공판기일이 열리기 전까지는 국민참여재판 신청을 할 수 있고, 법원은 그 의사를 확인하여 국민참여재판으로 진행할 수 있다고 봄이 상당하다는 입장이다(대결 2009.10.23. 2009모1032). 국민참여재판을 받을 피고인의 권리를 보장한다는 측면에서 판례의 태도가 타당하다. (변시9회)

(2) 배제결정 및 통상재판회부결정

1) 배제결정(제9조)

법원은 배제사유가 있는 경우 **공소제기 후부터 공판준비기일이 종결된 다음날까지** 국민참여 재판을 하지 아니하기로 하는 결정을 할 수 있다. 배제사유로는 ① 배심원·예비배심원·배심원후보자 또는 그 친족의 **생명·신체·재산에 대한 침해 또는 침해의 우려가 있어서 출석의 어려움이 있거나 그 직무를 공정하게 수행하지 못할 염려가 있다고 인정되는 경우** ② **공범 관계에 있는 피고인들 중 일부가** 국민참여재판을 원하지 아니하여 국민참여재판의 진행에 어려움이 있다고 인정되는 경우 (변시1회, 14.모의) ③ **성폭력범죄 피해자 또는 법정대리인이 국민참여재판을 원하지 아니하는 경우** ④ **그 밖에 국민참여재판으로 진행하는 것이 부적절하다고 인정되는 경우**가 있다. 배제결정에 대해서는 **즉시항고**를 할 수 있다.

⚖ **판례**

[1] 성폭력범죄에 대하여 국민참여재판을 하는 과정에서 성폭력범죄 피해자에게 인격이나 명예손상, 사생활에 관한 비밀의 침해, 성적 수치심, 공포감 유발 등과 같은 추가적인 피해가 발생할 수 있음을 고려하여 성폭력범죄 피해자나 법정대리인이 국민참여재판을 원하지 아니하는 경우 이를 반영하여 법원이 재량으로 국민참여재판을 하지 아니하기로 하는 결정을 할 수 있도록 한 것이다.
[2] 그런데 **국민참여재판을 도입한 취지나 국민참여재판을 받을 피고인의 권리** 등에 비추어 볼 때, 피고인이 국민참여재판을 원하는 사건에서 국민의 형사재판 참여에 관한 법률 제9조 제1항, 제3호를 근거로 국민참여재판 배제결정을 하기 위해서는 성폭력범죄 피해자나 법정대리인이 국민참여재판을 원하지 아니하는 구체적인 이유가 무엇인지, 피고인과 피해자의 관계, 피해자의 나이나 정신상태, 국민참여재판을 할 경우 형사소송법과 성폭력범죄의 처벌 등에 관한 특례법 및 아동·청소년의

성보호에 관한 법률 등에서 피해자 보호를 위해 마련한 제도를 활용하더라도 피해자에 대한 추가적인 피해를 방지하기에 부족한지 등 **여러 사정을 고려하여 신중하게 판단하여야 한다. 따라서 이러한 사정을 고려함이 없이 성폭력범죄 피해자나 법정대리인이 국민참여재판을 원하지 아니한다는 이유만으로 국민참여재판 배제결정을 하는 것은 바람직하다고 할 수 없다**(대결 2016.3.16. 2015모2898).

2) 국민참여재판 개시 후 통상재판회부결정(제11조)

법원은 피고인의 질병 등으로 공판절차가 장기간 정지되거나 피고인에 대한 구속기간의 **만료, 성폭력범죄 피해자의 보호, 그 밖에 심리의 제반 사정**에 비추어 국민참여재판을 계속 진행하는 것이 부적절하다고 인정하는 경우에는 직권 또는 검사·피고인·변호인이나 성폭력범죄 피해자 또는 법정대리인의 신청에 따라 결정으로 사건을 지방법원 본원 합의부가 국민참여재판에 의하지 아니하고 심판하게 할 수 있다. 회부결정에 대하여는 **불복할 수 없다**.

6. 배심원의 선정

(1) 배심원의 수

법정형이 **사형·무기징역 또는 무기금고**에 해당하는 대상사건에 대한 국민참여재판에는 **9인**의 배심원이 참여하고, **그 외의 대상사건**에 대한 국민참여재판에는 **7인**의 배심원이 참여한다. 그리고 법원은 피고인 또는 변호인이 공판준비절차에서 **공소사실의 주요내용을 인정한 때**에는 5인의 배심원이 참여하게 할 수 있다. 다만, 법원은 사건의 내용에 비추어 특별한 사정이 있다고 인정되고 검사·피고인 또는 변호인의 동의가 있는 경우에 한하여 결정으로 배심원의 수를 7인과 9인 중에서 정할 수 있다(제13조). 법원은 배심원의 결원 등에 대비하여 **5인 이내의 예비배심원**을 둘 수 있다(제14조).

(2) 배심원의 자격

배심원은 **만 20세 이상**의 대한민국 국민 중에서 선정된다. (변시1회) 그러나 배심원이 되는 것이 상당하지 않은 자(결격사유, 직업에 따른 제외사유, 제척사유 즉 제17조 내지 제19조의 사유에 해당하는 자)는 배심원으로 선정될 수 없다. 또한 만 70세 이상인 사람 등 기타 배심원 직무를 수행하기 어려운 사람에 대하여는 배심원 직무의 수행을 면제할 수 있다(제20조).

(3) 배심원의 선정절차

1) 후보예정자명부의 작성과 후보자 결정 및 출석통지

지방법원장은 매년 안전행정부 장관으로부터 송부 받은 관할 구역 내에 거주하는 만 20세 이상의 국민의 주민등록자료를 활용하여 배심원후보예정자명부를 작성한다(제22조). 법원은 배심원후보예정자명부 중에서 필요한 수의 배심원후보자를 무작위 추출 방식으로 정하여 배심원과 예비배심원의 선정기일을 통지하여야 한다. 통지를 받은 배심원후보자는 선정기일에 출석하여야 한다(제23조).

2) 당사자에 대한 통지와 후보자명부의 송부

법원은 검사 · 피고인 또는 변호인에게 선정기일을 통지하여야 하고, 검사와 변호인은 선정기일에 출석하여야 하며, **피고인은 법원의 허가를 받아 출석**할 수 있다. 법원은 변호인이 선정기일에 출석하지 아니한 경우 **국선변호인을 선정**하여야 한다(제27조). 법원은 선정기일의 2일 전까지 검사와 변호인에게 배심원 후보자의 성명 · 성별 · 출생연도가 기재된 명부를 송부하여야 한다(제26조).

3) 선정기일의 진행

선정기일은 **공개하지 아니하며**(제24조), 법원은 배심원후보자가 결격사유, 직업 등에 의한 제외사유, 제척사유, 면제사유에 해당하는지 여부 또는 불공평한 판단을 할 우려가 있는지 여부 등을 판단하기 위하여 배심원후보자에게 질문을 할 수 있다. 검사 · 피고인 또는 변호인은 법원으로 하여금 필요한 질문을 하도록 요청할 수 있고, 법원은 검사 또는 변호인으로 하여금 직접 질문하게 할 수 있다(제28조).

4) 기피신청

① 이유부기피신청

법원은 배심원후보자가 **결격사유, 직업 제외사유, 제척사유, 면제사유**(제17조 내지 제20조)**의 사유에 해당하거나 불공평한 판단을 할 우려가 있다고 인정되는 때**에는 직권 또는 검사 · 피고인 · 변호인의 기피신청에 따라 당해 배심원후보자에 대하여 **불선정결정**을 하여야 한다. 기피신청을 기각하는 경우에는 이유를 고지하여야 한다(제28조). 기피신청을 **기각하는 결정에 대하여는 즉시 이의신청**을 할 수 있다(제29조).

② 무이유부기피신청

검사와 변호인은 ⊙ 배심원이 9인인 경우는 **5인** ⓒ 배심원이 7인인 경우는 **4인** ⓒ 배심원이 5인인 경우는 **3인**이 그 범위 내에서 무이유부기피신청을 할 수 있다. 이 때 **법원은 당해 배심원후보자를 배심원으로 선정할 수 없다.** 법원은 검사 · 피고인 또는 변호인에게 **순서를 바꿔가며 무이유부기피신청을 할 수 있는 기회를 주어야** 한다(제30조).

5) 선정결정 및 불선정결정

법원은 출석한 배심원후보자 중에서 당해 재판에서 필요한 배심원과 예비배심원의 수에 해당하는 배심원후보자를 무작위로 뽑고 이들을 대상으로 직권, 기피신청 또는 무이유부기피 신청에 따른 불선정결정을 한다. 불선정결정이 있는 경우에는 그 수만큼 제1항의 절차를 반복한다. 위의 절차를 거쳐 필요한 수의 배심원과 예비배심원 후보자가 확정되면 법원은 무작위의 방법으로 배심원과 예비배심원을 선정한다. 예비배심원이 2인 이상인 경우에는 그 순번을 정하여야 한다. 법원은 배심원과 예비배심원에게 누가 배심원으로 선정되었는지 여부를 알리지 아니할 수 있다(제31조).

(4) 배심원의 해임과 사임

법원은 배심원 또는 예비배심원이 그 의무를 위반하거나 직무를 행하는 것이 적당하지 아니한 때 또는 불공평한 판단을 할 우려가 있는 등 일정한 사유가 있는 때에는 직권 또는 검사 · 피고인 · 변호인의 신청에 따라 배심원 또는 예비배심원을 해임할 수 있고(제32조), 배심원과 예비배심원도 직무를 계속 수행하기 어려운 사정이 있는 때에는 사임할 수 있다(제33조).

7. 국민참여재판의 절차

(1) 공판준비절차(제36조, 제37조)

1) 필요적 공판준비절차

재판장은 피고인이 국민참여재판을 원하는 의사를 표시한 경우에 사건을 제1회 공판기일 이전에 **반드시 공판준비절차에 부쳐야 한다.** 다만, 공판준비절차에 부치기 전에 배제결정이 있는 때에는 그러하지 아니하다(제36조). (14.모의)

2) 공판준비기일

법원은 주장과 증거를 정리하고 심리계획을 수립하기 위하여 **공판준비기일을 지정하여야 한다.** 법원은 합의부원으로 하여금 공판준비기일을 진행하게 할 수 있다. 이 경우 수명법관은 공판준비기일에 관하여 법원 또는 재판장과 동일한 권한이 있다. 공판준비기일에는 **배심원이 참여하지 아니한다**(제37조). (변시7회)

(2) 공판절차

1) 공판기일의 통지

공판기일은 배심원과 예비배심원에게 통지하여야 하고(제38조), 공판정은 판사 · 배심원 · 예비배심원 · 검사 · 변호인이 출석하여 개정한다(제39조).

2) 공판정의 구성

검사와 피고인 및 변호인은 대등하게 마주보고 위치한다. 다만, 피고인신문을 하는 때에는 피고인은 증인석에 위치한다. 배심원과 예비배심원은 재판장과 검사 · 피고인 및 변호인의 사이 왼쪽에 위치한다. 증인석은 재판장과 검사 · 피고인 및 변호인의 사이 오른쪽에 배심원과 예비배심원을 마주 보고 위치한다(제39조).

3) 배심원의 권리와 의무

① 배심원의 권한

배심원은 국민참여재판을 하는 사건에 관하여 **사실의 인정, 법령의 적용 및 형의 양정에 관한 의견을 제시할** 권한이 있다(제12조). 그러나 **증거능력에 관한 심리**에는 관여할 수 없다(제44조). (16.모의) 배심원은 절차상의 권리로서 ① 피고인 · 증인에 대하여 필요한 사항을 신문하여 줄 것을 재판장에게 요청하는 행위 ② 필요하다고 인정되는 경우 재판장의 허가를 받아 각자 필기를 하여 이를 평의에 사용하는 행위를 할 수 있다(제41조).

② 배심원의 의무

배심원은 심리 도중에 법정을 떠나거나 평의 · 평결 또는 토의가 완결되기 전에 재판장의 허락없이 평의 · 평결 또는 토의 장소를 떠나는 행위 등 국민참여재판의 원활하고 공정한 진행을 방해하는 행동을 하지 않아야 할 의무를 부담한다(제41조 제2항). 재판장은 피고인에게 진술거부권을 고지하기 전에 배심원과 예비배심원으로 하여금 법률에 따라 공정하게 그 직무를 수행할 것을 다짐하는 취지의 선서를 하도록 하여야 한다(제42조).

4) 재판장 설명

재판장은 피고인에게 **진술거부권을 고지하기 전에** 배심원과 예비배심원에 대하여 배심원과 예비배심원의 권한·의무·재판절차 그 밖에 직무수행을 원활히 하는 데 필요한 사항을 설명하여야 한다(제42조). 이러한 **재판장의 최초 설명**은 재판절차에 익숙하지 아니한 배심원과 예비배심원을 배려하는 차원에서 국민의 형사재판 참여에 관한 규칙 제35조 제1항에 따라 피고인에게 진술거부권을 고지하기 전에 이루어지는 것으로, 원칙적으로 **설명의 대상에 검사가 아직 공소장에 의하여 낭독하지 아니한 공소사실 등이 포함된다고 볼 수 없다**(대판 2014.11.13. 2014도8377).

(3) 공판절차에서의 특칙

1) 간이공판절차 규정의 배제

국민참여재판에는 형사소송법상 **간이공판절차의 규정을 적용하지 아니한다**(제43조). (변시7회) 즉, 피고인이 자백하여도 간이공판절차로 회부할 수 없다.

2) 공판절차 갱신

공판절차가 개시된 후 새로 재판에 참여하는 배심원 또는 예비배심원이 있는 때에는 공판절차를 갱신하여야 한다.

8. 평의·평결·토의

(1) 재판장의 최종 설명

재판장은 변론이 종결된 후 법정에서 배심원에게 공소사실의 요지와 적용법조, 피고인과 변호인 주장의 요지, 증거능력, 그 밖에 유의할 사항에 관하여 설명하여야 한다. 이 경우 필요한 때에는 증거의 요지에 관하여 설명할 수 있다(제46조 제1항).

> **⚖ 판례**
>
> 재판장의 최종 설명은 배심원이 올바른 평결에 이를 수 있도록 지도하고 조력하는 기능을 담당하는 것으로서 배심원의 평결에 미치는 영향이 크므로, 재판장이 법률 제46조 제1항, 규칙 제37조 제1항에 따라 설명의무가 있는 사항을 설명하지 않는 것은 원칙적으로 위법한 조치이다. 그러나 재판장이 최종 설명 때 공소사실에 관한 설명을 일부 빠뜨렸거나 미흡하게 한 잘못이 있다고 하더라도, 이를 두고 그 전까지 절차상 아무런 하자가 없던 소송행위 전부를 무효로 할 정도로 판결에 영향을 미친 위법이라고 쉽게 단정할 것은 아니며, 위와 같은 잘못이 배심원의 평결에 직접적인 영향을 미쳐 국민참여재판을 받을 권리 등을 본질적으로 침해하고 판결의 정당성마저 인정받기 어려운 정도에 이른 것인지를 신중하게 판단하여야 한다(대판 2014.11.13. 2014도8377).

(2) 평의와 평결의 절차

1) 만장일치의 경우

심리에 관여한 배심원은 재판장의 설명을 들은 후 유·무죄에 관하여 평의하고, **전원의 의견이 일치하면 그에 따라 평결**한다. 다만, 배심원 과반수의 요청이 있으면 심리에 관여한 판사의 의견을 들을 수 있다(제46조 제2항).

2) 만장일치가 아닌 경우

배심원은 유·무죄에 관하여 **전원의 의견이 일치하지 아니하는 때에는** 평결을 하기 전에 심리에 관여한 판사의 의견을 들어야 한다. 이 경우 유·무죄의 **평결은 다수결의 방법으로 한다.** 심리에 관여한 판사는 평의에 참석하여 의견을 진술한 경우에도 평결에는 참여할 수 없다(제46조 제3항).

3) 배심의 평의 및 평결의 효력

평결과 의견은 **법원을 기속하지 아니한다**(제46조 제5항). _(변시9회)

9. 판결의 선고

판결의 선고는 변론을 종결한 기일에 하여야 한다. 다만, 특별한 사정이 있는 때에는 따로 선고기일을 지정할 수 있다. 이 경우의 선고기일은 변론종결 후 14일 이내로 정하여야 한다. 재판장은 판결선고 시 피고인에게 배심원의 평결결과를 고지하여야 하며, 배심원의 평결결과와 다른 판결을 선고하는 때에는 피고인에게 그 **이유를 설명**하여야 한다(제48조). 판결서에 배심원의 의견을 기재할 것인지는 원칙적으로 임의적 사항에 속한다. 그러나 배심원의 평결결과와 다른 판결을 선고하는 때에는 **판결서에 그 이유를 기재하여야 한다**(제49조).

⚖ 판례

[1] 배심원이 증인신문 등 사실심리의 전 과정에 함께 참여한 후 증인이 한 진술의 신빙성 등 증거의 취사와 사실의 인정에 관하여 **만장일치의 의견으로 내린 무죄의 평결이 재판부의 심증에 부합하여 그대로 채택된 경우라면,** 이러한 절차를 거쳐 이루어진 증거의 취사 및 사실의 인정에 관한 제1심의 판단은 실질적 직접심리주의 및 공판중심주의의 취지와 정신에 비추어 **항소심에서의 새로운 증거조사를 통해 그에 명백히 반대되는 충분하고도 납득할 만한 현저한 사정이 나타나지 않는 한 한층 더 존중될 필요가 있다.**

[2] 국민참여재판으로 진행된 제1심에서 배심원이 만장일치로 한 평결 결과를 받아들여 강도상해의 공소사실을 무죄로 판단하였으나, 항소심에서는 피해자에 대하여만 증인신문을 추가로 실시한 다음 제1심의 판단을 뒤집어 이를 유죄로 인정한 사안에서, 항소심 판단에 **공판중심주의와 실질적 직접심리주의 원칙의 위반 및 증거재판주의에 관한 법리오해의 위법**이 있다(대판 2010.3.25. 2009도14065).

(14.모의) [변시5회]

제2장 | 증거

제1절 증거법 일반

I 증거

1. 증거방법과 증거자료

증거방법이란 증거로 사용되는 유형물 자체, 즉 증거조사의 대상물을 말한다. 예컨대 증인, 감정인, 증거물, 증거서류, 피고인 등이 이에 해당한다. **증거자료**란 증거방법을 조사하여 얻어진 내용 그 자체를 말한다. 예컨대 증인의 증언, 감정인의 감정결과, 증거물의 성질·형상, 증거서류의 의미내용, 피고인의 자백 등이 이에 해당한다.

2. 직접증거와 간접증거(증거자료와 요증사실과의 관계에 따른 분류)

직접증거란 요증사실(형벌을 적용하기 위하여 증명되어야 할 사실)을 **직접적으로 증명**하는 증거로서 범행목격자의 증언, 피고인의 자백이 이에 해당한다. **간접증거**란 요증사실을 **간접적으로 증명**하는 증거(정황증거)로서 범행현장에 남아있는 **피고인의 지문**, 피고인의 옷에 묻은 **피해자의 혈흔,** 피고인에게 범행도구를 판매한 사람의 진술, 장물을 분배하는 장면을 본 사람의 진술이 이에 해당한다. 직접증거와 간접증거의 구별은 직접증거에 높은 증명력을 인정하였던 법정증거주의에서는 의미가 있었으나, 자유심증주의에서는 이러한 구별이 무의미하게 되었으므로, 직접증거와 간접증거간의 **증명력의 우열은 없다.**

> **판례**
>
> 유죄의 심증이 반드시 직접증거에 의하여 형성되어야만 하는 것은 아니고 경험칙과 논리법칙에 위반되지 아니하는 한 간접증거에 의하여 형성되어도 되는 것이며, 간접증거가 **개별적으로는 범죄사실에 대한 완전한 증명력을 가지지 못하더라도 전체 증거를 상호 관련 하에 종합적으로 고찰할 경우 그 단독으로는 가지지 못하는 종합적 증명력이 있는 것으로 판단되면 그에 의하여도** 범죄사실을 인정할 수 있다(대판 2001.11.27. 2001도4392). (15.모의, 16.모의)

3. 진술증거와 비진술증거(증거자료의 성질에 따른 분류)

진술증거란 사람의 진술이 증거로 되는 것으로 진술과 그 진술이 기재된 서류를 포함한다. 진술증거는 다시 사실을 체험한 자가 중간의 매개체를 거치지 않고 직접 법원에 진술하는 증거인 **원본증거**(전문법칙이 적용되지 않는다)와 직접 체험한 자의 진술이 **서면이나 타인의 진술의 형식으로** 간접적으로 법원에 전달되는 **전문증거**가 있다. 진술증거 중 전문증거는 전문법칙(제310조의2)의 적용을 받는다. 반면에 **비진술증거**란 진술증거 이외의 서증과 물적증거를 말하며, 비진술증거에 대해서는 전문법칙이 적용되지 않는다.

4. 인증·물증(증거방법의 성질에 따른 분류)

인적증거란 **사람의 진술내용**이 증거로 되는 것을 말하며 인적증거에 대한 조사는 **신문의** 형식에 의한다. 증인의 증언, 감정인의 진술, 피고인의 진술 등이 이에 속한다. **물적증거**란 **물건의 존재 또는 상태**가 증거로 되는 것을 말하며 물적 증거에 대한 조사는 **검증**의 방법에 의한다. 범행에 사용된 흉기, 절도죄의 장물, 위조문서, 무고죄의 고소장 등이 이에 속한다.

5. 본증과 반증

본증이란 거증책임을 지는 당사자가 제출하는 증거를 말하며, **반증**이란 본증에 따라 증명하려고 하는 사실의 존재를 부인하기 위하여 반대당사자가 제출하는 증거를 말한다.

6. 실질증거와 보조증거

실질증거란 주요사실의 존부를 직간접으로 증명하기 위하여 사용되는 증거를 말한다. **보조증거**란 실질증거의 증명력을 다투기 위하여 사용되는 증거를 말한다. 보조증거에는 증명력을 증가하기 위한 증거인 증강증거와 증명력을 감쇄하기 위한 증거인 탄핵증거가 있다.

Ⅱ 증거능력과 증명력

증거능력이란 엄격한 증명의 자료로 사용될 수 있는 **법률상의 자격**을 말하며 증거의 **실질적 가치**를 의미하는 증명력과 구별된다. 증거능력이 **법률에 의해 형식적으로 결정**되어 있는데 반해 증명력은 **법관의 자유판단**에 맡겨져 있다. 위법수집증거배제법칙, 자백배제법칙, 전문법칙이 증거능력에 관한 문제임에 반하여 증명력과 관련해서는 자유심증주의, 자백보강법칙, 공판조서의 배타적 증명력이 문제된다.❶

---

❶ 이재상, 신형사소송법, 486쪽

제2절 증명의 기본원칙

I 증거재판주의

제307조【증거재판주의】
① 사실의 인정은 증거에 의하여야 한다.
② 범죄사실의 인정은 합리적인 의심이 없는 정도의 증명에 이르러야 한다.

1. 증거재판주의의 의의

공정한 재판을 위해 '사실의 인정은 증거에 의하여야 한다(제307조 제1항)'는 증거법상의 기본 원칙이다. 여기서 '사실'이라 함은 **범죄될 사실**을 의미하고, 그러한 사실의 인정은 **증거능력이 있고 적법한 증거조사를 거친 증거에 의하여야 한다**는 것을 의미한다. 개정형사소송법은 범죄사실의 인정은 합리적인 의심이 없는 정도의 증명에 이르러야 한다고 하여 증명의 방법에 관한 원칙까지도 명확히 규정하고 있다(제307조 제2항).

2. 증명방법

증명이란 사실의 존부에 관하여 법관으로 하여금 **합리적인 의심의 여지가 없을 정도의 확신**을 갖게 하는 것을 말한다. 제307조 제2항은 "범죄사실의 인정은 합리적인 의심이 없는 정도의 증명에 이르러야 한다"고 규정하고 있다.

여기에서 말하는 **합리적 의심이라 함은 모든 의문, 불신을 포함하는 것이 아니라 논리와 경험칙에 기하여 요증사실과 양립할 수 없는 사실의 개연성에 대한 합리성 있는 의문을** 의미하는 것으로서, 피고인에게 유리한 정황을 사실인정과 관련하여 파악한 이성적 추론에 그 근거를 두어야 하는 것이므로 **단순히 관념적인 의심이나 추상적인 가능성에 기초한 의심은 합리적 의심에 포함된다고 할 수 없다**(대판 2009.3.12. 2008도8486). (14.모의)

> ### 📖 증명방법
>
> #### 1. 엄격한 증명
> 법률상 증거능력 있고 적법한 증거조사를 거친 증거에 의해 증명을 말한다.
>
> #### 2. 자유로운 증명
> 증거능력 없는 증거 또는 증거조사 방법을 거치지 아니한 증거에 의해 증명을 말한다.
>
> #### 3. 구별실익
> 양자는 증거능력의 유무와 증거조사 방식에 차이가 있을 뿐이고 심증의 정도에 차이가 없으므로 양자 모두 합리적 의심 없는 증명 또는 확신을 요한다.

3. 엄격한 증명의 대상

(1) 공소범죄사실

1) 구성요건 해당 사실

구성요건에 해당하는 사실은 객관적 구성요건요소인가 주관적 구성요건요소인가를 불문하고 엄격한 증명의 대상이 된다. 따라서 **행위의 주체** 객체, 행위, 결과의 발생, 인과관계 등의 객관적 구성요건 뿐만 아니라 **고의**(12.모의), 과실, **목적**(변시5회), **공모공동정범에 있어 공모, 불법 영득의사**(14.모의) 등 주관적 구성요건도 모두 엄격한 증명의 대상이 된다.

판례

1 공모나 모의는 공모공동정범에 있어서의 "범죄될 사실"이라 할 것이므로 이를 인정하기 위하여는 **엄격한 증명에 의하지 않으면 아니 되고** 그 증거는 판결에 표시되어야 한다(대판 1988.9.13. 88도1114). (14.모의)

2 2인 이상이 범죄에 공동 가공하는 공범관계에서 공모는 법률상 어떤 정형을 요구하는 것이 아니고 2인 이상이 공모하여 범죄에 공동 가공하여 범죄를 실현하려는 의사의 결합만 있으면 충분하다. 비록 전체의 모의과정이 없더라도 여러 사람 사이에 순차적으로 또는 암묵적으로 의사의 결합이 이루어지면 공모관계가 성립한다. 이러한 공모관계를 인정하기 위해서는 엄격한 증명이 요구되지만, 피고인이 범죄의 주관적 요소인 공모관계를 부인하는 경우에는 사물의 성질상 이와 상당한 관련성이 있는 간접사실 또는 정황사실을 증명하는 방법으로 이를 증명할 수밖에 없다. 이때 무엇이 상당한 관련성이 있는 간접사실에 해당할 것인지는 정상적인 경험칙에 바탕을 두고 치밀한 관찰력이나 분석력으로 사실의 연결 상태를 합리적으로 판단하는 방법으로 하여야 한다(대판 2018.4.19. 2017도14322 전합).

3 뇌물죄에서 수뢰액은 다과에 따라 범죄구성요건이 되므로 **엄격한 증명의 대상**이 되고, 특정범죄가중처벌 등에 관한 법률에서 정한 범죄구성요건이 되지 않는 단순 뇌물죄의 경우에도 몰수·추징의 대상이 되는 까닭에 역시 증거에 의하여 인정되어야 하며, 수뢰액을 특정할 수 없는 경우에는 가액을 추징할 수 없다(대판 2011.5.26. 2009도2453).

4 **교사범에 있어서의 교사사실은 범죄사실을 구성하는 것으로서 이를 인정하기 위하여는 엄격한 증명이 요구되지만**, 피고인이 교사사실을 부인하고 있는 경우에는 사물의 성질상 그와 상당한 관련성이 있는 간접사실을 증명하는 방법에 의하여 이를 입증할 수도 있고, 이러한 경우 무엇이 상당한 관련성이 있는 간접사실에 해당할 것인가는 정상적인 경험칙에 바탕을 두고 치밀한 관찰력이나 분석력에 의하여 사실의 연결상태를 합리적으로 판단하는 방법에 의하여야 한다(대판 2000.2.25. 99도1252).

5 엄격한 증명의 대상에는 검사가 공소장에 기재한 구체적 범죄사실이 모두 포함되고, 특히 **공소사실에 특정된 범죄의 일시는 피고인의 방어권 행사의 주된 대상이 되므로 엄격한 증명을 통해 그 특정한 대로 범죄사실이 인정되어야** 하며, 그러한 증명이 부족한데도 다른 시기에 범행을 하였을 개연성이 있다는 이유로 범죄사실에 대한 증명이 있다고 인정하여서는 아니된다(대판 2011.5.26. 2009도2453).

6 범행 직후에 행위자의 혈액이나 호흡으로 혈중 알코올농도를 측정할 수 있는 경우가 아니라면 위드마크 공식을 사용하여 그 계산결과로 특정 시점의 혈중 알코올농도를 추정할 수도 있으나, **범죄구성요건사실의 존부를 알아내기 위해 과학공식 등의 경험칙을 이용하는 경우에는 그 법칙 적용의 전제가 되는 개별적이고 구체적인 사실에 대하여는 엄격한 증명을 요한다** 할 것이고, 위드마크 공식의 경우 그 적용을 위한 자료로는 음주량, 음주시각, 체중, 평소의 음주정도 등이 필요하므로 그런 전제사실을 인정하기 위해서는 엄격한 증명이 필요하다(대판 2000.6.27. 99도128). (14.모의)

7 **범죄구성요건에 해당하는 사실을 증명하기 위한 근거가 되는 과학적인 연구 결과**는 적법한 증거조사를 거친 증거능력 있는 증거에 의하여 엄격한 증명으로 증명되어야 한다(대판 2010.2.11. 2009도2338). (15.모의)

8 목적과 용도를 정하여 위탁한 금전을 수탁자가 임의로 소비하면 **횡령죄를 구성**할 수 있으나, 이 경우 피해자 등이 **목적과 용도를 정하여 금전을 위탁한 사실 및 그 목적과 용도가 무엇인지**는 **엄격한 증명의 대상이라고 보아야 한다**(대판 2013.11.14. 2013도8121). (변시12회)

9 특가법 제5조의9 제1항 위반죄의 '**보복의 목적**'은 엄격한 증명의 대상이다(대판 2014.9.26. 2014도9030).

10 정보통신망 이용촉진 및 정보보호 등에 관한 법률(이하 '정보통신망법'이라 한다) 제70조 제2항은 "사람을 비방할 목적으로 정보통신망을 통하여 공공연하게 거짓의 사실을 드러내어 다른 사람의 명예를 훼손한 자는 7년 이하의 징역, 10년 이하의 자격정지 또는 5천만 원 이하의 벌금에 처한다."라고 정하고 있다. 이 규정에 따른 범죄가 성립하려면 피고인이 공공연하게 드러낸 사실이 거짓이고 그 사실이 거짓임을 인식하여야 할 뿐만 아니라 사람을 비방할 목적이 있어야 한다. 비방할 목적이 있는지 여부는 피고인이 드러낸 사실이 거짓인지 여부와 별개의 구성요건으로서, 드러낸 사실이 거짓이라고 해서 비방할 목적이 당연히 인정되는 것은 아니다. 그리고 이 규정에서 정한 모든 구성요건에 대한 증명책임은 검사에게 있다(대판 2020.12.10. 2020도11471).

2) 위법성과 책임에 관한 사실

구성요건에 해당하면 위법성과 책임은 추정되지만, 다툼이 있을 경우에는 그 추정이 깨어지므로 **위법성조각사유와 책임조각사유의 부존재에 대해서 엄격한 증명**을 요한다.

⚖ 참고 판례

공연히 사실을 적시하여 사람의 **명예를 훼손한 행위**가 형법 제310조의 규정에 따라서 위법성이 조각되어 처벌대상이 되지 않기 위하여는 **명예를 훼손한 행위가 진실한 사실로서 오로지 공공의 이익에 관한 때에 해당된다는 점을 행위자가 증명**하여야 하는 것이나, 그 증명은 유죄의 인정에 있어 요구되는 것과 같이 법관으로 하여금 의심할 여지가 없을 정도의 확신을 가지게 하는 증명력을 가진 엄격한 증거에 의하여야 하는 것은 아니므로, 이 때에는 전문증거에 대한 증거능력의 제한을 규정한 형사소송법 제310조의2는 적용될 여지가 없다(대판 1996.10.25. 95도1473). (11.모의)

(2) 처벌조건

처벌조건은 공소범죄사실 자체는 아니지만 형벌권의 발생에 직접 기초가 되는 사실이므로 **엄격한 증명의 대상**이 된다. 따라서 파산범죄에 있어서의 파산선고의 확정, 사전수뢰죄에 있어서 행위자가 공무원 또는 중재인이 된 사실, **친족상도례에 있어서 일정한 친족관계의 존재에 관한 사실** 등은 엄격한 증명의 대상이 된다.

(3) 법률상 형의 가중 · 감면의 이유되는 사실

범죄사실 자체는 아니지만 형벌권의 범위에 관한 사실이므로 엄격한 증명을 요한다. 따라서 누범전과, 상습범가중의 경우에 상습성, 심신미약, 장애미수, 중지미수, 불능미수, 자수 · 자복 등은 엄격한 증명의 대상이 된다.

> **참고 판례**
>
> 범인의 범행 당시의 정신상태가 심신상실이었느냐 심신미약이었느냐는 **자유로운 증명**으로써 족하나 일반적으로 전문가의 감정에 의뢰하는 것이 타당하다(대판 1961.10.26. 4294형상590).

(4) 몰수 · 추징에 관한 사실

몰수 · 추징은 부가형으로서 형벌의 성질을 가지고 있으므로 엄격한 증명을 요한다(통설).

> **참고 판례**
>
> 몰수, 추징의 대상이 되는지 여부나 추징액의 인정은 엄격한 증명을 필요로 하지 아니한다(대판 1993.6.22. 91도3346). (14.모의, 15.모의)

(5) 간접사실 · 경험법칙 · 법규 · 보조사실(증강)

1) 간접사실

간접사실은 주요사실의 존부를 간접적으로 추인하게 하는 사실로서 **주요사실이 엄격한 증명을 요할 경우** 간접사실도 엄격한 증명의 대상이 된다.

2) 특별한 경험법칙

일반적 경험법칙은 공지의 사실이므로 증명을 요하지 않지만, 특별한 경험법칙으로서 엄격한 증명을 요하는 사실의 인정에 필요한 때에는 엄격한 증명을 요한다.

3) 외국법규 등

직권조사 사항이므로 증명의 대상이 아니지만, 외국법 · 관습법과 같이 법규의 내용이 명백하지 않은 때에는 엄격한 증명을 요한다. (12.모의, 14.모의)

4) 보조사실(증강)

보조사실이란 증거의 증명력에 영향을 미치는 사실로서 증거의 증명력을 탄핵(감쇄)하는 사실과 보강하는 사실로 구별할 수 있다. 증거의 증명력을 탄핵하는 사실은 자유로운 증명으로 족하지만 주요사실을 인정하는 **증거의 증명력을 보강하는 자료가 되는 사실**은 엄격한 증명을 요한다.

4. 자유로운 증명의 대상

(1) 정상관계사실

양형의 기초가 되는 정상관계사실은 복잡하고 비유형적이므로 엄격한 증명의 대상으로 하기에 적합하지 않을 뿐만 아니라, 양형은 그 성질상 법원의 재량에 맡겨져 있으므로 정상에 관한 사실은 자유로운 증명으로 족하다는 것이 통설이다.

양형의 조건에 관하여 규정한 형법 제51조의 사항은 널리 형의 양정에 관한 법원의 재량사항에 속한다고 해석되므로, 법원은 범죄의 구성요건이나 법률상 규정된 형의 가중·감면의 사유가 되는 경우를 제외 하고는, **법률이 규정한 증거로서의 자격이나 증거조사방식에 구애됨이 없이 상당한 방법으로 조사하여 양형의 조건이 되는 사항을 인정**할 수 있다(대판 2010.4.29. 2010도750).

(2) 소송법적 사실

1) 순수한 소송법적 사실

순수한 소송법적 사실은 자유로운 증명으로 족하다. 따라서 친고죄에 있어서 고소의 유무, 피고인의 구속기간, 적법한 피고인신문이 행하여졌느냐는 자유로운 증명으로 족하다.

1 **친고죄에서 적법한 고소가 있었는지는** 자유로운 증명의 대상이 된다(대판 1999.2.9. 98도2074). (변시12 회)

2 피의자의 진술에 관하여 공판정에서 그 임의성 유무가 다투어지는 경우에는 법원은 구체적인 사건에 따라 증거조사의 방법이나 증거능력의 제한을 받지 아니하고 제반사정을 종합 참작하여 적당하다고 인정되는 방법에 의하여 **자유로운 증명으로 그 임의성 유무를 판단하면 된다**(대판 1986.11.25. 83도1718). (변시4회, 11.모의)

3 **특신상태는** 증거능력의 요건에 해당하므로 검사가 그 존재에 대하여 구체적으로 주장·입증하여야 하는 것이지만, 이는 **소송상의 사실에 관한 것이므로, 엄격한 증명을 요하지 아니하고 자유로운 증명으로 족하다**(대판 2001.9.4. 2000도1743).

4 반의사불벌죄에서 피고인 또는 피의자의 처벌을 희망하지 않는다는 의사표시 또는 처벌희망 의사표시 철회의 유무나 그 효력 여부에 관한 사실은 자유로운 증명의 대상이다(대판 2010.10.14. 2010도5610).

5 출입국사범 사건에서 지방출입국·외국인관서의 장의 적법한 고발이 있었는지 여부가 문제 되는 경우에 법원은 증거조사의 방법이나 증거능력의 제한을 받지 아니하고 제반 사정을 종합하여 적당하다고 인정되는 방법에 의하여 자유로운 증명으로 그 고발 유무를 판단하면 된다(대판 2021.10.28. 2021도404).

2) 자백의 임의성의 기초되는 사실

PLUS+ **증거능력의 기초사실** [16.모의]

보험금을 노린 것으로 추정되는 살인사건이 발생하자 검사는 피해자의 유족인 甲을 상대로 조사하였고 甲은 살인 범행을 자백하였다. 甲은 공소제기된 후 법정에서, "검찰조사과정에서 벽을 마주한 채 철제의자에 앉히고 전혀 잠을 자지 못하게 하는 등 자백을 강요하는 강압적 수사를 받아 임의성 없는 자백을 한 것이다."라고 주장하였다.

문. 자백의 임의성에 관한 甲의 주장에 대하여 검사가 해야 할 증명의 정도에 대하여 설명하시오.

1. 논점

순수한 소송법적 사실은 자유로운 증명으로 족하나, 책임관련적 소송법적 사실인 자백의 임의성의 기초가 되는 사실에 대하여는 견해가 대립한다.

2. 견해의 대립

(1) 엄격증명설

피고인에게 중대한 불이익을 초래하므로 엄격한 증명을 요한다는 견해이다.

(2) 자유로운 증명설

자백의 임의성의 기초가 되는 사실도 소송법적 사실이므로 자유로운 증명으로 족하다는 견해이다.

3. 판례

피의자의 진술에 관하여 공판정에서 그 임의성 유무가 다투어지는 경우에는 법원은 적당하다고 인정되는 방법에 의하여 자유로운 증명으로 그 임의성 유무를 판단하면 된다고 하여 자유로운 증명의 대상이라고 보는 입장이다(대판 1986.11.25. 83도1718).

4. 검토

자백의 임의성의 기초가 되는 사실은 형벌권의 존부나 범위와 직접 관계가 없으므로 **자유로운 증명**으로 족하다고 보는 것이 타당하다.

(3) 보조사실 중 탄핵사실

보조사실 중 증거의 증명력을 탄핵하는 사실은 자유로운 증명으로 족하다.

> **판례**
>
> **탄핵증거는 범죄사실을 인정하는 증거가 아니므로 엄격한 증거조사를 거쳐야 할 필요가 없음은** 형사소송법 제318조의2의 규정에 따라 명백하다고 할 것이나, 법정에서 이에 대한 탄핵증거로서의 증거조사는 필요하다(대판 1998.2.27. 97도1770).

5. 불요증사실

(1) 공지의 사실

역사상 명백한 사실이나 자연계에 현저한 사실처럼 보통의 지식·경험이 있는 사람이면 누구나 의심하지 않고 인정하는 사실을 말한다. 공지의 사실은 증거에 의하여 인정하지 않아도 사실인정에 아무 지장이 없으므로 증명을 요하지 않는다.

(2) 추정된 사실

1) 법률상 추정

법률상 추정된 사실이란 어떤 전제사실이 증명되면 다른 사실을 인정하도록 법률에 규정되어 있는 것을 말하는데, 자유심증주의와 실체진실주의 및 무죄추정의 원칙에 반하므로 형사소송에서는 허용되지 않는다는 견해가 일반적이다.

2) 사실상 추정

어떤 전제사실이 증명되면 다른 사실을 추정하는 것이 합리적인 경우를 말하며, 반증에 의해 의심이 생기지 않는 한 증명을 요하지 않는다. 예를 들면 어떤 범죄의 구성요건해당성이 인정되면 위법성과 책임은 사실상 추정된다.

Ⅱ 거증책임

1. 거증책임의 의의

요증사실의 존부에 대하여 증명이 불충분한 경우에 그로 인하여 불이익을 받을 당사자의 법률상 지위를 말한다. 거증책임은 처음부터 고정되어 있으며 소송의 진행에 따라 변동되지 않는다.

2. 거증책임의 분배

(1) 원칙

거증책임의 분배란 거증책임을 어느 당사자에게 부담하게 할 것인가를 정하는 것을 말한다. 형사소송법에서는 무죄추정의 원칙이 적용되므로 **원칙적으로 검사가 거증책임**을 부담한다.

(2) 공소범죄사실, 처벌조건인 사실, 형의 가중·감면의 사유가 되는 사실

모두 형벌권의 존부와 범위에 관한 사실이므로 검사가 거증책임을 부담한다.

(3) 알리바이의 거증책임

피고인이 공판정에서 사건현장의 부재인 알리바이를 주장하는 경우에 그에 대한 입증책임이 누구에게 있는지에 대하여 논의가 있다. 이에 대하여는 피고인부담설, 검사부담설이 대립하고 있으나, 피고인의 알리바이 주장은 범행을 부인하는 것에 불과하므로 거증책임 분배의 원칙에 따라 검사가 피고인의 현장존재를 엄격한 증명에 의하여 입증하여야 할 것이다.

(4) 소송법적 사실

1) 소송조건의 존재

친고죄의 고소, 공소시효의 완성 등 소송조건은 공소제기의 적법·유효요건이 되는 점에 비추어 검사에게 거증책임이 있다.

2) 증거능력의 전제되는 사실

증거능력의 전제되는 사실에 대해서는 증거를 자기의 이익으로 이용하려는 당사자에게 거증책임을 부담시키는 것이 공평의 이념에 부합하므로 증거를 제출한 당사자에게 거증책임이 있다.

> 🔍 **자백의 임의성에 대한 거증책임**
>
> 임의성에 다툼이 있을 때에는 그 임의성을 의심할 만한 합리적이고, 구체적인 사실을 피고인이 입증할 것이 아니고 검사가 그 임의성의 의문점을 해소하는 입증을 하여야 한다(대판 1998.4.10. 97도3234).

3. 거증책임의 전환

(1) 의의

거증책임은 원칙적으로 검사가 부담하나 **예외적으로 피고인이 거증책임을 부담**하는 경우를 말한다. 거증책임의 전환은 헌법상 무죄추정의 원칙에 반하므로 **부정하는 견해**도 있으나, **법률에 의한 명문규정**이 있고, **거증책임의 예외를 뒷받침할 만한 합리적 근거**가 있는 경우에는 거증책임의 전환을 **긍정하는 견해**가 타당하다.

(2) 상해죄의 동시범 특례(형법 제263조)

형법 제263조는 '독립행위가 경합하여 상해의 결과를 발생하게 한 경우에 있어서 원인된 행위가 판명되지 아니한 때에는 공동정범의 예에 의한다'고 규정하고 있다. 이 조문의 법적 성질에 대하여 거증책임전환규정으로 보는 것이 통설이다. 따라서 피고인이 상해 결과에 대한 인과관계가 없음을 증명할 책임을 진다.

(3) 명예훼손죄의 사실의 증명

형법 제310조는 형법 제307조 제1항의 명예훼손행위가 진실한 사실로서 오로지 공공의 이익에 관한 때에는 처벌하지 아니한다고 규정하고 있다. 이 규정이 거증책임 전환을 규정한 것인지에 대하여 견해가 대립하고 있으나, 판례는 거증책임 전환규정으로 보면서도 피고인의 증명은 자유로운 증명으로 족하다는 입장이다.

> **판례**
>
> 공연히 사실을 적시하여 사람의 명예를 훼손한 행위가 형법 제310조의 규정에 따라서 위법성이 조각되어 처벌대상이 되지 않기 위하여는 **명예를 훼손한 행위가 진실한 사실로서 오로지 공공의 이익에 관한 때에 해당된다는 점을 행위자가 증명하여야** 하는 것이나, 그 증명은 유죄의 인정에 있어 요구되는 것과 같이 법관으로 하여금 의심할 여지가 없을 정도의 확신을 가지게 하는 **증명력을 가진 엄격한 증거에 의하여야 하는 것은 아니므로, 이 때에는 전문증거에 대한 증거능력의 제한을 규정한 형사소송법 제310조의2는 적용될 여지가 없다**(대판 1996.10.25. 95도1473). (변시1회)

4. 입증의 부담

소송의 발전과정에 따라 어느 사실이 증명되지 아니하면 자기에게 불이익한 판단을 받을 가능성이 있는 당사자가 불이익을 면하기 위하여 그 사실을 증명할 증거를 제출할 부담을 말한다. **거증책임은 소송의 진행과 관계없이 요증사실의 성질에 따라 고정되어 있으나, 입증의 부담은 소송의 발전에 따라 반전된다.**

Ⅲ 자유심증주의

1. 자유심증주의의 의의

자유심증주의란 증거의 증명력을 **법률로 정하지 않고 법관의 자유로운 판단에 맡기는 주의**를 말하며, 증거평가자유의 원칙이라고도 한다. 자유심증주의는 법정증거주의에 대립되는 개념이다. 형사소송법 제308조는 '증거의 증명력은 법관의 자유판단에 의한다'고 하여 자유심증주의를 규정하고 있다.

2. 자유심증주의의 내용

(1) 자유판단의 대상

자유심증주의에 의하여 법관이 자유롭게 판단할 수 있는 것은 증거의 **증명력**이다.

(2) 자유판단의 의미

자유판단이란 증명력 판단에 있어서 법관이 **법률적 구속을 받지 않고**, 자신의 합리적 이성에 의하여 판단하는 것을 의미한다. 따라서 증거의 취사선택은 법관의 자유판단에 맡겨지며, 모순되는 증거가 있는 경우에 어느 증거를 믿을지도 법관의 자유이며, 법관은 증거능력 있는 증거라도 증명력이 없다는 이유로 배척할 수도 있다.

(3) 자유판단의 기준

1) 논리법칙과 경험법칙

자유심증주의에서 말하는 법관의 자유판단은 자의나 전단이 아니라 인간 이성에 의한 합리적 증거평가이어야 하므로 경험법칙과 논리법칙에 합치하여야 한다. 경험법칙이란 개별적 경험으로부터 귀납적으로 얻어지는 인과관계나 사물의 성상에 관한 법칙이다. 논리법칙은 경험법칙과 달리 선험적, 연역적으로 얻어지는 것으로 논리학상의 자명한 사고법칙을 의미한다.

2) 논리법칙과 경험법칙을 위반한 효과

항소이유 및 상고이유가 된다.

3) 자유심증주의 관련 판례

> **⚖ 판례**
>
> 1 [1] 증거의 증명력을 법관의 자유판단에 의하도록 한 것은 그것이 실체적 진실발견에 적합하기 때문이라 할 것이므로, 증거판단에 관한 전권을 가지고 있는 **사실심 법관은 사실인정에 있어 공판절차에서 획득된 인식과 조사된 증거를 남김없이 고려하여야** 한다.
> [2] 증거의 증명력은 법관의 자유판단에 맡겨져 있으나 그 판단은 **논리와 경험칙에 합치하여야 하고, 증명력이 있는 것으로 인정되는 증거를 합리적인 근거가 없는 의심을 일으켜 이를 배척하는 것은 자유심증주의의 한계를 벗어나는 것**으로 허용될 수 없다(대판 2004.6.25. 2004도2221).
> 2 유전자검사나 혈액형검사 등 과학적 증거방법은 그 전제로 하는 사실이 모두 진실임이 입증되고 그 추론의 방법이 과학적으로 정당하여 오류의 가능성이 전무하거나 무시할 정도로 극소한 것으로 인정되는 경우에는 **법관이 사실인정을 함에 있어 상당한 정도로 구속력을 가지므로**, 비록 사실의 인정이 사실심의 전권이라 하더라도 **아무런 합리적 근거 없이 함부로 이를 배척하는 것은 자유심증주의의 한계를 벗어나는 것으로서 허용될 수 없다**(대판 2007.5.10. 2007도1950).
> 3 유전자검사 결과 주사기에서 마약성분과 함께 피고인의 혈흔이 확인됨으로써 **피고인이 필로폰을 투약한 사정이 적극적으로 증명되는 경우, 반증의 여지가 있는 소변 및 모발검사에서 마약성분이 검출되지 않았다는 소극적 사정에 관한 증거만으로 이를 쉽사리 뒤집을 수 없다**(대판 2009.3.12. 2008도8486).
> 4 [1] 국민참여재판으로 진행된 제1심에서 배심원이 만장일치로 한 평결 결과를 받아들여 무죄를 선고한 제1심의 판단을 뒤집기 위해서는 항소심에서의 새로운 증거조사를 통해 그에 명백히 반대되는 충분하고도 납득할 만한 현저한 사정이 나타나는 경우라야 한다.
> [2] 피해자의 원심법정 진술을 제외하고는 제1심의 증거조사 과정에서 이미 현출되어 제1심이 관련 진술의 신빙성 유무를 판단함에 있어 이미 고려했던 증거나 사정들 중 일부에 불과하여 제1심의 판단을 뒤집을 만한 특별한 사정으로 내세울 것이 되지 못하고, 피해자의 원심법정 진술 또한 피고인과 대립되는 이해당사자로서 수사과정에서부터 대체로 공소사실에 부합하는 내용으로 일관하여 온 같은 진술의 반복에 지나지 아니하여 역시 특별한 사정이라 보기 어렵다. 그럼에도 불구하고 제1심의 판단을 뒤집어 이를 유죄라고 인정한 항소심의 판단은 공판중심주의와 실질적 직접심리주의의 원칙을 위반하고 증거재판주의에 관한 법리를 오해한 위법이 있다(대판 2010.3.25. 2009도14065).

5 제1심 증인의 진술에 대한 제1심과 항소심의 신빙성 평가 방법의 차이에, 우리 형사소송법이 채택하고 있는 실질적 직접심리주의 취지 및 정신을 함께 고려해 보면 제1심판결 내용과 제1심에서 적법하게 증거조사를 거친 증거들에 비추어 **제1심 증인이 한 진술의 신빙성 유무에 대한 제1심의 판단이 명백하게 잘못되었다고 볼 특별한 사정이 있거나**, 제1심의 증거조사 결과와 항소심 변론종결시까지 추가로 이루어진 증거조사 결과를 종합하면 **제1심 증인이 한 진술의 신빙성 유무에 대한 제1심의 판단을 그대로 유지하는 것이 현저히 부당하다고 인정되는 예외적인 경우가 아니라면**, 항소심으로서는 제1심 증인이 한 진술의 신빙성 유무에 대한 **제1심의 판단이 항소심의 판단과 다르다는 이유만으로 이에 대한 제1심의 판단을 함부로 뒤집어서는 아니 된다.** 특히 공소사실을 뒷받침하는 증거의 경우에는, 증인신문 절차를 진행하면서 진술에 임하는 증인의 모습과 태도를 직접 관찰한 제1심이 증인의 진술에 대하여 그 신빙성을 인정할 수 없다고 판단하였음에도 불구하고, **항소심이 이를 뒤집어 그 진술의 신빙성을 인정할 수 있다고 판단할 수 있으려면, 진술의 신빙성을 배척한 제1심의 판단을 수긍할 수 없는 충분하고도 납득할 만한 현저한 사정이 나타나는 경우이어야** 한다(대판 2006.11.24. 2006도4994).

6 형사항소심은 속심이면서도 사후심으로서의 성격을 가지고 있는 점과 아울러 형사소송법에서 정한 실질적 직접심리주의의 정신 등에 비추어 볼 때에, 제1심이 증인신문 등의 증거조사 절차를 거친 후에 합리적인 의심을 배제할 만한 증명이 부족하다고 보아 공소사실을 무죄로 판단한 경우에, 항소심의 심리 결과 일부 반대되는 사실에 관한 개연성 또는 의문이 제기될 수 있다 하더라도 제1심이 일으킨 합리적인 의심을 충분히 해소할 수 있을 정도에까지 이르지 아니한다면 그와 같은 사정만으로 범죄의 증명이 부족하다는 제1심의 판단에 사실오인의 위법이 있다고 단정하여 공소사실을 유죄로 인정하여서는 아니 된다(대판 2016.2.18. 2015도11428).

7 **형사재판에서 이와 관련된 다른 형사사건의 확정판결에서 인정된 사실은 특별한 사정이 없는 한 유력한 증거자료가 되는 것이나, 당해 형사재판에서 제출된 다른 증거 내용에 비추어 관련 형사사건의 확정판결에서의 사실판단을 그대로 채택하기 어렵다고 인정될 경우에는 이를 배척할 수 있다**(대판 2014.3.27. 2014도1200).

8 금원수수 여부가 쟁점이 된 사건에서 금원수수자로 지목된 피고인이 수수사실을 부인하고 있고 이를 뒷받침할 금융자료 등 객관적 물증이 없는 경우, **금원을 제공하였다는 사람의 진술만으로 유죄를 인정하기 위해서는 그 사람의 진술이 증거능력이 있어야 함은 물론 합리적인 의심을 배제할 만한 신빙성이 있어야 한다.** 신빙성 유무를 판단할 때에는 그 진술 내용 자체의 합리성, 객관적 상당성, 전후의 일관성뿐만 아니라 그의 인간됨, 그 진술로 얻게 되는 이해관계 유무 등을 아울러 살펴보아야 한다. 특히, 그에게 어떤 범죄의 혐의가 있고 그 혐의에 대하여 수사가 개시될 가능성이 있거나 수사가 진행 중인 경우에는, 이를 이용한 협박이나 회유 등의 의심이 있어 그 진술의 증거능력이 부정되는 정도에까지 이르지 않는 경우에도, 그로 인한 궁박한 처지에서 벗어나려는 노력이 진술에 영향을 미칠 수 있는지 여부 등을 살펴보아야 한다(대판 2009.1.15. 2008도8137).

9 상해죄의 피해자가 제출하는 **상해진단서는 상해가 곧 피고인의 범죄행위로 인하여 발생한 것이라는 사실을 직접 증명하는 증거가 되기에 부족한 것이지만**, 그 상해에 대한 진단일자 및 상해진단서 작성일자가 상해 발생시점과 **시간상으로 근접하고 상해진단서 발급 경위에 특별히 신빙성을 의심할 만한 사정이 없으며 거기에 기재된 상해의 부위와 정도가 피해자가 주장하는 상해의 원인 내지 경위와 일치하는 경우에는**, 그 무렵 피해자가 제3자로부터 폭행을 당하는 등으로 달리 상해를 입을 만한 정황이 발견되거나 의사가 허위로 진단서를 작성한 사실이 밝혀지는 등의 특별한 사정이 없는 한, 그 **상해진단서는 피해자의 진술과 더불어 피고인의 상해사실에 대한 유력한 증거가 되고, 합리적인 근거 없이 그 증명력을 함부로 배척할 수 없다고 할 것이다**(대판 2007.5.10. 2007도136).

10 [1] 형사사건에서 상해진단서는 피해자의 진술과 함께 피고인의 범죄사실을 증명하는 유력한 증거가 될 수 있다. 그러나 상해 사실의 존재 및 인과관계 역시 합리적인 의심이 없는 정도의 증명에 이르러야 인정할 수 있으므로, **상해진단서의 객관성과 신빙성을 의심할 만한 사정이 있는 때에는 그 증명력을 판단하는 데 매우 신중하여야 한다. 특히 상해진단서가 주로 통증이 있다는 피해자의 주관인 호소 등에 의존하여 의학적인 가능성만으로 발급된 때에는** 그 진단 일자 및 진단서 작성일자가 상해 발생 시점과 시간상으로 근접하고 상해진단서 발급 경위에 특별히 신빙성을 의심할 만한 사정은 없는지, 상해진단서에 기재된 상해 부위 및 정도가 피해자가 주장하는 상해의 원인 내지 경위와 일치하는지, 피해자가 호소하는 불편이 기왕에 존재하던 신체 이상과 무관한 새로운 원인으로 생겼다고 단정할 수 있는지, 의사가 그 상해진단서를 발급한 근거 등을 두루 살피는 외에도 피해자가 상해 사건 이후 진료를 받은 시점, 진료를 받게 된 동기와 경위, 그 이후의 진료 경과 등을 면밀히 살펴 논리와 경험법칙에 따라 그 증명력을 판단하여야 한다(대판 2016.11.25. 2016도15018).

11 [1] **살인죄와 같이 법정형이 무거운 범죄의 경우에도 직접증거 없이 간접증거만으로도 유죄를 인정할 수 있으나, 그 경우에도 주요사실의 전제가 되는 간접사실의 인정은 합리적 의심을 허용하지 않을 정도의 증명이 있어야 하고, 그 하나하나의 간접사실이 상호 모순, 저촉이 없어야 함은 물론 논리와 경험칙, 과학법칙에 의하여 뒷받침되어야 한다.** 그러므로 유죄의 인정은 범행 동기, 범행수단의 선택, 범행에 이르는 과정, 범행 전후 피고인의 태도 등 여러 간접사실로 보아 피고인이 범행한 것으로 보기에 충분할 만큼 압도적으로 우월한 증명이 있어야 하고, 피고인이 고의적으로 범행한 것이라고 보기에 의심스러운 사정이 병존하고 증거관계 및 경험법칙상 고의적 범행이 아닐 여지를 확실하게 배제할 수 없다면 유죄로 인정할 수 없다. 피고인은 무죄로 추정된다는 것이 헌법상의 원칙이고, 그 추정의 번복은 직접증거가 존재할 경우에 버금가는 정도가 되어야 한다. (변시8회)

[3] 피고인이 피해자 甲과 혼인한 후 피보험자를 甲, 수익자를 피고인으로 하는 다수의 생명보험에 가입하였다가, 경제적 상황이 어려워지자 거액의 보험금을 지급받을 목적으로 자신의 승합차 조수석에 甲을 태우고 고속도로를 주행하던 중 갓길 우측에 정차되어 있던 화물차량의 후미 좌측 부분에 피고인 승합차의 전면 우측 부분을 고의로 추돌시키는 방법으로 교통사고를 위장하여 甲을 살해하였다는 내용으로 주위적으로 기소된 사안에서, 졸음운전인지 고의사고인지 단언할 수 있는 객관적 증거가 없으므로, 충분히 가능성이 있는 여러 의문을 떨쳐내고 고의사고라고 확신할 수 있을 만큼 간접증거나 정황증거가 충분하다거나 그러한 증거들만으로 살인의 공소사실을 인정할 수 있을 정도의 종합적 증명력을 가진다고 보기에는 더 세밀하게 심리하고 확인해야 할 부분이 많은데도, 피고인에게 충분히 수긍할 만한 살인의 동기가 존재하였는지, 범행방법의 선택과 관련하여 제기될 수 있는 의문점을 해소할 만한 특별한 사정이 있는지, 사고 당시의 상황이 고의로 유발되었다는 과학적 근거가 충분한지 등에 대한 치밀하고도 철저한 검증 없이, 피고인이 고의로 甲을 살해하였다는 점이 합리적 의심을 배제할 정도로 증명되었다고 보아 유죄를 인정한 원심판결에 형사재판에서 요구되는 증명의 정도에 관한 법리를 오해하여 필요한 심리를 다하지 아니하거나 논리와 경험의 법칙에 반하여 자유심증주의의 한계를 벗어난 잘못이 있다(대판 2017.5.30. 2017도1549).

12 피고인이 메트암페타민을 투약하였다고 하여 마약류 관리에 관한 법률 위반(향정)으로 기소되었는데, 공소사실을 부인하고 있고, 투약의 일시, 장소, 방법 등이 명확하지 못하며, **투약 사실에 대한 직접적인 증거로는 피고인의 소변과 머리카락에서 메트암페타민 성분이 검출되었다는 국립과학수사연구원의 감정 결과만 있는 사안**에서, 피고인은 경찰서에 출석하여 조사받으면서 투약혐의를 부인하고 소변과 머리카락을 임의로 제출하였는데, 경찰관이 조사실에서 아퀴사인(AccuSign) 시약으로 피고인의 소변에 메트암페타민 성분이 있는지를 검사하였으나 결과가 음성

이었던 점, 경찰관은 그 직후 피고인의 소변을 증거물 병에 담고 머리카락도 뽑은 후 별다른 봉인 조처 없이 조사실 밖으로 가지고 나간 점, 피고인의 눈앞에서 소변과 머리카락이 봉인되지 않은 채 반출되었음에도 그 후 조작·훼손·첨가를 막기 위하여 어떠한 조처가 행해졌고 누구의 손을 거쳐 국립과학수사연구원에 전달되었는지 확인할 수 없는 점, 감정물인 머리카락과 소변에 포함된 세포의 디엔에이(DNA) 분석 등 피고인의 것임을 과학적 검사로 확인한 자료가 없는 점 등 **피고인으로부터 소변과 머리카락을 채취해 감정하기까지의 여러 사정을 종합하면, 국립과학수사연구원의 감정물이 피고인으로부터 채취한 것과 동일하다고 단정하기 어려워 그 감정 결과의 증명력은 피고인의 투약 사실을 인정하기에 충분하지 않은데도,** 이와 달리 보아 공소사실을 유죄로 판단한 원심판결에 객관적·과학적인 분석을 필요로 하는 증거의 증명력에 관한 법리오해 등의 잘못이 있다(대판 2018.2.8. 2017도14222).

13 항소심법원이 피해자 등의 제1심 증언의 신빙성을 받아들였던 제1심의 판단을 뒤집으면서 지적한 사정들이 주로 제1심에서 적법하게 채택하여 조사한 증거 등에 기초하여 수사 및 제1심 과정에서 이미 지적이 되었던 사정들이고, 원심에서 추가로 이루어진 증거조사 결과 밝혀진 사정은 범행 이후 문자메시지 발송 등의 사정에 불과한 경우 위 '특별한 사정'에 해당한다고 보기 어렵다(위 대판 2008도7917 참조). 또한 항소심법원이 제1심의 판단을 뒤집으면서 지적한 사정들이 제1심이 피해자 진술의 신빙성을 판단함에 있어 이미 고려했던 여러 정황들 중 일부에 불과한 것으로 보이는 경우에도 제1심의 판단을 뒤집을 만한 특별한 사정으로 내세울 만한 사정이 달리 존재하지 아니한 이상 마찬가지라 할 것이다(대판 2020.10.29. 2019도4047).

14 성폭행 피해자의 대처 양상은 피해자의 성정이나 가해자와의 관계 및 구체적인 상황에 따라 다르게 나타날 수밖에 없다. 따라서 개별적, 구체적인 사건에서 성폭행 등의 피해자가 처하여 있는 특별한 사정을 충분히 고려하지 않은 채 피해자 진술의 증명력을 가볍게 배척하는 것은 정의와 형평의 이념에 입각하여 논리와 경험의 법칙에 따른 증거판단이라고 볼 수 없다. 범행 후 피해자의 태도 중 '마땅히 그러한 반응을 보여야만 하는 피해자'로 보이지 않는 사정이 존재한다는 이유만으로 피해자 진술의 신빙성을 함부로 배척할 수 없다(대판 2020.8.20. 2020도6965, 대판 2020.9.3. 2020도8533).

15 증거의 증명력은 법관의 자유판단에 맡겨져 있으나 그 판단은 논리와 경험칙에 합치하여야 하고, 형사재판에 있어서 유죄로 인정하기 위한 심증형성의 정도는 합리적인 의심을 할 여지가 없을 정도여야 하나, 이는 모든 가능한 의심을 배제할 정도에 이를 것까지 요구하는 것은 아니며, 증명력이 있는 것으로 인정되는 증거를 합리적인 근거가 없는 의심을 일으켜 이를 배척하는 것은 자유심증주의의 한계를 벗어나는 것으로 허용될 수 없다(대판 1994.9.13. 94도1335, 2004.6.25. 2004도2221 등 참조). 피해자 등의 진술은 그 진술 내용의 주요한 부분이 일관되며, 경험칙에 비추어 비합리적이거나 진술 자체로 모순되는 부분이 없고, 또한 허위로 피고인에게 불리한 진술을 할 만한 동기나 이유가 분명하게 드러나지 않는 이상, 그 진술의 신빙성을 특별한 이유 없이 함부로 배척해서는 아니 된다(대판 2006.11.23. 2006도5407 참조).

그리고 법원이 성폭행이나 성희롱 사건의 심리를 할 때에는 그 사건이 발생한 맥락에서 성차별 문제를 이해하고 양성평등을 실현할 수 있도록 '성인지 감수성'을 잃지 않도록 유의하여야 한다(양성평등기본법 제5조 제1항 참조). 우리 사회의 가해자 중심의 문화와 인식, 구조 등으로 인하여 성폭행이나 성희롱 피해자가 피해사실을 알리고 문제를 삼는 과정에서 오히려 피해자가 부정적인 여론이나 불이익한 처우 및 신분 노출의 피해 등을 입기도 하여 온 점 등에 비추어 보면, 성폭행 피해자의 대처 양상은 피해자의 성정이나 가해자와의 관계 및 구체적인 상황에 따라 다르게 나타날 수밖에 없다. 따라서 개별적, 구체적인 사건에서 성폭행 등의 피해자가 처하여 있는 특별한 사정을 충분히 고려하지 않은 채 피해자 진술의 증명력을 가볍게 배척하는 것은 정의와 형평의 이념에 입각하여 논리와 경험의 법칙에 따른 증거판단이라고 볼 수 없다(대판 2018.4.12. 2017두74702 참조).

성폭행 피해자의 대처 양상은 피해자의 성정이나 가해자와의 관계 및 구체적인 상황에 따라 다르게 나타날 수밖에 없다. 따라서 개별적, 구체적인 사건에서 성폭행 등의 피해자가 처하여 있는 특별한 사정을 충분히 고려하지 않은 채 피해자 진술의 증명력을 가볍게 배척하는 것은 정의와 형평의 이념에 입각하여 논리와 경험의 법칙에 따른 증거판단이라고 볼 수 없다(대판 2018.10.25. 2018도7709 참조). 피고인의 친딸로 가족관계에 있던 피해자가 '마땅히 그러한 반응을 보여야만 하는 피해자'로 보이지 않는다는 이유만으로 피해자 진술의 신빙성을 함부로 배척할 수 없다. 그리고 친족관계에 의한 성범죄를 당하였다는 피해자의 진술은 피고인에 대한 이중적인 감정, 가족들의 계속되는 회유와 압박 등으로 인하여 번복되거나 불분명해질 수 있는 특수성이 있다는 점을 고려해야 한다(대판 2020.8.20. 2020도6965, 2020전도74).

16 [1] 헌법은 제12조 제1항 후문에서 적법절차의 원칙을 천명하고, 제27조에서 재판받을 권리를 보장하고 있다. 형사소송법은 이를 실질적으로 구현하기 위하여, 피고사건에 대한 실체심리가 공개된 법정에서 검사와 피고인 양 당사자의 공격·방어활동에 의하여 행해져야 한다는 당사자주의와 공판중심주의, 공소사실의 인정은 법관의 면전에서 직접 조사한 증거만을 기초로 해야 한다는 직접심리주의와 증거재판주의를 기본원칙으로 채택하고 있다. 이에 따라 공소가 제기된 후에는 그 사건에 관한 형사절차의 모든 권한이 사건을 주재하는 수소법원에 속하게 되며, 수사의 대상이던 피의자는 검사와 대등한 당사자인 피고인의 지위에서 방어권을 행사하게 된다(대판 2009.10.22. 2009도7436 전합, 대판 2011.4.28. 2009도10412 참조).

[2] 이러한 형사소송법의 기본원칙에 비추어 보면, 검사가 공판기일에 증인으로 신청하여 신문할 사람을 특별한 사정 없이 미리 수사기관에 소환하여 면담하는 절차를 거친 후 증인이 법정에서 피고인에게 불리한 내용의 진술을 한 경우, 검사가 증인신문 전 면담 과정에서 증인에 대한 회유나 압박, 답변 유도나 암시 등으로 증인의 법정진술에 영향을 미치지 않았다는 점이 담보되어야 증인의 법정진술을 신빙할 수 있다고 할 것이다. 검사가 증인신문 준비 등 필요에 따라 증인을 사전 면담할 수 있다고 하더라도 법원이나 피고인의 관여 없이 일방적으로 사전 면담하는 과정에서 증인이 훈련되거나 유도되어 법정에서 왜곡된 진술을 할 가능성도 배제할 수 없기 때문이다. 증인에 대한 회유나 압박 등이 없었다는 사정은 검사가 증인의 법정진술이나 면담 과정을 기록한 자료 등으로 사전면담 시점, 이유와 방법, 구체적 내용 등을 밝힘으로써 증명하여야 한다(대판 2021.6.10. 2020도15891).

17 사실인정의 전제로 이루어지는 증거의 취사선택과 증명력에 대한 판단은 자유심증주의의 한계를 벗어나지 않는 한 사실심 법원의 재량에 속한다(제308조). 인접한 시기에 같은 피해자를 상대로 저질러진 동종 범죄라도 각각의 범죄에 따라 범행의 구체적인 경위, 피해자와 피고인 사이의 관계, 피해자를 비롯한 관련 당사자의 진술 등이 다를 수 있다. 따라서 사실심 법원은 인접한 시기에 같은 피해자를 상대로 저질러진 동종 범죄에 대해서도 각각의 범죄에 따라 피해자 진술의 신빙성이나 그 신빙성 유무를 기초로 한 범죄 성립 여부를 달리 판단할 수 있고, 이것이 실체적 진실발견과 인권보장이라는 형사소송의 이념에 부합한다(대판 2022.3.31. 2018도19472, 2018전도126).

3. 자유심증주의의 예외

(1) 자백의 증명력 제한

자백에 대한 보강증거가 없을 때에는 자백에 의하여 유죄의 심증을 얻는 경우에도 유죄를 선고할 수 없다는 점(제310조)에서 자백의 증명력 제한은 자유심증주의의 예외가 된다.

(2) 공판조서의 증명력

형사소송법 제56조는 '공판기일의 소송절차로서 공판조서에 기재된 것은 그 조서만으로써 증명한다'라고 하여 공판조서에 대하여 절대적 증명력을 인정하고 있다. 공판기일의 소송절차로서 공판조서에 기재되지 않은 것에 대하여는 자유심증주의가 적용되지만, 공판조서에 기재된 것은 법관의 심증 여하를 불문하고 그 기재된 대로 인정해야 된다는 점에서 자유심증주의에 대한 예외가 된다.

(3) 피고인의 진술거부 및 증언거부권 행사

피고인의 진술거부권(제283조의2조)과 증인의 증언거부권(제148조, 제149조)의 실효성을 확보하기 위해서는 법관은 진술 및 증언거부권 행사를 당사자 일방에게 불리한 심증형성의 자료로 삼아서는 아니된다. 이러한 의미에서 진술거부권행사는 자유심증주의의 예외에 해당한다.

4. 자유심증주의와 in dubio pro reo(의심스러울 때 피고인의 이익으로)의 원칙

형사재판에 있어서 유죄의 사실인정을 하려면 심증형성이 합리적 의심 없는 증명 또는 확신의 단계에 이르러야 한다. 그러나 자유심증주의에 의한 증거평가의 결과 법관이 확신을 가질 수 없어 범죄사실의 증명이 되지 아니한 때에는 in dubio pro reo 원칙에 따라 무죄판결을 선고하여야 한다.

I 위법수집증거배제법칙

1. 의의

위법수집증거배제법칙이란 위법한 절차에 의하여 수집된 증거의 증거능력을 부정하는 법칙을 말한다. 2007년에 개정된 형사소송법은 제308조의2에서 '적법한 절차에 따르지 아니하고 수집한 증거는 증거로 할 수 없다'고 규정하여 위법수집증거배제법칙을 명문으로 인정하고 있고 적정절차의 보장 및 위법수사를 방지·억제를 그 근거로 한다.

2. 위법수집증거배제법칙의 특칙

(1) 자백배제법칙

자백배제법칙의 근거를 위법배제에 있다고 볼 때에는 자백배제법칙은 위법수집증거배제법칙의 특칙에 지나지 않는다. 따라서 위법한 수사로 수집한 자백의 경우에는 자백배제법칙이 위법수집증거배제법칙에 대하여 우선 적용된다.

(2) 통신비밀보호법의 특칙

통신비밀보호법 제4조는 불법검열에 의한 우편물의 내용과 불법감청에 의한 전기통신내용의 증거사용을 금지하고 있다.

3. 적용범위

(1) 적용범위의 기준

위법수집증거배제법칙은 단순히 경미한 절차의 위법에는 적용되지 않고, 증거수집의 절차에 **중대한 위법이 있는 경우에 한하여 적용**된다. 중대한 위법이란 적정절차의 기본이념에 반하는 경우로서 침해된 이익과 절차 위반의 정도·상황 등을 종합적으로 고려하여 **구체적·개별적으로 판단**해야 한다. 일반적으로 ① 영장주의의 위반 ② 적정절차의 위반 ③ 형사소송법의 효력규정에 위반하여 수집한 증거 ④ 수사기관의 위법한 선행행위에 뒤이어 수집한 증거 등의 경우에 위법수집증거배제법칙을 적용한다.

(2) 유형별 구체적 고찰

1) 영장주의 위반

헌법의 영장주의에 위반하여 수집한 증거는 증거능력이 부정된다. 따라서 영장 없이 압수한 증거, 영장기재에 포함되지 않은 물건을 압수한 증거, 체포현장이나 긴급압수의 요건을 구비하지 않고 압수한 증거 등은 증거능력이 없다.

> ⚖ **판례**
>
> 1 [사실관계] 공천과정 비리를 수사하고 있던 검사는 법원으로부터 발부받은 압수·수색영장에 피의자는 C, 압수할 물건은 'A가 소지하고 있는 휴대전화 등', 영장 범죄사실은 '피의자 C는 공천과 관련하여, 2012. 3. 15. 및 3. 28. D에게 지시하여 00당 공천심사위원인 E에게 거액이 든 돈봉투를

각 제공하였다 등'으로 각 기재되어 있고, 이에 따라 검찰청 수사관이 피고인 A의 주거지에서 그의 휴대전화를 압수하고 이를 검찰청으로 가져온 후 그 휴대전화에서 추출한 전자정보를 분석하던 중 피고인 A와 피고인 B사이의 대화가 녹음된 이 사건 녹음파일을 통하여 위 피고인들에 대한 공직선거법 위반의 혐의점을 발견하고 수사를 개시하였으나, 위 피고인들로부터 이 사건 녹음파일을 임의로 제출받거나 새로운 압수수색영장을 발부받지 아니하였다. 위 녹음파일은 A와 B의 공소사실에 대한 증거로 사용할 수 있는가?

[판결요지] 이 사건 영장에서 당해 혐의사실을 범하였다고 의심된 '피의자'는 피고인 C에 한정되어 있는데, 수사기관이 압수한 이 사건 녹음파일은 피고인 A와 피고인 B사이의 범행에 관한 것으로서 피고인 C가 그 범행에 가담 내지 관련되어 있다고 볼 만한 아무런 자료가 없다. 결국 이 사건 영장에 기재된 '피의자'인 피고인 C가 이 사건 녹음파일에 의하여 의심되는 혐의사실과 무관한 이상, 수사기관이 별도의 압수·수색영장을 발부받지 아니한 채 압수된 이 사건 녹음파일은 형사소송법 제219조에 의하여 수사기관의 압수에 준용되는 형사소송법 제106조 제1항이 규정하는 '피고사건' 내지 같은 법 제215조 제1항이 규정하는 헌법 제12조 제1항 후문, 제3항 본문이 규정하는 헌법상 영장주의에 위반한 절차적 위법이 있다고 할 것이다(대판 2014.1.16. 2013도7101). (변시9회·11회)

2 구 정보통신망 이용촉진 및 정보보호 등에 관한 법률상 **음란물 유포의 범죄혐의를 이유로** 압수·수색영장을 발부받은 사법경찰리가 피고인의 주거지를 수색하는 과정에서 **대마를 발견하자, 피고인을 마약류관리에 관한 법률 위반죄의 현행범으로 체포하면서 대마를 압수하였으나,** 그 다음날 피고인을 석방하였음에도 **사후 압수·수색영장을 발부받지 않은 사안**에서, 위 압수물과 압수조서는 형사소송법상 영장주의를 위반하여 수집한 증거로서 증거능력이 부정된다(대판 2009.5.14. 2008도10914). (15.모의)

3 소유자, 소지자 또는 보관자가 아닌 자로부터 제출받은 물건을 영장 없이 압수한 경우 그 '압수물' 및 '압수물을 찍은 사진'은 이를 유죄 인정의 증거로 사용할 수 없는 것이고, 헌법과 형사소송법이 선언한 영장주의의 중요성에 비추어 볼 때 피고인이나 변호인이 이를 증거로 함에 동의하였다고 하더라도 달리 볼 것은 아니다(대판 2010.1.28. 2009도10092). (12.모의)

4 사법경찰관이 피고인의 집에서 20m 떨어진 곳에서 피고인을 체포한 후 **제216조 제1항 제2호를 위반하여 영장 없이 피고인의 집안을 수색하여 칼과 합의서를 압수한 직후 피고인으로부터 임의제출동의서를 작성 받은 경우**, 위 칼과 합의서는 위법하게 압수된 것으로서 증거능력이 없고, 이를 기초로 한 2차 증거인 '임의제출동의서', '압수조서 및 목록', '압수품 사진' 역시 증거능력이 없다(대판 2010.7.22. 2009도14376). (14.모의)

5 형사소송법 제217조 제2항, 제3항에 위반하여 **압수·수색영장을 청구하여 이를 발부받지 아니하고도 즉시 반환하지 아니한 압수물은 이를 유죄 인정의 증거로 사용할 수 없는 것**이고, 헌법과 형사소송법이 선언한 영장주의의 중요성에 비추어 볼 때 피고인이나 변호인이 이를 증거로 함에 동의하였다고 하더라도 달리 볼 것은 아니다(대판 2009.12.24. 2009도11401).

6 수출입물품 통관검사절차에서 이루어지는 물품의 개봉, 시료채취, 성분분석 등의 검사는 수출입물품에 대한 적정한 통관 등을 목적으로 조사를 하는 것으로서 이를 수사기관의 강제처분이라고 할 수 없으므로, 세관공무원은 압수·수색영장 없이 이러한 검사를 진행할 수 있다. 세관공무원이 통관검사를 위하여 직무상 소지하거나 보관하는 물품을 수사기관에 임의로 제출한 경우에는 비록 소유자의 동의를 받지 않았더라도 수사기관이 강제로 점유를 취득하지 않은 이상 해당 물품을 압수하였다고 할 수 없다. 그러나 **마약류 불법거래 방지에 관한 특례법 제4조 제1항에 따른 조치의 일환으로 특정한 수출입물품을 개봉하여 검사하고 그 내용물의 점유를 취득한 행위**는 위에서 본 수출입 물품에 대한 적정한 통관 등을 목적으로 조사를 하는 경우와는 달리, 범죄수사인 압수 또는 수색에 해당하여 사전 또는 사후에 영장을 받아야 한다(대판 2017.7.18. 2014도8719).

1 우편물 통관검사절차에서 이루어지는 우편물의 개봉, 시료채취, 성분분석 등의 검사는 수출입물품에 대한 적정한 통관 등을 목적으로 한 행정조사의 성격을 가지는 것으로서 수사기관의 강제처분이라고 할 수 없으므로, 압수·수색영장 없이 우편물의 개봉, 시료채취, 성분분석 등 검사가 진행되었다 하더라도 특별한 사정이 없는 한 위법하다고 볼 수 없다(대판 2013.9.26. 2013도7718). (변시8회)

2 [1] 검사 또는 사법경찰관은 범죄수사에 필요한 때에는 피의자가 죄를 범하였다고 의심할 만한 정황이 있는 경우에 판사로부터 발부받은 영장에 의하여 압수·수색은 영장 발부의 사유로 된 범죄 혐의사실과 관련된 증거에 한하여 할 수 있으므로, 영장 발부의 사유로 된 범죄 혐의사실과 무관한 별개의 증거를 압수하였을 경우 이는 원칙적으로 유죄 인정의 증거로 사용할 수 없다.

[2] 다만, 수사기관이 별개의 증거를 피압수자 등에게 환부하고 후에 임의제출 받아 다시 압수하였다면 증거를 압수한 최초의 절차 위반행위와 최종적인 증거수집 사이의 인과관계가 단절되었다고 평가할 수 있으나, 환부 후 다시 제출하는 과정에서 수사기관의 우월적 지위에 의하여 임의제출 명목으로 실질적으로 강제적인 압수가 행하여질 수 있으므로, 제출에 임의성이 있다는 점에 관하여는 검사가 합리적 의심을 배제할 수 있을 정도로 증명하여야 하고, 임의로 제출된 것이라고 볼 수 없는 경우에는 증거능력을 인정할 수 없다(대판 2016.3.10. 2013도11233). (변시6회)

2) 적정절차의 위반

적정절차를 위반하여 수집된 증거는 증거능력이 부정된다. 따라서 당사자의 참여권을 보장하지 않고 수집한 증거(제121조, 제219조), 야간압수·수색금지규정을 위반하여 수집한 증거(제125조, 제219조), 진술거부권을 고지하지 않은 피의자신문조서 등은 증거능력이 없다.

1 형사소송법 제184조에 의한 증거보전절차에서는 그 증인신문시 그 **일시와 장소를 피의자 및 변호인에게 미리 통지하지 아니하여 증인신문에 참여할 기회를 주지 아니한 경우에는 그 증인신문조서는 증거능력이 없다**(대판 1992.9.22. 92도1751).

2 선거관리위원회 위원·직원이 관계인에게 진술이 녹음된다는 사실을 미리 알려 주지 아니한 채 진술을 녹음하였다면, 그와 같은 조사절차에 의하여 수집한 녹음파일 내지 그에 터 잡아 작성된 **녹취록은** 형사소송법 제308조의2에서 정하는 '적법한 절차에 따르지 아니하고 수집한 증거'에 해당하여 원칙적으로 유죄의 증거로 쓸 수 없다(대판 2014.10.15. 2011도3509).

3 헌법 제27조 제3항 후문, 제109조와 법원조직법 제57조 제1항, 제2항의 취지에 비추어 보면, 헌법 제109조, 법원조직법 제57조 제1항에서 정한 공개금지사유가 없음에도 불구하고 재판의 심리에 관한 공개를 금지하기로 결정하였다면 그러한 공개금지결정은 피고인의 공개재판을 받을 권리를 침해한 것으로서 그 절차에 의하여 이루어진 증인의 증언은 증거능력이 없고, 변호인의 반대신문권이 보장되었더라도 달리 볼 수 없으며, 이러한 법리는 공개금지결정의 선고가 없는 등으로 공개금지결정의 사유를 알 수 없는 경우에도 마찬가지이다(대판 2013.7.26. 2013도2511). (변시10회·11회·12회).

4 **피의자가 변호인의 참여를 원한다는 의사를 명백하게 표시하였음에도 수사기관이 정당한 사유 없이 변호인을 참여하게 하지 아니한 채 피의자를 신문하여 작성한 피의자신문조서는** 형사소송법 제312조에 정한 '적법한 절차와 방식'에 위반된 증거일 뿐만 아니라, 형사소송법 제308조의2에서 정한 '적법한 절차에 따르지 아니하고 수집한 증거'에 해당하므로 이를 증거로 할 수 없다 (대판 2013.3.28. 2010도3359). (변시1회·9회, 16.모의)

1 범죄의 피해자인 검사가 그 사건의 수사에 관여하거나, 압수·수색영장의 집행에 참여한 검사가 다시 수사에 관여하였다는 이유만으로 바로 그 수사가 위법하다거나 그에 따른 참고인이나 피의자의 진술에 임의성이 없다고 볼 수는 없다(대판 2013.9.12. 2011도12918).

2 이 사건 강판조각과 보강용 강판 및 차량에서 채취된 페인트는 유류물 또는 임의제출물로서 **영장 없이 압수할 수 있으므로 위 각 증거의 수집 과정에 영장주의를 위반한 잘못이 있다 할 수 없고, 비록 위 각 증거의 압수 후 압수조서의 작성 및 압수목록의 작성·교부 절차가 제대로 이행되지 아니한 잘못이 있다 하더라도**, 그것이 적법절차의 실질적인 내용을 침해하는 경우에 해당한다거나 앞서 본 위법수집증거의 배제법칙에 비추어 그 증거능력의 배제가 요구되는 경우에 해당한다고 볼 수는 없다. 그리고 감정인이 감정하는 과정에서 강판조각을 두드려 펴 그 형상에 변형을 가한 행위나 페인트의 성분을 비교분석한 행위는 법원의 허가를 얻어야 하는 물건의 파괴로는 볼 수 없고 임의수사인 감정에 해당한다(대판 2011.5.26. 2011도1902). (14.모의, 16.모의)

3 [1] 도로교통법 규정들이 음주운전에 대한 수사방법으로서의 혈액 채취에 의한 측정의 방법을 운전자가 호흡측정 결과에 불복하는 경우에만 한정하여 허용하려는 취지의 규정이라고 해석할 수는 없다.
[2] 음주운전에 대한 수사 과정에서 음주운전 혐의가 있는 운전자에 대하여 **구 도교법 제44조 제2항에 따른 호흡측정이 이루어진 경우에는 그에 따라 과학적이고 중립적인 호흡측정 수치가 도출된 이상 다시 음주측정을 할 필요성은 사라졌으므로 운전자의 불복이 없는 한 다시 음주측정을 하는 것은 원칙적으로 허용되지 아니한다.** 그러나 운전자의 태도와 외관, 운전 행태 등에서 드러나는 주취 정도, 운전자가 마신 술의 종류와 양, 운전자가 사고를 야기하였다면 경위와 피해 정도, 목격자들의 진술 등 호흡측정 당시의 구체적 상황에 비추어 호흡측정기의 오작동 등으로 인하여 **호흡측정 결과에 오류가 있다고 인정할 만한 객관적이고 합리적인 사정이 있는 경우**라면 그러한 호흡측정 수치를 얻은 것만으로는 수사의 목적을 달성하였다고 할 수 없어 추가로 음주측정을 할 필요성이 있으므로, 경찰관이 음주운전 혐의를 제대로 밝히기 위하여 운전자의 자발적인 동의를 얻어 혈액 채취에 의한 측정의 방법으로 다시 음주측정을 하는 것을 위법하다고 볼 수는 없다. 이 경우 운전자가 일단 호흡측정에 응한 이상 재차 음주측정에 응할 의무까지 당연히 있다고 할 수는 없으므로, 운전자의 혈액 채취에 대한 동의의 임의성을 담보하기 위하여는 경찰관이 미리 운전자에게 혈액 채취를 거부할 수 있음을 알려주었거나 운전자가 언제든지 자유로이 혈액 채취에 응하지 아니할 수 있었음이 인정되는 등 운전자의 자발적인 의사에 의하여 혈액 채취가 이루어졌다는 것이 객관적인 사정에 의하여 명백한 경우에 한하여 혈액 채취에 의한 측정의 적법성이 인정된다(대판 2015.7.9. 2014도16051). [19.모의]

3) 형사소송법 효력규정 위반

형사소송법의 효력규정에 위반하여 수집한 증거는 증거능력이 없다. 예를 들면 공무상비밀 등 거절권을 침해한 압수·수색, 선서 없이 한 증인신문 등은 증거능력이 없다. 그러나 절차의 위법이 중대하지 않은 경우에는 그 위법이 증거능력에 영향을 미치지 아니한다. 예를 들면 증인의 소환절차의 하자, 위증의 벌을 경고하지 않은 경우, 증언거부권을 고지하지 않은 하자 등이 이에 해당한다.

4) 수사기관의 위법한 선행행위에 이어 수집한 증거

수사기관이 일련의 연속된 행위를 통하여 증거를 수집한 경우에 증거를 직접 획득한 후행행위에는 위법이 없었으나 그 이전에 선행행위에 중대한 위법이 있는 경우에는 선행행위의 중대한 위법이 후행행위에 승계되어 해당 증거는 위법수집증거가 되므로 증거능력이 부정된다.

4. 효과

(1) 증거능력의 배제

위법수집증거는 절대적으로 증거능력이 없는 것이 원칙이다. 판례도 2007년 형사소송법 개정 이전에는 위법수집증거물의 증거능력에 대하여 성질·형상불변론에 따라 증거능력을 인정하였지만, 2007년 신형사소송법이 시행된 이후에는 위법수집증거물에 대하여도 그 증거능력을 부정하여 위법수집증거배제법칙을 채택하고 있다.

(2) 당사자적격이론

당사자적격이론이란 위법수집증거배제법칙의 적용법위를 위법수사를 당한 사람에게만 적용하자는 이론을 말한다. 이러한 당사자적격이론의 인정여부에 대하여 논의가 있지만, 위법수집증거는 절대적으로 증거능력이 없으며 이를 제한하는 실정법적 조문이 없는 이상 당사자적격이론은 채용할 수 없다고 보는 것이 일반적이다. 최근 판례도 이러한 당사자적격이론을 부정하고 있다.

⚖ 판례

[사실관계] 사법경찰관 P는 OO유흥주점에서 甲과 위 유흥주점 종업원인 乙이 나와 인근의 OO여관으로 들어가는 것을 확인하고 여관 업주의 협조를 얻어 여관 방문을 열고 들어갔으나, 위 두 사람이 성행위를 하고 있는 상태도 아니었고 성관계를 가졌음을 증명할 수 있는 화장지나 콘돔 등도 발견되지 아니하자 경찰관들은 위 두 사람을 성매매로 현행범 체포를 하지는 못하고 수사관서로 동행해 줄 것을 요구하면서 위 두 사람에게 "동행을 거부할 수도 있으나 거부하더라도 강제로 연행할 수 있다."고 말을 하였다. 동행과정에서 乙이 화장실에 가자 여자 경찰관이 감시하였다. 甲과 乙은 경찰서에 도착하여 각각 자술서와 진술조서를 작성하였다. 이에 의하여 유흥주점 업주인 丙은 이른바 '티켓영업' 형태로 성매매를 하면서 금품을 수수하였다고 하여 식품위생법위반으로 기소되었다. 공판정에서 丙의 변호인이 위 자술서와 진술서는 위법수집증거로서 丙에 대한 유죄의 증거로 사용할 수 없다고 주장하자, 검사는 사법경찰관 P의 행위가 위법하고 위 자술서 등이 위법하더라도 丙은 절차적 기본권이 직접 침해당한 자가 아니므로 위 자술서 등은 丙에 대한 유죄의 증거로 사용할 수 있다고 주장하고 있다.

[판결요지] 수사기관이 피고인 아닌 자를 상대로 적법한 절차에 따르지 아니하고 수집한 증거는 원칙적으로 피고인에 대한 유죄 인정의 증거로 삼을 수 없다(대판 2011.6.30. 2009도6717).

5. 위법수집증거와 탄핵증거 및 증거동의

(1) 위법수집증거와 탄핵증거

위법수집증거를 탄핵증거로 사용하는 것을 허용할 때에는 사실상 증거배제의 효과를 피하는 것을 허용하는 결과가 된다. 따라서 증거능력 없는 위법수집증거를 탄핵증거로 하는 것은 허용되지 않는다.

(2) 위법수집증거와 증거동의

위법하게 수집한 증거 중 중대하지 않은 위법으로 획득한 증거는 증거능력이 있으므로 동의가 문제가 되지 않지만, 위법이 중대하여 증거능력이 인정되지 않는 경우에 증거동의 대상이 될 수 있는지에 대하여 견해가 대립한다. **통설과 판례는 소극설의 입장**이다. (14.모의)

> **판례**
>
> 위법수집증거는 처음부터 증거동의의 대상에서 배제되는 것이지만 이 사건 사진이 위법하게 수집된 증거로 볼 수 없는 이상 형사소송법 제318조 제1항에 의한 증거동의의 대상이 될 수 있다 할 것이다(대판 1997.9.30. 97도1230). (14.모의)

> **참고 판례**
>
> 1 판사가 형사소송법 제184조에 의한 **증거보전절차로 증인신문**을 하는 경우에는 동법 제163조에 따라 검사, 피의자 또는 변호인에게 증인신문의 시일과 장소를 미리 통지하여 증인신문에 참여할 수 있는 기회를 주어야 하나 **참여의 기회를 주지 아니한 경우라도 피고인과 변호인이 증인신문조서를 증거로 할 수 있음에 동의하여 별다른 이의없이 적법하게 증거조사를 거친 경우에는 위 증인신문조서는 증인신문절차가 위법하였는지의 여부에 관계없이 증거능력이 부여된다**(대판 1988.11.8. 86도1646).
>
> 2 공판준비 또는 공판기일에서 **이미 증언을 마친 증인을 검사가 소환한 후 피고인에게 유리한 그 증언내용을 추궁하여 이를 번복시키는 방식으로 작성한 진술조서는 피고인이 증거로 할 수 있음에 동의하지 아니하는 한 증거능력이 없다**(대판 2000.6.15. 99도1108 전합). (변시2회, 12.모의)

PLUS+ **위법수집증거와 증거동의** [12.모의, 15모의]

위법수집증거배제법칙이 적용되는 증거의 증거동의 대상 여부(甲은 쇠파이프로 乙을 상해하였다는 혐의를 받고 있다. 경찰관 P는 甲에 대한 수사를 하면서 乙과 함께 甲을 방문하였으나 마침 甲은 집에 없었다. 그런데 P는 甲의 범행에 사용된 甲 소유의 쇠파이프를 甲의 주거지 앞마당에서 발견하자 乙로부터 임의로 제출받는 형식으로 위 쇠파이프를 압수하였고, 그 후 압수물의 사진을 찍어 두었다. 이후 甲은 특수상해로 공소가 제기되자 검사는 위 쇠파이프와 사진을 증거로 제출하였고 甲은 이에 대하여 동의하였다. 위 쇠파이프와 사진은 증거능력이 인정되는가?

1. 문제점

임의제출 받은 쇠파이프와 2차증거인 사진이 적법하게 수집된 증거에 해당하는지, 그렇지않다면 위법하게 수집된 증거로서 증거능력이 인정되지 않는 경우에 증거동의의 대상이 되는지가 문제된다.

2. 임의제출의 적법성(쇠파이프와 사진의 증거능력)

3. 위법수집증거와 증거동의

(1) 견해의 대립

1) 적극설

증거동의의 본질에 관한 처분권설의 입장에서 위법수집증거도 증거동의의 대상이 될 수 있다는 견해이다.

2) 소극설

증거동의의 본질은 반대신문권 포기이므로 반대신문권의 포기와 관계가 없는 위법수집증거는 증거동의의 대상이 될 수 없다는 견해이다.

(2) 판례의 태도

위법수집증거는 원칙적으로 증거동의의 대상이 될 수 없다고 보나, 공소제기 후 작성된 수사기관의 증언번복진술조서와 증거보전절차에서 참여권이 배제된 증인신문조서에 대하여 증거동의가 있는 경우 증거능력을 인정하였다(대판 2000.6.15. 99도1108, 대판 1988.11.8. 86도1646).

(3) 검토 및 소결

위법수집증거배제법칙은 중대한 위법이 있을 경우에 적용되는 점을 고려할 때 위법수집증거는 동의를 하더라도 증거능력이 인정될 수 없다고 하여야 한다.

4. 문제의 해결

6. 독수독과의 원칙과 예외 [변시1회, 14.모의, 18.모의]

(1) 의의

위법하게 수집된 1차 증거에 의하여 제2차 증거가 발견된 경우 그 2차적 증거까지도 증거능력을 배제하는 이론을 말한다. 위법수집증거에 의해 파생된 2차 증거에 대해서 증거능력을 인정할 경우 위법수집증거배제법칙의 근본취지가 몰각된다는 고려에서 나온 것이다.

⚖ 판례

1 수사기관의 위법한 압수·수색을 억제하고 재발을 방지하는 가장 효과적이고 확실한 대응책은 **위법한 압수·수색을 통하여 수집한 증거는 물론 이를 기초로 하여 획득한 2차적 증거를 유죄 인정의 증거로 삼을 수 없도록 하는 것**이다(대판 2007.11.15. 2007도3061 전합). (변시1회, 13.모의)

2 위법한 강제연행 상태에서 호흡측정 방법에 의한 음주측정을 한 다음 강제연행 상태로부터 시간적·장소적으로 단절되었다고 볼 수도 없고 피의자의 심적 상태 또한 강제연행 상태로부터 완전히 벗어났다고 볼 수 없는 상황에서 **피의자가 호흡측정 결과에 대한 탄핵을 하기 위하여 스스로 혈액채취 방법에 의한 측정을 할 것을 요구하여 혈액채취가 이루어졌다고 하더라도** 그 사이에 위법한 체포 상태에 의한 영향이 완전하게 배제되고 피의자의 의사결정의 자유가 확실하게 보장되었다고 볼 만한 다른 사정이 개입되지 않은 이상 불법체포와 증거수집 사이의 인과관계가 단절된 것으로 볼 수는 없다. 따라서 그러한 **혈액채취에 의한 측정 결과 역시 유죄 인정의 증거로 쓸 수 없다**고 보아야 한다. 그리고 이는 수사기관이 위법한 체포 상태를 이용하여 증거를 수집하는 등의 행위를 효과적으로 억지하기 위한 것이므로, 피고인이나 변호인이 이를 증거로 함에 동의하였다고 하여도 달리 볼 것은 아니다(대판 2013.3.14. 2010도2094). (변시3회·4회·9회)

범행 현장에서 지문채취 대상물에 대한 지문채취가 먼저 이루어진 이상, 수사기관이 그 이후에 지문채취 대상물을 적법한 절차에 의하지 아니한 채 압수하였다고 하더라도(한편, 이 사건 지문채취 대상물인 맥주컵, 물컵, 맥주병 등은 피해자 공소외 1이 운영하는 주점 내에 있던 피해자 공소외 1의 소유로서 이를 수거한 행위가 피해자 공소외 1의 의사에 반한 것이라고 볼 수 없으므로, 이를 가리켜 위법한 압수라고 보기도 어렵다), 위와 같이 **채취된 지문은 위법하게 압수한 지문채취 대상물로부터 획득한 2차적 증거에 해당하지 아니함이 분명**하여, 이를 가리켜 위법수집증거라고 할 수 없다(대판 2008.10.23. 2008도7471). (변시2회 · 4회 · 12회, 14.모의)

(2) 예외인정의 필요성

독수과실이론을 엄격히 적용할 경우 한 번의 위법수사가 있는 경우 그 이후에 수집된 모든 증거의 증거능력이 부정되어 오히려 국가형벌권이 무력화되고 실체진실발견이 어려워지므로 독수독과이론에도 예외를 인정할 필요성이 있다.

오염순화 (희석)에 의한 예외	위법수사로 인하여 획득한 증거이지만 그 이후에 **피고인의 자유의사에 의한 행위가 개입되어 그 위법성이 희석된 경우**에는 그 파생증거의 증거능력을 부정하지 않는다는 이론이다. 예를 들면, 경찰관이 위법하게 피의자에 집에 침입하여 자백을 받은 경우에도 피의자가 며칠 후에 경찰서에 출석하여 그 자백서에 자유의사로 서명한 경우
불가피한 발견의 예외	위법수사에 의한 오염된 증거가 없었더라도 **합법적 수단에 의한 파생증거를 불가피하게 발견하였을 것을 증명할 수 있는 때에는** 그 파생증거는 증거능력이 있다는 이론이다. 예를 들면, 경찰관이 피의자의 권리를 침해하고 신문하여 시체의 소재를 알게 되었으나, 다른 합법적 방법(통상적인 사체수색작업)에 의하여도 시체를 발견했을 것이라는 점이 증명된 때
독립된 정보원의 예외	위법하게 수집한 증거의 파생증거 자체가 아니라 그 **파생증거로부터 다시 취득한 증거**는 위법수사를 이용한 것이 아니라 독립된 수사활동에 의한 것이라면 그 파생증거의 증거능력을 인정할 수 있다는 이론이다. 예를 들면, 위법한 수색에 의하여 피고인의 집에서 유괴된 소녀를 발견한 경우에 그 소녀의 진술

(3) 독수독과의 원칙의 예외에 대한 판례의 태도

판례는 원칙적으로 독수독과이론을 인정하면서도 '절차에 따르지 아니한 1차 증거 수집과 관련된 모든 사정들과 1차적 증거를 기초로 하여 다시 2차적 증거를 수집하는 과정에서 추가로 발생한 모든 사정들까지 고려하여 구체적인 사안에 따라 주로 인과관계 희석 또는 단절 여부를 중심으로 전체적 · 종합적으로 고려하여 예외적인 경우에 유죄 인정의 증거로 사용할 수 있다'라고 하여 예외를 인정하고 있다.

판례

1 수사기관의 절차 위반행위가 적법절차의 실질적인 내용을 침해하는 경우에 해당하지 아니하고, 오히려 그 증거의 증거능력을 배제하는 것이 헌법과 형사소송법이 형사소송에 관한 절차 조항을 마련하여 적법절차의 원칙과 실체적 진실 규명의 조화를 도모하고 이를 통하여 **형사 사법정의를 실현**하려 한 취지에 반하는 결과를 초래하는 것으로 평가되는 예외적인 경우라면, 법원은 그 증거를 유죄 인정의 증거로 사용할 수 있다고 보아야 한다. 이는 적법한 절차에 따르지 아니하고 수집한 증거를 기초로 하여 획득한 2차적 증거의 경우에도 마찬가지여서, 절차에 따르지 아니한 증거 수집과 2차적 증거 수집 사이 인과관계의 희석 또는 단절 여부를 중심으로 2차적 증거 수집과 관련된 모든 사정을 전체적 · 종합적으로 고려하여 예외적인 경우에는 유죄 인정의 증거로 사용할 수 있다(대판 2007.11.15. 2007도3061 전합). (변시3회, 13.모의)

2 [1] 법원이 2차적 증거의 증거능력 인정 여부를 최종적으로 판단할 때에는 먼저 절차에 따르지 아니한 1차적 증거 수집과 관련된 모든 사정들, 즉 절차 조항의 취지와 그 위반의 내용 및 정도, 구체적인 위반 경위와 회피가능성, 절차 조항이 보호하고자 하는 권리 또는 법익의 성질과 침해 정도 및 피고인과의 관련성, 절차 위반행위와 증거수집 사이의 인과관계 등 관련성의 정도, 수사 기관의 인식과 의도 등을 살펴야 한다. 나아가 1차적 증거를 기초로 하여 다시 2차적 증거를 수 집하는 과정에서 추가로 발생한 모든 사정들까지 구체적인 사안에 따라 주로 인과관계 희석 또 는 단절 여부를 중심으로 전체적 · 종합적으로 고려하여야 한다.

[2] 강도 현행범으로 체포된 피고인에게 진술거부권을 고지하지 아니한 채 강도범행에 대한 자 백을 받고, 이를 기초로 여죄에 대한 진술과 증거물을 확보한 후 진술거부권을 고지하여 피고인 의 임의자백 및 피해자의 피해사실에 대한 진술을 수집한 사안에서, 제1심 법정에서의 피고인의 자백은 진술거부권을 고지 받지 않은 상태에서 이루어진 최초 자백 이후 40여일이 지난 후에 변호인의 충분한 조력을 받으면서 공개된 법정에서 임의로 이루어진 것이고, 피해자의 진술은 법원의 적법한 소환에 따라 자발적으로 출석하여 위증의 벌을 경고 받고 선서한 후 공개된 법 정에서 임의로 이루어진 것이어서, 예외적으로 유죄 인정의 증거로 사용할 수 있는 2차적 증거 에 해당한다(대판 2009.3.12. 2008도11437). (14.모의)

3 사전에 구속영장을 제시하지 아니한 채 구속영장을 집행하고, 그 구속 중 수집한 피고인의 진술 증거 중 피고인의 제1심 법정진술은, 피고인이 구속집행절차의 위법성을 주장하면서 청구한 구 속적부심사의 심문 당시 구속영장을 제시받은 바 있어 그 이후에는 구속영장에 기재된 범죄사 실에 대하여 숙지하고 있었던 것으로 보이고, 구속 이후 원심에 이르기까지 구속적부심사와 보 석의 청구를 통하여 구속집행절차의 위법성만을 다투었을 뿐, 그 구속 중 이루어진 진술증거의 임의성이나 신빙성에 대하여는 전혀 다투지 않았을 뿐만 아니라, 변호인과의 충분한 상의를 거 친 후 공소사실 전부에 대하여 자백한 것이라면, 유죄 인정의 증거로 삼을 수 있는 예외적인 경 우에 해당한다(대판 2009.4.23. 2009도526). (14.모의, 15.모의)

4 [1] 수사기관이 범죄 수사를 목적으로 금융실명거래 및 비밀보장에 관한 법률(이하 '금융실명법' 이라 한다) 제4조 제1항에 정한 '거래정보 등'을 획득하기 위해서는 법관의 영장이 필요하고, 신 용카드에 의하여 물품을 거래할 때 '금융회사 등'이 발행하는 매출전표의 거래명의자에 관한 정 보 또한 금융실명법에서 정하는 '거래정보 등'에 해당하므로, 수사기관이 금융회사 등에 그와 같 은 정보를 요구하는 경우에도 법관이 발부한 영장에 의하여야 한다. 그럼에도 수사기관이 영장 에 의하지 아니하고 매출전표의 거래명의자에 관한 정보를 획득하였다면, 그와 같이 수집된 증 거는 원칙적으로 형사소송법 제308조의2에서 정하는 '적법한 절차에 따르지 아니하고 수집한 증거'에 해당하여 유죄의 증거로 삼을 수 없다. (14.모의)

[2] 수사기관이 법관의 영장에 의하지 아니하고 매출전표의 거래명의자에 관한 정보를 획득한 경우, 이에 터 잡아 수집한 2차적 증거들, 예컨대 피의자의 자백이나 범죄 피해에 대한 제3자의 진술 등이 유죄 인정의 증거로 사용될 수 있는지를 판단할 때, 수사기관이 의도적으로 영장주의 의 정신을 회피하는 방법으로 증거를 확보한 것이 아니라고 볼 만한 사정, 위와 같은 정보에 기 초하여 범인으로 특정되어 체포되었던 피의자가 석방된 후 상당한 시간이 경과하였음에도 다시 동일한 내용의 자백을 하였다거나 그 범행의 피해품을 수사기관에 임의로 제출하였다는 사정, 2 차적 증거 수집이 체포상태에서 이루어진 자백 등으로부터 독립된 제3자의 진술에 의하여 이루 어진 사정 등은 통상 2차 증거의 증거능력을 인정할 만한 정황에 속한다고 볼 수 있다(대판 2013.3.28. 2012도13607).

5 마약 투약 혐의를 받고 있던 피고인이 임의동행을 거부하겠다는 의사를 표시하였는데도 경찰관들이 피고인을 영장 없이 **강제로 연행한 상태에서 마약 투약 여부의 확인을 위한 1차 채뇨절차**가 이루어졌는데, 그 후 **압수영장에 기하여 2차 채뇨절차가 이루어지고 그 결과를 분석한 소변 감정서** 등이 증거로 제출된 사안에서, 1차 채뇨 요구에 의하여 수집된 증거는 증거능력이 없으나, 제반 사정을 고려할 때 2차적 증거인 소변 감정서 등은 증거능력이 인정된다(대판 2013.3.14. 2012도13611). (변시4회, 18.모의)

6 영장전담판사가 발부한 압수수색영장에 법관의 서명만 있고, 날인이 없으므로 그 압수수색영장은 형사소송법이 정한 요건을 갖추지 못하여 적법하게 발부되었다고 볼 수 없으나, 이러한 압수수색영장에 따라 압수한 파일 출력물과 이에 기초하여 획득한 2차적 증거인 피의자신문조서, 법정진술 등은 위법수집증거에 해당하지 않고, 위와 같은 압수절차에서 피고인의 참여권 등의 절차 참여를 보장한 취지가 실질적으로 침해되었다고 볼 수 없어 이를 유죄 인정의 증거로 사용할 수 있다(대판 2019.7.11. 2018도20504). [22.모의]

7 사법경찰관이 인도네시아 국적의 외국인인 피고인을 출입국관리법 위반의 현행범인으로 체포하면서 소변과 모발을 임의제출 받아 압수하였고, 소변검사 결과에서 향정신성의약품인 MDMA(일명 엑스터시) 양성반응이 나오자 피고인은 출입국관리법 위반과 마약류 관리에 관한 법률 위반(향정) 범행을 모두 자백한 후 구속되었는데, 피고인이 검찰 수사 단계에서 자신의 구금 사실을 자국 영사관에 통보할 수 있음을 알게 되었음에도 수사기관에 영사기관 통보를 요구하지 않은 사안에서, 사법경찰관이 체포 당시 피고인에게 영사통보권 등을 지체 없이 고지하지 않았으므로 체포나 구속 절차에 영사관계에 관한 비엔나협약(Vienna Convention on Consular Relations, 1977. 4. 6. 대한민국에 대하여 발효된 조약 제594호) 제36조 제1항 (b)호를 위반한 위법이 있으나, 제반 사정을 종합하면 피고인이 영사통보권 등을 고지받았더라도 영사의 조력을 구하였으리라고 보기 어렵고, 수사기관이 피고인에게 영사통보권 등을 고지하지 않았더라도 그로 인해 피고인에게 실질적인 불이익이 초래되었다고 볼 수 없어 피고인에게 영사통보권 등을 고지하지 않은 사정이 수사기관의 증거 수집이나 이후 공판절차에 상당한 영향을 미쳤다고 보기 어려우므로, 절차 위반의 내용과 정도가 중대하거나 절차 조항이 보호하고자 하는 외국인 피고인의 권리나 법익을 본질적으로 침해하였다고 볼 수 없어 체포나 구속 이후 수집된 증거와 이에 기초한 증거들은 유죄 인정의 증거로 사용할 수 있다고 한 사례(대판 2022.4.28. 2021도17103).

7. 사인의 위법수집증거의 증거능력 [변시10회, 모의빈출]

형사소송법상 증거수집을 위한 수사의 주체는 수사기관이므로 위법수집증거배제법칙은 수사기관의 증거수집 절차에 적용된다. 이러한 위법수집증거배제법칙을 사인이 위법하게 수집한 증거에도 적용할 수 있는지에 대하여 논의가 있다. 이에 대하여 사인은 수사기관이 아니므로 위법수사억제라는 취지가 필요하지 않고 사인이 수집한 증거는 증명력 단계에서 고려하면 족하다는 이유로 증거능력을 인정하는 **긍정설**, 국가의 기본권 보호의무는 사인에 의한 침해의 경우에도 그대로 타당하며, 사인이 수집한 증거도 결국 수사기관이 이용하게 되므로 증거능력이 배제된다는 **부정설**, 기본권의 핵심영역은 불가침이므로 이를 침해하는 것은 부정하지만, 기타 영역에서는 공익과 사익을 비교형량하여 결정하는 **비교형량설(판례)**이 대립하나, 기본권 보장이라는 개인적 측면과 실체진실 발견이라는 공익적 측면을 조화시키는 **비교형량설**이 타당하다. 다만, 특정 법률이 사인의 행위에 대하여 직접적인 금지규정을 두고 있으면 이 규정으로 직접 규제할 수 있다.

🔎 판례

1 모든 국민의 인간으로서의 존엄과 가치를 보장하는 것은 국가기관의 기본적인 의무에 속하는 것이고, 이는 형사절차에서도 당연히 구현되어야 하는 것이기는 하나 그렇다고 하여 **국민의 사생활 영역에 관계된 모든 증거의 제출이 곧바로 금지되는 것으로 볼 수는 없고**, 법원으로서는 효과적인 형사소추 및 형사소송에서의 **진실발견이라는 공익과 개인의 사생활의 보호이익을 비교형량하여 그 허용 여부를 결정**하고, 적절한 증거조사의 방법을 선택함으로써 국민의 인간으로서의 존엄성에 대한 침해를 피할 수 있다고 보아야 할 것이므로, **피고인의 동의하에 촬영된 나체사진의 존재만으로 피고인의 인격권과 초상권을 침해하는 것으로 볼 수 없고, 가사 사진을 촬영한 제3자가 그 사진을 이용하여 피고인을 공갈할 의도였다고 하더라도 사진의 촬영이 임의성이 배제된 상태에서 이루어진 것이라고 할 수는 없으며**, 그 사진은 범죄현장의 사진으로서 피고인에 대한 형사소추를 위하여 반드시 필요한 증거로 보이므로 공익의 실현을 위하여는 그 사진을 범죄의 증거로 제출하는 것이 허용되어야 하고, 이로 말미암아 피고인의 사생활의 비밀을 침해하는 결과를 초래한다 하더라도 이는 피고인이 수인하여야 할 기본권의 제한에 해당된다(대판 1997.9.30. 97도1230). (13.모의)

2 사문서위조·위조사문서행사 및 소송사기로 이어지는 일련의 범행에 대하여 피고인을 형사소추하기 위해서 반드시 필요한 업무일지는 설령 그것이 **제3자에 의하여 절취된 것으로서, 위 소송사기 등의 피해자측이 이를 수사기관에 증거자료로 제출하기 위하여 대가를 지급하였다 하더라도** 공익의 실현을 위하여는 범죄의 증거로 제출하는 것이 허용되어야 하고, 이로 말미암아 피고인의 사생활 영역을 침해하는 결과가 초래된다 하더라도 이는 피고인이 수인하여야 할 기본권의 제한에 해당된다(대판 2008.6.26. 2008도1584). (15.모의)

3 A시 B동장 직무대리의 지위에 있던 甲이 A시장 乙에게 A시청 전자문서시스템을 통하여 C통장인 丙등에게 A시장 乙을 도와달라고 부탁하였다는 등의 내용을 담고 있는 전자우편을 보냈고 이를 **A시청 소속 공무원인 丁이 권한 없이 전자우편에 대한 비밀 보호 조치를 해제하는 방법을 통하여 乙이 수신한 위 전자우편을 수집한 사안**에서, 위 전자우편과 그 내용에 터 잡아 수사기관이 참고인으로 소환하여 작성한 D, E, F에 대한 각 진술조서들은 증거능력이 있다(대판 2013.11.28. 2010도12244).

4 피고인 甲, 乙의 간통 범행을 고소한 甲의 남편 丙이 甲의 주거에 침입하여 수집한 후 수사기관에 제출한 혈흔이 묻은 휴지들 및 침대시트를 목적물로 하여 이루어진 감정의뢰회보는 증거능력이 있다(대판 2010.9.9. 2008도3990).

5 피고인이 범행 후 피해자에게 전화를 걸어오자 피해자가 증거를 수집하려고 그 전화내용을 녹음한 경우, 그 녹음테이프가 피고인 모르게 녹음된 것이라 하여 이를 위법하게 수집된 증거라고 할 수 없다(대판 1997.3.28. 97도240). (16.모의)

Ⅱ 자백배제법칙

1. **자백의 의의**

자백이란 피고인 또는 피의자가 범죄사실의 전부 또는 일부를 인정하는 진술을 말한다. 원칙적으로 자백은 자백을 하는 자의 법적 지위는 문제되지 않으므로 피고인으로서의 진술 이외에 피의자, 참고인, 증인 등의 지위에서 한 진술도 자백이 될 수 있다. 진술의 형식이나 상대방 및 시기도 불문한다. 다만, 그 내용에 있어서 자기의 범죄사실을 인정하는 진술이면 족하고 형사책임까지 인정할 것은 요구하지 않는다. 따라서 구성요건해당 사실을 인정하면서 위법성조각사유나 책임조각사유를 주장하는 것도 자백에 해당한다.

2. 자백배제법칙의 의의

피고인의 자백이 고문, 폭행, 협박, 신체구속의 부당한 장기화 또는 기망 기타의 방법으로 임의로 진술한 것이 아니라고 의심할 만한 이유가 있는 때에는 증거능력을 배제하는 법칙을 자백배제법칙이라고 한다(제309조).

3. 자백배제법칙의 이론적 근거

(1) 실익

임의성에 의심이 있는 자백의 범위를 판단하는데 있어서는 자백배제법칙의 이론적 근거를 어떻게 파악하느냐에 따라 결론을 달리하므로 검토할 필요가 있다.

(2) 견해의 대립

허위가 숨어들 위험성이 많아 증거능력이 부정된다고 보는 **허위배제설**, 진술거부권을 중심으로 한 인권보장을 담보하기 위하여 증거능력이 부정된다는 **인권옹호설**, 허위배제설과 인권옹호설이 모두 자백의 증거능력을 제한하는 근거라는 **절충설**, 자백취득과정의 위법성 때문에 증거능력이 부정된다는 **위법배제설**, 허위배제설과 인권옹호설, 위법배제설이 모두 제한 근거가 된다는 **종합설**이 대립한다.

(3) 판례의 태도

종래 허위배제설의 입장이었으나 이후 위법배제설을 취한 경우도 있었으며, 최근에는 **임의성 없는 자백의 증거능력을 부정하는 취지는 오판의 소지와 기본적 인권의 침해를 막기 위한 것이다**라고 하여 절충설 입장을 취한 바 있다(대판 2002.10.8. 2001도3931).

(4) 검토

자백배제법칙의 통일된 해석원리를 제공하고 자백배제법칙의 범위를 확대한다는 점에서 **위법배제설**이 타당하다.

4. 자백배제법칙의 적용범위

(1) 고문·폭행·협박에 의한 자백

고문·폭행·협박의 형태에는 제한이 없다. 피고인이 직접 고문을 당하지 않았다 할지라도 다른 피고인이 고문당하는 것을 보고 자백한 경우(대판 1977.6.28. 77도403)도 이에 해당한다.

> **판례**
>
> 1 피고인이 **검사 이전의 수사기관에서 고문 등 가혹행위로 인하여 임의성 없는 자백**을 하고 그 후 검사의 조사 단계에서도 임의성 없는 심리상태가 계속되어 동일한 내용의 자백을 하였다면 검사의 조사 단계에서 고문 등 자백의 강요행위가 없었다고 하여도 검사 앞에서의 자백도 **임의성 없는 자백이라고 볼 수밖에 없다**(대판 1992.11.24. 92도2409). (변시4회)
> 2 피고인이 수사기관에서 가혹행위 등으로 인하여 임의성 없는 자백을 하고 그 후 **법정에서도 임의성 없는 심리상태가 계속되어 동일한 내용의 자백을 하였다면 법정에서의 자백도 임의성 없는 자백이라고 보아야 한다**(대판 2012.11.29. 2010도3029). (변시4회)

(2) 신체구속의 부당한 장기화로 인한 자백

부당하게 장기간에 걸친 구속 후의 자백을 의미한다. 어느 정도가 신체구속의 부당한 장기화로 인한 자백인지는 구속의 필요성과 비례성을 기준으로 구체적인 사정을 바탕으로 판단해야 한다.

(3) 기망에 의한 자백 [변시9회]

기망 또는 위계를 사용하여 상대방을 착오에 빠뜨려 얻은 자백을 말한다. 다른 공범자가 자백을 했다고 거짓말을 하거나 거짓말탐지기 검사결과를 속이거나, 다른 결정적 증거가 발견되었다고 기망하는 경우가 대표적이다.

(4) 약속에 의한 자백

자백의 대가로 일정한 이익의 제공을 약속하여 얻은 자백을 말한다. 검사가 피의자에게 자백을 하면 가벼운 죄로 기소하겠다고 약속하고 자백을 획득하는 경우가 가장 대표적이다. (16.모의)

(5) 기타 임의성에 의심 있는 자백

1) 위법한 신문 방법

수사의 본질상 **이론적 추궁에 의한 신문은 허용**된다. 야간신문은 그 자체가 **위법한 것은 아니나** 문제는 잠을 재우지 않는 정도의 철야신문이 허용될 수 있는지에 있다. 피의자가 피로로 인하여 정상적인 판단능력을 상실할 정도의 수면부족상태에서의 자백은 증거능력이 없다고 봄이 타당하다.

2) 진술거부권을 고지하지 않고 획득한 자백 [변시1회]

진술거부권의 고지는 진술거부권의 불가결한 전제이므로 진술거부권을 고지하지 않고 자백을 획득한 경우 그 자백의 증거능력은 부정된다.

3) 변호인의 접견교통권과 피의자신문참여권을 침해하여 얻은 자백 [12.모의]

변호인의 접견교통권과 피의자신문참여권은 피의자 방어권의 불가결한 요소이므로 이를 침해하여 받은 자백에 대하여도 당연히 증거능력이 부정된다.

4) 마취분석에 의한 자백

약물을 투여하여 무의식적인 상태에서 자백을 하게 하는 마취분석은 인간의 의사결정능력을 배제하고 진술거부권을 침해하는 위법한 수사방법이므로 **피분석자의 동의여부를 불문하고 증거능력이 부정**된다.

5. 인과관계 요부

임의성을 의심케 하는 사유가 있었고 자백이 있는 경우, 자백이 임의성 없는 사유에 기인하여 발생하였다는 인과관계가 필요한지 문제된다. 이에 대하여 인과관계필요설과 불요설의 견해 대립 있으나 판례는 인과관계필요설을 따르면서도 인과관계를 추정하고 있는 입장이다.

🐾 **판례**

피고인의 자백이 임의성이 없다고 의심할 만한 사유가 있는 때에 해당한다 할지라도 그 **임의성이 없다고 의심하게 된 사유들과 피고인의 자백과의 사이에 인과관계가 존재하지 않은 것이 명백한 때에는** 그 자백은 임의성이 있는 것으로 인정되어 그 자백은 증거능력을 가진다 할 것이지만 **이와 같이 임의성이 없다고 의심할 만한 이유가 있는 자백은 그 인과관계의 존재가 추정되는 것이므로** 이를 유죄의 증거로 하려면 적극적으로 그 인과관계가 존재하지 아니하는 것이 인정되어야 할 것이다(대판 1984.11.27. 84도2252). (변시5회, 14.모의)

6. 임의성의 입증

(1) 임의성에 대한 거증책임 [16.모의]

피고인이 자백의 임의성에 대하여 의문을 제기하는 경우에 임의성이 있음을 누가 증명해야 하는가에 대하여 견해가 대립하나, 판례는 검사에게 거증책임이 있다고 본다.

🐾 **판례**

검사 작성의 당해 피고인에 대한 피의자신문조서에 기재된 진술의 **임의성에 다툼이 있을 때에는** 그 임의성을 의심할 만한 합리적이고 구체적인 사실을 피고인이 증명할 것이 아니라 **검사가 그 임의성의 의문점을 없애는 증명을 하여야** 하고, 검사가 그 임의성의 의문점을 없애는 증명을 하지 못한 경우에는 그 조서는 유죄 인정의 증거로 사용할 수 없는데, 이러한 법리는 피고인이나 그 변호인이 검사 작성의 당해 피고인에 대한 피의자신문조서의 임의성을 인정하는 진술을 하였다가 이를 번복하는 경우에도 마찬가지로 적용되어야 한다. 따라서 증거조사를 마친 조서의 임의성을 다투는 주장이 받아들여지게 되면, 그 조서는 구 형사소송규칙 제139조 제4항의 증거배제결정을 통하여 유죄 인정의 자료에서 제외하여야 한다(대판 2008.7.10. 2007도7760). (13.모의)

(2) 임의성의 증명 방법

자백의 임의성의 기초되는 사실을 어떠한 방법으로 증명하여야 하는지에 대하여 논의가 있다. 피고인에게 중대한 불이익을 초래하므로 실체법적 사실에 준하여 엄격한 증명을 요한다는 **엄격한 증명설**과 형벌권의 존부나 범위를 결정하는 사실이 아니므로 자유로운 증명으로 족하다는 **자유로운 증명설**이 대립하나, 판례는 자유로운 증명으로 족하다는 입장이다. 생각건대, 자백의 임의성의 기초가 되는 사실도 소송법적 사실이므로 **자유로운 증명설**이 타당하다.

> **판례**
>
> **피의자의 진술에 관하여 공판정에서 그 임의성 유무가 다투어지는 경우**에는 법원은 구체적인 사건에 따라 증거조사의 방법이나 증거능력의 제한을 받지 아니하고 제반사정을 종합 참작하여 적당하다고 인정되는 방법에 의하여 **자유로운 증명으로 그 임의성 유무를 판단**하면 된다(대판 1986.11.25. 83도1718). (14.모의)

7. 자백배제법칙의 효과

(1) 절대적 증거능력의 배제

형사소송법 제309조에 위반하여 취득한 자백은 **증거능력이 없다**. 증거능력의 부정은 절대적이므로, 피고인이 이를 증거로 함에 **동의하더라도 증거능력을 인정할 수 없고, 탄핵증거로도 허용되지 아니한다.**

(2) 독수독과의 원칙

독수독과의 원칙은 자백배제법칙에 의해 증거능력이 부인되는 자백을 1차 증거로 하여 파생된 2차 증거에 대하여도 적용된다. (14.모의)

Ⅲ 전문법칙

1. 전문증거

(1) 의의

요증사실을 직접 경험한 자가 직접 구두로 법원에 보고하지 아니하고 서면이나 타인의 진술 형식으로 간접적으로 법원에 전달되는 증거를 말한다. 이에 반해 요증사실을 경험한 자가 중간의 매개체를 거치지 않고 직접 법원에 진술하는 증거를 **원본증거**라고 한다.

(2) 전문증거의 종류 〈표〉❶

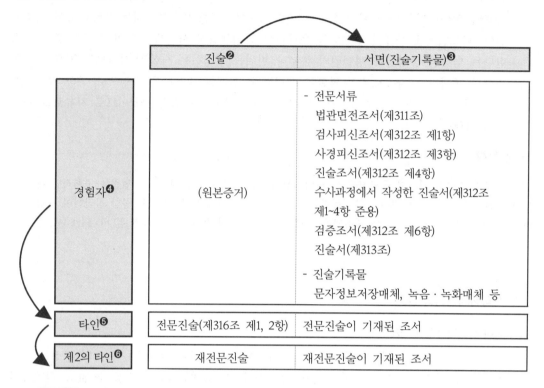

진술❷	서면(진술기록물)❸
(원본증거)	- 전문서류 　법관면전조서(제311조) 　검사피신조서(제312조 제1항) 　사경피신조서(제312조 제3항) 　진술조서(제312조 제4항) 　수사과정에서 작성한 진술서(제312조 　제1~4항 준용) 　검증조서(제312조 제6항) 　진술서(제313조) - 진술기록물 　문자정보저장매체, 녹음 · 녹화매체 등
전문진술(제316조 제1, 2항)	전문진술이 기재된 조서
재전문진술	재전문진술이 기재된 조서

(경험자❹ / 타인❺ / 제2의 타인❻)

2. 전문법칙

(1) 의의

　전문증거는 증거능력이 인정될 수 없다는 원칙을 말한다. 형사소송법은 제310조의2에서 '제311조 내지 제316조에 규정한 것 이외에는 공판준비 또는 공판기일에서의 진술에 대신하여 진술을 기재한 서류나 공판준비 또는 공판기일 외에서의 타인의 진술을 내용으로 하는 진술은 이를 증거로 할 수 없다'라고 하여 이를 명문으로 인정하고 있다.

(2) 인정 근거

1) 반대신문의 결여

2) 신용성의 결여

(3) 전문법칙의 적용요건

1) 진술증거일 것

　전문법칙은 진술증거에 한하여 적용되고, 범행도구, 지문과 같은 증거물, 피해자의 상처부위를 촬영한 사진 등과 같은 비진술증거에는 적용되지 않는다.

---

❶ 차정인, 형사소송실무, 27쪽 참조
❷ 법관 앞에서 직접 진술하는 것을 의미
❸ 보통은 서면이지만 이메일, 녹음테이프 등 진술기록물을 포함
❹ 요증사실의 경험자를 의미. 피의자, 피해자, 목격자, 간접사실의 경험자 등을 모두 포함
❺ 요증사실의 경험자로부터 그 경험사실에 대하여 들은 타인을 의미
❻ 위의 타인으로부터 전해들은 '제2의 타인'을 의미

판례

1 '공소외인의 상해부위를 촬영한 사진'은 비진술증거로서 전문법칙이 적용되지 않으므로, 위 사진이 진술증거임을 전제로 전문법칙이 적용되어야 한다는 취지의 상고이유의 주장 또한 받아들일 수 없다(대판 2007.7.26. 2007도3906).

2 [1] 정보통신망을 통하여 공포심이나 불안감을 유발하는 글을 반복적으로 상대방에게 도달하게 하는 행위를 하였다는 공소사실에 대하여 **휴대전화기에 저장된 문자정보가 그 증거가 되는 경우**, 그 문자정보는 범행의 직접적인 수단이고 경험자의 진술에 갈음하는 대체물에 해당하지 않으므로, 형사소송법 제310조의2에서 정한 전문법칙이 적용되지 않는다.

[2] 구 정보통신망 이용촉진 및 정보보호 등에 관한 법률 제65조 제1항 제3호 위반죄와 관련하여 문자메시지로 전송된 문자정보를 휴대전화기 화면에 띄워 촬영한 사진에 대하여, **피고인이 성립 및 내용의 진정을 부인한다는 이유로 증거능력을 부정한 것은 위법**하다(대판 2008.11.13. 2006도2556). (변시1회, 12.모의, 14.모의)

3 피고인이 수표를 발행하였으나 예금부족 또는 거래정지처분으로 지급되지 아니하게 하였다는 **부정수표단속법위반의 공소사실을 증명하기 위하여 제출되는 수표는 그 서류의 존재 또는 상태 자체가 증거가 되는 것이어서 증거물인 서면**에 해당하고 어떠한 사실을 직접 경험한 사람의 진술에 갈음하는 대체물이 아니므로, 증거능력은 증거물의 예에 의하여 판단하여야 하고, 이에 대하여는 형사소송법 제310조의2에서 정한 **전문법칙이 적용될 여지가 없다**(대판 2015.4.23. 2015도2275). (변시5회)

2) 진술의 내용이 요증사실에 관련된 것 (변시빈출)

전문법칙이 적용되는 전문증거는 원진술 내용에 의하여 요증사실을 증명하는 경우에 제한된다. 즉, 원진술자의 **진술내용의 사실여부가 요증사실로 된 경우**에만 전문증거가 되고 **원진술의 존재 자체가 요증사실인 경우**에는 전문증거가 아니다. (14.모의) 이러한 의미에서 전문증거는 요증사실과의 관계에 의하여 결정되는 상대적 개념이라고 할 수 있다. 예를 들면 A가 B를 살해하였다는 내용의 살인 피고 사건에서 乙이 법정에 증인으로 출석하여 甲이 "A가 사람을 죽이는 것을 보았다."라고 말하는 것을 들었다고 증언하였다면, 甲의 말(원진술)은 그 존재 자체가 아니라 내용의 진실이 입증사항이므로 乙의 증언은 전문증거(제316조 제2항)가 된다. 그러나 甲의 A에 대한 명예훼손 내지 무고 피고 사건에서는 甲의 말(원진술)은 존재 자체가 입증 사항이므로 乙의 증언은 원본 증거가 된다. (변시3회·4회) 마찬가지로, 甲이 A에게 문자 메시지를 보내 협박하였다는 공소사실로 공소제기된 경우에 검사가 그 문자메시지("나는 네가 B녀와 놀아나는 것을 보았다. 앞으로 까불면 사회적으로 매장시키겠다."라는 내용)가 담긴 문자저장매체를 증거로 제출하였다면 검사가 증명하고자 하는 것은 그 문자메시지의 내용의 진실이 아니라 그 문자메시지의 존재 자체이므로 그 문자저장매체는 전문증거가 아니다.

1 알선수재 피고사건에서, 증인이 법정에서 피고인이 "담당 공무원이 외국 연수를 가는데 사례비를 주어야 한다"는 말을 들었다는 취지의 진술은 그 존재 자체로서 이 사건 알선수재죄의 요증사실이므로 전문증거가 아니라 본래증거에 해당된다(대판 2008.11.13. 2008도8007).

2 사기 피고 사건에서 증인이 법정에 출석하여 피고인이 "88체육관 부지를 공시지가로 매입하게 해 주겠다"는 말을 들었다고 한 진술은 사기죄 또는 변호사법위반죄의 요증사실이므로 전문증거가 아니라 본래증거에 해당한다(대판 2012.7.26. 2012도2937).

3 어떤 진술이 범죄사실에 대한 직접증거로 사용함에 있어서는 전문증거가 된다고 하더라도 **그와 같은 진술을 하였다는 것 자체 또는 그 진술의 진실성과 관계없는 간접사실에 대한 정황증거로 사용함에 있어서는 반드시 전문증거가 되는 것은 아니다**(대판 2000.2.25. 99도1252). (변시1회)

증인 공소외인의 제1심 법정진술 중 "피해자로부터 '피고인이 추행했다.'는 취지의 말을 들었다."는 부분은 '피고인이 피해자를 추행한 사실의 존부'에 대한 증거로 사용되는 경우에는 전문증거에 해당하나 피해자가 공소외인에게 위와 같은 진술을 하였다는 것 자체에 대한 증거로 사용되는 경우에는 공소외인이 경험한 사실에 관한 진술에 해당하여 전문법칙이 적용되지 않고, 나아가 위 공소외인의 진술도 피해자의 진술에 부합한다고 판단하였다.

다른 사람의 진술을 내용으로 하는 진술이 전문증거인지는 요증사실이 무엇인지에 따라 정해진다. 다른 사람의 진술, 즉 원진술의 내용인 사실이 요증사실인 경우에는 전문증거이지만, 원진술의 존재 자체가 요증사실인 경우에는 본래증거이지 전문증거가 아니다. 어떤 진술 내용의 진실성이 범죄사실에 대한 직접증거로 사용될 때는 전문증거가 되지만, 그와 같은 진술을 하였다는 것 자체 또는 진술의 진실성과 관계없는 간접사실에 대한 정황증거로 사용될 때는 반드시 전문증거가 되는 것이 아니다. 그러나 어떠한 내용의 진술을 하였다는 사실 자체에 대한 정황증거로 사용될 것이라는 이유로 진술의 증거능력을 인정한 다음 그 사실을 다시 진술 내용이나 그 진실성을 증명하는 간접사실로 사용하는 경우에 그 진술은 전문증거에 해당한다. 그 진술에 포함된 원진술의 내용인 사실을 증명하는 데 사용되어 원진술의 내용인 사실이 요증사실이 되기 때문이다. 이러한 경우 형사소송법 제311조부터 제316조까지 정한 요건을 충족하지 못한다면 증거능력이 없다(대판 2019.8.29. 2018도13792 전합 등 참조)(대판 2021.2.25. 2020도17109).

3. 전문법칙의 예외

(1) 예외인정의 필요성

전문법칙을 철저하게 적용하게 되면 재판을 지연시킬 뿐만 아니라 재판에 필요한 증거를 잃어버리게 됨으로써 진실발견을 저해할 우려가 있다. 따라서 전문법칙은 어느 정도의 예외가 불가피하다.

(2) 예외인정의 일반적인 기준

1) 필요성

원진술과 같은 가치의 증거를 얻는 것이 불가능하거나 곤란하기 때문에 전문증거라도 사용할 필요가 있는 경우를 말한다. 형사소송법은 '진술을 요하는 자가 사망·질병·국외거주·소재불명, 그 밖에 이에 준하는 사유로 인하여 진술할 수 없는 때'라고 표현하고 있다.

2) 신용성의 정황적 보장

원진술 당시의 정황에 비추어 진실성이 담보되는 경우를 말한다. 형사소송법은 진술이 '특히 신빙할 수 있는 상태하에서 행하여진 때'라고 표현하고 있다.

4. 법원 또는 법관의 면전조서(제311조)

> **제311조 【법원 또는 법관의 조서】**
> 공판준비 또는 공판기일에 피고인이나 피고인 아닌 자의 진술을 기재한 조서와 법원 또는 법관의 검증의 결과를 기재한 조서는 증거로 할 수 있다. 제184조(증거보전) 및 제221조의2(증인신문)의 규정에 의하여 작성한 조서도 또한 같다.

(1) 제311조의 취지

법원 또는 법관의 면전조서는 성립이 진정하고 신용성의 정황적 보장이 높기 때문에 무조건 증거능력을 인정하고 있다.

(2) 공판준비조서와 공판조서(제311조 제1문 전단) (13.모의)

1) 공판준비기일과 공판기일이란 **당해 사건의 공판준비기일과 공판기일**을 의미한다. 다른 사건의 공판준비조서와 공판조서에 대해서는 제311조의 적용대상이 된다는 견해도 있으나, 제315조 제3호의 문서로서 증거능력이 인정된다는 것이 판례의 입장이다.

> ♨ **판례**
>
> 다른 형사피고사건의 공판조서 중 다른 피고인의 공술기재는 **형사소송법 제315조 제3호의 규정에 의하여 당연히 증거능력**이 있는 서류이다(대판 1965.6.22. 65도372). (14.모의, 15.모의)

2) 피고인은 당해 사건의 피고인을 의미하며, 피고인 아닌 자란 피고인을 제외한 제3자 즉 증인이나 감정인 또는 공범자와 공동피고인 등을 의미한다.

3) 법정에서의 피고인의 진술이나 증인의 증언은 법원이 그 진술을 직접 청취하였으므로 그 자체가 원본증거이지 전문증거가 아니다. 따라서 전문법칙의 예외가 적용되는 공판조서란 공판절차 갱신 전의 공판조서, 상소심에 의한 파기환송 전의 공판조서, 이송 전의 공판조서 등을 의미한다.

(3) 법관의 검증조서(제311조 제1문 후단)

법원이 검증의 결과를 기재한 서면, 즉 검증을 한 자가 오관의 작용에 의하여 물체의 존재와 상태에 대하여 인식한 것을 기재한 서면을 말한다.

(4) 증거보전절차 · 증인신문청구절차에서 작성된 조서(제311조 제2문)

증거보전절차(제184조)에서 작성한 조서와 검사의 증인신문청구(제221조의2)에 의하여 작성한 조서도 법관의 면전에서 작성된 조서로서 강한 신용성이 인정되므로 무조건 증거능력이 인정된다.

5. 수사과정 작성의 피의자신문조서(제312조 제1항과 제3항) (변시빈출)

📖 제312조 개정 사항

종전 제312조

① 검사가 피고인이 된 피의자의 진술을 기재한 조서는 적법한 절차와 방식에 따라 작성된 것으로서 피고인이 **진술한 내용과 동일하게 기재**되어 있음이 공판준비 또는 공판기일에서의 피고인의 진술에 의하여 인정되고, 그 조서에 기재된 진술이 특히 **신빙할 수 있는 상태**하에서 행하여졌음이 증명된 때에 한하여 증거로 할 수 있다.

② 제1항에도 불구하고 피고인이 그 조서의 성립의 진정을 부인하는 경우에는 그 조서에 기재된 진술이 피고인이 진술한 내용과 동일하게 기재되어 있음이 **영상녹화물이나 그 밖의 객관적인 방법에 의하여 증명**되고, 그 조서에 기재된 진술이 특히 **신빙할 수 있는 상태**하에서 행하여졌음이 증명된 때에 한하여 증거로 할 수 있다.

③ 검사 이외의 수사기관이 작성한 피의자신문조서는 적법한 절차와 방식에 따라 작성된 것으로서 공판 준비 또는 공판기일에 그 피의자였던 피고인 또는 변호인이 그 **내용을 인정**할 때에 한하여 증거로 할 수 있다.

개정 제312조

① 검사가 작성한 피의자신문조서는 적법한 절차와 방식에 따라 작성된 것으로서, 공판준비, 공판기일에 그 피의자였던 피고인 또는 변호인이 그 내용을 인정할 때에 한정하여 증거로 할 수 있다.

② 삭제

③ 검사 이외의 수사기관이 작성한 피의자신문조서는 적법한 절차와 방식에 따라 작성된 것으로서 공판 준비 또는 공판기일에 그 피의자였던 피고인 또는 변호인이 그 **내용을 인정**할 때에 한하여 증거로 할 수 있다.

부칙〈법률 제16924호, 2020.2.4.〉

제1조【시행일】 이 법은 공포 후 6개월이 경과한 때로부터 1년 내에 시행하되, 그 기간 내에 대통령령으로 정하는 시점부터 시행한다. 다만, 제312조 제1항의 개정규정은 공포 후 4년 내에 시행하되, 그 기간 내에 대통령령으로 정하는 시점부터 시행한다.❶

제1조의2【검사가 작성한 피의자신문조서의 증거능력에 관한 적용례 및 경과조치】

① 제312조 제1항의 개정규정은 같은 개정규정 시행 후 공소제기된 사건부터 적용한다.

② 제312조 제1항의 개정규정 시행 전에 공소제기된 사건에 관하여는 종전의 규정에 따른다.

(1) 피의자신문조서의 입법취지와 범위

1) 제312조 제1항과 제3항은 우리나라 특유한 입법례로서, 실제 가장 일선에서 수사를 담당하고 있는 수사기관에 의한 위법수사를 억지하기 위한 정책적 규정이다. 여기서 수사기관은 기본적으로 검사와 검사 이외의 수사기관인 사법경찰관리 등을 말한다.

2) 제312조 제1항과 제3항의 적용을 받는 피의자신문조서의 범위는 당해 피고인에 대하여 수사기관이 작성한 피의자신문조서 이외에 공범자에 대한 수사기관이 작성한 피의자신문조서를 포함한다.

---

❶ 대통령령(제310191호, 시행 2020. 10. 7.)에 따라 제312조 제1항의 개정규정은 2022년 1월 1일부터, 삭제된 제2항의 규정은 2021년 1월 1일부터 시행되게 되었다.

형사소송법 제312조 제3항은 검사 이외의 수사기관이 작성한 당해 피고인에 대한 피의자신문조서를 유죄의 증거로 하는 경우뿐만 아니라 검사 이외의 수사기관이 작성한 **당해 피고인과 공범관계에 있는 다른 피고인이나 피의자에 대한 피의자신문조서를 당해 피고인에 대한 유죄의 증거로 채택할 경우에도 적용된다**(대판 2009.7.9. 2009도2865). (14.모의, 16.모의)

(2) 피의자신문조서의 의의와 각 작성주체

1) 피의자를 신문하여 그 진술을 기재한 조서를 말한다. 수사기관에서 피의자를 조사하는 과정에서 작성된 것이라면, 조서작성시의 명칭이 '진술조서, 진술서, 자술서'라는 형식을 취하였다고 하더라도 모두 피의자신문조서로 취급한다. 특히 조사대상자의 진술 내용이 단순히 제3자의 범죄에 관한 경우가 아니라 자신과 제3자에게 공동으로 관련된 범죄에 관한 것이거나 제3자의 피의사실 뿐만 아니라 자신의 피의사실에 관한 것이기도 하여 실질이 피의자신문조서의 성격을 가지는 경우에 수사기관은 진술을 듣기 전에 미리 진술거부권을 고지하여야 한다(대판 2015.10.29. 2014도5939).

2) 제312조 제1항의 검사 작성 피의자신문조서는 '검사'가 작성한 것이어야 한다. 다만, 사법연수생인 검사직무대리가 단독 사건에 관하여 작성한 피의자신문조서는 검사 작성의 조서로 취급된다. 그러나 검사직무대리가 합의부 사건에 관하여 작성한 피의자신문조서는 증거로 할 수 없다.

1 검사가 피의사실에 관하여 전반적 핵심적 사항을 질문하고 이를 토대로 그 신문에 참여한 검찰주사보가 직접 문답하여 피의자신문조서를 작성함에 있어 검사가 신문한 사항 중에 다소 불분명한 사항이나 또는 보조적 사항(행위일시, 장소 등)에 관하여 피의자에게 직접 질문하여 이를 조서에 기재하였다 하여도 참여주사보가 문답할 때 검사가 동석하여 이를 지켜보면서 문제점이 있을 때에는 재차 직접 묻고 참여주사보가 조서에 기재하고, 조서작성 후에는 검사가 이를 검토하여 검사의 신문결과와 일치한다고 인정하여 서명날인 하였다면 **참여주사보가 불분명 또는 보조적 사항을 직접 질문하여 기재하였다 하여 이를 검사작성의 피의자신문조서가 아니라고는 볼 수 없다**(대판 1984.7.10. 84도846).

2 사법연수생인 검사 직무대리가 검찰총장으로부터 명받은 범위 내에서 법원조직법에 의한 합의부의 심판사건에 해당하지 아니하는 사건에 관하여 검사의 직무를 대리하여 피고인에 대한 피의자신문조서를 작성할 경우, 그 피의자신문조서는 형사소송법 제312조 제1항의 요건을 갖추고 있는 한 당해 지방검찰청 또는 지청 **검사가 작성한 피의자신문조서와 마찬가지로 그 증거능력이 인정된다**(대판 2010.4.15. 2010도1107). (11.모의)

1 외관상 검사가 작성한 것으로 되어 있는 피고인에 대한 피의자신문조서가 **검찰주사와 검찰주사보가 담당 검사가 입석하지 아니한 상태에서 피의자였던 피고인을 번갈아가며 신문한 끝에 작성된 것**으로, 담당검사는 검찰주사 등이 피고인에 대한 조사를 끝마치고 자백하는 취지의 진술을 기재한 피의자신문조서를 작성하여 가져오자 이를 살펴본 후 비로소 피고인이 조사를 받고 있던 방으로 와서 피의자신문조서를 손에 든 채 그에게 "이것이 모두 사실이냐"는 취지로 개괄적으로 질문한 사실이 있을 뿐, 피의사실에 관하여 위 피고인을 직접·개별적으로 신문한 바 없는

경우, 위 피의자신문조서를 형사소송법 제312조 제1항 소정의 '검사가 피의자나 피의자 아닌 자의 진술을 기재한 조서'로 볼 수 없으므로 그 증거능력 유무는 검사 이외의 수사기관이 작성한 피의자신문조서와 마찬가지 기준에 의하여 결정되어야 할 것이어서, 결국 위 피의자신문조서는 피고인이 그 **내용을 부인하는 이상 유죄의 증거로 삼을 수 없다**(대판 2003.10.9. 2002도4372).

2 검사직무대리자는 법원조직법에 규정된 합의부의 심판사건에 관하여서는 기소, 불기소 등의 최종적 결정을 할 수 없음은 물론 수사도 할 수 없으므로 **검사직무대리자가 작성한 합의부사건의 피고인에 대한 피의자신문조서는 증거로 할 수 없다**(대판 1979.7.28. 78도49).

3 검찰에 송치되기 전에 구속피의자로부터 받은 검사 작성의 피의자신문조서는 극히 이례에 속하는 것으로, 그와 같은 상태에서 작성된 피의자신문조서는 내용만 부인하면 증거능력을 상실하게 되는 사법경찰관 작성의 피의자신문조서상의 자백 등을 부당하게 유지하려는 수단으로 악용될 가능성이 있어, 그렇게 했어야 할 특별한 사정이 보이지 않는 한 **송치 후에 작성된 검사 작성 피의자신문조서와 마찬가지로 취급하기는 어렵다**(대판 1994.8.9. 94도1228).❶ (변시4회)

3) 제312조 제3항의 검사 이외의 수사기관이라 함은 제196조에 의한 사법경찰관 및 검찰수사기관, 검찰사무관, 국가정보원 직원 등과 같이 기타 법률에 의하여 그 직무를 행할 자를 포함할 뿐만 아니라 판례에 의하면 특별한 사정이 없는 한 미국 연방수사국 (FBI)이나 미군 범죄수사대(CID)의 수사관 등 외국의 권한 있는 수사기관도 포함한다 (대판 2006.1.13. 2003도6548). (13.모의)

(3) 증거능력 인정의 전제조건

진술의 임의성이 인정되어야 한다. 즉 진술내용이 자백인 때에는 제309조에 의하여, 자백 이외의 진술인 때에는 제317조에 의하여 임의성이 인정될 것을 요한다. 그리고 위법수집 증거가 아니어야 한다.

(4) 증거능력 인정요건

① 적법한 절차와 방식 ② 내용 인정

1) 적법한 절차와 방식

피의자신문조서는 적법한 절차와 방식에 따라 작성된 것이어야 한다. 즉 피의자 신문절차의 적법성 및 조서작성의 적법성을 의미한다. 구체적으로는 형식적 진정성립인 서명·날인의 진정을 의미하며, 나아가 피의자신문과 참여자(제243조), 피의자신문조서의 작성방법 (제244조), 수사과정의 기록(제244조의4), 피의자에 대한 진술거부권 고지방식의 준수(제 244조의3), 변호인과의 접견교통권 준수(헌법 제12조 제4항)등 조서 작성의 절차와 방식에 따라 작성된 것을 의미한다.

▲ 판례

피고인의 기명만이 있고, 그 날인이나 무인이 없는 검사 작성의 피고인에 대한 피의자신문조서는 증거능력이 없다(대판 1981.10.27. 81도1370).

---

❶ 이러한 판례의 태도는 최근 형사소송법 개정으로 인하여 제312조 제1항과 제3항의 증거능력 인정 요건이 동일하게 된 이상, 구분할 실익이 없어진 것으로 보인다.

2) 내용 인정

내용 인정이란 조서의 성립의 진정 뿐만 아니라 조서의 기재내용이 객관적 진실에 부합한다는 조서내용의 진실성을 의미한다. 내용의 인정은 피고인 또는 변호인의 법정 진술로서 한다. 당해 피고인과 공범관계에 있는 공동피고인에 대한 검사 이외의 수사기관이 작성한 피의자신문조서의 증거능력 인정요건에 대하여 제312조 제4항설과 제312조 제3항설이 대립한다. 후자는 다시 내용 인정의 주체에 있어서 원진술자가 내용 인정을 하여야 한다는 원진술자 내용인정설과, 당해 피고인이 내용 인정을 하여야 한다는 피고인 내용인정설이 대립하나, 판례는 피고인 내용인정설의 입장이다. (변시빈출) [변시9회, 13.모의] 이러한 논의는 당해 피고인과 공범관계에 있는 공동피고인에 대한 검사 작성의 피의자신문조서의 증거능력에 대해서도 동일하게 적용된다.

> **판례**
>
> 1 당해 피고인과 공범관계에 있는 공동피고인에 대해 검사 이외의 수사기관이 작성한 피의자신문조서는 그 공동피고인의 법정진술에 의하여 성립의 진정이 인정되더라도 당해 피고인이 공판기일에서 그 조서의 내용을 부인하면 증거능력이 부정된다. 그리고 이러한 경우 그 **공동피고인이 법정에서 경찰수사 도중 피의자신문조서에 기재된 것과 같은 내용으로 진술하였다는 취지로 증언하였다고 하더라도, 이러한 증언은 원진술자인 공동피고인이 그 자신에 대한 경찰 작성의 피의자신문조서의 진정성립을 인정하는 취지에 불과**하여 위 조서와 분리하여 독자적인 증거가치를 인정할 것은 아니므로, 앞서 본 바와 같은 이유로 위 **조서의 증거능력이 부정되는 이상 위와 같은 증언 역시 이를 유죄 인정의 증거로 쓸 수 없다**(대판 2009.10.15. 2009도1889).
>
> 2 피고인이 제1심 법정 이래 공소사실을 계속 부인하는 경우, 증거목록에 피고인이 경찰 작성의 **피의자신문조서의 내용을 인정한 것으로 기재되었더라도 이는 착오 기재거나 조서를 잘못 정리한 것이어서 위 피의자신문조서가 증거능력을 가지게 되는 것은 아니다**(대판 2006.5.26. 2005도6271).

(5) 형사소송법 제314조의 적용 여부

공범에 대한 피의자신문조서는 제312조 제1항과 제3항에 따라 증거능력이 인정될 수 있다. 이에 대하여 제314조가 적용되는지 논의가 있다. 실체진실주의를 이유로 하는 **적용긍정설**과 제312조 제1항과 제3항의 입법취지를 이유로 하는 **적용부정설**의 대립이 있고, 판례는 공범에 대한 사경 작성 피의자신문조서에 대하여 제312조 제3항의 입법취지 및 당해 피고인을 내용인정의 주체로 봐야 한다는 점을 고려하여 **적용부정설**의 입장으로 드러낸 바 있고, 타당한 결론이다. (변시3회 · 4회 · 8회, 14.모의)

> **판례**
>
> 형사소송법 제312조 제2항(제312조 제3항)은 검사 이외의 수사기관이 작성한 당해 피고인에 대한 피의자신문조서를 유죄의 증거로 하는 경우뿐만 아니라 검사 이외의 수사기관이 작성한 당해 피고인과 공범관계에 있는 다른 피고인이나 피의자에 대한 피의자신문조서를 당해 피고인에 대한 유죄의 증거로 채택할 경우에도 적용되는바, 당해 피고인과 **공범관계가 있는 다른 피의자에 대한 검사 이외의 수사기관 작성의 피의자신문조서는 그 피의자의 법정진술에 의하여 그 성립의 진정이 인정되더라도 당해 피고인이 공판기일에서 그 조서의 내용을 부인하면 증거능력이 부정되므로 그 당연한 결과로 그 피의자신문조서에 대하여는 사망 등 사유로 인하여 법정에서 진술할 수 없는 때에 예외적으로 증거능력을 인정하는 규정인 형사소송법 제314조가 적용되지 아니한다**(대판 2004.7.15. 2003도7185).

6. 참고인 진술조서(제312조 제4항)

제312조【검사 또는 사법경찰관의 조서 등】

④ 검사 또는 사법경찰관이 피고인이 아닌 자의 진술을 기재한 조서는 적법한 절차와 방식에 따라 작성된 것으로서 그 조서가 검사 또는 사법경찰관 앞에서 **진술한 내용과 동일하게 기재되어 있음**이 원진술자의 공판준비 또는 공판기일에서의 진술이나 영상녹화물 또는 그 밖의 객관적인 방법에 의하여 증명되고, 피고인 또는 변호인이 공판준비 또는 공판기일에 그 기재 내용에 관하여 **원진술자를 신문할 수 있었던 때**에는 증거로 할 수 있다. 다만, 그 조서에 기재된 진술이 **특히 신빙할 수 있는 상태**하에서 행하여졌음이 증명된 때에 한한다.

(1) 진술조서의 의의와 적용범위

진술조서란 검사 또는 사법경찰관이 피의자 아닌 자 즉 대개 피해자나 목격자 등 사건 관련인의 진술을 기재한 조서를 말한다. 참고인에 대한 진술조서, 수사기관이 피고인의 진술을 기재한 조서 등이 이에 해당한다. 또한 수사과정에서 피의자에 대한 진술을 기재한 조서는 진술조서의 형식을 취했더라도 실질에 있어서는 피의자에 대한 신문이므로 피의자신문조서로 보아야 한다.

> **판례**
>
> 신뢰관계인 동석을 허락하는 경우에도 동석한 사람으로 하여금 피의자를 대신하여 진술하도록 하여서는 안 된다. 만약 동석한 사람이 피의자를 대신하여 진술한 부분이 조서에 기재되어 있다면 그 부분은 피의자의 진술을 기재한 것이 아니라 동석한 사람의 진술을 기재한 조서에 해당하므로, 그 사람에 대한 진술조서로서의 증거능력을 취득하기 위한 요건을 충족하지 못하는 한 이를 유죄 인정의 증거로 사용할 수 없다(대판 2009.6.23. 2009도1322). (14.모의)

(2) 증거능력 인정의 전제조건

진술의 임의성이 인정되어야 한다. 즉 진술내용이 자백인 때에는 제309조에 의하여, 자백 이외의 진술인 때에는 제317조에 의하여 임의성이 인정될 것을 요한다. 그리고 위법수집 증거가 아니어야 한다.

(3) 증거능력 인정요건

① 적법한 절차와 방식   ② 실질적 진정성립   ③ 특신상태   ④ 반대신문권 보장

1) 적법한 절차와 방식

진술조서를 작성함에 있어 형사소송법이 정한 제반절차를 준수하고 조서의 작성방식에도 어긋남이 없어야 한다는 것을 의미한다.

2) 실질적 진정성립

실질적 진정성립이란 진술조서가 검사 또는 사법경찰관 앞에서 진술한 내용과 동일하게 기재되어 있음을 의미하며 실질적 진정성립의 인정은 **원진술자의 진술이나 영상녹화물 기타 객관적인 방법에 의하여 증명**되어야 한다. 판례는 원진술자가 공판기일에 증인으로 나와 진술기재내용을 열람하거나 고지 받지 못한 채 "원진술자가 법정에서 검사의 신문에 대하여 이 건으로 검찰, 경찰에서 진술한 내용이 틀림없다."(대판 1979.11.27. 76도3962)는 진술이나, "사실대로 진술하고 그 진술조서에 서명 · 무인한 사실이 있다."(대판 1976.9.28. 76도2118)는 진술만으로는 실질적 진정성립을 인정할 수 없다는 입장이다.

조사자 증언에 의한 실질적 진정성립

1. 논점

제312조 제4항의 영상녹화물이나 그 밖의 객관적인 방법과 관련하여 조사자의 증언에 의하여 실질적 진정성립을 인정할 수 있는지 문제된다.

2. 견해의 대립

(1) 긍정설

영상녹화가 이루어지지 않았을 경우 조사자 증언 이외에는 증명방법이 사실상 없다는 점에서 조사자 증언도 객관적 방법이 될 수 있다는 견해이다.

(2) 부정설

조사자 증언은 주관적 기억능력에 좌우되기 때문에 객관적 방법에 해당한다고 볼 수 없다는 견해이다.

3. 판례의 태도

판례는 지금은 삭제되었지만 동일한 내용으로 규정되었던 제312조 제2항의 해석과 관련하여, 형사소송법 제312조 제2항에 규정된 '**영상녹화물이나 그 밖의 객관적인 방법**'이란 형사소송법 및 형사소송규칙에 규정된 방식과 절차에 따라 제작된 **영상녹화물 또는 그러한 영상녹화물에 준할 정도로 피고인의 진술을 과학적 · 기계적 · 객관적으로 재현해 낼 수 있는 방법만을 의미하고, 그 외에 조사관 또는 조사 과정에 참여한 통역인 등의 증언은 이에 해당한다고 볼 수 없다**(대판 2016.2.18. 2015도16586)고 하여 부정설의 입장이다.

4. 검토

객관적 방법이란 원진술자인 피고인과 수사기관 이외의 객관적 제3자의 행위를 의미한다고 할 것이므로 **부정설**이 타당하다.

🏂 참고 판례

1 형사소송법은 제244조의2 제1항에서 피의자의 진술을 영상녹화하는 경우 조사의 개시부터 종료까지의 전 과정 및 객관적 정황을 영상녹화하여야 한다고 규정하고 있고, 형사소송규칙은 제134조의2 제3항에서 영상녹화물은 조사가 개시된 시점부터 조사가 종료되어 피의자가 조서에 기명날인 또는 서명을 마치는 시점까지 전 과정이 영상녹화된 것으로서 피의자의 신문이 영상녹화되고 있다는 취지의 고지, 영상녹화를 시작하고 마친 시각 및 장소의 고지, 신문하는 검사와 참여한 자의 성명과 직급의 고지, 진술거부권 · 변호인의 참여를 요청할 수 있다는 점 등의 고지, 조사를 중단 · 재개하는 경우 중단 이유와 중단 시각, 중단 후 재개하는 시각, 조사를 종료하는 시각의 내용을 포함하는 것이어야 한다고 규정한다. 형사소송법 등에서 조사가 개시된 시점부터 조사가 종료되어 조서에 기명날인 또는 서명을 마치는 시점까지 조사 전 과정이 영상녹화되는 것을 요구하는 취지는 진술 과정에서 연출이나 조작을 방지하고자 하는 데 있다. 여기서 조사가 개시된 시점부터 조사가 종료되어 조서에 기명날인 또는 서명을 마치는 시점까지라 함은 기명날인 또는 서명의 대상인 조서가 작성된 개별 조사에서의 시점을 의미하므로 <u>수회의 조사가 이루어진 경우에도 최초의 조사부터 모든 조사 과정을 빠짐없이 영상녹화하여야 한다고 볼 수 없고, 같은 날 이루어진 수회의 조사라 하더라도 특별한 사정이 없는 한 조사 과정 전부를 영상녹화하여야 하는 것도 아니다</u>(대판 2022.7.14. 2020도13957).

2 [1] 형사소송법 제312조 제4항이 실질적 진정성립을 증명할 수 있는 방법으로 규정하는 영상녹화물에 대하여는 형사소송법 및 형사소송규칙에서 영상녹화의 과정, 방식 및 절차 등을 엄격하게 규정하고 있으므로(형사소송법 제221조 제1항 후문, 형사소송규칙 제134조의2, 제134조의3) 수사기관이 작성한 피고인 아닌 자의 진술을 기재한 조서에 대한 실질적 진정성립을 증명할 수 있는 수단으로서 형사소송법 제312조 제4항에 규정된 '영상녹화물'이라 함은 형사소송법 및 형사소송규칙에 규정된 방식과 절차에 따라 제작되어 조사 신청된 영상녹화물을 의미한다고 봄이 타당하다.

[2] 이러한 형사소송법과 형사소송규칙의 규정 내용과 취지에 비추어 보면, 수사기관이 작성한 피고인이 아닌 자의 진술을 기재한 조서에 대하여 실질적 진정성립을 증명하기 위해 영상녹화물의 조사를 신청하려면 영상녹화를 시작하기 전에 피고인 아닌 자의 동의를 받고 그에 관해서 피고인 아닌 자가 기명날인 또는 서명한 영상녹화 동의서를 첨부하여야 하고, 조사가 개시된 시점부터 조사가 종료되어 참고인이 조서에 기명날인 또는 서명을 마치는 시점까지 조사 전 과정이 영상녹화되어야 하므로 이를 위반한 영상녹화물에 의하여는 특별한 사정이 없는 한 피고인 아닌 자의 진술을 기재한 조서의 실질적 진정성립을 증명할 수 없다(대판 2022.6.16. 2022도364).

3) 반대신문권의 보장

참고인 진술조서는 피고인 또는 변호인이 공판준비 또는 공판기일에서 그 기재내용에 관하여 원진술자를 신문할 수 있어야 증거능력이 인정된다. **다만, 반대신문권의 기회를 보장하면 족하고, 현실적으로 반대신문을 하여야 하는 것은 아니다.**

4) 특히 신빙할 수 있는 상태

조서에 기재된 진술이 특히 신빙할 수 있는 상태에서 행하여졌음이 증명되어야 한다. 여기서 특히 신빙할 수 있는 상태란 진술내용이 조서의 작성에 허위개입의 여지가 거의 없고, 진술내용의 신빙성이나 임의성을 담보할 구체적이고 외부적인 정황이 있는 경우를 의미한다(대판 1987.3.24. 87도81).

─ 🏃 **참고 판례** ─

검찰관이 피고인을 뇌물수수 혐의로 기소한 후, 형사사법공조절차를 거치지 아니한 채 과테말라공화국에 현지출장하여 그곳 호텔에서 뇌물공여자 甲을 상대로 참고인 진술조서를 작성한 경우, 甲이 자유스러운 분위기에서 임의수사 형태로 조사에 응하였고 조서에 직접 서명·무인하였다는 사정만으로 특신상태를 인정하기에 부족할 뿐만 아니라, 검찰관이 군사법원의 증거조사절차 외에서, 그것도 형사사법공조절차나 과테말라공화국 주재 우리나라 영사를 통한 조사 등의 방법을 택하지 않고 직접 현지에 가서 조사를 실시한 것은 수사의 정형적 형태를 벗어난 것이라고 볼 수 있는 점 등 제반 사정에 비추어 볼 때, 진술이 특별히 신빙할 수 있는 상태에서 이루어졌다는 점에 관한 증명이 있다고 보기 어려워 甲의 진술조서는 증거능력이 인정되지 아니하므로, 이를 유죄의 증거로 삼을 수 없다(대판 2011.7.14. 2011도3809). (변시12회, 15.모의)

7. 수사기관 작성의 검증조서(제312조 제6항)

제312조 【검사 또는 사법경찰관의 조서 등】
⑥ 검사 또는 사법경찰관이 검증의 결과를 기재한 조서는 적법한 절차와 방식에 따라 작성된 것으로서 공판준비 또는 공판기일에서의 작성자의 진술에 따라 그 성립의 진정함이 증명된 때에는 증거로 할 수 있다.

(1) 수사기관 작성의 검증조서의 의의와 적용범위

수사기관 작성의 검증조서란 검사 또는 사법경찰관이 검증을 실시하고 그 결과를 기재한 조서를 말한다. 본조의 적용을 받는 검증조서는 당해사건에 관하여 작성된 것임을 요하지 않고 다른 사건에 관한 것도 포함된다. 검사 또는 사법경찰관이라는 작성주체의 구분 없이 증거능력 인정요건이 동일하다. (15.모의)

(2) 증거능력 인정요건 [모의빈출]

1) 적법한 절차와 방식

검사 또는 사법경찰관 작성 검증조서가 증거능력을 인정받으려면 적법한 절차와 방식에 따라 작성된 것이어야 한다.

> ### 🔨 참고 판례
>
> **수사보고서 안에 검증의 결과에 해당하는 기재가 있는 경우**, 그 기재 부분은 검찰사건사무규칙 제17조에 의하여 검사가 범죄의 현장 기타 장소에서 실황조사를 한 후 작성하는 실황조서 또는 사법경찰관리집무규칙 제49조 제1항, 제2항에 의하여 사법경찰관이 수사상 필요하다고 인정하여 범죄현장 또는 기타 장소에 임하여 실황을 조사할 때 작성하는 **실황조사서에 해당하지 아니하며, 단지 수사의 경위 및 결과를 내부적으로 보고하기 위하여 작성된 서류에 불과**하므로 그 안에 검증의 결과에 해당하는 기재가 있다고 하여 이를 형사소송법 제312조 제1항의 '검사 또는 사법경찰관이 **검증의 결과를 기재한 조서**'라고 할 수 없을 뿐만 아니라 이를 같은 법 제313조 제1항의 '피고인 또는 피고인이 아닌 자가 작성한 진술서나 그 진술을 기재한 서류'라고 할 수도 없고, 같은 법 제311조, 제315조, 제316조의 적용대상이 되지 아니함이 분명하므로 그 기재 부분은 증거로 할 수 없다 (대판 2001.5.29. 2000도2933). (15.모의)

2) 실질적 진정성립

공판준비 또는 공판기일에서의 **작성자의 진술에 따라 그 성립의 진정함이 증명**된 때에는 증거로 할 수 있다. 검사 작성의 피신조서나 진술조서와는 달리 검증조서의 실질적 진정성립을 인정함에는 영상녹화물이나 기타 객관적인 방법을 사용하는 것은 허용되지 않는다.

(3) 검증조서에 기재된 참여인 진술의 증거능력 [변시8회·12회]

검증조서에 기재된 진술은 검증결과 그 자체는 아니므로 어떠한 조건에서 증거능력이 인정되는지 논의가 있다. **비구별설**도 있지만, 현장지시(검증의 대상을 지시하는 진술)의 경우에는 검증조서와 일체를 이루고, 현장진술(현장지시를 제외한 나머지의 진술조서로서 검증의 기회를 이용하여 행해진 진술)의 경우에는 작성주체와 원진술자에 따라 제312조의 각항을 적용하여 증거능력을 인정하자는 **구별설**이 타당하다. **판례**도 검증조서에 대하여만 동의한 사안에서, **사법경찰관 작성의 검증조서 중 피고인의 진술부분에 대하여 피고인이 성립의 진정과 내용을 부인하는 경우 증거능력이 없다**고 하여 제312조 제3항에 따라 판단한 바 있다(대판 1998.3.13. 98도159). (13.모의, 14.모의)

(4) 검증조서에 첨부된 사진·도화의 증거능력 [변시8회·12회]

1) 검증조서의 일부를 이루는 사진·도화

검증결과의 이해를 돕기 위한 표시방법에 불과하므로 검증조서와 같이 취급하여 제312조 제6항에 의해 증거능력을 인정해야 한다.

2) 범행재연 사진

현장진술과 일체를 이루는 것으로 현장진술과 마찬가지로 작성주체와 재연자에 따라 증거능력을 판단하여야 한다. (변시9회·10회)

(5) 실황조사서 [22.모의]

1) 실황조사서의 의의와 증거능력 인정요건

실황조사서란 임의수사의 방법으로 이루어지는 실황조사의 결과를 기재한 서면을 말하는데, 검증조서와 같이 형사소송법 제312조 제6항을 적용하여 증거능력을 인정할 수 있는가에 대해 논의가 있다. 학설로 수사기관의 검증은 강제수사로서만 허용되어야 하므로 수사기관의 실황조사서는 증거로 할 수 없다는 부정설과 검증은 임의수사의 형식으로도 행하여질 수 있으므로 실황조사서에 대하여도 검증조서와 같이 적용된다는 긍정설이 대립한다. 생각건대 형사소송법상 명문의 규정이 없는 실황조사서의 증거능력을 인정하는 것은 무리가 있으며 긴급한 필요가 있는 경우에는 제216조 제3항의 요건을 구비하면 증거능력을 인정받을 수 있다는 점에서 **부정설**이 타당하다.

> ⚖ **판례**
>
> 사법경찰관 사무취급이 작성한 **실황조서가** 사고발생 직후 사고 장소에서 긴급을 요하여 판사의 영장 없이 시행된 것으로서 형사소송법 제216조 제3항에 의한 **검증에 따라 작성된 것이라면 사후영장을 받지 않는 한 유죄의 증거로 삼을 수 없다**(대판 1989.3.14. 88도1399). (13.모의)

2) 실황조사서에 기재된 관련자 진술 및 재연사진의 증거능력

실황조사서와는 별개의 진술증거에 해당하므로 작성주체와 원진술자에 따라 제312조 각항의 요건을 판단하여야 한다.

> ⚖ **판례**
>
> 피의자이던 피고인이 사법경찰리의 면전에서 자백한 진술에 따라 사고 당시의 상황을 재현한 사진과 그 진술내용으로 된 사법경찰리 작성의 실황조사서는 **피고인이 공판정에서 그 범행 재현의 상황을 모두 부인하고 있는 이상 이를 범죄사실의 인정자료로 할 수 없다**(대판 1989.12.26. 89도1557).

8. 진술서

(1) 진술서의 의의

진술서란 피고인·피의자 또는 참고인이 스스로 자기의 의사·사상·관념 및 사실관계 등을 기재한 서면을 말한다. 자술서, 진술서, 시말서 **명칭 여부를 불문**하며, 반드시 자필일 것도 요하지 않는다.

(2) 수사과정에서의 진술서의 증거능력(제312조 제5항) [변시2회·8회, 모의빈출]

제312조 제1항부터 제4항까지의 규정은 피고인 또는 피고인이 아닌 자가 **수사과정에서 작성한 진술서에 관하여 준용한다.**

본 규정은 종래 수사기관이 조서 대신 진술서를 작성하게 하여 제312조의 적용을 회피하려는 행태를 규제하기 위한 것이다.

🔨 **판례**

1 수사기관으로 하여금 피의자가 아닌 자를 조사할 수 있도록 하면서도 그 조사과정을 기록하도록 한 취지는 수사기관이 조사과정에서 피조사자로부터 진술증거를 취득하는 과정을 투명하게 함으로써 그 과정에서의 절차적 적법성을 제도적으로 보장하려는 데 있다. 따라서 수사기관이 수사에 필요하여 피의자가 아닌 자를 조사하는 과정에서 그 진술을 청취하여 증거로 남기는 방법으로 진술조서가 아닌 진술서를 작성 제출받는 경우에도 그 절차는 준수되어야 할 것이다. **피고인 아닌 자가 수사과정에서 진술서를 작성하였지만 수사기관이 그에 대한 조사과정을 기록하지 아니하여 형사소송법 제244조의4 제3항, 제1항에서 정한 절차를 위반한 경우에는, 특별한 사정이 없는 한 '적법한 절차와 방식'에 따라 수사과정에서 진술서가 작성되었다 할 수 없으므로 그 증거능력을 인정할 수 없다**(대판 2015.4.23. 2013도3790).

2 형사소송법 규정 및 문언과 그 입법 목적 등에 비추어 보면, 형사소송법 제312조 제5항의 적용 대상인 '수사과정에서 작성한 진술서'란 수사가 시작된 이후에 수사기관의 관여 아래 작성된 것이거나, 개시된 수사와 관련하여 수사과정에 제출할 목적으로 작성한 것으로, 작성 시기와 경위 등 여러 사정에 비추어 그 실질이 이에 해당하는 이상 명칭이나 작성된 장소 여부를 불문한다 (대판 2022.10.27. 2022도9510). ⇨ 경찰관이 입당원서 작성자의 주거지·근무지를 방문하여 입당원서 작성 경위 등을 질문한 후 진술서 작성을 요구하여 이를 제출받은 사건

(3) 수사과정 이외에서 작성된 서류

제313조【진술서등】
① 전2조의 규정 이외에 **피고인 또는 피고인이 아닌 자가 작성한 진술서나 그 진술을 기재한 서류로서 그 작성자 또는 진술자의 자필이거나 그 서명 또는 날인이 있는 것**(피고인 또는 피고인 아닌 자가 작성하였거나 진술한 내용이 포함된 문자·사진·영상 등의 정보로서 컴퓨터용 디스크, 그 밖에 이와 비슷한 정보저장매체에 저장된 것을 포함한다. 이하 이 조에서 같다)은 공판준비나 공판기일에서의 **그 작성자 또는 진술자의 진술에 의하여 그 성립의 진정함이 증명**된 때에는 증거로 할 수 있다. 단, **피고인의 진술을 기재한 서류는 공판준비 또는 공판기일에서의 그 작성자의 진술에 의하여 그 성립의 진정함이 증명**되고 그 진술이 **특히 신빙할 수 있는 상태하에서** 행하여진 때에 한하여 피고인의 공판준비 또는 공판기일에서의 진술에 불구하고 증거로 할 수 있다 (2016.5.29. 개정).
② 제1항 본문에도 불구하고 **진술서의 작성자가 공판준비나 공판기일에서 그 성립의 진정을 부인하는 경우에는 과학적 분석결과에 기초한 디지털포렌식 자료, 감정 등 객관적 방법으로** 성립의 진성함이 증명되는 때에는 증거로 할 수 있다. 다만, **피고인 아닌 자가 작성한 진술서는 피고인 또는 변호인이 공판준비 또는 공판기일에 그 기재 내용에 관하여 작성자를 신문할 수 있었을 것**을 요한다(2016.5.29. 개정).

1) 진술서와 진술녹취서의 의의와 적용범위

진술서란 피고인 등이 스스로 기재한 서면을 의미하고, 진술녹취서는 피고인 등이 진술하는 것을 제3자가 기록한 서면을 말한다. 또한 서명 또는 날인이 있는 피고인 등이 작성한 진술서나 진술녹취서에는 문자·사진·영상 등의 정보로서 컴퓨터용디스크, 그 밖에 이와 비슷한 정보저장매체에 저장된 것도 포함된다. 제313조 제1항이 적용되는 진술서는 수사과정 이외의 과정에서 작성된 진술서를 의미한다.

판례

1 피해자가 피고인으로부터 당한 공갈 등 피해 내용을 담아 남동생에게 보낸 문자메시지를 촬영한 사진은 형사소송법 제313조에 규정된 '피해자의 진술서'에 준하는 것인데, 제반 사정에 비추어 그 진정성립이 인정되어야 증거로 할 수 있다(대판 2010.11.25. 2010도8735).

2 甲 주식회사 및 그 직원인 피고인들이 정비사업전문관리업자의 임원에게 甲 회사가 주택재개발사업 시공사로 선정되게 해 달라는 청탁을 하면서 금원을 제공하였다고 하여 구 건설산업기본법(2011. 5. 24. 법률 제10719호로 개정되기 전의 것) 위반으로 기소되었는데, 변호사가 법률자문과정에 작성하여 甲 회사 측에 전송한 전자문서를 출력한 '법률의견서'에 대하여 피고인들이 증거로 함에 동의하지 아니하고, 변호사가 원심 공판기일에 증인으로 출석하였으나 증언할 내용이 甲 회사로부터 업무상 위탁을 받은 관계로 알게 된 타인의 비밀에 관한 것임을 소명한 후 증언을 거부한 사안에서, 위 법률의견서는 압수된 디지털 저장매체로부터 출력한 문건으로서 실질에 있어서 형사소송법 제313조 제1항에 규정된 '피고인 아닌 자가 작성한 진술서나 그 진술을 기재한 서류'에 해당한다(대판 2012.5.17. 2009도6788 전합). (변시8회 · 12회)

2) 유형

제313조 제1항 본문은 ① 피고인이 작성한 진술서 ② 피고인 아닌 자가 피고인의 진술을 기재한 서류(진술기재서류) ③ 피고인 아닌 자가 작성한 진술서 ④ 피고인이 피고인 아닌 자의 진술을 기재한 서류로 대별된다.

3) 피고인 진술서의 증거능력 인정 [변시6회]

피고인의 진술서는 자필로 작성되고 공판준비 또는 공판기일에 작성자에 의하여 성립의 진정함이 증명되어야 증거능력이 인정된다(제313조 제1항 본문). 진술서의 작성자가 공판준비나 공판기일에서 그 성립의 진정을 부인하는 경우에는 과학적 분석결과에 기초한 디지털포렌식 자료, 감정 등 객관적 방법으로 성립의 진정함이 증명되어야 증거로 할 수 있다(제313조 제2항).

개정법 제313조 제2항은 **진술서만을 규정**하고 있으므로, 디지털포렌식에 의한 대체증명의 방법은 피고인 또는 피고인 아닌 자의 진술을 기재한 서류에 대해서는 그 적용이 없다.

판례는 피고인의 진술서도 제313조 1항 단서의 적용 대상이므로, 그 작성이 특히 신빙할 수 있는 상태하에서 행하여 진 때 한하여 공판준비 또는 공판기일에 피고인이 내용을 부인하더라도 증거능력이 인정된다는 입장이다.

판례

피고인의 자필로 작성된 진술서의 경우에는 서류의 **작성자가 동시에 진술자이므로 진정하게 성립**된 것으로 인정되어 형사소송법 제313조 단서에 의하여 그 진술이 특히 신빙할 수 있는 상태하에서 행하여진 때에는 증거능력이 있다(대판 2001.9.4. 2000도1743).

4) 피고인의 진술을 기재한 서류의 증거능력 인정 [변시1회]

피고인의 진술을 기재한 서류는 진술자의 서명 또는 날인이 있고 공판준비나 공판기일에 진술자가 성립의 진정을 인정하여야 그 증거능력이 인정된다(제313조 제1항 본문). 공판정에서 실질적 진정성립을 진술할 자는 원진술자이다. 다만, 제313조 제1항 단서와 관련하여 "그 진술에도 불구하고 작성자의 진술에 의하여 진정성립이 인정되고 특신상태가 증명되면" 피고인의 진술기재서류의 경우 증거능력이 인정될 수 있다고 규정하고 있는 바, 그 의미와 관련하여 증거능력 인정요건이 문제된다. 이에 대하여 성립의 진정에 더하여 특신상태를 가중적으로 요구하는 **가중요건설**과 피고인이 성립의 진정을 부인하더라도 작성자의 진술에 의하여 성립의 진정을 증명하고 특신상태가 입증되면 족하다고 보는 **완화요건설**의 대립이 있다. 판례는 완화요건설의 입장이다. 생각건대 문리해석상 단서는 본문과의 관계에서 해석해야 하므로 완화요건설이 타당하다. (14.모의)

🐾 판례

1 녹음테이프 검증조서의 기재 중 피고인의 진술내용을 증거로 사용하기 위해서는 제313조 제1항 단서에 따라 작성자인 상대방의 진술에 의하여 성립의 진정이 증명되고 특신상태가 인정되어야 한다(대판 2008.12.24. 2008도9414).

2 구 형사소송법(2016. 5. 29. 법률 제14179호로 개정되기 전의 것) 제313조 제1항은 '형사소송법 제311조, 제312조의 규정 이외에 피고인 또는 피고인이 아닌 자가 작성한 진술서나 그 진술을 기재한 서류로서 그 작성자 또는 진술자의 자필이거나 그 서명 또는 날인이 있는 것은 공판준비나 공판기일에서의 그 작성자 또는 진술자의 진술에 의하여 그 성립의 진정함이 증명된 때에는 증거로 할 수 있다. 단, 피고인의 진술을 기재한 서류는 공판준비 또는 공판기일에서의 그 작성자의 진술에 의하여 그 성립의 진정함이 증명되고 그 진술이 특히 신빙할 수 있는 상태하에서 행하여진 때에 한하여 피고인의 공판준비 또는 공판기일에서의 진술에 불구하고 증거로 할 수 있다.'라고 규정하고 있다. 피고인이 피고인의 진술을 기재한 서류를 증거로 할 수 있음에 동의하지 않은 이상 그 서류에 기재된 피고인의 진술 내용을 증거로 사용하려면 형사소송법 제313조 제1항 단서에 따라 공판준비 또는 공판기일에서 작성자의 진술에 의하여 그 서류에 기재된 피고인의 진술 내용이 피고인이 진술한 대로 기재된 것임이 증명되고 나아가 진술이 특히 신빙할 수 있는 상태하에서 행하여진 것임이 인정되어야 한다(대판 2012.9.13. 2012도7461 등 참조)(대판 2022.4.28. 2018도3914).

3 조세범칙조사를 담당하는 세무공무원이 피고인이 된 혐의자 또는 참고인에 대하여 심문한 내용을 기재한 조서는 검사·사법경찰관 등 수사기관이 작성한 조서와 동일하게 볼 수 없으므로 형사소송법 제312조에 따라 증거능력의 존부를 판단할 수는 없고, 피고인 또는 피고인이 아닌 자가 작성한 진술서나 그 진술을 기재한 서류에 해당하므로 형사소송법 제313조에 따라 공판준비 또는 공판기일에서 작성자·진술자의 진술에 따라 성립의 진정함이 증명되고 나아가 그 진술이 특히 신빙할 수 있는 상태 아래에서 행하여진 때에 한하여 증거능력이 인정된다(대판 2022.12.15. 2022도8824).

---

5) 피고인 아닌 자의 진술서의 증거능력 인정 [16.모의]

피고인 아닌 자의 진술서는 자필로 작성되고 공판준비 또는 공판기일에 작성자에 의하여 성립의 진정함이 증명되어야 증거능력이 인정된다(제313조 제1항 본문). 진술서의 작성자가 공판준비나 공판기일에서 그 성립의 진정을 부인하는 경우에는 과학적 분석결과에 기초한 디지털포렌식 자료, 감정 등 객관적 방법으로 성립의 진정함이 증명되어야 증거로 할 수 있다. 다만, 피고인 또는 변호인이 공판준비 또는 공판기일에 그 기재 내용에 관하여 작성자를 신문할 수 있어야 한다(제313조 제2항).

6) 피고인 아닌 자의 진술을 기재한 서류의 증거능력 인정

진술자의 서명 또는 날인이 있고 공판준비나 공판기일에 진술자가 성립의 진정을 인정하여야 그 증거능력이 인정된다(제313조 제1항 본문). 공판정에서 실질적 진정성립을 진술할 자는 원진술자이다.

9. 감정서(제313조 제3항)

감정의 경과와 결과를 기재한 서류도 전항과 같다.

(1) 감정서의 의의와 적용범위

감정서란 감정인이 감정의 경과와 결과를 기재한 서류를 말한다. 법원의 명령에 의한 감정보고서(제171조)는 물론 수사기관에 의하여 감정을 촉탁받은 자가 작성한 감정서도 여기에 포함된다. 그러나 사인인 의사가 작성한 진단서는 본조의 감정서에 해당하지 않으므로 제313조 제1항에 의하여 증거능력이 인정된다는 것이 판례의 입장이다.

(2) 증거능력

피고인 아닌 자의 진술서에 준하여 증거능력이 인정된다.

10. 증거능력에 대한 예외(제314조)

제312조 또는 제313조의 경우에 공판준비 또는 공판기일에 진술을 요하는 자가 사망·질병·외국거주·소재불명 그 밖에 이에 준하는 사유로 인하여 진술할 수 없는 때에는 그 조서 및 그 밖의 **서류**(**피고인 또는 피고인 아닌 자가 작성하였거나 진술한 내용이 포함된 문자·사진·영상 등의 정보로서 컴퓨터용디스크, 그 밖에 이와 비슷한 정보저장매체에 저장된 것을 포함한다**)를 증거로 할 수 있다. 다만, 그 진술 또는 작성이 특히 신빙할 수 있는 상태 하에서 행하여졌음이 증명된 때에 한한다.

(1) 의의

제312조 또는 제313조에 규정된 각종 조서나 서류 등이 원진술자의 진술불능으로 진정성립의 요건을 구비할 수 없는 경우에 대비하기 위한 **보충규정**으로서, 필요성과 신용성의 정황적 보장을 조건으로 전문증거의 증거능력을 인정하는 전형적인 전문법칙의 예외규정이다.

(2) 적용범위

1) 제312조 또는 제313조의 서류

제314조는 제312조 또는 제313조의 각종 조서나 서류의 경우를 전제로 하고 있다. 그러나 논리적 이유와 정책이유로 인하여 제312조 또는 제313조에 해당하는 서류 중 제314조가 적용되지 않는 경우도 있으므로, 이하 제314조의 적용범위에 대한 논의를 검토한다.

2) 피고인에 대한 피의자신문조서

피고인에 대한 피의자신문조서는 제312조 제1항 또는 제3항에 따라 당해 피고인이 그 내용을 인정할 때 증거능력이 인정된다. 제312조 제1항과 제3항의 입법취지가 위법수사를 억지한다는 정책적 의미에서 피고인이 그 내용을 인정할 때에만 그 증거능력이 인정되므로 논리상 진술자의 진술불능을 전제로 하는 제314조는 적용되지 않는다고 봐야한다.

3) 공범에 대한 피의자신문조서 [변시8회, 18.모의]

공범에 대한 피의자신문조서는 제312조 제1항 또는 제3항에 따라 증거능력이 인정될 수 있다(판례). 이에 대하여 제314조가 적용되는지 논의가 있다. 실체진실주의를 이유로 하는 **적용긍정설**과 제312조 제1항과 제3항의 입법취지를 이유로 하는 **적용부정설**의 대립이 있다. 다수설과 판례는 공범에 대한 사경 작성 피의자신문조서의 증거능력이 문제된 사건에서 제312조 제3항의 입법취지 및 당해피고인을 내용인정의 주체로 봐야한다는 점을 고려하여 **적용부정설**의 입장인 바, 타당한 결론이다. (변시빈출)

> **⚖ 판례**
>
> 1 형사소송법 제312조 제3항은 검사 이외의 수사기관이 작성한 당해 피고인에 대한 피의자신문조서를 유죄의 증거로 하는 경우뿐만 아니라 검사 이외의 수사기관이 작성한 당해 피고인과 공범관계에 있는 다른 피고인이나 피의자에 대한 피의자신문조서를 당해 피고인에 대한 유죄의 증거로 채택할 경우에도 적용되는 바, 당해 피고인과 **공범관계가 있는 다른 피의자에 대한 검사 이외의 수사기관 작성의 피의자신문조서**는 그 피의자의 법정진술에 의하여 그 성립의 진정이 인정되더라도 당해 피고인이 공판기일에서 그 조서의 내용을 부인하면 증거능력이 부정되므로 그 당연한 결과로 그 피의자신문조서에 대하여는 **사망 등 사유로 인하여 법정에서 진술할 수 없는 때에 예외적으로 증거능력을 인정하는 규정인 형사소송법 제314조가 적용되지 아니한다**(대판 2004.7.15. 2003도7185).
>
> 2 형사소송법 제312조 제3항은 검사 이외의 수사기관이 작성한 해당 피고인에 대한 피의자신문조서를 유죄의 증거로 하는 경우뿐만 아니라 검사 이외의 수사기관이 작성한 해당 피고인과 공범관계에 있는 다른 피고인이나 피의자에 대한 피의자신문조서를 해당 피고인에 대한 유죄의 증거로 채택할 경우에도 적용된다. 따라서 해당 피고인과 공범관계가 있는 다른 피의자에 대하여 검사 이외의 수사기관이 작성한 피의자신문조서는 그 피의자의 법정진술에 의하여 성립의 진정이 인정되는 등 형사소송법 제312조 제4항의 요건을 갖춘 경우라도 해당 피고인이 공판기일에서 그 조서의 내용을 부인한 이상 이를 유죄 인정의 증거로 사용할 수 없고, 그 당연한 결과로 위 피의자신문조서에 대하여는 사망 등 사유로 인하여 법정에서 진술할 수 없는 때에 예외적으로 증거능력을 인정하는 규정인 형사소송법 제314조가 적용되지 아니한다. 그리고 이러한 법리는 공동정범이나 교사범, 방조범 등 공범관계에 있는 자들 사이에서뿐만 아니라, 법인의 대표자나 법인 또는 개인의 대리인, 사용인, 그 밖의 종업원 등 행위자의 위반행위에 대하여 행위자가 아닌 법인 또는 개인이 양벌규정에 따라 기소된 경우, 이러한 법인 또는 개인과 행위자 사이의 관계에서도 마찬가지로 적용된다고 보아야 한다. 구체적 이유는 다음과 같다. (변시9회)
> 대법원은 형사소송법 제312조 제3항의 규정이 검사 이외의 수사기관이 작성한 해당 피고인과 공범관계에 있는 다른 피고인이나 피의자에 대한 피의자신문조서에 대해서까지 적용된다는 입장을 확고하게 취하고 있다. 이는 하나의 범죄사실에 대하여 여러 명이 관여한 경우 서로 자신의 책임을 다른 사람에게 미루려는 것이 일반적인 인간심리이므로, 만일 위와 같은 경우에 형사소송법 제312조 제3항을 해당 피고인 외의 자들에 대해서까지 적용하지 않는다면 인권보장을 위해 마련된 위 규정의 취지를 제대로 살리지 못하여 부당하고 불합리한 결과에 이를 수 있기 때문이다. 나아가 대법원은 형사소송법 제312조 제3항이 형법 총칙의 공범 이외에도, 서로 대향된 행위의 존재를 필요로 할 뿐 각자의 구성요건을 실현하고 별도의 형벌 규정에 따라 처벌되는 강학상 필요적 공범 내지 대향범 관계에 있는 자들 사이에서도 적용된다 (변시11회) 는 판시를 하기도 하였다. 이는 필요적 공범 내지 대향범의 경우 형법 총칙의 공범관계와 마찬가지로 어느 한 피고인이 자기의 범죄에 대하여 한 진술이 나머지 대향적 관계에 있는 자가 저지른 범죄에도 내용상 불가분적으로 관련되어 있어 목격자, 피해자 등 제3자의 진술과는 본질적으로 다른 속성을 지니고 있음을 중시한 것으로 볼 수 있다.

무릇 양벌규정은 법인의 대표자나 법인 또는 개인의 대리인, 사용인, 그 밖의 종업원 등 행위자가 법규위반행위를 저지른 경우, 일정 요건하에 이를 행위자가 아닌 법인 또는 개인이 직접 법규위반행위를 저지른 것으로 평가하여 행위자와 같이 처벌하도록 규정한 것으로서, 이때의 법인 또는 개인의 처벌은 행위자의 처벌에 종속되는 것이 아니라 법인 또는 개인의 직접책임 내지 자기책임에 기초하는 것이기는 하다. 그러나 양벌규정에 따라 처벌되는 행위자와 행위자가 아닌 법인 또는 개인 간의 관계는, 행위자가 저지른 법규위반행위가 사업주의 법규위반행위와 사실관계가 동일하거나 적어도 중요 부분을 공유한다는 점에서 내용상 불가분적 관련성을 지닌다고 보아야 하고, 따라서 형법 총칙의 공범관계 등과 마찬가지로 인권보장적인 요청에 따라 형사소송법 제312조 제3항이 이들 사이에서도 적용된다고 보는 것이 타당하다.

따라서 양벌규정의 종업원과 사업주는 형사증거법상 공범 내지 이에 준하는 관계에 있다고 보아, 망인인 종업원에 대한 경찰 피의자신문조서는 형사소송법 제312조 제3항 소정의 '검사 이외의 수사기관이 작성한 피의자신문조서'에 해당하므로, 같은 법 제314조에 기초하여 위 경찰 피의자신문조서의 증거능력을 인정할 수 없다(대판 2020.6.11. 2016도9367). (변시12회)

(3) 증거능력 인정요건

① 원진술자의 진술불능   ② 특신상태

1) 원진술자의 진술불능

① 사망·질병·외국거주

질병은 신체적 정신적 질환을 포함하며 출장진술이 불능한 상태를 의미하며, 외국거주가 인정되기 위해서는 원진술자가 **외국에 있다는 사정만으로는 부족**하고 가능하고 상당한 수단을 다하더라도 원진술자를 **법정에 출석하게 할 수 없는 사정**이 있어야 한다.

판례

1 **노인성 치매**로 인한 기억력 장애, 분별력 상실 등으로 인하여 진술할 수 없는 상태에 있었고 나아가 특신상태도 인정되므로 제314조에 의하여 증거능력이 인정된다(대판 1992.3.13. 91도2281).

2 [1] 형사소송법 제314조의 요건과 관련하여 '외국거주'라 함은 **진술을 요할 자가 외국에 있다는 것만으로는 부족**하고, 수사과정에서 수사기관이 그 진술을 청취하면서 그 진술자의 외국거주 여부와 장채 출국 가능성을 확인하고 만일 그 진술자의 거주지가 외국이거나 그가 가까운 장래에 출국하여 장기간 외국에 체류하는 등의 사정으로 향후 공판정에 출석하여 진술을 할 수 없는 경우가 발생할 개연성이 있다면 그 **진술자의 외국 연락처**를, 일시 귀국할 예정이 있다면 그 귀국 시기와 **귀국 시 체류 장소와 연락 방법 등을 사전에 미리 확인**하고 그 진술자에게 공판정 진술을 하기 전에는 출국을 미루거나, 출국한 후라도 공판 진행 상황에 따라 일시 귀국하여 공판정에 출석하여 진술하게끔 하는 방안을 확보하여 그 진술자로 하여금 **공판정에 출석하여 진술할 기회를 충분히 제공**하며, 그 밖에 그를 **공판정에 출석시켜 진술하게 할 모든 수단을 강구하는 등 가능하고 상당한 수단을 다하더라도 그 진술을 요할 자를 법정에 출석하게 할 수 없는 사정이 있어야 예외적으로 그 요건이 충족된다.**

[2] 공소외 甲의 **출입국 현황과 협의이혼 후 국내외 연락치 탐지 불능 상황 등** 여러 사정을 종합하여 공소외 甲에 대한 검찰 진술조서의 증거능력이 있다고 판단한 것은 정당하다(대판 2008.2.28. 2007도10004).

3 진술을 요하는 자가 외국에 거주하고 있어 공판정 출석을 거부하면서 공판정에 출석할 수 없는 사정을 밝히고 있더라도 **증언 자체를 거부하는 의사가 분명한 경우가 아닌 한 거주하는 외국의 주소나 연락처 등이 파악되고, 해당 국가와 대한민국 간에 국제형사사법공조조약이 체결된 상태라면 우선 사법공조의 절차에 의하여 증인을 소환할 수 있는지를 검토**해 보아야 하고, **소환을 할 수 없는 경우라도 외국의 법원에 사법공조로 증인신문을 실시하도록 요청**하는 등의 절차를 거쳐야 하고, 이러한 절차를 전혀 시도해보지도 아니한 것은 가능하고 상당한 수단을 다하더라도 진술을 요하는 자를 법정에 출석하게 할 수 없는 사정이 있는 때에 해당한다고 보기 어렵다 (대판 2016.2.18. 2015도17115).

② 소재불명

증인 등의 소재가 밝혀지지 않은 경우를 말한다. 소재불명으로 인정되기 위해서는 **단순한 소환장의 송달불능 또는 형식적 구인장 집행이 불가능하다는 취지의 서면이 제출된 사정만으로는 부족하고, 증인의 법정출석을 위한 가능하고도 충분한 노력을 하였음에도 불구하고 부득이 증인의 법정출석이 불가능하게 되었다는 사정을 검사가 입증하여야 한다.** (변시10회)

🏛 판례

1 소환장이 주소불명 등으로 **송달불능**이 되어 그 곳을 중심으로 소재탐지촉탁까지 하여 소재수사를 한 끝에 소재탐지불능 회보를 받은 경우 소재불능에 해당한다(대판 2006.12.22. 2006도7479).
2 법원이 수회에 걸쳐 진술을 요할 자에 대한 **증인소환장이 송달되지 아니하여** 그 소재탐지촉탁까지 하였으나 그 소재를 알지 못하게 된 경우 또는 진술을 요할 자가 일정한 주거를 가지고 있더라도 법원의 소환에 계속 불응하고 구인하여도 구인장이 집행되지 아니하는 경우 소재불능에 해당한다(대판 2005.9.30. 2005도2654).

🏛 참고 판례

1 단지 **소환장이 주소불명 등으로 송달불능**되었다거나 소재탐지촉탁을 하였으나 **그 회보가 오지 않은 상태**만으로 충분하지 않다(대판 1996.5.14. 96도575).
2 증인의 **주소지가 아닌 곳으로 소환장을 보내 송달불능**이 되자 그 곳을 중심한 소재탐지 끝에 소재불능회보를 받은 경우 형사소송법 제314조의 '소재불명 그 밖에 이에 준하는 사유로 인하여 진술할 수 없는 때'에 해당한다고 인정할 수 없다(대판 1979.12.11. 79도1002).
3 검사가 제출한 증인신청서에 휴대전화번호가 기재되어 있고, 수사기록 중 甲에 대한 경찰 진술조서에는 집 전화번호도 기재되어 있으며, 그 이후 작성된 검찰 진술조서에는 위 **휴대전화번호와 다른 휴대전화번호가 기재되어 있는데도, 검사가 직접 또는 경찰을 통하여 위 각 전화번호로 甲에게 연락하여 법정 출석의사가 있는지 확인하는 등의 방법으로 甲의 법정 출석을 위하여 상당한 노력을 기울였다는 자료가 보이지 않는 사정**에 비추어, 甲의 법정 출석을 위한 가능하고도 충분한 노력을 다하였음에도 부득이 甲의 법정 출석이 불가능하게 되었다는 사정이 증명된 경우라고 볼 수 없어 형사소송법 제314조의 '소재불명 그 밖에 이에 준하는 사유로 인하여 진술할 수 없는 때'에 해당한다고 인정할 수 없다(대판 2013.4.11. 2013도1435). (변시3회, 13.모의)

4 [1] 직접주의와 전문법칙의 예외를 정한 형사소송법 제314조의 요건 충족 여부는 엄격히 심사하여야 하고 전문증거의 증거능력을 갖추기 위한 요건에 관한 입증책임은 검사에게 있는 것이므로, 법원이 증인에 대한 **구인장 집행불능 상황**을 형사소송법 제314조의 '**기타 사유로 인하여 진술할 수 없는 때**'에 해당한다고 인정할 수 있으려면, 형식적으로 구인장 집행이 불가능하다는 취지의 서면이 제출되었다는 것만으로는 부족하고, 증인에 대한 구인장의 강제력에 기하여 증인의 법정 출석을 위한 가능하고도 충분한 노력을 다하였음에도 불구하고, 부득이 증인의 법정 출석이 불가능하게 되었다는 사정을 검사가 입증한 경우여야 한다.

[2] 경찰이 증인과 가족의 실거주지를 **방문하지 않은 상태**에서 전화상으로 증인의 모(母)로부터 법정에 출석케 할 의사가 없다는 취지의 진술을 들었다는 내용의 구인장 집행불능 보고서를 제출하고 있을 뿐이고, 검사가 기록상 확인된 증인의 휴대전화번호로 연락하여 법정 출석의사가 있는지를 확인하는 등의 방법으로 출석을 적극적으로 권유·독려하는 등 증인의 법정 출석을 위하여 상당한 노력을 기울이지 않은 경우, 형사소송법 제314조의 '**기타 사유로 인하여 진술할 수 없는 때**'에 해당하지 않는다(대판 2007.1.11. 2006도7228).

③ 그 밖에 이에 준하는 사유

사망·질병·외국거주·소재불명 등에 준하는 사유로 진술불능인 경우여야 하고 이는 구체적·개별적으로 판단하여야 한다.

⚖️ 참고 판례

1 현행 형사소송법 제314조의 문언과 개정 취지, 진술거부권 관련 규정의 내용 등에 비추어 보면, 피고인이 증거서류의 진정성립을 묻는 검사의 질문에 대하여 진술거부권을 행사하여 진술을 거부한 경우는 형사소송법 제314조의 '그 밖에 이에 준하는 사유로 인하여 진술할 수 없는 때'에 해당하지 아니한다(대판 2013.6.13. 2012도16001). (변시3회)

2 현행 형사소송법 제314조는 구 형사소송법 제314조가 '사망·질병·외국거주 기타 사유로 인하여 진술할 수 없는 때'라고 각 규정한 것에 비하여 그 예외사유의 범위를 더욱 엄격하게 제한하고 있는데, 이는 직접심리주의와 공판중심주의의 요소를 강화하려는 취지가 반영된 것이다. 위와 같은 현행 형사소송법 제314조의 문언과 개정 취지, 증언거부권 관련 규정의 내용 등에 비추어 보면, 법정에 출석한 증인이 형사소송법 제148조, 제149조 등에서 정한 바에 따라 **정당하게 증언 거부권을 행사하여 증언을 거부한 경우**는 형사소송법 제314조의 '**그 밖에 이에 준하는 사유로 인하여 진술할 수 없는 때**'에 해당하지 아니한다고 할 것이다(대판 2012.5.17. 2009도6788). (변시3회·4회, 13.모의, 15.모의)

3 수사기관에서 진술한 참고인이 법정에서 증언을 거부하여 피고인이 반대신문을 하지 못한 경우에는 정당하게 증언거부권을 행사한 것이 아니라도, 피고인이 증인의 증언거부 상황을 초래하였다는 등의 특별한 사정이 없는 한 형사소송법 제314조의 '그 밖에 이에 준하는 사유로 인하여 진술할 수 없는 때'에 해당하지 않는다고 보아야 한다. 따라서 증인이 정당하게 증언거부권을 행사하여 증언을 거부한 경우와 마찬가지로 수사기관에서 그 증인의 진술을 기재한 서류는 증거능력이 없다.

다만, 피고인이 증인의 증언거부 상황을 초래하였다는 등의 특별한 사정이 있는 경우에는 형사소송법 제314조의 적용을 배제할 이유가 없다. 이러한 경우까지 형사소송법 제314조의 '그 밖에 이에 준하는 사유로 인하여 진술할 수 없는 때'에 해당하지 않는다고 보면 사건의 실체에 대한 심증 형성은 법관의 면전에서 본래증거에 대한 반대신문이 보장된 증거조사를 통하여 이루어져야 한다는 실질적 직접심리주의와 전문법칙에 대하여 예외를 정한 형사소송법 제314조의 취지에 반하고 정의의 관념에도 맞지 않기 때문이다(대판 2019.11.21. 2018도13945 전합).

4 증인으로 소환 받고 **출산을 앞두고 있다는** 사유로 출석하지 아니한 경우는 특별한 사정이 없는 한 사망, 질병, 외국거주 기타 사유로 인하여 진술을 할 수 없는 때에 해당한다고 할 수 없어 형사소송법 제314조에 의한 증거능력이 있다고 할 수 없다(대판 1999.4.23. 99도915).

---

1. 논점

피고인이 진술거부권을 행사하거나 증인이 증언거부권을 행사한 경우에도 제314조의 진술불능에 해당하는지 문제된다.

2. 견해의 대립

형사소송법 제314조는 전문증거의 증거능력을 지나치게 엄격하게 제한함으로써 실체적 진실발견을 저해하려는 것을 방지하기 위한 규정이므로 실체진실주의를 근거로 하는 **긍정설**과 개정된 형사소송법은 그 예외사유의 범위를 더욱 엄격하게 제한하고 있으므로 진술불능에 해당하지 않는다고 보는 **부정설**의 대립이 있다.

3. 판례의 태도

판례는 **직접심리주의와 공판중심주의의 요소를 강화하려는 제314조의 개정취지 등을 이유로 진술거부권행사와 증언거부권행사에 제314조의 적용을 부정**하는 입장(대판 2013.6.13. 2012도16001, 대판 2012.5.17. 2009도6788). (변시8회·9회)

4. 검토

개정 후 '그 밖에 이에 준하는 사유'는 '기타 사유'보다 그 요건을 더욱 엄격하게 하고 있다고 보는 것이 문리해석에 충실하므로 부정설의 입장이 타당하다.

판례

수사기관에서 진술을 한 유아가 공판정에서 진술을 하였더라도 증인신문 당시 **일정한 사항에 관하여 기억이 나지 않는다는 취지로 진술하여 그 진술의 일부가 재현 불가능**하게 된 경우도 위 조항이 규정하는 '원진술자가 진술을 할 수 없는 때'에 해당한다(대판 1999.11.26. 99도3786). (변시3회) [15.모의]

2) 특신상태

필요성이 인정되는 경우라도 그 진술 또는 작성이 특히 신빙할 수 있는 상태하에서 행해진 경우에 증거능력이 있다. 특히 신빙할 수 있는 상태란 그 진술내용이나 조서 또는 서류의 작성에 허위 개입의 여지가 거의 없고 그 진술내용의 신빙성이나 임의성을 담보할 구체적이고 외부적인 정황이 있는 경우를 가리킨다. 그리고 **'특히 신빙할 수 있는 상태 하에서 행하여졌음에 대한 증명'은 단지 그러할 개연성이 있다는 정도로는 부족하고 합리적인 의심의 여지를 배제할 정도에 이르러야 한다**(대판 2014.2.21. 2013도12652).

(4) 여론

참고인의 진술조서가 제314조에 의하여 증거능력이 인정되면, 그 참고인이 법정에 출석하지 못하는 경우이므로 변호인은 반대신문을 통하여 참고인의 원진술의 신빙성을 검증할 기회를 갖지 못하게 된다. 판례 또한 제314조에 의하여 증거능력을 인정받은 참고인진술조서는 반대신문을 통하여 진정한 증거가치를 얻지 못했기 때문에 이를 주된 증거로 하여 공소사실을 인정하는 것은 원칙적으로 허용될 수 없다고 하여 그 증거의 신빙성 판단에 신중을 기하는 입장이다.

판례

형사소송법 제314조에서 '그 진술이 특히 신빙할 수 있는 상태하에서 행하여졌음'이란 그 진술 내용이나 조서의 작성에 허위개입의 여지가 거의 없고, 그 진술 내용의 신빙성이나 임의성을 담보할 구체적이고 외부적인 정황이 있는 경우를 가리키고, 이에 대한 증명은 단지 그러할 개연성이 있다는 정도로는 부족하며, 합리적 의심의 여지를 배제할 정도에 이르러야 한다.

형사소송법은 수사기관에서 작성된 조서 등 서면증거에 대하여 일정한 요건 아래 증거능력을 인정하는데, 이는 실체적 진실발견의 이념과 소송경제의 요청을 고려하여 예외적으로 허용하는 것이므로, 그 증거능력 인정 요건에 관한 규정은 엄격하게 해석·적용하여야 한다. 형사소송법 제312조, 제313조는 진술조서 등에 대하여 피고인 또는 변호인의 반대신문권이 보장되는 등 엄격한 요건이 충족될 경우에 한하여 증거능력을 인정할 수 있도록 함으로써 직접심리주의 등 기본원칙에 대한 예외를 정하고 있는데, 형사소송법 제314조는 원진술자 또는 작성자가 사망·질병·외국거주·소재불명 등의 사유로 공판준비 또는 공판기일에 출석하여 진술할 수 없는 경우에 그 진술이 특히 신빙할 수 있는 상태하에서 행하여졌다는 점이 증명되면 원진술자 등에 대한 반대신문의 기회조차도 없이 증거능력을 부여할 수 있도록 함으로써 보다 중대한 예외를 인정한 것이므로, 그 요건을 더욱 엄격하게 해석·적용하여야 한다(대판 2022.3.17. 2016도17054).

11. 당연히 증거능력이 인정되는 서류(제315조)

제315조 【당연히 증거능력이 인정되는 서류】
다음에 게기한 서류는 증거로 할 수 있다.
1. 가족관계기록사항에 관한 증명서, 공정증서 등본 기타 **공무원 또는 외국공무원의 직무상** 증명할 수 있는 사항에 관하여 작성한 문서
2. 상업장부, 항해일지 기타 **업무상 필요로 작성한 통상문서**
3. **기타 특히 신용할 만한 정황에 의하여 작성된 문서**

(1) 의의

제315조의 서류는 원칙적으로 전문증거인 진술서에 해당하나 특히 신용성이 높고 그 작성자인 공무원이나 업무자를 증인으로 신문하는 것이 부적당하거나 실익이 없기 때문에 당연히 증거능력을 인정하고 있다.

(2) 적용범위

1) 공무원 작성문서(제1호)

가족관계기록사항에 관한 증명서, 공정증서등본 기타 공무원 또는 외국공무원의 직무상 증명할 수 있는 사항에 관하여 작성한 문서는 당연히 증거능력이 있다.

2) 업무상 통상문서(제2호)

상업장부, 항해일지 기타 업무상 필요로 작성한 통상문서는 당연히 증거능력이 있다. 업무의 기계적 반복성으로 인하여 허위가 개입할 여지가 적고 작성자를 원진술자로 소환하여 진술하도록 하는 것이 번거롭다는 점에서 증거능력이 인정된다. 성매매업소의 메모리카드, 출납내역을 기계적으로 작성한 비밀장부, 의사가 작성한 진료기록부 등이 이에 해당한다. 그러나 사인인 의사가 작성한 개개의 진단서는 이에 해당하지 않는다.

성매매업소에 고용된 여성들이 성매매를 업으로 하면서 **영업에 참고하기 위하여 성매매 상대방의 아이디와 전화번호 및 성매매방법 등을 메모지에 적어두었다가 직접 메모리카드에 입력**하거나 업주가 고용한 다른 여직원이 그 내용을 입력한 사안에서, 위 메모리카드의 내용은 형사소송법 제315조 제2호의 '영업상 필요로 작성한 통상문서'로서 당연히 증거능력 있는 문서에 해당한다(대판 2007.7.26. 2007도3219).

3) 기타 특히 신용할 만한 정황에 의하여 작성된 문서(제3호)

굳이 반대신문의 기회 부여 여부가 문제되지 않을 정도로 고도의 신용성의 정황적 보장이 있는 문서를 의미한다. 여기에 해당하는 예로 판례는 다른 사건의 공판준비조서와 공판조서, (변시3회·9회·10회) 체포·구속적부심사나 영장실질심사 과정에서 작성된 피의자에 대한 신문조서, (변시10회) 사법경찰관 작성의 수사보고서❶ 등을 들고 있다. (14.모의)

1 형사소송법 제315조 제3호에서 규정한 '기타 특히 신용할 만한 정황에 의하여 작성된 문서'는 형사소송법 제315조 제1호와 제2호에서 열거된 공권적 증명문서 및 업무상 통상문서에 준하여 '굳이 반대신문의 기회 부여 여부가 문제 되지 않을 정도로 고도의 신용성의 정황적 보장이 있는 문서'를 의미한다. 따라서 국가정보원 심리전단 직원의 이메일 계정에서 압수한 전자 문서(425논지 파일, 시큐리티 파일)는 제315조에 해당하지 않는다(대판 2015.7.16. 2015도2625).
2 체포·구속인접견부는 유치된 피의자가 죄증을 인멸하거나 도주를 기도하는 등 유치장의 안전과 질서를 위태롭게 하는 것을 방지하기 위한 목적으로 작성되는 서류로 보일 뿐이어서 형사소송법 제315조 제2호, 제3호에 규정된 당연히 증거능력이 있는 서류로 볼 수는 없다(대판 2012.10.25. 2011도5459).
3 대한민국 주중국 대사관 영사가 작성한 사실확인서 중 공인 부분을 제외한 나머지 부분이 비록 영사의 공무수행 과정 중 작성되었지만 공적인 증명보다는 상급자 등에 대한 보고를 목적으로 하는 것인 경우, 형사소송법 제315조 제1호의 '공무원의 직무상 증명할 수 있는 사항에 관하여 작성한 문서' 또는 제3호의 '기타 특히 신뢰할 만한 정황에 의하여 작성된 문서'라고 볼 수 없으므로 증거능력이 없다(대판 2007.12.13. 2007도7257). (변시10회)
4 보험사기 사건에서 건강보험심사평가원이 수사기관의 의뢰에 따라 그 보내온 자료를 토대로 입원진료의 적정성에 대한 의견을 제시하는 내용의 '건강보험심사평가원의 입원진료 적정성 여부 등 검토의뢰에 대한 회신'은 형사소송법 제315조 제3호의 '기타 특히 신용할 만한 정황에 의하여 작성된 문서'에 해당하지 않는다(대판 2017.12.5. 2017도12671). (변시9회)

12. 전문진술(제316조)

(1) 의의

전문진술이란 경험사실을 들은 타인이 전문한 사실을 법원에서 진술하는 것을 말한다. 제311조 내지 제315조가 서면형식의 전문증거에 대한 증거능력을 인정하는 예외규정이나 제316조는 전문진술에 대한 전문법칙의 예외를 인정한 규정이다.

---

❶ 대판 1992.8.14. 92도1211

(2) 피고인 아닌 자가 피고인의 진술을 내용으로 하는 진술(제316조 제1항) [변시4회·5회·12회]

> 피고인이 아닌 자(공소제기 전에 피고인을 피의자로 조사하였거나 그 조사에 참여하였던 자를 포함한다. 이하 이 조에서 같다)의 공판준비 또는 공판기일에서의 진술이 **피고인의 진술을 그 내용으로 하는 것인 때**에는 그 진술이 **특히 신빙할 수 있는 상태하에서** 행하여졌음이 증명된 때에 한하여 이를 증거로 할 수 있다.

1) 적용범위

① **피고인 아닌 자**, 즉 제3자에는 공소제기 전에 **피고인을 피의자로 조사하였거나 그 조사에 참여하였던 자도 포함**된다. 즉, 현행법은 피의자를 신문한 사경이나 경찰에서 조사를 받을 범행을 자백한 피고인의 진술내용을 제3자가 증언하는 경우에도 제316조 제1항에 따라 증거능력을 인정하는 **조사자 증언제도**를 인정하고 있다. (변시3회·9회·10회)

> 🔍 **조사자증언에 있어 증언자의 범위** [변시3회, 14.모의]
>
> 조사자나 조사의 참여자가 아닌 일반인 즉 대질심문시의 상피의자 등도 조사자증언자에 포함될 수 있는지에 대하여, 조사자증언제도의 취지는 이중수사를 방지할 필요에 있음을 근거로 하는 **부정설**과 조사자제도의 취지는 실체진실의 발견을 목표로 최대한 많은 증거를 확보하기 위한 것이므로 일반인도 포함된다는 **긍정설**이 있으나, 조사자증언제도의 취지가 책임 있는 수사의 실현에 있다는 점을 고려하면 부정설이 타당하다.

② **피고인의 진술**에는 피고인의 지위에서 행하여진 것임을 요하지 않으므로 **피의자, 참고인, 기타의 지위에서 행해진 것도 포함**된다.

2) 증거능력 인정요건

피고인의 원진술이 특히 신빙할 수 있는 상태하에서 행하여진 경우에 한하여 증거능력이 인정된다.

(3) 피고인 아닌 자의 진술을 내용으로 하는 제3자의 진술(제316조 제2항) [변시3회·4회·10회]

> 피고인 아닌 자의 공판준비 또는 공판기일에서의 진술이 **피고인 아닌 타인의 진술을 그 내용으로 하는 것인 때**에는 원진술자가 **사망, 질병, 외국거주, 소재불명** 그 밖에 이에 준하는 사유로 인하여 **진술할 수 없고**, 그 진술이 **특히 신빙할 수 있는 상태**하에서 행하여졌음이 증명된 때에 한하여 이를 증거로 할 수 있다.

1) 적용범위

① 피고인 아닌 자 즉 제3자에는 공소제기 전에 피고인 아닌 자를 참고인으로 조사하였거나 그 조사에 참여하였던 자도 포함된다. 따라서 피고인 아닌 자를 조사한 사경이나 경찰에서 피의사실과 관련한 피고인이 아닌 자의 진술내용을 제3자가 증언하는 경우에도 제316조 제2항에 따라 증거능력을 인정하는 조사자 증언제도를 현행법은 인정하고 있다. 다만, 원진술자가 법정에 출석하여 수사기관에서 한 진술을 부인하는 경우 원진술자의 진술불능 요건을 불비하여 조사자의 증언은 증거능력이 없다.

② '피고인 아닌 자'에 공동피고인이나 공범자가 포함되는지에 대하여 **제316조 제1항 적용설**과 **제316조 제2항 적용설(판례)**의 대립이 있으나, 피고인은 당해 피고인만을 의미하므로

공동피고인이나 공범자는 피고인에 해당하지 않고 제316조 제2항의 피고인 아닌 자로 보는 제316조 제2항설이 타당하다. (변시9회 · 12회)

판례

여기서 말하는 피고인 아닌 자라고 함은 제3자는 말할 것도 없고 공동피고인이나 공범자를 모두 포함한다고 해석된다(대판 2000.12.27. 99도5679).

---

2) 증거능력 인정요건

① 원진술자가 **사망, 질병, 외국거주, 소재불명** 그 밖에 이에 준하는 사유로 인하여 진술할 수 없어야 한다. 따라서 원진술자가 공판정에 출석한 경우에는 증거능력이 없다.

판례

피고인 아닌 **상피고인도 피고인 아닌 자에 해당**한다고 할 것이니 **상피고인이 법정에서 간통사실을 부인**하는 이 사건에 있어서는 원진술자인 상피고인이 사망, 질병 기타 사유로 인하여 **진술할 수 없는 때에 해당되지 아니하므로** 상피고인의 진술은 그 내용으로 하는 증인들의 진술은 전문증거로서 증거능력이 없다(대판 1984.11.27. 84도2279).

---

② 원진술이 **특히 신빙할 수 있는 상태**하에서 행하여진 경우에 한하여 증거능력이 인정된다.

판례

[1] 형사소송법 제314조가 참고인의 소재불명 등의 경우에 그 참고인이 진술하거나 작성한 진술조서나 진술서에 대하여 증거능력을 인정하는 것은, 형사소송법이 제312조 또는 제313조에서 참고인 진술조서 등 서면증거에 대하여 피고인 또는 변호인의 반대신문권이 보장되는 등 엄격한 요건이 충족될 경우에 한하여 증거능력을 인정할 수 있도록 함으로써 직접심리주의 등 기본원칙에 대한 예외를 인정한 데 대하여 다시 중대한 예외를 인정하여 원진술자 등에 대한 반대신문의 기회조차 없이 증거능력을 부여할 수 있도록 한 것이므로, 그 **경우 참고인의 진술 또는 작성이 '특히 신빙할 수 있는 상태 하에 행하여졌음에 대한 증명'은 단지 그러할 개연성이 있다는 정도로는 부족하고 합리적인 의심의 여지를 배제할 정도에 이르러야 한다.**
[2] 형사소송법 제314조의 '특신상태'와 관련된 법리는 마찬가지로 **원진술자의 소재불명 등을 전제로 하고 있는 형사소송법 제316조 제2항의 '특신상태'에 관한 해석에도 그대로 적용된다**(대판 2014.4.30. 2012도725). (변시5회 · 12회)

---

13. 재전문(再傳聞)

(1) 의의

전문법칙의 예외의 법리에 따라 증거능력을 인정받는 전문증거가 그 내용에 또 다시 전문증거를 포함하는 경우, 즉 이중의 전문이 되는 경우를 재전문이라 한다.

(2) 재전문증거의 증거능력 [변시5회 · 10회 · 12회, 모의빈출]

1) 재전문증거에 대하여 증거능력을 인정할 수 있는지에 대하여 **긍정설, 부정설, 제한적 긍정설**이 대립하나, 판례는 원칙적으로 증거능력을 부정하면서 **예외적으로 전문진술을 기재한 서류에 한하여 각각의 요건을 구비한 경우에 증거능력을 인정**하는 **제한적 긍정설의 입장**이다(대판 2000.3.10. 2000도159). 생각건대 실체적 진실의 발견을 위하여 가급적 많은 증거를

확보할 필요성이 있으며, 전문진술을 기재한 조서만 다른 재전문증거와 달리 볼 근거도 없으므로 **긍정설**이 타당하다.

2) 재전문의 경우라도 피고인이 아무런 조건 없이 이를 증거로 함에 **동의하였다면 증거능력**을 인정할 수 있다. (14.모의)

♨ 판례

1 전문진술이나 전문진술을 기재한 조서는 형사소송법 제310조의2의 규정에 의하여 원칙적으로 증거능력이 없으나, 다만 피고인 아닌 자의 공판준비 또는 공판기일에서의 진술이 피고인의 진술을 그 내용으로 하는 것인 때에는 형사소송법 제316조 제1항의 규정에 따라 그 진술이 특히 신빙할 수 있는 상태하에서 행하여진 때에 한하여 이를 증거로 할 수 있고, 그 **전문진술이 기재된 조서는 형사소송법 제312조 내지 제314조의 규정에 의하여** 그 증거능력이 인정될 수 있는 경우에 해당하여야 함은 물론 나아가 **형사소송법 제316조 제1항의 규정**에 따른 위와 같은 조건을 갖춘 때에 **예외적으로 증거능력을 인정**하여야 할 것이다(대판 2000.9.8. 99도4814).

2 형사소송법은 전문진술에 대하여 제316조에서 실질상 단순한 전문의 형태를 취하는 경우에 한하여 예외적으로 그 증거능력을 인정하는 규정을 두고 있을 뿐, **재전문진술이나 재전문진술을 기재한 조서에 대하여는 달리 그 증거능력을 인정하는 규정을 두고 있지 아니하고 있으므로, 피고인이 증거로 하는 데 동의하지 아니하는 한 형사소송법 제310조의2의 규정에 의하여 이를 증거로 할 수 없다**(대판 2000.3.10. 2000도159). (변시1회 · 9회, 14.모의, 15.모의)

PLUS+ **재전문의 증거능력**

甲은 아내 乙이 자신의 친구 丙과 불륜관계에 있다는 것을 알고 丙의 집으로 가 일방적으로 丙을 폭행하여 다시는 자신의 아내를 만나지 않을 것을 다짐 받았다. 乙은 남편이 자신의 사랑을 막는 것에 오히려 분개해 丙과 독약으로 甲을 살해하기로 공모하였다. 이후 살해행위를 실행한 乙과 丙은 경찰 단계에서부터 공판정에 이르기까지 일관되게 범행을 부인하고 있다. 한편 乙은 평소 믿고 의지하던 절친한 친구인 B에게 위 살인행위를 털어 놓았다.

문. B가 공판과정에서 乙로부터 들은 '자신이 독약을 써 丙과 함께 甲을 살해했다'는 내용의 진술서를 작성하여 법원에 제출하였다고 가정한다. 그렇다면 그 진술서에 기재된 위 진술 부분을 丙에 대한 증거로 사용할 수 있는가?

1. 논점

위 진술서는 공범자 공동피고인의 진술을 담은 전문진술을 기재한 서류로서 재전문증거에 해당하는바, 재전문을 인정하는 명문규정이 없어서 그 증거능력 인정여부가 문제된다.

2. 견해의 대립

이중의 예외이고 명문규정이 없다는 이유로 부정하는 **부정설**, 재전문증거에 포함된 진술 하나하나가 전문법칙의 예외 요건을 충족하면 된다는 **긍정설**, 전문진술이 기재된 서류에 대하여만 긍정하는 **제한적 긍정설**이 대립한다.

3. 판례의 태도

대법원은 **전문진술을 기재한 조서는 전문법칙 예외의 요건을 충족하면 증거능력을 인정**하고 있으나, **재전문진술이나 재전문진술을 기재한 조서는 피고인이 동의하지 않는 한 증거로 할 수 없다**는 입장이다(대판 2012.5.24. 2010도5948).

4. 검토 및 해결

실체적 진실의 발견을 위하여 가급적 많은 증거를 확보할 필요성이 있으며, 전문진술을 기재한 조서만 다른 재전문증거와 달리 볼 근거가 없으므로 **긍정설**이 타당하다. 공범자인 공동피고인의 진술은 피고인 아닌 자의 진술에 해당하므로(판례) 제316조 제2항의 요건과 제313조 제1항의 진술서 요건을 각각 구비하면 위 진술부분을 丙에 대한 증거로 쓸 수 있다.

14. 진술의 임의성(제317조)

① 피고인 또는 피고인 아닌 자의 진술이 임의로 된 것이 아닌 것은 증거로 할 수 없다.
② 전항의 서류는 그 작성 또는 내용인 진술이 임의로 되었다는 것이 증명된 것이 아니면 증거로 할 수 없다.
③ 검증조서의 일부가 피고인 또는 피고인 아닌 자의 진술을 기재한 것인 때에는 그 부분에 한하여 전2항의 예에 의한다.

(1) 의의

전문증거는 전문법칙의 예외에 해당하더라도 **진술의 임의성이 인정되지 않으면 증거능력을 인정할 수 없다.**

(2) 임의성의 의의

자백의 임의성과 동일한 의미인가에 관하여 견해대립이 있으나, 제309조와 제317조는 진술내용이 자백인가 아닌가에 따라 구별될 뿐이어서 임의성의 내용에는 차이가 없다. 따라서 진술획득과정에 위법이 없음을 의미한다(위법배제설).

(3) 진술의 임의성에 대한 조사와 증명

1) 임의성의 조사

진술의 임의성은 증거능력의 요건이므로 법원은 직권으로 조사하여야 하며, 이론상으로는 증거조사 전에 하여야 한다. 또한 진술의 임의성은 소송법적 사실이므로 **자유로운 증명으로** 족하므로 법원은 적당하다고 인정되는 방법으로 임의성을 조사하면 족하다.

2) 임의성의 증명

임의성에 대한 거증책임은 증거를 제출하는 당사자에게 있다. 그리고 진술의 임의성을 증명하기 위해서는 법관에게 확신을 줄 것을 요한다.

(4) 임의성 없는 진술의 효과

임의성 없는 진술이 자백인 경우에는 제309조의 자백배제법칙에 의하여 증거능력이 부정되므로 제317조에 해당하는 임의성 없는 진술은 제308조의2의 위법수집증거배제법칙에 의하여 증거능력이 부정된다.

> **판례**
>
> [1] 기록상 진술증거의 임의성에 관하여 의심할 만한 사정이 나타나 있는 경우에는 **법원은 직권으로 그 임의성 여부에 관하여 조사를 하여야 하고, 임의성이 인정되지 아니하여 증거능력이 없는 진술증거는 피고인이 증거로 함에 동의하더라도 증거로 삼을 수 없다.**

[2] 기록에 의하면 참고인에 대한 검찰 진술조서가 강압상태 내지 강압수사로 인한 정신적 강압상태가 계속된 상태에서 작성된 것으로 의심되어 그 임의성을 의심할 만한 사정이 있는데도, 검사가 그 임의성의 의문점을 없애는 증명을 하지 못하였으므로 증거능력이 없다(대판 2006.11.23. 2004도7900).

15. 사진·녹음테이프·문자정보저장매체·거짓말탐지기의 증거능력

(1) 사진의 증거능력

1) 의의와 종류

사진은 과거에 발생한 역사적 사실을 렌즈에 비친대로 필름 또는 인화지에 기계적으로 재생시킨 증거방법으로서 신용성과 높은 증거가치를 가지고 있지만, 현상과 인화과정에서 인위적인 조작의 가능성이 남아 있기 때문에 사진을 비진술증거로 취급할 것인지, 진술증거로서 전문법칙을 적용할 것인지가 문제된다. 사진의 성질과 용법에 따라 ① 사본으로서의 사진 ② 진술의 일부인 사진 ③ 범행재연사진 ④ 현장사진으로 나누어 개별적으로 검토하여야 한다.

2) 증거조사 방법

사진에 대한 증거조사 방법은 증거서류에 준하는 것은 낭독, 요지의 고지, 열람이며(제292조 제1항, 제2항, 제3항), 증거물에 준하는 것은 제시이다(제292조의2).

3) 사본으로서의 사진의 증거능력 [변시1회, 14.모의]

범행에 사용된 흉기의 사진, 문서의 사본 등 사진이 본래 증거로 제출되어야 할 자료의 대용물로 제출되는 경우를 말한다. 판례는 ① **원본의 존재** ② **원본제출의 불능 또는 곤란** ③ **사본의 정확성**이 인정되는 경우에 한하여 증거능력을 인정한다. 다만, 원본증거가 비진술증거인 경우에는 그 사본도 비진술증거에 해당하므로, 이에 대한 사본으로서의 사진에 대해서는 전문법칙이 적용되지 않는다.

🔨 판례

1 구 정보통신망 이용촉진 및 정보보호 등에 관한 법률 제65조 제1항 제3호는 정보통신망을 통하여 공포심이나 불안감을 유발하는 글을 반복적으로 상대방에게 도달하게 하는 행위를 처벌하고 있다. 검사가 위 죄의 대한 유죄의 증거로 문자정보가 저장되어 있는 휴대전화기를 법정에 제출하는 경우, 휴대전화기에 저장된 문자정보 그 자체가 범행의 직접적인 수단으로서 증거로 사용될 수 있다. 또한 검사는 **휴대전화기 이용자가 그 문자정보를 읽을 수 있도록 한 휴대전화기의 화면을 촬영한 사진을 증거로 제출할 수도** 있는데, 이를 증거로 사용하려면 **문자정보가 저장된 휴대전화기를 법정에 제출할 수 없거나 그 제출이 곤란한 사정이** 있고, 그 **사진의 영상이 휴대전화기의 화면에 표시된 문자정보와 정확히 같다는 점이 증명**되어야 한다(대판 2008.11.13. 2006도2556). (변시8회·9회·10회·12회)

2 수표 원본이 아니라 전자복사기를 사용하여 복사한 사본이 증거로 제출되었고 피고인이 이를 증거로 하는 데 부동의한 경우, 위 수표 사본을 증거로 사용하기 위해서는 **수표 원본을 법정에 제출할 수 없거나 제출이 곤란한 사정이** 있고 수표 **원본이 존재하거나 존재하였으며 증거로 제출된 수표 사본이 이를 정확하게 전사한 것이라는 사실이 증명되어야** 한다(대판 2015.4.23. 2015도2275).

4) 진술의 일부인 사진의 증거능력

사진이 진술증거의 일부로 사용되는 경우, 즉 검증조서나 감정서에 사진이 첨부되는 경우 사진은 진술증거의 일부를 구성하는 보조수단에 불과하므로 그 증거능력에 대해서는 검증 조서나 감정서와 일체로 판단한다. (변시6회)

5) 현장검증시의 범행재연 사진 [12.모의]

수사기관의 현장검증시의 피의자의 범행재연 장면을 촬영한 사진은 검증조서와 일체 로 판단하지 않고 그 수사기관에서의 피의자의 자백과 같이 취급되므로 전문법칙이 전면적으로 적용된다.

판례

'사법경찰관이 작성한 검증조서'에는 이 사건 범행에 부합되는 피의자이었던 피고인의 진술기재 부 분이 포함되어 있고 또한 **범행을 재연하는 사진이 첨부**되어 있으나, 기록에 의하면 피고인이 위 검증조서에 대하여 증거로 함에 동의만 하였을 뿐 공판정에서 검증조서에 기재된 진술내용 및 **범 행을 재연한 부분에 대하여 그 성립의 진정 및 내용을 인정한 흔적을 찾아 볼 수 없고 오히려 이 를 부인**하고 있으므로 그 증거능력을 인정할 수 없는바, 원심으로서는 위 검증조서 중 이 사건 범 행에 부합되는 피고인의 진술을 기재한 부분과 **범행을 재연한 부분을 제외한 나머지 부분만을 증 거로 채용하여야** 함에도 이를 구분하지 아니한 채 그 전부를 유죄의 증거로 인용한 조치는 위법 하다고 할 것이다(대판 1998.3.13. 98도159).

---

6) 현장 사진의 증거능력 [변시7회, 모의빈출]

범행의 장면이나 그 전후 사정을 촬영한 사진으로서 은행의 폐쇄회로에 찍힌 사진, 범행현장 을 촬영한 사진 등이 이에 해당한다. 현장사진의 증거능력에 대해서는 비진술증거로 전문법 칙이 적용되지 않고 관련성만 인정되면 증거능력이 있다는 **비진술증거설**, 현장사진의 조작가 능성과 사실보고 기능때문에 진술증거로서 전문법칙이 적용된다는 **진술증거설**, 현장사진은 비진술증거이지만 조작가능성때문에 검증조서에 준하여 증거능력이 인정된다는 **검증조서유 추설**이 대립하나 판례의 태도는 명확하지 않다. 생각건대 현장사진은 현장을 사실대로 촬영 한 것일 뿐이고 현실적으로 진술이 존재하는 것은 아니므로 **비진술증거설**이 타당하다.

판례

피고인의 동의하에 촬영된 나체사진의 존재만으로 피고인의 인격권과 초상권을 침해하는 것으로 볼 수 없고, 가사 사진을 촬영한 제3자가 그 사진을 이용하여 피고인을 공갈할 의도였다고 하더라 도 사진의 촬영이 임의성이 배제된 상태에서 이루어진 것이라고 할 수는 없으며, 그 사진은 범죄 현장의 사진으로서 피고인에 대한 **형사소추를 위하여 반드시 필요한 증거**로 보이므로, 공익의 실 현을 위하여는 그 사진을 범죄의 증거로 제출하는 것이 허용되어야 하고, 이로 말미암아 피고인의 사생활의 비밀을 침해하는 결과를 초래한다 하더라도 이는 피고인이 수인하여야 할 기본권의 제한 에 해당된다(대판 1997.9.30. 97도1230). (14.모의)

---

(2) 녹음테이프의 증거능력

1) 의의

녹음테이프는 사람의 진술, 음성과 기타 음향을 기계적 장치를 통하여 기록하여 재생할 수 있도록 한 것을 말하며, 성질상 작성자나 진술자의 서명이나 날인이 없을 뿐만 아니라 녹음자의 의도나 특정한 기술에 의하여 내용이 편집·조작될 위험이 있으므로 증거로 하

기 어려운 측면이 존재한다. 녹음테이프는 녹음된 내용에 따라 ① 진술녹음 ② 현장녹음
으로 구분된다.

2) 증거능력의 전제요건(통신비밀보호법 위반 여부) [변시2회]

녹음테이프가 증거능력을 갖기 위해서는 우선적으로 통신비밀보호법에 위배되는지를 검토
하여야 한다. 통신비밀보호법위반에 해당하는 경우에는 위법수집증거로서 동법 제4조에
의하여 그 증거능력이 부정되기 때문이다.

> **통신비밀보호법**
> **제3조** ① **누구든지** 이 법과 형사소송법 또는 군사법원법의 규정에 의하지 아니하고는 우편물의 검
> 열 · 전기통신의 감청 또는 통신사실확인자료의 제공을 하거나 **공개되지 아니한 타인간의 대화를**
> **녹음 또는 청취하지 못한다.**
> **제4조** 제3조의 규정에 위반하여, 불법검열에 의하여 취득한 우편물이나 그 내용 및 불법감청에 의
> 하여 지득 또는 채록된 전기통신의 내용은 재판 또는 징계절차에서 **증거로 사용할 수 없다.**
> **제14조** ② **누구든지 공개되지 아니한 타인간의 대화를 녹음하거나 청취한 경우에 재판 또는 징계**
> 절차에서 **증거로 사용할 수 없다**(제4조 준용).

① 통신비밀보호법은 '누구든지' 전기통신 감청이나 공개되지 아니한 타인 간의 대화를 녹음
또는 청취하는 것을 금지하고 있고, 이를 위반하여 취득한 증거에 대해서도 증거능력을
인정하지 않고 있다. 이 규정의 수범자는 수사기관과 사인을 포함한다.

② 비밀녹음에 관한 판례의 입장

㉠ 대화당사자 일방이 한 비밀녹음의 증거능력: 대화상대방의 프라이버시를 침해하는 행위이
므로 증거능력을 부정하는 견해도 있지만 대화당사자는 '공개되지 아니한 타인간 대화'에
해당하지 않으므로 증거능력을 인정하는 견해(판례)가 타당하다. 3자간 대화에서 대화당
사자가가 비밀녹음한 경우도 마찬가지이다(대판 2006.10.12. 2006도4981). (변시2회 · 8회 · 12회, 14.모의)

㉡ 대화당사자 일방만의 동의를 얻은 제3자의 비밀녹음의 증거능력: 판례는 대화당사자 모두
의 동의가 없는 한 '공개되지 아니한 타인간'의 대화로서 통신비밀보호법 제3조를 위반하
여 증거능력이 부정된다는 입장이다(대판 2002.10.8. 2002도123). (변시3회 · 12회, 10.모의)

판례

1 **[사실관계]** 피고인이 ○○○신문사 빌딩에서 휴대폰의 녹음기능을 작동시킨 상태로 공소외 1 재
단법인(이하 '공소외 1 법인'이라고 한다)의 이사장실에서 집무 중이던 공소외 1 법인 이사장인
공소외 2의 휴대폰으로 전화를 걸어 공소외 2와 약 8분간의 전화통화를 마친 후 상대방에 대한
예우 차원에서 바로 전화통화를 끊지 않고 공소외 2가 전화를 먼저 끊기를 기다리던 중, 평소
친분이 있는 △△방송 기획홍보본부장 공소외 3이 공소외 2와 인사를 나누면서 △△방송 전략
기획부장 공소외 4를 소개하는 목소리가 피고인의 휴대폰을 통해 들려오고, **때마침 공소외 2가**
실수로 휴대폰의 통화종료 버튼을 누르지 아니한 채 이를 이사장실 내의 탁자 위에 놓아두자,
공소외 2의 휴대폰과 통화연결상태에 있는 자신의 휴대폰 수신 및 녹음기능을 이용하여 이 사
건 대화를 몰래 청취하면서 녹음한 사실을 인정한 다음, 피고인은 이 사건 대화에 원래부터 참
여하지 아니한 제3자이므로, 통화연결상태에 있는 휴대폰을 이용하여 이 사건 대화를 청취 · 녹
음하는 행위는 작위에 의한 구 통신비밀보호법 제3조의 위반에 해당한다.

[판결요지] 구 통신비밀보호법 제3조 제1항이 공개되지 아니한 타인간의 대화를 녹음 또는 청취하지 못하도록 한 것은, **대화에 원래부터 참여하지 않는 제3자가 그 대화를 하는 타인간의 발언을 녹음 또는 청취해서는 아니 된다는 취지이다.** 따라서 대화에 원래부터 참여하지 않는 제3자가 일반 공중이 알 수 있도록 공개되지 아니한 타인간의 발언을 녹음하거나 전자장치 또는 기계적 수단을 이용하여 청취하는 것은 특별한 사정이 없는 한 같은 법 제3조 제1항에 위반된다(대판 2016.5.12. 2013도15616).

2 [1] 통신비밀보호법의 위 규정들의 문언, 내용, 체계와 입법 취지 등에 비추어 보면, **통신비밀보호법에서 보호하는 타인 간의 '대화'는 원칙적으로 현장에 있는 당사자들이 육성으로 말을 주고받는 의사소통행위를 가리킨다.** 따라서 사람의 육성이 아닌 사물에서 발생하는 음향은 타인 간의 '대화'에 해당하지 않는다. 또한 사람의 목소리라고 하더라도 상대방에게 의사를 전달하는 말이 아닌 단순한 비명소리나 탄식 등은 타인과 의사소통을 하기 위한 것이 아니라면 특별한 사정이 없는 한 타인 간의 '대화'에 해당한다고 볼 수 없다.

[2] 기록에 의하면, 공소외인은 평소 친분이 있던 피해자와 휴대전화로 통화를 마친 후 전화가 끊기지 않은 상태에서 1~2분간 위와 같은 소리를 들었다고 진술하였음을 알 수 있고, 통화를 마칠 무렵 몸싸움을 연상시키는 소리가 들려 전화를 끊지 않았던 것으로 보인다. 위에서 본 법리에 비추어 보면, 공소외인이 들었다는 '우당탕' 소리는 사물에서 발생하는 음향일 뿐 사람의 목소리가 아니므로 통신비밀보호법에서 말하는 타인 간의 '대화'에 해당하지 않는다. '악' 소리도 **사람의 목소리이기는 하나 단순한 비명소리에 지나지 않아 그것만으로 상대방에게 의사를 전달하는 말이라고 보기는 어려워 특별한 사정이 없는 한 타인 간의 '대화'에 해당한다고 볼 수 없다.** 나아가 위와 같은 소리는 막연히 몸싸움이 있었다는 것 외에 사생활에 관한 다른 정보는 제공하지 않는 점, 공소외인이 소리를 들은 시간이 길지 않은 점, 소리를 듣게 된 동기와 상황, 공소외인과 피해자의 관계 등 기록에 나타난 여러 사정에 비추어 볼 때, 통신비밀보호법에서 보호하는 타인 간의 '대화'에 준하는 것으로 보아 증거능력을 부정할 특별한 사정이 있다고 보기 어렵다(대판 2017.3.15. 2016도19843). [18.모의]

3) 녹음테이프의 증거조사

녹음테이프는 형사소송법이 규정하고 있는 제시, 낭독 등의 방법으로는 증거조사가 불가능하므로 진술녹음과 현장녹음을 구별하지 않고 녹음·녹화매체 등을 재생하여 청취 또는 시청하는 방법으로 한다(규칙 제134조의8 제3항).

4) 진술녹음의 증거능력 [16.모의, 12.모의]

① 진술녹음이란 녹음테이프에 사람의 진술이 녹음되어 있고 녹음된 사람의 진술내용의 진실성이 증명의 대상으로 되는 것을 말한다. 반대신문권이 보장되지 않으므로 전문법칙이 적용된다는 점에서 견해가 일치한다. 다수설·판례는 녹음주체와 원진술의 성격에 따라 제311조에서 제313조의 규정을 적용하여 증거능력을 인정한다. 다만, 녹음테이프에 사람의 진술이 녹음되어 있더라도 검증내용이 진술내용이 아니라 진술자의 상태 등을 확인하기 위한 경우에는 전문법칙이 적용되지 않는다(대판 2008.7.10. 2007도10755). (변시7회)

🔥 판례

1 공범으로서 별도로 공소제기된 다른 사건의 피고인 甲에 대한 수사과정에서 **담당 검사가 피의자인 甲과 그 사건에 관하여 대화하는 내용과 장면을 녹화한 비디오테이프에 대한 법원의 검증조서**는 이러한 비디오테이프의 녹화내용이 피의자의 진술을 기재한 피의자신문조서와 실질적으로 같다고 볼 것이므로 **피의자신문조서에 준하여 그 증거능력**을 가려야 한다(대판 1992.6.26. 92도682).

2 수사기관이 아닌 사인이 피고인 아닌 사람과의 대화내용을 녹음한 녹음테이프는 형사소송법 제311조, 제312조 규정 이외의 피고인 아닌 자의 진술을 기재한 서류와 다를 바 없으므로, 피고인이 그 녹음테이프를 증거로 할 수 있음에 동의하지 아니하는 이상 그 증거능력을 부여하기 위하여는 첫째, 녹음테이프가 **원본이거나** 원본으로부터 복사한 사본일 경우(녹음디스크에 복사할 경우에도 동일하다)에는 복사과정에서 편집되는 등의 인위적 개작 없이 **원본의 내용 그대로 복사된 사본일 것**, 둘째 형사소송법 **제313조 제1항**에 따라 공판준비나 공판기일에서 **원진술자의 진술에 의하여** 그 녹음테이프에 녹음된 각자의 진술내용이 자신이 진술한 대로 녹음된 것이라는 점이 **인정되어야 할 것이다**(대판 2005.5.18. 2004도6323). (변시1회)

② 서명·날인의 요부

필요설과 불요설(판례)이 대립하나, 녹음테이프는 성질상 작성자나 진술자의 서명 혹은 날인이 필요 없다는 판례의 불요설이 타당하다(대판 2007.3.15. 2006도8869).

5) 현장 녹음의 증거능력 [변시1회·2회·10회, 18.모의]

범죄 현장에서 범행에 수반해서 발생된 음성이나 음향적 상황을 녹음한 것을 말한다. 현장녹음의 증거능력에 대해서, 녹음테이프는 비진술증거로 전문법칙이 적용되지 않고 관련성만 인정되면 증거능력이 있다는 **비진술증거설**, 녹음테이프의 조작가능성과 사실보고 기능 때문에 진술증거로서 전문법칙이 적용된다는 **진술증거설**, 녹음테이프는 비진술증거이지만 조작가능성 때문에 검증조서에 준하여 증거능력이 인정된다는 **검증조서유추설**이 대립하나 판례의 태도는 명확하지 않다. 생각건대 현장녹음은 현장의 상황을 녹음한 것일 뿐이고 현실적으로 진술이 존재하는 것은 아니므로 **비진술증거설**이 타당하다.

(3) 문자정보저장매체 [변시6회]

1) 전문법칙의 적용여부

컴퓨터디스크 등 문자정보가 기억되는 정보저장매체의 경우(예컨대 이메일 등)에는 그 기록된 문자정보가 피고인 또는 피고인 아닌 자의 진술을 기재한 서류와 다를 바 없으므로 전문법칙이 전면으로 적용된다(대판 1999.9.3. 99도2317). 다만, 정보저장매체 기억된 문자정보의 내용의 진실성이 아닌 그와 같은 내용의 문자정보의 존재 자체가 직접 증거로 되는 경우에는 예외적으로 전문법칙이 적용되지 않는다(대판 2013.7.26. 2013도2511).

2) 증거능력의 인정요건

컴퓨터디스크 등에 기억된 문자정보를 증거자료로 하는 경우에는 읽을 수 있도록 출력하여 인증한 등본을 내도록 하고 있어(규칙 제134조의7 제1항) 컴퓨터 기록 내용이 증거능력을 인정받기 위해서 ① 원본과 출력한 문건의 **동일성** ② 출력한 문건에 대해서는 전문법칙이 적용되므로 진술자와 작성자 등의 지위에 따라서 **성립의 진정(진정성)**이 인정되어야 한다(대판 2007.12.13. 2007도7257).

(4) 거짓말탐지기 검사결과의 증거능력

1) 의의

거짓말탐지기의 검사란 전문적인 검사자가 피검자에 대하여 피의사실 관련 질문을 하여 진술하게 하고 그 때 피검자의 호흡, 맥박 등에 나타난 생리적 반응을 관찰, 분석하여 피검자의 진술의 진위나 피의사실에 대한 인식의 유무를 판단하는 것을 말한다. 감정의 일종에 해당하므로 거짓말탐지기의 검사결과는 감정서에 해당하는 진술증거라고 할 수 있다.

2) 관련 쟁점

거짓말탐지기 검사의 허용여부, 거짓말탐지기 검사결과의 증거능력, 거짓말탐지기의 검사 결과를 이용하여 획득한 자백의 증거능력 등이 문제된다.

3) 거짓말탐지기 검사의 허용 여부

거짓말탐지기에 의한 검사는 인격권 침해를 부수하므로 허용될 수 없다는 **부정설**도 있지만, 피검자의 동의 또는 적극적인 요구가 있는 경우 이를 막을 이유가 없다는 점에서 거짓말탐지기의 사용을 허용하는 **긍정설**이 타당하다.

4) 거짓말탐지기 검사결과의 증거능력

거짓말탐지기 검사는 과학적 수사방법의 하나이나 기계적 성능의 신뢰도나 기본권 침해와 관련하여 증거능력을 인정한 것인지가 문제된다. 이에 대하여 피검사자의 동의 또는 적극적 요구가 있을 때에는 증거능력이 있다는 **긍정설**과 검사결과의 신빙성이 없기 때문에 증거능력을 부정하는 **부정설**이 대립한다. 판례는 **검사결과의 사실적 관련성을 인정하려면 거짓말에 의한 심리상태의 변동, 심리상태의 변동에 따른 생리적 반응, 생리적 반응여부에 대한 거짓 여부 판정 등이 인과적으로 충족될 것을 요구하고 있고, 나아가 기계적 장치의 정확성, 검사방법의 합리성, 검사자의 전문성 등을 요구하여 사실상 증거능력을 부정**하고 있다.❶ 또한 **자연적 관련성이 인정된다하여도 피검사자의 진술의 신빙성 유무를 판단하는 정황증거로서의 기능을 하는데 그친다**는 입장이다.❷ 생각건대 현재의 과학수준을 고려하여 볼 때 **부정설**의 입장이 타당하다.

5) 거짓말탐지기의 검사결과로 얻은 자백의 증거능력

거짓말탐지기 검사결과에 따라 자백하겠다고 약속한 후 자백한 경우에 그 자백이 증거능력을 가지는지 논의가 있다. 이에 대하여 피검사자의 동의가 있는 경우에는 증거능력을 인정할 수 있다는 **긍정설**과 제309조의 약속에 의한 자백에 해당하므로 증거능력을 부정한다는 **부정설**이 대립한다. 판례는 **위 자백의 약속이 검사의 강요나 위계에 의하여 이루어졌다던가 또는 불기소나 경한 죄의 소추 등 이익과 교환 조건으로 된 것이라고 인정되지 아니하므로 거짓말탐지기 검사에서 자신이 일정한 반응을 보였다면 범행을 자백하겠다는 약속에 의하여 이루어진 자백을 임의성 없는 자백이라고 단정할 수 없다**는 태도이다.❸ 생각건대 피의자가 임의로 거짓말탐지기의 검사결과에 따라 자백한 경우 그 자백을 임의성이 없는 자백이라고 보기 어려울 것이므로 긍정설이 타당하다.

(5) 영상녹화물의 증거능력 [변시3회]

1) 개정 형사소송법은 수사기관이 피의자와 참고인을 조사하면서 그 진술을 영상녹화할 수 있는 근거 규정을 두고(제244조의2, 제221조 제1항) 그 영상녹화물을 법정에서 사용하는 방법에 대하여 규정하고 있다.

2) 영상녹화물은 ① 조서의 진정성립 증명 수단으로 사용하거나(제312조 제4항) ② 피고인이나 증인의 법정 진술 과정에서 기억환기를 위한 보조자료로 사용하는 것은(제318조의2 제2항) 허용된다.

---

❶ 대판 2005.5.26. 2005도130

❷ 대판 1984.2.14. 83도3146

❸ 대판 1983.9.13. 83도712

3) 문제는 영상녹화물을 **본증(증거능력)이나 탄핵증거로 사용할 수 있는지**에 대하여, 과학적 증거방법이므로 이를 활용하자는 **긍정설**이 있으나, 법정에서 재생하는 경우 법관 또는 배심원에게 미치는 강력한 인상과 영향력으로 인하여 공판중심주의를 저해할 수 있으므로 그 사용을 억제하자는 **부정설(판례)**이 타당하다.

⚖ 판례
---

1 수사기관에 의한 참고인 진술의 영상녹화를 새로 정하면서 그 용도를 참고인에 대한 진술조서의 실질적 진정성립을 증명하거나 참고인의 기억을 환기시키기 위한 것으로 한정하고 있는 현행 형사소송법의 규정 내용을 **영상녹화물에 수록된 성범죄 피해자의 진술에 대하여 독립적인 증거능력을 인정하고 있는 성폭법 제30조 제6항 또는 아청법 제26조 제6항의 규정과 대비**하여 보면, 수사기관이 참고인을 조사하는 과정에서 형사소송법 제221조 제1항에 따라 작성한 영상녹화물은 **다른 법률에서 달리 규정하고 있는 등의 특별한 사정이 없는 한, 공소사실을 직접 증명할 수 있는 독립적인 증거로 사용될 수는 없다**고 해석함이 타당하다(대판 2014.7.10. 2012도5041). (변시4회 · 6회 · 9회 · 10회)

2 [1] 헌법재판소는 2021. 12. 23. 선고 2018헌바524 사건에서 "성폭력처벌법(2012. 12. 18. 법률 제11556호로 전부개정된 것) 제30조 제6항 중 '제1항에 따라 촬영한 영상물에 수록된 피해자의 진술은 공판준비기일 또는 공판기일에 조사 과정에 동석하였던 신뢰관계에 있는 사람 또는 진술조력인의 진술에 의하여 그 성립의 진정함이 인정된 경우에 증거로 할 수 있다' 부분 가운데 19세 미만 성폭력범죄 피해자에 관한 부분은 헌법에 위반된다."는 결정을 선고하였다(이하 위 결정을 '이 사건 위헌 결정', 위헌결정이 선고된 법률 조항을 '이 사건 위헌 법률 조항'이라 한다). 이 사건 위헌 결정 이유는, 자기에게 불리하게 진술한 증인에 대하여 반대신문의 기회를 부여해야 한다는 절차적 권리의 보장은 피고인의 '공정한 재판을 받을 권리'의 핵심적인 내용을 이루는데, 피고인의 반대신문권을 보장하면서도 미성년 피해자를 보호할 수 있는 조화로운 방법을 상정할 수 있음에도, 피고인의 반대신문권을 실질적으로 배제하여 피고인의 방어권을 과도하게 제한하는 이 사건 위헌 법률 조항은 피해의 최소성, 법익의 균형성요건을 충족하지 못하여 과잉금지 원칙을 위반하고 피고인의 공정한 재판을 받을 권리를 침해한다는 것이다.

[2] 이 사건 위헌 결정의 효력은 결정 당시 법원에 계속 중이던 이 사건에도 미친다. 따라서 이 사건 위헌 법률 조항(아동학대처벌법 제17조에서 준용하는 경우를 포함한다)은 이 사건 영상물의 증거능력을 인정하는 근거가 될 수 없다. 그리고 청소년성보호법 제26조 제6항 중 이 사건 위헌 법률 조항과 동일한 내용을 규정하고 있는 부분(이하 '이 사건 청소년성보호법 조항'이라 한다)은 이 사건 위헌 결정의 심판대상이 되지 아니하였지만 이 사건 위헌 법률 조항에 대한 위헌 결정 이유와 같은 이유에서 과잉금지 원칙에 위반될 수 있다. 따라서 원심으로서는 이 사건 청소년성보호법 조항의 위헌 여부 또는 그 적용에 따른 위헌적 결과를 피하기 위하여 피해자들을 증인으로 소환하여 그 진술을 듣고 피고인에게 반대신문권을 행사할 기회를 부여할 필요가 있는지 여부 등에 관하여 심리 · 판단하였어야 한다. 원심이 이러한 심리 · 판단 없이 이 사건 영상물이 청소년성보호법에 따른 절차적 요건을 갖추었다는 사정을 들어 이 사건 영상물의 증거능력이 인정된다고 판단한 것은 잘못이다. 한편 형사소송법 제318조 제1항은 "검사와 피고인이 증거로 할 수 있음을 동의한 서류 또는 물건은 진정한 것으로 인정한 때에는 증거로 할 수 있다."라고 규정한다. 피고인은 이 사건 영상물과 속기록이 모두 증거능력이 없다고 주장하면서 이를 증거로 함에 동의하지 않다가 이 사건 위헌 법률 조항 또는 이 사건 청소년성보호법 조항에 따라 이 사건 영상물이 증거로 채택되어 증거조사가 이루어지게 되자 증거에 관한 의견을 변경하여 이 사건 속기록을 증거로 함에는 동의하였다. 그런데 이 사건 속기록은 이 사건 영상물의 진술 내용을 그대로 녹취한 것으로서 이 사건 영상물 속의 발언자를 특정하고 내용을 명확하게

함으로써 증거조사절차가 효율적으로 이루어질 수 있도록 하기 위하여 작성된 것에 불과하다. 이 사건 위헌 결정으로 인하여 이 사건 영상물의 증거능력이 인정될 수 없는 경우라면, 비록 피고인이 이 사건 속기록에 대해서는 증거로 함에 동의하였다고 하더라도 그 동의의 경위와 사유 등에 비추어 이 사건 영상물과 속기록 사이에 증거능력의 차이를 둘 수 있는 합리적 이유가 존재한다는 등의 특별한 사정이 없는 한, 이 사건 속기록을 진정한 것으로 인정하기는 어렵다(대판 2022.4.14. 2021도14616).

Ⅳ 당사자 동의와 증거능력

제318조【당사자의 동의와 증거능력】
① 검사와 피고인이 증거로 할 수 있음을 **동의한 서류 또는 물건**은 진정한 것으로 인정한 때에는 증거로 할 수 있다.

1. 증거동의의 의의

제318조 제1항의 증거동의는 전문증거금지의 원칙에 대한 예외(전문법칙예외설)로서 반대신문권을 포기하겠다는 피고인의 의사표시에 의하여 서류 또는 물건을 증거능력을 부여하는 당사자의 소송행위로서 신속한 재판 및 소송경제 도모에 이바지한다(대판 1983.3.8. 82도2873).

2. 증거동의의 법적 성격

증거동의의 본질과 관련하여, 증거의 증거능력에 대한 당사자의 반대신문권을 포기하는 것이며 전문증거만이 동의의 대상이라는 **반대신문권포기설**과 동의는 증거의 증거능력에 대한 당사자의 처분권을 인정한 것이며 모든 증거물이 동의의 대상이라는 **처분권설**이 대립하나, 형사소송에서 당사자처분권 주의는 인정될 수 없다는 점에서 **반대신문권포기설이 타당**하다(다수설, 판례). 이에 따르면 반대신문권과 상관없는 임의성 없는 자백이나(제309조) 위법수집증거(제308조의2)는 동의가 있더라도 증거로 사용할 수 없다.

3. 증거동의의 방법

(1) 동의의 주체와 상대방

① 동의의 주체는 **검사와 피고인**이다. 일방당사자가 신청한 증거에 대하여는 상대 당사자의 동의가 있어야 하고, 법원이 직권으로 수집한 증거는 양 당사자의 동의가 있어야 한다. 한편 변호인에게는 포괄대리권이 인정되므로 **변호인**도 증거동의권이 있지만, 피고인의 명시한 의사에 반하여 증거로 함에 동의할 수는 없다. 판례는 변호인이 가지는 동의권을 독립대리권으로 이해하나, 다수설은 종속대리권으로 이해한다.

⚖ 판례

1 증거로 함에 대한 동의의 주체는 소송주체인 당사자라 할 것이지만 **변호인은 피고인의 명시한 의사에 반하지 아니하는 한 피고인을 대리하여 이를 할 수 있음은 물론**이므로 피고인이 증거로 함에 동의하지 아니한다고 명시적인 의사표시를 한 경우 이외에는 변호인은 서류나 물건에 대하여 증거로 함에 동의할 수 있고 이 경우 변호인의 동의에 대하여 피고인이 즉시 이의하지 아니하는 경우에는 변호인의 동의로 증거능력이 인정되고 증거조사 완료 전까지 앞서의 동의가 취소 또는 철회하지 아니한 이상 일단 부여된 증거능력은 그대로 존속한다(대판 1999.8.20. 99도2029). (14.모의)

2 형사소송법 제318조에 규정된 증거동의의 주체는 소송 주체인 **검사와 피고인이고**, 변호인은 피고인을 대리하여 증거동의에 관한 의견을 낼 수 있을 뿐이므로 피고인의 명시한 의사에 반하여 증거로 함에 동의할 수는 없다. 따라서 피고인이 출석한 공판기일에서 증거로 함에 부동의한다는 의견이 진술된 경우에는 그 후 피고인이 출석하지 아니한 공판기일에 변호인만이 출석하여 종전 의견을 번복하여 증거로 함에 동의하였다 하더라도 이는 특별한 사정이 없는 한 **효력이 없다고 보아야 한다**(대판 2013.3.28. 2013도3). (변시7회·9회·10회·12회)

② 동의의 상대방은 법원이다.

4. 증거동의의 대상

(1) 증거능력 없는 증거

증거동의의 대상은 상대적으로 **증거능력 없는 전문증거**에 한한다. 따라서 **임의성 없는 자백이나 위법하게 수집된 증거와 같이 절대적으로 증거능력 없는 증거는 동의의 대상이 되지 않는다.** (변시2회·7회, 15.모의)

(2) 서류 또는 진술

동의의 대상은 전문법칙에 의해 증거능력이 없는 서류이며, 전문증거인 진술도 동의의 대상이 된다.

(3) 물건

제318조 제1항이 증거동의의 대상을 '물건 또는 서류'라고 규정하고 있으므로 물건도 증거동의의 대상이 되는지에 대하여 견해가 대립한다. 이에 대하여 소송경제의 측면에서 **긍정하는 견해**와 반대신문과 관계없음을 이유로 **부정하는 견해**가 대립한다. **판례는 상해부위를 촬영한 사진을 비진술증거로 보면서 이를 동의의 대상으로 보고 있다.**❶ 생각건대 물건을 대상으로 규정한 명문에 비추어 **긍정설**이 타당하다.

(4) 반대증거

피고인이 제출한 유죄증거에 대한 반대증거가 증거동의의 대상이 되는지에 대해서 판례는 동의의 대상이 되지 않는다고 본다.

⚖ 판례

유죄의 자료가 되는 것으로 제출된 증거의 반대증거 서류에 대하여는 그것이 유죄사실을 인정하는 증거가 되는 것이 아닌 이상 반드시 그 진정성립이 증명되지 아니하거나 이를 증거로 함에 있어서의 상대방의 동의가 없다고 하더라도 증거판단의 자료로 할 수 있다(대판 1981.12.22. 80도1547).

---

❶ 대판 2007.7.26. 2007도3906

5. 증거동의의 시기와 방식

(1) 동의의 시기

증거능력 없는 증거는 증거조사의 대상 자체가 될 수 없기 때문에 원칙적으로 동의는 **증거조사 전**에 하여야 한다. 그러나 증거조사 후에 동의가 있는 때에도 하자가 치유되어 증거능력이 소급적으로 인정된다. 한편 동의는 공판기일 이외에 **공판기일준비 절차에서도** 가능하다.

(2) 동의의 방식

다수설은 증거동의가 중요한 소송행위임에 비추어 명시적 의사표시를 요한다고 한다. 판례는 참고인 진술조서나 전문진술에 대하여 "별 의견이 없다"고 진술하였다면 증거동의한 것으로 볼 수 있다고 하였으며❶, (14.모의) 검사가 제시한 모든 증거에 대하여 동의하는 이른바 포괄적 증거동의도 인정된다는 입장이다(대판 1983.3.8. 82도2873). (변시9회, 14.모의)

6. 증거동의의 의제

(1) 피고인의 불출석

1) 피고인의 출정 없이 증거조사를 할 수 있는 경우에 피고인이 출정하지 아니한 때에는 **증거동의가 있는 간주한다**. 단 대리인 또는 변호인이 출정한 때에는 예외로 한다(제318조 제2항). (변시5회 · 12회, 14.모의)

2) **피고인의 출정 없이 증거조사를 할 수 있는 경우**란 경미사건(제277조), 항소심에서의 2회 불출석(제365조), 약식명령에 대한 정식재판청구와 불출석(제458조 제2항에서 제365조 준용), 공시송달의 방법에 의한 소환을 피고인이 2회 불출석하여 소촉법이 적용되는 경우(소촉법 제23조) (변시9회) 등이 이에 해당한다.

> ⚖ **판례**
>
> 약식명령에 불복하여 정식재판을 청구한 피고인이 정식재판절차에서 2회 불출정하여 법원이 피고인의 출정 없이 증거조사를 하는 경우에 법 제318조 제2항에 따른 피고인의 증거동의가 간주된다 (대판 2010.7.15. 2007도5776). (변시1회, 13.모의)

🔍 궐석재판

1. 피고인궐석재판

1) 피고인의 출석은 공판개정요건

2) 예외 : 경미사건(제277조), 피고인이 퇴정하거나 퇴정명령을 받은 경우(제330조), 항소심에서의 2회 불출석(제365조), 약식명령에 대한 정식재판청구와 불출석(제458조 2항에서 제365조 준용)

3) 예외에 해당하는 경우 : 증거동의 간주(제318조 제2항)

   피고인의 출정 없이 증거조사 할 수 있는 경우에 피고인이 출정하지 아니한 때에는 증거동의 간주

---

❶ 대판 1983.9.27. 83도516

3) 피고인의 임의퇴정 또는 퇴정명령을 받은 경우

피고인의 출정 없이 증거조사를 할 수 있는 경우에 증거동의를 의제하도록 한 제318조 제2항이 피고인이 공판정에 출정한 후에 임의퇴정하거나 퇴정명령을 받은 경우에도 적용되는지 논의가 있다. 무단퇴정·퇴정명령을 불문하고 증거동의가 의제될 수 없다는 **소극설**과 무단퇴정, 퇴정명령을 불문하고 증거동의가 의제된다는 **적극설** 그리고 무단퇴정의 경우 증거동의를 의제하나, 퇴정명령의 경우 증거동의가 의제될 수 없다는 **절충설**이 대립한다. 판례는 **필요적 변호사건에서 피고인이 재판장의 허가 없이 퇴정하고 변호인마저 이에 동조하여 퇴정한 것은 피고인 측의 방어권남용 내지 변호권의 포기로서 피고인이나 변호인 없이 심리, 판결할 수 있으며 증거동의 의제가 가능하다**고 하였다(대판 1991.6.28. 91도865). (변시2회·9회) 생각건대, 무단퇴정 및 퇴정명령을 받은 경우에 증거동의를 의제하는 것은 피고인에 대한 지나친 제재이므로 **소극설**이 타당하다.

4) 간이공판절차에서의 특칙

간이공판절차의 결정이 있는 사건의 증거에 관하여는 검사·피고인·변호인의 이의가 있지 않는 한, 전문증거에 대하여 **증거동의가 있는 것으로 간주한다**(제318조의3). (변시5회·9회)

7. 동의의 효과

(1) 전문증거의 증거능력 인정

당사자가 동의 서류와 물건은 제312조 내지 제316조의 요건을 갖추지 않은 전문증거라도 법원이 **진정성을 인정되면** 증거능력이 부여된다. 진정성이란 성립의 진정을 의미하며 진정성의 조사는 자유로운 증명으로 인정하면 족하다.

(2) 동의의 효력이 미치는 범위

1) 인적 범위에 관하여 공동피고인인 경우라도 동의의 효력은 **동의한 피고인에게만** 미치고 다른 피고인에게 미치지 않는다.

2) 물적 범위에 관하여 원칙적으로 **동의의 대상으로 특정된 서류 또는 물건의 전체**에 미친다. 다만, 동의한 서류 또는 물건의 내용을 **나눌 수 있는 경우에는** 일부에 대한 동의도 가능하다.

3) 시간적 범위

동의의 효력은 공판절차의 갱신이 있거나, **심급이 변경되어도 소멸되지 않는다.**

8. 동의의 철회, 취소

(1) 증거동의의 철회 [20.모의]

증거동의는 원칙적으로 장래에 향하여 철회가 허용된다. 다만, 증거동의의 철회가 가능한 시기에 관하여, 중요한 절차형성행위라는 이유로 **증거조사실시 전까지**라는 견해, 절차의 안정과 소송경제의 관점을 고려하여 **증거조사완료 전까지**라는 견해, 실체진실 발견인 측면을 중시하여 **변론이 종결될 때까지**라는 견해의 대립이 있다. 다수설과 판례는 증거동의의 철회의 필요성과 절차의 안정성의 조화를 위하여 **증거조사완료 전까지** 가능하다고 보는데 타당하다.

> **🔥 판례**
>
> 형사소송법 제318조에 규정된 **증거동의의 의사표시는 증거조사가 완료되기 전까지 취소 또는 철회할 수 있으나, 일단 증거조사가 완료된 뒤에는 취소 또는 철회가 인정되지 아니하므로** 제1심에서 한 증거동의를 제2심에서 취소할 수 없고, 일단 증거조사가 종료된 후에 증거동의의 의사표시를 취소 또는 철회하더라도 취소 또는 철회 이전에 이미 취득한 증거능력이 상실되지 않는다(대판 1999.8.20. 99도2029). (변시12회, 14.모의)

(2) 증거동의의 취소

착오나 사기·강박을 이유로 증거동의를 취소할 수 있는지가 문제되는데, 실체적 진실발견을 위해 중대한 착오나 수사기관의 강박에 의한 경우에 한하여 **취소가 가능하는 견해가** 있지만, 형사소송절차의 형식적 확실성을 위해 **취소는 허용될 수 없다는 견해**가 타당하다.

> **제318조의2【증명력을 다투기 위한 증거】**
> ① 제312조부터 제316조까지의 규정에 따라 증거로 할 수 없는 서류나 진술이라도 공판준비 또는 공판기일에서의 피고인 또는 피고인이 아닌 자(공소제기 전에 피고인을 피의자로 조사하였거나 그 조사에 참여하였던 자를 포함한다)의 진술의 증명력을 다투기 위하여 증거로 할 수 있다.

1. 탄핵증거의 의의

탄핵증거란 피고인 또는 피고인 아닌 자의 **진술의 증명력을 다투기 위한 증거**를 말한다. 탄핵증거는 범죄사실을 인정하는 증거가 아니므로 **엄격한 증거능력을 요하지 않으며** 전문법칙에 의하여 증거능력이 없는 증거라도 진술의 증명력을 다투기 위한 탄핵증거로는 사용할 수 있다. 탄핵증거는 당사자의 반대신문권을 효과적으로 보장한다는 **유용성**이 인정되지만 한편으로는 증거능력 없는 증거가 탄핵증거의 이름으로 법정에 들어와 법관의 유죄심증형성에 영향을 미칠 우려가 있다는 점에서 **위험성**도 내포하고 있다.

2. 탄핵증거의 허용범위

탄핵증거로 사용할 수 있는 증거의 범위에 대하여 자기모순 진술에 한한다는 **한정설**, 자기모순의 진술이든 제3자의 진술이든 묻지 않고 모든 전문증거의 탄핵증거의 사용이 가능하다는 **비한정설**, 자기모순 진술 외에 증인의 신빙성에 관한 보조사실을 입증하기 위한 전문증거도 사용될 수 있다는 **절충설**, 피고인의 경우에는 모든 전문증거의 사용을 인정하고 검사의 경우에는 자기모순의 진술만 허용된다는 **이원설**의 대립이 있다. 생각건대 탄핵증거의 유용성과 위험성을 모두 고려한 **절충설**이 타당하다.

3. 탄핵증거의 자격

(1) 입증취지와의 관계

탄핵증거를 제출할 때에는 탄핵증거의 어느 부분에 의하여 진술의 어느 부분을 다투려고 하는지, 즉 **입증취지를 구체적으로 명시하여야 한다.** 그리고 탄핵증거는 진술의 증명력을 감쇄하기 위하여 인정되는 것이므로 범죄사실을 인정하는 증거로 허용할 수는 없다. (변시6회) 한편 탄핵증거는 범죄사실을 인정하는 증거가 아니므로 **엄격한 증거조사를 거칠 필요는 없으나** 법정에 **탄핵증거로서의 증거조사는 필요**하다(대판 2005.8.19. 2005도2617). (변시6회)

(2) 임의성 없는 진술

제309조는 임의성 없는 자백을 증거의 세계에서 완전히 배제하려는 취지라고 보아야 하므로 임의성 없는 자백은 탄핵증거로도 사용할 수 없다고 하여야 한다.

(3) 위법수집증거 [18.모의]

탄핵증거는 범죄사실을 인정하는 증거가 아닌 증명력과 관련된 증거이므로 위법수집증거도 탄핵증거로 사용할 수 있다는 **긍정설**과 위법수집증거는 절대적으로 증거능력이 없으므로 탄핵증거로도 사용할 수 없다는 **부정설**이 대립한다. 생각건대 위법수집증거도 탄핵증거로 사용할 수 있다고 하면 사실상 증거배제의 효과를 회피하게 되므로 **부정설**이 타당하다.

(4) 영상녹화물

피고인 또는 피고인 아닌 자의 진술장면을 영상녹화한 영상녹화물은 현행법상 증거능력이 없다. 이러한 증거능력이 없는 영상녹화물을 탄핵증거로 사용할 수 있는지에 대한 논의가 있다. 진술의 증명력을 다투기 위한 것이므로 제한할 근거가 없다는 이유로 **긍정하는 견해**와 '제318조의2 제1항에도 불구하고'라고 규정한 제2항의 의미는 '탄핵증거의 예외적 허용에도 불구하고'라는 의미를 갖는다고 보아 **부정하는 견해**의 대립이 있다. 생각건대, 영상녹화물을 탄핵증거로 사용하는 경우에는 법관에 심증형성에 영향을 미칠 우려가 크기 때문에 **부정하는 견해**가 타당하다. (변시4회·7회, 15.모의)

(5) 전문증거와 서류의 진정성립

1) 내용이 부인된 피의자신문조서의 탄핵증거 사용 가능여부 [14.모의]

탄핵증거로 사용될 수 있는 것은 증거능력이 인정되지 않는 **전문증거**이다. 문제는 내용이 부인된 증거능력이 없는 피의자신문조서를 탄핵증거로 사용할 수 있는지에 대하여 논의가 있다. 이에 대하여 제318조의2가 명문상 증거능력 없는 전문증거로서 탄핵증거가 된다는 **긍정설**과 제312조 제1항과 제3항의 입법취지상 탄핵증거로도 사용할 수 없다는 **부정설**이 대립한다. **판례**는 긍정설의 입장이다. 생각건대 현행법의 명문규정상 탄핵증거의 사용가능성을 부인할 이유가 없으므로 **긍정설**이 타당하다.

> **판례**
>
> **사법경찰리 작성의 피고인에 대한 피의자신문조서와 피고인이 작성한 자술서들은 모두 검사가 유**죄의 자료로 제출한 증거들로서 **피고인이 각 그 내용을 부인하는 이상 증거능력이 없으나** 그러한 증거라 하더라도 그것이 임의로 작성된 것이 아니라고 의심할 만한 사정이 없는 한 **피고인의 법정에서의 진술을 탄핵하기 위한 반대증거로 사용할 수 있다**(대판 1998.2.27. 97도1770). (변시6회·7회·10회·12회)

2) 서류의 진정성립서류

탄핵증거로 서류가 제출된 경우에 그 서류에 성립의 진정이 입증되어야 하는지에 대하여 견해가 대립하나, **판례는** 유죄의 자료가 되는 것으로 제출된 증거의 반대증거 서류에 대하여는 그것이 **유죄사실을 인정하는 증거가 되는 것이 아닌 이상 반드시 그 진정성립이 증명되지 아니하거나** 이를 증거로 함에 있어서의 상대방의 동의가 없다고 하더라도 증거판단의 자료로 할 수 있다고 하여 **성립의 진정을 요구하지 않는다는 불요설의 입장이다**(대판 1981.12.22. 80도1547). (변시7회) 생각건대 제318조의2가 '제312조부터 제316조까지의 규정에 따라 증거로 할 수 없는 서류나 진술'로 규정하고 있으므로 그 문언상 **불요설**이 타당하다.

(6) 증인의 증언이 있은 후에 작성된 증인에 대한 진술번복조서

증인의 증언 후에 수사기관이 증인을 법정 외에서 신문하여 법정진술을 번복하는 진술을 법정진술의 탄핵증거로 사용할 수 있는가에 대하여 **긍정설**과 **부정설**이 대립하나, 이는 공판중심주의 적법절차에 위배된 것이므로 **부정설**이 타당하다.

4. 탄핵의 대상

(1) 공판준비 또는 공판기일에 있은 진술의 증명력

탄핵의 대상은 **공판준비 또는 공판기일에서의 피고인 또는 피고인 아닌 자의 진술의 증명력**이다. 진술에는 진술자체 뿐만 아니라 진술을 기재한 서면이 포함된다.

(2) 피고인의 진술

피고인의 공판정에서의 진술을 증거능력 없는 공판정 외에서의 진술로 탄핵하는 것이 공판중심주의에 반한다는 점에서 피고인의 진술이 탄핵대상이 되는지에 대하여 논의가 있다. 판례는 피고인의 진술도 탄핵의 대상이 된다고 보고 있는데 현재로서는 현행법의 명문상 피고인의 진술도 탄핵의 대상으로 볼 수밖에 없다.

(3) 피고인 아닌 자의 진술

피고인 아닌 자란 원칙적으로 증인을 의미한다. 그리고 피고인 아닌 자의 진술에는 **공소제기 전 피고인을 피의자로 조사하였거나 그 조사에 참여한 자를 포함**한다.

5. 탄핵의 의미(증명력의 감쇄)

1) 탄핵증거는 진술의 증명력을 다투는 데 사용되어야 하며 제318조의2에서의 '**증명력을 다투기 위하여**'의 의미가 **증명력을 감쇄**시키는 것을 의미한다. 따라서 **처음부터 증명력을 지지·보강하는 경우에는 탄핵증거로 할 수 없다.**

2) 문제는 감쇄된 증명력을 회복시키기 위하여 탄핵증거를 사용할 수 있는지에 대하여 논의가 있다. 실질적으로 증명력을 보강하는 것이 된다는 이유로 **부정하는 견해**와 당사자간의 형평의 원칙을 이유로 **긍정하는 견해**의 대립이 있다. 생각건대, 처음부터 지지·보강하는 경우와는 달리 범죄사실을 전문증거에 의하여 입증하려는 경우가 아니므로 공평의 관점에서 허용하는 것이 타당하다.

제5절 자백의 보강법칙

> **헌법 제12조**
> ⑦ … 정식재판에 있어서 피고인의 자백이 그에게 불리한 유일한 증거일 때에는 이를 유죄의 증거로 삼거나 이를 이유로 처벌할 수 없다.
>
> **형사소송법 제310조【불이익한 자백의 증거능력】**
> 피고인의 자백이 그 피고인에게 불이익한 유일의 증거인 때에는 이를 유죄의 증거로 하지 못한다.

1. 자백의 보강법칙의 의의 및 취지

피고인이 임의로 한 증거능력과 신빙성이 있는 **자백에 의하여 법관이 유죄의 심증을 얻었다 하더라도 다른 보강증거가 없으면 유죄로 인정할 수 없다**는 원칙을 말한다. 자백의 보강법칙은 자백의 진실성을 담보하고 허위자백으로 인한 오판을 방지하고, 자백편중으로 인한 인권침해를 방지하려는데 그 취지가 있다.

2. 적용범위

자백보강법칙은 정식재판, 즉 통상의 형사절차에서만 적용되는 것이 아니라 **약식명령절차, 간이공판절차**에서도 자백보강법칙이 적용된다. 그러나 **즉결심판과 소년보호사건**에는 자백의 보강법칙이 **적용되지 않는다.** (변시2회)

3. 보강을 필요로 하는 자백

(1) 피고인의 자백

1) 보강법칙은 피고인의 자백에 대하여 적용된다. 피고인의 자백이란 반드시 피고인의 지위에서 한 것에 한하지 않는다. 따라서 피의자의 지위에서 한 자백이나 참고인 또는 증인으로서 한 자백도 그가 후에 피고인이 되었을 때에는 피고인의 자백이 된다.
2) 자백의 상대방 및 형식도 문제되지 않으므로 수사기관 이외에 사인에 대하여 한 자백도 포함되고, 구두뿐만 아니라 서면에 기재된 진술서나 일기장·수첩·비망록에 기재된 자백도 피고인의 자백에 포함된다.
3) 자백보강법칙은 증거능력 있는 자백을 전제로 하며, 자백의 신용성도 인정되어야 한다.
4) 영미법에서는 기소사실인부제도에 의하여 공판정에서의 자백에 대하여 보강증거를 요하지 않지만, 기소사실인부제도를 채택하지 않은 우리 법제에서는 허위자백으로 인한 오판의 위험은 공판정 자백에도 여전히 존재하므로 **공판정에서의 자백에도 자백보강법칙이 적용**된다. (15.모의)

(2) 공범자의 자백 [변시4회, 모의빈출]

피고인의 공범자의 자백이 피고인의 공소사실에 관한 유일한 증거인 경우 공범자의 자백만으로 피고인에게 유죄를 인정할 수 있는지 아니면 공범자의 자백에도 보강증거가 있어야 하는지에 대하여 논의가 있다. 판례는 **보강증거불요설**의 입장이다.

형사소송법 제310조의 피고인의 자백에는 공범인 공동피고인의 진술은 포함되지 않으며, 이러한 공동피고인의 진술에 대하여는 피고인의 반대신문권이 보장되어 있어 독립한 증거능력이 있다(대판 1992.7.28. 92도917). (변시빈출)

4. 보강증거의 자격

(1) 증거능력 있는 증거

보강증거는 증거능력 있는 증거일 것을 요한다. 따라서 자백배제법칙이나 위법수집증거배제법칙에 의하여 증거능력이 없는 증거는 보강증거가 될 수 없다. 또한 전문증거도 전문법칙의 예외에 해당하지 않는 한 보강증거가 될 수 없다. (변시1회·2회)

(2) 독립증거 [변시4회, 모의빈출]

보강증거는 자백과는 독립한 별개의 증거이어야 한다. 따라서 자백 내용을 서면화했거나 피고인의 자백을 들은 자의 진술, 피고인의 범행장면 재연 등도 자백일 뿐이므로 자백에 대한 보강증거가 될 수 없다.

1 피고인이 뇌물공여 혐의를 받기 전에 이와는 관계없이 준설공사에 필요한 각종 인·허가 등의 **업무를 위임받아 이를 추진하는 과정에서** 그 업무수행에 필요한 자금을 지출하면서, 스스로 그 지출한 자금내역을 자료로 남겨두기 위하여 뇌물자금과 기타 자금을 구별하지 아니하고 그 지출 일시, 금액, 상대방 등 내역을 **그때그때 계속적, 기계적으로 기입한 수첩의 기재 내용**은, 피고인이 자신의 범죄사실을 시인하는 **자백이라고 볼 수 없으므로**, 증거능력이 있는 한 피고인의 금전출납을 증명할 수 있는 별개의 증거라고 할 것인즉, **피고인의 검찰에서의 자백에 대한 보강증거가 될 수 있다**(대판 1996.10.17. 94도2864 전합). (변시1회·8회, 14.모의)

2 피고인이 甲과 합동하여 A의 재물을 절취하려다가 미수에 그쳤다는 내용의 공소사실을 자백한 사안에서, **피고인을 현행범으로 체포한 A의 진술과 현장사진이 첨부된 수사보고서가 피고인 자백의 진실성을 담보하기에 충분한 보강증거가 된다**(대판 2011.9.29. 2011도8015).

3 피고인이 지하철역 에스컬레이터에서 휴대전화기의 카메라를 이용하여 성명불상 여성 피해자의 치마 속을 몰래 촬영하다가 현행범으로 체포되어 성폭력범죄의 처벌 등에 관한 특례법 위반(카메라등이용촬영)으로 기소된 사안에서, 피고인은 공소사실에 대해 자백하고 검사가 제출한 모든 서류에 대하여 증거로 함에 동의하였는데, 그 서류들 중 체포 당시 임의제출 방식으로 압수된 피고인 소유 휴대전화기(이하 '휴대전화기'라고 한다)에 대한 압수조서의 '압수경위'란에 '지하철역 승강장 및 게이트 앞에서 경찰관이 지하철범죄 예방·검거를 위한 비노출 잠복근무 중 검정 재킷, 검정 바지, 흰색 운동화를 착용한 20대가량 남성이 짧은 치마를 입고 에스컬레이터를 올라가는 여성을 쫓아가 뒤에 밀착하여 치마 속으로 휴대폰을 집어넣는 등 해당 여성의 신체를 몰래 촬영하는 행동을 하였다'는 내용이 포함되어 있고, 그 하단에 피고인의 범행을 직접 목격하면서 위 압수조서를 작성한 사법경찰관 및 사법경찰리의 각 기명날인이 들어가 있으므로, 위 압수조서 중 '압수경위'란에 기재된 내용은 피고인이 범행을 저지르는 현장을 직접 목격한 사람의 진술이 담긴 것으로서 형사소송법 제312조 제5항에서 정한 '피고인이 아닌 자가 수사과정에서 작성한 진술서'에 준하는 것으로 볼 수 있고, 이에 따라 휴대전화기에 대한 임의제출절차가 적법하였는지에 영향을 받지 않는 별개의 독립적인 증거에 해당하여, 피고인이 증거로 함에

동의한 이상 유죄를 인정하기 위한 증거로 사용할 수 있을 뿐 아니라 피고인의 자백을 보강하는 증거가 된다고 볼 여지가 많다는 이유로, 이와 달리 피고인의 자백을 뒷받침할 보강증거가 없다고 보아 무죄를 선고한 원심판결에 자백의 보강증거 등에 관한 법리를 오해하거나 필요한 심리를 다하지 아니한 잘못이 있다고 한 사례(대판 2019.11.14. 2019도13290).

4 [1] 피고인은 2017. 9. 1. 20:30경 서울 은평구(주소 생략)에 있는 지하철 ○○○역 계단에서 성명을 알 수 없는 피해자(여, 나이불상)가 짧은 청바지를 입고 올라가고 있는 것을 발견하고 피고인이 소지하고 있던 카메라 기능을 갖춘 휴대폰의 동영상 촬영 버튼을 누른 후 피해자의 허벅지와 엉덩이 부분을 몰래 촬영한 것을 비롯하여 그 무렵부터 2018. 5. 25. 18:53경까지 원심 판시 별지 범죄일람표 기재와 같이 총 26회에 걸쳐 피해자들의 엉덩이 등을 몰래 촬영하였다.

[2] 임의제출된 이 사건 휴대전화에서 탐색된 전자정보를 복제한 시디 및 출력한 사진(검사는 이를 증거로 제출하였다)은 경찰이 피압수자인 피고인에게 참여의 기회를 부여하지 않은 상태에서 임의로탐색·복제·출력한 전자정보로서, 피고인에게 압수한 전자정보 목록을 교부했다거나 피고인이 그 과정에 참여하지 않을 의사였다고 보기 어려우므로, 이는 위법하게 수집된 증거로서 증거능력이 없다.

[3] 이 사건 휴대전화에 대한 임의제출서, 압수조서, 압수목록, 압수품 사진, 압수물 소유권 포기 여부 확인서는 경찰이 피고인의 이 부분 범행 직후 범행 현장에서 피고인으로부터 위 휴대전화를 임의제출 받아 압수하였다는 내용으로서 이 사건 휴대전화에 저장된 전자정보의 증거능력 여부에 영향을 받지 않는 별개의 독립적인 증거에 해당하므로, 피고인이 증거로 함에 동의한 이상 유죄를 인정하기 위한 증거로 사용할 수 있고, 이 부분 공소사실에 대한 피고인의 자백을 보강하는 증거가 된다고 볼 여지가 많다(대판 2022.11.17. 2019도11967).

🐾 참고 판례

피고인이 범행을 자인하는 것을 들었다는 피고인 아닌 자의 진술내용은 형사소송법 제310조의 피고인의 자백에는 포함되지 아니하나 이는 피고인의 자백의 보강증거로 될 수 없다(대판 1981.7.7. 81도1314). (변시2회·4회·11회·12회)

---

(3) 정황증거

자백에 대한 보강증거는 직접 범죄사실을 증명하는 직접증거뿐만 아니라 **정황증거나 간접증거도 보강증거가 될 수 있다**(대판 2006.1.27. 2005도8704). (변시2회·8회, 14.모의, 15.모의)

🐾 판례

1 피고인이 위조신분증을 제시행사한 사실을 자백하고 있고, **위조신분증을 제시행사한 신분증이 현존**한다면 그 자백이 임의성이 없는 것이 아닌 한 위 신분증은 피고인의 위 자백사실의 진실성을 인정할 간접증거가 된다고 보아야 한다(대판 1983.2.22. 82도3107). (12.모의)

2 가정불화로 유아를 살해했다는 공소사실에 대하여 **낙태를 시키려 한 정황적 사실**은 보강증거가 될 수 있다(대판 1960.3.18. 4292형상880).

3 뇌물공여의 상대방인 공무원이 뇌물을 수수한 사실을 부인하면서도 그 일시경에 **뇌물공여자를 만났던 사실 및 공무에 관한 청탁을 받기도 한 사실**자체는 시인하였다면, 이는 뇌물을 공여하였다는 뇌물공여자의 자백에 대한 보강증거가 될 수 있다(대판 1995.6.30. 94도993). (변시3회)

4 기소된 대마 흡연일자로부터 한 달 후 피고인의 주거지에서 압수된 대마 잎이 피고인의 자백에 대한 보강증거가 된다고 본 사례(대판 2007.9.20. 2007도5845) (변시11회)

5 2010. 2. 18. 01:35경 자동차를 타고 온 **피고인으로부터 필로폰을 건네받은 후 피고인이 위 차량을 운전해 갔다**고 한 甲의 진술과 2010. 2. 20. 피고인으로부터 채취한 소변에서 나온 **필로폰 양성 반응**은, 피고인이 2010. 2. 18. 02:00경의 **필로폰 투약**으로 정상적으로 운전하지 못할 우려가 있는 상태에 있었다는 공소사실 부분에 대한 자백을 보강하는 증거가 되기에 충분하다(대판 2010.12.23. 2010도11272). (변시7회)

6 피고인은 수사기관에서 이 사건 공소사실을 자백하면서 **제1심판결의 범죄일람표 기재 일자별 횡령행위와 횡령 금액, 피고인이 공소외인 명의로 이 사건 부동산을 매수하면서 부족한 매수자금을 마련하기 위해 이 사건 횡령 범행을 저질렀다는 횡령의 경위와 동기, 횡령 금액의 사용처 등에 관하여 매우 구체적으로 진술**하였다. 피고인이 제1심 법정과 원심 법정에서도 일관되게 이 사건 공소사실을 자백한 사정에 비추어 그 자백의 임의성을 의심할 만한 사정이 없다. 나아가 원심이 적법하게 증거로 채택한 '부동산등기부등본', '수사보고(압수수색검증영장 집행 결과 보고)', 횡령 및 반환 일시 거래내역', '수사보고(공소외인 계좌 영장집행 결과 보고), 계좌거래내역', '사실확인서'(증거목록 9번)는 피고인의 자백이 진실함을 뒷받침하기에 충분하다고 판단된다(대판 2017.12.28. 2017도17628).

🔨 참고 판례

[1] **필로폰 시가보고**는 몰수 및 추징 구형시 참고자료로 삼기 위해 필로폰의 도·소매가격을 파악한 것에 불과하여 피고인의 자백에 대한 보강증거로 삼을 수 없다.
[2] **실체적 경합범은 실질적으로 수죄이므로 각 범죄사실에 관하여 자백에 대한 보강증거가 있어야 하는바**, 제1심이 유죄의 증거로 삼지 않은 증거 중 '피고인이 공소외 2로부터 **필로폰을 매수하면서 그 대금을 공소외 2가 지정하는 은행계좌로 송금한 사실**'에 대한 압수·수색·검증영장 집행보고는 필로폰 매수행위에 대한 보강증거는 될 수 있어도 그와 실체적 경합범 관계에 있는 **필로폰 투약행위에 대한 보강증거는 될 수 없다**(대판 2008.2.14. 2007도10937). (14.모의)

(4) 공범자의 자백

공범자의 자백이 보강증거가 되느냐는 보강을 요하는 자백에 공범자의 자백이 포함되느냐와 관련 있는 문제이다. 판례는 형사소송법 제310조 소정의 **피고인의 자백**에 공범인 공동피고인의 진술은 포함되지 아니하므로 공범인 공동피고인의 진술은 다른 공동피고인에 대한 범죄사실을 인정하는 증거로 할 수 있는 것일 뿐만 아니라 **공범인 공동피고인들의 각 진술은 상호간에 서로 보강증거가 될 수 있다.❶** (변시2회, 14.모의) 생각건대 공범자의 자백은 피고인에 대한 관계에서는 증언에 불과하므로 당연히 보강증거가 될 수 있다.

PLUS+ **공범자의 자백에 보강법칙이 적용되는지 여부/ 공범자의 자백으로 보강이 가능한지 여부**

甲과 乙은 합동하여 23:00경 관악산 공원에서 A녀를 강간한 혐의로 공소가 제기되어 병합심리를 받고 있다. 법정에서 甲은 강간 공모 범행을 부인하고 乙은 합동으로 강간한 범죄혐의를 자백하였다. 甲, 乙의 진술 외에 다른 증거가 없는 경우로 가정한다.

문1. 乙의 자백만으로 甲을 유죄로 할 수 있는가?

문2. 만약 甲과 乙이 범행일체를 자백하고 있다면, 법원은 甲과 乙에 대하여 유죄판결을 할 수 있는가?

---

❶ 대판 1997.1.21. 90도1939

문 1)

1. 논점

제310조의 피고인의 자백에 공범자의 자백이 포함되어 공범자의 자백이 있는 경우에도 보강증거가 있어야 유죄로 인정할 수 있는지에 대하여 견해가 대립하고 있다.

2. 견해의 대립

보강증거불요설에 의하면 자백한 공범자는 무죄가 되고 부인한 공범자는 유죄로 되는 불합리한 결과를 초래하므로 보강증거가 필요하다고 보는 **보강증거 필요설**, 공범자의 자백은 다른 피고인에 대한 관계에서는 증언에 지나지 아니하므로 보강증거를 요하지 않는다는 **보강증거 불요설**이 대립한다.

3. 판례의 태도

형사소송법 제310조 소정의 **피고인의 자백에 공범인 공동피고인의 진술은 포함되지 아니하므로** 공범인 공동피고인의 진술은 다른 공동피고인에 대한 범죄사실을 인정하는 증거로 할 수 있는 것일 뿐만 아니라 공범인 공동피고인들의 각 진술은 상호간에 서로 보강증거가 될 수 있다는 **보강증거 불요설**의 입장이다(대판 1997.1.21. 90도1939).

4. 검토 및 해결

보강법칙은 자유심증주의의 예외로서 엄격히 해석해야 하고, 자백한 공범자가 무죄가 되는 것은 보강법칙의 결과이고, 부인한 공범자가 유죄가 되는 것은 법관의 자유로운 증거평가의 결과에 따른 것이므로 불합리한 것이 아니라는 점에서 **보강증거 불요설**이 타당하다. 따라서 乙의 자백에 별도의 보강증거를 요하지 아니하므로 乙의 자백만으로 甲을 유죄로 할 수 있다.

문 2)

1. 논점

피고인의 자백이 있는 경우에 공범자의 자백을 보강증거로 하여 유죄를 인정할 수 있는지 문제되는데, 이는 공범자의 자백에 보강법칙이 적용되는지와 관련된다.

2. 견해의 대립

보강증거 불요설의 입장에서 당연히 보강증거가 될 수 있다고 하는 견해와 보강증거 필요설을 관철하여 공범자의 자백은 보강증거가 될 수 없다는 견해가 대립한다.

3. 판례의 태도

형사소송법 제310조 소정의 "피고인의 자백"에 공범인 공동피고인의 진술은 포함되지 아니하므로 공범인 공동피고인의 진술은 다른 공동피고인에 대한 범죄사실을 인정하는 증거로 할 수 있는 것일 뿐만 아니라 공범인 공동피고인들의 각 진술은 상호간에 서로 보강증거가 될 수 있다고 판시한 바 있다(대판 1997.1.21. 90도1939).

4. 검토 및 해결

생각건대 공범자의 자백은 피고인에 대한 관계에서는 증언에 불과하므로 당연히 보강증거가 될 수 있다. 따라서 공범자의 자백은 상호간 보강증거가 될 수 있으므로 甲과 乙의 자백은 乙과 甲에 대하여 상호 보강증거가 되어 법원은 甲, 乙에 대하여 각각 유죄 판결을 선고할 수 있다.

5. 보강증거의 범위

자백한 범죄사실의 전부에 대해서 보강증거를 요하는 것은 사실상 불가능하기 때문에 보강증거가 어느 범위까지 자백을 보강해야 하는지에 대하여 ① 자백의 진실성을 담보할 수 있는 정도이면 족하다고 보는 **진실성담보설**과 ② 자백한 사실의 죄체의 전부 또는 중요부분에 대한 보강증거가 필요하다는 **죄체설**이 대립하는데 다수설과 판례는 **진실성담보설**의 입장이다. 생각건대 보강법칙의 근거는 자백의 진실성을 담보하여 오판의 위험을 방지하는데 있으므로 보강증거는 자백의 진실성을 담보하는 것으로 족하다는 **진실성담보설**이 타당하다.

판례

1 자백에 대한 보강증거는 범죄사실의 전부 또는 중요부분을 인정할 수 있는 정도가 되지 아니하더라도 피고인의 **자백이 가공적인 것이 아닌 진실한 것임을 인정할 수 있는 정도만 되면 족한 것**으로서, 자백과 서로 어울려서 전체로서 범죄사실을 인정할 수 있으면 유죄의 증거로 충분하고, 나아가 사람의 기억에는 한계가 있는 만큼 **자백과 보강증거 사이에 어느 정도의 차이가 있어도 중요부분이 일치하고 그로써 진실성이 담보되면 보강증거로서의 자격이 있다**(대판 2008.5.29. 2008도2343). (변시2회, 14.모의, 15.모의)

2 피고인이 자신이 거주하던 다세대주택의 여러 세대에서 7건의 절도행위를 한 것으로 기소되었는데 그 중 4건은 범행장소인 구체적 호수가 특정되지 않은 사안에서, 위 4건에 관한 피고인의 범행 관련 진술이 매우 사실적·구체적·합리적이고 진술의 신빙성을 의심할 만한 사유도 없어 자백의 진실성이 인정되므로, 피고인의 집에서 해당 피해품을 압수한 **압수조서와 압수물 사진은** 위 자백에 대한 보강증거가 된다(대판 2008.5.29. 2008도2343). (변시11회)

3 피고인이 甲과 합동하여 A의 재물을 절취하려다가 미수에 그쳤다는 내용의 공소사실을 자백한 사안에서, 집에서 잠을 자고 있던 중 집 앞에 있는 컨테이너 박스 쪽에서 쿵쿵하는 소리가 들려 그쪽에 가서 노루발못뽑이로 컨테이너 박스 출입문의 시정장치를 부수는 **피고인을 현행범으로 체포한 A의 수사기관에서의 진술과 현장사진이 첨부된 수사보고서가 피고인 자백의 진실성을 담보하기에 충분한 보강증거가** 되는데도, 이와 달리 본 원심판결에 법리오해의 위법이 있다(대판 2011.9.29. 2011도8015). (변시5회, 13.모의)

4 피고인이 마약류취급자가 아님에도 향정신성의약품인 러미라를 3회에 걸쳐 甲에게 제공하고, 2회에 걸쳐 스스로 투약하였다고 하여 마약류 관리에 관한 법률 위반(향정)으로 기소된 사안에서, 피고인은 동종 범죄전력이 4회 더 있어 공소사실을 자백하면 더 불리한 처벌을 받으리라는 사정을 알고 있었음에도, 수사기관에서 '乙로부터 러미라 약 1,000정을 건네받아 그중 일부는 甲에게 제공하고, 남은 것은 자신이 투약하였다'고 자백하면서 투약방법과 동기 등에 관하여 구체적으로 진술한 이래 원심에 이르기까지 일관되게 진술을 유지하여 자백의 임의성이 인정되고, 乙에 대한 검찰 진술조서 및 수사보고(피의자 휴대전화에서 복원된 메시지 관련)의 기재 내용에 의하면, 乙은 피고인의 최초 러미라 투약행위가 있었던 시점에 피고인에게 50만 원 상당의 채무변제에 갈음하여 러미라 약 1,000정이 들어있는 플라스틱통 1개를 건네주었다고 하고 있고, 甲은 乙에게 피고인으로부터 러미라를 건네받았다는 취지의 카카오톡 메시지를 보낸 사실을 알 수 있어, 이러한 乙에 대한 검찰 진술조서 및 수사보고는 피고인이 乙로부터 수수한 러미라를 **투약하고 甲에게 제공하였다는 자백의 진실성을 담보하기에 충분하다**는 이유로, 이와 달리 보아 공소사실을 무죄로 판단한 원심판결에 자백의 보강증거에 관한 법리오해 또는 심리미진의 위법이 있다고 한 사례(대판 2018.3.15. 2017도20247). (18.모의)

6. 보강증거의 요부

(1) 범죄성립 요소

자백한 **범죄의 객관적 요소**에 대해서 보강증거가 필요하나, 고의나 목적과 같은 **범죄의 주관적 요소에 대해서는 보강증거가 필요 없고** 자백만으로도 이를 인정할 수 있다.

(2) 범죄구성요건사실 이외의 사실

처벌조건에 관한 사실이나 **전과, 확정판결의 존부** 등은 범죄사실이 아니므로 자백만으로 인정할 수 있고 보강증거를 요하지 않는다(대판 1981.6.9. 81도1353 등). (변시7회)

(3) 죄수와 보강증거

1) 경합범은 실질적으로 수죄이므로 개별 범죄에 대하여 각각 보강증거가 필요하다(대판 2008.2.14. 2007도10937). (변시7회, 14.모의)

2) 상상적 경합은 소송법상으로는 일죄이나 실체법상 수죄이므로 각 범죄에 대하여 보강증거가 필요하다. (변시7회)

3) 포괄일죄는 견해대립 있지만, 판례는 포괄일죄의 유형 중 하나인 상습범에 대하여 개별 행위별로 보강증거가 필요하다는 입장이다(대판 1996.2.13. 95도1794). (변시7회)

제6절 공판조서의 증명력

> **제56조 【공판조서의 증명력】**
> 공판기일의 소송절차로서 공판조서에 기재된 것은 그 조서만으로써 증명한다.

1. 의의

공판기일의 소송절차로서 공판조서에 기재된 것은 그 조서만으로서 증명한다(제56조). 공판조서만으로 증명한다는 것은 다른 증거를 참작하거나 **반증을 허용하지 않고 공판조서에 기재된 대로 인정**한다는 의미이다. 이를 배타적 증명력이라고 한다. (14.모의) 법관은 공판기일의 소송절차에 관한 것은 심증 여하를 불구하고 공판조서에 기재된 대로 인정해야 하므로 **자유심증주의의 예외**가 된다.

2. 공판조서의 정확성 보장

공판조서의 배타적 증명력은 공판조서의 기재의 정확성이 보장될 것을 전제로 한다. 이에 공판조서 기재의 정확성을 담보하기 위하여 재판장과 참여한 법원사무관 등이 **기명날인 또는 서명**하도록 되어 있다(제53조 제1항). 따라서 당해 공판기일에 열석하지 아니한 판사가 재판장으로서 서명날인한 공판조서는 소송법상 무효이므로 그 공판조서의 증명력도 인정되지 않는다(대판 1983.2.8. 82도2940).

3. 배타적 증명력이 인정되는 범위

(1) 공판기일의 소송절차

1) 공판기일의 절차

공판조서의 배타적 증명력은 **공판기일**의 절차에 한하므로 소송절차라 할지라도 **공판기일 외의 증인신문·검증** 등에 대하여는 배타적 증명력이 인정되지 않는다. (14.모의)

2) 소송절차

공판기일의 절차라 하더라도 소송절차에 대하여만 배타적 증명력이 인정된다. 따라서 **피고인의 출석 여부, 변호인의 출석 여부, 진술거부권의 고지, 증거조사결과에 대한 의견진술 및 최종의견 진술기회 부여, 증거목록에 기재된 증거에 대한 동의 또는 진정성립 여부** 등에 관한 피고인의 의견에 대하여 증명력이 미치나, 피고인 및 증인의 **진술내용과 같은 실체 면에 관해서는 배타적 증명력이 인정되지 아니하므로** 다른 증거에 의하여 다툴 수 있다. (14.모의)

1 공판조서의 기재가 명백한 오기인 경우를 제외하고는 공판기일의 소송절차로서 공판조서에 기재된 것은 조서만으로써 증명하여야 하고 그 증명력은 공판조서 이외의 자료에 의한 반증이 허용되지 아니하는 절대적인 것이므로, 검사가 제출한 증거에 관하여 동의 또는 진정성립 여부 등에 관한 피고인의 의견이 증거목록에 기재된 경우에는 그 증거목록의 기재는 공판조서의 일부로서 명백한 오기가 아닌 이상 절대적인 증명력을 가지게 된다(대판 2012.6.14. 2011도12571). (변시8회)

2 공판조서의 기재가 명백한 오기인 경우를 제외하고는 공판기일의 소송절차로서 공판조서에 기재된 것은 조서만으로 증명하여야 하고, 그 증명력은 공판조서 이외의 자료에 의한 반증이 허용되지 않는 절대적인 것이다. 기록에 의하면, 원심 제4회 공판기일에 피고인과 변호인에게 변경된 공소장에 대한 진술의 기회와 증거 제출의 기회가 부여되었고, 피고인의 변호인의 최종변론과 피고인의 최후진술이 있은 후 변론이 종결된 것으로 공판조서에 기재되어 있음을 알 수 있다. 그 기재가 명백한 오기라고 볼 만한 자료가 없으므로, 공판조서의 기재 내용을 다투는 상고이유는 받아들이지 않는다(대판 2017.6.8. 2017도5122).

(2) 공판조서에 기재된 소송절차

1) 여기서의 **공판조서**란 **당해 사건의 공판조서**를 의미하므로 다른 사건의 공판조서는 배타적 증명력이 인정되지 않는다(다른 사건의 공판조서는 제315조 제3호에 따라 당연히 증거능력이 인정될 뿐이다).

2) 공판조서의 **기재**는 명확함을 요하므로, 그 기재가 불명확하거나 모순이 있는 경우에는 배타적 증명력이 인정되지 않는다. **명백한 오기인 경우**라면 그 **올바른 내용에 따라 증명력이 인정**된다.

1 **[사실관계]** 제1심은 제3회 공판기일에 甲이 발행한 부도수표의 공소장 별지 기재 8, 9, 12가 회수되었음을 확인하였으나 공판조서상 "판사, 공소장 별지 기재 8 내지 12 부도수표가 회수되었음을 고지"는 기재되었다. 그러나 실제 회수된 수표는 공소장 별지 기재 수표 중 8, 9, 12 세 장이었으며, 10, 11, 수표는 아직 미회수 상태였다. 제1심은 제4회 기일에 미회수 수표부분에 대하여 판단하면서 10, 11 수표들에 대한 범죄사실을 포함하여 甲에게 유죄 판결을 선고하였다. 이후 甲이 항소하여 10, 11의 부도수표에 대하여도 공소기각결정을 받자 검사가 공판조서의 증명력에 관한 법리 오해의 위법을 이유로 상고하였다.
[판단] 형사소송법 제56조는 '공판기일의 소송절차로서 공판조서에 기재된 것은 그 조서만으로써 증명한다'고 규정하고 있으므로 소송절차에 관한 사실은 공판조서에 기재된 대로 공판절차가 진행된 것으로 증명되고 다른 자료에 의한 반증은 허용되지 아니하나, 공판조서의 기재가 **소송기록상 명백한 오기인 경우에는 공판조서는 그 올바른 내용에 따라 증명력을 가진다**(대판 1995.4.14. 95도110).

2 동일한 사항에 관하여 두 개의 서로 다른 내용이 기재된 공판조서가 병존하는 경우 양자는 동일한 증명력을 가지는 것으로서 그 증명력에 우열이 있을 수 없다고 보아야 할 것이므로 그 중 **어느 쪽이 진실한 것으로 볼 것인지는 공판조서의 증명력을 판단하는 문제로서 법관의 자유로운 심증에 따를 수밖에 없다**(대판 1988.11.8. 86도1646).

3) 공판조서의 배타적 증명력은 공판조서에 기재된 **소송절차**에 대하여만 인정된다. 그러나 공판조서에 기재되지 않았다고 하여 그 소송절차의 **부존재가 추정되는 것은 아니다.** 공판조서 이외의 자료에 의한 증명이 허용된다.

4. 배타적 증명력이 있는 공판조서

(1) 유효한 공판조서의 존재

공판조서의 배타적 증명력은 유효한 공판조서의 존재를 전제로 한다. 공판조서가 처음부터 작성되지 않은 경우나 중대한 방식위반으로 **무효인 경우에는 배타적 증명력이 인정되지 않는다.**

(2) 공판조서의 멸실·무효

공판조서가 멸실되었거나 무효인 경우에 다른 자료에 의한 증명이 허용될 것인지 여부에 대해 **긍정설**과 **부정설**이 대립한다. 생각건대 공판조서의 증명력은 유효한 공판조서의 존재를 전제로 하는 것이므로 그 공판조서의 증명력은 없다고 할 것이어서 다른 자료에 의한 증명이 가능하다고 보는 긍정설이 타당하다.

제3장 | 재판

제1절 재판의 의의와 종류

1. 재판의 의의

협의의 재판은 피고사건의 실체에 대한 유죄와 무죄의 실체적 종국재판을 말한다. 이에 대해 **광의의 재판**은 널리 법원 또는 법관의 법률행위적 소송행위를 총칭하는 것으로 형사소송법상의 재판의 일반적 의미이다.

2. 재판의 종류

(1) 재판의 기능에 의한 분류

1) 종국재판

종국재판이란 소송을 그 심급에서 종결시키는 재판을 말하며, 유죄·무죄·관할위반·공소기각·면소의 재판이 여기에 해당 한다. 종국재판에 대해서는 원칙적으로 상소가 허용된다.

2) 종국 전 재판

종국 전 재판이란 종국재판에 이르기까지의 절차에 관한 재판(중간재판)을 말하며, 종국재판 이외의 결정·명령 예를 들면 보석허가결정, 공소장변경허가결정 등이 이에 해당하며 종국 전 재판 중 법원의 관할 또는 판결 전의 소송절차에 관한 결정에 대해서는 원칙적으로 상소가 허용되지 않는다(제403조 제1항). 다만 구금, 보석, 압수나 환부, 감정유치결정은 상소가 허용된다(제403조 제2항).

(2) 재판의 형식에 의한 분류

1) 판결

판결은 수소법원에 의한 **종국재판의 원칙적 형식**이다. 실체재판인 유·무죄 판결과 형식재판 중 관할위반·공소기각·면소판결이 그 예에 해당한다. 판결에 대한 불복 방법은 항소와 상고이다.

2) 결정

수소법원에 의한 종국 전 재판의 원칙적 형식이다. 결정에 대한 불복은 항고에 의할 수 있지만, 보석허가결정, 증거신청에 대한 결정, 공소장변경허가결정 등도 종국 전 재판(결정)이지만 판결 전 소송절차에 관한 결정으로서 항고하지 못한다(제403조 제1항).

3) 명령

법원이 아니라 재판장·수명법관·수탁 판사로서 법관이 하는 재판을 말한다. 재판장의 공판기일 지정, 퇴정명령 등이 이에 해당한다. 명령에 대한 불복방법으로 일반적인 상소의 방법은 허용되지 않고 이의신청 또는 준항고로 불복할 뿐이다.

(3) 재판의 내용에 의한 분류

1) 형식재판

형식재판이란 사건의 실체와 관하여 심리하지 않고 절차적·형식적 법률관계를 판단하는 재판을 의미한다. 종국 전 재판은 모두 형식재판이며, 종국재판 중에는 관할위반·공소기각·면소의 재판이 형식재판에 해당한다.

2) 실체재판

사건의 실체에 대한 유죄와 무죄를 판단하는 재판을 말하며 실체재판은 모두 종국재판이며 판결의 형식에 의하므로 판결 확정시 기판력이 발생한다.

I 유죄판결

1. 의의

피고사건에 대하여 범죄의 증명이 있는 때에 선고하는 재판을 말한다. **형의 선고 판결**뿐만 아니라 **형의 면제 판결, 형의 선고유예**의 판결이 유죄판결의 일종이다.

2. 유죄판결에 명시할 이유

(1) 의의

형의 선고를 하는 때에는 판결이유에 **범죄될 사실, 증거의 요지와 법력의 적용을 명시**하여야 하고, **법률상 범죄의 성립을 조각하는 이유 또는 형의 가중·감면의 이유되는 사실의 주장**이 있는 때에는 이에 대한 판단을 명시하여야 한다(제323조). 이는 유죄판결이 피고인의 형사책임을 확정하는 판결이므로 충분한 이유 설명을 필요로 하기 때문이다.

> **판례**
>
> 형사소송법 제323조 제1항에 따르면, 유죄판결의 판결이유에는 범죄사실, 증거의 요지와 법령의 적용을 명시하여야 하는바, 유죄판결을 선고하면서 판결이유에 이 중 어느 하나를 전부 누락한 경우에는 형사소송법 제383조 제1호에 정한 판결에 영향을 미친 법률위반으로서 파기사유가 된다(대판 2012.6.28. 2012도4701).

(2) 범죄될 사실

범죄될 사실이란 특정한 구성요건에 해당하는 위법하고 유책한 구체적 사실을 말한다. 구성요건해당사실, 처벌조건, 가중·감면사유가 이에 속한다.

(3) 증거의 요지

증거의 요지란 범죄될 사실을 인정하는 자료가 된 증거의 요지를 의미한다. 이 때 증거의 요지의 표시는 **어느 증거의 어느 부분에 의하여 범죄사실을 인정하였냐 하는 이유 설명까지 할 필요는 없지만 적어도 어떤 증거에 의하여 어떤 범죄사실을 인정하였는가를 알아볼 정도로 증거의 중요부분의 표시까지는 이루어져야 한다.**[1] 이로써 법관의 사실인정의 합리성을 담보하고 당사자를 설득시킬 수 있기 때문이다. 그러나 유죄판결에 있어서 특별한 경우를 제외하고는 **판시사실에 배치되는 증거(예를 들면 피고인인의 알리바이에 대한 증거)에 대하여 그것을 배척하는 이유를 설시하지 않았다고 하더라도 이를 위법하다고 볼 수는 없다**(대판 1979.10.16. 79도1384).

(4) 법령의 적용

법령의 적용이란 인정된 범죄사실에 대하여 실체형벌법규를 적용하는 것을 의미한다. 이를 밝힘으로써 인정된 범죄사실에 법이 올바르게 적용되고 정당한 형벌이 과하여졌는가를 알 수 있다.

---

[1] 대판 2000.3.10. 99도5312

(5) 소송관계인의 주장에 대한 판단

법률상 범죄의 성립을 조각하는 이유 또는 형의 가중·감면의 이유되는 사실의 진술이 있은 때에는 이에 대한 판단을 명시하여야 한다(제323조 제2항). 범죄성립을 조각하는 이유는 **위법성조각사유와 책임조각사유**를 말하며, 법률상 가중·감면의 이유되는 사실에 대해서 판례는 누범, 심신장애 등과 같은 **필요적 가중·감면사유만을 의미**한다고 본다. 소송관계인의 위와 같은 진술이 인정될 경우 무죄의 판결을 하거나 제1항에 의해서 판결이유에 기재될 것이기 때문에 제323조 제2항은 소송관계인의 진술이 배척된 때에만 의미를 가진다.

⚔ 판례

범행당시 술에 만취하였기 때문에 전혀 기억이 없다는 취지의 진술은 범행당시 심신상실 또는 심신미약의 상태에 있었다는 주장(법개정으로 인해 이제는 형의 임의적 감경사유에 불과할 뿐임)으로서 형사소송법 제323조 제2항 소정의 법률상 범죄의 성립을 조각하거나 형의 감면의 이유가 되는 사실의 진술에 해당한다(대판 1990.2.13. 89도2364).

⚔ 참고 판례

1 법률상 범죄의 성립을 조각하는 이유되는 사실의 주장이라 함은 범죄구성요건 이외의 사실로서 법률상의 주장을 말하는 것이므로 **범죄사실의 부인은 해당하지 않는다**(대판 1982.6.22. 82도409).
2 **자수에 의한 형의 감경**은 법원의 재량에 의한 것으로서 자수의 주장은 형사소송법 제32조 제2항 소정의 **형의 가중 감면의 이유되는 사실의 진술이라고 할 수 없으므로** 원심이 이를 인정하지 아니하거나 또 이에 의하여 감경할 것이라고 인정하지 않는 이상 **이에 대한 판단을 표시하지 아니하였다고 하더라도 위법이 아니다**(대판 1980.6.24. 80도905).
3 형사소송법 제323조 제2항은 '법률상 범죄의 성립을 조각하는 이유 또는 형의 가중, 감면의 이유되는 사실의 진술이 있을 때에는 이에 대한 판단을 명시하여야 한다'고 규정하고 있다. 여기에서 '형의 가중, 감면의 이유되는 사실'이란 형의 필요적 가중, 감면의 이유되는 사실을 말하고 형의 감면이 법원의 재량에 맡겨진 경우, 즉 임의적 감면사유는 이에 해당하지 않는다(대판 1965.7.20. 65도445, 대판 1991.11.12. 91도2241 등 참조). 따라서 피해회복에 관한 주장이 있었다고 하더라도 이는 작량감경 사유에 해당하여·형의 양정에 영향을 미칠 수 있을지언정 유죄판결에 반드시 명시하여야 하는 것은 아니다(대판 2017.11.9. 2017도14769).

Ⅱ 무죄 판결

무죄판결이란 **피고사건이 범죄로 되지 아니하거나 범죄사실의 증명이 없는 때**에 피고사건에 대하여 판결로서 형벌권의 부존재를 확인하는 판결을 말한다. **피고사건이 범죄로 되지 아니하는 때**란 실체심리를 거친 결과 공소사실이 **구성요건해당성이 없거나 또는 위법성조각사유나 책임조각사유가 존재**하는 경우를 의미한다. 그리고 **범죄사실의 증명이 없는 때**란 공소사실의 부존재가 적극적으로 증명된 경우와 그 사실의 **존부에 관하여 증거가 불충분하여 법관이 확신을 하지 못하는 경우**를 의미한다.

판례

1 교통사고처리 특례법 제3조 제1항, 제2항 단서, 형법 제268조를 적용하여 공소가 제기된 사건에서, 심리 결과 교통사고처리 특례법 제3조 제2항 단서에서 정한 사유가 없고 같은 법 제3조 제2항 본문이나 제4조 제1항 본문의 사유로 공소를 제기할 수 없는 경우에 해당하면 **공소기각의 판결을 하는 것이 원칙이다.** 그런데 사건의 실체에 관한 심리가 이미 완료되어 교통사고처리 특례법 제3조 제2항 단서에서 정한 사유가 없는 것으로 판명되고 달리 피고인이 같은 법 제3조 제1항의 죄를 범하였다고 인정되지 않는 경우, 같은 법 제3조 제2항 본문이나 제4조 제1항 본문의 사유가 있더라도, **사실심법원이 피고인의 이익을 위하여 교통사고처리특례법 위반의 공소사실에 대하여 무죄의 실체판결을 선고하였다면, 이를 위법이라고 볼 수는 없다**(대판 2015.5.14. 2012도11431).

2 헌법재판소의 위헌결정으로 인하여 형벌에 관한 법률 또는 법률조항이 소급하여 그 효력을 상실한 경우에는 당해 법조를 적용하여 기소한 피고 사건은 범죄로 되지 아니하는 때에 해당하므로, 결국 **이 부분 공소사실은 무죄**라 할 것이다(대판 1999.12.24. 99도3003). (변시4회·5회·9회·12회)

Ⅲ 면소판결

1. 의의

피고사건에 대하여 **실체적 소송조건이 결여**된 경우에 선고하는 판결이다.

2. 법적성질

면소판결은 실체에 대한 판단 없이 소송을 종결시키는 **종국재판**으로 **형식재판**이지만 **기판력이 발생**한다. 이에 면소판결의 본질에 대한 논의가 있다. ① **실체재판설** ② **형식재판설**이 대립하지만, 면소판결사유가 모두 소송장애사유에 해당하므로 **형식재판설**이 타당하다(다수설, 판례).

3. 면소판결의 사유(제326조)

(1) 확정판결이 있은 때

기판력이 있는 확정판결을 의미한다. 따라서 유·무죄의 확정판결, 면소판결, 약식명령, 즉결심판, 경범죄처벌법 또는 도로교통법상의 범칙금납부 등이 해당한다.

(2) 사면이 있은 때

형의 선고를 받지 않은 자에 대한 **일반사면만을 의미**한다. (변시6회)

판례

면소판결 사유인 형사소송법 제326조 제2호의 '사면이 있는 때'에서 말하는 '사면'이란 일반사면을 의미할 뿐, 형을 선고받아 확정된 자를 상대로 이루어지는 특별사면은 여기에 해당하지 않으므로, 재심대상판결 확정 후에 형 선고의 효력을 상실케 하는 특별사면이 있었다고 하더라도, 재심개시결정이 확정되어 **재심심판절차를 진행하는 법원은 그 심급에 따라 다시 심판하여 실체에 관한 유·무죄 등의 판단을 해야지, 특별사면이 있음을 들어 면소판결을 하여서는 아니 된다**(대판 2015.5.21. 2011도1932 전합).

(3) 공소시효가 완성되었을 때

공소제기시에 이미 공소시효가 완성된 경우이다.

(4) 범죄 후의 법령개폐로 형이 폐지되었을 때

범죄 후 법령제정의 이유가 된 법률이념의 변경에 따라 종래의 처벌 자체가 부당하였다는 반성적 고려에서 법령을 개폐한 경우로 제한된다.

🏃 판례

개정된 헌법재판소법 제47조 제3항 단서는 형벌에 관한 해당 법률 또는 법률의 조항에 대하여 종전에 합헌으로 결정한 사건이 있는 경우에는 그 결정이 있는 날의 다음 날로 소급하여 효력을 상실한다고 정하여 소급효를 제한하고 있다. 한편 형사소송법 제326조 제4호는 '범죄 후의 법령개폐로 형이 폐지되었을 때'를 면소판결을 선고하여야 하는 경우로 정한다.

따라서 종전 합헌결정일 이전의 범죄행위에 대하여 재심개시결정이 확정되었는데 그 범죄행위에 적용될 법률 또는 법률의 조항이 위헌결정으로 헌법재판소법 제47조 제3항 단서에 의하여 종전 합헌결정일의 다음 날로 소급하여 효력을 상실하였다면 범죄행위 당시 유효한 법률 또는 법률의 조항이 그 이후 폐지된 경우와 마찬가지이므로 법원은 형사소송법 제326조 제4호에 해당하는 것으로 보아 면소판결을 선고하여야 한다(대판 2019.12.24. 2019도15167).

Ⅳ 관할위반판결

관할위반판결은 피고사건이 **당해법원의 관할에 속하지 아니한 때**에는 하는 판결로서 **형식재판**인 동시에 **종국재판**이다(제319조). 관할위반 여부에 대해서는 법원이 직권으로 조사하여야 하나, **토지관할**에 관해서는 **피고인의 신청이 없으면** 토지관할위반의 선고를 하지 못한다(제320조 제1항). 그리고 관할위반의 신청은 **피고사건에 대한 진술 전**에 하여야 한다(동조 제2항).

Ⅴ 공소기각의 재판

1. 의의

공소기각의 재판 피고사건에 대하여 **관할권 이외의 형식적 소송조건이 결여된 경우**에 실체심리 없이 소송을 종결시키는 재판으로 **형식재판**인 동시에 **종국재판**이다. 공소기각의 재판에는 판결과 결정이 있다.

2. 공소기각 판결(제327조)

1. 피고인에 대하여 **재판권이 없는 때**
2. 공소제기의 **절차가 법률의 규정을 위반**하여 무효일 때
3. 공소가 제기된 사건에 대하여 다시 공소가 제기되었을 때(**이중기소**)
4. 공소취소 후 **다른 중요한 증거가 발견되지 않았음에도** 다시 공소제기를 한 경우(제329조의 규정에 위반하여 공소가 제기되었을 때)

5. 고소가 있어야 공소를 제기할 수 있는 사건에서 **고소가 취소**되었을 때
6. **반의사불벌죄**에 대하여 **처벌을 원하지 아니하는 의사표시**를 하거나 처벌을 원하는 의사표시를 철회하였을 때

특히 제2호, 제5호, 제6호가 중요하다. 공소제기 전에 고소취소가 있는 경우 법원은 제2호 공소제기의 **절차가 법률의 규정을 위반**하여 무효일 때에 해당하지만 공소제기 후 고소취소 또는 처벌불원서가 제출된 경우에는 각각 제5호 고소가 공소를 제기할 수 있는 사건에서 **고소가 취소**되었을 때, 제6호 **반의사불벌죄**에 대하여 **처벌을 원하지 아니하는 의사표시**를 하거나 처벌을 원하는 의사표시를 철회하였을 때에 해당함을 주의해야 한다. (변시2회·7회·10회)

🏃 판례

1 부정수표단속법 제2조 제4항에서 부정수표가 회수된 경우 공소를 제기할 수 없도록 하는 취지는 부정수표가 회수된 경우에는 수표소지인이 부정수표 발행자 또는 작성자의 처벌을 희망하지 아니하는 것과 마찬가지로 보아 같은 조 제2항 및 제3항의 죄를 이른바 반의사불벌죄로 규정한 취지로서 **부도수표 회수나 수표소지인의 처벌을 희망하지 아니하는 의사의 표시가 제1심판결 선고 이전까지 이루어지는 경우에는 공소기각의 판결**을 선고하여야 할 것이고, **이는 부정수표가 공범에 의하여 회수된 경우에도 마찬가지이다**(대판 2009.12.10. 2009도9939).

2 위와 같은 규정 내용과 통고처분의 입법 취지를 고려하면, 경범죄 처벌법상 범칙금제도는 범칙 행위에 대하여 형사절차에 앞서 경찰서장의 통고처분에 따라 범칙금을 납부할 경우 이를 납부하는 사람에 대하여는 기소를 하지 않는 처벌의 특례를 마련해 둔 것으로 법원의 재판절차와는 제도적 취지와 법적 성질에서 차이가 있다(대판 2012.9.13. 2012도6612 등 참조). 또한 범칙자가 통고처분을 불이행하였더라도 기소독점주의의 예외를 인정하여 경찰서장의 즉결심판 청구를 통하여 공판절차를 거치지 않고 사건을 간이하고 신속·적정하게 처리함으로써 소송경제를 도모하되, 즉결심판 선고 전까지 범칙금을 납부하면 형사처벌을 면할 수 있도록 함으로써 범칙자에 대하여 형사소추와 형사처벌을 면제받을 기회를 부여하고 있다. 따라서 경찰서장이 범칙행위에 대하여 통고처분을 한 이상, 범칙자의 위와 같은 절차적 지위를 보장하기 위하여 통고처분에서 정한 범칙금 납부기간까지는 원칙적으로 경찰서장은 즉결심판을 청구할 수 없고, 검사도 동일한 범칙 행위에 대하여 공소를 제기할 수 없다고 보아야 한다(대판 2020.4.29. 2017도13409).

---

3. 공소기각 결정(제328조 제1항)

1. **공소가 취소**되었을 때
2. **피고인이 사망**하거나 피고인인 법인이 존속하지 아니하게 되었을 때(제2호) (변시4회)
3. **관할의 경합**(제12조 또는 제13조)의 규정에 의하여 재판할 수 없는 때
4. 공소장에 기재된 사실이 진실하다 하더라도 **범죄가 될 만한 사실이 포함되지 아니하는 때**

제4호에 규정된 "공소장에 기재된 사실이 진실하다 하더라도 범죄가 될만한 사실이 포함되지 아니한 때"라 함은 공소장기재사실 자체에 대한 판단으로 그 사실자체가 죄가 되지 아니함이 명백한 경우를 가리킨다(대판 2014.5.16. 2012도12867).

제3절 재판의 확정과 효력

I 재판의 확정

1. 재판의 확정의 의의

재판이 통상의 불복방법에 의하여 다툴 수 없게 된 상태를 말한다.

2. 재판확정 시기

(1) 불복신청이 허용되지 않는 재판

불복신청이 허용되지 않는 재판은 선고 또는 고지와 동시에 확정된다. 대법원판결의 확정시기에 관하여는 견해가 대립하고 있지만 판례는 대법원판결은 **그 선고로써 확정**되는 것이고 본법 제400조 소정의 **판결정정신청기간을 기다릴 필요가 없다**고 하여 선고와 동시에 확정된다는 입장이다(대결 1967.6.2. 67초22).

(2) 불복신청이 허용되는 재판 (변시4회)

1) 불복신청기간의 경과

제1심과 항소심의 판결, 약식명령, 즉결심판의 경우는 선고·고지일로부터 **7일이 경과**하면(제343조, 제358조, 제374조), 즉시항고가 허용되는 결정은 고지일로부터 **7일이 경과**하면 확정된다(제405조).

2) 상소 기타 불복신청의 포기·취하시

상소는 포기·취하에 의하여(제349조), 약식명령·즉결심판의 경우에는 **정식재판청구의 포기·취하**에 의하여 재판은 확정된다(제454조).

3) 불복신청기각재판의 확정

원심법원의 상소기각결정은 즉시항고가 가능하므로 즉시항고 기간의 경과에 의하여 원심재판이 확정된다(제360조, 제362조 등).

II 재판확정의 효력

1. 형식적 확정력의 의의

재판이 통상의 불복방법에 의하여 다툴 수 없는 상태를 형식적 확정이라 하고, 이러한 불가쟁력을 형식적 확정력이라 한다. 즉, 재판의 대상이 된 사안을 동일한 절차에서 더 이상 다툴 수 없다는 효력을 말하며 종국재판이건 종국 전의 재판이건 실체재판이건 형식재판이건 불문하고, **모든 재판에 대하여 발생**한다.

2. 내용적 확정력

(1) 의의

재판이 형식적으로 확정되면 이에 따라 그 의사표시의 내용도 확정되는 것을 말한다. 재판의 내용적 확정력은 실체재판이건 형식재판이건 불문하고 발생한다.

(2) 대내적 효과(집행력)

재판이 확정되면 집행력이 발생하고(제459조), 유죄판결인 경우에는 형벌집행권이 발생한다. 이러한 재판의 집행력은 실체재판·형식재판을 불문하고 집행이 필요한 재판에서만 발생한다. 따라서 무죄판결은 실체재판이지만 집행력을 발생시키지 않으므로 집행력이 없으나, 보석허가결정 또는 구속영장의 발부는 형식재판이지만 집행력이 발생한다.

(3) 대외적 효과(내용적 구속력)

재판이 확정되면 후소법원으로 하여금 동일한 사정과 동일한 사항에 대해 원래의 재판과 상이한 판단을 할 수 없도록 하는 효과가 발생하는데 이를 '내용적 구속력'이라 한다. 재판의 내용적 구속력은 실체재판·형식재판을 불문하고 발생한다. 유·무죄의 실체판결과 면소판결이 확정되면 그 외부적 효력으로서 **동일한 사건에 대해서 후소법원의 심리가 금지되는 효력**이 발생하는데 이러한 효력을 **기판력** 또는 **일사부재리의 효력**이라고 한다.

Ⅲ 기판력

1. 기판력의 의의

확정된 유·무죄의 실체판결과 면소판결 등의 재판의 대외적 효력으로서 동일사건에 대하여 후소법원의 심리·판결을 허용하지 않는 일사부재리의 효력을 의미한다(기판력과 일사부재리의 효력을 동일하게 보는 일치설). 기판력이 미치는 경우 면소판결 사유에 해당한다.

2. 기판력이 인정되는 재판

확정된 유·무죄의 **실체판결**과 **면소판결**, 확정된 **약식명령과 즉결심판** 그리고 **범칙금 납부❶**에 기판력이 인정된다. 반면 공소기각·관할위반의 재판 (변시3회) **행정벌인 과태료의 부과처분, 소년법상의 보호처분❷** (변시5회·9회·11회) 가정폭력처벌법상의 보호처분❸ 등에는 기판력이 인정되지 않는다.

---

❶ 대판 2002.11.22. 2001도849

❷ 대판 1985.5.28. 85도21

❸ 대판 2017.8.23. 2016도5423, 가정폭력범죄의 처벌 등에 관한 특례법(이하 '가정폭력처벌법'이라고 한다)에 규정된 가정보호사건의 조사·심리는 검사의 관여 없이 가정법원이 직권으로 진행하는 형사처벌의 특례에 따른 절차로서, 검사는 친고죄에서의 고소 등 공소제기의 요건이 갖추어지지 아니한 경우에도 가정보호사건으로 처리할 수 있고(가정폭력처벌법 제9조), 법원은 보호처분을 받은 가정폭력행위자가 보호처분을 이행하지 아니하거나 집행에 따르지 아니하면 직권으로 또는 청구에 의하여 보호처분을 취소할 수 있는 등(가정폭력처벌법 제46조) 당사자주의와 대심적 구조를 전제로 하는 형사소송절차와는 내용과 성질을 달리하여 형사소송절차와 동일하다고 보기 어려우므로, 가정폭력처벌법에 따른 보호처분의 결정 또는 불처분결정에 확정된 형사판결에 준하는 효력을 인정할 수 없다.
가정폭력처벌법에 따른 보호처분의 결정이 확정된 경우에는 원칙적으로 가정폭력행위자에 대하여 같은 범죄사실로 다시 공소를 제기할 수 없으나(가정폭력처벌법 제16조), 보호처분은 확정판결이 아니고 따라서 기판력도 없으므로, 보호처분을 받은 사건과 동일한 사건에 대하여 다시 공소제기가 되었다면 이에 대해서는 면소판결을 할 것이 아니라 공소제기의 절차가 법률의 규정에 위배하여 무효인 때에 해당한 경우이므로 형사소송법 제327조 제2호의 규정에 의하여 공소기각의 판결을 하여야 한다. 그러나 가정폭력처벌법은 불처분결정에 대해서는 그와 같은 규정을 두고 있지 않을 뿐만 아니라, 가정폭력범죄에 대한 공소시효에 관하여 불처분결정이 확정된 때에는 그때부터 공소시효가 진행된다고 규정하고 있으므로(가정폭력처벌법 제17조 제1항), 가정폭력처벌법은 불처분결정이 확정된 가정폭력범죄라 하더라도 일정한 경우 공소가 제기될 수 있음을 전제로 하고 있다.

3. 기판력의 범위

(1) 주관적 범위

기판력은 **공소가 제기된 피고인에게만** 발생한다. 따라서 공동피고인이더라도 공동피고인 중 1인에 대한 판결의 효력은 다른 피고인에게는 미치지 않는다.

(2) 객관적 범위 [변시2회·7회, 16.모의]

1) 법원의 현실적 심판대상인 공소사실은 물론이고 그 **공소사실과 단일성과 동일성이 인정되는 사실 전부**에 기판력이 미친다.

2) **상상적 경합**은 소송법상 일죄로서 일부에 대한 확정시 나머지에 대하여도 기판력이 미친다. (변시12회)

판례

[1] 상상적 경합은 1개의 행위가 수개의 죄에 해당하는 경우를 말한다(형법 제40조). 여기에서 1개의 행위란 법적 평가를 떠나 사회관념상 행위가 사물자연의 상태로서 1개로 평가되는 것을 의미한다. 그리고 상상적 경합 관계의 경우에는 그중 1죄에 대한 확정판결의 기판력은 다른 죄에 대하여도 미친다.

[2] 피고인이 '2015. 4. 16. 13:10경부터 14:30경까지 甲 업체 사무실에서 직원 6명가량이 있는 가운데 직원들에게 행패를 하면서 피해자 乙의 업무를 방해하였다'는 공소사실로 기소되었는데, 피고인은 '2015. 4. 16. 13:30경부터 15:00경 사이에 甲 업체 사무실에 찾아와 피해자 丙, 丁과 일반직원들이 근무를 하고 있음에도 피해자들에게 욕설을 하는 등 큰소리를 지르고 돌아다니며 위력으로 업무를 방해하였다'는 등의 범죄사실로 이미 유죄판결을 받아 확정된 사안에서, 업무방해의 공소사실과 확정판결 중 업무방해죄의 범죄사실은 범행일시와 장소가 동일하고, 범행시간에 근소한 차이가 있으나 같은 시간대에 있었던 일이라고 보아도 무리가 없으며, 각 범행내용 역시 업무방해의 공소사실은 '직원들을 상대로 행패를 부렸다'는 것이고, 확정판결의 범죄사실은 '직원들이 근무를 하고 있는데도 욕설을 하는 등 큰소리를 지르고 돌아다녔다'는 것으로 본질적으로 다르지 않아, 결국 양자는 동일한 기회에, 동일한 장소에서 다수의 피해자를 상대로 한 위력에 의한 업무방해행위로서 사회관념상 1개의 행위로 평가할 여지가 충분하므로 상상적 경합 관계에 있다(대판 2017.9.21. 2017도11687).

---

3) **실체적 경합**은 소송법상 수죄이므로 일부가 확정되더라도 나머지에 기판력이 미치지 않는다.

4) **포괄일죄의 일부가 기소되어 확정된 경우**에는 그 확정판결의 사실심판결 선고 전까지의 포괄일죄의 전체에 대하여 기판력이 인정되는 것이 원칙이다. 그러나 **판례**는 포괄일죄의 일부에 대하여 포괄일죄가 아닌 단순일죄의 유죄 확정판결을 받은 경우에는 포괄일죄의 나머지 부분에 기판력이 미치지 않는다는 입장이다.❶ 이는 기판력의 남용을 방지하기 위한 것이다. 그리고 **포괄일죄의 중간에 확정판결이 존재하는 경우** 동종의 확정판결이 있는 때에는 확정 이전의 범죄와 확정 이후의 범죄가 분리되지만 이종의 확정판결이 있는 경우에는 확정 이전과 확정 이후의 범죄는 분리되지 않는다(대판 2002.7.12. 2002도2029).

판례

1 상습범으로서 포괄적 일죄의 관계에 있는 여러 개의 범죄사실 중 일부에 대하여 유죄판결이 확정된 경우에, 그 확정판결의 사실심판결 선고 전에 저질러진 나머지 범죄에 대하여 새로이 공소

---

❶ 대판 2004.9.16. 2001도3206

가 제기되었다면 그 새로운 공소는 확정판결이 있었던 사건과 동일한 사건에 대하여 다시 제기된 데 해당하므로 이에 대하여는 **판결로써 면소의 선고를 하여야** 하는 것인바(형사소송법 제326조 제1호), 다만, **이러한 법리가 적용되기 위해서는 전의 확정판결에서 당해 피고인이 상습범으로 기소되어 처단되었을 것을 필요로 하는 것이고, 상습범 아닌 기본 구성요건의 범죄로 처단되는 데 그친 경우**에는, 가사 뒤에 기소된 사건에서 비로소 드러났거나 새로 저질러진 범죄사실과 전의 판결에서 이미 유죄로 확정된 범죄사실 등을 종합하여 비로소 그 모두가 상습범으로서의 포괄적 일죄에 해당하는 것으로 판단된다 하더라도 뒤늦게 앞서의 확정판결을 상습범의 일부에 대한 확정판결이라고 보아 **그 기판력이 그 사실심판결 선고 전의 나머지 범죄에 미친다고 보아서는 아니 된다**(대판 2004.9.16. 2001도3206 전합). (변시3회·5회·9회·12회)

2 [1] 특정범죄 가중처벌 등에 관한 법률 제8조의2 제1항(이하 '법률조항'이라 한다)은 영리의 목적과 세금계산서 및 계산서에 기재된 공급가액이나 매출처별세금계산서합계표·매입처별세금계산서합계표에 기재된 공급가액 또는 매출·매입금액(이하 '공급가액 등'이라 한다)의 합계액이 일정액 이상이라는 가중사유를 구성요건화하여 조세범 처벌법 제10조 제3항 위반과 합쳐서 하나의 범죄유형으로 정하고 공급가액등의 합계액에 따라 구분하여 법정형을 정하고 있음에 비추어 보면, 조세범 처벌법 제10조 제3항의 각 위반행위가 영리를 목적으로 단일하고 계속된 범의 아래 일정기간 계속하여 행하고 행위들 사이에 시간적·연관성이 있으며 범행의 방법 간에도 동일성이 인정되는 등 하나의 법률조항 위반행위로 평가될 수 있고, 그 행위들에 해당하는 문서에 기재된 공급가액을 모두 합산한 금액이 법률조항에 정한 금액에 해당하면, 그 행위들에 대하여 포괄하여 법률조항 위반의 1죄가 성립될 수 있다.

[2] 확정판결의 기판력이 미치는 범위는 확정된 사건 자체의 범죄사실과 죄명을 기준으로 정하는 것이 원칙이므로, 그 전의 확정판결에서 조세범 처벌법 제10조 제3항 각 호의 위반죄로 처단되는 데 그친 경우에는, 확정된 사건 자체의 범죄사실이 뒤에 공소가 제기된 사건과 종합하여 특정범죄 가중처벌 등에 관한 법률 제8조의2 제1항(이하 '법률조항'이라 한다) 위반의 포괄일죄에 해당하는 것으로 판단된다 하더라도, 뒤늦게 앞서의 확정판결을 포괄일죄의 일부에 대한 확정판결이라고 보아 기판력이 사실심판결 선고 전의 법률조항 위반 범죄사실에 미친다고 볼 수 없다(대판 2015.6.23. 2015도2207).

3 포괄일죄인 영업범에서 공소제기의 효력은 공소가 제기된 범죄사실과 동일성이 인정되는 범죄사실의 전체에 미치므로, 공판심리 중에 그 범죄사실과 동일성이 인정되는 범죄사실이 추가로 발견된 경우에 검사는 공소장변경절차에 의하여 그 범죄사실을 공소사실로 추가할 수 있다. 그러나 **공소제기된 범죄사실과 추가로 발견된 범죄사실 사이에 그 범죄사실들과 동일성이 인정되는 또 다른 범죄사실에 대한 유죄의 확정판결이 있는 때에는, 추가로 발견된 확정판결 후의 범죄사실은 공소제기된 범죄사실과 분단되어 동일성이 없는 별개의 범죄가 된다.** 따라서 **이때 검사는 공소장변경절차에 의하여 확정판결 후의 범죄사실을 공소사실로 추가할 수는 없고 별개의 독립된 범죄로 공소를 제기하여야 한다**(대판 2017.4.28. 2016도21342).

(3) 시간적 범위(사실심판결선고시, 약식명령발령시)

계속범·상습범 등이 확정판결 전후에 걸쳐서 행해진 경우에 어느 시점까지 기판력이 미치는지에 대하여 **사실심변론종결시설, 사실심판결선고시설, 판결확정시설**의 대립이 있으나, 변론재개를 허용하는 현행법상 사실심리가 가능한 최종시점인 **사실심판결선고시**를 기준으로 해야 한다는 것이 다수설과 판례의 입장이다.❷ 판결절차가 아닌 약식명령의 경우는 **약식명령 발령시**가 기준이 된다(대판 1984.7.24. 84도1129). (변시3회·5회·9회, 16.모의)

---

❷ 대판 1983.4.26. 82도2829; 동지 대판 2021.2.4. 2019도10999

제1심 판결에 대하여 항소가 된 경우 판결의 확정력이 미치는 시간적 한계는 현행 형사항소심의 구조와 운용실태에 비추어 볼 때 **항소심 판결선고시라고 보는 것이 상당한데 항소이유서를 제출하지 아니하여 결정으로 항소가 기각된 경우**에도 형사소송법 제361조의4 제1항에 의하면 피고인이 항소한 때에는 법정기간 내에 항소이유서를 제출하지 아니하였다 하더라도 판결에 영향을 미친 사실오인이 있는 등 직권조사사유가 있으면 항소법원이 직권으로 심판하여 제1심 판결을 파기하고 다시 판결할 수도 있으므로 **사실심리의 가능성이 있는 최후시점은 항소기각 결정시라고 보는 것이** 옳다(대판 1993.5.25. 93도836). (변시5회 · 12회, 15.모의) [19.모의]

4. 기판력의 효과 및 배제

(1) 효과

기판력이 발생한 범죄사실과 동일성이 인정되는 범죄사실이 공소제기된 경우에는 **법원은 면소판결**로 소송을 종결하여야 한다. 피의사건에 대하여 이미 기판력이 발생한 경우에 **검사는 공소권없음**을 이유로 불기소 처분을 하여야 한다.

(2) 배제

확정판결에 명백한 오류가 있는 경우에 예외적으로 기판력을 배제하기 위하여 형사소송법은 상소권 회복, 재심, 비상상고를 인정하고 있다.

PLUS+ **기판력의 효력**

甲은 2021. 7. 1. 강남 사설도박장에서 바카라를 하다가 현행범인으로 체포되어 상습도박죄로 기소되어 현재 심리 진행 중이다.

한편 甲은 2021. 6. 20. 필리핀 현지 불법 카지노 업체를 들락거리며 도박을 했다는 별건으로 2021. 7. 5. 도박죄로 벌금 100만 원 약식명령이 발부되어 2021. 7. 12. 형이 확정되었다. 그 확정판결 후 사실은 甲과 乙이 공동하여 사기도박을 한 것이라는 사실이 밝혀졌다.

문1. 검사는 甲과 乙을 2021. 6. 20.자 행위에 대하여 사기죄로 기소할 수 있는가

문2. 2021. 7. 1.자 甲의 상습도박에 대하여 법원은 어떤 판결을 하여야 하는가

문 1)

1. 논점

甲의 2021. 6. 20.자 도박행위에 대하여 받은 약식명령이 확정되면 기판력 발생(457조)하므로, 같은 일자에 있었던 사기죄에 대하여 甲에게는 기판력의 객관적 범위가 문제되고, 乙에게는 기판력의 주관적 범위가 문제된다.

2. 기판력의 객관적 범위

1) 기판력은 확정된 사실과 공소사실의 단일성과 동일성이 인정되는 사실 전부에 미친다. 이때 공소사실의 동일성 판단기준과 관련하여 기본적사실동일성설(판례), 죄질동일성설, 구성요건공통설이 대립하나 공소사실은 사실적 개념이므로 기본적사실동일성설이 타당하다.

2) 사안의 경우

도박과 사기도박은 양 사실의 기초되는 사회적 사실관계(카지노 게임을 했다)가 기본적인 점에서 동일하므로 기판력의 객관적 범위에 해당한다.

3. 기판력의 주관적 범위

기판력은 공소가 제기된 피고인에 대하여만 발생한다. 따라서 甲에 대한 확정판결의 기판력은 乙에게 미치지 않는다.

4. 사안의 해결

따라서 2021. 6. 20. 자 도박행위에 대한 확정력 발생한 약식명령은 甲에 대하여는 기판력 미치므로 동일 일자의 사기범행에 대하여 재차 기소할 수 없다. 반면에 乙은 기판력의 주관적 범위에 속하지 않으므로 동일 일자의 사기범행에 대하여 기소할 수 있다.

문 2)

1. 논점

甲의 2021. 6. 20.자 도박행위에 대하여 받은 약식명령이 확정되면 기판력 발생(제457조) 하고 기판력의 주관적 범위는 문제되지 않고 기판력의 시간적 범위 및 상습범의 기판력 발생의 전제요건이 문제된다.

2. 기판력의 시간적 범위

1) 계속범·상습범 등이 확정판결 전후에 걸쳐서 행해진 경우에 어느 시점까지 기판력이 미치는지에 대하여 **사실심변론종결시설, 사실심판결선고시설, 판결확정시설**의 대립이 있으나, 변론재개를 허용하는 현행법상 사실심리가 가능한 최종시점인 **사실심판결선고시**를 기준으로 해야 한다는 것이 다수설과 판례의 입장이다. 약식명령의 경우 **약식명령 발령시가 기준**이 된다(판례).
2) 사안에서 2021. 7. 5. 약식명령 발령일을 기준으로 그 이전인 2021. 7. 1. 이전의 행위에 대해 기판력이 미친다.

3. 포괄일죄의 경우

1) 상습도박의 범죄사실과 판결확정된 도박죄의 공소사실의 동일성 여부가 문제
2) 판례는 기판력이 미치기 위해서는 전의 확정판결에서 당해 피고인이 상습범으로 기소되어 처단되었을 것을 필요로 하고, 상습범 아닌 기본 구성요건의 범죄로 처단되는 데 그친 경우에는 그 기판력이 그 사실심판결 선고 전의 나머지 범죄에 미친다고 보아서는 안 된다는 입장이다.
3) 검토(판례견해반대입장)

   기판력의 범위는 사실의 동일성이 인정되는가에 따라 판단하는 것이지 확정판결의 죄명이나 판단내용에 따라 좌우되는 것은 아니므로 상습사기죄로 처벌되었는가에 따라 달리 판단하는 것은 타당하지 않다.

4. 해결

기판력이 미치므로 법원은 면소판결을 선고하여야 한다. 다만, 판례 견해에 따르면, 기판력이 발생한 약식명령이 상습범으로 기소된 범죄에 대한 것이 아니므로 결국 그 기판력이 2021. 7. 1.자 상습도박에 대하여 미치지 아니하므로 법원은 甲의 해당행위에 대하여 실체판결을 하여야 한다.

제6편

상소 · 비상구제절차 · 특별절차

제1장 │ 상소

제1절 상소 일반

Ⅰ 상소의 의의 및 종류

미확정의 재판에 대하여 상급법원에 구제를 구하는 불복신청제도로서 오판을 시정하여 불이익을 받는 당사자를 구제하고 법령해석의 통일에 기여한다. 상소에는 항소(제1심 판결에 대한 상소), 상고(제2심 판결에 대한 상소), 항고(법원의 결정에 대한 상소)가 있으며 항고에는 일반항고(보통항고, 즉시항고)와 특별항고(재항고)가 있다.

Ⅱ 상소권

형사재판에 대하여 상소를 할 수 있는 소송법상의 권리를 상소권이라고 하고, 이러한 권리를 가진 자를 상소권자라고 한다.

1. 고유의 상소권자

검사와 피고인은 당사자로서 당연히 상소권을 가지며(제338조 제1항), 검사 또는 피고인 아닌 자가 결정을 받은 때에는 항고할 수 있다(제339조).

2. 상소대리권자

피고인의 법정대리인(제340조) 또는 피고인의 배우자·직계친족·형제자매 또는 원심의 대리인이나 변호인은 **피고인을 위하여** 상소할 수 있다(제341조 제1항). 상소대리권자의 상소권은 고유의 상소권이 아니라 **독립대리권**이다(변호인의 상소권, 대판 1998.3.27. 98도253). 따라서 피고인의 상소권이 소멸하면 독자적으로 상소를 제기할 수 없다. 피고인의 **법정대리인은 피고인의 명시한 의사에 반하여도** 상소할 수 있으나, 그 밖의 자는 피고인의 명시한 의사에 반하여 상소하지 못한다(제341조 제2항). (14.모의)

3. 상소권의 발생·소멸

상소권은 재판의 선고 또는 고지에 의하여 발생한다. 그리고 상소권은 상소제기기간의 경과, 상소포기 또는 상소취하에 의하여 소멸한다(제354조).

4. 상소권의 회복

상소제기기간이 경과한 후에 법원의 결정에 의하여 일단 소멸한 상소권을 회복시키는 제도를 말한다. 이 때 상소권회복청구의 사유로, 상소권자 또는 대리인이 **책임질 수 없는 사유**로 인하여 상소의 제기기간 내에 상소를 하지 못한 때에 해당해야 한다(제345조). 여기서 책임질 수 없는 사유란 상소권자 본인 또는 대리인의 고의, 과실에 기하지 아니한 것을 말한다. 그러나 상소의 포기로 인하여 소멸한 상소권까지 회복하는 것은 아니다(대결 2002.7.23. 2002모180).

─ ⚖ **판례** ─

1 피고인이 소송이 계속된 사실을 알면서 **법원에 거주지 변경 신고를 하지 않은 잘못을 저질렀다고 하더라도**, 위법한 공시송달에 터 잡아 피고인의 진술 없이 공판이 진행되고 피고인이 출석하지 않은 기일에 판결이 선고된 경우, **피고인이 책임질 수 없는 사유**에 해당한다(대결 2006.2.8. 2005모507).
2 상소권회복의 청구는 사유가 종지한 날로부터 상소의 제기기간에 상당한 기간 내에 서면으로 원심법원에 제출하여야 하고, 그 청구와 동시에 상소를 제기하여야 한다(형사소송법 제346조 제1항, 제3항). 피고인에 대하여 공시송달의 방법에 의하여 공소장 등이 송달되고 피고인이 불출석한 가운데 판결이 선고되어 확정된 후 검거되어 수용된 경우에는, 특별한 사정이 없는 한 그 판결에 의한 형의 집행으로 수용된 날 상소권회복청구의 대상판결이 선고된 사실을 알았다 할 것이고, 그로써 상소를 하지 못한 책임질 수 없는 사유가 종지하였다고 보아야 한다(대결 2016.7.29. 2015모1991 참조). 따라서 그날부터 상소제기기간 내에 상소권회복청구와 상소를 하지 않았다면 그 상소권회복청구는 방식을 위배한 것으로서 허가될 수 없다(대결 2005.2.14. 2005모21 등 참조)(대결 2017.9.22. 2017모2521).

─ ⚖ **참고 판례** ─

1 형사피고사건으로 법원에 재판이 계속되어 있는 사람은 공소제기 당시의 주소지나 그 후 신고한 주소지를 옮길 때에는 자기의 새로운 주소지를 법원에 신고하거나 기타 소송 진행 상태를 알 수 있는 방법을 강구하여야 하고, **만일 이러한 조치를 취하지 않았다면** 소송서류가 송달되지 않아서 공판기일에 출석하지 못하거나 판결 선고사실을 알지 못하여 상고기간을 도과하는 등 불이익을 받는 책임을 면할 수 없다(대결 2008.3.10. 2007모795).
2 제1심판결에 대하여 피고인 또는 검사가 항소하여 항소법원이 판결을 선고한 후에는 상고법원으로부터 사건이 환송 또는 이송되는 경우 등을 제외하고는 항소법원이 다시 항소심 소송절차를 진행하여 판결을 선고할 수 없다. 따라서 항소심판결이 선고되면 제1심판결에 대한 항소권이 소멸되어 제1심판결에 대한 항소권 회복청구와 항소는 적법하다고 볼 수 없다. 이는 제1심 재판 또는 항소심 재판이 소송촉진 등에 관한 특례법이나 형사소송법 등에 따라 피고인이 출석하지 않은 가운데 불출석 재판으로 진행된 경우에도 마찬가지이다. 따라서 제1심판결에 대하여 검사의 항소에 의한 항소심판결이 선고된 후 피고인이 동일한 제1심판결에 대하여 항소권 회복청구를 하는 경우 이는 적법하다고 볼 수 없어 형사소송법 제347조 제1항에 따라 결정으로 이를 기각하여야 한다(대결 2017.3.30. 2016모2874).

Ⅲ 상소의 이익

1. 상소이익의 의의

상소의 이익이란 상소가 상소권자에게 이익이 되는지의 문제이다. 상소의 이익이 없는 경우의 상소제기는 부적법한 것이므로 상소의 이익은 상소의 일반적 적법요건이 된다. 따라서 피고인으로서 피고인에게 **누범에 해당하는 전과가 있음에도 불구하고 누범가중을 하지 아니한 것은 위법하다고 주장**하는 것은 자기에게 불이익을 주장하는 것이 되므로 이는 적법한 상고이유가 될 수 없다(대판 1994.8.12. 94도1591).

2. 검사의 상소이익

검사는 공익의 대표자로서 법령의 정당한 적용을 청구할 직무와 권한을 가지므로 **피고인의 이익여부와 관계없이** 상소를 제기할 이익이 존재한다. 따라서 검사는 피고인에게 불이익한 상소뿐 아니라 **피고인의 이익을 위한 상소도** 할 수 있다(대결 1993.3.4. 92모21). 다만, 불복은 재판의 주문에 관한 것이어야 하고 재판의 이유만을 다투기 위하여 상소하는 것은 허용되지 않는다.

> **☆ 판례**
>
> 검사의 상고이유는 일부 증거의 증거능력을 부정한 원심의 판단에 잘못이 있다는 취지이다. 이는 이 사건 공소사실 전부에 대하여 유죄를 선고한 원심판결의 주문에 관한 것이 아니고 이유만을 다투기 위한 것임이 명백하여 허용될 수 없다(대판 2017.2.21. 2016도20488).

3. 피고인의 상소이익

(1) 상소이익의 판단 대상

상소는 **재판의 주문**에 관한 것이어야 하고, **재판의 이유**만을 다투기 위하여 상소하는 것은 허용되지 않는다.

(2) 상소이익의 판단기준

피고인은 **자기에게 이익되는 상소만을** 할 수 있는데, 상소이익의 구체적 판단기준에 대하여 피고인의 주관적 측면을 기준으로 해야 한다는 **주관설**, 사회윤리적 입장에서 사회통념을 기준으로 해야 한다는 **사회통념설**도 있으나, 재판에 의한 법익박탈의 대소라는 객관적 기준에 의해서 판단해야 한다는 **객관설**이 타당하다.

(3) 상소이익의 구체적 내용

1) 유죄판결에 대한 상소

유죄판결은 피고인에게 가장 불이익한 재판이므로 원칙적으로 상소의 이익이 있다. 그리고 형면제의 판결 및 선고유예판결도 유죄판결에 포함된다.

2) 무죄판결에 대한 상소

무죄판결은 피고인에게 가장 유리한 재판이므로 피고인에게 **상소의 이익이 없다.** 그러나 무죄판결 자체가 아닌 무죄판결의 이유를 다투는 상소가 인정되는지에 대하여 논의가 있다. 심신상실 등의 이유로 무죄판결을 받는 것은 사회적 명예를 침해하므로 허용된다고 보는 **긍정설**, 무죄판결의 경우에는 재판에 의한 피고인의 법익박탈은 없으므로 상소의 이익이 없다고 보는 **부정설**의 대립이 있다. **판례는 불복은 재판의 주문에 관한 것이어야 하고 재판의 이유만을 다투기 위하여 상소하는 것은 허용되지 않는다고** 하여 **부정설**의 입장이다(대결 1993.3.4. 92모21). 생각건대 판결이유에 대한 피고인의 불이익은 재판의 효과로서의 법익박탈이라고 할 수 없으므로 **부정설**이 타당하다. (14.모의)

🔥 판례

피고인의 상소는 불이익한 원재판을 시정하여 이익된 재판을 청구함을 본질로 하는 것이어서 재판이 자기에게 불이익하지 않으면 이에 대한 상고권을 가질 수 없다(대판 1994.7.29. 93도1091 등 참조). 따라서 피고인에게 가장 유리한 판결인 무죄판결에 대한 피고인의 상고는 부적법하다(대판 2020.12.10. 2020도11186).

---

3) 형식재판에 대한 상소 [변시10회]

피고인에 대하여 형식재판, 즉 관할위반이나 공소기각 또는 면소판결이 선고된 경우에 피고인이 실체에 대하여 무죄를 주장하며 상소할 수 있는 상소의 이익이 있는가에 대하여 논의가 있다. 무죄판결을 통해 형사보상을 받을 수 있는 법률상 이익이 있음을 이유로 하는 **긍정설**과 소송조건의 결여를 이유로 하는 실체판결청구권결여설과 상소이익의 결여로 보는 상소이익결여설 등의 **부정설**이 대립한다. **판례는 공소기각판결은 유죄판결의 위험으로부터 벗어나는 것이므로 그 판결은 피고인에게 불이익한 재판이라고 할 수 없다라고** 하여 **상소이익결여설**을 취한 반면,❶ **면소판결에 대하여는 실체판결을 구하여 상소를 할 수 없다라고** 하여 실체판결청구권결여설의 입장을 취하고 있어❷ **부정설**의 입장이다. 생각건대 형식재판과 무죄판결은 모두 피고인에게 유리한 재판이라는 점, 형사절차에서의 조기해방을 고려할 때 **부정설**이 타당하다. (변시4회 · 6회, 15.모의)

Ⅳ 상소의 제기

1. 상소제기의 방식

상소를 함에는 상소제기기간 내에 상소장을 **원심법원에 제출**하여야 한다(제359조, 제375조 등). 교도소 · 구치소에 있는 피고인의 경우 상소의 제기기간 내에 상소장을 **교도소장 · 구치소장 또는 그 직무를 대리하는 자에게 제출한 때**에는 상소의 제기기간 내에 상소한 것으로 간주되어 재소자에 대한 특칙이 적용된다(제344조 제1항).

2. 상소제기 기간

상소제기기간은 **재판을 선고 또는 고지한 날로부터 진행**한다(제343조 제2항). 상소제기기간은 **항소, 상고 및 즉시항고는 7일**(제358조, 제374조, 제405조), 보통항고는 항고의 이익이 있는 한 언제든지 할 수 있다(제404조).

---

❶ 대판 1988.11.8. 85도1675
❷ 대판 1986.12.9. 86도1976

형사소송에 있어서는 판결등본이 당사자에게 **송달되는 여부에 관계없이** 공판정에서 판결이 선고된 **날로부터 상소기간이 기산되며**, 이는 피고인이 불출석한 상태에서 재판을 하는 경우에도 마찬가지 이다(대결 2002.9.27. 2002모6). (15.모의)

3. 상소제기의 효력

(1) 정지의 효력

상소제기에 의하여 재판의 확정과 집행이 정지되는 효력을 말한다.

(2) 이심의 효력

1) 상소제기에 의하여 피고사건에 대한 소송계속이 원심법원으로부터 상소심으로 옮겨지는 효력을 말한다. 이심의 효력이 발생하는 시점에 대해서 논의가 있다. 원심법원의 판결선고가 있을 때 이심된다는 **원심판결설**, 이심의 효력이 소송기록송달의 지연 등에 의해 좌우되는 것을 방지한다는 점을 강조하는 **상소제기 기준설**, 소송기록이 상소심에 송부된 시점에 이심의 효력이 발생한다고 보는 **소송기록 송부시설**이 대립한다. **판례는 항소법원의 소송계속은 제1심판결에 대한 항소에 의하여 사건이 이심된 때로부터 그 법원의 판결에 대하여 상고가 제기되거나 판결이 확정되는 때까지 유지된다**고 하여, **상소제기 기준설**의 입장이다(대결 1985.7.23. 85모12). 생각건대, 소송기록송부시설에 의하면 이심의 효력발생시점이 소송기록의 도달 또는 지연이라는 우연한 사정에 의해 좌우된다는 점, 원심판결 선고시설은 상소포기나 상소기간이 도과한 경우를 설명할 수 없다는 점에서 **상소제기 기준설**이 타당하다.

2) 상소와 구속에 관한 결정

형사소송법 제105조【상소와 구속에 관한 결정】
상소기간 중 또는 상소 중의 사건에 관하여 구속기간의 갱신, 구속의 취소, 보석, 구속의 집행정지와 그 정지의 취소에 대한 결정은 소송기록이 원심법원에 있는 때에는 원심법원이 하여야 한다.

형사소송규칙 제57조【상소와 구속에 관한 결정】
① 상소기간 중 또는 상소 중의 사건에 관하여 **피고인의 구속**, 구속기간 갱신, 구속취소, 보석, **보석의 취소**, 구속집행 정지와 그 정지의 취소의 결정은 소송기록이 상소법원에 도달하기까지는 원심법원이 이를 하여야 한다.

규칙 제57조 제1항은 형사소송법 제105조가 인정하고 있지 아니한 **구속**이나 **보석의 취소**까지도 제1심법원에 부여하고 있다. 이에 구속이나 보석의 취소가 가능한지 논의가 있다. 형사소송법 제105조의 위임범위를 형사소송규칙 제57조가 초과하여 강제처분법률주의에 반함을 이유로 하는 **부적법설**과 소송기록이 없는 상소법원으로서는 구속요건을 판단할 수 없으므로 원심법원이 피고인을 구속할 필요성이 있다는 점을 논거로 하는 **적법설**이 대립한다. **판례는 기록이 없는 상소법원에서 구속의 요건이나 필요성 여부에 대한 판단을 하여**

피고인을 구속하는 것이 실질적으로 불가능하다는 점 등을 고려하면, 형사소송규칙 제57조 제1항의 규정이 형사소송법 제105조의 규정에 저촉된다고 보기는 어렵다고 하여 **적법설**의 입장이다(대결 2007.7.10. 2007모460). 생각건대, 소송기록이 상소법원에 도달하기 이전에 상소법원을 대신하여 원심법원이 피고인을 구속을 할 실질적 필요성이 인정되므로 **적법설**이 타당하다. (13.모의)

4. 상소의 포기 · 취하

(1) 의의

상소의 포기는 상소권자가 **상소제기기간 내에** 상소권의 행사를 포기한다는 법원에 대한 소송행위를 말하며, 상소의 취하는 **일단 제기한 상소를 철회**하는 법원에 대한 소송행위를 말한다.

(2) 포기 · 취하권자

1) 검사 · 피고인 또는 항고권자(제339조)는 상소의 포기 · 취하를 할 수 있다. 단, 피고인 또는 상소의 대리권자는 **사형 또는 무기징역 · 무기금고가 선고된 판결**에 대하여는 상소의 포기를 할 수 없다(제349조).
2) 법정대리인이 있는 **피고인**이 상소의 포기 · 취하를 함에는 **법정대리인의 동의를 얻어야**한다 (제350조). 피고인의 **법정대리인 또는 상소의 대리권자**는 피고인의 동의를 얻어 상소를 취하할 수 있다(제351조).

(3) 방식

상소의 포기 · 취하는 **서면으로** 하여야 한다. 단, **공판정에서는 구술로써** 할 수 있다. **상소의 포기는 원심법원에, 상소의 취하는 상소법원**에 하여야 한다. 단, 소송기록이 상소법원에 송부되지 아니한 때에는 상소의 취하를 원심법원에 제출할 수 있다(제355조). 재소자에 대한 특칙이 인정된다(제355조). (변시5회, 15.모의)

(4) 포기 · 취하의 효과

상소를 포기 · 취하한 자 또는 상소의 포기 · 취하에 동의한 자는 그 사건에 대하여 **다시 상소를 하지 못한다**(제354조). (14.모의)

Ⅴ 일부상소

1. 의의

일부상소란 **재판의 일부에 대한 상소**를 말하며 제342조 제1항에서 '상소는 재판의 일부에 대하여 할 수 있다'고 하여 일부상소를 허용하고 있다. 재판의 일부에 대한 상소는 불가분의 관계에 있는 전부에 효력이 미치므로(제342조 제2항) 일부상소에 있어서 재판의 일부란 함은 한 개의 사건의 일부를 말하는 것이 아니라 **수개의 사건이 병합심판된 경우의 재판의 일부**를 의미한다. 일부상소는 상소법원의 심판대상을 축소하여 소송경제를 도모한다는 점에서 의미를 가진다.

2. 일부상소의 범위

(1) 일부상소의 허용기준

일부상소는 ① 재판의 내용이 가분 ② 독립된 판결이 가능한 경우에 허용된다. 따라서 재판의 내용이 불가분하거나 독립된 판결이 불가능한 경우에는 일부상소가 허용되지 않는다.

(2) 일부상소가 허용되는 경우 [변시6회]

수죄인 경합범의 각 부분에 대하여 각각 다른 수개의 재판이 선고된 때에는 재판내용이 가분인 경우에 해당하므로 일부상소가 허용된다. 구체적으로 ① 경합범의 **일부유죄 · 일부무죄(일부면소, 일부공소기각, 일부형면제판결)** ② 경합범에 **이종의 형이 병과**된 경우 ③ **경합범 전부에 대해서 무죄판결**이 선고된 경우에는 일부상소가 가능하다.

(3) 일부상소가 허용되지 않는 경우

1) 일죄의 일부

경합범이 아닌 **단순일죄 · 포괄일죄 · 과형상의 일죄** 등의 일부에 대한 상소는 허용되지 않는다. (변시1회) 따라서 일죄의 일부에 대한 상소는 그 일부와 불가분의 관계에 있는 일죄의 전부에 대해서 효력이 미친다(상소불가분의 원칙, 제342조 제2항).

> 🔍 **주위적 · 예비적 공소사실의 일부에 대한 상소제기**
>
> 원래 주위적 · 예비적 공소사실의 일부에 대한 상소제기의 효력은 나머지 공소사실 부분에 대하여도 미치는 것이고, 동일한 사실관계에 대하여 서로 양립할 수 없는 적용법조의 적용을 주위적 · 예비적으로 구하는 경우에는 **예비적 공소사실만 유죄로 인정되고 그 부분에 대하여 피고인만 상소하였다고 하더라도 주위적 공소사실까지 함께 상소심의 심판대상에 포함된다**(대판 2006.5.25. 2006도1146).

2) 한 개의 형이 선고된 경합범

경합범의 전부에 대해 한 개의 형이 선고된 경우에는 판결내용이 분할될 수 없어 일부상소는 허용되지 않는다(판례).

3) 주형의 일체인 부가형

주형과 일체를 이루고 있는 부가형 · 환형처분 · 집행유예 등을 주형과 분리하여 상소할 수 없다.

3. 일부상소의 심판범위

(1) 원칙

일부상소의 경우 상소된 부분은 상소심으로 이심하고 심판범위는 상소제기된 부분에 한정된다. 상소가 없는 부분은 상소기간 경과시 분리하여 확정된다.

1) 수죄의 경합범에 대한 일부유죄 · 일부무죄의 판결에 대하여 피고인만 유죄부분을 상소한 경우 무죄부분은 분리확정되므로 상소심의 심판범위는 유죄부분만으로 한정되고 상소심은 그 부분만 파기할 수 있다.

2) 수죄의 경합범에 대한 일부유죄·일부무죄의 판결에 대하여 **검사가 무죄부분을 상소한 경우** 검사만 무죄부분을 일부상소한 경우에 상소심의 심판범위와 상소이유가 인정되는 경우에 파기해야 하는 범위에 대하여 논의가 있다. **일부파기설**과 **전부파기설**의 견해 대립이 있으나 판례는 일부파기설의 입장이다. (변시빈출, 모의빈출)

PLUS+ **일부상소와 심판범위** [변시6회·1회, 19.모의, 20.모의]

甲은 ① 지나가는 행인에게 칼을 들이대 예금통장을 강취한 행위에 대하여 강도로, ② 은행에서 예금통장을 이용하여 현금인출한 부분에 대하여 사기로 공소제기 되었다. 제1심법원은 ① 사건에 대하여 무죄, ② 사건에 대하여는 유죄로 인정하고 징역 3년을 선고하였다. 이에 대하여 검사가 ① 사건 무죄판결에 대하여만 상고하였다. 항소심은 검사의 상고를 받아들여 ① 사건의 무죄를 파기하고 유죄판결을 하고자 한다.

문. 항소심 법원이 검사의 위 항소가 이유 있다고 판단하는 경우 항소심의 심판범위 및 조치는 어떠한가

---

1. 논점

2. 일부상소의 허용여부

1) 제342조 제1항의 일부상소는 재판의 일부에 대한 상소, 재판의 일부란 수개의 사건에서 판결주문이 수개인 경우를 의미하고 재판의 내용이 가분일 때 허용된다.

2) 사안에서 ①, ②사건은 실체적 경합범 관계로 일부유죄·일부무죄에 해당하여 재판의 내용이 가분이므로 일부상소가 허용된다.

3. 일부상소와 상소심의 심판범위

1) 경합범 중 일부유죄·일부무죄에 대해 어느 일방만이 상소한 경우에 상소심의 심판범위가 문제

2) 견해의 대립
   일부상소에 대하여 원래 하나의 형이 선고 될 가능성이 있었다는 이유만으로 하급심 심판 대상 전부에 대하여 이심의 효력을 인정하는 것은 법리상 허용될 수 없으므로 상소하지 않은 부분은 분리 확정되고 소송계속된 부분만 파기하여야 한다는 **일부파기설**과 일부파기하는 경우 형법 제38조 적용에 따른 과형상 이익을 박탈당하는 결과가 된다는 **전부파기설**의 대립이 있다

3) 판례의 태도
   경합범 중 일부 무죄, 나머지 유죄를 선고한 항소심 판결에 대하여 검사만이 무죄 부분에 대하여 상고를 한 경우 피고인과 검사가 상고하지 아니한 유죄판결 부분은 상고기간이 지남으로써 확정되어 상고심에 계속된 사건은 무죄판결 부분에 대한 공소뿐이라 할 것이므로 상고심에서 이를 파기할 때에는 무죄 부분만을 파기할 수밖에 없다는 일부파기설의 입장이다(대판 1992.1.21. 91도1402).

4) 검토
   일부상소와 상소불가분원칙에 충실한 일부파기설 타당하다(형법제39조 제1항의 개정으로 과형 없는 유죄판결의 문제도 해결).

4. 사안의 해결

상소는 재판의 일부에 대하여도 할 수 있고, 일부에 대한 상소는 그 일부와 불가분의 관계에 있는 부분에 대하여도 효력이 미친다(형사소송법 제342조). 형법 제37조 전단의 경합범으로 동시에 기소된 수 개의 공소사실에 대하여 각기 따로 유·무죄, 공소기각 및 면소를 선고하거나 형을 정하는 등으로 판결주문이 수 개일 때에는 그 1개의 주문에 포함된 부분을 다른 부분과 분리하여 일부상소를 할 수 있고 당사자 쌍방이 상소하지 않은 부분은 분리 확정된다. 따라서 경합범 관계에 있는 공소사실 중 판결주문이 수 개일 때 피고인과 검사가 일부에 대하여만 상소한 경우, 피고인과 검사가 상소하지 않은 부분은 상소기간이 지남으로써 확정되어 상소심에 계속된 사건은 상소된 부분에 대한 공소뿐이고, 그에 따라 상소심에서 이를 파기할 때에는 그 부분만을 파기하여야 한다.

반면 경합범 관계에 있는 공소사실 중 일부 유죄, 일부 무죄를 선고하여 판결주문이 수 개일 때 검사가 판결 전부에 대하여 상소하였는데 상소심에서 이를 파기할 때에는 유죄 부분과 파기되는 무죄 부분이 형법 제37조 전단의 경합범 관계에 있어 하나의 형이 선고되어야 하므로, 유죄 부분과 파기되는 무죄 부분을 함께 파기하여야 한다. 그러나 위와 같이 하나의 형을 선고하기 위해서 파기하는 경우를 제외하고는 경합범의 관계에 있는 공소사실이라고 하더라도 개별적으로 파기되는 부분과 불가분의 관계에 있는 부분만을 파기하여야 한다(대판 2022.1.13. 2021도13108).

3) 수죄의 경합범에 대한 일부유죄 · 일부무죄의 판결에 대하여 쌍방이 상소한 경우

쌍방이 상소한 수죄의 전부가 상소심의 심판범위이다. 이 때 검사의 상고만 이유 있는 경우, 항소심이 유죄로 인정한 죄와 무죄로 인정한 죄가 형법 제37조 전단의 경합범 관계에 있다면 항소심판결의 **유죄 부분도 무죄 부분과 함께 전부 파기되어야 한다**(대판 2009.2.12. 2007도2733; 동지 대판 2020.9.24. 2020도9801).

(2) 일죄일부의 경우

1) 포괄일죄에 있어서 일부유죄와 일부무죄가 선고된 경우

경합범이 아닌 **단순일죄 · 포괄일죄 · 과형상의 일죄** 등의 일부에 대한 상소는 허용되지 않는다. 따라서 일죄의 일부에 대한 상소는 그 일부와 불가분의 관계에 있는 일죄의 전부에 대해서 효력이 미친다(상소불가분의 원칙, 제342조 제2항).

① 검사만이 일부무죄부분에 대하여 상소한 경우

상소불가분의 원칙상 검사의 상고는 그 판결의 유죄부분과 무죄부분 전부에 미치는 것이므로 유죄부분도 상고심에 이전되어 심판대상이 된다(1989.4.11. 86도1629).

② 피고인만이 일부유죄에 대하여 상소한 경우 [15.모의]

판례는 포괄일죄의 일부상소의 경우에 **상소불가분의 원칙에 의하여 무죄부분도 상고심에 이심되기는 하나 그 부분은 이미 당사자 간의 공격방어의 대상으로부터 벗어나 사실상 심판대상에서부터도 벗어나게 되어 상고심으로서도 그 무죄부분에까지 나아가 판단할 수 없다**는 입장이다(대판 1991.3.12. 90도2820). 피고인의 실질적 이익보호라는 관점에 비추어 판례의 태도는 타당하다. (15.모의)

2) 과형상의 일죄에 있어서 일부유죄와 일부무죄가 선고된 경우

포괄일죄와 동일한 논의가 있다. 다만, 상상적 경합 관계에 있는 수죄에 대하여 모두 무죄가 선고된 후 검사가 무죄 부분 전부에 대하여 상고하였으나 그 일부를 상고이유로 삼지 않은 경우, **판례는 비록 상고이유로 삼지 아니한 무죄 부분도 상고심에 이심되지만 그 부분은 이미 당사자 간의 공방의 대상으로부터 벗어나 사실상 심판대상에서 일탈했으므로 상고심은 그 무죄부분까지 판단할 수 없다**(대판 2008.12.11. 2008도8922).

(3) 상소심에서의 죄수판단의 변경과 심판범위(판례의 태도) [변시12회]

1) 실체적 경합범으로 기소되어 일부유죄·일부무죄의 판결이 선고되자 검사만 무죄 부분을 상소하였고, 상소심의 심리 결과 기소된 사건 전체가 일죄로 판명된 경우에 상소불가분의 원칙이 적용되어 사건 전체가 상소심에 이심되고 따라서 심판의 대상이 된다(대판 1980.12.9. 80도384).

2) 포괄일죄의 일부유죄·일부무죄의 판결에 대하여 피고인만 유죄 부분을 일부상소하였으나 상소심의 심리 결과 수죄임이 판명된 사안에서 무죄부분도 이심은 되나 공방대상으로 벗어나 사실상 심판대상에서부터 이탈하게 되었으므로, 유죄 부분만이 상소심의 심판대상이 된다(대판 2013.7.25. 2011도12482).

4. 일부상소의 방식

일부상소는 일부상소의 취지를 명시하고 불복부분을 특정해야 한다. **불복부분을 특정하지 아니한 상소는 원칙적으로 전부상소로 보아야 한다.** 그리고 일부상소 여부는 상소장을 기준으로 판단하나 판례는 일부상소 여부가 불명확한 경우 **상소이유(서)를 참작**하여 판단할 수 있다는 입장이다(대판 1991.11.26. 91도1937).

Ⅵ 불이익변경금지의 원칙

제368조 【불이익변경의 금지】
피고인이 항소한 사건과 피고인을 위하여 항소한 사건에 대하여는 원심판결의 형보다 무거운 형을 선고하지 못한다.

제396조 【파기자판】
② 제368조의 규정은 전항의 판결에 준용한다.

1. 의의 및 법적 근거

불이익변경금지 원칙이란 피고인이 상소한 사건과 피고인을 위하여 상소한 사건에 관하여 **상소심이 원심판결의 형보다 무거운 형을 선고하지 못한다**는 것을 말한다(제368조, 제396조 제2항). 피고인에게 불이익한 일체의 변경을 금지하는 것이 아니라 무거운 형으로의 변경을 금지한다는 점에서 **중형변경금지의 원칙**이라고 할 수 있다. 피고인이 중형변경의 위험 때문에 상소를 단념하는 것을 방지함으로써 **피고인의 상소권을 보장**하기 위한 정책적인 이유에서 인정된다.

2. 불이익변경금지원칙의 적용범위

(1) 피고인이 상소한 사건

피고인이 상소한 사건이란 **피고인만이 상소한 사건**을 말한다. 다만, 검사와 피고인 쌍방이 상소한 경우라도 **검사의 상고가 기각된 때**에는 피고인만 상소한 경우와 같으므로 불이익변경금지원칙이 적용된다(대판 1998.9.29. 98도2111). (14.모의) **제1심 유죄판결에 대하여 검사의 공소가 없고 피고인만의 상소가 있는 제2심 유죄판결에 대하여 검사만이 상고한 경우에도** 상고심은 검사의 불복 없는 제1심 판결의 형보다 무거운 형을 선고할 수 없다고 하여 불이익변경금지원칙이 적용된다(대판 1957.10.4. 4290형비상1). 따라서 **검사만이 상소한 사건이나 검사와 피고인 쌍방이 상소한 사건에 대해서는 적용되지 않는다.**

(2) 피고인을 위하여 상소한 사건 (14.모의)

피고인 이외의 상소대리권자 즉 피고인의 법정대리인, 배우자, 직계친족, 형제자매, 원심의 대리인이나 변호인이 피고인을 위하여 상소한 경우를 말한다. 문제는 **검사가 피고인의 이익을 위하여 상소한 경우**에 이를 피고인을 위하여 상소한 사건으로 보아 불이익변경금지의 원칙을 적용할 것인지 견해가 대립한다. 판례는 **검사의 항소가 특히 피고인의 이익을 위하여** 한 취지라고 볼 수 없다면 항소심에서 제1심 판결의 형보다 중한 형을 선고할 수 있다고 하여 **긍정설**의 입장이다(대판 1971.5.24. 71도574). 생각건대 검사의 공익적 지위 내지 피고인에 대한 후견적 지위에 비추어 긍정설이 타당하다. (15.모의)

(3) 상소한 사건

1) 항소심과 상고심

불이익변경금지의 원칙은 상소사건에 대해서만 적용되므로 항소심과 상고심에서 적용된다.

2) 파기환송·파기이송사건

불이익변경금지원칙은 상소심이 **파기자판**하는 경우뿐만 아니라 **파기환송 또는 파기이송**하는 경우에도 적용된다(대판 2006.5.26. 2005도8607). (변시7회, 13.모의, 14.모의) [14.모의]

3) 정식재판의 청구

피고인이 정식재판을 청구한 사건에 대하여는 **즉결심판의 형보다 무거운 형을 선고하지 못한다**(즉결심판법 제19조). (변시2회, 13.모의, 14.모의) 다만, 종전 불이익변경금지원칙이 적용되던 약식명령의 형에 대해서는, 법률개정으로 인하여 더 이상 불이익변경금지원칙이 적용되지 않고, 형종의 상향만을 금지하는 내용으로 변경되었고(제457조의2), 부칙 제2조에서 2017. 12. 19. 개정 이후 정식재판을 청구한 사건부터 적용하도록 하고 있다.

4) 재심

재심에서 원심판결의 형보다 **무거운 형을 선고하지 못한다**(제439조).

5) 병합사건 [변시8회]

상소심에서 상소한 사건과 다른 사건이 병합되어 당해 사건과 경합범으로 처단되어 결과적으로 제1심의 각 형량보다 **무거운 형이 선고된 경우에는 불이익변경에 해당하지 않는다.** 이는 정식재판청구인 경우에 **정식재판에서 약식명령 사건과 다른 사건이 병합**된 경우에도 마찬가지다. 그리고 **항소심에서 공소장변경을 통해 새로운 공소사실이 경합범으로 추가되는 경우에는 불이익변경금지 원칙이 적용되지 않는다.** (14.모의)

参考 판례

1 벌금 150만 원의 약식명령을 고지 받고 **정식재판을 청구한 '당해 사건'과 정식 기소된 '다른 사건'을 병합·심리**한 후 두 사건을 경합범으로 처단하여 벌금 900만 원을 선고한 제1심판결에 대해, 피고인만이 항소한 원심에서 다른 사건의 공소사실 전부와 당해 사건의 공소사실 일부에 대하여 무죄를 선고하고 **'당해 사건'의 나머지 공소사실은 유죄로 인정**하면서 그에 대하여 벌금 300만 원을 선고한 사안에서, 원심판결은 당해 사건에 대하여 당초 피고인이 고지 받은 약식명령의 형보다 중한 형을 선고하였음이 명백하므로, 형사소송법 제457조의2에서 규정한 **불이익변경금지의 원칙을 위반**한 위법이 있다(대판 2009.12.24. 2009도10754). (변시2회, 13모의) ⇨ 제457조의2가 2017. 12. 19. 불이익변경금지에서 형종 상향 금지로 변경되어 해당 판례 사안에서 불이익변경금지원칙 위반이 있다고 보기 어렵게 되었다.

2 형사소송법 제457조의2 제1항은 "피고인이 정식재판을 청구한 사건에 대하여는 약식명령의 형보다 중한 종류의 형을 선고하지 못한다."라고 규정하여, 정식재판청구 사건에서의 형종 상향 금지의 원칙을 정하고 있다. 위 형종 상향 금지의 원칙은 피고인이 정식재판을 청구한 사건과 다른 사건이 병합·심리된 후 경합범으로 처단되는 경우에도 정식재판을 청구한 사건에 대하여 그대로 적용된다(대판 2020.1.9. 2019도15700 참조). 위 사실관계를 앞서 본 법리에 비추어 살펴보면, 제2사건은 피고인만이 정식재판을 청구한 사건이므로 형종 상향 금지의 원칙에 따라 그 각 죄에 대하여는 약식명령의 벌금형보다 중한 종류의 형인 징역형을 선택하지 못하고, 나아가 제2사건이 항소심에서 제1사건과 병합·심리되어 경합범으로 처단되더라도 제2사건에 대하여는 징역형을 선고하여서는 아니 된다. 그런데도 원심은 제2사건의 항소심에서 각 죄에 대하여 약식명령의 벌금형보다 중한 종류의 형인 징역형을 선택한 다음 경합범가중 등을 거쳐 제1사건의 각 죄와 제2사건의 각 죄에 대하여 하나의 징역형을 선고하고 말았다. 이러한 원심판결에는 형사소송법 제457조의2 제1항에서 정한 형종 상향 금지의 원칙을 위반한 잘못이 있다(대판 2020.3.26. 2020도355).

6) 항소심에서 공소장변경을 한 경우 [변시3회]

항소심에서 불이익변경금지의 원칙을 이유로 중한 법정형을 가진 범죄로 공소장변경을 허용할 것인지에 대한 논의가 있다. 판례는 불이익변경금지의 원칙을 이유로 공소장변경을 불허할 것은 아니라는 입장이다. (변시5회, 15.모의)

판례

[1] 형사소송법 제457조의2에서 규정한 불이익변경금지의 원칙은 피고인이 약식명령에 불복하여 정식재판을 청구한 사건에서 약식명령의 주문에서 정한 형보다 중한 형을 선고할 수 없다는 것이므로, **그 죄명이나 적용법조가 약식명령의 경우보다 불이익하게 변경되었다고 하더라도 선고한 형이 약식명령과 같거나 약식명령보다 가벼운 경우에는 불이익변경금지의 원칙에 위배된 조치라고 할 수 없다.**

[2] 약식명령에 대하여 피고인만이 정식재판을 청구하였는데, 검사가 당초 사문서위조 및 위조사문서행사의 공소사실로 공소제기하였다가 제1심에서 사서명위조 및 위조사서명행사의 공소사실을 예비적으로 추가하는 내용의 공소장변경을 신청한 사안에서, 두 공소사실은 기초가 되는 사회적 사실관계가 범행의 일시와 장소, 상대방, 행위 태양, 수단과 방법 등 기본적인 점에서 동일할 뿐만 아니라, 주위적 공소사실이 유죄로 되면 예비적 공소사실은 주위적 공소사실에 흡수되고 주위적 공소사실이 무죄로 될 경우에만 예비적 공소사실의 범죄가 성립할 수 있는 관계에 있어 규범적으로 보아 공소사실의 동일성이 있다고 보이고, 나아가 피고인에 대하여 **사서명위조와 위조사서명행사의 범죄사실이 인정되는 경우에는 비록 사서명위조죄와 위조사서명행사죄의 법정형에 유기징역**

형만 있다 하더라도 형사소송법 제457조의2에서 규정한 불이익변경금지 원칙이 적용되어 벌금형을 선고할 수 있으므로, 위와 같은 불이익변경금지 원칙 등을 이유로 공소장변경을 불허할 것은 아닌데도, 이를 불허한 채 원래의 공소사실에 대하여 무죄를 선고한 제1심판결을 그대로 유지한 원심의 조치에 공소사실의 동일성이나 공소장변경에 관한 법리오해의 위법이 있다(대판 2013.2.28. 2011도14986).
⇨ 제457조의2가 2017. 12. 19. 불이익변경금지에서 형종 상향 금지로 변경되었기 때문에 해당 판례 사안은 약식명령에 대하여 정식재판을 청구한 것이 아니라, 제1심판결에 대하여 항소한 것으로 정정하여 이해하도록 한다.

3. 불이익변경금지원칙의 내용

(1) 불이익변경금지의 대상

대상은 '형의 선고'에 한한다. 따라서 중한 형의 선고가 없는 한 사실인정, 법령적용, 죄명 선택이 원심재판보다 중하게 변경되어도 이 원칙에 반하지 않는다. 여기서의 형이란 형법 제41조의 형의 종류에 제한되지 않고 추징이나 노역장 유치기간, 일부의 보안처분과 같이 **실질적으로 피고인에게 형벌과 같은 불이익을 주는 모든 처분**이 포함된다.

✤ 판례

1 불이익변경금지의 원칙은 피고인 또는 피고인을 위한 상소사건에 있어서 원심의 형 즉 판결주문의 형보다 중한 형을 선고할 수 없다는 것에 불과하므로 그 **내용에 있어서 제1심보다 불이익하게 변경되었더라도 결과적으로 선고한 형이 제1심보다 경한 경우에는 불이익변경금지의 원칙에 위배되었다고 할 수 없다**(대판 1989.6.13. 88도1983).

2 형사소송법 제368조에 의하여 불이익변경이 금지되는 것은 형의 선고에 한하므로, 살인죄에 대하여 **원심이 유기징역형을 선택한 1심보다 중하게 무기징역형을 선택하였다 하더라도 결과적으로 선고한 형이 중하게 변경되지 아니한 이상** 위 조문에서 말하는 중한 형을 선고하였다고 할 수 없다(대판 1999.2.5. 98도4534). (14.모의)

3 피고인이 상고한 상고심으로부터 파기환송 받은 항소심이 **강도살인죄에서 강도치사죄로의 적법한 공소장변경을 통하여 새로운 범죄사실을 유죄로 인정하면서**, 환송 전 원심에서 정한 형과 동일한 형을 선고한 경우, 불이익변경금지원칙에 위배되지 않는다(대판 2001.3.9. 2001도192). (15.모의)

4 **추징도 몰수에 대신하는 처분으로서 몰수와 마찬가지로 형에 준하여 평가**하여야 할 것이므로 그에 관하여도 형사소송법 제368조의 **불이익변경금지의 원칙이 적용된다.** 따라서 피고인만이 상고한 이 사건에서 추징액을 원심보다 피고인에게 더 불리하도록 변경할 수 없다(대판 2006.11.9. 2006도4888).

✤ 참고 판례

1 형사소송법 제186조 제1항은 "형의 선고를 하는 때에는 피고인에게 소송비용의 전부 또는 일부를 부담하게 하여야 한다."고 규정하고 있고, 같은 법 제191조 제1항은 "재판으로 소송절차가 종료되는 경우에 피고인에게 소송비용을 부담하게 하는 때에는 직권으로 재판하여야 한다."고 규정하고 있는바, **소송비용의 부담은 형이 아니고 실질적인 의미에서 형에 준하여 평가되어야 할 것도 아니므로 불이익변경금지원칙의 적용이 없다**(대판 2001.4.24. 2001도872). (13.모의)

2 특정 성폭력범죄자에 대한 **위치추적 전자장치 부착**에 관한 법률에 의한 전자감시제도는 성폭력 범죄로부터 국민을 보호함을 목적으로 하는 **일종의 보안처분으로서 형벌과 구별되며** 그 본질을 달리한다. 피고인 겸 피부착명령청구자에게 징역 15년 및 5년 동안의 위치추적 전자장치 부착명 령을 선고한 제1심판결을 파기한 후 피고인에 대하여 **징역 9년, 5년 동안의 공개명령 및 6년 동 안의 위치추적 전자장치 부착명령**을 선고한 조치가 불이익변경금지의 원칙에 위배되지 않는다 (대판 2011.4.14. 2010도16939). (15.모의)

3 [1] '불이익변경의 금지'에 관한 형사소송법 제368조에서 피고인이 항소한 사건과 피고인을 위하 여 항소한 사건에 대하여는 원심판결의 형보다 중한 형을 선고하지 못한다고 규정하고 있고, 위 법률조항은 형사소송법 제399조에 의하여 상고심에도 준용된다. 이러한 불이익변경금지 원칙은, 상소심에서 원심판결의 형보다 중한 형을 선고받을 수 있다는 우려로 말미암아 피고인의 상소 권 행사가 위축되는 것을 막기 위한 정책적 고려의 결과로 입법자가 채택하였다. 위 법률조항의 문언이 '원심판결의 형보다 중한 형'으로의 변경만을 금지하고 있을 뿐이고, 상소심은 원심법원 이 형을 정함에 있어서 전제로 삼았던 사정이나 견해에 반드시 구속되는 것은 아닌 점 등에 비 추어 보면, <u>피고인만이 상소한 사건에서 상소심이 원심법원이 인정한 범죄사실의 일부를 무죄로 인정하면서도 피고인에 대하여 원심법원과 동일한 형을 선고하였다고 하여 그것이 불이익변경 금지 원칙을 위반하였다고 볼 수 없다.</u> (변시12회)

[2] 피고인만의 상고에 의한 상고심에서 원심판결을 파기하고 사건을 항소심에 환송한 경우 불 이익변경금지 원칙은 환송 전 원심판결과의 관계에서도 적용되어 환송 후 원심법원은 파기된 환송 전 원심판결보다 중한 형을 선고할 수 없다(대판 2021.5.6. 2021도1282).

(2) 불이익변경금지의 판단

판례는 형법 제50조와 형법 제41조를 기준으로 하면서 원심판결과 상소심판결의 주문을 전체적·실질적으로 비교하여 실질적으로 피고인에게 불이익한가를 판단해야 한다는 입 장이다(실질설).

형법 제50조 【형의 경중】
① 형의 경중은 제41조 각 호의 순서에 따른다. 다만, 무기금고와 유기징역은 무기금고를 무거운 것 으로 하고 유기금고의 장기가 유기징역의 장기를 초과하는 때에는 유기금고를 무거운 것으로 한다.
② 같은 종류의 형은 장기가 긴 것과 다액이 많은 것을 무거운 것으로 하고 장기 또는 다액이 같은 경우에는 단기가 긴 것과 소액이 많은 것을 무거운 것으로 한다.
③ 제1항 및 제2항을 제외하고는 죄질과 범정(犯情)을 고려하여 경중을 정한다.

형법 제41조 【형의종류】
형의 종류는 다음과 같다.
 1. 사형 2. 징역 3. 금고 4. 자격상실 5. 자격정지 6. 벌금 7. 구류 8. 과료 9. 몰수

---

(3) 구체적 검토

1) 징역형과 금고형

금고형을 동일한 형기의 징역형으로 변경하거나 징역형을 금고형으로 변경하면서 형기를 인상하는 것은 불이익변경이지만, 금고형을 징역형으로 변경하면서 형기를 단축하는 것은 불이익변경이 아니다.

2) 자유형과 벌금형

벌금형을 징역형으로 변경하는 것은 불이익변경에 해당한다. 그리고 벌금형을 징역형의 집행유예로 변경하는 것도 불이익변경에 해당한다(대판 2006.5.26. 2005도8607). 반대로 자유형을 벌금형으로 변경하는 것은 불이익변경에 해당하지 않는다. 다만, 벌금형 변경시 노역장유치기간이 자유형을 초과하는 때에 불이익변경이 되는지에 대하여 판례는 노역장 유치는 벌금형의 특수한 집행방법에 불과하므로 불이익변경이 아니라고 한다(대판 1980.5.13. 80도765). 그리고 실형을 감경 또는 집행유예하면서 벌금형을 추가하는 것은 전체적 실질적 기준에 따라 불이익변경에 해당할 수 있다.

3) 벌금형과 노역장 유치

벌금형의 액수는 같으나 노역장유치기간이 길어졌다면 불이익변경에 해당한다. 그러나 벌금형의 액수가 감경되면서 노역장유치기간이 길어진 것을 전체적으로 보아 불이익변경이라고 할 수 없다(대판 2000.12.24. 2000도3945). (11.모의)

4) 부정기형과 정기형

부정기형을 정기형으로 변경하는 경우에 무엇을 기준으로 형의 경중을 정할 것인가와 관련하여 장기표준설, 단기표준설, 중간위설의 견해 대립이 있으나, 종래 판례는 **부정기형의 단기를 기준**으로 하다가 최근 전합판례에서 부정기형의 장기와 단기의 중간을 기준으로 한다고 그 태도를 변경하였다(대판 2020.10.22. 2020도4140 전합). (변시3회, 13.모의)

5) 형의 추가와 종류의 변경

동종의 형을 선고하면서 **형량을 증가**하거나 원심의 선고형에 **다른 형을 추가**하는 것은 불이익변경에 해당한다. 또한 원판결보다 중한 종류의 형으로 변경하는 것도 불이익변경에 해당한다.

🏃 판례

1 수죄로 무기징역을 선고받은 피고인만이 항소하였는데, 항소심이 유죄확정판결 전의 범행이 있다는 이유로 동 확정판결 전의 범행에 대하여 징역 6월, 그 후의 범행에 대하여 무기징역을 각 선고한 것은 불이익변경금지원칙에 위배되어 위법하다(대판 1981.9.8. 81도1945).

2 항소심에서 선고되는 형이 **징역형은 제1심보다 감경**되었으나 이에 **자격정지형이 추가로 병과되**었다면 제1심보다 중한형이 선고되는 **불이익변경**이 있다 할 것인바, 제1심에서 살인미수죄로 **징역 3년**에 **5년간 집행유예**가 선고된 위 피고인에 대하여 추가적으로 변경된 예비적공소사실인 업무상촉탁낙태죄만을 유죄로 인정하고 **징역 8월에 1년간 집행유예를 선고한 외에 자격정지 1년을 병과**하였음은 불이익한 변경으로서 위 피고인만이 항소한 이 사건에 있어서 판결의 결과에 영향을 미친 위법이 있다 할 것이므로 논지는 이유있다(대판 1985.6.11. 84도1958).

---

6) 집행유예 [20.모의]

① 집행유예의 배제

자유형의 집행유예판결에 대하여 **집행유예를 배제**하거나 자유형을 줄이면서 집행유예를 배제하는 것은 불이익변경에 해당한다. (변시5회) 그러나 **자유형의 집행유예판결을 벌금형을 변경하는 것**은 불이익변경은 아니라는 것이 판례의 입장이다(대판 1990.9.25. 90도1534).

② 집행유예의 추가

형기를 늘리면서 집행유예를 붙이는 것은 불이익변경에 해당한다. 또한 **벌금형을 병과하**

거나 벌금액을 늘리면서 징역형에 **집행유예를 붙이는 것은** 불이익 변경에 해당한다. 그러나 형기는 변경 없이 **금고형을 징역형의 집행유예로 변경**하는 것은 불이익변경이 아니다(대판 2013.12.12. 2013도6608).

③ 집행유예 기간의 연장

자유형의 집행유예판결에 대하여 **집행유예 기간을 연장**하는 것은 불이익 변경에 해당한다. 자유형의 집행유예판결에 대하여 **형기를 단축하면서 집행유예기간을 연장**하는 것은 형 자체가 경하게 되므로 불이익변경에 해당하지 않는다.

④ 집행유예와 집행면제

형의 집행면제를 집행유예로 변경하는 것은 불이익변경에 해당하지 않는다(대판 1985.9.24. 84도2972).

7) 선고유예

자유형에 대한 선고유예를 벌금형으로 변경하는 것은 불이익변경에 해당한다.❶ 그러나 **징역형의 실형과 벌금의 선고유예를 동일한 기간의 징역형의 집행유예와 벌금형의 실형으로 변경하는 것은 불이익변경이 아니다**(대판 1976.10.12. 74도1785).

8) 몰수 · 추징

자유형은 동일하지만 **몰수 · 추징을 추가하거나 추징액을 늘리는 것은 불이익변경에 해당**한다. 그러나 추징은 몰수에 갈음하는 처분이므로 **추징을 몰수로 변경하거나 몰수를 추징으로 변경하여도 불이익변경이 아니다.❷** (변시2회) 그리고 **주형을 가볍게 하고 몰수나 추징을 추가 또는 증가시키는 것은 불이익변경이 아니라는 것**이 판례의 입장이다(대판 1998.5.12. 96도2850).

9) 미결구금일수

상소심에서 원심보다 피고인에게 **불리하게 미결구금일수의 산입을 감축하는 등의 경우에는 불이익변경금지원칙이 적용**되지만, 판결서의 명백한 오류에 대하여 **판결서의 경정을 통하여 그 오류를 시정하는 것**은 피고인에게 유리 또는 불리한 결과를 발생시키거나 피고인의 상소권 행사에 영향을 미치는 것이 아니므로, **불이익변경금지원칙이 적용될 여지가 없다**(대판 2007.7.13. 2007도3448).

10) 성폭력치료프로그램 이수명령

원심이 **제1심과 동일한 벌금형을 선고하면서 성폭력 치료프로그램 이수명령을 병과**한 것은 전체적 · 실질적으로 볼 때 피고인에게 불이익하게 변경한 것이어서 허용되지 않는다(대판 2012.9.27. 2012도8736). (15.모의)

11) 압수물의 피해자 환부

주형을 감축하고 제1심판결이 선고하지 아니한 압수장물을 피해자에게 환부하는 선고를 추가하였더라도 불이익변경이 아니다(대판 1990.4.10. 90도16).

12) 위치추적 전자장치

위치추적 전자장치 부착명령은 형벌이 아닌 보안처분이므로 상소심에서 전자부착장치의 부착명령을 새로이 추가하거나, 상소심에서 자유형의 형기를 줄이면서 부착명령을 늘여도 불이익변경이 아니다(대판 2010.11.11. 2010도7955등).

---

❶ 대판 1999.11.26. 99도3776
❷ 대판 2005.10.28. 2005도5822

13) 취업제한

아동·청소년의 성보호에 관한 법률의 시행 이전에 아동·청소년 대상 성범죄를 범한 피고인에 대하여 제1심이 개정법 시행일 이전에 유죄를 인정하여 징역5년과 성폭력치료프로그램 이수명령, 추징을 선고하였고, 이에 대하여 피고인만 사실오인과 양형부당을 이유로 항소하였는데, 개정법 시행일 이후에 판결을 선고한 원심이 개정법 부칙 제3조에 따라 피고인에게 제1심과 동일한 형을 선고하면서 동시에 일정 기간의 취업제한 명령을 선고하였더라도 불이익변경이 아니다(대판 2018.10.25. 2018도13367).

14) 소송비용

소송비용의 부담은 형이 아니고 실질적인 의미에서 형에 준하여 평가되어야 할 것도 아니므로 불이익변경금지원칙의 적용이 없다(대판 2008.3.14. 2008도488).

4. 불이익변경금지 원칙의 위반효과

불이익변경금지의 원칙을 위반한 항소심판결은 제383조 제1호의 상고이유가 인정되며, 이에 위반한 상고심판결은 제441조의 비상상고의 이유가 된다.

PLUS+ **불이익변경금지원칙**

피고인 甲은 1심에서 **사기로 징역 8월**을 선고받고 피고인만 양형부당을 이유로 항소하였다. 항소심에서는 **특정경제범죄법위반(사기)로 징역 10월에 2년간 집행유예**를 선고하였다. 미성년자인 피고인 乙은 1심에서 공중밀집장소추행죄로 **징역 단기 6월 장기 1년의 형**을 선고 받고 피고인만 항소하였으나 항소심에서는 피고인의 항소를 기각하였다. 乙은 상고하지 않았으나 검사가 피고인에게 판결에 영향을 미치는 법률 위반의 경우에 해당하는 상고이유를 주장하며 상고하였다. 대법원은 원심판결을 파기하고 성년에 달한 피고인에게 **징역 10월의 실형**을 선고하였다.

문1. 甲에 대한 항소심판결과 乙에 대한 상고심판결은 적법한가

문2. (위 사안과 무관)만일 丙이 도박죄로 벌금 100만 원의 약식명령을 받고 이에 불복하여 정식재판을 청구하였는데 정식재판 심리 중 검사가 위 공소사실을 상습도박죄로 변경하는 신청한 경우라면 법원이 허가하여야 하는지 (변시3회 유사)

문 1)

1. 논점

불이익변경금지(제368조, 제396조) '피고인이 항소한 사건'과 '피고인을 위하여 항소한 사건'에 대하여는 원심판결의 형보다 중한 형을 선고하지 못하는데, 甲과 乙의 판결에 불이익변경금지 원칙이 적용되는지 문제된다.

2. 불이익변경의 판단기준

가. 甲에 대한 항소심판결

(1) 불이익변경금지원칙의 적용여부

피고인만 항소한 경우로서 불이익변경금지원칙이 적용된다.

(2) 죄명 및 적용법조를 중하게 변경한 부분

원심의 사기죄에 대하여 항소심에서 특경법위반(사기)을 인정하여 법령적용 및 죄명이 원심보다 중하게 변경되었지만 이는 불이익변경으로 볼 수 없다.

(3) 징역형 늘리고 집행유예를 붙인 부분

판례는 이를 불이익변경으로 보는데, 집행유예가 실효되거나 취소되는 경우를 고려하면 판례의 태도가 타당하다.

(4) 소결

甲에 대한 항소심 판결은 불이익변경금지원칙을 위반하여 부적법하다.

나. 乙에 대한 상고심판결

(1) 피고인만 항소한 사건에서 검사가 상고한 때에도 불이익변경금지 적용되는지 여부

판례는 **제1심 유죄판결에 대하여 검사의 공소가 없고 피고인만의 상소가 있는 제2심 유죄판결에 대하여 검사만이 상고한 경우**에도 상고심은 검사의 불복 없는 제1심 판결의 형보다 중한형을 선고할 수 없다고 하여 **불이익변경금지원칙이 적용**된다(대판 1957.10.4. 4290형상1). 1심판결에 대한 실효적인 상소권 보장을 위하여 불이익변경금지원칙이 적용된다고 봄이 타당하다.

(2) 부정기형을 정기형을 변경한 경우

부정기형을 정기형으로 변경하는 경우에 무엇을 기준으로 형의 경중을 정할 것인가와 관련하여 장기표준설, 단기표준설의 견해 대립이 있으나, 판례는 종래 **부정기형의 단기를 기준**으로 하다가 최근 전합 판례에서 부정기형의 장기와 단기의 중간을 기준으로 형의 경중을 판단하는 것으로 입장을 변경하였다(대판 2020.10.22. 2020도4140 전합).

(3) 소결

사안의 경우, 전합 판례에 따르면, 중간형인 9월보다 중한 형이 선고된 것으로 불이익변경금지원칙에 반한다.

3. 사안의 해결

문 2)

1. 논점

2. 약식명령에 대한 정식재판청구사건의 공판절차에서의 공소장변경 허부

가. 공소장변경 가부
정식재판에서는 통상의 공판절차와 마찬가지로 공소장변경이 가능하다.

나. 공소사실의 동일성 여부
같은 공소사실에 대하여 죄명 및 적용법조만 달리한 것으로 공소사실의 동일성이 인정된다(기본적사실동일설).

3. 형종상향금지와 공소장변경허부

가. 약식명령에 대한 정식재판청구시 형종 상향이 금지됨
피고인이 정식재판을 청구한 사건에 대하여는 약식명령의 형보다 중한 종류의 형을 선고하지 못하는데(제457조의2), 사안은 이에 속한다.

나. 공소장변경과 형종상향금지와의 관련성

(1) 문제제기

도박에서 상습도박으로 공소장변경시 징역형도 선고될 수 있는 경우가 생기는바 형종상향금지에 위배되어 공소장변경이 불허되는지 문제된다.

(2) 판례의 태도(2011도14986, 사문서위조·동행사의 공소사실을 사서명위조·동행사로 공소장변경을 신청한 사건)

법정형에 징역형이 있더라도 형사소송법 457조의 2에서 규정한 불이익변경금지원칙이 적용되어 벌금형을 선고할 수 있으므로, 위와 같은 불이익변경금지원칙 등을 이유로 공소장변경을 불허할 것은 아니라는 입장이다.

(3) 검토

생각건대 불이익변경금지원칙과 마찬가지로 형종상향금지는 공소장변경 후 형 선고시의 문제로서 이를 공소장변경 단계에서 고려할 것은 아니라는 판례의 태도가 타당하다.

4. 사안의 해결

Ⅶ 파기판결의 구속력(기속력) [14.모의]

1. 의의

파기판결의 구속력이란 상소심에서 원판결을 파기하여 환송 또는 이송한 경우에 상급심의 판단이 환송 또는 이송받은 하급심을 구속하는 효력이다. 파기판결의 구속력은 심급제도의 본질에서 유래되었으며 법원조직법 제8조 "상급법원의 재판에 있어서의 판단은 당해 사건에 관하여 하급심을 기속한다"에 근거를 둔다. (14.2차모의)

2. 구속력의 법적 성질

파기판결의 구속력의 법적 성질에 관하여 중간판결설과 기판력설 그리고 특수효력설(다수설)의 견해 대립이 있다. 파기판결의 구속력을 심급제도의 유지를 위한 특수한 효력으로 보는 **특수효력설**이 타당하다.

3. 구속력의 범위

(1) 구속력이 미치는 법원

1) 하급법원과 파기한 법원

파기판결이 **당해 사건의 하급심**을 구속한다는 것은 당연하다. 그리고 **파기판결을 한 상급심 자신도 구속된다**(대판 1987.4.28. 87도294).

> **⚖ 판례**
>
> 파기환송을 받은 법원은 그 파기이유로 한 사실상 및 법률상의 판단에 기속되는 것이고 그에 따라 판단한 판결에 대하여 다시 상고를 한 경우에 그 **상고사건을 재판하는 상고법원도 앞서의 파기이유로 한 판단에 기속되므로 이를 변경하지 못한다**(대판 2006.1.26. 2004도517).

2) 상급법원과 대법원 전원합의체

항소심의 파기판결에 상고심은 구속되지 않는다. 그리고 대법원의 파기판결은 대법원도 구속하지만 대법원의 전원합의체는 법령의 해석적용에 관한 의견변경의 권능을 가지므로 이에 구속되지 않는다.

> **판례**
>
> 대법원은 법령의 정당한 해석적용과 그 통일을 주된 임무로 하는 최고법원이고, 대법원의 전원합의체는 종전에 대법원에서 판시한 법령의 해석적용에 관한 의견을 스스로 변경할 수 있는 것인바(법원조직법 제7조 제1항 제3호), 환송판결이 파기이유로 한 법률상 판단도 여기에서 말하는 '대법원에서 판시한 법령의 해석적용에 관한 의견'에 포함되는 것이므로 **대법원의 전원합의체가 종전의 환송판결의 법률상 판단을 변경할 필요가 있다고 인정하는 경우에는, 그에 기속되지 아니하고 통상적인 법령의 해석적용에 관한 의견의 변경절차에 따라 이를 변경할 수 있다고 보아야 할 것이다**(대판 2001.3.15. 98두15597 전합).

(2) 구속력이 발생하는 재판

구속력이 발생하는 재판은 **상소심의 파기판결**이다. 상소심은 항소심·상고심을 불문하고, 파기판결은 **파기환송판결·파기이송판결을 불문**한다.

(3) 구속력이 미치는 판단(범위)

파기판결의 구속력이 **법률판단뿐만 아니라 사실인정**에도 기속력이 미치는 논의가 있으나 우리 형사소송법이 독일 형사소송법과 달리 기속력을 법률판단에 한정하지 않으므로 사실인정에도 기속력이 미친다. 그리고 **소극적·부정적 판단**(~인정은 잘못이다)에 구속력이 미치는지에 대해서는 이견 없이 인정되지만, 적극적·긍정적 판단(~으로 인정하여야 한다)에 대해서는 구속력이 미치지 않는다는 것이 판례의 입장이다. 생각건대 적극적·긍정적 판단은 파기이유에 대한 연유에 불과하므로 판례의 입장이 타당하다.

> **판례**
>
> 법률심을 원칙으로 하는 상고심도 형사소송법 제383조 또는 제384조에 의하여 사실인정에 관한 원심판결의 당부에 관하여 제한적으로 개입할 수 있는 것이므로 조리상 **상고심판결의 파기이유가 된 사실상의 판단도 기속력을 가지는 것이며, 이 경우에 파기판결의 기속력은 파기의 직접 이유가 된 원심판결에 대한 소극적인 부정 판단에 한하여 생긴다**(대판 2004.4.9. 2004도340).

4. 구속력의 배제

(1) 새로운 증거에 의한 사실관계 변경

파기판결의 구속력은 사실관계가 동일하다는 것을 전제로 한다. 따라서 환송 후에 새로운 사실과 증거에 의하여 사실관계가 변경된 경우에는 파기판결의 구속력은 배제된다. 따라서 하급심에서 환송 전후의 증거를 종합하여 환송 전의 판단을 유지한 경우는 구속력에 반하지 아니한다(대판 1984.12.13. 83도2613).

(2) 파기판결 후 법령 변경 및 전원합의체에 의한 판례 변경

파기판결의 구속력은 원심과 상소심에서 적용될 법령·판례가 동일하다는 것을 전제로 한다. 따라서 파기판결 이후에 법령·판례가 변경된 경우에도 구속력은 배제된다.

제2절 항소

I 항소의 의의

항소란 **제1심판결에 불복**하여 제2심법원에 제기하는 상소를 말한다. 항소는 오판으로 인하여 불이익을 받는 당사자의 구제를 주목적으로 한다.

II 항소심의 구조

1. 입법주의

항소심이 제1심의 심리와 판결을 전부 무효로 하고 처음부터 전면적으로 다시 심판하는 제도인 **복심**, 제1심법원의 심리결과를 토대로 제1심의 소송자료를 승계하고, 항소심이 새로운 사실과 증거를 추가하여 피고사건에 대하여 심리를 속행하는 제도인 **속심**, 그리고 항소심에서의 증거조사를 허용하지 않고 원심의 소송자료에 의해서 원판결 당시를 기준으로 하여 원심판결의 당부를 사후적으로 심사하는 제도인 **사후심**의 입법주의가 있다.

2. 현행법상 항소심의 구조

항소심의 구조에 대해서는 원심판결시를 기준으로 원판결의 당부를 사후적으로 판단하고 있음을 이유로 한 **사후심설**이 있으나 항소심은 사실심으로서 실체진실 발견에 그 본질이 있고 사후심적 성격을 가진 규정들은 소송경제와 남상소의 폐단으로 방지하기 위하여 항소심의 속심적 성격에 제한을 가지고 있는 것으로 보는 **속심설**이 타당하다. 판례도 속심설의 입장이다.

> **★ 판례**
>
> 현행 형사소송법상 항소심은 기본적으로 실체적 진실을 추구하는 면에서 속심적 기능이 강조되고 있으며 **사후심적 요소를 도입한 형사소송법의 조문들은 소송경제상의 필요에서 항소심의 속심적 성격에 제한을 가하고 있음에 불과**하다(대판 1983.4.26. 82도2829). (13.모의)

3. 속심설의 적용시

① 항소심에서도 **당연히 공소장 변경이 허용되고**(대판 1995.12.5. 94도1520) ② 기판력의 시적범위는 원판결시가 아니라 **항소심 판결선고시가 되며❶** ③ **증거조사 등 사실심리**를 할 수 있고(제370조) ④ 원심판결 이후에 나타난 사실도 항소이유로 고려할 수 있으므로 **항소이유에 제한이 없다.**

---

❶ 대판 1993.5.25. 93도836

Ⅲ 항소이유

1. 의의

항소권자가 **적법하게 항소를 제기할 수 있는 법률상의 이유**를 의미하며 형사소송법은 항소이유 11가지를 제한적으로 열거하고 있다(제361조의5).

2. 항소이유의 분류

(1) 상대적 항소이유(제361조의5 제1호, 제14호)

일정한 객관적 사유의 존재가 **판결에 영향을 미친 경우에 한하여** 항소이유로 되는 것으로 동조의 제1호와 제14호가 이에 해당한다.

1) 법령위반 사유인 **제1호의 판결에 영향을 미친 헌법ㆍ법률ㆍ명령ㆍ규칙의 위반**이 있는 때에서 법령위반이란 판결내용에 있어서의 착오와 소송절차에 있어서의 착오가 있는 경우를 의미한다.

2) 법령위반 이외의 사유인 **제14호의 사실의 오인이 있어 판결에 영향을 미칠 때**에서 **사실오인**은 인정된 사실과 객관적 사실 사이에 차이가 있는 것을 의미하고 증거에 의한 사실인정이 채증법칙에 위반되는 경우에 이에 해당한다. 그러나 사실오인이라 할지라도 증거에 의하지 않거나 증거능력 없는 증거에 의한 사실인정은 소송절차의 법령위반으로 제1호 사유에 해당한다.

(2) 절대적 항소이유

일정한 객관적 사유가 있으면 **판결에의 영향 여부를 불문**하고 항소이유로 되는 것을 말한다. 동조 제2호~제13호, 제15호가 이에 해당한다.

1) 법령위반

① 관할위반(제3호)

관할의 인정이나 관할위반의 선고가 법률에 위반한 때를 의미한다.

② 법원구성의 위반(제4호, 제7호, 제8호)

판결법원의 구성이 법률에 위반한 때(제4호), 법률상 그 재판에 관여하지 못할 판사가 그 심판에 관여한 때(제7호), 사건의 심리에 관여하지 아니한 판사가 그 사건의 판결에 관여한 때(제8호)를 의미한다.

③ 공개규정 위반(제9호)

재판의 공개에 관한 규정에 위반한 때를 의미한다.

④ 이유불비와 이유모순(제11호)

판결에 이유가 없거나 불충분한 경우(이유불비, 전단)와 주문과 이유 사이 또는 이유와 이유 사이에 모순이 있는 경우(이유모순, 후단)를 의미한다.

> **판례**
>
> 제1심판결에 형사소송법 제361조의5 제11호의 '판결에 이유를 붙이지 아니하거나 이유에 모순이 있는 때'의 잘못이 있는 경우에는 직권조사사유에 해당하므로 원심판결이 이를 간과하여 이러한 잘못이 있는 제1심판결을 유지하였다면 파기를 면할 수 없다(대판 2020.5.28. 2016도2518).

2) 법령위반 이외의 사유

① 판결 후 형의 폐지·변경·사면(제2호)

피고인 구제를 목적으로 하므로 여기서의 형의 변경은 경한 형으로의 변경을 의미한다.

② 재심청구의 사유(제13호)

재심사유가 있을 때 판결의 확정을 기다려 재심청구를 하도록 하는 것은 소송경제에 반한다는 점을 고려한 것이다.

판례

소송촉진법 특례 규정에 따라 피고인의 진술 없이 유죄를 선고하여 확정된 제1심판결에 대하여, 피고인이 재심 규정에 의하여 재심을 청구하지 아니하고 피고인 또는 대리인이 책임질 수 없는 사유로 항소 제기기간 내에 항소를 제기할 수 없었음을 이유로 항소권회복을 청구하여 인용된 경우에, 사유 중에 피고인이 책임을 질 수 없는 사유로 공판절차에 출석할 수 없었던 사정을 포함하고 있다면, 재심 규정에 의하여 재심청구의 사유가 있음을 주장한 것으로서 형사소송법 제361조의5 제13호에서 정한 '재심청구의 사유가 있는 때'에 해당하는 항소이유를 주장한 것으로 봄이 타당하다. 따라서 항소심으로서는 재심 규정에 의한 재심청구의 사유가 있는지를 살펴야 하고 사유가 있다고 인정된다면 다시 공소장 부본 등을 송달하는 등 새로 소송절차를 진행한 다음 제1심판결을 파기하고 새로운 심리 결과에 따라 다시 판결하여야 한다(대판 2015.11.26. 2015도8243).

---

③ 양형부당(제15호)

처단형의 범위 내에서 선고한 형이 지나치게 무겁거나 가벼운 경우를 의미한다. 그러나 법정형 범위를 넘는 형을 선고하는 것은 법령위반에 해당한다.

Ⅳ 항소심 절차

1. 항소의 제기

항소는 **항소제기기간 내(선고, 고지한 날로부터 7일, 초일불산입)**에 항소장을 **원심법원에 제출**하는 방식으로 한다(제359조). (변시1회·8회) 항소장의 제출과 관련하여서는 재소자특칙이 적용된다(제344조).

2. 원심법원의 조치

(1) 항소기각 결정

원심법원은 항소장을 심사하여 항소의 제기가 **법률상의 방식에 위반**하거나 항소권 소멸 후인 것이 명백한 때에는 **결정으로 항소를 기각**하여야 한다. 이 결정에 대하여는 **즉시항고**를 할 수 있다(제360조).

(2) 소송기록 송부

항소기각결정을 하는 경우를 제외하고는 원심법원은 항소장을 받은 날부터 **14일 이내**에 소송기록과 증거물을 항소법원에 송부하여야 한다(제361조).

3. 항소법원의 조치

(1) 항소기각 결정

항소의 제기가 **법률상의 방식에 위반하거나 항소권 소멸 후인 것이 명백**함에도 원심법원이 항소기각의 결정을 하지 아니한 때에는 항소법원은 **결정으로 항소를 기각**하여야 한다. 이 결정에 대하여는 **즉시항고**를 할 수 있다(제362조). (14.모의)

(2) 소송기록 접수 통지

항소법원이 기록의 송부를 받은 때에는 **즉시 항소인과 상대방에게** 그 사유를 통지하여야 한다(제361조의2 제1항). 전항의 통지 전에 변호인의 선임이 있는 때에는 **변호인에게도 통지**하여야 한다(동조 제2항).

★판례

피고인의 항소대리권자인 배우자가 피고인을 위하여 항소한 경우(형사소송법 제341조)에도 소송기록접수통지는 항소인인 피고인에게 하여야 하는데(형사소송법 제361조의2), 피고인이 적법하게 소송기록접수통지서를 받지 못하였다면 항소이유서 제출기간이 지났다는 이유로 항소기각결정을 하는 것은 위법하다(대결 2018.3.29. 2018모642).

---

(3) 필요적 변호사건에서 변호인 선정

기록의 송부를 받은 항소법원은 **필요적 변호사건에 있어서 변호인이 없는 경우에는 지체 없이 변호인을 선정한 후 그 변호인에게 소송기록접수통지를** 하여야 한다.

★판례

1 피고인에게 소송기록접수통지를 **한 후에 변호인의 선임이 있는 경우에는 변호인에게 다시 같은 통지를 할 필요가 없고** 항소이유서의 제출기간도 피고인이 그 통지를 받은 날로부터 계산하면 되나, 피고인에게 소송기록접수통지가 되기 전에 변호인의 선임이 있는 때에는 **변호인에게도 소송기록접수통지를 하여야 하고** 변호인의 항소이유서 제출기간은 변호인이 이 통지를 받은 날로부터 계산하여야 한다(대판 1996.9.6. 96도166). (16.모의)

2 변호인의 조력을 받을 위와 같은 피고인의 권리는 **필요적 변호사건에서 법원이 정당한 이유 없이 국선변호인을 선정하지 않고 있는 사이에 피고인 스스로 변호인을 선임하였으나** 그 때는 이미 피고인에 대한 항소이유서 제출기간이 도과해버린 후이어서 그 변호인이 피고인을 위하여 항소이유서를 작성·제출할 시간적 여유가 없는 경우에도 마찬가지로 보호되어야 한다고 할 것이므로, 그 경우에는 법원은 **사선변호인에게도 형사소송규칙 제156조의2를 유추 적용 하여 소송기록접수통지를 함으로써** 그 변호인이 통지를 받은 날로부터 기산하여 소정의 기간 내에 피고인을 위하여 항소이유서를 작성·제출할 수 있는 기회를 주어야 한다(대판 2000.12.22. 2000도4694). (13.모의)

3 변호인의 조력을 받을 위와 같은 피고인의 권리는 필요적 변호사건에서 법원이 국선변호인을 선정한 후 그 변호인에게 소송기록접수통지를 하였다가 항소이유서 제출기간 내에 피고인의 귀책사유에 의하지 아니한 사정으로 그 선정결정을 취소하고 새로운 국선변호인을 선정한 경우에도 마찬가지로 보호되어야 한다고 할 것이므로, **국선변호인의 교체가 피고인의 귀책사유에 의하지 아니한 사정으로 이루어진 경우에는** 법원은 형사소송규칙 제156조의2 규정을 적용하여 **새로이 선정된 국선변호인에게 소송기록접수통지를 하여야 하고,** 그 경우 항소이유서 제출기간은 새로이

선정된 국선변호인에게 소송기록접수통지를 하여야 하고, 그 경우 항소이유서 제출기간은 새로이 선정된 변호인이 소송기록접수통지를 받은 날로부터 20일 이내라 할 것이다(대결 2006.3.9. 2005모304). (변시8회)

4 피고인을 위하여 선정된 국선변호인이 법정기간 내에 항소이유서를 제출하지 아니하면 이는 피고인을 위하여 요구되는 충분한 조력을 제공하지 아니한 것으로 보아야 하고, 이런 경우에 피고인에게 책임을 돌릴 만한 아무런 사유가 없는데도 항소법원이 형사소송법 제361조의4 제1항 본문에 따라 피고인의 항소를 기각한다면, 이는 피고인에게 국선변호인으로부터 충분한 조력을 받을 권리를 보장하고 이를 위한 국가의 의무를 규정하고 있는 헌법의 취지에 반하는 조치이다. **따라서 피고인과 국선변호인이 모두 법정기간 내에 항소이유서를 제출하지 아니하였더라도, 국선변호인이 항소이유서를 제출하지 아니한 데 대하여 피고인에게 귀책사유가 있음이 특별히 밝혀지지 않는 한, 항소법원은 종전 국선변호인의 선정을 취소하고 새로운 국선변호인을 선정하여 다시 소송기록접수통지를 함으로써 새로운 국선변호인으로 하여금 그 통지를 받은 때로부터 형사소송법 제361조의3 제1항의 기간 내에 피고인을 위하여 항소이유서를 제출하도록 하여야 한다**(대결 2012.2.16. 2009모1044 전합). (변시8회, 15.모의)

5 [1] 피고인을 위하여 선정된 국선변호인이 항소이유서 제출기간 내에 항소이유서를 제출하지 아니하면 이는 피고인을 위하여 요구되는 충분한 조력을 제공하지 아니한 것으로 보아야 하고, 이런 경우에 피고인에게 책임을 돌릴 만한 아무런 사유가 없음에도 항소법원이 형사소송법 제361조의4 제1항 본문에 따라 피고인의 항소를 기각한다면, 이는 피고인에게 국선변호인으로부터 충분한 조력을 받을 권리를 보장하고 이를 위한 국가의 의무를 규정하고 있는 헌법의 취지에 반하는 조치이다. 따라서 피고인과 국선변호인이 모두 법정기간 내에 항소이유서를 제출하지 아니하였더라도, 국선변호인이 항소이유서를 제출하지 아니한 데 대하여 피고인에게 귀책사유가 있음이 특별히 밝혀지지 않는 한, 항소법원은 종전 국선변호인의 선정을 취소하고 새로운 국선변호인을 선정하여 다시 소송기록접수통지를 함으로써 새로운 변호인으로 하여금 그 통지를 받은 때로부터 형사소송법 제361조의3 제1항의 기간 내에 피고인을 위하여 항소이유서를 제출하도록 하여야 한다. 그리고 이러한 법리는 항소법원이 종전 국선변호인의 선정을 취소하고 새로운 국선변호인을 선정하여 소송기록접수통지를 하기 이전에 피고인 스스로 변호인을 선임한 경우 그 사선변호인에 대하여도 마찬가지로 적용되어야 한다.

[2] 미성년자인 피고인이 제1심판결에 불복하여 항소하였다가 항소취하서를 제출하며 항소이유서를 제출하지 아니하였고, 피고인의 법정대리인 중 어머니가 항소취하에 동의하는 취지의 서면을 제출하였으나 아버지는 항소취하 동의서를 제출하지 아니하였는데, 원심이 국선변호인을 선정하여 소송기록접수통지를 하였음에도 국선변호인이 항소이유서 제출기간 만료일까지 항소이유서를 제출하지 아니하자 피고인의 어머니가 사선변호인을 선임한 사안에서, 피고인이 항소취하서를 제출하였으나 법정대리인인 피고인 아버지의 동의가 없었으므로 항소취하하는 효력이 없고, 따라서 국선변호인은 항소이유서 제출기간 내에 항소이유서를 제출하여야 함에도 법정기간 내에 항소이유서를 제출하지 아니하였으므로, 미성년자로서 필요적으로 변호인의 조력을 받아야 하는 피고인이 위와 같이 법정대리인의 동의 없이 항소취하서를 제출하였다는 사정만으로 국선변호인이 항소이유서 제출기간 내에 항소이유서를 제출하지 않은 것에 대하여 피고인에게 귀책사유가 있다고 볼 수 없는데도, 이와 달리 보아 국선변호인의 선정을 취소하고 사선변호인에게 다시 소송기록접수통지를 하여 사선변호인으로 하여금 그 통지를 받은 때로부터 형사소송법 제361조의3 제1항의 기간 내에 피고인을 위하여 항소이유서를 제출할 수 있도록 기회를 주지 아니한 채 곧바로 피고인의 항소를 기각한 원심판결에 국선변호인의 조력을 받을 권리에 관한 헌법 및 형사소송법의 법리를 오해한 잘못이 있다고 한 사례(대판 2019.7.10. 2019도4221)

6 필요적 변호사건이 아니고 형사소송법 제33조 제3항에 의하여 국선변호인을 선정하여야 하는 경우도 아닌 사건에 있어서 피고인이 항소이유서 제출기간이 도과한 후에야 비로소 형사소송법 제33조 제2항의 규정에 따른 국선변호인 선정청구를 하고 법원이 **국선변호인 선정결정을 한 경우**에는 그 국선변호인에게 소송기록접수통지를 할 필요가 없고, 이러한 경우 설령 **국선변호인에게 같은 통지를 하였다고 하더라도 국선변호인의 항소이유서 제출기간은 피고인이 소송기록접수통지를 받은 날로부터 계산**된다고 할 것이다(대판 2013.6.27. 2013도4114).

7 형사소송법은 항소법원이 항소인인 피고인에게 소송기록접수통지를 하기 전에 변호인의 선임이 있는 때에는 변호인에게도 소송기록접수통지를 하도록 정하고 있으므로, 피고인에게 소송기록접수통지를 한 다음에 변호인이 선임된 경우에는 변호인에게 다시 같은 통지를 할 필요가 없다. 이는 필요적 변호사건에서 항소법원이 국선변호인을 선정하고 피고인과 그 변호인에게 소송기록접수통지를 한 다음 피고인이 사선변호인을 선임함에 따라 항소법원이 국선변호인의 선정을 취소한 경우에도 마찬가지이다. 이러한 경우 **항소이유서 제출기간은 국선변호인 또는 피고인이 소송기록접수통지를 받은 날부터 계산**하여야 한다(대판 2018.11.22. 2015도10651).

4. 항소이유서 제출

(1) 항소이유서 제출과 항소이유의 철회

항소인 또는 변호인은 기록접수의 통지를 받은 날로부터 20일 이내에 항소이유서를 항소법원에 제출하여야 한다(제361조의3 제1항). (변시8회) 재소자에 대한 특칙이 적용된다(제361조의3 제1항). 항소이유서를 적법하게 제출하였더라도 항소이유를 추가·변경·철회할 수 있으므로, **항소이유서 제출기간의 경과를 기다리지 않고는 항소사건을 심판할 수 없다.❶** (14.모의, 16.모의) [변시10회] 따라서 항소이유를 철회하면 이를 다시 상고이유로 삼을 수 없게 되는 제한을 받을 수도 있으므로, **항소이유의 철회는 명백히 이루어져야만 그 효력이 있다**(대판 1999.6.11. 99도1238). (15.모의)

🔥 판례

1 형사소송법 제361조의3, 제364조 등의 규정에 의하면 항소심의 구조는 피고인 또는 변호인이 법정기간 내에 제출한 항소이유서에 의하여 심판되는 것이고, 이미 항소이유서를 제출하였더라도 항소이유를 추가·변경·철회할 수 있으므로, **항소이유서 제출기간의 경과를 기다리지 않고는 항소사건을 심판할 수 없다. 따라서 항소이유서 제출기간 내에 변론이 종결되었는데 그 후 위 제출기간 내에 항소이유서가 제출되었다면**, 특별한 사정이 없는 한 항소심법원으로서는 **변론을 재개하여 항소이유의 주장에 대해서도 심리를 해 보아야 한다**(대판 2015.4.9. 2015도1466). (변시5회)

2 [1] 항소인 또는 변호인이 항소이유서에 추상적으로 제1심판결이 부당하다고만 기재함으로써 항소이유를 특정하여 구체적으로 명시하지 아니하였다고 하더라도 항소이유서가 법정의 기간 내에 적법하게 제출된 경우에는 이를 항소이유서가 법정의 기간 내에 제출되지 아니한 것과 같이 보아 형사소송법 제361조의4 제1항에 의하여 결정으로 항소를 기각할 수는 없다고 할 것이다.
[2] 항소심은 사후심적 성격이 가미된 속심인 점에 비추어 피고인들이 항소이유서에 '위 사건에 대한 원심판결은 도저히 납득할 수 없는 억울한 판결이므로 항소를 한 것입니다'라고 기재하였다고 하더라도 원심으로서는 이를 제1심판결에 사실의 오인이 있거나 양형부당의 위법이 있다는

---

❶ 대판 2015.4.9. 2015도1466

항소이유를 기재한 것으로 선해하여 그 항소이유에 대하여 심리를 하여야 한다(대결 2002.12.3. 2002모265). (16.모의)

(2) 항소법원의 조치

1) 항소기각 결정

항소인이나 변호인이 **항소이유서제출기간 내에 항소이유서를 제출하지 아니한 때에는 항 소기각의 결정**을 하여야 한다(제361조의4). 단, **직권조사사유**가 있거나 항소장에 항소이유 의 기재가 있는 때에는 항소기각 결정을 할 수 없다. (변시8회)

2) 항소이유서 부본 송달

항소이유서의 제출을 받은 항소법원은 **지체 없이** 그 부본 또는 등본을 상대방에게 송달하 여야 한다(제361조의3 제2항).

5. 답변서의 제출

상대방은 항소이유서의 송달을 받은 날로부터 **10일 이내**에 답변서를 항소법원에 제출하여 야 한다(제361조의3 제3항).

6. 답변서 부본 송달

답변서의 제출을 받은 항소법원은 **지체 없이** 그 부본 또는 등본을 항소인 또는 변호인에 게 송달하여야 한다(제361조의3 제4항).

V 항소법원의 심판

1. 항소심의 심리

(1) 항소법원의 심판범위

항소법원은 **항소이유에 포함된 사유에 관하여만 심판하여야** 하나(제364조 제1항), **판결에 영향을 미친 사유에 관하여는** 항소이유서에 포함되지 아니한 경우에도 **직권**으로 심판할 수 있다(동조 제2항). (16.모의)

> **⚖ 판례**
>
> 항소법원은 직권조사사유에 관하여는 항소제기가 적법하다면 항소이유서가 제출되었는지 여부나 그 사유가 항소이유서에 포함되었는지 여부를 가릴 필요 없이 반드시 심판하여야 할 것이지만, 직권조사사유가 아닌 것에 관하여는 그것이 항소장에 기재되어 있거나 그렇지 아니하면 소정 기간 내에 제출된 항소이유서에 포함된 경우에 한하여 심판대상으로 할 수 있고, 다만, 판결에 영향을 미친 사유에 한하여 예외적으로 항소이유서에 포함되지 아니하였다 하더라도 직권으로 심판할 수 있고, 한편 피고인이나 변호인이 항소이유서에 포함시키지 아니한 사항을 항소심 공판정에서 진술한다 하더라도 그 진술에 포함된 주장과 같은 항소이유가 있다고 볼 수 없다(대판 1998.9.22. 98도1234).

(2) 심리의 특칙

제1심의 공판절차에 관한 규정은 특별한 규정이 없으면 항소심의 심판에 준용된다(제370조). 다만, 피고인의 출석과 증거조사에 있어서 특칙이 있다.

1) 불출석 재판

피고인이 공판기일에 **출정하지 아니한 때**에는 다시 기일을 정하여야 한다. 피고인이 **정당한 사유 없이 다시 정한 기일에 출정하지 아니한 때**에는 피고인의 진술 없이 판결을 할 수 있다(제365조).

> **⚖ 판례**
>
> 1 [1] 형사소송법 제370조, 제276조에 의하면 항소심에서도 공판기일에 피고인의 출석 없이는 개정하지 못하나 같은 법 제365조가 피고인이 항소심 공판기일에 출석하지 아니한 때에는 다시 기일을 정하고, 피고인이 정당한 사유 없이 다시 정한 기일에도 출석하지 아니한 때에는 피고인의 진술 없이 판결할 수 있도록 정하고 있으므로 **피고인의 출석 없이 개정하려면 불출석이 2회 이상 계속된 바가 있어야 한다.**
> [2] 피고인들이 항소심 제1회 공판기일에 불출석하고, 제2회 공판기일에는 출석하였다가 제3회 공판기일에 다시 불출석하자 항소심이 피고인들의 출석 없이 제3회 공판기일을 개정한 사안에서, 위 법리에 비추어 항소심은 제4회 공판기일을 다시 정하여 피고인들이 제4회 공판기일에도 불출석한 때 비로소 피고인들의 출석 없이 개정할 수 있다(대판 2016.4.29. 2016도2210).
> 2 이때 '적법한 공판기일 통지'란 소환장의 송달(형사소송법 제76조) 및 소환장 송달의 의제(형사소송법 제268조)의 경우에 한정되는 것이 아니라 적어도 피고인의 이름·죄명·출석 일시·출석 장소가 명시된 공판기일 변경명령을 송달받은 경우(형사소송법 제270조)도 포함된다(대판 2022.11.10. 2022도7940).

2) 증거조사

제1심법원에서 증거로 할 수 있었던 증거는 **항소법원에서도 증거로 할 수 있다**(제364조 제3항). 따라서 항소심에서 다시 증거조사를 할 필요가 없다.

2. 항소심의 재판

(1) 공소기각의 결정

공소기각 결정의 사유가 있는 때에는 항소법원은 공소기각의 결정을 하여야 한다. 이 결정에 대하여는 즉시항고를 할 수 있다(제363조).

(2) 항소기각 재판

1) 항소기각 결정

항소의 제기가 **법률상의 방식에 위반하거나 항소권 소멸 후인 것이 명백**함에도 원심법원이 항소기각의 결정을 하지 아니한 때에는 항소법원은 결정으로 항소를 기각하여야 한다(제362조 제1항). 그리고 **항소이유서 제출기간 내에 항소이유서를 제출하지 아니한 때**에는 항소기각의 결정을 하여야 한다.

2) 항소기각 판결

항소가 이유 없다고 인정한 때에는 판결로써 항소를 기각하여야 한다(제364조 제4항).

(3) 원심파기 판결

항소이유가 있다고 인정한 때에는 원심판결을 파기하여야 한다(제364조 제6항). 항소이유서에 기재하지 아니한 경우에도 직권조사의 결과 판결에 영향을 미친 사유가 있다고 인정할 때에는 원심판결을 파기하여야 한다. 피고인을 위하여 원심판결을 파기하는 경우에 파기이유가 항소한 공동피고인에게 공통되는 때에는 그 공동피고인에 대해서도 원심판결을 파기하여야 한다(제364조의2). (13.모의)

> **판례**
>
> 형사소송법 제364조의2는 항소법원이 피고인을 위하여 원심판결을 파기하는 경우에 파기의 이유가 항소한 공동피고인에게 공통되는 때에는 그 공동피고인에 대하여도 원심판결을 파기하여야 함을 규정하였는데, 이는 공동피고인 상호 간의 재판의 공평을 도모하려는 취지이다. 이와 같은 형사소송법 제364조의2의 규정 내용과 입법 목적·취지를 고려하면, 위 조항에서 정한 '항소한 공동피고인'은 제1심의 공동피고인으로서 자신이 항소한 경우는 물론 그에 대하여 검사만 항소한 경우까지도 포함한다(대판 2022.7.28. 2021도10579).

(4) 파기 후 조치

1) 파기자판

항소이유가 있을 때 원심판결을 파기하고 항소법원이 다시 판결하는 것을 말한다. 항소심은 **파기자판을 원칙으로 한다**(제364조 제6항). (15.모의)

2) 파기환송 판결

공소기각 또는 관할위반의 재판이 법률에 위반됨을 이유로 원심판결을 파기하는 때에는 판결로써 사건을 원심법원에 환송하여야 한다(제366조).

3) 파기이송 판결

관할인정이 법률에 위반됨을 이유로 원심판결을 파기하는 때에는 판결로써 사건을 관할법원에 이송하여야 한다. 단, 항소법원이 그 사건을 제1심 관할권이 있는 때에는 제1심으로 심판하여야 한다(제367조).

(5) 재판서의 기재방식

항소법원의 재판서에는 항소이유의 판단을 기재하여야 하며 **원심판결에 기재한 사실과 증거를 인용할 수 있다**(제369조). 그러나 **법령의 적용은 인용할 수 없다**는 것이 판례의 입장이다(대판 2000.6.23. 2000도1660).

⚖ 판례

검사와 피고인 양쪽이 상소를 제기한 경우, 어느 일방의 상소는 이유 없으나 다른 일방의 상소가 이유 있어 원판결을 파기하고 다시 판결하는 때에는 이유 없는 상소에 대해서는 판결이유 중에서 그 이유가 없다는 점을 적으면 충분하고 주문에서 그 상소를 기각해야 하는 것은 아니다(대판 2020.6.25. 2019도17995). (변시10회)

제3절 상고

I 상고의 의의

1. 상고의 의의

상고란 **항소심 판결에 불복하여 대법원에 제기하는 상소**를 말한다(제371조). 그러나 예외적으로 제1심판결에 대하여 곧바로 상고가 인정되는 경우가 있는데 이를 **비약적 상고**라 한다(제372조). 상고심의 주된 기능은 **법령해석의 통일**에 있다.

2. 상고심의 구조

(1) 법률심

상고심은 원칙적으로 법률문제만을 판단하는 법률심이다. 다만, 형사소송법은 중형이 선고된 사건에 대한 사실오인과 양형부당을 상고이유로 삼고 있으므로 예외적으로 상고심에 사실심적 성격을 인정하고 있다(제383조 제4호).

(2) 사후심

상고심의 구조는 원칙적으로 원판결의 당부를 판단하는 사후심이다. 상고심은 ① 원판결시를 기준으로 그 당부를 판단하고 ② 원칙적으로 **상고이유서에 포함된 사유에 한하여 심판**하여야 하고, **변론 없이** 서면심리에 의하여 판결할 수 있으며 ③ 원심판결을 파기하는 때에는 **파기환송 · 파기이송이 원칙**이다.

> ⚖ **판례**
>
> 1 항소심 판결선고 당시 미성년자로서 **부정기형을 선고받은 피고인이 상고심 계속 중에 성년이 되었다 하더라도** 항소심의 부정기형 선고를 **정기형으로 고칠 수는 없다**(대판 1990.11.27. 90도2225). (12. 모의)
>
> 2 **상고심은 항소법원 판결에 대한 사후심이므로 항소심에서 심판대상이 되지 않은 사항은 상고심의 심판범위에 들지 않는 것**이어서 피고인이 항소심에서 항소이유로 주장하지 아니하거나 항소심이 직권으로 심판대상으로 삼은 사항 이외의 사유에 대하여 **이를 상고이유로 삼을 수는 없다**(대판 2013.4.11. 2013도1079).
>
> 3 [1] [다수의견] ① 형사소송법상 상고인이나 변호인은 소정의 기간 내에 상고법원에 상고이유서를 제출하여야 하고, 상고이유서에는 소송기록과 항소법원의 증거조사에 표현된 사실을 인용하여 그 이유를 명시하여야 한다(제379조 제1항, 제2항). 상고법원은 원칙적으로 상고이유서에 포함된 사유에 관하여 심판하여야 하고(제384조 본문), 상고이유가 있는 때에는 판결로써 항소심판결을 파기하여야 하는데(제391조), 파기하는 경우에도 환송 또는 이송을 통해 항소심으로 하여금 사건을 다시 심리 · 판단하도록 함이 원칙이며 자판은 예외적으로만 허용된다(제393조 내지 제397조). 또한 상고심은 항소심까지의 소송자료만을 기초로 하여 항소심판결 선고시를 기준으로 그 당부를 판단하여야 하므로, 직권조사 기타 법령에 특정한 경우를 제외하고는 새로운 증거조사를 할 수 없을뿐더러 항소심판결 후에 나타난 사실이나 증거의 경우 비록 그것이 상고이유서 등에 첨부되어 있다 하더라도 사용할 수 없다.

위 규정 및 법리를 종합해 보면, 상고심은 항소심판결에 대한 사후심으로서 항소심에서 심판대상으로 되었던 사항에 한하여 상고이유의 범위 내에서 그 당부만을 심사하여야 한다. 그 결과 항소인이 항소이유로 주장하거나 항소심이 직권으로 심판대상으로 삼아 판단한 사항 이외의 사유는 상고이유로 삼을 수 없고 이를 다시 상고심의 심판범위에 포함시키는 것은 상고심의 사후심 구조에 반한다. 이러한 점에서 이른바 '상고이유 제한에 관한 법리'(이하 '상고이유 제한 법리'라고 한다)는 형사소송법이 상고심을 사후심으로 규정한 데에 따른 귀결이라고 할 수 있다.

② 상고이유 제한 법리는 피고인이 항소하지 않거나 양형부당만을 이유로 항소함으로써 항소심의 심판대상이 되지 않았던 법령위반 등 새로운 사항에 대해서는 피고인이 이를 상고이유로 삼아 상고하더라도 부적법한 것으로 취급함으로써 상고심의 심판대상을 제한하고 있다. 이는 심급제도의 운영에 관한 여러 가지 선택 가능한 형태 중에서 현행 제도가 사후심제 및 법률심의 방식을 선택한 입법적 결단에 따른 결과이다. 특히 모든 사건의 제1심 형사재판절차에서 법관에 의한 사실적·법률적 심리검토의 기회가 주어지고 피고인이 제1심판결에 대해 항소할 기회가 부여되어 있음에도 항소심에서 적극적으로 이를 다투지 아니한 사정 등을 감안하여 개개 사건에서 재판의 적정, 피고인의 구제 또는 방어권 보장과 조화되는 범위 내에서 재판의 신속 및 소송경제를 도모하고 심급제도의 효율적인 운영을 실현하기 위하여 마련된 실정법상의 제약으로서 그 합리성도 인정된다.

③ 상고심과 항소심의 직권심판권은 하급심판결에 대한 법령위반 등 잘못을 최대한 바로잡기 위한 취지이다. 그리하여 먼저 항소심의 직권심판권을 통하여 제1심판결에 대하여 피고인이 항소이유를 주장하여 적절히 다투지 아니하더라도 사실을 오인하거나 법령을 위반하는 등의 사유로 판결에 영향을 미친 잘못이 있다면 항소심에서 이를 바로잡을 수 있고, 상고심은 항소심판결 자체에 여전히 위법이 있는 경우, 예를 들어 항소심이 제1심판결의 위법을 간과하고 항소기각 판결을 선고하거나 제1심판결을 파기 후 자판하는 항소심판결에 고유한 법령적용의 위법이 있는 경우에 직권심판권을 폭넓게 활용함으로써 최종적으로 이를 바로잡을 수 있다.

위와 같이 형사소송법상 상고심과 항소심의 두 심급에 걸쳐 마련되어 있는 직권심판권의 발동에 의해 직권심판사항에 해당한다고 판단되는 위법사유에 대해서는 피고인이 항소하지 않거나 항소이유로 주장하지 아니함에 따라 항소심의 심판대상에 속하지 않았던 사항이라도 피고인에게 이익이 되는 방향으로 그 잘못을 최대한 바로잡을 수 있는 장치가 갖추어져 있다. 이를 통해 상고심의 사후심 및 법률심으로서의 기능과 피고인의 구제는 더욱 강화된다.

④ 형사소송법상 법관의 면전에서 당사자의 모든 주장과 증거조사가 실질적으로 이루어지는 제1심법정에서의 절차가 실질적 직접심리주의 및 공판중심주의를 구현하는 원칙적인 것이 되고, 다만 제1심의 공판절차에 관한 규정은 특별한 규정이 없으면 항소심의 심판절차에도 준용되는 만큼(제370조), 항소심도 제한적인 범위 내에서 이러한 원칙에 따른 절차로 볼 수 있다. 반면 형사소송법상 상고심은 상고장, 상고이유서 기타의 소송기록에 의하여 변론 없이 판결할 수 있도록 되어 있고(제390조 제1항), 공판절차를 진행하더라도 피고인의 소환을 요하지 않는 등(제389조의2) 절차적인 면에서 이와는 현격한 차이가 있다.

위와 같은 제1심 및 항소심과 상고심에 있어 심리절차상의 차이를 공판중심주의 및 실질적 직접심리주의의 정신에 비추어 살펴보면, 제1심법원이 법관의 면전에서 사실을 검토하고 법령을 적용하여 판결한 사유에 대해 피고인이 항소하지 않거나 양형부당만을 항소이유로 주장하여 항소함으로써 죄의 성부에 관한 판단 내용을 인정하는 태도를 보였다면 그에 관한 판단 내용이 잘못되었다고 주장하면서 상고하는 것은 허용될 수 없다고 보아야 한다.

⑤ 양형이 원칙적으로 재량 판단이라는 점을 감안한다면, 항소심이 검사의 양형부당에 관한 항소를 받아들임으로써 제1심판결을 파기하고 보다 높은 형을 선고한 것은 심급제도하에서 양형요소라는 동일한 심판대상에 관해 서로 다른 법원에서 고유의 권한으로 반복하여 심사가 이루

어짐에 따라 부득이하게 발생된 결과라고 봄이 타당하다. 따라서 제1심과 항소심 사이의 양형 판단이 피고인에게 불리한 내용으로 달라졌다는 사정변경이 사후심 구조에 따른 상고이유 제한 법리의 타당성 등에 영향을 미칠 만한 것이라고 보기는 어렵다(대판 2019.3.21. 2017도16593-1 전합).

Ⅱ 상고이유(제383조)

1. 상대적 상고이유

판결에 영향을 미친 헌법·법률·명령 또는 규칙의 위반이 있을 때(제1호)와 사형, 무기 또는 10년 이상의 징역이나 금고가 선고된 사건에 있어서 중대한 사실의 오인이 있어 판결에 영향을 미친 때(제4호 전단)가 이에 해당한다.

2. 절대적 상고이유

판결 후 형의 폐지나 변경 또는 사면이 있는 때(제2호)와 재심청구의 사유가 있는 때(제3호) 그리고 사형, 무기 또는 10년 이상의 징역이나 금고가 선고된 사건에 있어서 형의 양정이 심히 부당하다고 인정할 현저한 사유가 있는 때(제4호)가 이에 해당한다.

판례에 따르면 하나의 사건에서 징역형이나 금고형이 여럿 선고된 경우에는 이를 모두 합산한 형기가 10년 이상이면 위 규정에서 정하는 '10년 이상의 징역이나 금고의 형을 선고한 경우'에 해당하고,[1] 제383조 제4호의 중한 형을 선고받는 피고인의 이익을 위하여 피고인이 상고하는 경우에만 적용되는 규정으로서 검사는 항소심에서 피고인에 대하여 사형, 무기 또는 10년 이상의 징역이나 금고가 선고된 사건에 있어서 검사는 그 형이 심히 경하다는 이유로는 상고할 수 없다(대판 1982.1.19. 81도2898).

⚖ 판례

1 형사소송법 제308조는 증거의 증명력은 법관의 자유판단에 의하도록 자유심증주의를 규정하고 있으므로, 원심의 증거의 증명력에 관한 판단과 증거취사 판단에 그와 달리 볼 여지가 상당히 있는 경우라고 하더라도, 원심의 판단이 논리법칙이나 경험법칙에 따른 자유심증주의의 한계를 벗어나지 아니하는 한 그것만으로 바로 형사소송법 제383조 제1호가 상고이유로 규정하고 있는 법령 위반에 해당한다고 단정할 수 없다. 또한, 원심의 구체적인 논리법칙 위반이나 경험법칙 위반의 점 등을 지적하지 아니한 채 단지 원심의 증거취사와 사실인정만을 다투는 것은 특별한 사정이 없는 한 사실오인의 주장에 불과하다(대판 2008.5.29. 2007도1755).
2 피고인의 여러 범행이 형법 제37조 후단의 경합범관계에 있었다는 우연한 사정으로 형이 여럿 선고된 경우를 형법 제37조 전단의 경합범에 해당하여 하나의 형이 선고된 경우와 달리 취급할 이유는 없다. 따라서 하나의 사건에서 징역형이나 금고형이 여럿 선고된 경우에는 이를 모두 합산한 형기가 10년 이상이면 위 규정에서 정하는 '10년 이상의 징역이나 금고의 형을 선고한 경우'에 해당한다고 할 것이다(대판 2010.1.28. 2009도13411).

---

[1] 대판 2010.1.28. 2009도13411

3 제383조 제4호는 중한 형을 선고받는 피고인의 이익을 위하여 피고인이 상고하는 경우에만 적용되는 규정으로서 검사는 항소심에서 피고인에 대하여 **사형, 무기 또는 10년 이상의 징역이나 금고가 선고된 사건에 있어서 검사는 그 형이 심히 경하다는 이유로는 상고할 수 없다**(대판 1982.1.19. 81도2898)(대판 2022.4.28. 2021도16719 등 동일취지).

4 제1심판결에 대하여 **검사만이 양형부당을 이유로 항소하였을 뿐 피고인은 항소하지 아니한 경우에는, 피고인으로서는 사실오인이나 법령위반 사유를 들어 상고할 수 없다**(대판 2009.5.28. 2009도579). (14.모의)

5 피고인이 제1심판결에 대하여 **양형부당만을 항소이유로 내세워 항소**하였다가 그 항소가 기각된 경우, 피고인은 원심판결에 대하여 **사실오인 또는 법리오해의 위법이 있다는 것을 상고이유로 삼을 수는 없다**(대판 2005.9.30. 2005도3345). (변시8회, 13.모의, 15.모의)

6 피고인은 제1심판결에 대하여 항소하면서 양형부당만을 항소이유로 내세웠다가 항소가 기각되었음을 알 수 있다. 이러한 경우 원심판결에 사실오인 내지 법리오해의 위법이 있다는 취지의 주장은 적법한 상고이유가 되지 못한다. 그런데 상고심법원은 원심판결에 형사소송법 제383조 제1호 내지 제3호의 사유가 있는 경우에는 형사소송법 제384조에 의하여 상고이유서에 포함되지 아니한 때에도 직권으로 심판할 수 있으므로, 이러한 점을 주장하는 상고이유는 직권발동을 촉구하는 의미는 있다(대판 2017.4.26. 2017도1799).

7 형사소송법 제38조에 따르면 재판은 법관이 작성한 재판서에 의하여야 하고, 제41조에 따르면 재판서에는 재판한 법관이 서명날인하여야 하며, 재판장이 서명날인할 수 없는 때에는 다른 법관이 그 사유를 부기하고 서명날인하여야 한다. 이러한 법관의 서명날인이 없는 재판서에 의한 판결은 형사소송법 제383조 제1호가 정한 '판결에 영향을 미친 법률의 위반이 있는 때'에 해당하여 파기되어야 한다(대판 1964.4.12. 63도321, 대판 2001.12.27. 2001도5338 등 참조).

🏃 참고 판례

[1] 양형의 조건에 관한 형법 제51조는 형을 정하는 데 참작할 사항을 정하고 있다. 형을 정하는 것은 법원의 재량사항이므로, 형사소송법 제383조 제4호에 따라 사형·무기 또는 10년 이상의 징역·금고가 선고된 사건에서 양형의 당부에 관한 상고이유를 심판하는 경우가 아닌 이상, 사실심법원이 양형의 기초 사실에 관하여 사실을 오인하였다거나 양형의 조건이 되는 정상에 관하여 심리를 제대로 하지 않았다는 주장은 적법한 상고이유가 아니다.

그러나 사실심법원의 양형에 관한 재량도, 범죄와 형벌 사이에 적정한 균형이 이루어져야 한다는 죄형 균형 원칙이나 형벌은 책임에 기초하고 그 책임에 비례하여야 한다는 책임주의 원칙에 비추어 피고인의 공소사실에 나타난 범행의 죄책에 관한 양형판단의 범위에서 인정되는 내재적 한계를 가진다. 사실심법원이 피고인에게 공소가 제기된 범행을 기준으로 범행의 동기나 결과, 범행 후의 정황 등 형법 제51조가 정한 양형조건으로 포섭되지 않는 별도의 범죄사실에 해당하는 사정에 관하여 합리적인 의심을 배제할 정도의 증명력을 갖춘 증거에 따라 증명되지 않았는데도 핵심적인 형벌가중적 양형조건으로 삼아 형의 양정을 함으로써 피고인에 대하여 사실상 공소가 제기되지 않은 범행을 추가로 처벌한 것과 같은 실질에 이른 경우에는 단순한 양형판단의 부당성을 넘어 죄형 균형 원칙이나 책임주의 원칙의 본질적 내용을 침해하였다고 볼 수 있다. 따라서 그 부당성을 다투는 피고인의 주장은 이러한 사실심법원의 양형심리와 양형판단 방법의 위법성을 지적하는 것으로 보아 적법한 상고이유라고 할 수 있다.

[2] 피고인이 메트암페타민(이하 '필로폰'이라 한다)을 수수하고 투약하였다는 내용의 마약류 관리에 관한 법률 위반(향정)으로 기소되어 제1심 및 원심에서 각 유죄로 인정되었는데, 원심판결 이유 중 '양형의 이유'란에 피고인에게 공소가 제기되지 않았고 따로 양형조건도 될 수 없는 사실인 필로폰 '판매'가 양형사유처럼 기재된 부분이 있는 사안에서, 피고인에 대하여 별건의 업무방해 등 사건으로 징역형을 선고한 판결이 원심 계속 중에 확정되자, 원심은 위 확정판결에서의 죄와 이 사건 범죄가 형법 제37조 후단의 경합범 관계에 있다는 이유로 제1심판결 중 피고인에 대한 부분을 파기하고, 피고인에 대하여 형법 제37조 후단, 제39조 제1항을 적용한 다음 제1심과 같은 징역 8개월을 그대로 선고한 점, 기록상 위와 같은 파기사유 외에는 제1심과 원심의 양형조건에 달라진 부분이 없고, 제1심도 비록 위 업무방해 등 사건이 확정되기 전이었지만, 위 업무방해 등 사건과 이 사건이 동시에 심판받았을 경우의 형의 균형도 양형조건으로 삼아 형을 정하였던 점, 결국 원심은 제1심과 비교하여 양형조건에 실질적인 변화가 없는 상태에서 필로폰 '판매'를 양형사유로 기재하지 않은 제1심과 같은 형을 정하여 선고하였으므로, 위 필로폰 판매 사실을 핵심적인 형벌가중적 양형조건으로 삼아 양형에 반영하였다고 보기 어려운 점을 종합하면, 원심이 피고인에 대하여 사실상 공소가 제기되지 않은 필로폰 판매 범행을 추가로 처벌한 것과 같은 실질에 이르렀다고 볼 수 없다는 이유로, 원심의 양형판단에 죄형 균형 원칙이나 책임주의 원칙의 본질적 내용을 침해하여 판결에 영향을 미친 잘못이 없다고 한 사례(대판 2020.9.3. 2020도8358).

Ⅲ 상고심의 절차

1. 상고의 제기

상고를 할 때에는 상고제기기간 내(선고, 고지한 날로부터 7일)에 상고장을 **원심법원에 제출**하여야 한다(제375조).

2. 원심법원의 조치

(1) 상고기각 결정

원심법원은 상고의 제기가 **법률상의 방식에 위반하거나 상고권 소멸 후인 것이 명백한 때**에는 **결정으로 상고를 기각**하여야 한다. 이 결정에 대하여는 **즉시항고**를 할 수 있다(제376조).

(2) 소송기록 송부

상고기각결정을 하는 경우를 제외하고는 원심법원은 상고장을 받은 날부터 **14일 이내**에 소송기록과 증거물을 상고법원에 송부하여야 한다(제377조).

3. 상고법원의 조치

(1) 상고기각 결정

상고의 제기가 **법률상의 방식에 위반하거나 상고권 소멸 후인 것이 명백**함에도 원심법원이 상고기각의 결정을 하지 아니한 때에는 상고법원은 결정으로 상고를 기각하여야 한다(제381조). 상고기각의 결정에 대하여는 즉시항고 할 수 없다.

(2) 소송기록접수통지

상고법원이 기록의 송부를 받은 때에는 즉시 상고인과 상대방에게 그 사유를 통지하여야 한다(제378조 제1항).

4. 상고이유서 제출

(1) 상고이유서 제출

상고인 또는 변호인은 기록접수의 통지를 받은 날로부터 **20일 이내**에 상고이유서를 상고법원에 제출하여야 한다. 이 경우 재소자에 대한 특칙이 적용된다(제379조 제1항).

(2) 상고법원의 조치

1) 상고기각 결정

상고인이나 변호인이 **상고이유서 제출기간 내에 상고이유서를 제출하지 아니한 때**에는 상고기각의 결정을 하여야 한다. 단, 상고장에 이유의 기재가 있는 때에는 예외로 한다(제380조). 상고장 및 상고이유서에 기재된 상고이유의 주장이 상고이유(제383조)에 해당하지 아니함이 명백한 때에는 결정으로 상고를 기각하여야 한다(동조 제2항). 이 결정에 대하여는 즉시항고할 수 없다.

2) 상고이유서 부본 송달

상고이유서의 제출을 받은 상고법원은 **지체 없이** 그 부본 또는 등본을 상대방에게 송달하여야 한다(제379조 제3항).

5. 답변서의 제출

상대방은 상고이유서의 송달을 받은 날로부터 **10일 이내**에 답변서를 상고법원에 제출할 수 있다(제379조 제4항).

6. 답변서 부본 송달

답변서의 제출을 받은 상고법원은 **지체 없이** 그 부본 또는 등본을 상고인 또는 변호인에게 송달하여야 한다(제379조 제5항).

Ⅳ 상고심의 심리와 재판

1. 상고심의 심리

(1) 심판 범위

상고법원은 **상고이유서에 포함된 사유**에 관하여 심판하여야 한다(제384조 본문). 다만, 상고이유에 관한 제383조 제1호 내지 제3호의 경우에는 상고이유서에 포함되지 아니한 때에도 직권으로 심판할 수 있다(제384조 단서).

(2) 상고심의 변론

상고심에는 변호사 아닌 자를 변호인으로 선임하지 못하고(제386조), 변호인 아니면 피고인을 위하여 변론하지 못한다(제387조). 검사와 변호인은 상고이유서에 의하여 변론하여야하며(제388조), 피고인은 변론을 할 수 없으므로 피고인의 소환이나 출석을 요하지 않는다(제389조의2).

(3) 서면심리

상고법원은 상고장, 상고이유서 기타의 소송기록에 의하여 변론 없이 판결할 수 있다(제390조 제1항). 상고법원은 필요한 경우에는 특정한 사항에 관하여 변론을 열어 참고인의진술을 들을 수 있다(동조 제2항).

2. 상고심의 재판

(1) 공소기각의 결정

공소기각 결정의 사유가 있는 때에는 상고법원은 공소기각의 결정을 하여야 한다. 이 결정에 대하여는 즉시항고를 할 수 있다(제363조).

(2) 상고기각 재판

1) 상고기각 결정

상고인이나 변호인이 **상고이유서 제출기간 내에 상고이유서를 제출하지 아니한 때**에는 상고기각의 결정을 하여야 한다. 단, 상고장에 이유의 기재가 있는 때에는 예외로 한다(제380조). 상고의 제기가 **법률상의 방식에 위반하거나 상고권소멸 후**인 것이 명백함에도 원심법원이 상고기각의 결정을 하지 아니한 때에는 상고법원은 결정으로 상고를 기각하여야한다(제381조). 이 결정에 대해서는 즉시항고 할 수 없다.

2) 상고기각 판결

상고의 이유가 없다고 인정한 때에는 판결로써 상고를 기각하여야 한다(제399조, 제364조제4항).

(3) 원심판결 파기판결

1) 파기판결

상고이유 있다고 인정한 때에는 원심판결을 파기하여야 한다(제391조). 피고인의 이익을위하며 원심판결을 파기하는 경우에 파기의 이유가 상고한 공동피고인에 공통되는 때에는그 공동피고인에 대하여도 원심판결을 파기하여야 한다(제392조).

2) 파기 후 조치

① 파기환송

공소기각 또는 관할위반의 판결이 법률에 위반됨을 이유로 원심판결 또는 제1심판결을파기하는 경우에는 판결로써 사건을 원심법원 또는 제1심 법원에 환송하여야 한다(제393조, 제395조).

② 파기이송

관할의 인정이 법률에 위반됨을 이유로 원심판결 또는 제1심판결을 파기하는 경우에는 **판결로써** 사건을 관할 있는 법원에 이송하여야 한다(제394조).

③ 파기자판

상고법원은 원심판결을 파기한 경우에 그 소송기록과 원심법원과 제1심 법원이 조사한 증거에 의하여 **판결하기 충분하다고 인정**한 때에는 피고사건에 대하여 직접 판결을 할 수 있다(제396조 제1항). 파기자판의 경우 관할위반의 판결을 제외하고, 유·무죄의 실체판결 뿐만 아니라 공소기각·면소의 형식판결도 할 수 있다. 이 때에도 불이익변경금지의 원칙이 적용된다(제396조 제2항).

(4) 재판서의 기재방식

재판서에서는 상고의 이유에 관한 판단을 기재하여야 한다(제398조). 법령해석의 통일이라는 상고심의 기능상 당연한 규정이다.

Ⅴ 비약적 상고

1. 의의

법령해석에 관한 중요한 사항을 포함한다고 인정되는 사건에 관하여 **제1심판결에 대하여 직접 대법원에 상고**하는 제도를 말한다.

2. 비약적 상고의 이유(제372조)

원심판결이 인정한 사실에 대하여 **법령을 적용하지 아니하였거나 법령의 적용에 착오**가 있는 때(제1호)와 원심판결이 있은 후 **형의 폐지나 변경 또는 사면**이 있는 때에는(제2호) 항소를 제기하지 아니하고 대법원에 상고를 할 수 있다.

3. 비약적 상고의 제한

비약상고로 인하여 상대방의 심급이익을 박탈할 수는 없으므로 비약적 상고가 있는 경우에도 상대방이 같은 사건에 대한 **항소가 제기된 때에는 그 효력을 잃는다.** 단, 항소의 취하 또는 항소기각의 결정이 있는 때에는 예외로 한다(제373조).

Ⅵ 상고심 판결의 정정

1. 판결정정의 의의

상고법원은 그 판결의 내용에 오류가 있음을 발견한 때에는 직권 또는 검사, 상고인이나 변호인의 신청에 의하여 판결로써 정정할 수 있다(제400조 제1항).

2. 판결정정의 사유

판결의 내용에 오류가 있음을 발견한 때이다(제400조 제1항). 여기서 오류라 함은 오기, 위산 기타 이와 유사한 명백한 잘못이 있는 경우를 말한다.

⚖ 판례

상고장에 상고이유를 기재가 있음에도 불구하고 상고이유서의 제출이 없고, 또 상고장에 이유의 기재가 없다 하여 상고기각결정을 한 것은 그 결정내용에 오류가 있음이 명백하므로 판결정정을 할 수 있다(대판 1979.11.30. 79도952).

---

3. 판결정정의 절차

(1) 판결정정 신청

상고법원은 그 판결의 내용에 오류가 있음을 발견한 때에는 직권 또는 검사·상고인이나 변호인의 신청에 의하여 판결로써 정정할 수 있다(제400조 제1항). 판결정정의 신청은 신청의 이유를 기재한 서면으로 판결의 선고가 있은 날로부터 **10일 이내**에 하여야 한다(제400조 제2항·제3항).

(2) 정정판결

정정은 **판결에 의하고 변론 없이** 할 수 있다. 정정할 필요가 없다고 인정한 때에는 지체 없이 결정으로 신청을 기각하여야 한다(제401조).

제4절 항고

I 항고의 의의 및 종류

1. 의의

항고란 **법원의 결정**에 대한 상소를 말한다. 항소와 상고는 법원의 판결에 대한 상소방법으로서 종국재판에 대한 것임에 반해 항고는 법원의 결정, 즉 법원이 판결에 이르는 과정에서 문제되는 절차상의 사항에 관하여 행한 종국 전의 재판인 결정에 대한 불복수단이다. 항고심의 관할법원은 판결에 대한 상소의 경우와 동일하다.

2. 항고의 종류

(1) 일반항고

1) 즉시항고❶

즉시항고를 할 수 있다는 **명문규정**이 있는 항고를 의미한다. 항고 **제기기간이 7일로 제한**되고 재판의 **집행정지효력**을 가진다.

> ### 🔍 즉시항고 허용규정
> ① 종국재판인 결정에 대한 것
>   공소기각결정(제328조 제2항), 상소기각결정(제360조, 제361조의4, 제376조) 등
> ② 종국전재판인 결정에 대한 것
>   기피신청기각결정(제23조), 구속취소결정(제97조), 증거보전신청기각결정(제184조 제4항), 소송비용부담결정(제192조), 재정신청기각결정(제262조 제4항), 상소권회복청구에 관한 결정(제347조), 재판집행에 대한 이의신청에 관한 결정(제491조) 등

2) 보통항고

즉시항고나 재항고 이외의 항고를 말하며, **명문규정이 없어도 허용**된다. 즉시항고와 달리 집행정지의 효력이 없으며 기간의 제한이 없어 언제든지 제기할 수 있다. 제402조 본문은 '법원의 결정에 대하여 불복이 있으면 항고를 할 수 있다'고 규정하고 있으나 동조 단서에서 '단, 법률에 특별한 규정이 있으면 예외로 한다'라고 하여 예외를 인정하고 있다. 단서상 보통항고가 허용되지 않는 경우는 다음과 같다.

① 판결 전 소송절차에 관한 결정

법원의 관할 또는 **판결 전의 소송절차에 관한 결정**에 대하여는 즉시항고를 할 수 있는 경우 외에는 항고하지 못한다(제403조 제1항). 종국재판에 대한 상소 허용으로 충분하기 때문이다. 그 예로 **공소장변경 허가결정**(변시4회), **증거신청에 대한 증거결정**(변시2회, 13.모의), 국선변호인의 선정신청 기각결정 등이 여기에 해당한다. 그러나 판결 전의 소송절차에 관한

---

❶ 헌법재판소는 제405조 위헌소원사건(헌재 2018.12.27. 2015헌바77 등)에서, 심판대상조항은 즉시항고 제기기간을 3일로 제한하고 있어 그 제기기간이 지나치게 짧아 재판청구권을 침해한다고 판시하였다. 다만, 법적 공백 상태를 우려하여 단순위헌 결정을 하는 대신 헌법불합치결정을 선고하였으나, 이후 2019. 12. 31. 심판대상조항이 개정되었다.

결정이더라도, **구금, 보석, 압수나 압수물의 환부, 피고인 감정유치에 관한 결정**에 대해서는 보통항고를 할 수 있다. 이러한 강제처분으로 인한 권리침해의 구제는 종국재판에 대한 상소로 통해 실효를 거둘 수 없기 때문이다.

> **🔍 예외의 예외**
>
> 체포·구속적부심 기각, 인용 결정에 대하여는 항고가 허용되지 않는다(제214조의2 제8항).

② 성질상 항고가 허용되지 않는 결정

대법원은 최종심이므로 대법원의 결정에 대해서는 항고가 허용되지 않는다. (16.모의)

(2) 재항고

항고법원 또는 고등법원의 결정에 대하여 대법원에 제기하는 항고를 의미한다. 항고법원 또는 고등법원의 결정에 대하여는 원칙적으로 항고가 허용되지 않으며 **재판에 영향을 미친 헌법·법률·명령·규칙의 위반**이 있음을 이유로 하는 때에 한하여 대법원에 즉시항고를 할 수 있다(제415조). 재항고는 즉시항고이므로 즉시항고의 절차에 따른다.

Ⅱ 항고심의 절차

1. 항고의 제기

항고장은 **원심법원에 제출**하여야 한다(제406조). **즉시항고**의 제기기간은 **7일**이며(제405조), 보통항고는 기간의 제한이 없으므로 언제든지 할 수 있다. 단, 원심결정을 취소하여도 실익이 없게 된 때에도 예외로 한다(제404조).

2. 원심법원의 조치

(1) 항고기각 결정

항고의 제기가 **법률상의 방식에 위반하거나 항고권소멸 후인 것이 명백**한 때에는 원심법원은 결정으로 항고를 기각하여야 한다. 이 결정에 대하여는 즉시항고를 할 수 있다(제407조).

> **⚖️ 판례**
>
> 가정폭력처벌법 제2장의 규정체계와 내용을 살펴보면, 가정폭력처벌법은 가정보호처분 결정에 대한 항고장이 제출된 경우 항고장을 받은 법원은 그 항고의 절차가 법률에 위반되는지 가릴 필요 없이 3일 이내에 의견서를 첨부하여 기록을 항고법원에 보내도록 정하고 있고, 항고의 제기가 법률상의 방식에 위반하거나 항고권 소멸 후인 경우와 같이 항고의 절차가 법률에 위반되는 경우에는 항고법원이 항고기각 결정을 하도록 정하고 있음을 알 수 있다. 이와 같이 가정폭력처벌법이 가정보호처분 결정에 대한 항고에 관하여 따로 정하고 있는 이상, 가정보호처분 결정에 대한 항고에는 형사소송법 제407조의 원심법원의 항고기각 결정에 관한 규정이 준용될 여지가 없다(대결 2022.2.18. 2022어3).

(2) 경정 결정과 항고법원에의 송부

원심법원은 항고가 이유 있다고 인정한 때에는 결정을 경정하여야 한다(제408조). 항고의 전부 또는 일부가 이유 없다고 인정한 때에는 항고장을 받은 날로부터 **3일 이내에 의견서를 첨부하여 항고법원에 송부**하여야 한다(제408조).

(3) 소송기록 등의 송부

원심법원이 필요하다고 인정한 때에는 소송기록과 증거물을 항고법원에 송부하여야 한다. 항고법원은 소송기록과 증거물의 송부를 요구할 수 있다.

3. 항고법원 결정

(1) 항고기각 결정

항고의 제기가 **법률상의 방식에 위반하거나 항고권 소멸 후인 것이 명백**함에도 원심법원이 항고기각의 결정을 하지 아니한 때에는 항고법원은 항고기각 결정을 하여야 한다(제413조). **항고를 이유 없다고 인정**한 때에도 항고기각 결정을 한다(제414조 제1항).

(2) 취소결정

항고를 이유 있다고 인정한 때에는 결정으로 원심결정을 취소하고 필요한 경우에는 항고사건에 대하여 직접 재판을 하여야 한다(동조 제2항).

Ⅲ 준항고

1. 준항고의 의의

준항고란 재판장·수명법관의 일정한 재판(명령) 또는 수사기관의 처분에 대하여 관할법원에 그 취소 또는 변경을 청구하는 불복신청방법이다. 그러나 준항고는 상급법원에 대한 불복은 신청이 아니므로 상소라고 할 수 없다.

2. 준항고의 대상

(1) 재판장 또는 수명법관의 재판(제416조 제1항)

① **기피신청**을 기각한 재판 ② **구금, 보석, 압수 또는 압수물 환부**에 관한 재판 ③ 감정하기 위하여 피고인의 **유치**를 명한 재판 ④ 증인·감정인·통역인·번역인에 대하여 **과태료 또는 비용의 배상**을 명한 재판

수임판사가 한 재판(압수·수색영장 발부, 체포·구속영장 발부에 관한 재판 등)은 법원의 결정 및 재판장 또는 수명법관의 재판이 아니므로 항고 및 준항고의 대상이 되지 않는다.

≛ 판례

1 형사소송법 제402조, 제403조에서 말하는 법원은 형사소송법상의 수소법원만을 가리키므로, 같은 법 제205조 제1항 소정의 **구속기간의 연장을 허가하지 아니하는 지방법원 판사의 결정**에 대하여는 같은 법 제402조, 제403조가 정하는 **항고의 방법으로는 불복할 수 없고**, 나아가 그 지방법원 판사는 수소법원으로서의 재판장 또는 수명법관도 아니므로 그가 한 재판은 같은 법 제416조가 정하는 **준항고의 대상이 되지도 않는다**(대결 1997.6.16. 97모1).

2 **지방법원 판사가 한 압수영장발부의 재판**에 대해서는 형사소송법 제416조에서 정한 준항고로 **불복할 수 없다**(대결 1997.9.29. 97모66). (변시2회, 13.모의, 15.모의)

(2) 수사기관의 처분

검사 또는 사법경찰관의 **구금, 압수 또는 압수물의 환부**에 관한 처분, 제243조의2에 따른 **변호인의 참여**에 관한 처분에 대하여 불복이 있으면 그 직무집행지의 관할법원 또는 검사의 소속검찰청에 대응한 법원에 그 처분의 취소 또는 변경을 청구할 수 있다(제417조).

(변시1회, 15.모의)

≛ 판례

피의자들에 대한 접견이 접견신청일로부터 상당한 기간이 경과하도록 허용되지 않고 있는 것은 접견불허처분이 있는 것과 동일시된다고 봄이 상당하다(대결 1990.2.13. 89모37).

≛ 참고 판례

1 본조 소정의 "검사 또는 사법경찰관의 압수물의 환부에 관한 처분에 대하여 불복이 있으면"의 취지는 검사 또는 사법경찰관이 수사단계에서 압수물의 환부에 관하여 처분을 할 권한을 가지고 있을 경우에 그 처분에 불복이 있으면 준항고를 허용한다는 취지이고 **검사가 법원의 재판에 대한 집행지휘자로서 움직이다가 한 조처에 대한 불복방법을 규정한 것은 아니라 할 것이다**(대결 1984.2.6. 74모28).

2 형사소송법 제417조의 규정은 **검사 또는 사법경찰관이 수사단계에서 압수물의 환부에 관하여 처분을 할 권한을 가지고 있을 경우에 그 처분에 불복이 있으면 준항고를 허용하는 취지**라고 보는 것이 상당하므로 형사소송법 제332조의 규정에 의하여 **압수가 해제된 것으로 되었음에도 불구하고 검사가 그 해제된 압수물의 인도를 거부하는 조치에 대해서는 형사소송법 제417조가 규정하는 준항고로 불복할 대상이 될 수 없다**(대결 1984.2.6. 84모3).

3 고소인 또는 고발인, 그 밖의 일반국민이 검사에 대하여 영장청구 등의 강제처분을 위한 조치를 취하도록 요구하거나 신청할 수 있는 권리를 가진다고 할 수 없다. **검사가 압수·수색영장의 청구 등 강제처분을 위한 조치를 취하지 아니한 것 그 자체를 형사소송법 제417조 소정의 '압수에 관한 처분'으로 보아 이에 대해 준항고로써 불복할 수는 없다.** 검사의 불기소처분에 대하여 검찰청법의 규정에 따른 항고 또는 재항고의 결과 고등검찰청검사장 등이 하는 이른바 재기수사명령은 검찰 내부에서의 지휘권의 행사에 지나지 아니하므로 그 재기수사명령에서 증거물의 압수·수색이 필요하다는 등의 지적이 있었다고 하여 달리 볼 것은 아니다(대결 2007.5.25. 2007모82).

3. 준항고의 절차

준항고는 서면으로 관할법원에 제출하여야 한다(제418조). 법관의 재판에 대한 준항고는 재판의 고지 있는 날로부터 7일 이내에 하여야 한다(제416조 제3항). 수사기관의 처분에 대한 준항고는 그 직무집행지의 관할법원 또는 검사의 소속 검찰청에 대응한 법원에 그 처분의 취소 또는 변경을 청구할 수 있다(제417조).

4. 준항고 결정에 대한 불복

형사소송법 제416조, 제417조의 준항고에 관한 결정에 대하여는 **재판에 영향을 미친 헌법, 법률, 명령, 규칙의 위반이 있음을 이유로 하는 때에 한하여 대법원에 즉시항고**할 수 있다. 이는 제419조, 제415조에 의한 **재항고에 해당**한다(대결 1983.5.12. 83모12). (15.모의)

제2장 | 비상구제절차

제1절 재심

Ⅰ 의의와 구조

1. 의의

재심이란 **유죄의 확정판결에 중대한 사실오인**이 있거나 그 오인의 의심이 있는 경우에 판결을 받은 자의 이익을 위하여 판결의 부당함을 시정하는 비상구제절차이다. 재심은 법적 안정성을 위태롭게 하지 않는 범위 안에서 실질적 정의를 실현하는 제도이다. 현행법은 **이익재심만을 인정**하므로 판결을 받은 자에게 불이익이 되는 재심은 허용하지 않는다.

2. 재심절차의 구조

재심개시절차와 **재심심판절차**라는 2단계 구조로 구성된다. 재심개실절차는 재심이유의 유무를 심사하여 재차 심판할 것인지를 결정하는 절차를 말하고 재심절차의 핵심을 이룬다. 재심심판절차는 사건을 다시 심판하는 절차이다.

Ⅱ 재심이유

형사소송법상 재심이유로는 ① 유죄의 확정판결에 대한 재심이유(제420조) ② 상소기각의 확정판결에 대한 재심이유(제421조) ③ 확정판결에 대신하는 증명에 의한 재심이유(제422조)가 있다.

1. 재심의 대상

(1) 유죄의 확정판결

재심의 대상은 원칙적으로 **유죄의 확정판결**이다. 판결이 아닌 결정, 명령은 재심청구의 대상이 아니다. 확정된 약식명령·즉결심판도 확정된 유죄판결과 동일한 효력이 있으므로 재심의 대상이 된다. (14.모의) 재심은 이익재심만이 가능하므로 무죄선고를 받은 자가 유죄의 선고를 받기 위하여 재심을 청구할 수는 없다(대결 1983.3.23. 83모5). (변시7회) 마찬가지로 면소판결 또한 재심청구의 대상이 아니다(대결 2021.4.2. 2020모2071). (변시9회)

🔨 판례

1 [1] 약식명령에 대하여 정식재판 청구가 이루어지고 그 후 진행된 정식재판 절차에서 유죄판결이 선고되어 확정된 경우, 재심사유가 존재한다고 주장하는 피고인 등은 **효력을 잃은 약식명령이 아니라 유죄의 확정판결을 대상으로 재심을 청구하여야** 한다. 그런데도 약식명령을 대상으로 재심개시결정이 확정된 경우 재심개시결정에 따라 재심절차를 진행하는 법원으로서는 심판의 대상이 없어 아무런 재판을 할 수 없다. (변시7회)

[2] 그러나 **법원이 심리한 결과 재심청구의 대상이 약식명령이라고 판단하여 그 약식명령을 대상으로 재심개시결정을 한 후 이에 대하여 검사나 피고인 등이 모두 불복하지 아니함으로써 그 결정이 확정된 때에는, 그 재심개시결정에 의하여 재심이 개시된 대상은 약식명령으로 확정되고, 그 재심개시결정에 따라 재심절차를 진행하는 법원이 재심이 개시된 대상을 유죄의 확정판결로 변경할 수는 없다.** 이 경우 그 재심개시결정은 이미 효력을 상실하여 재심을 개시할 수 없는 약식명령을 대상으로 한 것이므로, 그 재심개시결정에 따라 재심절차를 진행하는 법원으로서는 심판의 대상이 없어 아무런 재판을 할 수 없다(대판 2013.4.11. 2011도10626).

2 유죄판결 확정 후에 형 선고의 효력을 상실케 하는 특별사면이 있었다고 하더라도, 확정된 유죄판결에서 이루어진 사실인정과 그에 따른 유죄 판단까지 없어지는 것은 아니므로, 위 유죄판결은 여전히 존재하는 것으로 보아야 하고, 한편 형사소송법 제420조 각 호의 재심사유가 있는 피고인으로서는 재심을 통하여 특별사면에도 불구하고 여전히 남아 있는 불이익을 제거할 필요가 있으므로, **특별사면으로 형 선고의 효력이 상실된 유죄의 확정판결도 형사소송법 제420조의 '유죄의 확정판결'에 해당하여 재심청구의 대상이 될 수 있다고 해석함이 타당하다**(대판 2015.5.21. 2011도1932 전합). (변시5회·7회·10회, 16.모의)

3 특별사면으로 형선고의 효력이 상실된 유죄의 확정판결에 대하여 재심개시결정이 이루어져 재심심판법원이 심급에 따라 다시 심판한 결과 무죄로 인정되는 경우라면 무죄를 선고하여야 하겠지만, 그와 달리 **유죄로 인정되는 경우**에는, 피고인에 대하여 다시 형을 선고하거나 피고인의 항소를 기각하여 제1심판결을 유지시키는 것은 이미 형 선고의 효력을 상실하게 하는 특별사면을 받은 피고인의 법적 지위를 해치는 결과가 되어 이익재심과 불이익변경금지의 원칙에 반하게 되므로, **재심심판법원으로서는 '피고인에 대하여 형을 선고하지 아니한다'는 주문을 선고할 수밖에 없다**(대판 2015.10.29. 2012도2938).

(2) 상소기각 확정판결

재심은 유죄판결에 대한 항소 또는 상고를 기각하는 확정판결도 그 대상으로 한다(제421조 제1항). 여기서의 상소기각의 판결이라 함은 위 상고기각 판결에 의하여 확정된 1심 또는 항소판결을 의미하는 것이 아니고, **항소기각 또는 상고기각 판결 그 자체**를 의미한다.

🔨 판례

형사소송법 제420조, 제421조가 유죄의 확정판결 또는 유죄 판결에 대한 항소 또는 상고의 기각판결에 대하여만 재심을 청구할 수 있도록 규정하고 있는 이상, **항소심에서 파기되어버린 제1심판결에 대해서는 재심을 청구할 수 없는 것이므로**, 위 제1심판결을 대상으로 하는 재심청구는 법률상의 방식에 위반하는 것으로 보지 않을 수 없다(대결 2004.2.13. 2003모464). (변시7회, 16.모의)

2. 유죄의 확정판결에 대한 재심사유(제420조)

(1) 허위 증거에 의한 재심사유

원판결의 증거가 된 서류 또는 증거물이 확정판결에 의하여 위조되거나 변조된 것임이 증명된 때(제1호), **원판결의 증거가 된 증언·감정·통역 또는 번역이 확정판결에 의하여 허위임이 증명된 때**(제2호), 무고로 인하여 유죄를 선고받은 경우에 그 무고의 죄가 확정판결에 의하여 증명된 때(제3호), 원판결의 증거가 된 재판이 확정재판에 의하여 변경된 때(제4호), 저작권, 특허권, 실용신안권, 디자인권 또는 상표권을 침해한 죄로 유죄의 선고를 받은 사건에 관하여 그 권리에 대한 무효의 심결 또는 무효의 판결이 확정된 때(제6호), 원판결, 전심판결 또는 그 판결의 기초가 된 조사에 관여한 법관, 공소의 제기 또는 그 공소의 기초된 수사에 관여한 검사나 사법경찰관이 그 직무에 관한 죄를 지은 것이 확정판결에 의하여 증명된 때 다만, 원판결의 선고 전에 법관, 검사 또는 사법경찰관에 대하여 공소가 제기되었을 경우에는 원판결의 법원이 그 사유를 알지 못한 때를 한정한다(제7호).

📚 판례

1 '원판결의 증거된 증언이 확정판결에 의하여 허위인 것이 증명된 때'라 함은 그 증인이 위증을 하여 그 죄에 의하여 처벌되어 그 판결이 확정된 경우를 말하는 것이고, **원판결의 증거된 증언을 한 자가 그 재판 과정에서 자신의 증언과 반대되는 취지의 증언을 한 다른 증인을 위증죄로 고소하였다가 그 고소가 허위임이 밝혀져 무고죄로 유죄의 확정판결을 받은 경우는 위 재심사유에 포함되지 아니한다**(대판 2005.4.14. 2003도1080). (15.모의)

2 [1] 형사소송법 제420조 제2호 소정의 재심사유에 해당하기 위하여는 원판결의 증거된 증언이 확정판결에 의하여 허위인 것이 증명되어야 하는바, 여기에서 말하는 '원판결의 증거된 증언'이라 함은 원판결의 이유 중에서 증거로 채택되어 '죄로 되는 사실'(범죄사실)을 인정하는 데 인용된 증언을 뜻하므로, 원판결의 이유에서 증거로 인용된 증언이 '죄로 되는 사실'과 직접 혹은 간접적으로 관련된 내용의 것이라면 위 법조 소정의 '원판결의 증거된 증언'에 해당한다.
[2] 형사소송법 제420조 제2호 소정의 '원판결의 증거된 증언'이 나중에 확정판결에 의하여 허위인 것이 증명된 이상, 그 **허위증언 부분을 제외하고서도 다른 증거에 의하여 그 '죄로 되는 사실'이 유죄로 인정될 것인지 여부에 관계없이** 형사소송법 제420조 제2호의 재심사유가 있는 것으로 보아야 한다(대결 1997.1.16. 95모38).

3 재심대상이 된 피고사건과 **별개의 사건에서 증언이 이루어지고 그 증언을 기재한 증인신문조서나 그 증언과 유사한 진술이 기재된 진술조서가 재심대상이 된 피고사건에 서증으로 제출되어 이것이 채용된 경우는** 형사소송법 제420조 제2호에 규정된 '원판결의 증거된 증언'에 해당한다고 할 수 없으므로, 그 증언이 확정판결에 의하여 허위인 것으로 증명되었더라도 위 제2호 소정의 재심사유에 포함될 수 없다(대결 1999.8.11. 99모93). (15.모의)

4 형사소송법 제420조 제2호에 규정된 원판결의 증거된 증언이라 함은 법률에 의하여 선서한 증인의 증언을 말하고 **공동피고인의 공판정에서의 진술은 여기에 해당하지 않는다**(대결 1985.6.1. 85모10). (15.모의)

5 [1] 형사소송법 제420조 제7호의 재심사유 해당 여부를 판단함에 있어 **사법경찰관 등이 범한 직무에 관한 죄가 사건의 실체관계에 관계된 것인지 여부나 당해 사법경찰관이 직접 피의자에 대한 조사를 담당하였는지 여부는 고려할 사정이 아니다.**
[2] 수사과정에서 피고인을 불법감금하였다 하여 기소유예처분을 받은 사법경찰관에 대하여 피고인이 제기한 재정신청이 기각되었으나, 위 경찰관이 형사소송법 제420조 제7호의 '공소의 기초가 된 수사에 관여'하였다고 보아 위 법조의 재심사유에 해당한다(대결 2006.5.11. 2004모16).

6 수사기관이 영장주의를 배제하는 위헌적 법령에 따라 체포·구금을 한 경우 비록 그것이 형식상 존재하는 당시의 법령에 따른 행위라고 하더라도 그 법령 자체가 위헌이라면 결과적으로 그 수사에 기초한 공소제기에 따른 유죄의 확정판결에는 수사기관이 형법 제124조의 불법체포·감금죄를 범한 경우와 마찬가지의 중대한 하자가 있다고 보아야 한다. 따라서 긴급조치 제9호가 위헌이라 하더라도 그에 따른 영장 없는 체포·구금은 당시의 유효한 법령에 따른 행위로서 형법 제124조의 불법·체포감금죄가 성립될 수 없으므로 재심사유를 인정할 수 없다는 검사의 재항고는 이유 없다(대결 2018.5.2. 2015모3243). (변시9회)

(2) 신규 증거에 의한 재심사유(제420조 제5호)

1) 제420조 제5호는 유죄를 선고받은 자에 대하여 **무죄 또는 면소를**, 형의 선고를 받은 자에 대하여 **형의 면제** 또는 원판결이 인정한 죄보다 **가벼운 죄를 인정할 명백한 증거가 새로 발견된 때** 재심을 청구할 수 있다.

⚖ 판례

1 재심사유인 '원판결이 인정한 죄보다 경한 죄'라 함은 **원판결이 인정한 죄와는 별개의 죄로서 그 법정형이 가벼운 죄를 말하는 것이므로, 동일한 죄에 대하여 공소기각을 선고받을 수 있는 경우는 여기에서의 경한 죄에 해당하지 않는다**(대결 1997.1.13. 96모51).

2 형사소송법 제420조 제5호는 형의 선고를 받은 자에 대하여 형의 면제를 인정할 명백한 증거가 새로 발견된 때를 재심사유로 들고 있는바, 여기서 **형의 면제라 함은 형의 필요적 면제의 경우만을 말하고 임의적 면제는 해당하지 않는다**(대결 1984.5.30. 84모32). (변시3회)

3 [1] 형사소송법 제420조 제5호의 재심사유에서 무죄 등을 인정할 '증거가 새로 발견된 때'란 재심대상이 되는 확정판결의 소송절차에서 발견되지 못하였거나 또는 발견되었다 하더라도 제출할 수 없었던 증거로서 이를 새로 발견하였거나 비로소 제출할 수 있게 된 때는 물론이고, **형벌에 관한 법령이 당초부터 헌법에 위배되어 법원에서 위헌·무효라고 선언한 때에도 역시 이에 해당**한다.

[2] 재항고인의 '국가안전과 공공질서의 수호를 위한 대통령긴급조치' 위반 공소사실에 대하여 유죄를 선고한 재심대상판결이 확정되었는데, 그 후 재항고인이 위 판결에 대하여 재심을 청구한 사안에서, **대결 2013.4.18. 2011초기689 전합 결정에서 긴급조치 제9호가 당초부터 위헌·무효라고 판단된 이상, 이는 '유죄의 선고를 받은 자에 대하여 무죄를 인정할 명백한 증거가 새로 발견된 때'에 해당**하므로, 결국 재심대상판결에는 **형사소송법 제420조 제5호의 재심사유가 있는**데도, 위 재심청구가 법률상의 방식에 위배되어 부적법하다고 판단한 원심결정에 법리오해의 잘못이 있다(대결 2013.4.18. 2010모363).

4 여기서 '원판결이 인정한 죄보다 경한 죄'라 함은 원판결이 인정한 죄와는 별개의 죄로서 그 **법정형이 가벼운 죄를 말하므로, 필요적이건 임의적이건 형의 감경사유를 주장하는 것은 포함하지 않는다**(대판 2007.7.12. 2007도3496).

5 형사소송법 제420조 제5호의 '원판결이 인정한 죄보다 경한 죄를 인정할 경우'란 원판결에서 인정한 죄와는 별개의 경한 죄를 말하고, 원판결에서 인정한 죄 자체에는 변함이 없고, 다만 양형상의 자료에 변동을 가져올 사유에 불과한 것은 여기에 해당하지 않는다(대판 2017.11.9. 2017도14769). (변시9회)

2) 증거의 신규성 [15.모의]

① 의의

제420조 제5호의 재심사유가 인정되기 위해서는 발견된 증거가 새로운 것이어야 한다. 증거의 신규성, 즉 증거가 새로 발견된 때라 함은 ㉠ 증거가 원판결 당시 **이미 존재하였으나 후에 발견**된 경우 ㉡ 증거가 원판결 후에 **새로 생긴** 경우 ㉢ 원판결 당시 존재를 알았으나 **조사가 불가능**하였던 증거로서 그 후에 증거조사가 가능하게 된 경우를 말한다. (14.모의)

② 판단기준

신규성 판단과 관련, 법원 외에 당사자에게도 신규성을 요구할 것인지에 대하여 논의가 있다. 형평과 금반언의 원칙을 이유로 긍정하는 **필요설**, 재심은 비상구제절차로서 무고하게 처벌받은 피고인을 구제하는 제도라는 이유로 부정하는 **불요설**, 고의나 과실로 제출하지 않은 증거에 대해서는 신규성을 인정할 수 없다는 **절충설**의 대립이 있다. 판례는 **피고인이 재심을 청구한 경우 재심대상이 되는 확정판결의 소송절차 중에 그러한 증거를 제출하지 못한 데에 과실이 있는 경우에는 증거가 새로 발견된 때에서 제외된다**는 입장으로 **절충설**의 입장이다(대결 2009.7.16. 2005모472). 생각건대 국가가 무고한 자임을 알고서도 처벌하는 것은 소극적 실체진실주의에 반하므로 **불요설**이 타당하다. (변시3회·4회, 16.모의)

> **🦌 판례**
>
> 형벌에 관한 **법령이 당초부터 헌법에 위반되어 법원에서 위헌무효**라고 선언한 때에도 역시 신규성이 인정된다고 할 것이다(대결 2013.4.18. 2010모363).

🔍 유죄확정판결의 근거가 된 종전의 증언을 번복하는 진술의 신규성 다툼

견해 대립이 있으나 증인의 번복진술은 허위의 증명이 없는 이상 새로운 증거가 아닌 기존의 증거와 동질의 증거이므로 신규성을 부정하는 것이 타당하다. 판례도 신규성을 부정하는 입장이다.

판례의 태도

형사소송법 제420조 제5호에서 말하는 "무죄로 인정할 명백한 증거가 발견된 때"란 확정판결의 소송절차에서 발견되지 못하였거나 발견되었어도 제출할 수 없었던 증거로서 증거가치에 있어 다른 증거에 비하여 객관적으로 우위성이 인정되는 증거를 말하는 것이므로 **확정판결의 소송절차에서 증거로 조사채택된 공동피고인이 확정판결 후 앞서의 진술내용을 번복하는 것은 이에 해당하지 않는다**(대결 1993.10.12. 93모33).

3) 증거의 명백성

① 의의

제420조 제5호의 재심사유는 증거의 신규성과 함께 명백성을 요구한다. 명백한 증거라 함은 새로운 증거가 **확정판결을 그대로 유지할 수 없을 정도로 고도의 개연성이 인정되는 경우**를 말한다.

② 명백성의 정도

증거의 명백성이 어느 정도여야 하는지에 대하여 논의가 있다. 명백한 증거라 함은 새로운 증거로 말미암아 확정판결이 파기할 가능성이 고도로 높다는 것을 의미한다고 보는 **한정설**과 확정판결의 사실인정에 합리적 의심이 생기는 정도를 의미한다고 보는 **무죄추정설**의 대립이 있다. 판례는 **단순히 재심대상이 되는 유죄의 확정판결에 대하여 그 정당성이 의심되는 수준을 넘어 그 판결을 그대로 유지할 수 없을 정도로 고도의 개연성이 인정되는 경우라면 그 새로운 증거는 위 조항의 '명백한 증거'에 해당한다**고 하여 한정설의 입장이다(대결 2009.7.16. 2005모472 전합). 생각건대 한정설은 재심청구인에게 무죄의 입증책임을 부담시키는 것으로 피고인 구제라는 재심제도의 이념에 반하므로 무죄추정설이 타당하다.

③ 명백성의 판단방법

증거의 명백성을 판단함에 있어서 새로운 증거만을 기준으로 할 것인지 기존의 구증거를 포함하여 판단할 것인지가 문제된다. 새로운 증거만을 독립적 고립적으로 판단하는 **단독평가설**, 새로운 증거와 구증거를 포함하여 종합적으로 판단해야 한다는 **전면적 종합평가설**, 구증거들 가운데 신증거와 유기적으로 밀접하게 관련·모순되는 것들만 신증거와 함께 제한적으로 고려하는 **한정적 종합평가설**이 대립한다. 종래 판례는 단독평가설의 입장이었으나, 최근 **재심 대상이 되는 확정판결을 선고한 법원이 사실인정의 기초로 삼은 증거들 가운데 새로 발견된 증거와 유기적으로 밀접하게 관련되고 모순되는 것들은 함께 고려하여 평가하여야 한다**고 판시하여 **한정적 종합평가설**의 입장이다(대결 2009.7.16. 2005모472).

> ### 📖 공범자에 대한 모순된 판결 [변시11회, 19.모의]
>
> 공범 사이의 모순된 판결이 있는 경우에 무죄판결에 대하여 증거의 명백성을 인정할 것인지에 대하여 논의가 있다. 이에 대하여 동일한 사실에 관하여 유·무죄가 각각 확정되는 것은 형사사법의 권위를 해치고 그 자체가 모순되는 판결이므로 재심사유가 된다는 **긍정설**이 있지만, 무죄판결은 무죄 증명된 경우뿐 아니라 증거불충분의 경우에도 선고되므로 증거의 명백성을 인정하기 어렵다는 **부정설**이 타당하다. 판례 또한 **무죄확정 판결의 증거자료를 자기의 증거자료로 하지 못하였고 또 새로 발견된 것이 아닌 한 무죄확정 판결 자체만으로는 유죄확정 판결에 대한 새로운 증거로서의 재심사유에 해당한다고 할 수 없다**고 하여 원칙적으로 부정설의 입장이다(대결 1984.4.13. 84모14). (13.모의, 16.모의)

PLUS+ 재심

문1. 乙은 만취한 상태로 동승자 甲을 태우고 남부순환로에서 차를 운전하고 있었다. 마침 500m 전방에서 대대적인 음주 검거를 하고 있는 모습을 확인하고 乙은 甲에게 "이번에 또 걸리면 삼진 아웃이다. 너도 술을 마셨지만 이번이 처음이라 벌금형에 그칠테니 나 대신 운전한 걸로 하자"고 하여 甲은 탐탁치 않았지만 평소 둘 간의 관계를 생각하여 이를 수락하였다.

이후 甲은 약식 기소되어 벌금 200만 원의 약식명령을 발부받고 형이 확정되었다. 형 확정후 믿었던 둘 간의 관계가 틀어지자 甲은 당시 남부순환로에 설치된 cctv에 甲과 乙이 자리를 바꾸는 모습이 찍힌 동영상을 확보하여 이를 증거로 하여 재심청구를 하고자 한다. 재심을 청구할 수 있는가문2. 경찰은 인천으로 대량의 필로폰이 밀수입된다는 첩보를 입수하고 인천 부두항에 잠복근무하던 중 월미도파 행동대장 乙이 한 어선에 접근하는 것을 보고 급히 검거하였다. 乙은 부인했으나 다른 증거들에 근거하여 마약류관리법위반 혐의로 징역 3년형을 선고받고 그 형이 확정되었다.

이후 영종도파의 행동대장이 살인죄로 입건되어 수사 받던 중 월미도파 행동대장 乙이 검거된 것은 인천에서 주도권을 잡기 위해 우리 파가 다 계획한 일이었다고 진술하여 해당 진술이 조서로 작성되었다. 乙의 변호인이 이 진술조서를 근거로 乙을 구제할 수 있는 방법에 대하여 논하시오(진술조서의 증거능력은 논외).

문 1)

1. 논점

제420조 제5호의 증거의 신규성이 문제되고 증거의 명백성은 달리 문제되지 않는다.

2. 증거의 신규성

1) 법원 아닌 당사자에 대하여도 신규성이 요구되는지 문제된다(사안의 cctv는 당사자로서는 충분히 알 수 있었던 증거에 해당).

2) 견해의 대립

형평과 금반언의 원칙을 이유로 긍정하는 **필요설**, 재심은 비상구제절차로서 무고하게 처벌받은 피고인을 구제하는 제도라는 이유로 부정하는 **불요설**, 고의나 과실로 제출하지 않은 증거에 대해서는 신규성을 인정할 수 없다는 **절충설**의 대립이 있다.

3) 판례의 태도

판례는 피고인이 재심을 청구한 경우 재심대상이 되는 확정판결의 소송절차 중에 그러한 증거를 제출하지 못한 데에 과실이 있는 경우에는 증거가 새로 발견된 때에서 제외된다는 입장으로 **절충설**의 입장이다(대결 2009.7.16. 2005모472).

4) 검토

생각건대 국가가 무고한 자임을 알고서도 처벌하는 것은 소극적 실체진실주의에 반하므로 **불요설**이 타당하다.

3. 사안의 해결

문 2)

1. 논점

제420조 제5호의 증거의 명백성이 문제되고 증거의 신규성은 달리 문제되지 않는다.

2. 증거의 명백성

(1) 명백성의 정도

1) 견해의 대립

명백한 증거라 함은 새로운 증거로 말미암아 확정판결이 파기할 가능성이 고도로 높다는 것을 의미한다고 보는 **한정설**과 확정판결의 사실인정에 합리적 의심이 생기는 정도를 의미한다고 보는 **무죄추정설**의 대립이 있다.

2) 판례의 태도

판례는 **단순히 재심대상이 되는 유죄의 확정판결에 대하여 그 정당성이 의심되는 수준을 넘어 그 판결을 그대로 유지할 수 없을 정도로 고도의 개연성이 인정되는 경우라면 그 새로운 증거는 위 조항의 '명백한 증거'에 해당한다**고 하여 한정설의 입장이다(대결 2009.7.16. 2005모472 전합).

3) 검토

생각건대 한정설은 재심청구인에게 무죄의 입증책임을 부담시키는 것으로 피고인 구제라는 재심제도의 이념에 반하므로 무죄추정설이 타당하다.

(2) 명백성 판단방법

1) 견해 대립

새로운 증거만을 독립적 고립적으로 판단하는 **단독평가설**, 새로운 증거와 구증거를 포함하여 종합적으로 판단해야 한다는 **전면적 종합평가설**, 구증거들 가운데 신증거와 유기적으로 밀접하게 관련·모순되는 것들만 신증거와 함께 제한적으로 고려하는 **한정적 종합평가설**이 대립한다.

2) 판례의 태도

종래 판례는 단독평가설의 입장이었으나, 최근 **재심 대상이 되는 확정판결을 선고한 법원이 사실인정의 기초로 삼은 증거들 가운데 새로 발견된 증거와 유기적으로 밀접하게 관련되고 모순되는 것들은 함께 고려하여 평가하여야 한다**고 판시하여 **한정적 종합평가설**의 입장이다(대결 2009.7.16. 2005모472).

3) 검토 및 소결

사안의 '~'라는 참고인진술조서는 명백한 증거에 해당된다.

3. 사안의 해결

---

3. 상소기각의 확정판결에 대한 재심이유(제421조)

항소 또는 상고의 기각 판결에 대하여는 **제420조 제1호(허위증거), 제2호(허위증언 등), 제7호(공무원의 직무범죄)의 사유 있는 경우에 한하여** 그 선고를 받은 자의 이익을 위하여 재심을 청구할 수 있다(제1항). 제1심 확정판결에 대한 재심청구사건의 판결이 있은 후에는 항소기각 판결에 대하여 다시 재심을 청구하지 못하며(제2항), (14.모의) 제1심 또는 제2심의 확정판결에 대한 재심청구사건의 판결이 있은 후에는 상고기각 판결에 대하여 다시 재심을 청구하지 못한다(제3항).

4. 확정판결에 대신하는 증명

확정판결로 범죄가 증명됨을 재심청구의 이유로 할 경우에 **그 확정판결을 얻을 수 없는 때**에는 그 사실을 증명하여 재심의 청구를 할 수 있다. 확정판결을 얻을 수 없는 때란 범인이 사망 또는 행방불명, 범인의 심신상실, 범인의 공소시효 완성, 사면 등이 있는 경우를 말한다. 단, **증거가 없다는 이유로 확정판결을 얻을 수 없는 때에는 예외**로 한다(제422조).

일반인에 대한 수사권한이 없는 육군특무부대 소속 수사관들이 피고인 및 공동피고인 甲을 피의자로 신문한 행위는 구 헌병과 국군정보기관의 수사한계에 관한 법률 제3조 위반죄 및 구 형법 제123조의 타인의 권리행사방해죄를 구성하고, 이들 범죄는 모두 형사소송법 제420조 제7호에 정한 사법경찰관의 직무에 관한 죄에 해당하며, 한편 위 각 죄에 대한 공소시효가 완성되어 같은 법 제422조의 '확정판결을 얻을 수 없는 때'에 해당하므로, 결국 위 대상판결은 그 공소의 기초된 수사에 관여한 사법경찰관이 그 직무에 관한 죄를 범하였고 그러한 사실이 증명되었다고 할 것이어서, 같은 제420조 제7호에 정한 재심사유가 존재한다(대결 2010.10.29. 2008재도11 전합).

5. 소송촉진 등에 관한 특례법상의 재심사유

소송촉진 등에 관한 특례법 제23조 본문에서는 '제1심 공판절차에서 피고인에 대한 송달불능 보고서가 접수된 때부터 6개월이 지나도록 피고인의 소재를 확인할 수 없는 경우에는 대법원 규칙으로 정하는 바에 따라 피고인의 진술 없이 재판할 수 있다'라고 규정하여 소송촉진을 위하여 피고인의 진술없이 재판할 수 있는 경우를 규정하고 있다. 그러나 소송촉진을 위하여 피고인의 기본권이 침해되는 것을 막기 위하여 소송촉진 등에 관한 특례법 제23조의2 제1항에서는 '제23조 본문에 따라 유죄판결을 받고 그 판결이 확정된 자가 책임을 질 수 없는 사유로 공판절차에 출석할 수 없었던 경우 형사소송법 제424조에 규정된 자는 그 판결이 있었던 사실을 안 날부터 14일 이내(재심청구인이 책임을 질 수 없는 사유로 위 기간에 재심청구를 하지 못한 경우에는 그 사유가 없어진 날부터 14일 이내)에 제1심 법원에 재심을 청구할 수 있다'라고 규정하여 귀책사유가 없는 피고인에게 재심을 청구할 수 있도록 하고 있다. 판례에 따르면 소송촉진 등에 관한 특례법 제23조의2의 규정은 제1심판결뿐만 아니라 항소심판결의 경우에도 적용된다(대판 2015.6.25. 2014도17252). (변시11회)

Ⅲ 재심개시절차

1. 재심의 관할

재심청구는 **원판결의 법원**이 관할한다(제423조). 원판결의 법원이란 재심청구인이 재심이유가 있다고 하여 재심청구의 대상으로 하고 있는 판결을 한 법원을 의미한다.

1 군법회의는 군인 또는 군무원이 아닌 국민에 대하여는 헌법 제26조 제2항에 해당하는 경우가 아니면 그 재판권이 없고, 비록 군법회의법 제463조 본문에 재심의 청구는 원판결을 한 대법원 또는 군법회의가 관할한다고 규정되어 있으나, 관할은 재판권을 전제로 하는 것이므로 **군법회의판결이 확정된 후 군에서 제적되어 군법회의에 재판권이 없는 경우에는** 재심사건이라 할지라도 그 관할은 **원판결을 한 군법회의가 아니라 같은 심급의 일반법원에** 있다(대판 1985.9.24. 84도2972). (변시10회)

2 재심심판절차는 물론 재심사유의 존부를 심사하여 다시 심판할 것인지를 결정하는 재심개시절차 역시 재판권 없이는 심리와 재판을 할 수 없는 것이므로, 재심청구를 받은 군사법원으로서는 먼저 재판권 유무를 심사하여 군사법원에 재판권이 없다고 판단되면 재심개시절차로 나아가지 말고 곧바로 사건을 군사법원법 제2조 제3항에 따라 같은 심급의 일반법원으로 이송하여야 한다. 이와 달리 **군사법원이 재판권이 없음에도 재심개시결정을 한 후에 비로소 사건을 일반법원으로 이송한다면 이는 위법한 재판권의 행사이다.** 다만, 군사법원법 제2조 제3항 후문이 "이 경우 이송 전에 한 소송행위는 이송 후에도 그 효력에 영향이 없다."고 규정하고 있으므로, **사건을 이송받은 일반법원으로서는 다시 처음부터 재심개시절차를 진행할 필요는 없고 군사법원의 재심개시결정을 유효한 것으로 보아 후속 절차를 진행할 수 있다**(대판 2015.5.21. 2011도1932 전합).

2. 재심의 청구

(1) 재심청구권자(제424조, 제426조)

① 검사 ② 유죄의 선고를 받은 자 ③ 유죄의 선고를 받은 자의 법정대리인 ④ 유죄의 선고를 받은 자가 사망하거나 심신장애가 있는 경우에는 그 배우자·직계친족 또는 형제자매는 재심을 청구할 수 있다(제424조).

(2) 재심청구의 시기

재심청구의 **시기에는 제한이 없다.** 따라서 형의 집행을 종료하거나 형의 집행을 받지 아니하게 된 때에도 할 수 있다(제427조).

(3) 재심청구의 방식

재심청구를 할 때에는 재심청구의 취지 및 재심청구의 이유를 구체적으로 기재한 재심청구서에 원판결의 등본 및 증거자료를 첨부하여 관할법원에 제출하여야 한다(규칙 제166조). 재심청구에도 재소자특칙이 적용되므로 재소자가 교도소장에게 재심청구서를 제출한 때에 재심청구를 한 것으로 간주된다(제430조).

(4) 재심과 집행정지의 효력

재심청구는 **형의 집행을 정지하는 효력이 없다.** 단, 관할법원에 대응한 검찰청 검사는 재심청구에 대한 재판이 있을 때까지 형의 집행을 정지할 수 있다(제428조).

(5) 재심청구의 취하

재심청구는 서면으로 취하할 수 있고(제429조 제1항), 공판정에서는 구술로도 취하할 수 있다(규칙 제167조 제1항). 재심청구의 취하에도 재소자특칙이 적용되므로 재소자가 교도소장에게 취하서를 제출한 때에 재심청구를 취하한 것으로 간주된다(제430조). 재심의 청구를 취하한 자는 동일한 이유로서 **다시 재심을 청구하지 못한다**(제429조 제2항).

3. 재심청구에 대한 심판

(1) 재심청구의 심리

1) 심리절차의 구조

재심청구의 심판절차는 결정절차이므로 구두변론에 의할 필요가 없고 절차의 공개도 필요 없다.

2) 사실조사

재심의 청구를 받은 법원은 필요하다고 인정한 때에는 합의부원에게 재심청구의 이유에 대한 사실조사를 명하거나 다른 법원판사에게 이를 촉탁할 수 있다(제431조). 사실조사의 범위는 재심청구인의 재심청구이유와 주장한 사실의 유무에 제한된다.

3) 당사자의 의견

재심의 청구에 대하여 결정을 내릴 때에는 **청구한 자와 상대방의 의견을 들어야** 한다. 다만, 유죄의 선고를 받은 자의 법정대리인이 청구한 경우에는 유죄선고를 받은 자의 의견을 들어야 한다(제432조).

(2) 재심청구에 대한 재판

1) 청구기각결정

재심의 청구가 법률상의 방식에 위반하거나 청구권의 소멸 후인 것이 명백한 때(제433조), 재심의 청구가 이유 없다고 인정한 때(제434조), 재심청구가 경합하는 경우(제436조)에 청구기각결정을 한다.

2) 재심개시결정

재심의 청구가 이유 있다고 인정한 때에는 재심개시의 결정을 하여야 한다.

★판례

형사소송법상 재심절차는 재심개시절차와 재심심판절차로 구별되는 것이므로, 재심개시절차에서는 형사소송법을 규정하고 있는 재심사유가 있는지 여부만을 판단하여야 하고, 나아가 재심사유가 재심대상판결에 영향을 미칠 가능성이 있는가의 실체적 사유는 고려하여서는 아니 된다(대결 2008.4.24. 2008모77). (변시11회)

Q 경합범 일부에 재심사유가 있는 경우의 재심개시결정의 범위와 심판범위

甲은 A죄, B죄 경합범에 대하여 하나의 형을 선고받아 확정되었다. 이 때 B죄에 대하여만 재심이유가 인정된다면 재심법원의 재심개시결정 및 심리의 범위는 어떻게 되는지 논하시오.

1. 논점

경합범에 대하여 한 개의 형이 선고·확정되었으나, 경합범의 일부에 대해서만 재심사유가 있는 경우 재심개시결정의 범위와 재심의 심판범위가 문제된다.

2. 견해의 대립

범죄사실의 인정절차와 양형절차를 구분할 수 없는 이상 전체범죄사실에 관하여 재심개시결정 및 심리를 해야 한다고 보는 **전부재심설**, 재심사유 없는 사실을 다시 심리하는 것은 재심제도의 본질에 반하므로 재심사유가 인정되는 일부사실에 대해서만 재심결정을 해야 한다는 **일부재심설**, 재심개시결정은 모든 사실에 대하여 해야 하지만 재심사유 없는 사실은 형식적으로 심판의 대상에 포함됨에 그치고 이에 대해 심판할 수 없으나, 다만, 양형을 정할 때에 고려할 수 있을 뿐이라고 보는 **절충설**의 대립이 있다.

3. 판례의 태도

형식적으로는 1개의 형이 선고된 판결에 대한 것이어서 그 판결 전부에 대하여 재심개시의 결정을 할 수밖에 없지만, 재심사유가 없는 범죄사실에 대하여는 이를 다시 심리하여 유죄인정을 파기할 수 없고, 다만, 양형을 위하여 필요한 범위에 한하여만 심리를 할 수 있을 뿐이라고 하여 절충설의 입장이다(대판 2001.7.13. 2001도1239). 최근 대판에서도 판결 전부에 대하여 재심개시의 결정을 한 경우, 재심법원은 재심사유가 없는 범죄에 대하여는 새로이 양형을 하여야 하는 것이므로 이를 헌법상 이중처벌금지의 원칙을 위반한 것이라고 할 수 없고, 다만, 불이익변경의 금지원칙이 적용되어 원판결의 형보다 중한 형을 선고하지 못할 뿐이라고 재차 확인한 바 있다(대판 2018.2.28. 2015도15782).

4. 검토 및 사안의 경우

경합범의 특징과 재심제도의 본질을 고려할 때 판례의 태도가 타당하다.

(3) 결정에 대한 불복

재심청구기각결정과 재심개시결정에 대하여 **즉시항고**를 할 수 있다(제437조). 다만, 불복이 없이 **확정된 재심개시결정의 효력에 대하여는 더 이상 다툴 수 없으므로**, 설령 재심개시결정이 부당하더라도 이미 확정되었다면 법원은 더 이상 재심사유의 존부에 대하여 살펴볼 필요 없이 형사소송법 제436조의 경우가 아닌 한 그 심급에 따라 다시 심판을 하여야 하는 것이다(대판 2013.7.11. 2011도14044).

Ⅳ 재심심판절차

1. 재심의 공판절차

재심개시의 결정이 확정된 사건에 대하여는 법원은 그 **심급에 따라 다시 심판하여야** 한다. '심급에 따라'의 의미는 제1심의 확정판결에 대한 재심은 제1심의 공판절차에 따라서, 항소기각 또는 상고기각의 확정판결에 대해서는 항소심 또는 상고심 절차에 따라서 각각 다시 심판하게 된다는 것을 말한다. '다시 심판'의 의미는 재심대상판결의 당부를 심사하는 것이 아니라 피고 사건 자체를 처음부터 새로 심판하는 것을 말한다(대판 2015.5.14. 2014도2946).

2. 재심심판절차의 특칙

(1) 공판절차의 정지와 공소기각결정

사망자, 회복할 수 없는 심신장애인을 위하여 재심의 청구가 있는 때, 유죄의 선고를 받은 자가 재심의 판결 전에 사망하거나 회복할 수 없는 심신장애인으로 된 때에는 **공소기각의 결정**(제328조 제1항 제2호), **공판절차의 정지**(제306조 제1항)**에 관한 규정은 적용하지 아니한다**(제438조 제2항). (14.모의) 이 경우 변호인이 출정한 경우에는 피고인이 출정하지 아니하여도 심판을 할 수 있다. 단, 변호인이 출정하지 아니하면 개정하지 못한다(제3항). 즉 필요적 변론 사건에 해당한다. 따라서 재심을 청구한 자가 변호인을 선임 하지 아니한 때에는 재판장은 **직권으로 변호인을 선임**하여야 한다.

(2) 공소취소와 공소장변경

제1심판결이 선고되어 확정된 이상, 이에 대한 재심소송절차에서 **공소취소를 할 수 없다** (대판 1976.12.28. 76도3203). 재심의 공판절차에는 각 심급의 공판절차에 관한 규정이 적용되므로 **공소장변경도 가능**하다. 그러나 이익재심의 본질에 비추어 원판결의 죄보다 중한 죄를 인정하기 위한 공소장변경은 허용되지 않는다(제한설).

3. 재심의 재판

(1) 불이익변경의 금지

재심에는 원판결의 형보다 중한 형을 선고하지 못한다(제439조). 이는 검사가 청구한 재심의 경우에서도 불이익변경이 금지된다.

> **★ 판례**
>
> 1 이익재심의 원칙을 반영하여 제439조에서 "재심에는 원판결의 형보다 중한 형을 선고하지 못한다."라고 규정하고 있는데, 이는 단순히 원판결보다 무거운 형을 선고할 수 없다는 원칙만을 의미하는 것이 아니라 실체적 정의를 실현하기 위하여 재심을 허용하지만 피고인의 법적 안정성을 해치지 않는 범위 내에서 재심이 이루어져야 한다는 취지이다. (변시9회, 11회)
> 원판결이 선고한 집행유예가 실효 또는 취소됨이 없이 유예기간이 지난 후에 새로운 형을 정한 재심판결이 선고되는 경우에도, 그 유예기간 경과로 인하여 원판결의 형 선고 효력이 상실되는 것은 원판결이 선고한 집행유예 자체의 법률적 효과로서 재심판결이 확정되면 당연히 실효될 원판결 본래의 효력일 뿐이므로, 이를 형의 집행과 같이 볼 수는 없고, 재심판결의 확정에 따라 원판결이 효력을 잃게 되는 결과 그 집행유예의 법률적 효과까지 없어진다 하더라도 재심판결의 형이 원판결의 형보다 중하지 않다면 불이익변경금지의 원칙이나 이익재심의 원칙에 반한다고 볼 수 없다(대판 2018.2.28. 2015도15782).
> 2 피고인이 재심대상판결에서 정한 집행유예의 기간 중 특정범죄 가중처벌 등에 관한 법률 위반(보복협박 등)죄로 징역 6개월을 선고받아 그 판결이 확정됨으로써 위 집행유예가 실효되고 피고인에 대하여 유예된 형이 집행되었는데, 재심판결인 원심판결에서 새로이 형을 정하고 원심판결 확정일을 기산일로 하는 집행유예를 다시 선고한 사안에서, 재심판결에서 피고인에게 또다시 집행유예를 선고할 경우 그 집행유예 기간의 시기는 재심대상판결의 확정일이 아니라 재심판결의 확정일로 보아야 하고, 그로 인하여 재심대상판결이 선고한 집행유예의 실효 효과까지 없어지더라도, 재심판결이 확정되면 재심대상판결은 효력을 잃게 되는 재심의 본질상 당연한 결과이므로, 재심판결에서 정한 형이 재심대상판결의 형보다 중하지 않은 이상 불이익변경금지원칙이나 이익재심원칙에 반하지 않는다고 본 원심판결이 정당하다고 한 사례(대판 2019.2.28. 2018도13382).

(2) 무죄판결의 공시

재심에서 무죄의 선고를 한 때에는 그 판결을 관보와 그 법원소재지의 신문지에 기재하여 공고하여야 한다(제440조). 유죄선고를 받은 자의 명예회복을 위한 조치이다. 여기서 무죄의 선고란 무죄판결의 확정을 의미한다.

(3) 재심판결과 원판결의 효력

재심판결이 확정된 때에는 원판결은 당연히 그 효력을 잃는다. 그러나 원판결에 의하여 이루어진 형의 집행까지 무효로 되는 것은 아니므로, 원판결에 의한 자유형의 집행은 재심판결의 자유형에 통산된다.

⚖ 판례

상습범으로 유죄의 확정판결을 받은 사람이 그 후 동일한 습벽에 의해 후행범죄를 저질렀는데 유죄의 확정판결에 대하여 재심이 개시된 경우, 동일한 습벽에 의한 후행범죄가 재심대상판결에 대한 재심판결 선고 전에 범하여졌다면 재심판결의 기판력이 후행범죄에 미치는지 여부(소극) / 유죄의 확정판결을 받은 사람이 그 후 별개의 후행범죄를 저질렀는데 유죄의 확정판결에 대하여 재심이 개시된 경우, 후행범죄가 재심대상판결에 대한 재심판결 확정 전에 범하여졌다면 아직 판결을 받지 아니한 후행범죄와 재심판결이 확정된 선행범죄 사이에 형법 제37조 후단에서 정한 경합범 관계가 성립하는지 여부(소극)

[판결요지]

① 재심 개시 여부를 심리하는 절차의 성질과 판단 범위, 재심개시결정의 효력 등에 비추어 보면, 유죄의 확정판결 등에 대해 재심개시결정이 확정된 후 재심심판절차가 진행 중이라는 것만으로는 확정판결의 존재 내지 효력을 부정할 수 없고, 재심개시결정이 확정되어 법원이 그 사건에 대해 다시 심리를 한 후 재심의 판결을 선고하고 그 재심판결이 확정된 때에 종전의 확정판결이 효력을 상실한다. 재심의 취지와 특성, 형사소송법의 이익재심 원칙과 재심심판절차에 관한 특칙 등에 비추어 보면, 재심심판절차에서는 특별한 사정이 없는 한 검사가 재심대상사건과 별개의 공소사실을 추가하는 내용으로 공소장을 변경하는 것은 허용되지 않고, 재심대상사건에 일반 절차로 진행 중인 별개의 형사사건을 병합하여 심리하는 것도 허용되지 않는다.

② 상습범으로 유죄의 확정판결(이하 앞서 저질러 재심의 대상이 된 범죄를 '선행범죄'라 한다)을 받은 사람이 그 후 동일한 습벽에 의해 범행을 저질렀는데(이하 뒤에 저지른 범죄를 '후행범죄'라 한다) 유죄의 확정판결에 대하여 재심이 개시된 경우, 동일한 습벽에 의한 후행범죄가 재심대상판결에 대한 재심판결 선고 전에 저질러진 범죄라 하더라도 재심판결의 기판력이 후행범죄에 미치지 않는다.

재심심판절차에서 선행범죄, 즉 재심대상판결의 공소사실에 후행범죄를 추가하는 내용으로 공소장을 변경하거나 추가로 공소를 제기한 후 이를 재심대상사건에 병합하여 심리하는 것이 허용되지 않으므로 재심심판절차에서는 후행범죄에 대하여 사실심리를 할 가능성이 없다. 또한 재심심판절차에서 재심개시결정의 확정만으로는 재심대상판결의 효력이 상실되지 않으므로 재심대상판결은 확정판결로서 유효하게 존재하고 있고, 따라서 재심대상판결을 전후하여 범한 선행범죄와 후행범죄의 일죄성은 재심대상판결에 의하여 분단되어 동일성이 없는 별개의 상습범이 된다. 그러므로 선행범죄에 대한 공소제기의 효력은 후행범죄에 미치지 않고 선행범죄에 대한 재심판결의 기판력은 후행범죄에 미치지 않는다.

만약 재심판결의 기판력이 재심판결의 선고 전에 선행범죄와 동일한 습벽에 의해 저질러진 모든 범죄에 미친다고 하면, 선행범죄에 대한 재심대상판결의 선고 이후 재심판결 선고 시까지 저지른 범죄는 동시에 심리할 가능성이 없었음에도 모두 처벌할 수 없다는 결론에 이르게 되는데, 이는 처벌의 공백을 초래하고 형평에 반한다.

③ 유죄의 확정판결을 받은 사람이 그 후 별개의 후행범죄를 저질렀는데 유죄의 확정판결에 대하여 재심이 개시된 경우, 후행범죄가 재심대상판결에 대한 재심판결 확정 전에 범하여졌다 하더라도 아직 판결을 받지 아니한 후행범죄와 재심판결이 확정된 선행범죄 사이에는 형법 제37조 후단에서 정한 경합범 관계(이하 '후단 경합범'이라 한다)가 성립하지 않는다.

재심판결이 후행범죄 사건에 대한 판결보다 먼저 확정된 경우에 후행범죄에 대해 재심판결을 근거로 후단 경합범이 성립한다고 하려면 재심심판법원이 후행범죄를 동시에 판결할 수 있었어야 한다. 그러나 아직 판결을 받지 아니한 후행범죄는 재심심판절차에서 재심대상이 된 선행범죄와 함께 심리하여 동시에 판결할 수 없었으므로 후행범죄와 재심판결이 확정된 선행범죄 사이에는 후단 경합범이 성립하지 않고, 동시에 판결할 경우와 형평을 고려하여 그 형을 감경 또는 면제할 수 없다(대판 2019. 6. 20. 2018도20698 전합).

제2절 비상상고

Ⅰ 의의 및 구별

비상상고란 **확정판결에 대하여 그 심판의 법령위반을 이유로 허용되는 비상구제절차**를 말한다. 비상상고는 법령의 해석과 적용의 통일과 함께 피고인의 불이익을 구제하기 위한 제도이다. 확정판결에 대한 구제절차인 점에서 미확정판결에 대한 시정제도인 상소와 구별되고, 법령위반을 이유로 하는 점에서 사실인정의 잘못을 이유로 하는 재심과 구별된다.

Ⅱ 비상상고의 대상과 이유

1. 비상상고의 대상

(1) 모든 확정판결

비상상고의 대상은 **모든 확정판결**이다. 유죄·무죄의 실체판결에 한하지 않고 공소기각·관할위반·면소 등 형식재판도 포함한다. 심급 여하도 불문하며, **약식명령, 즉결심판**도 확정되면 확정판결과 동일한 효력이 발생하므로 비상상고의 대상이 된다.

(2) 상소기각 결정

판결은 아니지만 원판결을 확정시키는 효력을 갖는 종국재판이므로 비상상고의 대상이 된다.

(3) 당연무효의 판결

판결이 당연무효라 할지라도 비상상고에 의하여 무효를 확인할 필요가 있으므로 비상상고의 대상이 된다.

2. 비상상고의 이유

(1) 심판의 법령위반

비상상고는 판결이 확정된 후 그 사건의 심판이 법령에 위반한 것을 발견한 때에 할 수 있다(제441조). 심판이란 심리와 판결을 의미하므로, 심판의 법령위반이란 **판결의 법령위반**뿐만 아니라 판결에 이르기까지의 **소송절차의 법령위반도 포함**한다.

> **★ 판례**
>
> 1 **친고죄에 있어서 고소취소가 있는데도 유죄판결을 한 경우** 사건의 심판이 법령에 위반된 것이므로 비상상고 이유에 해당한다(대결 1947.7.29. 4280비상2).
> 2 **처벌을 희망하지 아니하는 피해자의 의사표시가 있었음을 간과**한 채, 구 정보통신망 이용촉진 및 정보보호에 관한 법률 위반의 공소사실을 유죄로 판단한 원판결에 대한 비상상고는 이유 있다(대판 2010.1.28. 2009오1).
> 3 **성년인 피고인에 대하여 부정기형을 선고한 것은 법령에 위반**하는 것으로서 비상상고의 대상이 된다(대결 1963.4.11. 63오2).

4 공소시효가 완성된 사실을 간과한 채 피고인에 대하여 약식명령을 발령한 원판결은 법령을 위반한 잘못이 있고, 또한 피고인에게 불이익하다고 할 것인바, 이 점을 지적하는 이 사건 비상상고는 이유가 있다(대판 2006.10.13. 2006오2).

5 판결선고 당시 만 20세 미만인 **소년에 대하여 정기형을 선고한** 것은 법령에 위반한 것으로서 비상상고의 대상이 된다(대결 1963.4.4. 63오1).

(2) 사실오인

단순한 사실오인에 대해서는 **비상상고를 제기할 수 없다**. 다만, 사실오인의 결과로 법령위반의 오류가 발생한 경우에도 비상상고를 제기할 수 있는지에 대하여 논의가 있지만 판례는 전면부정설의 입장이다.

⚖ 판례

[1] 단순히 그 **법령 적용의 전제사실을 오인함에 따라 법령위반의 결과를 초래한 것과 같은 경우**는 법령의 해석적용을 통일한다는 목적에 유용하지 않으므로 '그 사건의 심판이 법령에 위반한 것'에 **해당하지 않는다**고 해석함이 상당하다.

[2] 법원이 원판결의 선고 전에 피고인이 **이미 사망한 사실을 알지 못하여 공소기각의 결정을 하지 않고 실체판결에 나아감으로써 법령위반의 결과를 초래**하였다고 하더라도, 이는 형사소송법 제441조에 정한 '그 심판이 법령에 위반한 것'에 해당한다고 볼 수 없다(대결 2005.3.11. 2004오2).

Ⅲ 비상상고의 절차

1. 신청권자와 관할법원

신청권자는 **검찰총장**이며, 관할법원은 **대법원**이다(제441조).

2. 신청의 방식과 취하

비상상고를 함에는 그 이유를 기재한 신청서를 대법원에 제출하여야 한다(제442조). 신청에는 시기의 **제한이 없다**. 명문의 규정이 없지만, 비상상고의 판결이 있을 때까지는 취하 가능하다고 본다.

3. 비상상고의 심리

(1) 공판의 개정

비상상고사건의 심리를 위해서는 공판기일을 열어야 한다. 공판기일에는 검사가 출석하여야 하며, 검사는 신청서에 의하여 진술하여야 한다(제443조). **피고인의 출석이 공판개정요건이 아니다**.

(2) 사실조사

대법원은 **신청서에 포함된 이유에 한하여 조사**하여야 한다(제444조 제1항). 법원의 직권조사 사항은 없다. 다만, **법원의 관할, 공소의 수리와 소송절차**에 관하여는 사실조사를 할 수 있다(동조 제2항).

4. 비상상고의 판결

(1) 기각판결

비상상고가 부적법하거나 이유 없다고 인정한 때에는 판결로써 이를 기각하여야 한다 (제445조).

(2) 파기판결

1) 판결의 법령위반

원판결이 법령에 위반한 때에는 **원칙적으로 그 위반된 부분만을 파기**하여야 한다. 다만, **원판결이 피고인에게 불이익한 때에** 대법원은 **원판결을 파기하고 피고 사건에 대하여 다시 판결**을 하여야 한다(제446조 제1호).

2) 소송절차 법령위반

원심소송절차가 법령에 위반한 때에는 **그 위반된 절차만을 파기**한다(제446조 제1항). 이 때 원판결 자체는 파기하지 않는다.

(3) 판결의 효력

비상상고의 판결은 법령위반시에 파기자판하는 경우 이외에는 그 효력이 피고인에게 미치지 아니한다(제447조). 따라서 판결의 주문은 그대로 유지되며, 소송절차의 법령위반을 이유로 파기한 경우에도 소송계속이 부활하지 않는다. 즉, 이론적 효력이 있을 뿐이다.

제3장 | 특별절차

제1절 약식절차

I 의의

약식절차란 검사의 청구가 있는 때에 공판절차를 거치지 아니하고 **서면심리만으로 피고인에게 벌금·과료·몰수를 과하는** 간이한 형사절차를 말한다. 약식절차에 의한 재판을 약식명령이라고 한다.

II 약식명령의 절차

1. 약식명령의 청구

약식명령의 청구권자인 검사가 공소의 제기와 동시에 서면으로 하여야 한다(제449조). 검사는 약식명령청구와 동시에 약식명령을 하는데 필요한 증거서류 및 증거물을 함께 법원에 제출하여야 한다(규칙 제170조). 따라서 약식절차에서는 **공소장일본주의가 적용되지 않는다.**

2. 청구대상

약식명령은 지방법원의 관할에 속하는 **벌금·과료·몰수에 처할 수 있는 사건**에 대해서 청구할 수 있다(제448조 제1항). (변시4회, 14.모의, 18.모의)

3. 법원의 심리

(1) 서면심리의 원칙

약식절차는 서면심리에 의함을 원칙으로 한다. 따라서 공판절차를 전제로 한 **공소장일본주의, 구두변론주의, 직접심리주의, 공소장변경 등은 적용되지 않는다.** (14.모의, 16.모의)

(2) 사실조사

약식절차에서도 사실조사와 증거조사는 허용된다.

(3) 증거법칙

약식절차가 서면심리를 원칙으로 하므로 **전문법칙은 적용되지 않는다.** (14.모의) 그러나 **자백배제법칙, 위법수집증거배제법칙 및 자백의 보강법칙**은 약식절차에도 적용된다. (14.모의)

4. 약식명령

(1) 약식명령의 기간

법원은 약식명령으로 하는 것이 적당하다고 인정하는 경우에는 약식명령청구가 있은 날로부터 **14일 이내**에 약식명령을 해야 한다(규칙 제171조).

(2) 약식명령의 내용

약식명령에 의하여 과할 수 있는 형은 **벌금·과료·몰수에 한한다.** 따라서 무죄·면소·공소기각·관할위반의 재판은 약식명령에 의하여 할 수 없다. (16.모의, 18.모의) 벌금·과료·몰수에 처할 때에는 **압수물의 환부, 추징, 가납명령 등 부수처분을 할 수 있다.**

(3) 약식명령의 고지

약식명령 고지는 검사와 피고인에 대한 **재판서의 송달**에 의한다(제452조).

(4) 효력

약식명령은 정식재판의 **청구기간이 경과하거나 그 청구의 취하 또는 청구기각의 결정이 확정된 때**에는 확정판결과 동일한 효력이 있다(제457조). (14.모의) 이 때 기판력의 발생시는 약식명령의 발령시이다.

5. 공판절차 이행

(1) 이행사유

법원은 약식명령의 청구가 있는 경우에 그 사건이 **약식명령으로 할 수 없거나** 약식명령으로 하는 것이 **적당하지 아니하다고 인정한 때**에는 공판절차에 의하여 심판하여야 한다(제450조).

(2) 이행 후 절차

법원은 약식명령청구사건을 공판절차에 의하여 심판하기로 한 때에는 즉시 그 취지를 검사에게 통지하여야 하고 통지를 받은 검사는 5일 이내에 피고인 수에 상응한 **공소장부본을 법원에 제출**하여야 한다(규칙 제172조 제2항). 법원은 공소장부본을 **지체 없이 피고인·변호인에게 송달**하여야 한다(규칙 제172조 제3항).

Ⅲ 정식재판의 청구

1. 의의

검사 또는 피고인이 약식명령에 불복하여 **약식명령의 고지를 받은 날로부터 7일 이내**에 정식재판의 청구를 할 수 있다. 단, 피고인은 정식재판의 청구를 포기할 수 없다. 이 때의 정식재판의 청구는 **동일심급의 법원에 대하여** 원재판의 시정을 구하는 것이므로 상소가 아니다.

2. 절차

정식재판의 청구는 **약식명령의 고지를 받은 날로부터 7일 이내에 약식명령을 한 법원에** **서면**으로 제출하여야 한다(제453조). 7일 이내에 정식재판을 청구하지 못한 경우에 **상소권** **회복에 관한 규정이 준용**된다(제458조, 제348조). 그리고 정식재판청구에 관해서는 제458 조에서 명시적으로 제344조의 재소자의 특칙을 준용하고 있지 않지만 판례는 **제344조를** **준용**하는 것으로 해석한다(대결 2006.10.13. 2005모552).

3. 정식재판청구와 공소장일본주의

정식재판을 청구한 이후에는 공소장일본주의의 취지에 비추어 약식명령청구시 검사가 제 출했던 증거서류와 증거물을 다시 검사에게 반환해야 한다는 견해가 있다. 그러나 **판례는** **약식명령은 공소장일본주의의 예외에 해당하고, 이후 약식명령에 불복하여 제기된 정식재** **판이 청구된 경우에도 법원이 증거서류 및 증거물을 검사에게 반환하지 않고 보관하고 있** **다고 하더라도 공소장일본주의 위반은 아니라는 입장**이다(대판 2007.7.26. 2007도3906).

4. 청구의 취하

정식재판청구는 제1심판결 선고 전까지 취하할 수 있다(제454조). 정식재판을 취하한 자는 **다시 정식재판을 청구하지 못한다**(제458조, 제354조).

Ⅳ 정식재판청구에 대한 재판

1. 기각결정

정식재판의 청구가 **법령상의 방식에 위반하거나 청구권의 소멸 후인 것이 명백**한 때에는 결정으로 기각하여야 한다. 이 결정에 대하여는 **즉시항고**를 할 수 있다(제455조 제2항).

2. 공판절차에 의한 심판

정식재판의 청구가 적법한 때에는 공판절차에 의하여 **심판하여야** 한다(제455조 제3항). 피 고인이 정식재판을 청구한 사건에 대하여는 형종 상향이 금지된다(제457조의2). (14.모의) 그 리고 정식재판의 경우에 항소심에서의 피고인 불출석에 대한 제365조 규정이 준용된다(제 458조 제2항). 이때 피고인이 2회 불출정하면 증거동의가 의제된다는 것이 판례의 입장이 다(대판 2010.7.15. 2007도5776).

⚖ 판례

1 형사소송법 제458조 제2항, 제365조는 피고인이 출정을 하지 않음으로써 본안에 대한 변론권을 포기한 것으로 보는 일종의 제재적 규정으로, 이와 같은 경우 피고인의 출정 없이도 심리, 판결 할 수 있고 공판심리의 일환으로 증거조사가 행해지게 마련이어서 피고인이 출석하지 아니한 상태에서 증거조사를 할 수밖에 없는 경우에는 위 법 제318조 제2항의 규정상 피고인의 진의와 는 관계없이 같은 조 제1항의 동의가 있는 것으로 간주하게 되어 있는 점, 위 법 제318조 제2항 의 입법 취지가 재판의 필요성 및 신속성 즉, 피고인의 불출정으로 인한 소송행위의 지연 방지

내지 피고인 불출정의 경우 전문증거의 증거능력을 결정하지 못함에 따른 소송지연 방지에 있는 점 등에 비추어, 약식명령에 불복하여 정식재판을 청구한 **피고인이 정식재판절차에서 2회 불출정하여 법원이 피고인의 출정 없이 증거조사를 하는 경우에 위 법 제318조 제2항에 따른 피고인의 증거동의가 간주된다**(대판 2010.7.15. 2007도5776).

2 [1] 형사소송법 제457조의2에서 규정한 불이익변경금지의 원칙은 피고인이 약식명령에 불복하여 정식재판을 청구한 사건에서 약식명령의 주문에서 정한 형보다 중한 형을 선고할 수 없다는 것이므로, 그 죄명이나 적용법조가 약식명령의 경우보다 불이익하게 변경되었다고 하더라도 선고한 형이 약식명령과 같거나 약식명령보다 가벼운 경우에는 불이익변경금지의 원칙에 위배된 조치라고 할 수 없다.

[2] 약식명령에 대하여 피고인만이 정식재판을 청구하였는데, 검사가 당초 사문서 위조 및 위조사문서행사의 공소사실로 공소제기하였다가 제1심에서 사서명위조 및 위조사서명행사의 공소사실을 예비적으로 추가하는 내용의 공소장변경을 신청한 사안에서 **피고인에 대하여 사서명위조와 위조사서명행사의 범죄사실이 인정되는 경우에는 비록 사서명위조죄와 위조사서명행사죄의 법정형에 유기징역형만 있다 하더라도 형사소송법 제457조의2에서 규정한 불이익변경금지 원칙이 적용되어 벌금형을 선고할 수 있으므로, 위와 같은 불이익변경금지 원칙 등을 이유로 공소장변경을 불허할 것은 아니다**(대판 2013.2.28. 2011도14986).

3 피고인이 절도죄 등으로 벌금 300만 원의 약식명령을 발령받은 후 정식재판을 청구하였는데, 제1심법원이 위 정식재판청구 사건을 통상절차에 의해 공소가 제기된 다른 점유이탈물횡령 등 사건들과 병합한 후 각 죄에 대해 모두 징역형을 선택한 다음 경합범으로 처단하여 징역 1년 2월을 선고하자, 피고인과 검사가 각 양형부당을 이유로 항소한 사안에서, 형사소송법 제457조의2 제1항은 "피고인이 정식재판을 청구한 사건에 대하여는 약식명령의 형보다 중한 종류의 형을 선고하지 못한다."라고 규정하여 정식재판청구 사건에서의 형종 상향 금지의 원칙을 정하고 있는데, 제1심판결 중 위 정식재판청구 사건 부분은 피고인만이 정식재판을 청구한 사건인데도 약식명령의 벌금형보다 중한 종류의 형인 징역형을 선택하여 형을 선고하였으므로 여기에 형사소송법 제457조의2 제1항에서 정한 형종 상향 금지의 원칙을 위반한 잘못이 있고, 제1심판결에 대한 피고인과 검사의 항소를 모두 기각함으로써 이를 그대로 유지한 원심판결에도 형사소송법 제457조의2 제1항을 위반한 잘못이 있다고 한 사례(대판 2020.1.9. 2019도15700). 이는 피고인이 정식재판을 청구해 벌금형이 선고된 제1심판결에 대한 항소사건에서도 마찬가지이다(대판 2020.6.11. 2020도4231).

4 피고인뿐만 아니라 검사가 피고인에 대한 약식명령에 불복하여 정식재판을 청구한 사건에 있어서는 형사소송법 제457조의2에서 정한 '약식명령의 형보다 중한 종류의 형을 선고하지 못한다.'는 형종 상향의 금지 원칙이 적용되지 않는다. 따라서 원심이 검사가 정식재판을 청구한 이 사건에서 형종 상향의 금지 원칙을 적용하지 않고 징역형을 선택한 제1심판결을 그대로 유지한 데에 어떠한 잘못이 있다고 할 수 없다(대판 2020.12.10. 2020도13700).

3. 약식명령의 실효

약식명령은 **정식재판의 청구에 의한 판결이 있는 때에는** 그 효력을 잃는다(제456조). 판결이 있는 때란 **판결이 확정된 때를** 의미한다.

제2절 즉결심판절차

I 의의

1. 의의

판사가 **20만 원 이하의 벌금·구류·과료에 처할 경미한 범죄**에 대하여 **공판절차에 의하지 아니하고** 즉결심판에 관한 절차법(이하 '즉결법')에 의해 신속하게 처리하는 심판절차를 말한다. 이러한 즉결심판 절차에 의한 재판을 즉결심판이라고 한다. 경미한 사건의 신속·적절한 처리를 통하여 소송경제를 도모하고, 피의자 또는 피고인의 시간적·심리적 부담을 덜어준다는 데에 주된 목적이 있다.

2. 즉결심판절차의 성질

즉결심판절차는 공판기일에서의 절차가 아니고 판사의 기각결정이 있을 때에는 검사에게 송치함에 그친다는 점에서 형사소송법상의 공판절차가 아니라 공판 전의 절차이다.

II 즉결심판의 청구

1. 대상

즉결심판의 대상은 **20만 원 이하의 벌금 또는 구류나 과료**에 처할 범죄사건이다(즉결법 제2조). 그러나 경찰서장이 범칙금 통고처분을 한 경우에는 경찰서장은 즉결심판을 청구할 수 없고, 검사도 동일한 범칙행위에 대하여 공소를 제기할 수 없다.

> **판례**
>
> 경찰서장이 범칙행위에 대하여 통고처분을 한 이상, 범칙자의 위와 같은 절차적 지위를 보장하기 위하여 통고처분에서 정한 범칙금 납부기간까지는 원칙적으로 경찰서장은 즉결심판을 청구할 수 없고, 검사도 동일한 범칙행위에 대하여 공소를 제기할 수 없다. 또한 범칙자가 범칙금 납부기간이 지나도록 범칙금을 납부하지 아니하였다면 경찰서장이 즉결심판을 청구하여야 하고, 검사는 동일한 범칙행위에 대하여 공소를 제기할 수 없다(대판 2020.4.29. 2017도13409, 대판 2020.7.29. 2020도4738 참조). 나아가 특별한 사정이 없는 이상 경찰서장은 범칙행위에 대한 형사소추를 위하여 이미 한 통고처분을 임의로 취소할 수 없다(대판 2021.4.1. 2020도15194).

2. 청구권자

청구권자는 **경찰서장**이다(즉결법 제3조). 따라서 검사의 기소독점주의에 대한 예외이다. 즉결심판의 청구는 통상의 공판절차에서 검사의 공소제기와 동일한 효력을 가지므로 별도의 공소제기는 필요하지 않다.

3. 관할법원

즉결심판사건의 관할법원은 지방법원, 지방법원 지원 또는 시·군법원이다(즉결법 제3조 의2).

4. 청구의 방식

즉결심판을 청구함에는 즉결심판청구서를 제출하여야 하며, 즉결심판청구서에는 피고인의 성명 기타 피고인을 특정할 수 있는 사항, 죄명, 범죄사실과 적용법조를 기재하여야 한다 (즉결법 제3조 제2항). 그리고 경찰서장은 즉결심판의 청구와 동시에 즉결심판을 함에 필 요한 **서류 또는 증거물을 판사에게 제출하여야** 한다(즉결법 제4조).

5. 법원의 사건 심사

판사는 즉결심판청구사건을 심사하여 사건이 **즉결심판을 할 수 없거나 즉결심판절차에 의 하여 심판함이 적당하지 아니하다고 인정할 때**에는 결정으로 즉결심판청구를 기각하여야 한다(즉결법 제5조 제1항). 그리고 즉결심판청구 기각결정이 있는 때에는 경찰서장은 **지체 없이** 사건을 **검사에게 송치**하여야 한다(동조 제2항).

Ⅲ 즉결심판의 절차

1. 심리상의 특칙

(1) 즉시심판

판사는 즉결심판청구를 기각하는 경우를 제외하고는 즉시 심판을 하여야 한다(즉결법 제6조).

(2) 심리의 장소

즉결심판절차는 약식절차와는 달리 심리와 재판의 선고는 공개된 법정에서 행하되, 그 법 정은 **경찰서 이외의 장소**에 설치되어야 한다(즉결법 제7조 제1항).

(3) 궐석재판

원칙적으로 **피고인의 출석은 개정요건**이다. 다만, **벌금 또는 과료를 선고**하는 경우에는 피 고인이 출석하지 아니한 때에도 심판할 수 있다(즉결법 제8조의2 제1항).

(4) 심리방법

판사는 피고인에게 피고사건의 내용과 진술거부권이 있음을 알리고 변명할 기회를 주어야 한다.(즉결법 제9조 제1항). 판사는 구류에 처하는 경우를 제외하고 상당한 이유가 있는 경 우에는 **개정없이 피고인의 진술서와 서류·증거물에 의하여 심판**할 수 있다(동조 제3항).

2. 증거에 관한 특칙

(1) 증거조사

판사는 필요하다고 인정할 때에는 **적당한 방법**에 의하여 **재정하는 증거에 한하여** 조사할 수 있다(즉결법 제9조 제2항).

(2) 증거법칙

자백보강법칙과 전문법칙[제312조 제3항(사경작성피신조서의 증거능력), 제313조(진술서의 증거능력)]은 적용되지 않는다. 따라서 자백배제법칙과 위법수집증거배제법칙은 즉결심판에도 적용된다. (변시4회)

Ⅳ 즉결심판의 선고와 효력

1. 즉결심판의 선고

즉결심판절차에서 과할 수 있는 형은 20만 원 이하의 **벌금·구류 또는 과료이다(즉결법 제2조).** 즉결심판절차에서는 유죄의 선고뿐만 아니라 **무죄·면소 또는 공소기각의 선고를 함이 명백하다고 인정할 때는** 이를 선고할 수 있다(즉결법 제11조 제5항).

2. 즉결심판의 효력

즉결심판은 정식재판의 청구기간의 경과, 정식재판청구권의 포기 또는 그 청구의 취하에 의하여 확정판결과 동일한 효력이 생긴다. 정식재판청구를 기각하는 재판이 확정된 때에도 같다(즉결법 제16조). 따라서 기판력과 집행력이 발생한다.

Ⅴ 정식재판의 청구

1. 정식재판의 청구

(1) 청구권자

1) 피고인

정식재판을 청구하고자 하는 피고인은 즉결심판의 **선고·고지를 받은 날부터 7일 이내에** 정식재판청구서를 **경찰서장에게 제출**하여야 한다. 경찰서장은 **지체 없이 판사에게** 이를 송부하여야 한다(즉결법 제14조 제1항).

2) 경찰서장

경찰서장은 즉결심판에서 **무죄·면소·공소기각의 선고가 있는 때에는** 그 선고 고지를 한 날부터 7일 이내에 정식재판을 청구할 수 있다. 이 경우 경찰서장은 관할지방검찰청 또는 지청의 **검사의 승인을 얻어 정식재판청구서를 판사에게 제출**하여야 한다(즉결법 제14조 제2항).

(2) 정식재판청구의 포기·취하

정식재판청구권자는 **정식재판청구권을 포기하거나 정식재판청구를 취하할 수 있고,** 포기, 취하한 자는 다시 정식재판을 청구할 수 없다(제354조). 정식재판청구의 취하는 제1심판결 선고 전까지 할 수 있다(제454조).

Ⅵ 정식재판 청구에 대한 재판

1. 약식절차의 준용

즉결심판절차의 효과에 대해서는 형사소송법의 약식절차에 관한 규정을 준용한다(즉결법 제19조). 정식재판의 청구가 **법령상의 방식에 위반하거나 청구권의 소멸 후인 것이 명백**한 때에는 결정으로 기각하여야 한다. 이 결정에 대해서는 **즉시항고**를 할 수 있다(즉결법 제14조).

2. 공판절차 심판

청구가 적법한 때에는 공판절차에 의하여 심판하여야 한다. 이 경우에는 **불이익변경금지의 원칙**이 적용된다.

3. 즉결심판의 실효

즉결심판은 정식재판청구에 의한 판결이 확정된 때에는 **즉결심판은 그 효력을 잃는다**(즉결법 제15조). 판결이 있는 때란 **판결이 확정된 때를** 의미한다.

제3절 소년에 대한 형사절차

Ⅰ 의의

1. 소년법의 의의

소년법은 비행소년에 대하여 그 환경의 조정과 품행 교정을 위한 보호처분 등의 필요한 조치를 행하거나 또는 형사처분에 관한 특별조치를 함으로써 소년이 건전하게 성장하도록 돕고자 제정된 법률이다(소년법 제1조). 소년에 대한 형사사건도 일반형사사건과 마찬가지로 형사소송법에 의해 처리되는 것이 원칙이지만, 소년법은 소년의 특수성을 감안하여 몇 가지 특칙을 마련해두고 있다.

2. 소년법의 적용대상

소년이란 19세 미만인 자를 말한다.

3. 소년의 종류

(1) 범죄소년

죄를 범한 '14세 이상 19세 미만'의 소년을 말한다(소년법 제4조 제1항 제1호). 범죄소년에 대해서는 소년법상 보호처분은 물론 형벌의 선고도 가능하다.

(2) 촉법소년

형벌법령에 저촉되는 행위를 한 '10세 이상 14세 미만'의 소년을 말한다. 촉법소년에 대해서는 형벌을 선고할 수 없고 소년법상 보호처분만 가능하다.

(3) 우범소년

다음 사유가 있고 그의 성격이나 환경에 비추어 앞으로 형벌 법령에 저촉되는 행위를 할 우려가 있는 '10세 이상 19세 미만'인 소년을 말한다. ① 집단적으로 몰려다니며 주위 사람들에게 불안감을 조성하는 성벽이 있는 것 ② 정당한 이유 없이 가출하는 것 ③ 술을 마시고 소란을 피우거나 유해환경에 접하는 성벽이 있는 것이 그 사유에 해당한다. 우범소년에 대해서는 소년법상 보호처분만이 가능하다.

4. 소년사건

(1) 소년형사사건

14세 이상 19세 미만의 소년으로서 금고 이상의 형에 해당하는 범죄를 범하였고, 그 동기와 죄질이 형사처분을 할 필요가 있다고 인정되는 사건을 말한다.

(2) 소년보호사건

범죄소년, 촉법소년, 우범소년 중 보호처분을 할 필요가 있다고 인정되는 사건을 말한다. 소년보호사건의 심리와 처분 결정은 가정법원(지방법원) 소년부 단독판사가 한다(소년법 제3조).

Ⅱ 소년형사절차의 특칙

1. 검사선의주의

범죄사건이 아닌 기타의 소년 비행사건은 경찰서장이 직접 관할소년부에 송치해야 하지만, 소년 형사사건은 일단 검사에게 송치돼 검사의 판단을 받게 되어 있다. 이를 검사선의주의라고 한다.

2. 구속의 제한 및 분리수용

소년에 대한 구속영장은 **부득이한 경우가 아니면 발부하지 못하며**, 소년을 구속하는 경우에는 특별한 사정이 없으면 다른 피의자나 피고인과 **분리하여 수용**하여야 한다(소년법 제55조).

3. 공소제기상 특칙

(1) 선도조건부 기소유예

검사는 피의자에 대하여 ① 범죄예방자원봉사위원의 선도 ② 소년의 선도·교육과 관련된 단체·시설에서의 상담·교육·활동 등의 선도를 받게 하고, 피의사건에 대한 공소를 제기하지 아니할 수 있다. 다만, 선도조건부 기소유예처분을 하기 위해서는 소년과 소년의 친권자·후견인 등 법정대리인의 동의를 받아야 한다(소년법 제49조의3).

(2) 금고 이상의 형일 것

소년피의사건에 대한 공소제기는 금고 이상의 형에 해당하는 범죄사실이 발견되고 그 동기와 죄질이 형사처분을 필요로 한다고 판단한 경우에 한한다.

4. 공판절차상 특칙

(1) 필요적 변호사건

성인에 대한 공판절차와 동일하게 진행되는 것이 원칙이다. 다만, 소년 형사사건의 피고인은 **미성년자이므로 필요적 국선사건**에 해당하여 변호인이 없거나 출석하지 아니한 때에는 법원은 국선변호인을 선정하여야 한다.

(2) 조사관 위촉

법원은 소년에 대한 형사사건에 관하여 그 필요한 사항을 조사하도록 조사관에게 위촉할 수 있다(소년법 제56조).

(3) 절차 분리

소년에 대한 형사사건의 심리는 다른 피의사건과 관련된 경우에도 심리에 지장이 없으면 그 절차를 분리하여야 한다(소년법 제57조).

(4) 심리의 비공개

심리는 **비공개가 원칙**이다(소년법 제24조).

5. 양형상의 특칙

(1) 사형 또는 무기형 완화

죄를 범할 때에 18세 미만인 소년에 대하여는 사형 또는 무기형으로 처할 경우에는 15년의 유기징역으로 한다(소년법 제59조). 형을 완화하는 연령시의 기준시점은 **범죄시에 18세 미만인 경우**를 말한다.

(2) 부정기형

소년이 **법정형 장기 2년 이상의 유기형에 해당**하는 죄를 범한 때에는 그 형의 범위에서 장기와 단기를 정하여 선고한다(소년법 제60조). 부정기형의 기준시점은 **재판시**이다. 따라서 소년이었던 피고인이 제1심 판결선고시에 성년에 이른 경우에는 부정기형을 선고할 수 없다. 다만 **장기는 10년, 단기는 5년**을 초과하지 못한다.

(3) 환형처분 금지

18세 미만인 소년에 대하여는 벌금 또는 과료를 선고하는 경우에 벌금액 또는 과료액의 미납에 대비한 노역장 유치의 선고를 하지 못한다(소년법 제62조).

6. 형의 집행

(1) 형의 집행

보호처분이 계속 중일 때에 징역, 금고 또는 구류의 선고를 받은 소년에 대하여는 먼저 그 형을 집행한다(소년법 제64조). 징역 또는 금고를 선고받은 소년에 대하여는 특별히 설치된 교도소 또는 일반 교도소 안에 특별히 분리된 장소에서 그 형을 집행한다. 다만, 소년이 형의 집행 중에 23세가 되면 일반 교도소에서 집행할 수 있다(소년법 제63조).

(2) 가석방 요건 완화

징역 또는 금고를 선고받은 소년에 대하여는 ① **무기형의 경우에는 5년** ② **15년 유기형의 경우에는 3년** ③ 부정기형의 경우에는 **단기의 3분의 1**이 경과하면 가석방을 허가할 수 있다(소년법 제65조).

Ⅲ 소년보호사건의 특칙

1. 형사사건 처리(소년부 송치)

(1) 검사의 소년부 송치

검사는 소년에 대한 피의사건을 수사한 결과 **보호처분에 해당하는 사유가 있다고 인정한 경우**에는 사건을 관할 소년부에 송치하여야 한다(소년법 제49조 제1항).

(2) 법원의 소년부 송치

법원은 소년에 대한 피고사건을 심리한 결과 **보호처분에 해당할 사유가 있다고 인정하면** 결정으로써 사건을 관할소년부에 송치하여야 한다(소년법 제50조).

2. 소년보호사건 처리(소년부에서 검사로 송치)

(1) 필요적 송치

소년부는 **소년보호사건**을 조사 또는 심리한 결과 다음과 같은 사유에 해당하는 경우에는 관할 지방법원에 대응한 검찰청 검사에게 **송치하여야 한다.** ① 금고 이상의 형에 해당하는 범죄사실이 발견된 경우에 그 동기와 죄질이 형사처분을 할 필요가 있다고 인정한 때, ② 본인이 19세 이상인 것으로 밝혀진 경우가 그 사유에 해당한다(소년법 제7조).

(2) 임의적 송치

검사가 송치한 사건을 소년부에서 조사 또는 심리한 결과 **그 동기와 죄질이 금고 이상의 형사처분을 할 필요가 있다고 인정할 때**에는 결정으로써 해당 검찰청 검사에게 **송치할 수 있다**(소년법 제49조 제2항).

3. 공소시효 정지 및 재기소 등의 금지

(1) 공소시효 정지

소년부 판사가 송치서와 조사관의 조사보고에 의하여 사건을 심리할 필요가 있다고 인정하여 **심리개시의 결정**을 한 경우에는 그 결정이 있었던 때로부터 그 사건에 대한 **보호처분의 결정이 확정될 때까지** 공소의 시효는 진행이 정지된다(소년법 제54조).

(2) 공소제기 제한

보호처분을 받은 소년에 대하여는 그 심리가 결정된 사건은 **다시 공소를 제기하거나 소년부에 송치할 수 없다**(소년법 제53조).

부록

판례색인

[대법원 판결]

[기타 판결]

MEMO